本成果受到中国人民大学

"中央高校建设世界一流大学（学科）和特色发展引导专项资金"支持

冯仕政　唐丽娜　主编

文集

吴景超

（第一卷）

中国人民大学出版社
·北京·

# 总　序

　　1895 年，其时之中国，积弱不振，在甲午战争中节节败退。作为中国第一批留学生中的一员、北洋水师学堂的总教习，严复先生对国事深感痛惜，扼腕奋舌，发表《原强》一文，文中先谈达尔文进化论的思想，后论斯宾塞的社会学原理。在文中，严复首次使用"群学"概念翻译"sociology"一词，该概念借自荀子"人之所以异于禽兽者，以其能群也"，严复称群学之中心为"人伦之事"，认为斯宾塞之群学"约其所论，其节目支条，与吾《大学》所谓诚正修齐治平之事有不期而合者"，而《大学》中言，"诚、正、修、齐、治、平"为"明德"之道，所以，"明德群学"在社会学引入中国之始，便已是题中应有之义，严复先生所论之群学，也从一开始就和国家强盛之道关联在一起。严复先生从洋务运动的失败进而思考国家强盛的根本，认为国家富强之道在于鼓民力、开民智及新民德，此三者为强国之本。

　　1897 年起，严复先生陆续翻译了英国社会思想家斯宾塞《社会学研究》一书中各篇，1903 年结集出版时取译名为《群学肄言》。该书是斯宾塞关于社会学的奠基性作品，主要讨论社会学的基本方法论问题，从日常的生活现象开始，分析社会现象为什么需要科学的研究，回答社会学能否成为科学，鼓励人们摆脱以"上帝""伟人"视角来对社会做出解释的习惯，从中抽离和"祛魅"。在该书中，斯宾塞分析了社会现象的特性以及开展针对社会现象之科学研究的困难，系统地阐述了可能影响社会现象之研究结果的各种因素。对于严复先生而言，尽管斯宾塞之群学和中国圣贤之论有不期而合者，但斯宾塞所论述的群学是成体之学，是有体系的科学新理。严复先生表明他的翻译及论著均旨在以西方科学新理重新解释中国过去治乱兴衰的根源，并据此提出其救亡经世之方，所谓"意欲本之格致新理，溯源竟委，发明富强之事"。

时至今日，距严复先生发表《原强》一文，已然一百多年，斗转星移，沧海桑田，中国的社会发生了翻天覆地的变化：中国建成了世界上规模最大的教育体系、社会保障体系、医疗卫生体系，全体人民摆脱绝对贫困，生活全方位改善，人均预期寿命、人均受教育程度、居民人均可支配收入均持续提高，严复先生一百多年前的强国梦想，已经在一代一代中国人的努力下阶段性地实现。当然，我们仍然面临新的问题，人民日益增长的美好生活需要和不平衡不充分的发展之间的矛盾仍然存在，城乡和区域间的发展差距仍然显著，人口增长开始步入下降通道，未富先老问题正在显现，实现高质量的发展仍需努力。挑战总在不断出现，有些是中国所独有的，也有些是人类所共同面对的，在斯宾塞先生的故乡——英国，也产生了众多斯宾塞不曾预料到的问题：移民无序涌入、政治分裂、社会福利不公、社会流动困难等等。全球共此凉热，人类社会迎来了日新月异的技术变化，唯对我们自身的了解和研究并没有迎来同等水平的提高和进步，社会学研究也因此依然任重道远。

中国人民大学的社会学学科肇基于中国人民大学的前身——陕北公学（1937 年），社会学系是陕北公学首创的五个学系之一，且为当时招生规模最大的学系。1950 年中国人民大学命名组建后，陈达、李景汉、吴景超、赵承信、戴世光、陈文仙、全慰天等一大批老一辈社会学家来中国人民大学工作，为中国人民大学社会学学科的发展建立了优良的传统，奠定了坚实的基础。在改革开放新时期，以郑杭生、刘铮、邬沧萍、沙莲香为代表的社会学家，带领广大师生高举建设"中国特色社会学"的旗帜，面向国民经济和社会发展需要，扎根中国大地，一代接力一代开展学科建设，中国人民大学社会学逐渐发展为二级学科门类齐全，师资力量雄厚，培养体系完整，在学科建设、科学研究、人才培养、资政启民等方面均具有重要影响的中国社会学教学和研究重镇。

2022 年 4 月 25 日，习近平总书记在中国人民大学考察时强调要"加快构建中国特色哲学社会科学，归根结底是建构中国自主的知识体系"。中国正在经历一个伟大的时代，面对百年未有之大变局。伟大的时代将会催生伟大的作品和伟大的理论，社会学有着更大的责任去发挥学科所长，深入调研和了解中国，以中国之实践滋养中国之知识、中国之理论，建构中国之自主知识体系。

为进一步推动中国社会学学科发展，服务中国社会建设和社会治理实践，中国人民大学社会学学科组建"明德群学"丛书系列。丛书暂设以下分系列："中国社会变迁"丛书，由李路路教授主编；"中国社会学史论"丛书，由奂平清教授主编；"社会治理与社会政策"丛书，由陈那波教授主编。"明德群学"丛书系列将有组织地汇集社会学一级学科下众多优秀作品，聚焦中国社会建设和社会治理的伟大实践，聚力推进中国式现代化进程，致力构建中国社会学自主知识体系，以"群学"求"明德"，为实现中华民族伟大复兴的中国梦做出学科应有的贡献。

# 编者说明

但是如果我们研究社会科学的不自知奋发，不去研究中国的社会问题，而只以教两三本外国教科书为尽职，那么，恐怕再隔100年，中国的社会科学还是外国社会科学的附庸，永无独立自由发展之一日。

——吴景超

什么叫做自觉的态度呢？简言之，便是自己要知道自己，知道自己什么地方不如人，何以不如人，我们对于那些批评中国文化，以为不如欧美的人，抱有相当的同情，但决不因此而生悲观，在不生悲观这一点上便是颓废者与自觉者分道的地方。

——吴景超

本文集按编年尽可能完整地集纳吴景超的各种著述，尝试呈现在一个变动的时代，危机四伏的社会里一位社会学家的养成过程：从稚嫩不羁到迷茫求索，到在学界探寻真知，到在政界施展抱负，最后重回学界，丰满立体的社会学家形象呼之欲出。

吴景超的学术成果是现代中国社会学史的构成部分，其学术人生折射出我国早期社会学的历史发展脉络。本文集意在向当代青年学子呈现吴景超青年求学、研学实况，让他们体味一位身处百年未有之大变局中的社会学家的人生历程，进而学习其把握和研究宏大社会问题的超前意识及其意义，激发青年学子在新时代思考人生方向。

　　具体而言，编辑出版本文集目的有三：

　　其一，"温故知新"。吴景超的研究实乃跨学科研究的典范。在其丰富的著述中，吴景超从来不囿于所谓"社会学的范式"，历史、文化、经济与社会的综合观照是其研究最突出的特色，而且是从中国社会来，到中国社会去。他有着"中国都市社会学第一人"之誉，但他更是一位扎根中国大地的"农村社会学家"。在他的研究中，都市和农村从来都是两位一体的，没有被区别对待。

　　其二，"实事求是"。吴景超借鉴孙末楠（William G. Sumner）的卡片读书法，自建"私有资料库"，在清华大学被尊称为"太史公先生"。他入仕途后，一路调查不断，为研究积累实证材料。在中国社会学筚路蓝缕、刀耕火种的时代，他注重介绍国际上的社会学研究成果，撰写导读，特别注重研究方法的引介和翻译。在他看来，"授人以鱼不如授人以渔"。与其照搬西方的社会学理论（"鱼"），不如习得西方社会学者的研究方法（"渔"），从而竭力从社会学的面向观照社会现实，增进人民福祉。

　　其三，"先因后创"。要构建中国自主社会学知识体系，必须先知晓中国社会学的过往、流变，其中，学术转型是重点。比如，了解社会学传入中国的历史背景和动力是什么，中国早期的社会学家为建立中国社会学这门学科进行了怎样多元化的努力和尝试，进而反思今天的社会学要坚持什么、改变什么、创造什么，具有针对性、批判性、反思性的社会学的问题是什么。显然，就构建独立自主自觉的中国社会学而言，本文集是标杆，也是镜鉴。

# 凡　例

1. 本文集按时间和文献类别共分四卷，文献类别包括公开发表的期刊文章和公开出版的著作。

2. 每卷大致按文献公开发表或出版的时间先后顺序排列。

3. 同一篇文章在不同时间发表在不同期刊上，以最早的发表时间为准，同时注明其他期刊及相应的发表时间。

4. 原文献为繁体竖排者，一律改为简体横排，基本采用现行标点符号。

5. 原文献中与现行文字规范不符，但属特定历史时期表达习惯的字词、语法等，多保留原貌。

6. 原文献中表格与现在通行的表格格式不尽相符，为尽量保留原貌，仅做出适当修改。

7. 原文献中文字、数字等凡可判断为明显讹误及印刷错误者，直接予以改正，不另加说明。

8. 原文献中文字、数字如有错漏且不可校补者，错误处保留原貌，文字缺漏用■标示，数字缺漏用▌标示。

9. 原文献中翻译名称，包括国名、人名、地名、著作名称、报刊名称、组织机构名称、货币名称等，多保留原貌。

10. 原文献中行政区划、地理位置、历史事件的名称多有与现在不同者，亦多保留原貌。

11. 原文献中各种计量单位，由于历史原因多次变动，与现在差异较大，且不易考订出与现行公制单位的换算关系，故均保留原貌。

12. 对于特别需要说明之处，以编者注的形式进行补充。

# 目　录

# 平等谈

　　我十岁的时候，革命军在武汉起义，不几天，全国响应，三四个月的工夫，便把清室推翻，民国造起。我那时耳中听见的不是推翻清室，就是创造共和。我便问我的先生道："我们为什么要推翻清室，创造共和呢？"我的先生回答道："清朝是个专制政体，那些王公大人，都要仗它的势力来欺压平民，平民受他们的欺负，谁也不敢作声。共和国却是不然，以前那些什么阶级、什么贵族，都完全消灭了，凡是中国的国民，在法律上个个都是平等的，没有什么我比你尊、你比我卑的。"我那时听到这番话，欢喜得了不得。朝夕馨香祷祝盼望那中华民国快快地成立。

　　光阴似箭，日月如梭，现在已经是民国八年了！我们回头看看，我们的国里，那些专制时代的阶级制度是否已经铲除？我们中华民国的国民是否有那平等的观念？我对于这些问题，并不急急地就下一个断语。闲着无事，我且说几件事情给诸位听听罢。一天，我坐了一乘东洋车，到北京的东城去访一个朋友。走到一条十字街上，我的车夫打算岔过去，不料那雄赳赳气昂昂的警察看见我的车走近了，便举起一只手对着我的车夫大喝道："停下来！现在停止交通，你还不知道吗？"车夫听见了这话，吓得连忙往后退。我那时好不疑惑，想道：真是奇怪，别的街上都是车马喧闹，为什么这条街要停止交通呢？想了好一会儿，总想不出。不多一时，接着来的车也多了。有的是东洋车，有的是马车，还有一二辆汽车，可是一个一个都被那警察喝退，不敢过去。再看我对面那条街上，停的车也不少，都是不能过来。正在那个时候，我忽然听着马蹄的声音！接着来了几十个马队，都是带着枪、挂着刀，其中几个胸前挂着徽章、帽上插着羽毛的兵的后面是一部马车，那车的左边、右边、后边都有些马队保护着，所以我也看不仔细那车的样子同那车的里面坐的是谁。这些兵走完了，走远了，我的车才可以过去。过了这条街，不多路，就到我朋友那儿了。我一进门，那朋友就问我道："你来的时候，路上看见大总统的礼舆没有？"我这时才恍然大悟。一面回答我朋友道礼舆是看见的，一面笑道："原来我们大总统经过的路线，是要断绝交通的！"

又有一天——那时我们学校已放暑假，我住在上海——我有事要从上海到南京去。当时就搭那沪宁火车起程，一路到了武进，我又看见一件奇事。就是那车站月台上，穿马褂、戴礼帽的人有五六十个，还有一排兵、十几个军乐队的，合拢起来，有四五十人的光景。我那时又感到莫名其妙了。恰好我的车里，有几位是从武进上车的，我便一五一十地问他们。其中有一个对我说道："今天我们这儿的县知事，有事要到南京去见省长，那些穿马褂、戴礼帽的人，有的是衙门的科员，有的是本地的绅士，都是来送他老人家起程的。"我听了这话，才知道其中的原委。一面谢谢那人，一面又去看那些戴礼帽、穿马褂的人的动作，只看见这五六十人中，有两个马褂穿得最漂亮的站在车前，同那车里的县知事说话。其余的人，有的是噤若寒蝉，站在那儿，动也不敢动；有的是眉飞色舞，顾盼自喜，好像他今天来送县知事，是他一生无上的荣耀似的。不多时，汽笛响了，车也慢慢地开了。那一排兵当中，有个带指挥刀的，便喊了一声"立正！……举枪"，那十几个军乐队的人也就打起鼓、吹起号来了；再看那些戴礼帽、穿马褂的人，一个个都脱了礼帽，对着那县知事的车鞠躬。那月台的外面，聚的乡民至少也有二百，想必都是来看热闹的。我看了这般情形，实在觉得可笑，想道：看不出小小的一个县知事，出来还有这么大的威风！

又有一天，我同一个审判厅的朋友在北京街上散步。忽然远远地来了一个人，他看见我们走近了，忽然跑到路旁边站住，我再看他的时候，他的头已经低下来了，腰也弯下来了。我看见这个人的情形，不觉暗暗称奇。当下走过了那人，我就问我的朋友道："刚才那个人，同我们并不认识，为什么要对我们行那清朝下司见上官的礼呢？"我的朋友回答说："你不知道，他是我们厅里的听差，方才看见我走过，所以如此。"我道："现在已经是民国了，怎样贵厅还有那种陋规呢？"我的朋友道："这原是清朝的规矩，不过现在没有更改就是了！"我听了这个话，为之咨嗟叹息不置。

又有一天，我一个人离了学堂，跑到海甸去买东西。海甸有个书店，叫做竞进书社。我买完了东西，就跑到书店里面去看看。恰好那个时候，外边走进一个人来，我看见这个人的装束，就觉得他有点奇怪，原来他的头上戴的是一顶瓜皮帽，帽上还缝了一个蓝水晶的顶子，他的眼睛上戴了一副圆而且大的玳瑁边眼镜，身上穿的是一件紫色的呢袍，外边还束上一条纺绸的腰带。再看他的脚上，更是妙不可言，他穿的不是布鞋，不是皮鞋，是一双长筒高底的灰黑色绒靴。他一走进店，便问店里的伙计道：

"你们这儿有《四书味根录》卖没有？"伙计听罢，便回答道："那部书我们这儿有没有不一定，好歹你坐一会儿，让我看一看罢。"伙计说罢，就在那书架边上上下下地乱找，一会儿，只听得他大声说道："有了！价钱是大洋八毛。"这位客人听见了，说道："什么好宝贝，要卖八毛钱！拿来给我看看罢。"他打开那书，翻了一会儿，便道："给你两毛小洋，你卖不卖？"那个伙计听了，哼了一声，道："你真是！……告诉你罢，我们这儿是书店，不讨虚价的。"那个客人听了，登时勃然变色，拍桌大骂道："放你的狗屁！你们这般下贱的市侩在我老爷面前，居然敢这样胡言乱道！真是可恶！"正在这个时候，那个店里的掌柜从里面跑出来了。他看见这位客人正发雷霆之怒，便向前赔礼道："您老人家不要生气了，我们这个伙计，初到店里，不懂规矩，实在唐突得很，请您老人家海量包涵罢。"那掌柜运他的如簧之舌，居然把那位客人说得转怒为喜。后来那位客人走了，我便问那掌柜道："你们这儿的伙计，又没有说错话，怎么那位客人要那样大怒呢？"掌柜道："你有所不知，刚才来的那位客人，我素来知道的。他在清朝的时候，是个什么七品小京官，平常人家称呼他，不是老爷，就是大人。他素来是受惯人家恭维的，今天跑来，我们这儿的伙计忽然称他为'你'，这也难怪他生气啊。"我道："'你'字又不是个贱称，他又何必生气呢？"掌柜道："贵省的风俗，我是不知道；单说我们这儿，对着人称呼他为'你'，人家总不大愿意的。所以我们对着人，不说你怎么样，说您怎么样，或者说您老人家怎么样，为的是恭敬的意思。"我听了这话，哈哈大笑道："北京真是不愧为帝王之都，连称呼都有尊卑之别咧！"

　　诸君，我举的这件事，不过单就我个人观察到的写出来。诸君看一看，想一想，就知道中国的人是否有平等的思想了，中国的阶级制度是否已经铲除了。唉！民国已经八年了，社会上的情形，还是同那专制时代无异，你说可痛不可痛呢？

　　有的人说："人是不能平等的，因为人的价值有高低之分，那价值高的人所受的待遇，自然要比那价值低的人厚些。譬如大总统罢，他的价值自然比那'灶婢厮养'高些，所以他受的待遇也应该比那'灶婢厮养'厚些。这样看起来，世上的人，哪会平等呢？"我道："这个话是错的，因为人的价值，只有有无之分，并无高低之别。"怎么叫做有价值的人呢？我可不要思索，回答他道："凡是劳工（蔡孑民先生说：凡用自己的劳力做成有益他人的事业，不管他用的是体力，是脑力，都是劳工），都是有价值的，凡不是劳工，都是无价值的。所以为国多劳的大总统，勤于其职之总长，是有价值的，那街上来来往往的车夫，那善于煮饭做菜的灶婢，也是有价值的。并且，他们的价值是一样的，是同等的。何以呢？人是个群居的动物，总要互相扶助，互相爱护，才可生存，不然就要灭亡。所以车夫和大总统，在社会上，是同样地要紧；不能说此轻彼重，此当尊敬而彼应卑视。总而言之，无论是什么人，大总统也好，省长、督军也好，他要是不能离群索居，遗世独立，他就不能说，他的价值比别人高些。这个道理，是浅而易见的。所以据我看起来，无论哪一种劳工，都应该受同等的待遇。对着大总统，不必行那下司见上官的礼节，对着挑粪桶的人，不要作那上官叱下司的口气，因为他们是平等的。"

问的人说："你说人的价值有有无之分，那有价值的人受社会的待遇，自然要比那无价值的人厚些。这样说来，人不是还不能平等吗？"我听了这话，捧腹大笑道："这个问题，让我们子孙的子孙去讨论罢！谁看见社会待那有价值的清道夫，比那无价值的卖国营私的官吏厚些来！"

又有人说："世上的人，贫富不均，富人有钱，便可役使贫民，贫民受他的役使，莫敢谁何。所以据我看起来，贫富的阶级不除，人是不能平等的。"我道："现在社会主义没有盛行，所以贫富不均，可是将来总会到那均产的时候。我们回过来，就说现在的话罢，役使由他役使，贫富依然是平等的。富的人休想：'我有金钱，我比那贫民总要高些。'贫民也不要自馁，说：'我们这样地穷苦，哪能比得上富人。'因为贫富是桩偶然的事，断断不能改变人的等级。"

我说到这儿，差不多也无话可说了。我的学问很低，阅历很浅，原够不上谈论这个问题；不过我对于这件事情，感触很多，不由我不说两句。挂一漏万，论此遗彼，我知道一定是不能免的了。

现在我把一个名字叫做普赖斯的美国人的话翻译出来，做我这篇《平等谈》的结论。

美国的人，对于他的同类，都说是和他平等的。就是像斯提华（Stewart）、樊豆皮特（Uanderbilt）那么大的富豪，威不斯得（Mebster）同彼秋（Belcher）那么大的演说家，格兰特（Gravt）那么勇的兵卒，爱姆孙（Emerson）那么著名的文学家，还有那美国的大总统，美国人也是把他作一样的看待。

这几个人，美国人也羡慕他们，恭敬他们，钦佩他们，但是美国人绝不说："这几个人的血和肉，同别的人不同。"美国人因为崇敬这几个人，有的时候，也跑去看他们，或者和他们握手；但是美国人绝不对这几个人鞠躬请安，或者对他们说些恭维的话，或者待他们如美瓷，而自视如土器。"

这是先进国的真精神，我们快学罢！

（载《新潮》第 1 卷第 5 期，1919 年）

# 皖歙岔口村风土志略

昔仲尼去鲁，迟迟其行；汉高过沛，留连不舍。人无不爱其故乡，凡有血性者皆然也。岔口，余之生长地也。其地山清水秀，风俗淳朴，余自束发以至成童，皆度岁月于是。及长，离乡他适，然每逢佳日，心中辄怀故乡弗能忘，因就记忆所及，著为是篇。首位置，次沿革，次物产，次宗法，次生活，次教育，次风俗，次胜景。余愧无文，言之弗详，修正之作，俟诸异日。

## （一）位置

安徽之南，有县曰歙。歙县分东西南北四乡，南乡又分三区：曰南二镇，居中；曰南一区，居左；曰南三区，居右。岔口者，南一区之一村也。地当两河合流，故曰岔口，又名双溪。两河一曰大源，自瓦上来，至岔口约五十里；一曰小源，自金竺来，至岔口约四十里。两河合流后，复西行，出大川口，入新安江。村之四周多山，西有坝岭，南有繁实凹岭，北有江村岭，前有龙门米，四山拱卫，如围屏然。

## （二）沿革

住岔口者，以郑姓为最先，后凌姓及昌溪吴姓，皆于明末相继迁入，最后迁入者，为北岸吴姓（歙县有谚云："南吴北许，东叶西汪。"盖歙县南乡，推吴姓人口为最多，北乡推许，东推叶，西推汪也。南乡之吴，又分三派：曰北岸吴，曰昌溪吴，曰石潭吴。散住南乡诸村落），约清初始迁入也。人口近以北岸吴姓为最多，凌姓及昌溪吴姓次之，郑姓人不甚旺，今只十余家，其余若王姓、若胡姓，不过一二家三数家而已，吴姓由江西迁入者，亦有一家。合村共三百外家，一千余人。

## （三）物产

岔口山多田少，务农者大半种山为业。山中所植者，曰小麦，秋末播种，夏初收割；曰黄豆，仲春播种，大暑收拔；曰粟米，曰苞芦，五月播种，孟冬收获。山中又多植茶柯，春茶立夏后收采，夏茶夏至后收采。田则无多，其中不过百亩而已，村人多以栽种蔬菜，如苋菜、青菜、白菜、冬瓜、西瓜、羊角、扁荚、韭菜、萝卜菜、马兰头、茄、芋、姜、葱，其最普通者也。猫能捕鼠，犬能守户，人家畜此者亦多，豕则家家皆有，以为婚嫁丧祭不时之需。家畜之禽，则有鸡鸭等物，以为食品，绿豆鸟、画眉、八哥、竹鸡，则养为玩物。

## （四）宗法

岔口有祠堂五所：曰光裕堂，曰积善堂，曰彝叙堂，曰祥和堂，皆吴姓之祠堂也；曰敬本堂，则凌姓之祠堂也。其他各姓，如王如郑，皆以人数过少，无有祠堂。各祠堂中，以吾家光裕堂所隶人数为最多，他祠堂皆弗及。然吴姓四祠堂源出一支关系甚密，与凌姓亦互通婚姻，为亲戚，故一村之中和气渊然，数十百年，曾无涉讼公庭之事。每祠类皆置有田业，为祭祀之需，每年派二人轮当，并管理祠中一切事宜。一岁之中，如元旦、清明以及各节，各房子孙，多携酒菜及香纸，入祠拜祭，诚敬之情，殊足令人生慎终追远之思也。岁首及清明，又当共往祖坟扫祭。吾家祖坟，远者七八十里，近者亦二三里，岁首只至近处，清明则无论远近各墓，皆当往祭也。岁首展墓所用之祭菜，除暖焐外，复有油果、春饼、茶盒、水酒等物。暖焐之数，有多至二十余者，排列一行，至足观也。祭时必放爆竹、焚纸箔，祭毕，各取暖焐于坟堂中，据地食之。于时则谈笑风生，庄谐杂作，其乐乃无与比。清明至远处扫墓，亦多乐趣。吾家祖墓，有在歙之东乡者，有在绩溪县之宁溪者，非一日所能尽到，平常往返，恒以三日，大类学校中之旅行也。清明所用之祭品，多以米果，为数甚多，祭毕，以此散之贫民，意颇善也。村人绝少三四世同居，虽兄弟亦多分爨。如一人有二子，则其子长大时，为父母者，即为之析产。析产之书，多请族人签押，防他日之争执也。考家族制度中，唯数世同居一习为最恶。盖人口众多，则逢财相竞，遇事互诿，俭者不复俭，而勤者不复勤，终至人逸家衰，趋于贫困。吾村，虽行家族制度，然能择其善而祛其恶，此村人所以多独立之精神，而少依赖之恶习也。村人相见，其称呼皆按班辈之高低，老者虽为劳工，幼者遇之，亦礼敬有加，以故外间屡见之尊富蔑贫，轻视劳工陋习，在吾村实罕见。虽然，村中有伴当数家，村人对之，多怀轻蔑之念，此则不平之举也。伴当者，安徽细民之一种，其来由吾不得知，若辈之在吾村者，皆隶于各祠堂下，为各祠堂之人服役。大约男者多为吹手，女者则为喜娘，无执他业者。考《大清会典事例》雍正五年（1727）谕云，近闻江南徽州府则有伴当，宁国府则有世仆，本地呼为细民，几与乐户惰民相同。又有甚者，如二姓丁户村庄相等，此姓乃系彼姓伴当世仆，凡彼姓有婚丧之事，此姓即往服役，稍有不合，加以棰楚。及讯其仆役起自何时，则皆茫然无考，非有上下之分，不过相沿恶习耳，应予开豁为良，俾得奋兴向上，免至污贱终身，累及后裔。嘉庆十四年（1809）又谕云，安徽省徽州、宁国、池州三府，向有世仆名目，查其典身卖身之契，率称遗失无存，其服役出户年份，无从指定，遇有捐监应考等事，则以分别良贱为辞，叠行讦控，而被控之家，户族蕃衍，不肯悉甘污贱，案牍繁滋，互相仇恨。所有该处世仆名分，统以现在是否服役为断，若远年文契，无可考据。并非现在服役豢养者，虽经葬田主之山，佃田主之田，着一体开豁为良，以清流品。由此以观，则伴当在清代时，已获国家同等之待遇，民国改革以后，所有清代不平等之种种恶习陋规皆当蠲除务尽，伴当之与其他公民，当然平等。然徽州各地，此习犹未尽除。吾村之伴当，其托业于吹手喜娘，服役各祠堂，如故。此实吾村之玷，所当革除者也。

# （五）生活

（甲）职业。欲知一村人民生活之难易，必先考察其人民之职业，此不易之理也。吾村处丛山之中，民风朴野，故于政治学术两界，露其头角者，实无一人。唯俗重劳而恶逸，民各能一技，且有田可资耕稼，失业之民，实不一觏。加以地当大小源之交，南一区之茶业及他种贸易，皆以此为中心，故农商及劳动之业，有足述者。兹就其与村民生计有关者，以次论列于后。

（1）茶业。茶之出额，颇为不少。村中有洋庄茶号六家，每年收集村中及他乡之茶叶，制为洋庄，运往沪上，销与外人。唯开设茶号，需资甚巨，而村人有充厚资本者，绝无仅有。曩时皆由沪上茶栈放水脚，或息借庄款，以应需用。年来金融紧迫，茶栈及钱庄，多不愿放款，村中茶号，以此停止或减少营业者，已非一睹矣。

（2）农业。村民之从事于此者，十居八九。村之附近，可营农事之地，因其高下，可判为三：山地种麦豆及茶，洼地种稻黍及芋，平地则植菜蔬。农人皆勤于耕种，故年收多丰。

（3）药店。年来村中药店之增，为他业所不及，现计已有七家。所售皆中国药及药丸，亦有兼售金鸡纳霜丸等西药者，唯售药水者则绝无。店中率住有中医，为人看病及开药方。

（4）杂货商。村中有杂货店十余家，所售多布匹纸张及油盐糖米等物。贸易尚佳，然每年获利最多不过数百元，以规模小也。

（5）肉店。售肉、酒及面，业此者亦三四家。每年率有盈余，他村之人，亦可在店中打拼伙，唯须给费用。

（6）豆腐店。此物为村人日用之食品，需求甚多，故此类店肆，亦有六七家，店中兼售豆腐干、豆腐油等物。

（7）染坊。南一区只有染坊二家，其一即在吾村。以附近皆乡民无衣绸缎者，故所染之物，多为线布及旧衣。近来染料虽昂，然营业兴盛如常，并不因之而减色也。

（8）鞋店。业此者村中有一家，唯店主为外村人，所做之鞋，皆极旧式，营业亦不盛。

（9）剃头店及铜匠。业此者亦外村人，所入皆足糊口。

（10）饭店。村中有饭店一家，他乡之人，皆以此为寄宿地。屋中殊不洁，陈设亦极陋，然取值甚廉，只二十四文一日也。

（11）木工。有大木小木为种，大木为人造屋及选料度材，小木能做桌椅及各种雕刻。工价甚廉，每日在一百文左右。

（12）石工。有开石厂凿工及建筑者数种，然一人多兼两种，或三种俱能者，工价与木匠无有差异。

（13）砖匠。为人砌墙盖瓦及修理房屋，工价与木匠亦同。

（14）竹匠。南方多竹器，物之以竹编成者甚夥，故有竹匠一业。吾村擅此者颇多，工价与木匠同。

（15）成衣匠。此业人数甚多，技术平常，工价极廉，每日只在八十文左右。

（16）纸扎匠。业此者能制菩萨之各种衣冠及各种灯彩。以村人多信鬼神，故业此者门庭不致冷落。

（17）杀猪匠。即为人宰猪者也，每宰一猪，取值二百文。

（18）丝线担。丝线即妇女刺绣所用者，售者挑一担，手持鼓，摇之作声，闻者即出购。

（19）馄饨摊。馄饨价甚廉，一文可购其一。每届夏令，他乡之人来我村售茶者甚多，馄饨摊前遂常有人满之患。

（20）面摊。售面及肉包、熟肉等物，外乡之人来村者，率取食于此。

（21）担夫。村中农人多能肩重至远，故无事之时为人挑担，亦颇获利，盖担夫工价之高，为他种劳工所不及也。

（22）打猎。附近山林多禽兽，村人每于暇日，持铳携犬，来往林中搜捕，以除害禾稼之兽。

（23）捕鱼。村前小河有鱼鲜美可食，捕者或网或钓，日居河畔，得鱼则沽于市。唯村人每岁不放鱼秧，只知捉捕，以致鱼类日渐减少云。

（24）堪舆家。村人有究堪舆之学者，有习星相之术者，为人看地批命账等事。

以上所述各业属于男子，此外有关于妇女者六业，并记于下：

（1）择茶。自四月至九月为制茶之时，村中女子入茶号择茶。每日可得工价目数十文以至一二百文不等，视择茶之多寡而差。

（2）养蚕。女子之为此者，其数不多，出丝亦甚少，只供自用而已。

（3）制扇。村中小女，能以麦秆编成各式之扇，名麦秆扇。此物为夏日人人所必备，需求甚多，村人既能自制，故外货不至侵入。

（4）做鞋。女子为人做鞋，每日可得工价约百文。做成之鞋，颇坚固耐用，故村人旅外者，多带土布做鞋数双而行。

（5）锄草。农事忙碌之时，田多之家多雇女子为除杂草，每日工价在六七十文。

（6）卖菜。田中所种之蔬菜，如有盈余，多以售之于市，销场颇佳。

村人又有经商于外者，其地多在北京、上海、苏州、杭州，以及江西之景德镇，浙江之金华、兰溪、衢州、龙游，安徽之寿州、霍山等处。或为人作伙，或自设店业，其最远者则为日本，行业以茶漆为多云。

（乙）衣食住。村中居民，无不有田，又皆蓄鸡豚，以供不时之用，故仰事俯畜，无虞不继。市上米价甚廉，一元可得二斗余。肉只有猪肉一种，价一百数十文一斤。

牛肉、羊肉，非购自他乡，不可得也。油有豆油、菜油、猪油、麻油四种，菜油、猪油多出自本地，豆油、麻油则来自外邑。他如面、盐等物，三四十文一斤。豆腐价最贱，三四文即可购一大方，质佳，滋养之妙品也。村人每日率食三餐，以饭为主，面及他物佐之。夏日有食四餐者，即下午加食点心一道是也。点心之种类甚多，最普通者，为肉包、馄饨、烧卖、水饺、煎饼、煎菜、芝麻糕、白米糖、风车饼等物。要之村人食物只求富厚不求精美，此与杭沪间人不同之点也。衣服多以布制，绝少用绸缎者，至于西装，则村人多未见之也。小儿夏日多赤足，不穿鞋袜；大人则多穿草鞋或蒲鞋，以终日劳动，布鞋不适用也。大热之日，或袒其上体，或只穿坎肩，颇不雅观。天雨则戴箬笠、穿钉靴，或撑雨伞、踏木屐。冬日村民多戴瓜皮帽或毡帽，年老者间戴风帽，又有耳套者，以棉为之，旁缘以皮，严寒时儿童及老者多用之。此外复有一种御寒之物，名曰火笼，以竹编成，中盛炭屑，借以取暖，形与外邑之脚炉大同小异。女子多缠足，戴耳环，男子亦有戴耳环者。唯女子之耳环，多饰以珠翠，累累如璎珞，斯其别也。村中之房屋，较外间为宏壮，屋多为二层，墙以砖造，外披白垩，甚纯洁；屋中则栋梁柱壁，皆涂以漆，窗及格子门则雕以山水花草及篆隶各字，甚美丽；而大门上之门檐，尤为他邑所罕睹，门檐为砖制，上雕云物花草鸟兽极工，多出自精巧砖匠之手也；村人于建屋之初，必先打地基甚深，下盛石子，上铺巨石，故能历久不圮，非若外间之以碎砖为墙、弯木作梁，一经风雨，即有倒塌之虞也。

（丙）娱乐。旧历新年，村人多闲暇，故娱乐之法亦最多。正月初十以前，村人多从事于拜坟年等事，无暇及此。初十以后，则接菩萨、嬉马灯、打锣鼓、唱曲等事，皆接踵而起。接菩萨一事，多在正月十三之晨行之，菩萨之被接者，为东北玄坛、八九老爷及太子菩萨（参看迷信条）等。大约每一祠堂之人，必接一两个菩萨，坐其祠堂中也。接菩萨之时，用旌旗仪仗甚多，且放爆竹，吹鼓手，甚热闹也。菩萨既接进祠堂，乃宰一猪以祭，村民此时，亦多备香烛祭菜来拜焉。是日晚，乃嬉马灯。所谓马灯者，以纸扎成各种灯彩，令儿童持之而行也。此外复由青年子弟，饰三国列国各剧中之人物，亦杂其中游行，复有饰盲者、跛者、骑者、乘者、乞食者、卖艺者，种种装束，难以计数，要皆尽滑稽之能，极奇诡之态，令忧者捧腹，愁者舒颜也。马灯共嬉六日，至十八即止，其中以元宵一晚为最盛。打锣鼓一事，外邑于岁首亦多行之，即合若干人于一处，练习各种乐器是也。晚间村人多集祠堂中唱曲，唯所唱者，非京调，非梆子，乃徽调也。此数日内，外村复有打锣鼓唱曲者，来吾村各店家弹唱。店家设茶及果子款之，去复酬以值。此辈成群结队而来者，数日内踵相接，每在一店弹唱，则其店之内外，环而听者，不知若干人，亦新年之乐事也。三月三日，有龙舟之戏。龙舟者，祀唐时张巡、许远、南霁云诸烈士也。仲冬则有报赛之举，开场演剧，盖冬收既成，人多愉悦，故及时行乐也。演剧一事，每岁均派数人办理。演剧之前数日，村人即于溪滩中扎一高台，又聘一班次（徽州有以演剧为营业者，每班约数十人，名曰班次，其人来往无定所）日夜演唱，多则七八日，少亦四五日。此数日中，除店家外，工皆休业，校皆放学，群集溪滩中观剧，远近村人，亦联袂而来，盖一年内最热闹之日也。此外又有会场之举，率十年一次，会场分五隅：东以青色为标志，南以红为标志，西以白为标志，北以黑为标志，中以黄为标志。凡旗幡服色之类，皆以五色分之，诚大观也。会场中除戏台外，有祭场，有道场，而尤以演剧之台为最美观云。此事自首至尾，凡十日而始毕，村人每丁醵资一元，以成斯举，报赛则每人只醵资数十文而已。

## （六）教育

岔口自清初即崇礼教，重经学。雍乾以降，有解元、举人数人，岁贡廪生、生员十余人，武秀才亦有数人。科举废，学校兴，又设有师范传习所、国民学校，毕业其中者，多设馆教授，称良师。近来村中教育情形，与前略异。今分二项言之：一曰私塾，村人称之曰蒙童馆，塾中之教师曰蒙童馆先生。吾村有私塾三，其中教师，皆清朝秀才，深于八股文者也，学生皆村中十五岁以下之小儿。一蒙童馆中，多者二十余人，少者亦十数人，所读之书，有深浅之分，浅者为《三字经》《千字文》《百家姓》，深者为《幼学琼林》《龙文鞭影》《论语》《孟子》等书。教师之遇学生甚严，学生无不畏之如虎，先生在学生皆正目端坐，不敢作声。凡儿童性质多好活动，令其习静，本非易事，而私塾教师，竟能束缚儿童，令其就范者，则以有界方为之助也。界方为硬木制，外加以漆，有厚薄轻重大小之分。凡背书不熟、事师不恭，或互相争吵者，教师则以重界方责之，其犯他种轻罪者，则以薄界方责之，所以示公平无私之意也。界方之外，尚有一物，亦学生所最恨者，即教师之长管烟筒是也。烟筒为竹制，长约二三尺，一端嵌以铜头，甚尖利，凡学生之瞌睡，或他顾不读书者，塾师每潜行其后，以烟筒之铜头敲其脑，其痛较受夏楚为尤甚。学生以痛恶二物之故，有时乘先生外出，即合议暗藏之，唯此事为先生查出，每受长跪之惩罚，故学生每畏忌而不敢也。学生每日之课程，至简单。早餐之前，入学诵旧书，名曰上早学。粥后，塾师即为学生上新书十数行，名曰上生书，生书须于午饭前背诵，不能者，每不许回家午餐也。饭后学生皆习字，至三句钟，塾师乃教学生答对。答对毕，复温旧书，名曰念带书，须于晚饭前背诵。学生一日之课程，大略如是。塾师之教授法，既不良如是，故出身其中者，为文多不能通也。除私塾外，村中有一小学，名曰大洲两等学校。此为南一区唯一之小学，开办于民国元年（1912），校址在村西忠烈古庙，内有讲堂二，食堂一，厨房一，职教员办事室一。开办之第一年，有学生五六十人，现只二三十人耳。校中有职教员三，教授取启发主义，科目为国文、习字、算术、修身、历史、地理、理科、体操、音乐、图画等。校中经费不足，图画标本仪器、理科模型器械等，皆未购置，以致儿童对于理科地理等，皆不能十分领解，此其缺点也。授业时间，每日午前八点半起，至下午四点半止。校中无运动场，体操多至村外旷地上行之云。村中又有藏书所数处：曰梯云草堂，曰双溪草堂，曰山对旧书斋，曰霞峰别墅，曰自得山庄，曰能静轩，曰龙门草堂，皆私家所设藏书之室。其中有用之书，无不具备，近今如名家小说、欧美小说，亦多购有。唯梯云草堂，咸同间毁于火，近以山对旧书斋、自得山庄，藏书为最富云。

## （七）风俗

风俗者，所以表现一地习尚之美恶，而政教村所因也。吾村风俗，与外间多不相同，今分为婚嫁、丧葬、岁时、迷信四项言之。

（甲）婚嫁。男子七八岁时，父母即择门第相当者，为之订婚。有问名、赘定、行聘、请期、冠笄、迎娶等礼，贫富皆同。迎娶之时间，大约富者在二十岁内，贫者二十岁外至三十岁不等。迎娶之前数日，男宅即派人至女家抬嫁资，嫁资者，妆奁也。嫁资既抬至，即有小儿女多人，取嫁资中重要物件，如枕头、钥匙等物藏之。俟新人至，乃令其出果子赎归，以为笑乐。吉期既届，男宅乃发轿，吾村迎娶一事，前后须三日始毕。发轿，第一日之事也。发轿之时间，视路途之远近而定。大约路远者，多在是日之晨或午间；路近者，则多迟至晚间或夜半也。发轿之先，新郎须亲祭轿神，祭毕，放爆竹三响，而轿出门矣。次日，与人以轿肩新人来，既进门，置轿于堂前，于时亦放爆竹，村人观者如云集。俟良辰至，乃有小儿二人，扶新人出轿，新人穿红衣，戴凤冠，真面目犹不易睹也。新人既出轿，乃与新郎先拜天地，后拜高堂，继交拜，于是婚礼乃成，旁观者至是乃喧呼送房。所谓送房者，送新郎新人入洞房也，新人居前，新郎在后。复有高年者二人，持蜡烛居先引之，由堂前至房中，沿途皆置布袋，令新人新郎行其上，名曰传袋，传袋与传代同音，取延宗续系之意。既至房，新郎乃出，时则村中之老者少者，幼者长者，皆拥挤房中，以先睹新人为快。盖新人入房后，女伴即为之梳妆，真相可以尽睹也。新人整容毕，复出房，与新郎同立堂前，拜见长者，并受幼辈恭贺。是日晚，村中复有吵新人之俗。吵新人者，请新郎新人同立堂前，而嘲弄之也。吵之之法不一：有所谓撒帐者，以果盒所盛之果掷新人也，为此必有二人，一唱一和，其词多卑鄙，不堪入耳；又有所谓吃交杯者，以酒置杯中，强新人饮，唯不许咽下，移时，复令其吐出，令新郎咽之；此外复有唱歌者，有说笑话者，有作奇形怪状者，皆以博得新人一笑为目的。以一外村之女子而无辜受若干生人之戏弄，不敢抵抗，不敢回声，亦大可怜矣。第三日，新夫妇二人，先至厨房中拜灶师，复至庙中拜菩萨，祠堂中拜祖宗，名曰拜三朝。下午新郎家设宴款族中妇人亲戚女子，而以新妇列上位，名曰待饭。晚间复设宴请族中男子，少长咸集，秩序无紊焉。嫁女一事，吾村与外间亦多不同。未嫁之前数日，女子须入祠辞祖。及期，男宅发轿来，待嫁之女子，乃放声哭，其母亦随之而哭。及良辰既届，女乃拜别父母，且食饭数口，名曰分家饭。然后由其兄或亲人抱之入轿，斯时女必大哭，轿既出门，家人乃持灯笼送之，及门外而返。女宅随轿同至男家者，有一喜娘，此喜娘三日后必返，报告男宅一切情形及新人是否愁家等事。近来村人颇知女子嫁时号哭之无礼，皆相戒弗为，然而积习相沿，不哭似不合乎俗，女子畏羞，无敢破此例者也。嫁女后三日或一月，女宅雇轿二乘，接新郎及新人归，名曰接回门。留一二日复返，自是男女二宅，遂为亲家，互相往来矣。

（乙）丧葬。丧葬诸节，颇为简单，然亦视贫富而别。贫者则丧事一两日即毕，富者有作祭等举，略旷时日。平常人于死后，其家属即为之入殓，殓毕，乃雇人抬棺至村外野地上厝之。时则有童子二人持幡前引，孝子手捧牌位随之而行，族中后辈多步行送之。既厝毕，乃回祠堂，上神主。所谓上神主者，置死者牌位于祠堂龛中也，富者于时必请人点主，礼节稍繁。上神主时，族人皆来拜，死者家属已备白巾、白帽各若干，来祠拜者为男子，则予以白帽，女子则予以白巾云。俗礼，孝子于七七内，须衣麻衣，穿麻鞋，不进荤，不剪发。七七后，易麻衣为白衣，麻鞋为白鞋，三年始除服云。棺厝于野，非长久之计，为子孙者，于数年之内，必为择地安葬，其礼颇隆。

（丙）岁时。元旦日，男女老幼，皆衣新衣，黎明即起，先拜天地祖宗，次拜灶师菩萨。村人相见，亦各拱手道喜。清朝之季，族人犹有拜年之举，今已取消矣。是日所食各物，皆锡以佳名，如鸡子则曰元宝，面则曰长寿面，诸如此类，不胜枚举。初二后，各携酒菜展墓，名曰拜坟年。元宵前后数夜，有嬉马灯之举，店户各家，皆放花筒爆竹以助兴。二月二日，接土地。三月三日，嬉龙舟。清明，至远近各坟祭扫，名曰挂纸，以祭时挂纸于墓也。立夏食面，名交夏面，大人多于是日午后持秤称儿童，以验其体量之增减。五月五日，名曰端午，家家插艾叶于门，并以雄黄酒扫地，谓可驱污秽，小儿多戴糯米袋，额上皆书王字。七月十五，祭祖宗于堂，并焚金银纸袋，间亦作斋醮之会，召僧道施食，焚楮衣，放荷灯，以资冥福。中秋食月饼，晚间设宴赏月。九月重阳，村人食角黍。十二月初八，为腊八节，村人以各种菜豆煮粥，名腊八粥食之。二十四送灶，除夕前数日，亲属递相馈送，名曰送年节。除夕既届，各家皆悬挂祖宗遗像于堂，是日小儿女皆向大人索钱，名曰压岁钱，晚间人多竟夕不眠，名曰坐三十夜，谓如是则来年必多吉利也。村人多信菩萨，凡遇菩萨生日，携香烛往祭者，不绝于道。

（丁）迷信。迷信者，不辨事理之是非真假，而妄信之也。村人不解科学，怪诞不经之言，自易入耳，故迷信之风，较之通都大邑为尤甚。以数百家之村，而有菩萨庙三，即此可见村民迷信之程度矣。三庙者，一曰上帝庙，中供玄天上帝。二曰上庙，亦曰忠烈古庙，即村中小学校所在地也。中有菩萨甚多，曰汪公大帝，曰八老爷，曰九老爷，曰东平王，曰太子，曰社公，曰社母，其最著者也。庙中有卦牌一，上载卦辞数十首，有上、中、下之分，村民多于岁首入庙求卦，以卜前途之吉凶云。三曰下庙，亦曰水口庙，中供菩萨十余，曰关公，曰东玄坛，曰北玄坛，曰观世音，曰华佗，曰闻太师，其大者也。华佗菩萨神座之前，有一筒，筒中置竹签百余，上刻号数。村民之有病者，其家属每至华佗菩萨前，跪于地，焚香拜祷，然后取筒簸之，至有签落地始止。村民得签，验其号数，告之药店中人，即可得药（药店中有签簿，凡某签得何药，上皆载之，其药多无力，服之无害亦无益）。村人皆信华佗菩萨甚深，谓仙方多灵验也。除三庙外，尚有一如来佛柱，在水口庙外。凡离乡他适者，多立柱前顶拜，谓如是则得佛佑，一路平安，不遭危险也。菩萨之外，尚有算命先生，亦为村民所深信，吾村儿女婚嫁之权，可谓尽操于算命先生之手。村俗，凡两宅通婚，以换年庚（即问名）为第一步手续。所谓年庚者，即一人之生辰八字也。年庚既换，乃请算命先生来，命其卜之，名曰对年庚。算命先生曰吉，则两家乃为正式之谈判；算命先生曰不吉，则互退年庚，彼此无商量之余地。坐是故，而吾乡女子，乃无真正之八字者，盖男子之八字不吉，犹有希望得妻，女子之八字不吉，则终身无人过问也。八字既如此之重要，故村人之善排八字者，乃不一而足，私塾之教师，即最善排八字者也。村人凡遇婚嫁丧葬及建屋出行等事，必拣一好日子而后行。村中之能拣日子者颇多，凡遇小事，村人则就决于彼辈，唯遇大事，则必求教于拣日子先生。所谓拣日子先生者，以拣日子一事为营业者也，吾村无之，唯六十里之外一村，有此辈一人，其营业颇不恶也。此外则看风水一事，村人以为一家盛衰之所关，对之尤为注意。凡祖宗营葬之先，必请看地先生，卜一吉壤。吾村附近，有所谓蛇形、驴形者，皆堪舆家之所谓好地也。村人对于堪舆家，崇拜颇深。虽其言多不验，然村人并不以此而减其信仰也，亦奇矣哉。

# （八）胜景

岔口有八景，村中文人多有题韵，今不尽传焉，八景如后。

（1）梯云夜读。梯云草堂，今已焚毁，然荒烟蔓草间，犹令人想见当日情景。每当风和日暖、鸟语花香之际，携书至其地，据磐石读之，令人抑郁之思，不扫而自去。

（2）虎阜涛声。雨水合津，潮流陡急，泉石相搏，无风而涛，砰訇激越，荡耳震目。

（3）龙门积雪。龙门尖，村前秀峰也。每交冬令，山巅积雪，霁日照临，光炫人目。

（4）长潭观鱼。长潭水碧，清澈见底。其下碎石棋布，罗罗可数，游鱼扬鳍浮沉，往来甚适。

（5）云碓夜春。晚间万籁俱寂，唯风送春声，若断若续，令人尘虑俗想，荡涤殆尽。

（6）金滩碎月。滩浅水急，月光照其上，动摇不定，折光辉煌，若金蛇舞。

（7）飞桥卧波。村前有桥一，长数丈，连通南北。每当溪水涨溢，桥下水流，澎湃汹涌。自远望之，有如彩虹饮水，至足观也。

（8）前溪柳色。春夏之交，前溪柳绿，千丝万缕，笼雾含烟，登高望之，一碧无际。

（载《癸亥级刊》6 月，1919 年）

# 徽州之洋庄绿茶

　　谈徽州之物产者，必言茶叶，徽茶之名，几于中外皆知矣。业此者共分二种：曰店庄，曰洋庄，销于国内者曰店庄，销于国外者曰洋庄。店庄国人多知，兹无论矣。洋庄绿茶制法，与店庄大异，世罕知者，今以调查所得，著为是篇，以供研究。其中所引，多茶业所用之名词，不敢改去，存其真也，挂一漏万，知所不免，读者鉴之。

　　徽州种茶者，名曰山户。种茶之法，于春秋二季，取佳种之茶树所生茶子，去外层壳，浸入水中，数小时后，即可取出种之。种茶之地，宜于高山，以茶恶湿也，种后宜常加耕锄，又当施以相当之肥料（如杂草、畜骨、豆饼等物），然后茶树始可逐渐长大。六七年后，即可摘茶。摘茶之期，年计二次，一在立夏之前，一在夏至之后。第一次摘下者，名曰春茶；第二次摘下者，名曰子茶。春茶每较子茶为多，价亦较贵，以其嫩也。山户将茶摘下后，即置锅中炒之，去其水汽也。炒出之茶，即须揉，欲其成细条也。常人多用手，间有用足者，或谓此为不洁，然据业此者言，揉茶舍用手足外，别无他法。盖揉茶之时，用力有轻重大小之分，例如向前揉时，力宜加大，退后反之，稍不加意，则制成之茶，即不美观。外国制茶家，闻有用机器揉茶者，其成效何如，未目睹，不敢定论也。揉成之茶，须置熏笼中烘之，烘后再下锅炒，而山户制茶之手续毕矣。于是乃以制成之茶，售于螺司。螺司者，山中贩户之称也。螺司既聚有成数，乃售之于茶号。茶号，做洋庄者也，其资自数千以至十余万不等。徽州之茶号，计二百余家，欧战之前，尚不止此，欧战之后，银根吃紧，航路阻碍，洋庄不甚行销，故茶号亦因之而减少。茶号最多之处，在休宁则推屯溪，在歙则推深渡、岔口等处云。茶叶之优劣，视各地而异。婺源东北乡之茶最佳，巴拿马赛会时，得环球第一之名。其次为休宁之茶，其次为绩溪及歙北之茶，价目自五六十元一石，以至十数元一石不等。螺司售茶价目之高下，又视洋庄销路多寡而各异。自欧战勃兴，洋庄停滞，婺源茶只售二三十元一石，以较民国三年（1914），每石乃售六七十元者，相悬可谓巨矣。茶号收茶百余石，即可开工。工人有三种，多寡视号之大小而异。大号约有焙工二百人，拣工六百人，作工八十人；小号则焙工不过数十人，拣工不过百余人，作工不过十余人耳。作工又分三种：曰扇工，曰簸工，曰筛工。筛工人最多，扇工、簸工，不过数人耳。焙工多安庆人，间有本地人，其工价每日约二百外。拣工皆本地女人，工价视拣茶之多寡而差，自数十文以至百数十文不等。作工亦多本地人，工价每年自六七十元以至十余元不等（茶号制茶之时，每年约自四月起至八九月止）。号家称买进之茶为毛茶，毛茶先由焙工出小伙。出小伙者，欲毛茶之干湿一致也。焙两根香，用香计时之俗，其来甚远，盖我国古时，无钟计时，不得不以香，今虽有钟表，而习惯已成，颇难改也。出小伙后，即可分筛，筛有二十种：曰二号，曰三号，曰大四，曰小四，曰大五，曰小五，曰大六，曰小六，曰大七，曰小七，曰大八，曰中八，曰小八，曰大九，曰中九，曰小九，曰大十，曰小十，曰铁砂，曰末筛。筛以竹编成，径一尺四五寸，其孔之大小，视号数为差，最大者为二号，最小者为末筛。分筛后，粗细即分，然而犹未整齐也，则必切筛。切者，犹切物使齐也。譬如四号之茶，以五号筛筛之，其小于四号者，自在筛下矣，筛上之茶，再以三号筛筛之，其大于四号者，自在筛上矣。经此二次手续，而三号筛下之茶，乃尽为四号，齐整如一矣。齐故上扇，则正副分清，抖筛，则长圆自别，故切筛实不可忽也。切筛后，即由扇工扇之，扇茶用风车，其形与农家之用以扇谷麦者无异，有大小二口：由大口出者，为头皮，又曰正口，货稍佳；由小口出者，为二皮，又曰子口，货稍次。扇出之茶，可用筛抖，例如三号之茶，可用小六号筛之，四号之茶，则用大七筛，五号之茶，则用小七筛，其余皆可类推。或问抖筛与切筛有何分别，曰抖筛所以分茶之长圆，切筛所以分茶之大小。抖筛之时，两手持筛，斜向地面，动时唯肱腕等处用力，略向前后推退而已。切筛之时，两手持筛，与地面作平行，动时两手或由左向右转，或由右向左转，其筛法不一，故成效各异也。毛茶自抖筛后，长圆即分，长者恒落筛下，圆者恒留筛上，长者以为雨前，圆者以为珠茶及熙春。雨前约分六等：曰珍眉，曰凤眉，曰娥眉，曰秀眉，曰针眉，曰芽雨。珠茶约分五等：曰虾目，曰麻珠，曰宝珠，曰珍珠，曰圆珠。熙春约分三等：曰眉正，曰熙春，曰副熙。各色中以珍眉、虾目为最，麻珠、凤眉次之，眉正在欧战前，沽价甚高，几可与麻珠、凤眉埒，迩来沽价远不如前，甚且不如秀眉矣。此外又有名大帮者，每帮计百余件，系合各货而统售之，多无色，销于美国，有色者则销英、俄等处云。雨前自筛出后，由拣工择去其杆，拣后可交焙工摩尖。摩尖者，欲茶之热而易簸也。焙一根香，焙后可由簸工簸之。簸者，扬其轻也，簸以竹编成，径约三尺二寸，簸数遍，而珍眉、凤眉等件皆分出。再由拣工择去其朴，盖朴色黄，不可以为珍眉、凤眉，然质重，不可以簸去，非用拣工不能择出也。择朴后，即交焙工拖风。拖风者，欲茶之玉熟也。伏八支香，伏时加以洋靛、化石粉等少许，苟不油色，则制雨前之手续，至是遂毕。此种茶叶，可销俄国。如欲油色，可再伏四支香，伏时加以白蜡少许，油色之茶，多销英国。美国对于有色之茶，禁止入口，故欲销美国，则茶中不可加化石粉、洋靛等物也。珠茶及熙春之作法，与雨前稍异，抖筛后，四号以前之圆茶，可为熙春。先交拣工择去黄朴及梗子，上扇分头二皮，然后由焙工伏四支香，名曰打胚。伏时下化石粉、洋靛等物，起锅后可再切筛，切筛之后，再抖筛，筛下之茶，以为雨前，筛上之茶，即熙春矣。珠茶亦须打胚，打胚后，雨前亦必吊出，总之以做成圆粒中无长条为度。或问初次抖筛，长圆即分，何以打胚后，又要复分长圆？曰圆粒之茶，伏后又要断下长条，非再分，则雨前与珠茶必混杂矣。珠茶与熙春，亦要拖风，不如是，不玉熟也。珠茶亦须油色，与做雨前同（制茶之法，此号与彼号不一，甲年与乙年不一，无一定之规矩，兹篇所述，不过举其大略而言耳）。各茶制成后，即可打官堆。打官堆者，合某货之大小数号于一处也。如打珍眉官堆，则珍眉之五、六、七、八、九、十等号，皆须合于一处。于时则有过秤者一，称茶之轻重者也。上箱者十余人，装茶入锡罐者也。司杂事者十余人，任发罐、封口、钉箱等职。锡罐每只可盛茶四五十斤，罐外加以绿色板箱，箱有三种：曰二五，曰三七，曰大方。二五箱高一尺一寸，阔一尺；三七高一尺二寸，阔一尺一寸；大方高一尺三寸，阔一尺二寸。珍眉、虾目，为茶中之最佳者，故绿色板箱之外，须加以白色套箱，饰以花边，亦颇悦目。成箱后，即交篾工篾之，篾成，可由新安江运往杭州，茶叶抵杭，可由行家代运往沪。杭州江头有行数十家，皆代客运货者，如洪大房、曹泰来，其最著者也。运沪之途有二，一由沪杭火车，一由城河舣往拱宸桥，再改由轮船运沪。途虽二，而号家多愿由轮船，盖代客售茶之茶栈，皆在上海北市，轮船栈房，亦在北市，其取货也便。沪杭火车栈房，则在南市（近来沪杭、沪宁，已曾联轨，由杭运沪之茶叶，亦可在北市起卸，将来号家或因火车快利，改由火车运茶，亦不可知），取货不便也。茶捐甚巨，在徽州每百斤须纳税二元四角七分五，入浙江界每百斤又纳税七角四分，至拱宸桥每百斤又纳出口税一元七角，统计每百斤约纳税五元也。上海徽帮茶栈，约八九家，最大者，为谦泰昌、谦顺安、洪源永等栈。茶叶到栈，即由栈中出样，与各买茶之洋行，然后令通使，与各洋行议价，两方意合，此卖（各茶号皆有水客，"即卖茶者"长川驻栈）而彼买矣。上海有洋行数十家，买熙春、副熙、珍眉之洋行，有谦义、富林、美昌、广泰、宝元、拮孖治等，买珍眉、凤眉、秀眉、珠茶之洋行，有协和、新泰、天裕、天祥、柯化威、沙咪、礼昌、怡和等。

余考徽州业洋庄者颇多，而以此获利者殊鲜，推源其故，约有六端：一曰买卖无权（买茶时，权在螺司之手，螺司欲得善价而沽，号家给以低价，螺司不售也；卖茶时，权在外人之手，外人给以低价，号家欲索高价，外人不买也），一曰制法不精，一曰资本不殷，一曰转运维艰，一曰茶税太重，一曰提倡无人。苟业茶者，能于此谋改革之方，而政府复从而鼓励提倡，其庶有豸，否则江河日下，将来恐有不堪设想之日矣。

（载《癸亥级刊》6 月，1919 年）

# 记忆漫谈 *

人生事业之成否，恒视记忆力之强弱而定。世之才俊，其记忆力多非常健全，每思一事，则凡与此事有关者，皆一一涌现于其脑中。此其所以异于常人也。

意大利有某侦探，为人精明，一睹罪犯之面，即终身不忘。故罪案之赖其以破者，不可胜数。罪犯虽非常狡猾，化装易形，出其神鬼不测之技，以一试其伎俩，而一经某侦探之手，未有不水落石出者。

记忆人之面貌，其事至难，何也？人之耳目口鼻，非一生不变者也。今日所遇之人，隔数年见之，已大异于曩昔，此人人之所知也。故谓观人之面，即能终身不忘，似大难事。然彼意大利侦探，竟具此特别之能，以具此特别之能，而其所营之事，遂无往而不成功，诚哉记忆力之紧要也。

虽然，彼意大利侦探，亦有不能者焉。彼虽能记人之面，而不能记一乡一人之名，又不能歌一曲、奏一乐。他如外国之文字艺术，皆非其所素习。吾为此言，必有疑而问故者。实则此非难解。盖彼侦探，对于世间各事，皆淡漠视之，唯记忆面貌一事，足引起其兴味。在此一事之上，彼竭其聪明，专心致志，耳唯闻其所欲闻，目唯视其所欲视，视听既专于一事，故记忆力亦随之。其所以独擅记忆面貌之长，盖以此也。至于他事，非彼心中所欲悉知，乌能领会通晓哉！

多数人之心思，每分注于各事，然一事亦不能记忆，亦有能记忆而不久即遗忘者。遗忘之因，在心理学上言之，以为其事之现象，印入脑中者浅，故历时即不能存留。救济之法，唯有将此一事时时思忆，使此事之现象，印入脑中者深，必难忘却矣。斯

---

* 美国 R. S. Pearce 原著，即文中俾尔氏。——编者注

言也，在表面观之，似颇有理，然细察之，每不尽然。

执科学家而问以商业之事，或执商业家而问以科学之事，每皆瞠目不能对。非科学家对于商业之事不闻不问也，亦非商业家对于科学之事不忆不思也。然而不知者，以记忆一事，非徒用脑力所可奏效也。记者有友，名琴克斯，开设商铺于某街凡四十年。闲尝问其余至渠店最近一次购物之期，付价几许，彼一一言之，曾不少爽。然再问其与商业无关之事，则十九彼皆不知。吾友对于职外之事，固非置之度外者，彼亦看日报、读杂志，与外间人士相往还也。然而竟不能答余之问，其故可长思矣。又某商店中幼童，能告人以一季中种种球战之结果及各个运动家之成绩，不稍迟疑。唯某日彼之主人不在，有从电话中来问货价者。及主人归，童欲告之，而电话中问答之语，彼已不能记忆。夫球战之结果及运动家之成绩，至烦琐也；电话中问答之语，至简单也。能记忆其烦琐，而不能记忆其简单，何也？曰此不难知也。彼幼童之所视为有趣味者为运动，故运动之事，彼记忆最易最确。设使更历一年，幼童之思想改变，其所好者，不在运动而在他事，则球战之结果、运动之成绩，彼又将一律遗忘。而他事之足引其兴味者，又能道之历历不爽矣。

由此以观，可知对于某事兴味之浓淡，与记忆某事极有关系。吾人既知此理，则记忆一事之时，当细加思量，此事与吾生事业有关与否，此事记忆后于吾有益与否。不于此思量，而徒设法记忆，则唯令脑筋加增负担，疲于应命已耳。非徒无益，而又害之。

人有恒言，皆曰强其忆力。此在辞句上观之，似不可解，盖脑力又乌可强者。然自实际上言之，则殊可通。盖记忆力一经训练，必强于平日也。虽然，此亦非可以幸致，必也守一定之法程，循一定之规矩，而后始有效耳。

训练记忆之第一步，必自观察始。吾人每日可以观察一事，观察之后，必令此事之现象印于脑中。此种试验，不久即成习惯。此后凡遇一事，苟心中欲记忆者，自能记忆矣。

虽然，设使人之记忆力薄弱，欲记一事，而终不能记者，则遂舍之乎？曰：否。盖人之记忆力，纵弱至极点，然绝无事后即忘，丝毫不能记忆者。为若辈计，可于事后即将大略录于纸上，则虽事过情迁，然一温理故纸，此事又历历如在目前矣。此助忆之一法也。

然世人有终日忙碌，无暇记录者，则前说即不可行。为若辈计，可于每次休息之时，将最要之事以数字写出，每晚就寝之前可对数字回思一遍，次日早餐之时再将其事一一述之细君，以为笑乐。此又助忆之一法也。

记录所用之纸，最好用大小一律之纸片。此种纸片，可排列于匣内。排列之次序，不可紊乱，或按字母，或按门类。总取最简最便之法，为其排列之标准可矣。用此者每晚当以半小时取出浏览。此事足以训练脑筋，令其日趋于强健。脑力薄弱者，所当取法也。

吾上所述，初视之似颇繁重而难行，然吾人苟于记录之时，加以审择，记其紧要而遗其琐屑，则既不费力，复不费时，又何不便之有？世之有志于斯者，曷一试之。

按是篇所述记忆之法，自属佳妙。唯所谓纸片助忆之法，在吾国似不适用。盖吾国字体之部首，颇为复杂，不易排列也。排列一不得法，则检查需时，参考费事，失其助忆之价值矣。窃谓通常日记亦有助忆之功，用之以代纸片，似无不可。今春，客友人家，友询余三年前之元旦日在何处，作何消遣，余时虽能忆及，然不甚详。及取三年前之日记观之，所记虽只寥寥数语，然一阅此，而是日之情形，乃一一涌现脑中。凡早以何时起，午在何处餐，种种琐事，皆能忆及，如只隔一宵也。凡此云云，绝非伪语。置日记者，类能道之。或谓记日记需时太长，殊不经济。然以余所经验，每次记日记，最多只需时二十分，少或八分十分已足。费少许时间，收莫大之用，明智之士，宜有取焉。记日记又当注重次序，早晨之事，当记于前，晚间之事，当殿于后。此种训练，可养成一种有秩序、有统系之脑筋，于发言行事，皆有辅益。因俾尔氏之言，联想及此，故赘数言。译者识。

（载《癸亥级刊》6月，1919年）

# 死夫生妇

他是我从前的一个同学，名叫季祥，是徽州人，学问非常地好，也很用功。我们一班二十几个人，都很佩服他。

他平日最反对早婚。闲常看见人家早婚，他总要替人家着急，说是儿女情长，英雄气短，一个青年，学问没有成功，便娶妻子，一生的事业就没有希望了。

可是他虽然反对早婚，但也不幸早婚了。他的夫人，是我的一个亲戚，才十五岁，比他还小一岁。

听说他结婚之前，对着他的父母，不知道说过多少不能早婚的理由。但是他的父母，决不答应他，说这件事情，应该归上人料理，叫他不要管。

我的朋友到了这个时候，也无法可施，不由不随他的父母安排了。结婚还没两个月，他便离了家乡，随他姑丈到杭州去读书。徽州到杭州，是要坐船的。他在船上，不知道怎样生起病来了。到了杭州，他的姑丈就请个中医，替他开了药方。据这位中医说，他的病不大要紧，只要休养几天，就会好的。哪知隔了几天，他的病厉害起来了。他的姑丈一看不对，便把他送到医院里去，才知道他得的病是肺炎。不上一礼拜，他就去世了。

他是死了，替他悲伤，也是无益。只可怜我这个十几岁的亲戚，要替她的丈夫守节。

她的婆婆，还要常常地骂她，说她生了一个双关八字，克死她的儿子。

她走到街上，没有人肯同她说话。大家的意思，以为同她说话一定要晦气。

唉！可怜我这亲戚，要在那种悲惨的境地，过她的一辈子。

（载《癸亥级刊》6 月，1919 年）

# 苦乐不均

一天，我们学生从北京回学堂，到了西直门车站，我们停住吃午饭，吃的是鸡子馒头。同学有吃不完的鸡子黄和馒头皮，都摔在地上。旁边来了一个很苦的人，拾起那鸡子黄来吃，并且把馒头皮都拿起来带回去。我看那鸡子黄，已经染了地上的黑灰，如同煤球一样。可是那个苦人，并不嫌它龌龊，拾起来，吹一下，就吃下去了。我看了这种情形，心中不觉起了一种感触：一样是父母生的，为什么我们这样快活，他们那样受苦呢？

我们从学堂到北京，有时也坐洋车，一路走的时候，总要遇到好几辆汽车。那汽车走过，马路上顿时灰尘飞扬，叫人实在难受。但是那坐在汽车上的老爷太太们，依然色舞眉飞，只顾自己的安乐，哪晓得人家的不适。一天，我的车刚过海甸，迎面就来了一辆汽车，我听到那呜呜的声音，看见那车后的尘土万丈，不觉蹙额叹了一口气。我才叹完，那拉我的车夫，也随着叹了一声。我听见他的声音，一时怨恨都消，那沙土飞进我的眼睛，我也不觉得不适了。因为，我虽然没有坐汽车的安益，但也还是坐车的。不过他们拉洋车的，为何那样命苦？

（载《癸亥级刊》6 月，1919 年）

# 树阴农语

　　吾家门外有广场一，老树数株立其中，为夏日避凉之佳所。去岁暑假归里，每夕必憩于其下，时则有老农名尚福者，为吾等说故事。其言颇多有味，记其数则于下，以备遗忘云。

　　船户某甲，善捕蛇。自言得其法于一乞者，法行山泽中，吹气作响，蛇闻声即集。甲因尽捕之，剥其皮，售其肉，以此获利无算。蛇之死于某甲手者，不知几千百。一日，某甲舣舟江次，忽闻邻舟喧呼甚哗。甲出视，且询何故。邻舟驾长曰：顷有蛇，绕我舟舵上，众欲设法捕之，忽不见，以此哗耳。甲曰：我善捕蛇，若再见蛇者，呼我可也。众诺。移时，忽传蛇再见。甲起，见蛇已钻入己舟，疾前捉其头。熟视曰：此毒蛇也，能咬人死，我将毙之。去舱尾取斧，同舟某乙欲视蛇状，甲持示之，偶松手，蛇咬甲手。甲曰：殆矣。急毙蛇，且以口吮手，欲毒出也。继谓某乙可陪我，我将上岸取蛇药，以医我手。某乙因陪之下船。行数武，甲目胞突出寸许，口及面均起泡如鸽蛋大。甲曰：我受毒已深，急甚，不能行，我将死矣。请某乙扶之回船，未及安寝而死。

　　猎户二人，行山中，忽闻虎啸。知虎至，正预备迎候，而虎已突出，猛噬甲手。甲急极计生，猛以手插入虎喉，而以其一手握虎足。虎不能行，口亦不得下，乙乃乘洞以枪击虎。虎毙，甲手得出，自臂至掌无完肤，血淊淊下。乙扶之归，医养半年始愈。

　　喜捕虎者，能迹虎踪。凡虎以何年何月何日至，捕虎者皆知之。某甲者，以善捕虎名。某村素患虎，乃延甲往。甲细审山中，曰：虎已他适矣，今年不来，来必以明年某月某日，届时我当来捉虎也。至期，某甲果至，语村人曰：虎必以今夜至，可设弩弓俟之。乃设弩弓于山中，上置毒矢。翌日，村人起视，则山中有死虎在焉。

　　捕猴者言：捕猴与捕他兽不同，其法先于山中设一陷阱，上盖以草，沿途置玉蜀黍若干，以诱猴。猴见玉蜀黍，均来取食，且食且行，终必堕阱。俟堕阱者已有数猴，捕者即至其处牵一猴出。猴见捕者，惧欲逃。捕者叱之曰：咄汝欲逃乎！随以刀断其头，洒血阱中以示威。他猴见之，皆觳觫不敢动。捕者乃一一锁之以归。

　　猿能食猴。有见之者，谓猿行遇猴，猴即随其后，不敢逃。猿既至一处，则上坐，群猴皆伏地不敢起。猿审视众猴，择一肥者，置石于其头上。于是他猴皆起，去而之他。被选之猴，即自往涧边，洁净己身。然后回之猿所，猿即据而食之。

　　蛇能食蛙，众多知之。然蜈蚣又能食蛇，其事甚奇。俗传蛇见蜈蚣，即张口不敢动。蜈蚣即由蛇口爬入蛇腹中，先食肠胃，次及其他，终破腹而出。

　　蜈蚣食蛇，奇矣！然而蜗牛食蜈蚣事，则尤奇。蜗牛即吾辈所常见于屋隅者，其行绝迟。然蜈蚣见之，即如鼠之见猫，欲行不敢行。蜗牛即于其旁绕行一周，蜈蚣之足，触其涎立断。蜗牛乃以两角，对蜈蚣作吸取状。移时，蜗牛他去，而蜈蚣则死矣。取而视之，只存空壳。

　　某宅有园，植草木甚多，空一隅为养鸡之所。而鸡常失，宅主初不知，后见鸡渐亡，大怪之。求其所以失踪之故，莫不得。某日，有丐者乞食于门，宅主食之。丐者忽曰：吾细观贵宅，草木皆阴沉，即鸡犬亦少生意，是必有毒物藏迹其间。及今除之，犹未晚，否则殆矣。宅主方求失鸡之故而不得，闻丐言，大惊，因请其审视园中。丐者行至养鸡所，失声曰：在是矣！宅主急问故，丐曰：贵宅有蛇，名铁甲五毒者二，一雄一雌，深藏穴中，食鸡者必此也。宅主请除之。丐曰：此蛇甚毒，啮人无幸免者，非仓促所可除。吾当入山采药，数日后再来也。丐去后五日复来，曰：各事已具，所缺者，只布袋二，得此即可捕蛇矣。宅主急与之布袋。丐者入园，即语宅主曰：吾一人可了之，若可出，免受蛇咬也。宅主出。须臾，丐者亦出，谓大功已成，蛇已入吾布袋矣。宅主喜，厚赏之。丐者肩蛇出，行入市。而里中少年，方啜茗于茶馆者，见丐肩布袋行，异之，出而问其故。丐具道所以。少年曰：如此毒蛇，吾等必以一睹为快。丐曰：是不能，毒蛇出布袋，将咬人也。少年坚欲之。丐者不得已，解布袋口，蛇首突出，啮丐手，手脱蛇出。众见蛇出，则大惊，皆逃避。丐曰：吾不除此害，必毙市人矣。急入茶馆，取沸水出，浇蛇头，蛇毙。而丐亦倒，盖毒已入血也。众急前扶之。则丐目已瞑，丐手已冰，唯口中犹断续作声曰：我……死。请……公等……葬……我。语毕而气绝。

（载《癸亥级刊》6月，1919年）

# 小主人*

## （一）

来加在他主人家服役的时候，才十二岁。他和他的主人，是共一个阶级，他的主人把他的小孩儿给来加抚养。时间一天一天地过去，这小孩儿长大了。他离开来加，进小学堂，小学堂毕业了，进大学堂，大学堂毕业了，就到司法界上做事，来加还是一样地服侍他，直到结婚那一天。

这个时候，来加有两个主人了。来加侍候他的主母，和从前侍候他的主人一样。到了后来，他的主人安格有个小孩儿了。来加很爱这个孩子，所以安格就交给他看护，他常常抱着这个孩子，和他耍玩。

不多时，这个孩子也会爬了，他能爬过那门槛。来加要是去捉他，他就故意叫起来，还要躲避，叫来加捉他不到。来加看他这样聪明，心里很是奇异，常常在主母面前说道："你的儿子，将来一定可以做个裁判官。"

还有更奇怪的，就是小孩儿刚会走路的时候，就知道叫他父亲爸爸，叫他母亲妈妈，叫来加猜那（猜那原文为 Chan-na，想系印语，意姑阙）。来加听了，真是喜欢得不得了，对着人总要告诉他这件事。

隔了不多的时候，这个小孩儿，又学会别的事体了。他嘴里含着缰绳，两只脚上上下下地跳，装作马的样子。他还要同他一样大的小孩儿比武，他胜了，自不必说，要是他不能，就故意睡下，哭起来装输。

这时安格搬家到八马河边居住。路上他买了一乘习步车给他的儿子。他还买了一

* 印度 Rabindranatle Jagore 原著。——编者注

件黄缎衬衫、一个金线绳边的帽，还有些金手钏、金脚镯，一起给他。这些东西，都交给来加管理。小孩儿出去的时候，来加一定要给他戴上这些东西，算是很体面的。

现在到了雨季了，雨一天一天地落下来不息。河里收纳的雨水太多，便把村庄和芭芦田都淹没了，沙岸上的芦草也都给那大水盖住。河岸被水冲刷，时时地塌倒，那涛声澎湃，就是在很远的地方，也都听得到。水上的泡沫，流过去很快，看见就可知道水流很急。

一天下午，雨不下了，天上还是阴云密布，但是那天气倒很清爽，很凉快。来加的小主人，不肯停在家里，他爬进习步车，要来加带他出去玩。来加拉着车，慢慢地走，不久到了河边一个稻田上，那田里面看不到一个人，河面上也没有一只船。河的那一边，云不很密，夕阳的光，就从那罅里射出来，非常好看。这个时候，四边很静，没有声息，忽然那小孩儿指着前面道："猜那，看！"在前面一个泥地上，有棵很大的克台姆排树，树上开了许多花。这个小孩儿的眼睛，就是对着那儿看，来加知道他的意思了。

来加的心里，不愿跑到泥地那边去摘花，他用手点着后面说："看，小孩儿看！看那只鸟。"他说的时候，把车推开，叫小孩儿看不到那树。

但是这小孩儿，生成裁判官的资质，哪有这么容易受人家骗，而且这儿实在没有别样好看的东西，能够叫他的眼睛注意，假的鸟一定是不行的。

小主人的主意，已经打定。来加是没有法儿了，到了后来，他就说："好罢，孩子，你安安静静地坐在这儿，我去摘花来给你，可是你得记好，不要跑到水边去。"

他说完话，就把脚上的鞋袜一齐脱下，走过泥地到树边去。

来加刚走，小孩儿就往水边跑了，那水流得很快，还有无数的浪花，滔滔不绝地滚过去。小孩儿看到这个情景，心里静不下来了。他慢慢地从习步车上下来，走到岸边，在路上他还拾起一根竿来，装做钓鱼的样子。那河里的水神，看见他来，很是欢迎，就接他到水宫里去玩了。

来加摘了很多的花，放在衣服里，含笑地走回来。走到习步车前，一看没有人，他四边一看，也没有人，他走到车后边一看，也是一个人没有。

这个时候，来加的血都凝结了，他眼前的世界，好像都笼罩在黑暗的雾里，他的心都碎了，他还嘶声地叫道："主人，……主人，……小主人。"

但是这儿没有声音回答他，没有小孩儿回过头来对着他笑，没有小孩儿走过来欢迎他。只有河水，还在那儿潺潺地流，和从前一样——像一点事儿都不知道，并且没有工夫去管一个小小孩儿生死的事情一样。

到了晚上，来加的主母着急起来了。她派人到四边去找，他们拿了灯笼，走到八马河岸边。这儿，他们看见来加如飞地走上走下，嘴里在那儿大喊："主人，……主人，……小主人。"

他们把来加带回家来，来加就跪在他的主母面前。大家都问他把小孩儿放在什么地方了，但是他能够回答的，就是他一点儿也不知道。

大家的意思，以为小孩儿一定给水淹死了。有的还很疑心，因为那天下午有一群要饭的走过，或许小孩儿是他们拐去的，也未可知。来加的主母，真是悲伤极了。她疑心孩子是来加偷去的，所以她就叫来加到她旁边，哀恳地说道："来加，你还我的小孩儿罢。别的东西，你都可以拿走，只要还我的小孩儿。"

来加只有捶头痛哭，他的主母，叫他走。

安格看他的妻子疑错人了，便告诉她道："来加哪肯犯那种罪过呢?"

她回答道："小孩儿的身上有金的装饰品呀，谁知道……"

安格知道同她没有理讲，也不说了。

## （二）

来加跑回他的村里，这个时候，他还没有儿子，他也不希望还生儿子。可是那年没有完，他的妻子就生了一个小孩儿，随后他的妻子就死了。

来加看见他的儿子，心中有点不高兴。他心里想，他的主人失了一个儿子，他就生了儿子，不应该快活。这个小孩儿，要不是他的孀妹帮助抚养，一定不会活长久咧。

来加的心理，忽然渐渐地变了。这个小孩儿，不久就会爬来爬去，一样会爬过门槛，并且很聪明。有人来捉他，他知道躲避，他哭笑的声音和他的姿势，也是同小主人一样。一天，来加听到他的哭声，心中不觉吃了一惊，因为这个声音，好像是他的小主人，在一个无人的地方呼喊他的猜那。

华那（来加的孀妹给这小孩儿的名字）不久就会说话，他也会叫爸爸妈妈，来加听见这种很熟的声音，心里豁然明白了。他想，这一定是他的小主人舍不得他，所以还来生到他的家里。

来加有几个理由，证明他的思想是不错的。

第一，这个小孩儿在他小主人死后不久出世。

第二，他的妻子，绝没有那个好运气，到了中年还生小孩儿。

第三，这个小孩儿，走起路来，和从前的小主人一样，并且也会叫爸爸妈妈。

来加这个时候忽然想到他的主母说过的话，他对自己说道："呀，人家母亲的心理是不会错的，她知道我偷了她的儿子咧。"

自此以后，来加待他的儿子，和以前不同了。他现在牺牲他的身体、他的灵魂，专门来看护这个小孩儿。他待他像个富人的儿子一样，给他买了一乘习步车、一件黄缎衬衫、一个金线绳边的帽。他把妻子的首饰都熔化了，做成金手钏、金脚镯。他不让别的小孩儿同他玩，他自己整日整夜地和这小孩儿作伴。小孩儿长大的时候，穿的衣服很好，过的日子很舒服。别的小孩儿都叫他贵族，嘲弄他。村中的老者，都说来加待他的儿子太娇惜了。

到了后来，小孩儿得进学堂了。来加卖了他的田地，到孟买去，他在那儿帮人家做苦工，还要送华那进学堂。他给华那好教育受，好衣服穿，好东西吃，一点也不痛惜，同时他自己吃得很坏，他还暗暗地说道："呀，我的小主人，我亲爱的小主人，你那么爱我，还到我的家里来，你绝不致在我这儿吃苦呵。"

十二年的光阴，这样地过去。小孩儿读的书很多，作文也很好了。他很聪明，很强壮，很温雅。他对于自己的外貌，非常地注意，理发那件事，他尤其小心。他爱华丽，所以用钱手也很松。他不当来加是父亲，因为来加对他的感情，虽然很像个父亲，但在行为上实在像个仆役。来加对着别人，也不说他是小孩儿的父亲。华那住的旅馆里有许多学生，他们看见来加那种乡下佬的样子，都觉得很好笑。华那也难在众人当中和他的父亲耍玩。但是他们的心里，都爱这诚实仁慈的老人，就是华那也很爱他，因为来加很谦卑。

来加一天一天地老了，他的主人对于他的工作，渐渐地有点不满意起来。他为了华那时常忍饿，他的身体就渐渐软弱，他的工作也做不好了。他常常忘记了事情，他的心思也很迟钝，但是他的主人决不宽待他，一定要他做十足的工。他卖田的钱也用完了，小孩儿常常埋怨他，因为他要穿好衣服，要许多钱用。来加的志向立定了，他辞去工作不做，给华那一些钱，对他说道："我要到村里去办点事，不久就回来。"他即刻跑到拜尔赛去，因为安格在那儿做知县，安格的妻子依旧很伤心，因为她并没有生别的儿子。一天，安格公事办完了，坐在那儿休息，他的妻子正在买药，预备吃了好生儿子。忽然厅子外面有人问话的声音，安格走出去一看，原来是来加。安格看见他的老仆，心里很快活，问了他许多话，并且要他回来，帮他做事。

来加笑了一笑，回答道："我要去见我的主母。"

安格同他一块儿进去，他的主母接待他并不热心。来加倒不注意这些，他拱手说道："并不是八马河偷了你的孩子，这都是我做的。"

安格叫起来道："上帝！呀！什么！他在什么地方？"

来加回答道："他同我在一块儿，我后天要带他来。"

这是礼拜日，县官并不坐堂，安格夫妻两人，一大早就对着那条路，看来加来了没有。到了十点钟，来加来了，手边领着华那。

安格的妻子，一句话也不问，就抱起那小孩儿，坐在她膝上。她的神经受了很大的刺激，一时哭，一时笑，一时抚摩他，一时亲他的额。她的眼睛，不住地对小孩儿看，小孩儿是生得美丽，穿得也像个富人的儿子，安格的心里对着他也充满了爱意。

但是他还问来加道："你有证据吗？"

来加说："这个哪有什么证据，上帝知道我偷了你的孩子，世上的人哪会知道呢？"

安格看他的妻子，那样地爱这小孩儿，心里想：问证据也没用，还是相信好，因为像来加那样的人哪会生出这种孩子，还有他的老仆欺他有什么用？

"但是，"他严厉地说道，"来加，你不能住在这儿。"

来加哽咽地说道："主人，我可以到什么地方去？我已经老了，谁还要我这样老的仆人？"

来加的主母说道："让他住在这儿罢，他在这儿，我的儿子要快活一点，我已经饶恕他了。"

但是安格是个讲法律的人，怎样肯呢？他说："不行，我们不能饶恕他的罪过。"

来加跪到地上，低下头来，抱住安格的脚，哭道："主人，让我住在这儿罢，这不是我做的，这都是上帝……"

安格听到他归罪上帝，心里更不快活。

他说："不能，我决不能让你再在这儿住。我现在不信任你了，因为你做了一件奸诈的事。"

来加站起来道："这不是我做的。"

"是谁呢？"安格问。

来加回答道："这总是我的命运……"

但是这种话怎么可以叫人相信呢？安格的宗旨，还是坚执不变。

华那起初看见他自己是个富人的儿子，不是来加的，心里很不高兴，因为他受了来加的欺骗，但是他看见来加那样可怜，就对他父亲道："父亲，饶恕他罢，你不要他住在这儿，每月也得给他一点津贴才好。"

来加听到这话，就不作声了。他对着他的儿子，望了一望，向他的主人主母鞠了一个躬，就跑出来，向人当中走去。

到了月底，安格派人送钱到来加那儿去，但是钱退了回来，因为那个村里已没有叫做来加的那个人。

（载《清华周刊》临时增刊 5，1919 年）

# 二学生

两个学生，一个叫刘二，一个叫马百，坐在阅报室里看报。

刘二看见一件新闻。上面写的是：

> 昨日下午，众议院开议事会。……届时到者寥寥。……议长宣告延长二十分钟。……然而续到者无几人。议长不得已，宣告再延长半点钟。……届时仍不足法定人数。……乃改议事会为谈话会。

刘二看完了，把报一摔，恨道："真是岂有此理。"

这话惊动了马百。他放下报也不看了，问刘二道："什么事？"

刘二道："现在这班议员，真是可恶。他们只会坐汽车，吃大菜，娶姨太太，逛窑子，到了议事的时候便一个个缺席了。这样的人真是该死。"

马百道："这还算好的，你看这儿。"他说话的时候，便把他看的报递给刘二，指着一段新闻叫他看。刘二一看，只见上面写道：

> 下礼拜一，为选举副总统之期。……某某二公现正托人运动。……闻票价每张为二千元。……唯多数议员犹嫌太少，……皆不肯出售，……欲得善价而沽。

刘二还没看完，马百便插嘴道："现在这般人的人格真是卑鄙极了。选举大事也用金钱运动。国家里有这种现象，国事还可为么？唉！真是可叹。"

他们说话的时候是一点二十分。再过十分钟，就要上课了。

叮当，……叮当，……铃声响了。

马百听着，便站起来道："刘二，快上课了，我们走罢。"

刘二慢慢地抬起头来道："不要急，慢点去不碍事。"

马百听了，重复坐下。他们看完了报，又拿起几本小说来翻一翻，才慢慢地踱出阅报室。

刘二说："马百，我前几天在书铺里定了一部《黑幕大观》，现在要去取来，你愿意同我去吗？"

马百说："现在已经上课多时了，怎么你还要去取《黑幕大观》？"

刘二说："不要管它，我们的教员好说话，迟到一两刻钟，不要紧的。"

马百听他这么说，也就不响了。他们两个人跑到校门口书铺里，把书取来，才去上课。

教员看见他们进讲堂，便发问道："你们为什么迟到？"

他们两个人，对着教员点点头，笑一笑，向前说道："学生在阅报室看报，没有听见摇铃，所以迟到。请先生原谅。"

教员听到他们这样说，便道："算了，你们上位去罢。"他们两个人，看先生把点名簿改了，才各人跑到位子上坐下。

不到十分钟，下课铃摇了，各人都预备出讲堂。只见那教员站起来道："且慢！今天校长对我说过，每班都要举个班长，你们举完了班长再走罢。"

这个时候，马百忙极了。他跑到左边对人低声说，"我们是老朋友，你举我罢"，跑到右边也是低声对人说，"我们是老朋友，你举我罢"。

（载《清华周刊》第 188 期，1920 年）

# 我对于清华出版物的意见

昨天周刊一九二期出版，里面有闻一多君做的一篇文章，题目是《清华底出版物与言论家》。我看完了，很有点感触，所以把它写出，与大众讨论。

清华的出版物，算起来共有三种：（1）学报；（2）周刊；（3）白话报。

先说学报。

我审思许久，觉得学报实在可以取消。

大凡办一样事，第一要问需要不需要。有需要了，第二就要看，有人来供给这种需要与否。这两个问题，都得肯定的答语，然后那件事，才可以办；不然，别想动手。

《清华学报》，有人需要吗？这个问题，似乎很难解答。

但照过去的情形看来，《清华学报》的销路是一天比一天少，这就是需要减少的证据。这种需要，为什么减少呢？这并不是因为《清华学报》的内容一天不如一天，实在是环境变了。两三年前，中国的杂志界并不发达，市上发行的杂志寥寥可数。《清华学报》在那时还算一种谈学问的杂志，所以有人购阅。这两年来，情形变了。各省各城，都有许多杂志发行。它们或者为学者所组织，或者为学会所创办，发表出来的议论，自然比《清华学报》——学生所组织的报——要透切些，精细些。所以阅者就舍此而取彼了。以前譬如大家没有东西吃，所以小米窝头都是好的；现在鱼肉当前，谁还来管小米窝头呢？这是《清华学报》销路减少的理由。现在的情形，既然如此，我们还不停办，将来可以到无人过问的地步。

以上所说的，是证明《清华学报》在今日已渐渐地无人需要。我们再退一步看，即使有人需要《清华学报》，我们同学之中有几个人出来供给这种需要？换句话说，就是有几个人肯出来替学报做文章？

一多君说："……言论家现在……流入搁笔派了！"又说："上半年还只一家周刊，现在学报也快开张了。零售趸批，家家缺货。"这几句话，把我们学校里出版物的情形，可谓形容尽致了。一多君不赞成别人搁笔；我的意思，却有点不同。本来著作不是一件容易的事，脑子里没有东西，想写也写不出。所以搁笔是当然的结果，并不是可以不搁笔，而故意搁笔的。以前我们不知道什么是学问，懂了一点，拿起笔来就写，还自以为不可一世，所以学报、周刊的投稿箱里常是满的。现在不同了，大家都觉悟了，都知道"拿一知半解的学问来夸著作，拿百孔千疮之谬误来混译书"，实在是害多利少。不如搁起笔来，赶紧到图书馆里，去进货，货进足了，再谈"零售趸批"。"我们提倡实学，推重真知，屏弃虚声，杜绝浮伪"，所以由高谈放论而趋于搁笔，这是清华的好现象，是可以庆贺的。

我们同学，现在的态度，既已如上所述，所以即使有学报，我敢说也是无人肯出来做文章的。不是不肯，其实是不敢，学生终是学生，哪敢夸著作呢？

所以我说学报可以取消。

但是有人要问："学报原是师生合办的，虽然学生没有人敢做文章，但先生里面精深独到的学者很多，把学报取消不是连先生都没有发表言论的地方了吗？"我说："这个不要紧，清华学校的先生，果有言论发表，不妨自己组织一个报，像《北京大学月刊》一样。"这层由他们去商量，不在本讨论题之内。

次说周刊。

周刊同学报的性质不同。清华的周刊，好像是一国的报纸。一国若是没有报纸，这方面的消息，那方面就不知道了。清华若是没有周刊，其不便有似于一国没有报纸，所以周刊很有存在的必要。

周刊的确是要改良的。我理想的周刊，是"报纸化"的周刊。

怎样叫做报纸化呢？就是把周刊的内容来改良一下，把它改得越像报纸越好。

说到这儿，我们可不可以拿一种报纸来做标准？据我个人看来，上海的《时事新报》或北京的《晨报》很可以做我们周刊的标准。

拿《时事新报》来说，它里面最紧要的部分就是新闻。我们的周刊要学得像它一样，新闻上非大大地改良不可。我们周刊的新闻，有几样缺点：第一太少。一九二期的周刊，校闻只占三页，实在太不像样了。难道这么大的清华学校，一周之内，只有那几样事可以记载么？校长到学堂已好几个礼拜，他的感想怎样，我们周刊的新闻记者为什么不去访问来告诉大家呢？评议部个个礼拜开会，为什么周刊不把它的经过情形详细报告大家呢？诸如此类还很多，周刊的新闻记者都没有去调查访问，所以登出来的新闻前后不到三页，这是新闻的第一样缺点。第二就是太简。一九二期周刊的新闻第一则是《公使来校》，下面写的是："美公使曾于上星期来校，会晤金校长，本拟是夜住校，嗣以公务冗繁未果。"寥寥数语，可以当得"简洁"两字。但是我们所希望知道的新闻，并不是越简洁越好，是越繁碎越好。譬如美公使到清华来，并不是无缘无故的。他为什么来？同金校长谈的什么话？事后新闻记者，都应当去访问，发表出来，那条新闻方才有价值。像那寥寥数语的新闻，说了等于未说，毫无足取。

新闻一栏，若是扩充一下，叫它的面积占周刊的三分之二或五分之三为最妙。

此外评论也是要的，像一九二期的《清华底出版物与言论家》《"优待运动员"之研究》这些文章、评论。评论的效力可以促进改良，造成舆论，所以是很要紧的。不过那些文章，短的可以入评论栏，长的就把它放在新闻栏内亦可。报纸的新闻栏内，常常看到某某要人对于时局的意见，某某团体对于时局的意见，周刊正可仿效此法。譬如一九二期周刊里谢文炳君那篇《论集会》的文章，放在评论里嫌长一点，就可换个题目，叫做"谢文炳君对于集会的意见"，放到新闻栏里去。

此外周刊还可另开一栏，如《时事新报》的《学灯》，或《晨报》的第七版，把其余的文章、诗、词、小说，一起安置于这一栏内。

这样做法，周刊或可以做到报纸化了，这是我对于周刊的一种希望。

再次说白话报。

以前的白话报，是每礼拜出一次，每次是一小张。这种办法，实在不爽快。

我的意思，以为白话报应该大大地扩充。每礼拜不妨只出一次，然而分量应该加多，至少也要和现在我们的周刊一样厚。

自从文化运动以来，中国似乎有点生气。然而我们仔细一看，就知道过去的文化运动，没有发生什么效力。它的缘故，是大家都没有去管那无智识的阶级。我们应该知道，中国现在还有许多人不知道什么是共和，什么是总统，什么是民权，什么是宪法。我们天天在这儿说改造，说解放，然而那些不识世事的人，那些无智识的人，还是像从前一样不识世事，一样无智识。你说改造、说解放，有什么用处？所以现在我们应当设法来启迪开导那些无智识的人，白话报就是我们的工具。

有人问："你反对著作，为什么要提倡白话报呢，白话报不是一样要著作吗？"我说不然，白话报与学报不可同言而语：叫我们办学报，诚然是力有不能；叫我们办白话报，真是绰有余裕。

怎么说呢？因为白话报里的著作，性质与别的报不同。白话报里所讲的东西，都是常识，都是我们做学生的已经晓得的事，所以写出来毫不费力。譬如地球是圆的，我们都晓得了。可怜那班无智识的人，还在那儿叫天圆地方，天上有神仙，地下有阎王。我们就应当做篇文章，告诉他们地球是圆的道理！破除他们那种迷信。诸如此类都可以入白话报。我想，我们清华学生来做这种浅近的文章，都是好手，谁也会干。

扩充白话报，就是我们学生对于无智识的人民一种切实的贡献。所以我很希望它实现。因为现在专为普通人民发行的杂志，据我所知的，除《新生活》外还没有第二家呢！

说到这儿，又有一个问题起来了。就是这白话报是送阅呢，还是卖钱？我想应当送阅。因为无智识的阶级，对于书报，并无嗜好。除非送阅，恐无人过问。至如经费问题，我想由学生会同校中各担任一半，也没有十分困难。而且假如学报取消了，校中贴补学报的钱，就可以拿来贴补白话报，岂非又多一笔款项么？

信手写来，已经两千字了。没有起草，字句一定有不连贯的地方，阅者观其意而略其辞可矣。我把这篇文章总结起来，只有三个意思：（1）取消学报；（2）周刊报纸化；（3）扩充白话报。

10 月 2 日上午

（载《清华周刊》第 193 期，1920 年）

# 清华学校的校风

## （一）

要讨论清华学校的校风，先得说明什么是校风。

校风的定义很难下，现在为讨论的便利起见，勉强定它为"校中多数人的心态（attitude of mind）在行为上表现出来的"。

在这个定义上，有几点可以注意。

第一点就是"多数"两字。校风不是从一两个学生身上可以看出来的。譬如，我们看见某校学生有一两个人嫖赌，因而断定某校有一种嫖赌的风气，那是很错误的。我们一定要看某校学生的全体，如多数学生是嫖赌的，我们才可以说，某校有一种嫖赌的风气。

第二点要注意的就是"心态"和"行为"两词。心态和行为是一定要联合而不能分离的。假如校中多数学生有某种心态，而无由此心态发出来的行为，我们不能承认那是校风。譬如，某校的学生多数有社会服务的心态，然而无社会服务的行为，我们绝不能说，某校有社会服务的校风。反是，如校中多数的学生有某种行为，而缺乏实现某种行为的心态，我们也不能承认那是校风。譬如，某校的学生多数都很用功念书，然而他们念书的动机，是为分数，为文凭，而非对于念书有特别的兴趣、深刻的感觉。换句话说，他们念书的行为并不是求学心态的表现。我们绝不能说，某校有好学的校风。

以上是解释校风的定义，以下便根据这个定义，述清华学校的校风。此篇只说清华的校风是什么，并无意说造成这种校风的原因及改良坏校风和保守好校风的办法。

还有，这篇文章是根据短时间的特意观察和友朋讨论的结果而成的，并不能自信已到精密无疵的地步。

## （二）

清华的校风，可以分作好坏两方面来论。

（甲）好的方面

（1）服饰俭朴。清华大多数的学生服饰都很俭朴。从高等科看到中等科，穿绸缎或较布为华美的衣服的人，不到三四个。许多贵公子在家中是穿得很华丽的，到清华来都改换了服饰，穿得与常人一样，可见清华这种校风已经有很大的威势。

我拿这一条校风，与几个朋友讨论，他们都不承认清华学生服饰俭朴这种行为是根据一种求俭的心态。然而据我们几个人的视察，大多数的同学入城，并不另外换上一套衣服。他们在学校里穿什么衣服，进城还是穿什么衣服（时节在外）。而且高中两科裁缝铺，替学生做的新衣，都是布的，没有几个人在学校里要添做较布为华美的衣服。这个可以证明，大多数的同学对于布衣已经有了一种信仰。

（2）质直无饰。我相信清华大多数的同学，进城的时候，同人谈话，一定要感受一点痛苦。这种痛苦，是由于我们质直无饰得来的，我们很可以自慰。城里的人，有一种无谓的礼节，无谓的客套，无谓的周旋，无谓的应酬。对这类的事情，清华学生大多数是门外汉。我们见着人，要说什么就说什么；话怎样说，就怎样说。恭敬那个人，就施之以礼貌；鄙夷那个人，就冷眼地看他。凡此种种，清华大多数的学生行起来很是自然，城里人断做不到。城里大多数的人，要同你说甲，先要谈一套乙，心里恨一个人，面上还是故意装出笑容来。类似的伪事，我们自信大多数都不会做。

（3）注重体育。蔡子民先生这次游历欧美回来，对各学生团体的演说几乎没有一次不谈到注重体育的，可见体育的重要。清华同学对于这件事情，有幸得风气之先，早就很注重了。这一件事，是清华学生最说得起的。清华学生，到了现在，差不多个个人会跑，会跳，会打篮球，会踢足球，……这并不是一件容易得到的校风，拿别的学校来比较可知。最容易看到这种校风的势力的地方，是西山消夏团。西山卧佛寺，不只有清华学生去消夏，别校的学生也很多。然而清华学生到一定时间都自动地到操场上去游戏或到池内游泳，而别校学生多半闭户不出。这就是清华有这种注重体育的校风，别校是缺乏这种校风的一种表现。

（4）注重英文。大多数的学生，都有这一种倾向。所以到毕业的时候，写的英文或说的英文，总还够用。到美国的时候，也无像某大学生"听觉还不十分驯熟"的痛感了。

（5）注重功课。普通的成绩很佳，很少有十二分荒唐的人。

（6）自动作业。清华学生的课外作业，无有一件是学校提倡而学生在后面跟从的。自学生会以至校役夜学，无论哪种作业，都是学生发起，学生实行，学生竣功。这种校风是新起的，三年前是无有，近来才特别发达。即如今年欢迎孟罗博士来校参观一事，学校没有过问，全由学生出来办理。由学生邀请，由学生欢迎，由学生主席请其演说，由学生请其批评清华组织。这种事情，本应该学校办理的。然而学生的自动事业发达到现在的地步，居然有力量把这些事都拿来办理了。

（7）富于小团体的组织力。由清华十周年纪念册内，我们可以看出，清华小团体是怎样地发达。做事的会，论学的会，大都由数人或一二十人组织而成。它们的生命，现在还是依旧继续下去。清华大多数的同学，都是在同一个或数个小团体发生关系的。

（8）有批评学校的精神。清华大多数的同学，对于学校各方面都有很深长的兴味。因为对于它有兴味，所以总喜欢批评。听同学的谈论，看周刊的言论，都可以证明这一点。学生这一种批评学校的精神，是使学校达于完美地位的保障。因为它的力量可以使庸懦无能的当局不安其位，使恶弊百出的组织根基动摇。年来我们受这种校风的益处已经不少，以后还要靠它的威势建设完美的清华。

以上是说好的校风，以下说坏的方面。

（乙）坏的方面

（1）分数迷。大多数的同学心中都挂念着分数，得超等、上等而心喜，得下等、及格而心忧。念书的时候，求学问的观念多半战不过求分数的观念。两种观念，初看去似乎并不冲突：以求学问为观念的人，其结果自然得好分数；得好分数的人，就是他诚心求学的结果。然按诸实际大不然，以求学问为目的而念书的人不一定得好分数，因为他喜欢自由研究，不拘拘于课本。反是以得好分数为目的而念书的人，注其全力于课本，课本以外不他求，所以分数虽好，却不一定得到学问。我们念书，应当以求学问为目的，不应当拘拘于分数。然而环顾清华，今日的情形适得其反，所以虽有图书馆、科学馆，却看不见几分在里面作切实功夫的人。

（2）轻视中文。大多数的人都不注意中文，既不愿听中文教员的教授，又不能自动地研究。所以中文课堂上，大家谈话的谈话，看英文的看英文，竟无一二人带中文上课的。

（3）缺少大团体的组织力。我们看，清华有几个大团体的组织是有力量的？清华会社的历史，简直就是大团体的失败史。以前的大组织没有几个存在的，大多数都早夭了。存在的几个，孔教会的精神如何学？学生会大会的精神如何？这种大团体精神的散漫，很可以表现清华学生缺少大团体的组织力。

（4）缺乏尊重威权（authority）性。把 authority 这个词译成"威权"，很容易起人误会。然而急切找不到相当的同意义的词，所以暂用这个。威权的意义有二：合法律的，或者应该享有的权力（Legal or rightful power exercised by a person in virtue of his office or trust）。

照第一义，校中享有威权的人是校中的当局。假如他不是滥用威权，我们就不能反抗他对某种威权的享有。然而环顾校中同学，大多数都藐视校中当局的威权。校中说是某日某时大家都在某地集会，然而同学的大多数可以不到。校中说是某日在某处练习国歌，同学可以不去练习。诸如此类，不必枚举。

照第二义，校中享有威权的人，如评议部议员，如干事部职员，如各团体的代表，等等。照理在他们的任务以内，他们可以指挥同学，要求同学做这样做那样。然而环顾校中同学，大多数人都藐视他们的威权。评议部议定的事，请大家遵守的，大家可以不遵守。干事部的职员，请同学交会费，同学可以不理他们。诸如此类，不必枚举。

因为大家都不尊重威权，所以清华有一种野（wild）的空气。大家都各行其是，不能受他方面的一点约束。

（5）食欲。清华同学的食量应该比别校学生大些，因为他们体格发达，并无足怪。可怪的，就是食量发达过分了。一天三餐，在三餐之内尽量而食，谁也不能说这个不对。然而一天要上几次售品公社，进几次厨房，未免出乎需要之外罢。

（6）不拘小节。随便吐痰，任意走草地，吃饭不脱帽，看完参考书不还原处，在公共集会场所谈话，……都是不拘小节的表示。以前有位学者，说是"大德不逾闲，小德出入可也"。我想大多数的同学都要拿这句话来做他们不拘小节的护身符，其实这句话是很错的。我们应该做到大德不逾闲、小德不出入的地步。不然，很可以生出极不好的影响。即如看完参考书不还原处一事，初看似乎没有什么要紧，不知道别人有因找这本参考书费一点半点钟的。我们不拘小节，别人有受害到这样地步的。

## （三）

由校风的研究，我又得到估值一个人的新标准。我很可以把同学分作三等。大多数的人属于中等，受好校风的影响，同时也受坏校风的影响。一小部分属于上等，他们于上面所列的好校风都已有了，于坏校风染到很少或完全没有染到；此外他们还有他们特有的长处，大多数的人并没有。一小部分属于下等，他们于上面所列的坏校风都已有了，于好校风染到很少或完全没有染到；此外他们还有他们特有的短处，大多数的人并没有。

诸君你们自己估计一下，属于何等？

1921 年 12 月 13 日

（载《清华周刊》第 225 期，1921 年）

# 暑假期内我们对于家乡的贡献

## （一）

人生最完美最快乐的生活，

只是诚心悦意地加入社会去活动，

使我所居的社会，因为有我，

可以向真美善的仙乡，再进一步。

——五月十二日对一多说

时光过得真快，暑假又到了。以前每逢暑假，我不是在西山，就是回家乡。在西山或家乡住了两个月，又回学校。西山还是西山，家乡依然如旧，没有因为我住了两个月生了什么变动。这是很令我懊丧的地方。同我有相似感想的，一定也不少。

今年暑假，我们又回家了。过去的已经辜负，未来的一定要想法补救。所以我们最好下一个决心，今年在家乡里至少要做一两件小工作——有益于人的工作。我们的工作，要从小处着手，不要做大事，怕的是自己才干不足；不要事情做得太大，怕的是难乎为继。

以上不过是个引子，以下就申说我对于本题的意见，以备同志的参考。

## （二）

暑假期内，我们在家乡中第一件可做的事，就是组织一个本地少年的学会。

我们中国人有种最坏的毛病，就是无共同生活、无编制能力。它的害处，杜威先生在《社会哲学与政治哲学》里已经发挥得很透切，不用我说。要矫正这两层缺点，只有努力地输入组织会社的精神。

农会、工会、商会以及其他各种的会，都是社会中不可少的组织。但是叫我们学生回家乡去亲手组织这种会是一定不可能的，因为我们的智识、经验同地位，都配不上办这件事。我们回家乡去所能组织的会社，是一种学生会，是本市、本乡或本区少年合力组成的一种少年学会。

这个会社如何组织？它的宗旨怎样？它的会务是哪几种？类似的问题，我们可在下面一一地、详细地讨论。

（甲）宗旨。这种少年学会的宗旨，我以为应当取下列三条：（1）研究学术；（2）修养品行；（3）改良社会。

怎样就可以达到那三条宗旨，看会务就可知道。

（乙）会务。会务可以暂定下列数项：

（1）组织读书会。这种读书会可以每两星期开会一次，与下面所说的讨论会交互而行。开会的时候，会员把他两星期以内所读的书，作读书录交入，俾会员互相传览。有什么不明的地方，可以质问；有什么意见不同的地方，可以辩难。它对于会员的益处，有下列二端：其一，因有读书录之要求，会员至少每两星期要看书一本，作文一篇。其二，读书录互相传观，会员可以在最短时间内知道许多书籍的内容，很合于以最少精力收最大效果的原理。

有这一项会务，研究学术的宗旨可以达到了。

（2）组织讨论会。讨论会中所讨论的题目，总要具下列两种性质之一：

其一，关于会员本身的。如人应当抽烟吗，读书的方法，子女对于父母应取的态度，类似的问题都可以在会里讨论。大家取正直公开态度，对于一件事情还它一个真是非、真利害。讨论出来的结果，大家都遵照行去。行时若有妨碍，若有弊病，还可以拿到会里再讨论修正，以便于实行。

这种讨论，益处有二：第一，使会员对于一件事情，认清它的利害是非，行事上可以有个标准。第二，使会员养成一种研究的态度，对于事事物物，都要自己去定一个新价值，不肯随习惯、成说为进退或转移。

其二，关于社会方面的。如禁赌的方法、筹备县立图书馆的步骤、如何可以使学校中儿童增加等问题都可以讨论。此种题目所应注意的，就是不要空描，不要唱高调；要注意提出具体的、严密的、建设的实行方法。譬如筹备县立图书馆的问题，我们不要讨论将来这个图书馆要如何设备，如何建筑；我们要注意的，就是如何可以筹得此种款项，如何可以求得各地绅商的同情，如何可以令县长容纳此种意见。这种讨论，对于会员的益处，是养成他们的智慧，叫他们随时随地找出具体的方法，应付具体的问题；对于社会的益处，是一点一滴地改进，由千疮百孔的状态中渐渐地、稳稳地走入康强光明的大道。

讨论会的效用，不单是养品行；它还可以做到改良社会那条宗旨。

（3）组织图书室。图书室置备各种书报，让会员或非会员自由阅览。这种设备，将来可以为设立乡立或市立图书馆的基础。

（4）组织通俗演讲。会内会员，在一月或两月内全体出发，到附近各村、乡、市作通俗演讲。通俗演讲，在通都大邑，虽然是很普通，但在内地还是创举。此种通俗演讲，于平民是很有益的事情。但是行之不得其法，不一定能见效果。海甸的通俗演讲所，我常去参观，每次听讲的人，数起来不上十人。这种演讲办上一二十年，也是一点用处没有。我想这种通俗演讲所以失败，就是因为它没有趣味。一两位老先生跑上讲台，伸开嗓子直喊，喊的又是些不关平民痛痒的东西，谁愿意去听呢？所以我们要想从通俗演讲中取效，除非在含教育性的通俗演讲中加入一点娱乐性不可。

我们全体出发，虽然以通俗演讲为目的，然而每到一山庄、一村、一镇，不要先就演讲。在演讲之先，我们先唱点音乐，做点戏法，来点游戏，然后再演讲。演讲的题目，要普通，要浅显，要与听的人有关系的。如赌、勤俭、爱邻等等，都是好题目。平常我们在学堂里所唱的高调，内地人民还领略不到，最好不谈。演讲之后，我们最好又唱几首歌。好在我们学生，拿起《一〇一好歌》来，都可以对付几句，对于这种事情，一定没有什么困难。而且我们在唱歌游戏的时候，也可以给大众好多教训。如唱国歌时，大家都要脱帽站起来，这种道理都可以此时贯入。

像这样的通俗演讲，我敢说在改良社会上可以收很大的效果。

（丙）会员。这种学会所持的使命，从上面所语宗旨同会务看去，可以知道是很大的，所以在会员的选择上，要特别用心。我以为少年虽多，然而这种学会对于有下列情事之一的，都不可取。

（1）不同区的不取。在我们歙县里，共分东西南北四乡，一乡又分数区，每区宽袤三四十里。在地方制度未统一的中国，这一定不是普遍的情形。但是我们可以立一个标准，就是我们以最小的地方自治区域为单位：最小的是都，就以都为单位；最小的是乡，就以乡为单位。凡在这区域以外的少年，我们都不请他们加入（我们可以把这种组织的精神介绍给他们，叫他们也设立同样的组织）。因为他们即使加入，开会时因路途遥远，也不能到会，非但于会的精神上无补，反而有害。所以在我们歙县，设立这种学会，我是主张会员资格不同区的不取。

（2）迷信的不取。

（3）不肯助人的不取。

（4）不受人助的不取。不受人助的，如别人见他有过，去告诉他，他非但不感谢，反而埋怨告者。这是自居下流，无可救药，所以不取。

（5）不好学的不取。

（6）品行不端的不取。所谓品行端正，就是消极的要无恶嗜好，积极的要有向上的热望。凡是犯嫖赌的，以及疏懒游荡的，都可以说是品行不端正。

（7）对于社会恶习惯、恶风俗、恶制度，不敢昌言改革的不取。

（8）非全体通过的会员不取。凡是一个会，总有若干发起人。凡入会的会友，最好要经发起人全体通过。以后再加入的，也要由已有全体会员通过。有一人不赞成，就不能请他入会，因为一个会贵用团结力。团结力何以发生？因为会员彼此都有敬仰，有爱，有充分的了解。这样的人聚在一起，才能收互助及共同生活的美果。假如这位会员讨那位会员不满意，那位会员讨这位会员不满意，其结果非至于解散不成。我所以主张新会员要由全体通过，就是要免上述的危险。

这个也不取，那个也不取，一区的少年虽多，经这种严格的选择，恐怕最多也不过一二十人。其实这不是可虑的事情，反而是可喜的。因为要求一会发达，不是多请会员所能奏效的，一千个懦夫敌不上一个乌获，人多并无丝毫用处。我们不妨从严地选择，选几个志同道合的人，办起事来，只有比人多的会好。清华的会社发达史，很可以做我的话的佐证。

组织一个会，最重要的几条——宗旨、会务、会员——上面都讨论过了。其余的如会名、职员及职务、集会、会费、会址等问题，都是小事，各人酌着情形办好了，不必细说。这种会社在社会上好像是电机，由它发出来的光明将普照社会。它的结构美满，内部完善，所以可以不断地发光，不断地引导社会向前走。

（三）

暑假期内，我们在家乡中第二件可做的事，就是在县内旅行。

这个题目，可以分开来讨论。

（甲）旅行的时期。旅行的时期，我以为最好是在开学前半个月，就是八月底九月初的时候。那时已经在立秋后，金风送爽，玉露涵秋，正是旅行的好天气。

我们选择这个时候还有一层原因，就是旅行要有适宜的预备，我们把旅行的时期放在开学前，不怕没有充足的预备了。

（乙）旅行前的预备。做这种全县旅行，要无预备，一定是白走一趟，毫无效果。我们在旅行前，至少要有下述的预备：

（1）细看县志。中国各县都有县志，它同外国那种旅行指南，有同样的价值。我们先把县志研究一下，于一县的山川、历史、风土、古迹、交通状况、救济制度、教育情形等等，大略都有一点影响在脑筋里。旅行的时候，不致如生客入境，毫无头绪。

（2）决定路线。一县很大，不要想处处都到，定几个地方要到的，画出路线来。今天到某处，明天到某处，都要先一定，免得临时张皇，不知所措。我们今年没有到的地方，还可以留待来年，来日方长，不必着急。

（3）选择同伴。个人旅行，是件很苦的事，也是一件不便当的事，我们大家都知道。所以旅行中选择同伴，也是一件很重要的事情。我们选择同伴时，有两件事要注意：其一，人数不可多，一二人就够了。人多时于调查上、食宿上，都不方便。其二，同伴的人，要有趣，不是枯僻的；要有智识，不是愚陋的。假如那同伴的，对于一县的掌故知道得很熟，什么事情都能原原本本地说给人听，那是最好的了。

（4）预备问词。发问是一件很难的事，我们旅行调查结果的好坏，就看我们调查时问话得法不得法。善问的，用几句话可以把所要知道的事实都知道了；不善问的，同人家谈上半天，还是一无结果。为谋得好的结果起见，我们于旅行前，要预备几套问词。譬如我们要调查县中的教育状况：我们见着小学教员时，用什么话问他；见着绅士时，用什么话问他；见着学生时，用什么话问他。这三套话，定要早预备好，免得临时找话找不到，事后再来生悔。

（5）整理行装。整理行装，就要出发。我们在县中旅行——半个月的旅行——行装也不必多，只要下列东西齐备就行了：

长褂两件，马褂一件，长裤两条，短裤两条，汗衫两件，袜两双，靴一双，牙刷，牙粉，手巾，草帽，白帽，热水筒，饼干，伞，县志，地图，小说，药品，零钱，照相机，纸，笔，其他。

若在交通便利的地方，这些东西可以放在一个手提箱里，自己带着很方便的。若在交通不便利的地方，可以另外雇个小厮带着。

（丙）旅行的目的。我们这种旅行，当然不是随随便便游着好玩的。那么，我们的目的何在？简单地说，我们这种旅行的目的，就是"调查社会，为改良张本"。

但是社会的范围很广，它的方面很多。

我们调查的时候，不能面面都顾着，也不必面面都顾着。以我们普通学生的能力，所能调查的事项有下列数种：

（1）教育情形；

（2）交通情形；

（3）慈善机关的情形；

（4）生活状况。

此外如农业、工业、商业、物产、人口、风俗等等，各人对它们若是有兴趣、有能力，也未尝不可调查。无论我们调查哪一方面，最要紧的是：

（1）不要同时调查几件事。每次调查一件事是最好的办法，因为精力集中，易得好结果。次之就是同时调查两件事，如调查教育状况的，也可以注意交通状况。但是两件以上的事，最好分作几个暑假调查。因为调查的事情若多，精力一定顾不到，结果哪一方面也调查得不精细、不透切。

（2）调查时自己要存一种批评的态度、谦虚的心理。调查时存一种批评的态度，对于所调查的事物，就容易看出它的好坏来。要存谦虚的心理，别人才肯同我周旋，肯告诉我实话。不然，别人看见你那副骄倨的面貌，早把诚心藏起来了，还肯帮你调查吗？

（丁）旅行中的食宿问题。在我们本县旅行，食宿间是很容易解决的。我们亲戚朋友的家里，就是我们的旅馆，就是我们的饭庄。大家听了，以为这个有点不好意思。其实在县中旅行，这是最适当、最方便的办法。在别县我不知道怎样，在我们歙县，到一个亲戚或朋友的家里住上两星期、一个月，是件很普通的事。假如我到一个村里，那村里有我的亲戚或朋友，我不到他们家里去食、宿，反去上饭店、投旅舍，他们就以为这是"见外"，是很不恭敬的表示。在现下的中国，这种风气恐怕各县都同罢。所以我说暑假期内，在县中旅行，食宿于亲戚朋友的家里，是最适当、最方便的办法。

我们自然不能专靠这一条路来解决食宿问题，还得预备零钱，以备不虞。但是我个人的意见，这种不虞，能设法免去，总以免去为佳。现在中国内地，没有几个地方有好旅舍同饭店的。这种不合卫生的所在，我们如非不得已，又何必去光顾呢？

（戊）旅行的报告。这种旅行的价值，全在旅行的报告上。所以我们如有做这种旅行的，旅行以后一定要做个报告。这个报告中，所要注意的只是：

（1）调查的结果；

（2）优点的表明；

（3）缺点的指出；

（4）优点如何保存，缺点如何矫正。

这四条中，以第四条为最要紧，我们应当分外地注意。这个报告，可以用下列两种法子之一发表：

（1）如本县有报纸，可以交给报馆发表。

（2）如无报纸，可以油印起来，寄给县长、各学校、各绅士、各机关。

这种真确而诚恳的报告，也许可以引起本邑人士的同情，出来做改良社会的活动。在我们所指出的缺点中，他们能照着那矫正的方法改良一两件，我们的工夫就算不枉费了。即使我们的报告生不出一点好影响来，我们那种时力也不是枉费的。听嗬！

> 小孩子走出村外，
>
> 看见大道上长了一棵树，
>
> 阻碍着来往行人的路，
>
> 他喊着说：
>
> "这棵大树可恶，
>
> 谁来把它砍了？"
>
> 行路的人，没有一个听他的。
>
> 小孩子不久就长大了，
>
> 坚韧的手腕中，充满了如虎的精力。
>
> 他提起斧头来，
>
> 一斧头就把大树砍下了。

# （四）

我们暑假中在家乡可以做的事还多，但是以上说的两件，若把它们做好，非用我们的全精力出来对付不可，所以我也不再往下说了。各处的情形不同，所以需要也不同。我上面所说的，不希望为诸君的摹本，而希望为诸君的参考。这是我最后所要郑重声明的。

民国十年 5 月 29 日下午

（载《清华周刊》增刊 7，1921 年）

# 贺孔才见和侧字韵仍依韵作答

　　险韵吟诗词苦窄，血枯五脏心为白。呕心牛鬼岂昌年，惜命时忧不及麦。自古不学剑与书，翻成磊磊洸洸格。使我投笔欲从戎，思动神魂惊鬼魄。谁能洛下识书生，大似昏行首如墨。诸公止效牧猪奴，樗蒲风动东西北。宁有余暇整人伦，同生不啻千秋隔。岂独诗文使我穷，亦自时缘有广窄。我今欲效叶令王，但得凫飞一两只。缑氏山头听鹤鸣，看尽八旗成五色。平生孤行三十年，不顾眷累悲惋恻。此心方修日月明，岂为妻儿一旦黑。承君藻奖吾岂敢，但见新诗典而则。若与濂书并勒传，风雨蠹鱼谁敢蚀。所论千人结一心（来诗云：安得千人结一心，匡济晨昏劳额领），惊喜区区手加额。特恐不堪为执鞭，劝君莫立岩墙侧。

（载《四存月刊》第 10 期，1922 年）

# 一星期的招待员生活

## （一）迎宾

世界基督教学生同盟第十一次大会，于 4 月 4 日在清华召开。前一天晚上，我们招待员 30 余人都聚集在学生会，预备在津浦专车快到清华园的时候，都出去招待他们。我们三十几人里面，基督徒占很少数，大多数都是非基督徒。但是青年会请我们当招待员的时候，我们都很愿意地答应了。我们觉得人们的中间，贵有浓厚的感情，冷酷的人性是最可咒诅的。这次到清华来赴会的基督徒，共有 800 余人。他们远道来此，一路艰辛，我们做主人的，对于自远方来的朋友，总想设法使他们不要感受旅客的冷寂，有如归的乐趣。这层大约是我们当招待员的共有的心意。

钟快打 12 点了。童子军由车站传来消息，北上的专车快到。我们招待员 30 余人和童子军一大队，就一同由高等科出发。平常到夜半 12 点，灯火早就熄了；但是那夜电灯特别延长到天明，所以在清华园并不觉得黑暗。在大门口，还有一盏很亮的汽油灯。这样的灯共有好几盏，安设在由清华园到车站的马路上。在我们走惯这条路的人，并不觉得有这种需要；然而替那从未到过清华的朋友们设想，这样布置于他们实在方便得多。青年会的职员还设了许多红绿的灯笼，从清华园大门口一直挂到中国教员住宅的南头。种种铺设，都表现出一种欢迎的意味。

我们在车站等了不多时候，远远地望见火车来了。童子军吹号；吹号之后，我们欢呼，表示欢迎。从这次专车来的，共有 300 多人。他们在车上就组织成很多的小团体，如南京团、上海团之类。每团有一位主席、一位干事。我们招待员的职务，是早就分好的，有几个人管一团，有一个人管几团，视各团人数的多寡而定。我们招待员先去找到所招待那一团的主席，问他团中共有多少人，都在一处否，干事何人，行李若干件，……等干事把行李指点给童子军以后，我们就领导他们，步行至学校，在所指定的地点报名、交费、取收条、领徽章和印刷物。诸事完毕，又领他们到预先派定的寝室，告诉他们厕所、盥室、食堂的所在，然后和他们作别。

4 日的上午，京汉和由奉天开来的专车都到了，我们照样招待他们。

虽然有一晚不能安睡，然而我们并不觉得吃苦。我们的职务，总算轻松的；最辛苦的，是童子军里的同学。他们在每次车到的时候，要把行李从火车中搬上月台，由月台搬上骡车。押送骡车到学校之后，还要把行李送交各团干事。是吃力的工作啊！然而他们那种任劳不辞的精神，微论校外的朋友，就是我们校内的同学，也都深深赞许了。

## （二）会场中

4 日下午 4 点半，同盟大会开欢迎会，欢迎各界人士、清华职教员学生以及到会代表。晚 7 点半，大会正式召开。自 5 日以至 9 日，大会的程序是：早 7 点至 7 点 30 分，晨更；7 点 30 分，早餐；8 点 30 分至 9 点，祈祷；9 点至 10 点，演说；10 点 15 分至 11 点 15 分，各股分集讨论；11 点 30 分至 12 点 30 分，各团代表报告基督教学生事业；12 点 45 分，午餐；晚上 6 点，晚餐；晚上 7 点至 8 点 30 分，演说；晚上 9 点，就寝。

当招待员的，每次集会都要到场。职务是维持秩序、发散印刷品等等。这次大会里有好些演说，如基督教与科学、基督教与哲学、耶稣基督与文化、基督教与实业方面的冲突、基督教会与世界改造等等，都是很有价值的。此外，各股所讨论的，如国际与种族问题、基督教与社会及实业界之改造等等，皆堪注意。我本想在这儿把在会场中所听见的，略叙一下。但是据穆德博士说，大会经过的报告不久就可印行，里面所叙一定详细无遗。留心这次大会结果的，将来可以把报告书细阅一下，我可以无容赘叙了。

关于会场中的招待，我们这次得到一些经验，也可借这个机会说一下。在 4 月 4 日的下午，穆德博士曾对我们做一很短的演讲，告诉我们招待的方法。他很注意于会场中的招待，以为一个会的成功与失败，招待员负有很重的责任，这句话是极对的。他的演讲论到几个问题：第一，关于会场中的座位。他的意思，以为先来的应该坐在前面，因为先来的要把中间或后面的座位占据了，后来的一进大门看见后面坐满了人，以为座位一定没有了，就站在门口不进。一个如是，几个如是，于交通方面就有阻碍了，所以先来的应该坐在前面。不独如此，在一排座位里先来的应该坐在中间，留出两端的座位让给后来的人。因为假如先来的把两端的座位先自占据，后来的人一定要坐到中间去。当他由两端走到中间的时候，一定要越过两端的坐者。两端的坐者为免除拥挤起见，势必起立让路，这时起立的声音、道谢的声音、椅子的响声，皆足以扰乱会场中的秩序，生出许多无谓的喧嚣。这还是假定后来者是不怕麻烦，看见一排座位的两端坐了人，还肯挤到中间去的而说。假如后来者是怕麻烦的，他虽然看见一排座位的中间是空的，决不挤进去坐；他或者是徘徊观望，或者是踱来踱去，找一个适当的座位。试想，会场中有这样的人若干，秩序不受影响吗？所以关于座位问题，有一句话我们应当遵守，就是在会场中先到的应当坐在前排，在一排中先到的应当坐在中间。

第二，关于门户的启闭问题。在开会之前，门户尽可大开着，让赴会者进来，但是开会以后，演讲者已经站立台前的时候，门户就要关着，不让别人进来。这里有两层缘由：（1）演讲者在演讲的时候，全副的精神是对着台下的听者的。他的演说，能否感动别人，要看他的精神是否专注。假如在他演讲中间，不断地有人从门口慢慢踱进来，这时演讲者的视线一定要被那后来者所吸引。他的演说，就要因为分心而减却感人的力量了。（2）更就听者一方面着想，他们听讲时承受的多寡，要看他们的注意是否集中。假如他们正听得兴高采烈的时候，忽然听到后面的脚步声，这时他们为好奇心所冲动，不由要回顾一下。就这一顾，已经把他们的注意分开，他们绝不能领受那演说，像以前那样深刻了。此外，如会场中的空气，怎样使它流通，会场中的主席，怎样可以与招待员通声息，穆德博士都对我们解释，因为是小节，不必细叙。但是上面两点，我们觉得颇有价值，所以介绍于读者，以备日后集会的参考。


# （三）颐和园与公府之游


在大会的日期以内，代表曾到三个地方去游览：4 月 5 日游颐和园，6 日游长城，7 日至公府赴总统欢迎会。6 日长城之游，招待员未往；5、7 两日，招待员都是陪行的。

4 月 5 日游颐和园，我们的职务是领导外宾，中国的代表则由童子军招待。我走到大门口，遇到四位俄国人还没有人领导。我就告诉他们，愿意带他们去。这四位俄国人，有的不会说英文。但是有一位 Alexander Nikitin，英文说得还不差。他虽是俄国人，但是这一次却是代表保加利亚（Bulgaria）赴会。我们先谈到俄国的时局。我先问他俄国现在到底分成多少个国家，他很简单地告诉了我。可惜我对俄国地理不熟，俄国地名又难记，他所告诉我的，因而没有深印在我的脑里。我们又谈到共产主义。他是不赞成共产主义在俄国施行的，因为俄国一般的人民还是无知无识，并不能了解这种主义的意义。俄国的学者不赞同列宁的办法的很多，然而对于列宁的人格却都一致地敬仰。他那种办事的热心、意志的强固，实在是人间所罕见。最后他总括一句告诉我，俄国的政局现时还在变化之中，结果如何很难预测。

离开政治的题目，我们渐渐谈到俄国的文学。我告诉他，俄国文学现时在中国极受欢迎。托尔斯泰的作品，多少年前就有人翻译了。他如契诃夫、都格涅夫、安得列夫诸人的著作，常见于中国各杂志。去年商务印书馆出了《俄国文学特号》一厚册，专门介绍俄国的文学，最近的《小说月报》又有专门介绍托思妥以夫思奇的论文多篇。戏剧方面，有《俄国戏曲集》多本，是集合俄国作家最有名的戏剧而成的。他听了自然是很喜欢。可惜我不是一个专门研究文学的人，说得不能详尽，假如换《小说月报》的编辑耿君、沈君等来把俄国文学在中国的地位有统系地、很详细地说给他听一下，一定还可以引起他对于中国人更深的感情啊！

这位俄人，赞美托思妥以夫思奇过于托尔斯泰。他说从宗教方面看去，托思妥以夫思奇的见解较托尔斯泰为周密，托尔斯泰的见地总嫌有点偏向。我问他《罪与罚》可否代表托思妥以夫思奇的宗教观念，他说可以。随后他就把《罪与罚》的关节，分析给我听。他说全书的主旨，只是表现一个少年如何由奉信超人主义，返而归依宗教。他说得真是津津有味。我又想要他介绍给我几个俄国生存的作家，让我好去看他们的书。第一个人他提出来的，就是高尔该，我刚念他的《自述》（*The Confession*），于是就讨论这本书。可惜不久就走到颐和园，我们谈话的题目不得不改变。以前是我问他，现在要让他问我了。

问人是件很容易而且舒服的事，受人问总常感困难，这是人人都有的经验。我们在未去颐和园之先，大家都把颐和园的历史研究了一下，又在麻伦先生那儿借了一张颐和园的详图，挂在学生会，让招待员闲空的时候就去默识。所以我们这次到颐和园，好像是去赴考一样。我们都是考客，考我们的是外宾，考的题目是颐和园的地理历史。

我招待的几位俄国人，出的题目还算容易，都是普通的，很易回答。但是一个问题，却出了范围之外。他问我中国女子缠足的来历。我把南唐后主的故事，说给他听了。他继着问我，这位皇帝是什么时候的人，在西历第几世纪。这个题目，真把我难住了，我真回答不出。因而感到，中国人读历史，对于时间太不注意了。我们只知道司马迁是汉时的人，淝水之战是晋朝的事。至于汉晋离现在共有若干年，司马迁生何年、卒何年，淝水之战起何岁、讫何岁，很少有人顾及，这实在是太忽略了。

我把几位俄国人带到佛香阁。在那儿，他们遇到别的朋友，谈得很高兴。我就和他们分别，自找胜地去了。

归来，在路上遇到一位日本人，名钉宫义雄（Yoshiwo Kugimiya）。原有沈君在那儿招待他，但我也上前去加入他们的谈话。由这次谈话，我更深地感受到一种困难，就是说日本人的名字。平常杂志上、报纸上，提到日本人的姓名，总是把几个汉文字母写出来就是了，下面却不注它的音。我们用读汉文的法子去念日本人的名字，实在是大错而特错了。我在这位日本人前，提到吉野作造，他茫然不知是谁。我自己真觉得惭愧，把人家的名字念错了，实在是一件不恭敬的事啊！所以我的意思，以为以后作文的人，讲到日本人的名字，最好是把声音也注在下面，免得读者念错了。

4月7日，赴公府欢迎会。招待员这次的职务，是到前门车站时替女子及外国代表雇车至公府，会散以后又照样地替他们雇车由公府返车站。

这次在公府里，见到一件我以为是很稀奇的事，就是客见主人，主人见客，不交一言而退。主人自然是总统，客就是各代表了。当总统由怀仁堂走出来的时候，我们彼此行一鞠躬礼。继着就有一位礼官把预先写好的欢迎词交给总统念一遍，继着又有一位礼官把预先译成英文的也念一遍。欢迎词虽然很长，可惜我只听到几句。这几句现在差不多都忘记干净了，只有一句还印在我的脑海中，就是："世界基督教学生同盟，今年在中国开第十一次大会，而我中华民国之成立，今正第十一年……"大约替总统作这篇欢迎词的秘书，以为世界基督教学生同盟大会是与中华民国同年的，所以要把这句文章作进欢迎词里！

主人的欢迎词完了，穆德博士致答词，由余日章先生翻译。他俩是面着总统而立的，离开总统有二丈的光景。公府里的差役，对于这件事情，很起疑问。有一位居然问起招待员来了，他说："站在总统前面那位外国人，是个什么官？"

答词完后，总统一鞠躬而退。他没有与穆德博士说一句话，也没有与任何代表说一句话。


# （四）亲善之声

在大会期内，招待员每晚开欢迎会，请各国的代表。我们也是在这种欢迎会里，得的益处最多，欢乐最深。

4月5日晚大会后，我们开第一次欢迎会，请日本代表赴会。他们男女代表，一起到了20余人。主席巢坤霖先生叫我们每人找一个日本人谈话，隔20分钟，调换一次。我找到谈话的几位，是大木弘基（Hiromoto Oki）、木村己之吉（Minokichi Kimura）和小畑信爱（Nobuyoshi Obata）。大木弘基是一个商业学校的学生，我要同他讲中日国际的问题，他说日本的学生不大谈论国事。木村己之吉也是一个学生，学社会学的，他一见我就要我把我们念的社会学课本写给他，又要我把念的课程写给他看。写完了，又要我写别级的课程，我想这太费事，于是就告诉他以后可以给他一份全校的课程表，他才停止他的要求。

同我谈话最久的，是小畑信爱。当我同他谈话的时候，巢先生发令，叫我们只谈国际问题。我临时想到几个问题，就问小畑信爱。

（1）日本人对于本国的军阀，态度怎样？

（2）日本人对于天皇和贵族的态度怎样？

（3）日本是否人满，如其是的，日本人对于这个问题有何解决之方？

关于第一个问题，小畑信爱君说是日本的青年大都不以他们军阀的行为为然，但是日本陆、海军部的权威太大了，没有人能够干涉他们。学生方面，组织力还很薄弱，并不能发出有权威的言论，做出有势力的动作，使军阀的行为受其影响。但是学生势力方兴未艾，希望若干年之后，两国青年可以推诚布公相见，以解决东亚之难题。

关于第二个问题，小畑信爱君说是近10年来，日本人的观念大变了。10余年以前，日本人看天皇是神圣的，不可侵犯的。现在只当他是一个拥有虚名的人，如英人之视其君一样。贵族中好恃势横行的，颇为一般青年所痛恨。他们有许多是富有金钱的，人民以痛恨资本家的缘故，也痛恨他们。

关于第三个问题，小畑信爱君说是日本人口滋生繁速，本国的土地实在不够供给他们的衣食住。在日本很难找到大块荒地无人耕种的，这层可以表现人满的非虚。我问他日本人有什么法子解决这种难题，他沉思半晌才说到限制生育一层，后来也提到改良农作。我又问他，现在日本有许多人以人满为理由，作侵略他国的根据，是否合理。他连说不合理，非常不合理。事后我思想一下，觉得小畑信爱没有反过来问我，叫我答复，真算侥幸，不然，我真艰于措辞了。我最后这个问题，凡是中国人，都可以去研究一下，看看我们对于邻国这个难题有什么方法贡献没有。

谈话之间佐以茶点，两国的人又各奏乐唱歌，宾主尽欢。

4月9日，就是大会最后的一日，日本代表还请我们在工字厅。这次完全是俱乐性质，谈谈笑笑，没有说什么正经的话。最后巢先生致谢词，说是中国的青年对于日本的青年很有信心，并祝他们的归途平安，珍重数声而别。

## （五）种际差别的破除

4月6日的晚上，我们请了高丽、菲律宾和美国的代表茶叙。6日下午，代表曾有长城之游，回来的时候已经是很晚了。大会散会，已近10点。客人都觉得一天辛苦，很是疲倦，所以我们并不能和他们有什么深谈。这晚会序里，有高丽女子唱歌，菲律宾人国歌合唱，红印度人跳舞，黑人唱歌，后二人都是代表美国的。

我不能确说，外国的代表这次到中国来把他们对于中国的偏见除去多少。但我可以确说，我们对于外人的偏见总算打破不少了。我们都觉得，日本人不都是我们的仇敌，高丽、缅甸、菲律宾的人不尽如我们平日所想象的那样粗鲁，谈到印度人，绝不可联想到上海英租界的红头阿三。这还算小的，最大的改变是我们对于黑人的观念了。这次赴会的代表中有位黑人，就是金教授（Prof. Willis F. King），他真替黑人争光不少啊！

我们对于黑人的轻视，可以说是从小就养成的。西文的书籍，已经破除我们的偏见不少。我们读到《黑奴吁天录》（*Uncle Tom's Cabin*），深讶黑人中也有像汤姆那样忠实厚道的人；及至知道《起于黑奴隶》（*Up From Slavery*）的作者，心中不由要起一种赞叹。此次我听到金先生的演说，又曾亲身和他谈论，觉得此人非特不同于凡众，就同各国的代表相比，也是拔萃之才。他能在稠人广众之中演说，演说时姿势的合宜、发音的准确、音调的抑扬、选字的恰当，表明他对于此道很有研究。在俱乐会里，他可以唱歌，清华同代表赛棍球，他可以来做公证人，这都可以表明他的多艺。黑人未可轻视啊！如金先生的，何可多得。我的意思，并不是要过扬黑人，我也知道黑人的普通民众还是不很高明；然而我们都要承认，人类的脑筋没有什么优劣可言，只要有相当的教育、相当的培养，都可以造就出好人才。以前希腊、罗马的人，说英法人的祖宗是野蛮民族，现在我得知道那种观察是错的。所以我们最好不要看轻这个民族那个民族，以免陷于错误啊。

那晚到会的有位红印度人，据别人说，伊是纯粹的红印度种了，然而在我们的眼光里看来，伊和白种人并没有什么差异。此外如高丽人、菲律宾人、日本人、缅甸人同中国人肤色上的不同，我也指不出来。至于欧洲的代表，说起来是从十几个不同的国家来的，然而不听他们说话，也真分不出谁是哪一国的代表。泛论起来，可以说他们是没有差异的；即有差异，其程度或同于中国人和日本人的差异，或同于山东人和广东人的差异罢。我总喜欢怀人类一家的观念，些微的差异让我们忘却罢。我们可以合起来说，大体上天下的人都是相同的，我们都是朋友了！

## （六）印人口中的甘地运动与英人口中的庚子赔款

4月7日的晚上，我们请不列颠帝国的代表茶叙。不列颠帝国，除三岛外，自然还包括它的属地。我从大会堂出来，遇到印人邵（A. N. Shaw）先生，就邀他一同赴会。邵先生在大会里曾代表印度报告该国的学生运动，报告的话有许多很新奇，所以我早就想和他谈话。在未到会之前，我就预备了近十个题目，要问邵先生或任何印度人。这次刚巧遇着他，真是凑巧极了。

第一个问题，我问邵先生的是印度人对于战争的观念如何。他说他个人的意思，以为国际战争，在任何情形之下都是要反对的。国际战争，比较个人与个人的争斗，无理万倍。平常个人与个人间如有争斗，我们每很不以为然，以为人间的冲突可以用和平的方法解决，何必诉之武力？其实个人与个人的争斗，虽然无理，还可以说是怨恨的冲动太大了，不能节制所致。至于国际的战争，真是丝毫没有理由可说。国际的战争，每每是几百人或几千人的战斗。这几百人或几千人，平日未谋一面，无有仇恨可说。一旦受了少数人的煽惑，就拿起枪来，彼此残杀，岂非一大悲剧？印度人有见及此，所以极力反对国际战争。人们都是兄弟，应当和和气气地共同生存于世界之上，绝不可以人为的偶像来毁灭人间真挚的感情。

我继着就问印度对于英国的态度如何，他说印度人只是想恢复自由。印度人的独立运动，并不是对于英国有非分的要求。自由原是印度人所有的，却被英国夺去了，印度人现在大声疾呼，无非要恢复已失的自由。我问他们用的是什么方法，他说印度人绝不用武力，他们只用和平的方法。什么是和平的方法？就是与英国政府断绝关系。英国政府要印度人纳税，印度人不纳；英国政府要印度人当兵，印度人不当。这样那样，凡是英国政府叫做的，印度人都不做。假如英国政府发气了，要把印度人关进监狱去，好，让它关罢！假如英国政府不只发气，竟大怒了，要来杀印度人，好，让它杀罢！英国缺少的是粮食，它绝不能把印度人关起来供养；它绝没有那个胆量，也绝不至于那样残暴，一发怒就要屠戮印度人。所以英国政府对于这种运动，真是没有法子。我听到邵先生的话，心想印度 3 亿人，假如都采取这种办法，英国政府一定是无所措手足了。然而甘地（Mahatma Gandhi）的从众到底有多少，记得某杂志说过，太戈儿就不赞同甘地那种主张，这位诗人影响于甘地运动的如何，类似的题目，我正想问，邵先生却走开了，我始终没有得到机会问他。

这个时候，巢先生提出两个题目来，一是甘地运动的真相，二是英国退回庚子赔款的消息。前者请印度人讲，后者请英国人讲。

英国人先讲庚子赔款退回一事的消息。据他说，英国前任驻华公使朱尔典回国后，对于此事的鼓吹不遗余力。英国的报纸也常讨论这个问题，都是赞成把赔款退回的。现在看来，英国外交部对于此事是完全赞同，无有异议。只要财政部不发生问题，这件事一定可以办到。现在朱尔典在美，不久他回国后，一定可以有个结果出来。

关于赔款退回后的用途我们也有讨论，大致都赞成把退回的款项用在教育上面。款项的管理，我们承认在现时的政府之下，无妨让英国人有审查的权利。此时有一位英国女士，以为退回的赔款，如用在教育上面，中国的男女应当共享其利益，不能让男子独占。我们告诉她，美国将赔款退回中国的时候，并未说是专为教育男子的，所以清华素来每两年招送女生一次，近来清华的学生高呼男女同学之声，管辖学校的人于是就把每两年改为每年招送出洋女生一次。其实清华的学生，并没有独占利益的心；非但不愿独占，而且是极欢迎女子来共享这种利益的。可惜现在只有许多男子在这儿说话，不能发生效力就是了。

次，印度人保罗（A. A. Paul）说甘地运动，是怎样地真挚而沉痛啊！他说印度人是富于宗教思想的，一向就看中精神，轻视物质。他们有几千年的文化，自己很重视而不肯抛弃的。无端来了一个后进的国家，要叫印度人抛开固有的文化，而另取一机械的文化。印度人说：我们是先进的国家，见多识广，知道我们自己文化的价值，你们后生，请把自己的文化收起来罢，不要硬送来给人家。但是这位后生，硬说不可。他硬用武力，使印度人承受他的文化，那些不愿意承受的，在这位后生看来，是愚中之至愚。唉！悲剧，世间再也没有比这更惨的悲剧了！现在印度受天之赐，得到像甘地这样的人，领导全印度人开始独立的运动。虽然甘地下狱了，然而甘地的信徒遍印度，都是以甘地之心为心，以甘地之志为志，努力去达到预定的目的。印度人诚恳地要求世人，尤其是英国的朋友，予以同情的援助。

后来，巢先生又问国外的朋友有什么事要问中国学生的。就有一位英国的浩耳（R. O. Hall）先生问，中英两国的友谊如有阻碍，那阻碍是什么？刘君聪强回答，谓观察中国的人，应该诚实地、无偏地把他们的观察报告给他的国人。近来有一班妄人，如仆兰德之流，专说中国的坏话，败坏中英两国友谊的就是此辈，请英国人不要信他的话。刘君对于中国统一，以及中国政治混沌的原因，有所申说，都很得体。梅君贻宝，谓中国人于任何国家都怀善意，不过对于美国，似乎特别亲热些。由于美国退回赔款，来培植中国的人才，所以英人如要求得中国更深的友谊，对于退回庚子赔款一事，不可不努力进行。

继着保罗君发问，西方文化到中国来，中国人是否全盘地承受？他个人的意见，很希望中国人不是如此。当由吴君泽霖回答，中国人对于本国的文化，是很重视的。近来西方两大哲，杜威与罗素，到中国来演讲，提到中国的文化，总是赞扬，中国人因而格外觉得固有文化之可贵，所以我们一方面吸收西洋文化，一方面还要保存中国固有的文化。梅君贻宝又说，中国新文化运动，在两哲来华之前。新文化运动最著的一种色彩，就是整理国故。所以中国人在未经外人提议以前，早就注意原有的文化了。总之，中国人无论对于东方文化还是西方文化，凡是好的都保存或采纳，凡是坏的都排弃，并不因为有东西的分别而略存偏见。两君的话，很可表示中国人中庸的性格，中国人的态度，我看多数都是这样的。

## （七）挪威人的一夕谈

4 月 8 日的晚上，我们把欧洲各国的代表，除英国外，都请来赴会了。在工字厅几方丈的房子里面，有那么多的不同国的人民欢聚一起，真是稀有的盛会了。各国的代表，或弹琴，或唱歌，或讲各国的风土人情，或诵诗，或作口技，极有趣味。

我在会上遇到一位挪威人 Kristian Schjederlup，就同他谈话，一晚上只是和他谈话。我自愧不会说什么应酬的话，一下问知他是挪威的人，第二句话我就提起易卜生了。我们谈谈易卜生，又谈到般生。他说般生在挪威受国人的景仰过于易卜生。我问他是什么缘故，他说易卜生是个大批评家，批评这个制度不对，批评那个制度不对，言论之中有点激烈，般生的作品却是和平近人，所以受欢迎的程度就见不同。然而这种情形不是普遍的，他个人喜欢易卜生就过于般生。在欧洲其余的国家以及美国，一般的趋势也是如此。他问我中国对于二人的好恶如何，我把中国人欢迎易卜生的情形说给他听了。般生的作品到底有多少已经介绍到中国来，我殊茫然。然而中国人喜欢易卜生过于般生，那是无可讳言的，我就据实而说了。

也谈到最近得诺贝尔奖奖金的哈姆生。哈姆生现在想必不饿了，他的生活如何，我极想知道，所以就请教这位挪威人。他说哈姆生幼时实在受苦，《饿》那本书，实在是描写他自己的经验。但是近来他是很舒服了，一个人住在乡下，享受天然的乐趣。他有一个怪癖气，就是不肯见人。人家好意去会他，总是被挡的。就是国立大学请他演讲，他也是托故不到。虽然如此，国人对他的景仰，总是很深的。

他问我哈姆生在中国的声誉如何。我说在别的地方受欢迎的程度如何，我不敢说。单就清华而言，清华图书馆虽然购有哈姆生的著作多种，但是在馆内总找不到他的书，因为都给同学借出来念了。他的 *Pan*，清华有两位同学现在要把它译为中文。他说 *Pan* 自是不错，然而哈姆生的绝作要算 *The Growth of the Earth* 最好，要介绍，先介绍这本书。

他又说了他国内的两位诗人，问我知道否。真给他考倒了，我说没有听见过。他说这两位诗人的名声，的确没有易卜生或哈姆生那样大。除了斯干的那维亚的国家以外，别处很少有人知道他们的。我看，诗人在国外的声誉，总难和他同国的小说家或戏曲家竞响。因为小说和戏曲，是可以从这国文字译成那国文字的，诗的翻译就困难了。要念法国人的诗，非先懂得法文不可。译出来的诗，总是不美的，因此译诗的人，世上找不出几个。即拿中国的翻译界来说，司各脱、迭更司的小说多少年前就有人翻译了，然而丁立孙、勃郎宁的诗译成中文的有吗？诗人的难于受国外人的赞赏，是诗人的不幸吗？是国外人的不幸罢。

他问我中国文学界的作家近来可以举谁。这又是一个艰于措辞的题目了。我想还是客气点好罢，随就告诉他中国新文学运动还在幼稚时代，文学的作品，虽然是风起云涌，然而谁是作家，现时殊不敢说。

不知道他从哪儿得来的一个谣传，说据云中国人现在把孔子、老子的书都束起不念了，是否确有其事。我说，那是毫不可信的谣传。中国人并不是不念孔子、老子的书，乃是不叫小孩子念他们的书。因为孔老的书，哲理很深，小孩子念了不懂，等于不念。所以现在的新教育家不叫小孩子念这些艰难的书了，却把它们列入高等学校及大学的课程里，让大人去研究。挪威人听了，连声称善。这位先生是专攻哲学的，已经在他们的国立大学里毕业，所以关于孔老的书，大约都看过。


# （八）中国代表团

我们在大会期内，从早到晚地忙，所以很少得到机会和本国的代表谈心，这是我们一个最大的缺憾。但是我们在 4 月 9 日的下午还得到一个机会，和国内五十几位代表，欢叙两点钟，真是难得的机会。

中国各地代表，到清华来参与此次大会的，共约 600 人。我们不能一齐都请，所以请他们举代表来，每 10 人中举 1 位，所以来到我们茶会的，只有五十几位。

几次欢迎会，我们做主人的，舒服极了，因为不必预备会序。我们以前招待外人的时候，要求每国的代表唱首歌或做别的游戏。每次到会的，总有好些国，于是一晚的会序都给客人承办去了。这次请国内代表，我们也有同种的要求，就是各省的代表都要贡献一点东西，于是主人又清闲了，只消坐下鉴赏客人的贡献。

安徽没有代表到会，于是有一位当湖北代表的安徽人，起来唱个广东调。这是怎样的一个巧合呀！浙江的代表，把我们招待员里的浙江人也邀入了，来了一个欢呼。欢呼词如从英文译出来，就是"请诸位去逛西湖"。直隶的代表，是天津北洋大学出来的，作了一声羊鸣。下来就是福建的代表说官话了。我们的主席巢先生，在开会的时候，说是"天不怕，地不怕，只怕广东人说官话！"。其实我听见巢先生的广东官话，还说得不差；后来广东的代表唱歌，唱歌之先，说了几句官话，也还很好。但是这位福建代表说官话，就是说得很像，不是像官话，而是像福建话了。好在我们招待员里的江君，乡土情深，当时就跑上去替伊翻译，我们总算懂得了。河南的代表，说了两件他在上海身历的故事。湖南的代表，文绉绉的，唱了两首诗。他郑重地说，第二首是他自己作的。我们听不清诗的字句，不敢妄下批评，但是他的唱功，据一个来宾说，是比梅兰芳的天女散花还好了。湖北的代表做了一段短短的演说，末后添上一个笑话，大家都笑了。江西没有代表赴会，于是湖北的代表中又出来一位，说江西人是他的老表，他要替他们说几句话。江苏的代表就多了……上海方面，有位女士，说了一个外国笑话；又有一位男士，说是他的绰号是"朱夫子"，朱夫子也说了一个笑话。苏州方面，有三位代表，唱了几首据说苏州人个个会唱的四季小调。南京方面，有两位女士，唱"我们谢谢清华"（We thank Tsinghua）之歌。东三省也没有代表到会，我们看看湖北的代表中没有人站起来，于是确知东三省是没有人替它说话了，于是就请广东的代表。广东的代表唱的，大约是儿童的歌谣，在中国想是很普遍的，因为我曾听到，江苏、安徽也有这种类似的歌谣。继着就是山东的代表，他说山东人自谓毫无所长，他很不服气，因为他自己至少也有一长，就是脸长。好一个 pun。陕西的代表，是代表冯将军的，说了一个笑话。看看时候不早了，我们主人都合拢起来唱了一首欢送之歌。在各代表唱歌说故事之先，我们还唱了两首欢迎之歌。现在我把它们抄在下面，前两首是欢迎的，后一首是欢送的。乐谱是从会场中听来的，因为每晚在开会之先，有男女代表多人在会场中唱那个调儿。

（1）同盟大会开完矣，大家都欢喜。礼拜耶稣，祈祷上帝，改造工夫能彻底，四海之内皆兄弟。笑，笑嘻嘻，笑啊笑嘻嘻，大家快乐无比，大家快乐无比。

（2）清华京西三十里，风景亦可以。荷花池前，工字厅里，清茶细点欢迎你，小小意思莫客气。笑，笑嘻嘻，笑啊笑嘻嘻，大家快乐无比，大家快乐无比。

（3）良朋好友来千里，暂见又别离。杨柳旌旗，丽歌汽笛，珍重一声君去矣，将来再见会有期。喜地欢天，欢天也喜地，上帝降福于你，上帝降福于你。

歌毕，由北京的孙女士代表来宾致谢词而散。

# （九）珍重一声君去矣

4月10日的上午，大会的代表都束装离开清华。一部分代表，外人居多数，是乘7点40分的火车走的，他们是到天津，赴黎前总统的宴会。大部分代表，是乘9点30分的火车走的，他们是到北京。两次，我们都到车站送他们。我们手里拿着旗帜，旗上写着"再见""一路平安"等字，是用各国的文字写的。我们送他们时，唱着校歌，也唱 God be with you till we meet again，也唱良朋好友来千里……在这儿唱完了，又到那儿去唱。代表们唱 We thank Tsinghua，也唱着 Tsinghua will Shineo。满车站，充满了醉人的音乐，依依不舍的情感涌起在客人的心里，也涌起在送客者的心里。车开了，仿佛还听着"珍重一声君去矣"的余音！

1922 年 4 月 13 日

（载《清华周刊》第 224 期，1922 年）

# 清华学校学生生活

## （一）清华园里的清华学校

从来没有到过清华学校的看到这一节的题目，可以自己造出一个幻象：有那么一个学校，坐落在清朝皇家的一个花园里，环境应该是怎样地秀丽啊！

我不能在这儿刻意描写清华的风景，因为这是一篇叙事的文章，似乎不应该以游记式的文体来填满篇幅。但我却愿意郑重地指出学校的环境与学生三育的关系。清华学生的三育，如有一长可取，它的环境是一个很大的帮助。

清华园俗称"五爷园"，是清宣宗赐第五子惇亲王的。义和团运动时，惇亲王长子载濂曾集园中设坛，以行其阴谋；事后以纵容"拳匪"，革去爵职，赐园也被内务府夺回。一直到宣统元年（1909）五月，外务部奏《遣派游美学生办法大纲》，有在京城外清旷地方设立肄业馆，选生入馆肄业一条。那时那桐颇赞成是举，派员各处觅地；嗣后查得海淀西北的清华园比较相宜，因此就拨作今清华学校的校地。

清华学校最重要的建筑，要算科学馆、大礼堂、图书馆、体育馆、高等科的新大楼等等。这些建筑，都在清华园内；毗连校西的近春园，现在虽然一并归入校址，却还没造有宏丽的建筑。两园的面积，共计900余亩，四周有高丈许的石墙围着。

清华虽在郊外，然而和北京的交通也很方便。从北京西直门到清华园来，有两条路可走。一是从西直门车站，搭火车到清华园车站，10分钟可到。一是从西直门坐汽车，或坐人力车，或坐骡车，或骑马骑驴，沿着马路直达清华学校。北京与清华的交通，虽然是这样地方便，然而我们并不直接向着北京，求得我们的需要。清华园里有邮政局，有电话，通消息的机关有了。有售品公社出售日常服饰用品及食物，有木厂承做学生用具，有高中两科厨房，除三餐外还售零食，用的吃的也有了。有成衣铺，有鞋店，穿的也有了。有京华教育用品公司，念的书也有了。有洗衣作，有理发所，更衣与修容也都不必外求了。此外，如有清华所无，非到外间置办不可的，庶务处派役天天到海淀——离清华五六里的一个市镇——隔天到北京，代办一切。所以清华的学生，尽可不出校门一步而取得所需。

# （二）入学手续

清华现在的学制，是与任何学校都不相同的。从低级说到高级：清华现有中等科三级，高等科三级，大学二级，每级的修业年限为一学年。大学从来没有招生过，其中的学生，都是由高等科毕业后升入的。中等科和高等科的入学办法，我可以在这儿略说一下。

先说中等科：要考清华中等科的学生，可以先期买本《清华一览》，看看考的是些什么书。把那些书都念熟了，就可报名投考。报名的地方，不是在清华学校，而是在各省教育厅。如江苏在江苏教育厅报名，安徽在安徽教育厅报名。同例：各省教育厅在招收清华中等科学生之前一月，一定要通令各县布告周知。有志清华的，请留心看那布告。

报名以后，就可以投考。考试的地点，在各省的省城，如江苏在南京，安徽在安庆。考取的学生，要在指定的时期内到清华学校复试，复试及格，就是清华学生了。

次说高等科：愿意投考清华高等科的人，请于每年3、4、5月，留心报纸上的广告。因为校中当局，如决定招收高等科学生的办法，一定是要登报通知的。愿考的人，看到这种广告以后，就可备邮票20分，向本校招考处索取试验规程。投考要什么程度，考的是些什么书，投考的办法如何，一切都在试验规程上载明，应考的只消照办就是了。考期每在6月底7月初；考试地址，分设北京、上海两处，由投考的自择。

清华每年暑假还要招送直接赴美留学专科学生及女生，但此不在本题范围之内，不必叙述。

无论是进清华中等科的还是进高等科的，一入清华，总可说是换了一个环境。在一般的学校内，做新生的，总常感到许多不快和痛苦，因为有许多旧生要欺侮新生，新生举目无亲，人地生疏，受了欺侮也无处声诉。这是一切不快的根源。但我可以告诉那些有意投考清华的人，以及那些有意把他们子弟送到清华来培养的父兄，清华的老学生，对于新来的同学，是再好没有了。我七年前初进清华的时候，就觉得新旧学生融洽，那时虽然是一个新来者，却已感受四周友爱空气的浓厚。如今清华的情形，在这一点上还是与前无异。我很乐意要把这件事说出，因为我深觉得，这是清华学生生活中可以称道的一点。

## （三）教室生涯

我们可以自己设想，一个教室里坐了十几个或二十几个学生，每人都拿着课本看着。铃声响后，教员来了。点完了名，就叫起一个学生来挑问。问完了这件事，又问那件事。问完了这一个，又问那一个。第一个答不出，问第二个，第二个答不出，问全班中有谁答得出来。都答不出了，教员也许就告诉你；也许还不告诉你，而叫你去参考某书或某辞典。看看快下堂了，教员就告诉学生，明天的功课，自某页起至某页止。这就是清华教室里的普通情形。

清华的教授法，可以说是注重学生的自习。一般的教员，只是告诉学生怎样去自习，上课的时候他就来查考学生自习的成绩。教习是总不肯作灌注的功夫的，所以在课堂中，普通的情形，只是挑问。

然而挑问并不是唯一的办法，在课堂里，我们还可以看到许多别的情形，现在择要说几件：第一就是报告。我们念社会学，譬如念到遗传律，书中说得不很详细，而我们却愿意得到一些有统系、详密的智识。这时，教员就要派一个学生，请他作篇遗传律的论文了。教员自然告诉你去看几本什么书，这几本书，教员可以告诉图书馆长从书库中取出，放在参考书的书架上。放在参考书一块的书籍，别人不得借出馆外。所以作论文的人，一有闲暇，就到图书馆里去看这些书。把所有的材料采择出来，排列起来，编辑一下，就成为一篇论文。这篇论文，就可在课室内宣读，读文的人要负责任解答与那篇论文有关的问题。

第二就是讨论。譬如我们念政治学，念到一院制和两院制。这时学生心中，很容易发一问题，就是中国是采一院制好，还是采两院制好。教员遇到这类问题，总是不回答的，却请全班的人发表各人的意见。教员这时是主席兼书记了。他指定谁在谁之前发言，谁发言之后该派谁发言。学生赞成或反对的理由，他用粉笔择要写在黑板上。每每在讨论之后，我们比较两方面的理由，就能判断哪方理由充足，哪方理由欠缺。这实在是一个"共学"的好方法。

第三就是演讲。在高级中，有好些课程，是不用课本的。教员自己预备好教材，到上课的时候讲演。学生要时刻注意，把他讲的记下来，因为将来挑问是问教员所讲演的，考试也是考教员所讲演的。这种笔记的练习，于清华学生极有补益，因为有了预备，到美国进大学听讲的时候，作起笔记来，不致发生困难。

清华学生在教室里，受的是这种训练，所以学生的功课普遍不差，很少有荒唐的人。但是除却教室中的严格训练以外，使清华学生用功的，还有两层缘由可说：第一，我们要注意清华学校的计分法。这种计分法，名为科学的计分法，在《清华一览》里有 9 页是解释这种计分法的，要知其详，请阅那书。我这里只解释此计分法对于学生学业的影响。在现行这种计分法之下，教员报告学生成绩时，只将全班学生之课业汇核酌量，分为超等、上等、中等、下等、及格、不列等六级，不再明定分数。每班学生人数，不拘多寡，概以百分法计算：每次计分时，列入超等的，约计不过 5%；列入上等的，至少须有 20%，至多不得过 25%；列入中等的，约 50%；列入下等的，至多不过 25%，至少须有 20%；列入及格或不列等的，共计不过 5%。现在譬如有一个高等科学生，各项功课都在中等以上，自然是安安地毕业出洋，无话可说。假如他在一年内，有两门功课都得不列等，就要被开除了。如有一门功课是不列等，他就要复习，复习是一件极可伤心的事，因为今年的功课，下年如须复习，那么下年的功课，就得少读一门，结果是年限满了，功课还未念完，如想毕业，还得多住校中一年。下等与及格，都是在中等之下的。假如这门功课是下等或及格，而那门功课得超等或上等，平均起来，还不要紧。但是数年之内，没有得过超等或上等，多数的功课都是中等，而有两三门是及格，或者五六门是下等，于毕业上就要发生问题了。受了这种计分法的鞭策，清华的学生，对于功课，至少也希望得个中等。这层或者是使清华学生注意功课的最大原因。

第二，就要讲到清华的宏丽图书馆了。图书馆里现藏西文书籍 2 万册，中文书籍 5 万册，西文杂志 215 种，中文杂志 105 种，西文日报 11 种，中文日报 24 种。就是一个不喜欢用功的人，不时到图书馆里去看看，也要油然而起读书之心。何况我们现在正是青年，智识欲最强的时候，对于这种设备完全的图书馆，哪有不想法利用的？所以清华的学生，虽然不过 500 余人，而图书馆每月借出书籍平均约 2 500 册，在馆内阅览之参考书及杂志每月约计 9 000 册。这种自动的研究，实在是清华里最可乐观的一件事情。

## （四）男儿好身手

对于清华别的事情一无所知的人，却多少听到讲过清华的体育。我们仔细考察这种声誉之根源，才知道它不是傥来的。试把清华的运动史一看：九次华北运动会，清华七次第一；五次远东运动会，清华的运动员都得分数而归，而第一次远东运动会，个人第一就是清华的老将潘君；1918 年，南洋足球队北上挑战，被清华战败而归；今年校中的篮球队战胜了华北的球队以后，南游而归，说是找不到敌手，类似的事都是使清华体育之名远扬的原因。但是我在这儿，并不拟多说清华的选手运动。清华的选手运动，知道的人多了，用不着我来细说。我所要说的，只是清华一般学生的体育。

清华体育发达史，可以分两个时期来说：第一时期为提倡时代。在此时代中，选手运动已经很发达了。然而多数的同学，还视运动为难事。所以每日下午虽有强迫运动，多数的学生总是把它看作一件被人强迫去做的事，而非是由于心愿的。此时代起自 1913 年，讫于 1918 年秋季。第二时期为普遍时代。这个时代的起始，可以说是在 1918 年秋季体育馆成立的时候。当时的体育教员，是布礼士先生。他把昔日的强迫运动改为体育课。每人一星期内，要在体育馆上课 2 小时。体育馆里器械完美，已足以引起学生运动的趣味了；体育教习又在体育馆里，教导学生各种运动的方法，于是大家对于运动的兴味更浓了。迄今，每日下午 4 点至 5 点，虽然学校并不强迫学生到时要去运动，然而学生听到钟打 4 点便一个个到体育馆或操场上去运动，居然成为一种风尚了。

假如有人问我：清华一般学生的体育到底是一种什么程度？我可以这样回答他，凡是在清华住过一年半年的学生，你可以随便叫出一个来：你叫他跑，他会跑；叫他跳，他会跳；叫他同你打网球，也许你要输给他一组；叫他同你打篮球，也许你抢他不过。或者换一个说法，今年在清华毕业的同学，你可以随便叫出一个来：你叫他腾越过栏，他可以腾越过栏，与胸齐高；你叫他攀绳，他可以攀绳而上，至离地十五尺；他可以做鱼跃滚翻；可以跳远十四尺；可以在十三秒内跑百码；可以游泳二十五码。因为以上所说，都是体力试验及泅水试验里的项目，不及格是不能毕业的。下年体力试验的项目略有变更，泅水试验的项目略有增加。大约以后在清华毕业的同学，别的不敢说，身体应该是个个健强的了。

## （五）课外作业

清华的课外作业，可分四项来说：（1）会社；（2）出版物；（3）社会服务；（4）童子军。

一说会社。清华的会社，大略可以分作三类：第一，修养德性的，大组织如孔教会、青年会，小组织如昆仑、上社之类皆是。第二，练习词令的，如辞令研究会、英语辩论团之类是。第三，研究学术的，如科学社、文学社之类是。

二说出版物。清华的出版物，可以分为定期与不定期两种：不定期的出版物，多数是各会社社友研究的心得，如去岁科学社的《科学清华》，小说研究社的《短篇小说作法》，政治学研究会的《现下中国之内政与外交》皆是。

定期的，历年来有周刊、学报、年报、通俗周刊四种。学报和通俗周刊，今年以故停刊，但是现在又有人计划恢复，希望它们不久可以复活。

三说社会服务。清华学生的社会服务，可以分为永久的与临时的两种：永久的多半是与平民教育有关。已着成效的，如补习学校、校役夜学、成府职业学校、改良乡村教育研究所、三旗营书报室、车驴夫阅览所、平民图书室之类。我现在把校役夜学的情形略说一下，作为这类社会服务的代表。

校役夜学，并不只为教导本校校役而设。举凡清华园的清道夫、清华园附近的人力车夫，都是可以报名入学的。每星期学生为他们授课三四小时，课程有国文、英文、算术、历史、地理、常识、卫生等等。这种夜学创立于1913年，清华学校的校役在此得益的不少。

临时的社会服务，举不胜举。它们只是代表清华学生的一种精神，就是：清华的学生总是时常预备着，一遇社会需要他们的工作，他们就出而担任。不说别的，只说去年和今年的救灾一事。去年华北旱灾，各地需人工作。国际统一救灾会和美国红十字会，总不时地问清华要人，清华学生也总毅然地答应前往。前批回来了，后批去接着。这儿事情办完了，又到那儿去办。我们的工作，人家总算还肯赞赏，所以今年华洋义赈会在安徽、山东办赈务，又到清华来调人了。第一批出去的近20人，是在春假前离校的；现在他们还嫌不够，从山东连打了几个电报来要人，于是第二批近20人又要出去了。清华的学生在外面做事，好处只是吃得苦，肯得做，靠得住。现在的青年学生到社会里去服务，大概都能表现这几种善德。不过，清华的学生平日训练多些，经验富些，也许因此就表现得格外显著，所以就博得人家的赞扬了。

四说童子军。清华童子军的发轫在1915年。数年来发展的情形，可以不必细述。单说现在，清华共有童子军7队54人，大多数是中等科的同学，少数是高等科的，有1位还是大学的学生。

童子军的人数，才占全校人数的1/10，似乎是少数人的作业，不用郑重声述。不过以我一个非童子军的观察，清华的童子军实是清华的荣誉。如把清华件件事情都告诉别人了，而遗漏了童子军，是一件极不公平的事，所以我很愿意将清华童子军的精神介绍几点。

童子军在今日的中国，已经是一件很普通的事。我很希望中国个个童子军都能得到童子军的真精神。童子军的真精神是什么呢？提纲地说来是诚实、忠义、助人、友爱、好礼、爱物、服从、快乐、勤俭、勇敢、清洁和虔敬。清华的童子军，我相信他们是朝着这几件事做，而且能做到这几件事的。假如要我一一举例来证明，那是难于做到的事，因为友爱、快乐、清洁等等精神，我们只可以时常感到，难以言传的。然而助人和勇敢两种精神，清华童子军表之于事实的就很多了。

先说助人。我只提出一件事来说。今年 4 月里，世界基督教学生同盟假清华学校开会，青年会把最难办的一件事整整地交给童子军了。这件事情，就是管行李。在 4 月 3 日和 4 日那两日，有 2 000 多件行李随赴会的代表到了清华园车站。童子军大多数都是 13 岁至 18 岁的少年。他们一看行李到了，就从火车中把它们一件一件地搬上月台，从月台上一件一件地搬上骡车，又一车一车地押送到学校，又一件一件地搬下骡车，一件一件地交给赴会的代表。大约出过门，坐过火车的人，都可以知道，这是一件怎样繁劳的工作了。同盟大会开完以后，2 000 多件行李又都一齐交给童子军了，童子军这回还是一件一件地替他们装上骡车，一车一车地替他们押送到北京。无论是谁，看见这种精神，都深深赞许了。

次说勇敢。这回还是提出一件事来说。今年 1 月 23 日，清华童子军在北京真光电影院开游历展览大会，将历年该军所制各项手工模型以及图表等陈列，使社会略知童子军的梗概。并排演"青年联盟"联合剧与"金银岛"新剧，表现童子军的意义及技术。

我们要知道勇敢不是别的，只是一种临事不惧的气概。此次童子军演剧，很可以看出他们勇敢的精神。他们一共只有五十几人，五十几人中只有两个是上台过的，其余都是生手。假使童子军略存一点畏惧之心，不说排演难成，恐怕连提议演剧的人都没有了。然而他们居然提议演剧，居然在北京排演，居然受大众的欢迎，居然博得评剧者的赞许。这样一个成功，是由临事不惧所致。

## （六）自治的清华学生

在 1919 年以前，清华没有什么自治可说，因为没有一定的团体来管理这件事。好多学生自己可以管理的事，都在斋务处手里。1919 年 5 月 4 日，是全国学生运动发轫的日子，也就是清华学生正式自治机关下种的时期，清华学生代表团即于此时应运而生。经过三四年的进化，清华学生自治机关可以说是组织已经完密了：立法的有评议部，行政的有干事部，司法的有学生法庭，三部总称曰"学生会"。

评议部以各级的评议员组织而成。在评议部中，每级得选送 7 人，其在 50 人以下之级，每 10 人得选 1 人。评议部设正副主席各 1 人，此外得设立各种委员会。

干事部分五科：一总务科，二会计科，三文书科，四新闻科，五交际科。每科设正副主席各 1 人，由评议部产出。正副主席 10 人之中，互推干事部主席 1 人，副主席 1 人。各科科员，由各科主席提出，交评议部通过。

学生法庭成立最迟，在今年 3 月 23 日。法庭设审判员 3 人，检察员 3 人，由全体学生选出。凡得票最多之审判员为审判长，管理审判部一切事务；得票最多之检察员为检察长，管理检察部一切事务。审判部用陪审制，非由审判员独裁。自法庭成立以至于今，曾开庭审案两次。

学生会的三部，是自治的机关，也就是教育的机关。我们以自治为动机，出而组织这三部，结果我们在三部里得到许多学问和经验。在评议部里，我们用的是议院法。由这种练习，大家都懂得议院法，会用议院法。结果是：在评议部里议事的时候，秩序井然，不用说了；就是在开全体大会的时候，500 多人聚于一堂，也只见有条不紊。这不是一件容易的事情啊！在干事部里，我们可以练习办事的灵敏；在法庭里，我们可以练习判断的精明。凡此，都是举要地说。如把自治机关在学生身上发生的好处一一胪列，必定书不胜书了。


# （七）清华的一日

上面数节，只是把清华的生活横地铺叙。为介绍得更明了起见，我把清华的生活换个法子说一下，就是纵地申述。

早上 7 点，大钟与小铃，把睡在床上的清华学生震醒了。这时就要起来，因为 7 点 20 分，就要早餐。着衣，洗脸，都要在 20 分钟之内做完。做完了，走到食堂去早餐。食堂中的座位，早就派好的，到自己的座位坐下，5 分钟后，就有斋务员来点名了。从星期一到星期六，每日都是早餐点名，星期日是晚餐点名，不到过多少次，是有惩罚的。8 点钟就要上第一课了，每课上 50 分钟就下课，下课后休息 10 分钟，又上第二课。在这儿，我应该声明的，就是高等科和大学的学生，因为选科甚多，所以同级的人很少有课程样样皆同的。他们多的每星期读英文课程二十几点钟，少的读英文课程十几点钟，但是无论读多读少，他们绝不是上午点点钟都有课的，有课时进教室，无课时可以随心所欲，或上图书馆，或上体操场，因人而异其趣了。第三课下堂的时候，是 10 点 50 分。这时，从外间来的信件已到，而且发在各人的信箱中了。所以大家在这个时候，都跑到信箱室去看信。第四课下堂，隔 10 分钟就午餐了。下午 1 点钟起又上课，以中文的课程为多。4 点至 5 点，清华的风气，定它是运动时间，于是大家都上操场，或到体育馆里去运动了。一天的苦读得到一点钟的游戏，是一件极舒服的事。运动完了，在体育馆里洗个雨浴，精神为之一振，又可以继续念书了。从 5 点到 6 点半，多数的同学都到图书馆去看报，因为上海报、北京报总是在下午 4 点才送到清华，所以 5 点去看报，正是合适。6 点半是晚餐的时候。我们午、晚两餐，菜蔬都是四碗四盘，此外咸菜不计。与菜共食的，有饭，有馒头，随学生所好。早餐却无饭无菜，每人只是三个馒头和咸菜及稀饭。晚饭后的散步，是一件最有味的事情。一天的工作完了，此时找到几个朋友，谈谈笑笑，是怎样地快乐啊！熄灯就寝的时间，中等科在 10 点，高等科在 10 点半，在熄灯之前散步之后，我们每每用作自修的时间。

星期六和星期日，生活略有变更。星期六的下午，大家都无课的。清华的会社，大的小的，差不多都在这下午开会。有时自北京或他处来的球队也择定星期六下午同清华赛球，学生最喜欢看了。星期六的晚上，每有电影，这是清华学生多数喜欢的娱乐。

星期日全日，我们可以用种种方法来消遣。但是大多数的人总是留在校里念书，也有些人到外面去旅行的，到北京去访友的，不能细举了。

是这般可爱的清华让我说最后的一句话：恕我的能力微弱，不能把它全部地、十分地介绍于诸君。

1922 年 4 月 16 日，清华

（载《学生杂志》第 9 卷第 7 期，1922 年）

# 人生蠡测

## （一）

人生有什么意义？

这个问题，要算最难解决的。古往今来，不知有多少人，对于这个问题发表意见了，但还没有得到彻底的解决。我们这种二十几岁左右的青年学识浅薄，经验欠缺，原不该对于这个问题论列是非。不过假如抛开不讲，那么我们每天的行为，似乎无所依据。我们从早忙到晚，熙熙攘攘，所为何来？今天这样忙，明天那样忙，从年青忙到老死，为的是什么？我想凡肯思想的人，这种问题自然会到脑子里来，想排除也排除不了。不得一个解决，心地总不安宁。我今天所说的，就是想把个人思虑所得，拿来与大家讨论。

## （二）

从来谈人生观的，可以分为肯定与否定二种。否定人生的学说，不知有多少种。它们共同的论点是：人生无意识，虚空，无聊，……我对于这些否定人生的学说，实在有点莫名其妙。人在未生之前，生与不生，诚然不能自己作主。但既生之后，生与不生，是可以自主的。假如我们觉得人生无意识，确信人生无意识，我们为什么不立刻自杀？自杀不比过无意识的生活强么？既然觉得人生无意识，又还留恋地活着，是我所大惑不解的。

所以我于讨论人生问题之前，愿声明我是一个肯定人生者。我以为人既生在世上，只有两条路可走。不是消极地自杀，便是积极地生活。假如觉得世界无味还要偷生，那是一个大矛盾，自己打自己嘴巴的勾当。所以我对于否定人生的学说，不愿多言。

但肯定人生的学说，也有许多不彻底的，无充足理由的。我们姑举数例：

（1）名誉观念。抱这种观念的，以"立身行道，扬名于后世"为一切行为之动机。他们"疾没世而名不称焉"。有这种思想的人，自然不能菲薄。但是执着太甚，一朝失意，就会流于厌世，陷于悲观。古今多少名场失意中人，起初都是轰轰烈烈，想替国家社会做一番事业，以留名青史，垂誉万世。但经几番挫折，有志莫达，便会心灰意冷。所以这种人生观，基础是不稳固的。而且这种学说，也不足为训。世间固有许多人可以为名而活动，但也有许多人视名誉如敝屣。陶渊明说：

> 吁嗟身后名，于我若浮烟。

又说：

> 去去百年外，身名同翳如。

像陶渊明这类的人世上很多，若拿名去动他的心是不行的。于是名誉观念的伎俩穷了。

（2）物质主义。抱这种主义的人，以坐汽车、吃大餐、住洋房为一切行为之动机。他们羡慕这种生活，因而想法去获得这种生活。傅斯年君在他的《人生问题发端》里，极力攻击这种生活，他说："……现在，中国一般的人，只会吃，只会穿，只要吃好的，只要穿好的，只要住好的，只知求快乐，只知纵淫欲，……离开物质的东西，一点也觉不着什么精神上的修养，奋发、苦痛、快乐、希望，……永不会想到；这样不仅卑下不堪，简直可以说蠢得和猪狗一样。"我觉得傅君这种攻击，是极对的。过分的物质生活不足取，不独因为它遗祸社会，也因为它本身就乏趣味。世间有几个大富翁，心境是快乐的？人生的有味，不单在物质上的享乐，假如以追求物质上的舒服为人生的目的，那也太浅陋了。

（3）有神论。主张有神论的有两种人。一种是愚夫愚妇，凡无智识的道教徒、佛教徒、耶教徒都归于此类。他们信仰的对象虽然不同，但其无理论上之根据则一。他们迷信灵魂不灭，死后善者上天堂，恶者入地狱。凭着这一点信仰，他们可以去行善。但这种信仰，在今日的青年学子中已完全失其根据，不足范围人心，所以可以不必细论。

另外还有主张有神论的，是智识阶级中人。他们相信世间有一全善的上帝，他是有意志的。他们用种种论证，说明上帝和他的意志之存在。有这位上帝做靠山，他们立时觉得勇气百倍。他们觉得人生不是无意识的，是朝一固定目的而前进的。现在的世界，虽然有令人不满之处，但将来天国一定降临，全能的上帝要来做我们的主。

这类的话，说的人固然津津乐道，但我听起来总觉得有点神秘。我有许多信奉耶教的朋友。和他们谈论宗教，我总要问他们上帝是怎样解。有的人爽爽快快地回答我说是不可解释、只可体会的。有的人努力想解给我听，但我总是越听越迷惑。在我听到的那些关于上帝的解释，没有一条不可以反驳，显见他们信仰的根据并不十分坚固。至于上帝的意志，更是一样不可捉摸的东西。我们根据进化论，固然可以证明地球和人类的存在，并非出自上帝的创造，乃是适逢其会自然进化的；同时我们也可以根据进化论，证明人类将来的命运并不如宗教家所臆测的那样好听。威尔斯在他的《世界史纲》第一章就说："现在的太阳，虽然还是那样热烈，但比以前已经冷得多了，旋转起来也比从前慢得多，而且以后一天将比一天冷，一天将比一天慢。地球旋转的速度也天天慢起来，现在的日子比以前长得多了，而且地心的热也慢慢地减退了。"照这样的说法，太阳将有一日不能发光与热，地球将有一日变得和冷静的月亮一样，生物一个也没有了。难道这便是上帝的意志吗？信宗教的，如不能证明进化论这种说法是错的，便不宜说上帝意志。总之，这种有神论的主张以前很能做人家行为的动力，但在现在这种科学昌明时代威严已经扫地了。

在批评这三种人生观之后，我要提出一种比较圆满的人生观来。

## （三）

我们于讨论人生观之前，先要承认下列几种事实。

第一，人类有若干本能（instincts）是生而就有的。本能的冲动，是人生一切活动的根源。本能的满足，便是快乐的获得。譬如婚姻一事，差不多人人都要为此去活动。这是什么缘故呢？因为人生而有"性的本能"，所以一到少年时代性的本能冲动的时候，君子便寤寐以求淑女，"求之不得，寤寐思服"，淑女也积虑思见君子，"未见君子，忧心忡忡"。所以婚姻一事，并不是因为习俗如此，我才如此，或父母之命如此，我不得不如此；乃是人人生来有此种本能，不得不去要求满足。满足了便是快乐，《国风》"关雎""草虫"二章，表现此种心理最佳。

上面所说，乃是显而易见的。此外，人类有些活动初视好像与哪种本能都无关系，但仔细分析就可发现它们是有一种或多种本能作根据的。譬如年终考试，大家为什么用功预备，希望不致落第？周太玄君所作之《初秋的巴黎》一文有一段解释这个道理：

> ……他们心中怕，怕的若是不能考过，失掉了他们的时光，阻止他们的愿望；辜负了父母家庭朋友的关心；更无以对那在暗中替他努力的心爱的人。

考试这件小事，还有许多本能——自尊、好群性——作根据，其他可想而知。我们懂得什么是人类的本能，本能又如何活动，便可懂得什么是人了。懂得什么是人，为谈人生观所不可少的条件。

第二，人是社会的一分子。人与社会的关系，确和有机体与其细胞的关系一样。有机体中的细胞，如一部分损伤，他部也受影响。社会中的人类，也是如此。自工业革命之后，交通便利，人与人的关系更加密切。欧洲人的行动影响到亚洲人，亚洲人的行动影响到美洲人。洲与洲之间，关系如此；国与国，省与省，县与县，这个都市与那个都市，这个村庄与那个村庄，这个人与那个人，其关系之较为密切，更不必说。明白这个道理，就能了然于个人的快乐、个人的幸福要以社会全体的快乐与幸福为进退。富人不要梦想关起门来享自己的清福。世间如有盗匪，那种福利的根基是不稳的。住在洋房里的人不要以为此地清洁，病魔不会来扰。世间如有肮脏的地方，算不定哪一天就会起瘟疫，连住在洋房里的人也会一同死去。人和社会的关系，的确是这个样子。有福大家享，有祸大家尝。所以谈人生观，不能不把人与社会的关系弄清楚。否则闭门造车，出门未见合轨呢。

第三，人类战胜环境的能力是应当重视的。环境有天然的，有人为的，但都可以用人类的能力来克服它，变移它。以前交通不便的时候，邻国相望，鸡狗之声相闻，民至老死不相往来。现在有火车，有轮船，世界有哪块地方是人所不能到的？从前人以畜牧为生，方百里之地，养不活多少人。现在工业、农业发达了，方丈之地还有人依之为命的。诸如此类，不是人类战胜天然环境的成绩么？以前君主专制的时候，人民的自由毫无保障。皇帝要一个人死，谁敢不死？现在有几个国家还保存皇帝？人民的自由、生命，不依法律，谁能剥夺？以前奴隶替主人工作，一天忙到晚，只获得两块面包、一杯冷水。现在的工人正在要求工业自治，生产工具公有。诸如此类，不是人类战胜人为环境的成绩么？所以人的本事，实在不小。世间没有挡得住人的阻碍。只要人肯努力，没有打消不了的。世间也没有实现不了的合理的希望。只要人肯努力，总有一天达到。这是进化论给我们的新教训、新力量。

根据上列的三种事实，我们可以建设我们的人生观。

　　我们知道人有若干本能，满足本能的要求便是快乐。人生的乐趣便是满足种种本能，充实自己的生活。

　　但人类是社会的一分子，社会如是衰颓腐败，个人的快乐就会丧失。所以真能求快乐的人，没有不注重社会事业的。他一方面固然设法使自己的生活丰富，一方面也顾到社会上他人的生活。他要使自己和他人的生活和谐地在社会中满足。

　　欲使自己和他人的生活和谐地在社会中满足，势不得不改造环境。由过去人类的经验看来，这件事是可能的，只要我们努力。

　　简单说来，人生的意义就是：

　　尽一己的能力改造环境，使自己和他人的生活和谐地在社会中满足。

# （四）

　　人生观与人格的关系非常密切，有一种什么人生观就会表现出一种什么人格。圣贤与盗贼不同之点，无非是一个人生观。所以我希望我敬爱的同学，现在还没有人生观的，要确定人生观。我们同学将来的结合并不靠别的，只靠一个相同的人生观。假如人生观相同，学工程的和学文学的尽有携手的机会，因为他们用力的田地虽然不同，却是向着同一的归宿。假如人生观不同，那么学的东西即使一样，将来也还是分道扬镳，各行其志。所以定人生观，是人生一件大事。希望同学们对于这件大事，不要轻轻放过。

（载《清华周刊》第 268 期，1923 年）

# 择业的预备

## （一）

某学者曾说过，青年人的大问题有两个：一是择业，二是择偶。很奇怪，像这种大问题校中竟无人指导。学生只是暗中冥索，碰运气去解决这种大问题，这不是危险吗？

今舍择偶而专言择业。择业一事，绝不是看几篇文章就能解决的。以前校中对于最高级同学有职业演讲，这种办法原是治标的。到快毕业的时候，再来谈择业，已经是"临时抱佛脚"了。治本的办法，诚如庄泽宜先生所说，非在高一设职业指导及选科讨论一科不可。教这一科的人，应该是教育家兼心理学家。他不但要在课堂里对学生讲各种职业的内容和选择某种职业的条件，还要在课堂外做各个学生的顾问，帮助学生决定选择职业。

治本的办法，一时总难实行。高一加这一科，在最近的一年内是无实现希望的。但这种火烧眉毛的问题，不知焦急了许多同学的心，所以我便去参考一些书籍，作成这篇论文。我不是一个学教育的人，说的或有许多外行话。希望留美或回国的老同学，以教育为终身职业的，对于这个问题贡献一点意见。

## （二）

希腊大哲梭格拉底说了一句很有名的话，就是"知你自己"。自知好像是一件容易的事。许多人以为自己已经知道自己了。其实天下最难的事，莫如自知。假如一个人能够完完全全地知道自己的长处短处，再去发展他的长处，收藏他的短处，那个人的成功可以说是已在掌握之中。择业的第一要件，便是自知。我常听到一些同学，到美国后，先学法律，后又学工程；又有一些，原定学农业的，后却改学经济了。凡这种中途变志的人，都是因为他们没有先做一番自己省察的工夫，便贸然选科。这种人便像水上的浮萍一般，随风力而飘荡东西，一生恐难得到归宿，更不必说成大事、立大业了。所以择业之先，必须自知；自知之后，再谈择业。

但是一个人怎样就能自知呢？唯一的方法，只是自己审查。自己审查学问、脾气、身体、性格、习惯，……把一个"我"分析入微，然后把分析的结果记录下来。看看这个记录，自己便可明白自己是怎样一个人。为帮助大家分析"自己"起见，我选两组问题如下。

第一组是黄任之先生预备的，原名《青年反省二十问题》，曾载本刊一百一十期及一百十一期。今重录于此：

（1）汝曾否立志要做一品学完美、身心健全之人？

（2）汝有极大之爱群心否？

（3）汝知待人须有诚意、有礼貌而能实行之否？

（4）汝能闻善立行之，闻过立改之否？

（5）汝曾注意考求自己心性上、才能上之弱缺点而改良之否？

（6）汝能深知确信世界种种困难悉能以人力排除之否？

（7）汝遇有不如意事，能尽汝力之所及，忍耐进取，勿作无谓之悲观否？

（8）汝知为人应有一定之职业，而能郑重研究，择定汝将来之操业否？

（9）汝现所修之学业是否足为将来职业之预备？

（10）汝之修业是否求实际上之获益而不沾沾于考试等第之高下？

（11）汝于各学科是否能完全了解，且能记忆其要旨而绝不糊涂过去？

（12）汝于各学科是否能应用于实际？

（13）汝做事曾否注意练习，使养成勤奋敏捷而有秩序？

（14）汝曾否重视体育，认为自省日常修养之要件而不仅认为学校一种例行之功课？

（15）汝所习各种运动方法能日行之无间否？

（16）汝能每日用力有益卫生之举，如清洁、早起、多浴、多吸空气，饮食有定时、有定量，与保持身体直立之姿势等否？

（17）汝自知有不良之习惯或思想足陷汝于为恶，如烟酒、冶游、赌博，而努力戒绝之否？

（18）汝曾否注意，访求最良之友，足为汝之指导者、扶助者，而与之同事否？

（19）汝之用费能适当否，能以有条理之方法储蓄汝之余财否？

（20）汝曾将以上种种问题，自己规定方法，或每日，或每周之某日，或每月之某日，以一定之时间反省一遍而无间断否？

大家如老老实实地回答黄先生的二十问，一定可以看出自己的长处与缺点来。但黄先生的问题，是为青年人修养用的，而非为青年人分析自己用的，所以还有未能详尽之处。

第二组问题，见达菲斯（J. B. Davis）著的《职业与道德指导》（*Vocational and Moral Guidance*）第 78 页至 80 页，今译于下：

（甲）遗传。（1）父亲与祖父的职业。（2）父或母的祖先有无一种特著的职业？（3）你的祖先在哪一门职业上显出特别的才能？（4）父母的教育。（5）你觉得有一种由遗传得来的才能或趋向么？

（乙）教育。（1）在一班中的地位。（2）最擅长的功课。（3）最不行的功课。（4）你念书的习惯如何，日有常课还是时作时辍呢？（5）求学的真心。（6）假如可以自由研究，你选什么？（7）你觉得做哪件事比求学还有味？（8）哪本书你记得最清楚？（9）什么是你最喜欢的书？哪一类的书？（10）读书怎样影响你？（11）由你的求学经验看来，你有一种什么特别的才能或出众的学问？（12）假如人家逼迫你，在下列三类职业之中要选一样，你选哪一类？专门的？商业的？工业的？

（丙）才能。（1）你有音乐的天才么？（2）你是否长于美术？（3）你的两手是否灵敏？（4）和你年龄相等的人比较，你在什么地方胜过他们？（5）你最大的成绩是什么？

（丁）健康与身体。（1）你的健康的成绩如何？（2）你因为生病而虚掷许多光阴么？（3）你的家族在健康上的成绩如何？（4）你强壮而且健全么？（5）你能忍耐么？如何试验出来？（6）在体育上的经验。（7）在工作上的经验。（8）哪种游戏你最喜欢？（9）哪种职业是你身体所不许的？（10）哪种职业所需的脑力或精力为你所不能忍受的？（11）哪种职业可以增进你的健康？

（戊）品格。（1）你自己觉得在下列德性之中，有为你所最长的吗？（子）诚实。（丑）正直。（寅）可靠。（卯）个人习惯。（辰）虔敬。（巳）准时。（午）效能。（未）足智多谋。（申）洁净。（酉）有恒。（2）你有无一种缺点或欲望，如担任某种职业定使你失败的？（3）在你能担任的那种职业，据你看去，哪几种品格是成功所必需的？（4）你的志愿果能不屈不挠，使你守着一种断定而不变吗？（5）在无论何种情形之下，你是否预备向前再进一步？

（己）社会的效率（social efficiency）。（1）你在哪个会里当个会员？（2）你现在是哪个会的会员？（3）你是哪个教堂的会员？常去礼拜么？（4）你在哪个会里当过职员？（5）你能举出例来证明你办事的才干么？（6）你是否一个好领袖？（7）你是否一个好的受命者？（8）你是否一个好捣乱或好同别人作对的人？（9）你能和谐地与别人合作么？

（庚）职业上的经验。（1）你做过什么事？（子）地点。（丑）时间。（寅）薪俸。（卯）工作的性质。（2）你最喜欢哪种工作？（3）你觉得某种工作于你不合么？怎样不合？（4）从你的经验上看来，你有哪种才干是发展过的？（5）你的经验曾否告诉你适宜于某种工作或学问？

## （三）

把上列的问题一一用笔回答，再探听朋友们的意见，看他们所说的是否与你自己分析的相合，然后分析自己的功夫总算做到了。不过自知虽为择业所必需，但自知不一定就会择业。因为"知道事实"是一件事情，"解释某种事实所含的意义"又是一件事情。前者我们自己可以做到，后者非靠有学问的人帮助不可。譬如黄任之先生的第二问，汝有极大之爱群心否？我审思之后觉得我有极大之爱群心，这属于"知道事实"的一方面，很可以自己做的。但有极大之爱群心的宜于哪种职业呢？这属于"解释事实"的一方面，就要靠有学问的人帮助了。

可以帮助我们的人，不外三种：（1）知己；（2）师长；（3）教育家。但只有自助的人，别人才能助他。譬如你去问一位教育家，请他做你的职业指导者。第一件事他要问你的，就是你的长处或短处。你如已经分析过自己，便可不假思索，原原本本地告诉他。教育家听了你的报告以后，一定可以指示你一条大道。假如他问你的问题，这样回不出来，那样又回不出来，他一定不能贡献一点意见给你了。所以择业前要紧的预备，还是分析自己。做过分析自己的功夫，便有自知之明。对于择业问题，有了自知之明以后其余便可迎刃而解。

（载《清华周刊》第 269 期，1923 年）

# 友谊

## （一）朋友是怎样认识的？

好些事情初看好像平淡无奇，但仔细研究一下，便可以发见此中的奥妙。即如"朋友是怎样认识的"这个问题，好像是极粗浅的，不值得研究的。但我要问，清华学生 400 多人，为什么你只认得这些，认不得那些？为什么你和这些人在一起，不和那些人在一起？为什么和你谈话的、散步的、通信的，是某甲某乙，而不是某丙某丁？此中都有道理，是值得体察的。

我们大约不外从下列几条路上，认识我们的朋友：

（1）天性的爱好（instinctive liking）。天性的爱好，怎样解释呢？英哲罗素在他的《人为何而战》一书里，讲得最明白了。他说："天性的爱好是一种感觉。我们都觉得与一种人相处是有味的，在他的面前，我们便觉得欢乐，我们愿意同他谈，同他工作，同他游戏。"我们有一部分朋友，便是因此而认识的。我们喜欢一种人，愿意和他们做朋友。这种欲望的活动，便可以使你和他们认识。

（2）趣味相同。譬如某甲对于读书有趣，某乙对于读书也有趣，甲乙二人便有认识的可能。我们举目一看：运动员和运动员常在一起，办义务学校的和办义务学校的常在一起，信仰上帝的和信仰上帝的常在一起，无非是这个道理。

（3）介绍。譬如甲乙是朋友，我先认识甲，甲便把我介绍给他的朋友乙，乙又把我介绍给他的朋友丙，……如此牵连，由一以至无数。

（4）偶然。偶然是不期然而然的意思。譬如我们两人本可不认识的，但因为同车便认识了，因为同班便认识了，因为同桌吃饭便认识了——此之谓偶然。

以上所列的四端，我不敢说认识朋友的路已尽于此，但最要紧的总算无遗了。认识是结交的初步。只有认识之后，才可以谈到结交的问题。

# （二）择交

我们认识的人虽多，但亲密的却很少。亲密的程度，很可以表示友谊的深浅。我们不能对于人人都亲密，因为那是做不到的事。在这个地方，择交的问题便起来了。

寻常人对于择交的观念，有两种错误：

第一种错误是把择交看作买货一样。买货的人走到店铺里，叫掌柜的把同样的货物拿出来给他选择。他选择那中意的，便买了回去。许多人以为择交便是这样。他在朋友中选择几个中意的，便同他们结交。这种择交法，失败的时候多。第一，你所选择的人不一定是好的。结交之后，你不一定得到他的益处，有时反受他的害处。第二，你所选择的人不一定肯和你结交。你殷勤地待他，他也许冷落地报答你。

第二种错误是把择交看作一种手段。这种人处处以自己为中心点，以朋友为属僚。他交朋友，完全是一种自私的冲动。他因为要开公司，所以结交几个有钱子弟；因为要办实业，所以结交几个办事人才。这种择交法，我们为"友谊神圣"，可以用"不足取"三字了之，不必细加驳难。

我看择交这个问题，立足点与别人不同。我以为择交之先，要讲自修。只有讲自修的人，做过自修功夫的，才够资格讲择交。否则把择交谈得天花乱坠，结果还是无用。强盗费尽心血去择交，最好不过结交一个贼；贼费尽心血去择交，最好不过结交一个扒手。圣贤决不和盗贼结交，决不和扒手结交。所以一个人如想结交什么朋友，自己先得自修，使自己够得上做人家朋友的资格。

朋友的机能，只是互助，向真美善的鹄的前进。凡不能助人的人，不配做人家的朋友；不但不能助人，反损人害人的，更不配做人家的朋友。助人的大概能受朋友的帮助，此之谓互助。所以做人家朋友的资格，简单说来，只是一句话："能给朋友，能取于朋友。"

我们能给朋友的东西多着呢。但在学生时代，我们只谈学生的话，我们对于同学朋友，能给的东西最大的有两件：品格与学问。没有品格的人，不能给人品格；没有学问的人，不能给人学问。所以现在我们要问：怎样可以提高我们的品格，怎样可以增进我们的学问？

普通的人，说到品格，每将品格的内容列为一表，如勤、俭、宽、厚之类，叫人遵守。但这种方法很笨。我谈品格，只言态度。凡具有某种态度的人，就算有好品格。这些态度是：

（1）研究的态度。对于一件事，不肯盲从，也不肯武断。他抱着一个研究的态度，事事都要问一个为什么。为什么要赌博？为什么要懒惰？为什么要这样？为什么要那样？总要得到一个答案，为良心所许的，方才做去。

（2）从善的态度。我们做的事，说的话，……一定要自信是对的。假如有人指出不对的地方来，如果理由充足，我们便当立刻采纳。

（3）谦虚的态度。古语说得好："满招损，谦受益。"世间没有完人，所以我们绝不能存丝毫满足之心。我们应该天天望着一个理想的鹄的努力，不可一日懈怠。

（4）为人的态度。不要处处为自己着想，应该把别人的情境时刻挂在心头。

有了这些态度的人，自己便可养成一个好品格，同时也可以帮他的朋友养成一个好品格。譬如他有了研究的态度，对于他的朋友的行为，一定很关心的。看到他朋友的长处，他一定要鼓励，使其长处继续增长；看到他朋友的短处，他一定要规劝，使其短处逐渐消灭。其余可以类推。

至于增进学问的方法，很难枚举。但我们可以提出一种精神来讲，那就是科学的精神。科学的精神，没有别的，就是求证据，求因果。有这种精神的人，自己的学问固然日渐增长，同时还可以帮助他的朋友的学问，前者不必说，因为是显而易见的，后者请举例以为证。

譬如我的朋友同我说："画符可以治病。"我听到这句话，决不轻轻放过。一定要问："符为什么可以治病？""因符而病愈的有多少人？""为什么现在的医生不去学画符？"这样问下去，一定要问得我的胸中毫无疑虑存在。此事最有益于我的朋友。因为有许多智识，是经不起这样问的。凡经不起这样问的智识，都是假智识，都应当淘汰。我能淘汰我的朋友脑中的假智识，便是我助友的地方。

"取于朋友"一问题，比较容易解决。我们所给的，便是我们所愿取的。朋友的品格与学问，可以取为我有，假如我取两种态度：

（1）好问的态度。常常发些问题，征求朋友的答案。

（2）求益的态度。常常观察朋友的长处，以为自己努力之模范。不可妄自尊大，以为万事皆备于我。

在此，我们应该注意一种很特别的现象。寻常，取的人每占便宜，给的人每每吃亏。但在朋友之中，取便是与，与便是取。上面我为讨论的方便，所以分开来说；但在实际上，很难说哪是取，哪是与。我记得一次有位朋友问我"学问"二字的定义。我在图书馆里做了半天的研究，把所得的告诉我的朋友。就此事说，我好像是与者，而朋友是取者。其实，假如我的朋友不问这个问题，我不会去研究"学问"二字的定义。我所以能对于"学问"二字下一定义，便是朋友问我，使我不得不去研究的结果。这点结果，便是朋友与我的。所以我也可以说是取者。

以上所说，目的在讲明自修的重要和自修的方法。我认为择交的先决问题，便是自修。所以不惮重复申说："只有讲自修的人，做过自修功夫的，才够资格讲择交。"

从择交的"择"字看去，便可知道先得有个标准。我们先要有一个标准，凡和我认识的人，合得上这个标准的，我们便择而交之；合不上这个标准的人，我们便舍而不择。这个标准应该怎样定呢？以前孔子说过，"无友不如己者"，这真是择交的好标准。孔子这句话，许多人都把它误解了。许多人都解"不如己"为"不若己"。假如"不如己"作"不若己"解，这句话便毫无意义。我看，"不如己"应释为"不同己"。《书经》曰："五月南巡守，至于南岳，如岱礼。"解此句的人说："言礼南岳同于岱宗也。""无友不如己者"的"如"字，与"如岱礼"的"如"字同义。孔子的意思，便是劝人不要和那志趣不相同的人为友。譬如我主张俭朴，你主张奢华，我们便不相同了；我主张奋斗，你主张退缩，我们又不相同了。但世间无两个同样的人。假如我们去求事事如己的人，与之为友，结果一定是交不到朋友。所以朋友之间，正不必事事相同，但有一事非同不可的，那便是人生观。

什么是人生观？人生观只回答一个问题："人生于世，应该做什么？"假如两个人的人生观相同，两个人便可成为朋友。否则，必难结合；即结合，友谊亦必不稳固。

所以如人问："择交的标准如何？"

我的答语便是："择那人生观与你相同的。"

# （三）怎样待朋友？

我尝把认识的人分作三类，完全是根据清华学校的情形立论的。这三类便是：(1) 相见点首的；(2) 时相过从的；(3) 知交。相见点首的人，大约曾交谈过，但相知不深。时相过从的人，有好几种。韩退之与崔群书中有一段，说得最好：

> 仆自少至今，从事于往还朋友间，一十七年矣，日月不为不久；所与交往相
> 识者千百，人非不多。其相与如骨肉者，亦且不少。或以事同；或以艺取；或慕

其一善；或以其久故；或初不甚知，而与之已密，其后无大恶，因不复决舍；或其人虽不皆入于善，而于己已厚，虽欲悔之不可。

韩退之所举的六种朋友，都可以归于"时相过从"一类。我们对于相见点首或时相过从的人，应当有一种好意。

但对于知交，不当只有好意；好意之外，还要别的。

知交筑在两种基础之上：（1）敬；（2）爱。

我们心里佩服而又爱好的人，便有做我们知交的资格。只能使我们敬而不能使我们爱的人，或只能使我们爱而不能使我们敬的人，都难成为我们的知交。所以知交实不易得。但诚心求之，在清华求学数年内，未尝不可得到几个。否则出校之后，还是一个孤独的人，未免太可怜了。

对于知交，应该取什么态度呢？我以为：

（1）不可虚伪，应当诚实。

（2）不可自私，应当忘己。

（3）不可骄傲，应当谦虚。

（4）不可苛责，应当宽恕。

（5）不可猜疑，应当信任。

（6）不可隐匿，应当坦白。

（7）不可忽略，应当关心。

（8）不可玩狎，应当端重。

总之，我们对于知交，最不当有人我的界限。他们的快乐，便是我的慰安；他们的欠缺，便是我的忧虑。他们的成功，我也有分；我的成功，他们也有分。所以我们为自己努力，同时也为我们敬爱的朋友努力。

# （四）友谊之果

友谊之果，是最甜蜜的。人生于世，假如没有尝到友谊之果的味儿，也算是白过一生了。

友谊之果，细数有四：

（1）智识上的切磋。

（2）品格上的涤净。

（3）事业上的辅助。

（4）感情上的安慰。

所以真有好友的人，是只有日新，不会堕落的。我们遇到诱惑的时候，心里一定会想到，假如我这样地不长进，怎样对得住我的朋友，怎样对得住我朋友的期望之心。即此一念，便可把一个人从九渊之下提于九霄之上。朋友的功用，最大可以到这个地步。他的力量，有时可与宗教相等。请诵 F. D. Sherman 一诗，以充此意：

> It is my joy in life to find
> At every turning of the road,
> The strong arm of a comrade kind
> To help onward with my load.
>
> And since I have no gold to give,
> And love alone must make amends,
> My only prayer is，while I live—
> God make me worthy of my friends.

更诵胡适《朋友》篇之一节，以终吾篇：

> 粗饭还可饱，破衣不算丑。
> 人生无好友，如身无足手。
> 吾生所交游，益我皆最厚。
> ⋯⋯⋯⋯⋯
> 新交遍天下，难细数谁某。
> 所最敬爱者，也有七八九。
> 学理互分剖，过失赖弹纠。
> 清夜每自思，此身非吾有：
> 一半属父母，一半属朋友。
> 便即此一念，足鞭策吾后。

（载《清华周刊》第 271 期，1923 年）

# 中国式的文人——曹子建

我们试把中国文学史和欧美文学史，做一个比较的研究，可以立刻发现，中国的文人和欧美的文人有个根本不同之点，就是：中国的文人，多数在政治史上占了很重要的位置；欧美的文人，多数是不加入政治活动，始终在野的。

这个分别，关系于一国的文学是很重要的。中国的文人，多数不肯以文学为目的，为正业，所以许多有文学天才的人，都因兴趣旁注，所成就的，不能广大。这点缺欠，如不能矫正，中国的文学，万难和欧美比美。现在我特举三国时最大的文学家曹子建来做中国文人的代表，以见"谬种相传的功名观念，不知埋没了多少伟大的创作"。

曹子建（192—232），名植。他的著作——赋、颂、诗、铭、杂论——据本传说，凡百余篇。他是一个有文学天才的人，本传称他作《铜雀台赋》，援笔立成。杨德祖是曹植的好友，尝亲见曹植握牍持笔，有所造作，若成诵在心，借书于手，曾不斯须少留思虑。后来他的哥哥曹丕想为难他，命他七步成诗，不成行法。曹植应声为诗，须臾立就，益见他名实相符，不愧才子。所以谢灵运赞他说："天下才有一石，曹子建独得八斗。"谢公本是一位文学大家，居然推重曹植如此，可见曹植盛名倾倒一时。

曹植不但才高，而且好学。他十几岁，诵读诗论及辞赋数十万言。明帝称他自少至终，篇籍不离于手。观此性可以见孜孜不倦的精神。他的作品，虽大半得力于天才，但功夫也补益他不少。

曹植既有天才，又加以好学，应该产生大量的作品以遗后人，何以合诗、赋等等，不过百余首呢？据我看来，其中只有一个缘故，就是他重视功名而轻视文学。

曹丕《典论·论文》说：

盖文章经国之大业，不朽之盛事。年寿有时而尽，荣乐止乎其身，二者必至之常期，未若文章之无穷。是以古之作者，寄身于翰墨，见意于篇籍，不假良史之辞，不托飞驰之势，而身名自传于后。

曹丕这种议论，很替文人吐气。文人的价值，原是超越一切，曹丕的见解，是很对的。假使他的弟弟曹植，相信哥哥的话，把一生心血放在文学上，是怎样地好！

可惜这位文学家，不是这样的想法。他对杨德祖说：

> 辞赋小道，固未足以揄扬大义、彰示来世也。昔扬子云先朝执戟之臣，犹称壮夫不为也。吾虽德薄，位为藩侯，犹庶几勠力上国，流惠下民，建永世之业，留金石之功，岂徒以翰墨为勋绩，辞赋为君子哉？

他这样把诗赋看轻，所以不肯发挥他的所长，一心一意志在立功吴蜀。观他《求自试表》说：

> 窃不自量，志在效命，庶立毛发之功，以报所受之恩。若使陛下出不世之诏，效臣锥刀之用，使得西属大将军，当一校之队；若东属大司马，统偏师之任，必乘危蹈险，骋舟奋骊，突刃触锋，为士卒先。虽未能擒权馘亮，庶将虏其雄率，歼其丑类，必效须臾之捷，以灭终身之愧。使名挂史笔，事列朝荣。虽身分蜀境，首悬吴阙，犹生之年也。

曹帝知人，不用曹植，真是盖其所短。假如曹植竟得领师出征，我看他一定不会打胜仗的。何以呢？本传说："（植）性简易，不治威仪"；"植任性而行，不自雕励，饮酒不节"。试问简易不治威仪之人，任性而行的人，饮酒不节的人，如何能带兵打仗？知子莫若父，曹操知他会误事的，所以虽先叫他去解曹仁之围，终竟换人以往，不叫他去。可怜这位热心功名的文学家，终不能用长舍短，他屡求试用，屡不能得。汲汲无欢，到 40 岁就死了。假使天假以年，他或者还有更多作品出现。他一生著作，大半是发挥不遇的悲愤。唯有《薤露行》的调论，与他作不同。诗云：

> 天地无穷极，阴阳转相因。人居一世间，忽若风吹尘。愿得展功勤，输力于明君。怀此王佐才，慷慨独不群。鳞介尊神龙，走兽宗麒麟。虫兽犹知德，何况于士人？孔氏删诗书，王业粲已分。聘我径寸翰，流藻垂华芬。

这首诗我猜是他末年作的。"愿得展功勤，输力于明君"，是曹植一生的志愿。末年知道他的志愿不能达到了，所以才肯终老于文学之囿。"聘我径寸翰，流藻垂华芬"，便见他改变态度的誓语。他这种打算，不是临时筹谋的，早在他 25 岁的时候就有了。当时他有信去杨德祖说：

若吾志未果，吾道不行，则将采庶官之实录，辩时俗之得失，定仁义之衷，成一家之言，虽未能藏之于名山，将以传之于同好。非此要之皓首，岂今日之论乎！

所以我说假使天假以年，他或者还有更多作品出现。可惜他刚想改变生活，就死了！

（载《清华周刊·书报介绍副刊》第 12 期，1924 年）

# 关于清华大学文科课程的商榷 *

这是留美同学所组织的清华文科课程委员讨论会吴君景超等五人给清华留美同学会会长徐君宗涑的一个报告。记者因其文中所言，皆系关于大学部文科课程的增减问题，故特依照原文，录登周刊，以便供清华当局及留心清华课程者参考。此外另有关于工科课程一文，因原稿系用英文，俟下期译出，再行刊登。

——记者

宗涑会长：

前接来函，派我们研究清华大学文科的课程于 5 月 1 日前报告。我们于春假期内，曾将清华大学文科课程在周刊上发表的，详细讨论一次，今将研究所得报告于下。我们不敢说我们的意见是完善的，不过这一得之愚，希望会长转达清华当局，作他们将来修改课程时之参考。

在报告课程本文之前，我们先要说几条根本观念：

（1）我们以为清华大学教育出来的人才，一要有广博的常识，二要能在社会上做一有用的国民，三要有自动研究的本领。

（2）清华大学的文科，其职务不只在灌输学生以欧美的智识。大学文科的教员应与学生一同研究中国的问题，使中国的社会科学将来有独立的希望。

（3）我们以为大学一、二年级学生，不宜即分系专攻，他们的必修科目当较选科为多。到了大学三年级时，始许学生分系。

---

（4）我们以为清华大学所教的科目，半年即当作一结束，不必拉长至一年之久。学生每星期应读课程四种或五种，每种课程一星期授课四点钟。

关于报告的本文，我们也有下列简单说明。

（1）我们这次所讨论的课程，只限于政治、经济、历史、教育心理四系。

（2）课程中一百至二百之科目，系为大学一、二年级学生而设；二百至三百科目，系为大学三、四年级学生而设；三百至四百科目，带研究性质，愿习者须得主任教授许可。

（3）中国现在之社会科学多取材外国，关于本国之社会材料，知之者甚少。因此，本委员会对于研究中国社会之高深科目多置于三百至四百中，以示该种科目注重搜考而不注重讲演之意。

（4）课程中何者为必修，何者为选科，由教务主任与各系主任斟酌核定之，我们对于此点并未讨论。

（5）周刊中登载之课程带有课程表性质，所以在政治学系下也列了一些国文、历史各系的课目。今为节省时力起见，各系下只列该系所教授的课程，其他概从省略。

（6）读这篇报告的，请与周刊上所载之课程参观。凡原文所无而本委员会以为应设之课程，在本报告中皆有为记；凡原文所有而本委员会以为可以取消之课程，我们于每系课程之尾也有说明。

报告本文如下：

# （一）政治学系

### 一百至二百之科目

政治学入门；中国法律入门（等于原文中之 Elements of Law）；中国宪法；公民学；议院法。

### 二百至三百之科目

西洋政治思想史；国际法入门；比较政府；政党；市政府；世界外交史；中国政府；欧战前中国外交史；欧战后中国外交史；现代中国外交问题；满蒙藏问题。

### 三百至四百之科目

中国政治思想史；中国政治组织史。

原文中有 Modern Imperialism，今归于历史系。Far Eastern Gov't 中关于日本的可在"比较政府"一科中讨论，关于中国的当另设专科教授，以示注重。Constitutional History 今改名为"中国宪法"，表示在该科中所讨论的，注重我们本国的宪法史，他国的往事不过用以做参考比较而已。我们对于清华原定的政治学系科目有一根本的批评，就是他们对于中国的政治历史、组织、问题及现状，未太注意。我们所添设的课程，大半是矫正这缺点的。我们也知道，在现在这个时候，教"中国政府"，教"中国宪法"，的确是艰难的，因为无教科书作根据，无现存的材料可以传给学生。但是这种艰难是应该打破的，而负这种责任的人便是堂堂的大学教授。我们希望于大学教授的颇深，同时更希望他们能逃避轮回教育情形的根本观念，贯注于各系课程中，下面便不赘述了。

## （二）经济学系

### 一百至二百之科目

现代经济社会；经济社会演化史；经济地理。

### 二百至三百之科目

西洋经济思想史；西洋商业扩张史；英国工业革命史；比较经济组织；货币银行学；会计学；财政学；经济统计；劳工问题；农业经济；国际贸易。

### 三百至四百之科目

中国经济地理；中国经济思想史；中国经济组织；中国经济问题。

原文经济学系中分为两组：一为经济组，一为商业组。我们以为商科需要特别知识颇多，不能隶属于文科之一系。将来清华大学扩充时，商科应与农科、工科、文科等并立，所以在讨论经济学系课程时，我们把商业组的课程便置之不论了。

原文中的"经济学选读"，我们以为可以与"西洋经济思想史"合并。"中国财政史"，已经考据过的，可归入"财政学"教授；现在还无人知道的，可归入"中国经济问题"中研究。我们加添的科目，有两门须特加解释。一为"经济地理"，其范围较原文商业组中之"商业地理"为广，因为除此之外，还包括农业地理、工业地理等（西人统称后者为 Industrial Geography）。二为"比较经济组织"，这门功课专讨论资本主义、马克思社会主义、基尔特社会主义、共产主义等学理上之根据及事实上之实施。

我们以为中国在这种过渡时代，高谈各种主义者颇多，而能真明各种主义的原委的颇少，大学教授实负有细心研究指导舆论之责。

# （三）历史学系

## 一百至二百之科目

中国通史一（唐以前）；中国通史二（唐以后）；西洋古代史；西洋近代史。

## 二百至三百之科目

日本史；俄国史；英国史；美国史；印度史；文艺复兴史；法国革命史；十九世纪欧洲史；欧战后之欧洲；欧美帝国发展史；西洋文化史；廿世纪俄国史；近代日本史；中国近百年史；新文化革命史；中国移民史。

## 三百至四百之科目

中国历史研究法；中国考古学；中国与藩属关系史；中国文化史；中国断代史；中国宗教史；中史名著研究。

原文分中国史为"上古史"、"中古史"与"近代史"，仿效欧史分期法，我们以为近于勉强，不足取。中国清代以前之历史，未经整理，除一二大师外，无人可以教授，所以在二百至三百之科目中，我们并未列举各代史之名目。我们希望清华的教授，在中国断代史的研究班中，能写出几本完善的教科书来，让将来教授中国古史的有所根据。原文的"西洋革命时代史"，我们以为可以在"法国革命史""十九世纪欧洲史""廿世纪俄国史"等科中分授。"欧亚交通史"，散见于"欧美帝国发展史"、"中国近百年史"及"中国移民史"中。"历史教授法"可归入教育系中。外国史中，我们特别注意英、美、俄及日本，因为这四国与中国的关系，在过去与将来，都较他国为密切。

# （四）教育心理学系

## 一百至二百之科目

教育学入门；普通教育史；普通心理学；教育心理学；中学管理法；小学管理法；

中学教学法；小学教学法；分科教学法；公民教学法；国文教学法。

### 二百至三百之科目

教育社会学；教育统计；教育心理；学务调查法；课程编制法；教育行政；乡村教育；职业教育；智力与学力测验；教育实验。

### 三百至四百之科目

中国教育问题；中国教育思想史；中国教育制度史；测验编制。

原文中之"中等教育"，今分为"中学管理法"与"中学教学法"。"儿童心理"与"青年心理"，今合为"教育心理"。原文之"教学法"，包括参观与实习，今分为"中学教学法""小学教学法""分科教学法""公民教学法""国文教学法"，以及"教育实验"数科。"测验编制"，置于研究班中，以免抄袭外国成文之弊。原文所无，此间添入者，有"课程编制法""中国教育问题""中国教育思想史""中国教育制度史"四科。

我们以为在文科中应加添一系，名为"学术入门系"，这一系中不必另聘教授，只设主任一人。他的职务在组织下列三科目：

### 一百至二百之科目

求学法；自然界；人与社会。

这三门功课，大学一年级的学生是个个都应当念的。在"求学法"中，教员应讨论下列问题：（1）思维术；（2）科学方法；（3）作简记法；（4）搜集材料法；（5）作论文及报告法；（6）读书法。"自然界"一科，授学生以自然科学中的普通常识，由自然科学各系的教授轮流担任；"人与社会"一科，授学生以社会科学中的普通常识，由社会科学各系的教授轮流担任。这三类功课的目标至少有三：（1）给学生一个求学问的工具；（2）给学生一点广博的常识；（3）让学生自测其兴趣所在，以为将来专攻一科的根据。

美国的大学如哥伦比亚、支加哥、明尼索达等都有这类的科目，以便学生。我们希望清华也采纳这种办法。

文科课程委员讨论会：

吴景超（主席）、王化成、雷海宗、何运暄、胡毅同启

（载《清华周刊》第 28 卷第 4 期，1927 年）

# 都市之研究

1925年12月，美国的社会学会在纽约开会。他们在会中研究的总题目，便是都市。我到会去听了几天，心中生了一种感触。我觉得美国学者研究一样东西，其下手方法的确与中国学者不同。中国的学者，在没有与西方文化接触以前，以为读古圣贤之书，便是做学问，他们一生的聪明才力便化在几本古书上面。近年以来，回国的留学生也不少了。便是他们对于外国学者的为学方法，似乎没有得到。那些回国后便不读书的，固然不消说了。便是那些以求学为一生职志的，似乎还脱不了书虫的气味。他们与中国老学者不同的一点便是：老学者读中国古书，而这班新学者读的却是外国古书，其为读书一也。除了读旧书以外，他们没有新的发展。

长此以往，我敢说中国的学术界永远要为外国人的附庸。假如欧美及日本的书店不卖教科书给中国，许多大学的教授恐怕便没有东西传给学生了，这是一件可耻的事。

美国学术界之所以日新月异，便是因为多数学者能逃脱书本的束缚，到实验室里，到社会里，去寻出新的材料来，去求出新的智识来。我在社会学会中听到的报告，一大半是本人亲身在都市中调查及研究的结果。他们到都市的旅馆里去，到跳舞场中去，到贫民的陋巷中去，到富家的大厦中去，搜集材料。他们到工厂中去寻，到裁判所的文件中去寻，到移民的通信中去寻，寻他们所要的材料。他们写信去问，他们亲自跑到人家中去问，他们发出问题单去问，问他们所要知道的事实。一年或数年的殷勤探讨，才做出他们的报告来，那真是贡献，那真是创作。

我写这篇文章的本意，第一是想国内的学者于书籍外别求学问的园地。我觉得中国的社会，真是一个丰富的宝藏，没有人去开掘过。假如有人肯用推敲古书的工夫去研究中国社会的情形，成绩一定大有可观。那些住在都市中的人，如想研究中国社会，便可从都市下手。第二，我想大略报告一点外人研究都市的成绩，同时提出一些问题，以为中国人之欲研究都市者的参考。

# （一）都市的经济

什么是都市？都市便是生产者与消费者的一种组织，以一都市为中心，在这中心点，生产者以其所有，易其所无，以满足他各种的欲望。这个定义似嫌空泛，所以要加详细的解释，才可以把都市经济的要点指出。

人类有各种欲望，古今中外，逃不出这条公理。但是满足欲望的方法，现在与以前不同，中国又与外国不同。最古的人满足欲望的方法，是在自给。他自己筑巢而居，他自己猎兽而食，不要别人的帮忙。后来人类进化一点，发现一个比较完满一点的方法，便是合作。合作的要点是：每人只做一件事，或者只做几件事，他的工作满足别人的欲望，同时别人的工作也满足他的欲望。这便是我们平常所说的共同生活。共同生活之所以可能，是因为有交易。

交易的历史极长，在我们中国，据说神农时就有交易了，但是都市的组织却是近代文明的产物。以前只有市镇，而没有都市。市镇与都市之不同，只是交易上规模的大小。市镇的商业，其势力只达附近数十里；都市的商业，其势力推广至数百里以至于数千里不等。规模既然不同，组织自然有别。所以什么是市镇，什么是都市，是极易分别的。

都市的交易，可分两种：一是零卖，一是批发。零卖的商业，在都市中所以发达，是因为都市中的人烟稠密。美国的支加哥，南北 26 英里，东西 14 英里，居民近 300 万。这 300 万人民的欲望全靠零卖的商店来供给。不说别的，单讲支加哥的牛奶铺就有六七千家，其余的可以类推。但是零卖的商业，虽然占都市经济的重要部分，而非都市经济的特色。都市中的商业，最可注意的还是它的批发之部。

我上面说过，都市的商业，其势力旁及数百里或数千里，这是指它的批发生意而言。都市是货物的总汇地：中国人如想进大批的茶叶，须到上海；美国人如想进大批的五谷，须到支加哥。但是上海并不出麦，他们囤积的货物都是从附近数百里或数千里的市镇中、乡村中收来的。

所以谈都市商业，最要注意都市的附庸。上海的附庸，现在包括长江流域的全部，九江的附庸有江西，汉口的附庸有两湖。一个都市的商业能否发达，要看它的附庸是否富饶。今日的张家口便比不过上海，因为江浙的人民比绥远、察哈尔的人民富庶。

附庸与都市的关系，可以拿蜘蛛网来比喻。蜘蛛譬如都市，蜘蛛网所及之地，便是它的附庸。蜘蛛网的丝，便是铁路与河流。没有铁路与河道，则附庸虽然富饶，也不能把它们的丰余送到都市里去与别人交易。美国的社会学者罗斯教授，曾步行陕西、四川一带。据他的报告，渭河流域所出的麦，价值非常便宜，但送不到汉口去供给那儿的需要，因为交通太不方便，运费过于高昂。这样的例，在中国很多。所以严格讲起来，中国还没有到都市经济的地步。像上海、汉口不过具都市的雏形，芜湖、九江更不必说了。我们如欲使中国富庶，如欲使中国的人民，生活程度加高，便不可不设法使中国人民离开市镇经济——有许多荒僻的地方还没有离开农村经济那一阶级呢——一阶级，而达于都市经济一阶级。因为只有在都市经济的情形之下，才可以讲细密的分工，才可以讲大规模的生产。换句话说，只有在都市经济之下，国家与人民才可富庶。市镇经济，只能使人民小康而已。中国与美国不同之点，最要的便是：中国还在市镇经济一阶级，而美国则早达都市经济一阶级了。

都市中的银行、保险公司、交易所、信托公司、百货商店等等，是商业的象征。都市中的大车站、轮船码头、货栈等等，表明它与附庸的联络。除此以外，都市中的工业也占都市经济的一重要部分。开工厂的，所以要在都市中立业，一因都市中的原料可以源源不绝而来，二因都市中闲手众多，招工颇易，三因市场在迩，制出的货物便可就近发售，以免转运之劳。因为这些原因，所以上海成为中国工业的中心。美国近来最大的工业便是宰牲，而全国最大的宰牲场便在支加哥。在那宰牲场里，一天可以杀牛 3 600 头、猪 10 800 头、羊 13 450 头、小牛 8 450 头。因为支加哥有这样大规模的宰牲业，所以不但支加哥的附近数省要到支加哥买肉，便是欧亚，也有些城市要到这儿来买肉呢。单就支加哥的宰牲业而言，我们便可看出都市经济的特色来。支加哥附近数百里的农民并不自己请杀猪匠来杀猪。他们把猪养得胖胖的送到支加哥去卖。同时他们如要吃猪肉，可以在他们村中的肉铺里去买。那肉铺中的肉，便是每天用冰车由支加哥送来的。

假如有一天，贵州人、广西人吃的猪肉是从汉口来的，那么中国便可说到了都市经济的阶级了。

有人看到这儿，一定要仰天大笑说，别的东西学法外国不要紧，为什么杀猪也要学法外国呢？我很庄重地回答说，外国人杀猪的方法不可不学，因为他们那种大规模的杀法的确比中国的旧法经济。在中国，杀一头猪，我们只取其肉而已，别的东西一概抛弃。但在支加哥的宰猪场里，猪毛有用，猪骨有用，猪皮有用，甚至猪肠中没有消化完的东西，他们还可取出作肥料呢。据他们说，猪的身上什么东西都用得着，只有它死时的哀鸣，他们用不着！这是杀猪的经济。但是只有在都市经济的情形之下，才能谈这种经济。假如一天只杀几十头猪，取其毛又有何用？

我们如欲研究都市的经济，对下列问题应细心加以探讨。

（1）人类从茹毛饮血的时期以至今日共经过几种经济组织？都市经济与别的经济不同之点何在？参考 Gras，N. S. B.，*An Introduction to Economic History*，New York，Harpers，1922。

（2）中国有几个市镇将来可发展成为都市？哪些地方是它们的附庸？附庸的农产品如何？矿产如何？现在的交通组织如何？参考海关报告、地质调查所的报告、经济讨论处的书报、各省各县的通志，以及各种地理书籍。

（3）取一都市，如上海、汉口，研究其经济的组织。上海现在有几种商业？哪处的人在上海经营这些商业？上海有些什么商业将来会与无锡、南京、芜湖、九江、汉口冲突？哪些地方是上海的附庸？有些什么地方，可以收为上海的附庸？附庸扩充之后，上海会加些什么商业，有哪些商业可以扩充？如欲发展上海的商业，哪些铁路是应该造的？上海已有些什么工业？还有什么工业可以在上海建设？这些问题是一个都市的商会所应注意的。美国各地的商会领袖朝夕用心的，无非是上列那些问题。

## （二）都市的模型

研究都市的模型最不可缺少的，便是暗射地图。支加哥大学的社会学部，研究支加哥的情形无微不至。在那社会研究室里，挂了许多支加哥的地图。有一张上面，我们可以看见许多小的黑圈、大的黑圈以及中号的黑圈。每一个黑圈代表一个跳舞场，跳舞场的大小用黑圈的大小来表示。我们一看这张图，便可知道支加哥的跳舞场有多少了。又有一张图，我们看见许多金色的圈、红色的圈，密布于支加哥的东部，但在西部和南部便看不见这些金圈、红圈。原来这张图是表示慈善家的住宅的。每年捐款给支加哥的慈善事业满 5 000 元的便以红圈表示，满 1 万元的便用金圈表示。支加哥的东部靠着湖边，风景秀丽，而且几个大公园都在东部，比较别的地方清静得多，所以富翁都住在那一带。我们一看那张地图，便可以知道支加哥最好的住宅区域是些什么地方。

一个都市的模型，在美国差不多是相仿的。由此可见，一个社会也受因果律的支配，正如自然的事物一样。在一个都市的中心点大约总是商业区域，在那儿我们可以看见几十层楼的大厦，看见铁路的车站、百货商店、大旅馆、大戏园以及都市的公署。商业区域为什么常在中间呢？因为在中间，则住在城市东南西北的人都可以不必特别费事到那儿去做生意。假如在北方，那么南方的人便觉得不方便；反是，北方的人又觉得不方便了。商人因为要招揽各方的主顾，所以商店总要开在城市之心。因为要用城市之心的人很多，所以那儿的地租非常之贵。住家的人如何能出得起那种租金呢，所以住家在城市之心的便搬家了。开工厂的需用地基甚广，他们也出不起那样贵的租金，所以工厂的所在，如成为都市之心，开工厂的也要换厂址。结果，城市之心便为商人所占据。

我们可以称都市的商业区域为第一道圈。在第一道圈之外，紧靠着商业区域的为第二道圈。在这里面，我们可以看见一些小工业，以及一些破旧的房子、污秽的街道。贫民窟以及作奸卖淫的，都在这一道圈中藏身。这些地方，地皮很贵，然而房租极贱，所以经济生活的落伍者都聚集于此处。为什么这儿的地皮贵呢？因为这儿靠近商业区域，将来商业发达了，店铺会开到这儿来，有地皮的，可以希望得善价。为什么这儿的房租便宜呢？因为没有人肯在这儿造新屋，怕造起新屋之后商店搬来了又须改造。在这儿的屋都是旧的，年久失修，只可以极低的租金才能引得进房客。富人自然不愿住那些房子，于是这些房子乃为贫民所独占。

第三道圈，是中等住宅区域。住在这儿的，大半是商店中的伙计、工厂中的巧工。他们不愿意离开他们的商店或工厂太远，所以都住在这一道圈之内。

第四道圈，是高等住宅区域。第五道圈，便靠近乡下了，在这儿有大工厂，以及依工厂为生的工人。

上面所说的四道圈，代表一个都市的模型。当然，我们不能希望个个都市的模型都像那个样子，正如我们不能希望样样东西下坠时，都像物理教科书中的定律一样。

美国的都市模型，自然与中国的不同。这是因为两国的社会环境与物质环境不同。譬如美国的伙计，如在城市中做工，总是带着家眷来的。他们下工之后，便回到家里去。所以城市中有一个中等住宅区域。中国人的家庭观念，根本便与西方的不同。到城市中求生的伙计，可以把妻子放在乡下的家中，一年或数年回家去看一次。同时他在都市中，可以不必找地方住宿。他做工的地方，便是他晚上的旅馆。这种情形，在上海已逐渐消灭。但在北京，我们徽州人在北京做茶叶生意的，还是三年一归。茶叶店的伙计，吃在茶叶店中，睡也在茶叶店中。这种风俗，当然要影响到都市的模型。

再说物质的环境不同，也是使中外都市模型不同的重要原因。美国都市的交通机关真多，有地上电车，有空中电车，有地下电车，此外，还有大汽车，有火车，有自备汽车。因为交通方便，那在市心做工的可以在十几里外住家。所以商业区域与住宅区域，分得非常清楚。在北京，如何做得到呢？在前门开店的，如住在西直门，不说一天的车钱要花好几毛，便是宝贵的时光，一天也要白花好几点钟呢。因为交通不方便，所以北京的商店接着住宅，走过了几家住宅，又是商店。

都市中的各种区域不分开，有许多不便之处。现在只举一例，譬如有一个宛平县的商人要到北京办货，你想他要走多少地方？他如想买点绸缎，自然是到大栅栏，要买几本教科书，就要跑到西城的琉璃厂了。到了琉璃厂，忽然想起他家中的三岁女儿要一点小玩物，这样东西，他或者要跑到东安市场去买。到了东安市场，他的朋友告诉他，要买小玩物最好到天桥，这一下，又要从东城跑到南城了。时间上及金钱上的不经济，可想而知。

但是模型的好坏，是次要的问题。一个都市的模型是什么样子，才是最要的问题。我们如想解决这个问题，应下手研究下列事。

（1）供给市民食物的机关，如菜场、肉店、鲜果铺、酒馆等等的分布，以及食物原料的来源。

（2）住宅的种类，以及住宅的分布。这种研究应包括私人住宅、旅馆、公寓、寄宿舍、会馆等等。

（3）都市中公安及公益的组织，包括警察署、救火机关、公立医院、慈善机关等等。

（4）都市中公用的组织，如自来水公司、电灯公司等等。

（5）都市中的交通，如电话、电报、邮政、电车、自行车、人力车、马车、骡车、汽车、船、轿等等。

（6）街道、沟渠的建筑及管理。

（7）都市中的娱乐，如公园、戏园、电影馆、游戏场、球场、弹子房等等。

（8）都市中的文化，如学校、图书馆、博物院、美术院、演讲所等等。

（9）都市中商业、工业的分布。

（10）都市政府的组织及其职务。

我们如把上列这些东西都研究过，都已懂得，便可说是懂得那个城市的模型了。我们研究时，最好用比较法。换句话说，我们应用欧美都市作参考。那样的研究至少有两层好处：第一，我们由此可以看出中外社会组织的不同来。这种研究的结果，便是中国社会科学的建设。第二，借他人的镜子，我们可以看出自己社会的短处来。知道自己的短处之后，方可从事于改良的事业。

# （三）都市的人品

我们中国人，常说三十六行职业。一个社会中有 36 种人物，这个社会的分工已然可观了。在欧美社会中，分工之细实为可惊。支加哥 90 多万做工的人，代表 509 种职业。美国要人录中，有 1 000 多人是住在支加哥的。这 1 000 多人，献身于 116 种事业之中。由此看来，都市中人品的复杂绝不是乡下佬所能梦见的。

人品之研究，是心理学、社会学发达后的新园地。我们之所以要研究人品，理由至少有四：第一，我们要看什么环境会制造出什么样的人品来。一个唱戏的，同一个科学家的环境及他们经过的历史，一定是不同的。但如何不同，我们却不知道。我们假如知道在哪一种环境之下会发生一种什么人品，那么在遗传的可能内我们便可布置一种环境，使某人得到某种人品。社会科学如能做到这个地方，真是对人类的一大贡献。

第二，社会中有一些人品是有益而无害于社会的，如商人、工程师、医生等，我们不研究他们，并不十分要紧。但另外还有一些人品，如贼、盗、拐带人口的、流氓、拆白党、和尚、尼姑、道士、土匪、讼棍、相公、娼妓、乞丐、看相的、走江湖的等等，有的遗祸社会，有的欺骗社会。他们为什么走到他们的道儿上去，是值得研究的。假如我们研究他们，得有结果，一可矫正他们的行为，二可防止这类人品在社会中发生。

第三，我们要知道人类共同的欲望是些什么，以及满足这些欲望的种种方法。美国的社会学者汤姆士以为人人都有四种欲望：一望安宁，那便是有饭吃，有衣穿，有地方睡觉，病时有医生，危险时有救。二要新经验，如看新戏、旅行，见所未见、闻所未闻之类皆是。三要名，要别人敬重他，说他是一个好人，说出话来人家肯听，做出事来人家赏识。四要人情，那便是要几个好朋友，要一个爱他的人，可以分他的忧，可以与他同乐。这是一种假设，到底错不错还须事实来证明。我们研究人品，便可为这问题下一答语。

第四，研究人品可以扩充我们对于人类的同情。同情心由了解而生，我们如不了解一个人，决不能与他发生同情。现在的人，懂得猴子的有，懂得兔子的有，懂得昆虫的有，懂得鱼虾的有，但是谁懂得人呢？我们念书的，知道戏子的生活吗？知道他们想些什么？知道他们谈些什么？知道他们娶的妻子是一种什么人吗？知道他们交的朋友是哪一类的人吗？我们10个之中有9个不知道他们的。我们不知道戏子的生活，我们也不知道那看相的是从哪儿学到一些骗人的法术，我们也不知道那成群结队逃荒的有何组织，我们更不知道那些从湖北卖花到意大利的是如何走法，路上有些什么稀奇的经验。研究他们，该比考据《书经》中一个虚字有味得多了。

　　都市是各种人品居留的地方，所以在都市中研究人品真是再好没有的机会。和尚道士，乞丐流氓，都是下手的好材料。研究的方法，据我所知道的，最好是先收集他们的生平事略。假如我们能用历史家作列传的功夫，替100个或50个乞丐每人做一篇详细的列传，然后用比较归纳的方法，一定可以发见几条公例。这些公例，便可帮我们解决乞丐问题。而读过这几十篇乞丐列传之后，我们也可以大略知道乞丐的来源以及乞丐的生活了。

　　都市中可以研究的材料还多，但因时间匆促，现在只能提出那三块不毛之地来请有志者耕耘。喜经济者可以研究都市的经济，嗜心理学者可以研究都市的人品，醉心于都市生活之改良者可以研究都市的模型。

1926 年 3 月，支加哥大学

（载《留美学生季报》第 11 卷第 3 期，1927 年）

# 中国移民之趋势

## （一）19 世纪之世界移民

在中古时代，搬家是一件罕见的事。无论在中国还是外国，大多数的人生在什么地方，死也在什么地方。但在 19 世纪之内，全世界的人类比以前活动得多了。不但在一国之内人民有大的移动，就是国与国之间也有大批人民的迁徙。这迁徙的原因，我们暂且不谈，现在我们只看看那迁徙的成绩。在过去的 100 年之内，欧洲人搬到别洲去住的至少有 4 000 万。在 1916 年，这 4 000 万人在别洲繁殖的子孙，据哈佛大学易司特（East）教授的统计，已有 1 亿 8 500 万。英国的殖民是最早的，在过去的一两百年间，他们只是不断地向外发展。据《政治家年鉴》的统计，就从 1883 年至 1924 年这 41 年之中，英国有 1 500 余万人跑到美国及其他的地方去。欧洲移民的风气是从西北传至东南的，这与各国工业革命的先后自然有点关系。最初是英国人往外跑，其后有德国人，有爱尔兰人，有苏格兰人，有斯干的那维亚人，到了 19 世纪的后半叶有西班牙人，有意大利人，有奥地利、匈牙利的人，有几百万的斯拉夫人。

欧洲这些人往外跑，跑到什么地方去呢？我们现在要把他们的目的地叙述一下，因为此事与中国的移民是大有关系的。欧洲的过剩人口，大多数是被新大陆的各国所吸收了。我们先从加拿大说起。从 1897 年到 1924 年，有 400 万人入加拿大境，大多数是从英国来的。假如我们知道加拿大的人口，现在不过 1 000 余万，这 400 万的数目便很可观了。美国在过去的 100 年内，吸收了 3 600 万客民，等于美国现在所有的人口的 1/3。在这 3 600 万客民之中，有 850 万人是从英国来的，550 万人是从德国来的，450 万人是从意大利来的，此外有 300 万人来自奥地利、匈牙利，300 万人来自俄国，100 万人来自瑞典。南美各国的客民，大多数是从南欧去的。巴西从独立起到现在，吸收了 300 多万客民。这些客民的成分，是葡萄牙 100 万，意大利 100 万，西班牙 50 万，德国与俄国各 10 万。再说那地大物博，每年有肉有麦送到欧洲去的阿根廷，它从 1857 年至今日收了 500 多万从欧洲去的人。其中有 200 万是从意大利去的，100万是从西班牙去的。从别国去的数目不多，只有法国人去了 20 万，别国去的人都在10 万以下。所以概括地说，到南美去的大多数是南欧人，到北美去的大多数是北欧人，其中以英国人为最占势力。

于今且说非洲，白人在北非洲是能居住的。近来北非洲有白人近 100 万，其中 50万是法国人，别的便是一些西班牙人、意大利人。南非洲，在 1850 年有白人不过 12万，到 1921 年白人便增至 150 万了。非洲的中部，白人住不惯。所以拿非洲来说，只有极北与极南，才有欧洲的客民。非洲的情形有一点与美洲相反：美洲是北美多北欧人，而南美多南欧人，非洲是南非多北欧人，而北非多南欧人。但非洲的情形有一点也与美洲相同，就是在北欧人多的地方，英国人总是占势力的。这一点是很重要的，因为它与中国的移民大有关系。

离开南非洲往东行，便到澳洲了。澳洲从 1861 年到 1926 年收了 120 余万客民，差不多都是英国去的。靠近澳洲的新西兰，在最近的 20 年内，也替英国安置了将近50 万的过剩人口。

以上所说的，完全是欧洲人口往外移殖的情形。在 19 世纪，世界上只有两个人口过庶的区域，一个是欧洲，一个便是亚洲的中国了。中国人移殖海外的历史很早，不过在 19 世纪以前，是往马来半岛去，往东印度群岛去。19 世纪中叶以后，中国人的足迹便跑远了。在 1848 年左右，广东人听到美国发现了金矿，便冒险雇船开到北美洲去。在那一年，香港便有两位中国人到了美国。两年之后，据人口调查统计，美国已有华侨 758 人。1890 年是华侨在美国的黄金时代了，那时华侨共有 10 万 7 488 人。

华侨到澳洲去的年代，不在到美国之后。在 1848 年，澳洲已有华侨在那儿牧羊。1854 年，澳洲继美国之后发现了金矿，于是那年便有 2 000 名华侨到澳洲发财去。中国人到新西兰、到加拿大去的最初动机，也是去开金矿，发洋财。其后如美国，如加拿大，如澳洲，因为要筑铁路，也曾到中国来募集工人。但也有些国家，到中国来招工去开矿的。南非洲曾于 20 世纪的初叶，到中国北部招了许多华工去开金刚石矿。这些中国工人，无论他们是到美，到加拿大，到澳洲，到新西兰，还是到南非洲，遇着的都是同样的命运。迟点早点，这些有华侨去做工的国家都把大门关上，无许华工再去。所以在 19 世纪中，欧洲各国的移民是一个大成功，中国的移民是一个大失败。这失败的历史，是值得追述的。

## （二）中国移民的失败史

上面我们已经说过，英国移民的发动最早。英国移民所到的地方，有加拿大，有美国，有南非洲，有澳洲，有新西兰。中国的海外移民，凑巧也是移到这些地方去。巴西与阿根廷，那么大、那么肥美的地方，南欧人视为乐土的，中国人冒险去的很少。北非洲也是南欧人光顾的地方，但中国人也不去。中国人与南欧的民族，真是无缘。中国人到一个地方，便遇到英国人或是英国人的子孙。中国人与英国人，可以说是有缘了，但他们的脾胃不和，不愿住在一个地方。那么谁让开呢？在这种时代，礼让是谈不到，谁有势力，谁就可以赶走别人，结果是华侨被赶走了。

于今且从美国讲起。华侨初到美国的时候，美国人是欢迎的，因为那时西部还未开发，人烟稀少，需要工人甚多。中国人到美国是想开矿去的，所以在最初数年，大多数的工人都在矿中工作。其后金矿越开越少了，那些白人想发横财想不到手的，便说金子都给中国人采去了，应当设法抵制。于是加州议会便通过议案，课华侨之开矿的以重税。华侨经了这次打击，便向别方谋发展，好在那时人少工多，肯卖力气的不愁没有饭吃。于是华人有的开洗衣作，有的开杂碎馆，有的种田，有的卖菜，有的替人当听差，有的帮主人照顾小孩。林肯做总统时，要造一条中太平洋铁路，贯通美国的中、西二部。在这条铁路上，华工用了不少。1869 年，这条铁路成功了，美国西部的经济情形大起变化。美国东部的货物可以很便利地运到西部来与西部的货物竞争了，东方的工人也成群结队地到西方来寻工作了。那时，中美又新订了条约，美国许中国人自由到美国去居住，于是华侨去的越多。这几种原因，造成了美国西部一个人浮于事的现象。在这新开辟的区域中，居然也发生了失业的事。在白人的眼光中看来，这一切的不幸都是华工造出来的。没有华工，白人绝不致失业。于是排斥华工的运动，便应运而生。经过 10 余年的鼓吹，美国国会竟于 1882 年通过禁止华工入口的法律。那时美国通知中国的政府，说是这法律的性质是暂时的，以 10 年为期。到 1892 年，10 年之期满了，国会又通过一案，说是禁止华工入口的法律还要展期 10 年。到 1904 年，便无条件地展期下去了。至今，华工还不能到美国去寻生活。

次说加拿大。加拿大与美国一样，最初也欢迎华工。华工在加拿大的贡献，与在美国的贡献相仿佛。中国人会帮美国人的忙，造中太平洋铁路；也会帮加拿大人的忙，造加拿大太平洋铁路。加拿大的土地，大小与美国差不多，可是人口不过 1 000 万。加拿大的政府，每年要花巨款，到欧洲去引诱殖民，不过亚洲人现在已不在欢迎之列了。自从美国禁止华工入口之后，华工想入美而不成的都到加拿大去。加拿大的政府于 1885 年便设法限制。那时限制的章程是：凡华人入加拿大境的，应纳税 50 元。这 50 元，似乎是很重的税了，但华工自己打算：加拿大的工资比较高，入境后勤苦一点，50 元不难立致，所以纳税入境还是值得办。在 1899 年，纳税入境的有 4 385 人。加拿大的政府觉得目的没有达到，所以于 1901 年便把华人入口税加至 100 元，1904 年又加至 500 元。好重的税！华工还去得起吗？但事实上有不然者。加税之后的一两年，华工入口的直减少了，可是这减少是暂时的。在 1908 年，就是新税则——500 元的入口税——实行之后 4 年，有 1 482 个华人纳税入加拿大境。1913 年，华人入口的数目增到 7 078 人了。这种出人意料的事实，便引起加拿大政府的调查。据他们调查的结果，说是加拿大西部，人少事多，华工不来，工资便涨。新税则实行之后，工资涨了好些倍。华工见有利可图，所以都借钱来。他们在较高的工资之下，工作数年便可把借来的款还清，以后所得的便可自己保存，再做十几年的工便可回中国去做富翁。这比那不出中国国门去受那冻死饿死之险的，当然是好多了。所以那眼光远大的华工，都肯出重资到加拿大去。加拿大政府发现这段事实以后，知道用纳税的方法来节制华工入口是做不到的。所以在 1923 年，便通过一条新法律，禁止华工入口。现在，华工即便肯出 500 元送给加拿大政府，也不能入境了。

再次说澳洲与新西兰。澳洲节制华工的法律，通过得最早。在 1856 年，威多利亚便定了一条法律，说是无论什么船主，带一个华工入境的，都要罚金 10 镑。后来澳洲其他的邦政府，也有同样或更严的法律，限制华工。1901 年，澳洲的联邦政府成立，便通过了一条新的限制华工法律。这条法律，妙不可言。它不像美国的法律，说是禁止华工入口。它只说，入口的客民，政府得使其默书一段，默得不错，便请上岸；默错了或默不出来，那就请转。至于默书时用什么文字作根据，完全由移民官吏定夺。譬如有一位华工，想在威多利亚上岸，可是只会说广东话，那么他是毫无希望的，最好不必去考，爽快再买一张船票回广东。假如这位华工，不但会说中国话，看中国书，而且还能与移民官吏用英文谈话，拿起自来水笔来写英文信，是否便有希望上岸呢？不能！因为移民官吏，看见他会说英文时，便考他法文；再不然，便考他德文，或俄文，或犹太文。华工又不是语言学专家，所以这个默书的试验，一定是不能及格的。据亚多萧 1909 年的统计，自从这条法律通过以后，只有一位中国人试验及格了上岸。这是 1905 年的事。自此以后，这种奇迹便未发现过。新西兰的节制华工法律，是

1907 年通过的。凡华工想入新西兰的，须纳税 100 镑，并且还要经过一种英文的默书试验。

最后说到南非洲。南非洲的华工，是他们来请去的，并非自动前往的。那是 1904 年的事。在那年，第一批华工到了南非洲，便被分发在各矿中做工。到 1906 年，华工在南非洲的已有 5 万 5 000 人。南非洲的政府，本把招募华工这件事当作试验的，试验如果合适，便想多用。可是试验的时期还未满，南非洲的白人已有反对华工的运动了。政府不得已，只好把请去的华工又送回。最后一批回国的华工，是 1910 年离开南非洲的。

这便是华工在世界上几个重要的国家被赶的经过。自从澳洲与美国开此风气以后，别国闻风效尤。有些国家，华侨的数目本不多，可是它们的政府也制定法律，禁止华工入口。现在，无论中美、南美，凡是沿着太平洋的国家，都有法律禁止或限制华工入口。最后通过这种法律的国家，是巴拿马。在 1926 年 10 月 23 日以前，凡华工入巴拿马的，须纳税 300 元；从那天以后，华工便纳税也不能上岸了。中美、南美禁止华侨入口的国家，大多数都是小国，与中国没有订过条约。其中只有两国限制华工入口，是得到中国政府同意的。一是墨西哥，在 1921 年与中国政府有条约，禁止华工入墨，同时中国一方面也禁止墨工入华。另外一国，便是秘鲁。在 1908 年，秘鲁通过了禁止华工入口的法律。后来中国政府提出抗议，于是在 1909 年秘鲁又把那条法律取消，可是中国政府一方面答应自动地节制华工到秘鲁去做工。

总括起来说：世界五大洲，除却亚洲不算，欧洲人口过庶，中国人去了也找不到工做；非洲南部，中国人不能去；澳洲，中国人不能去；美洲的国家，凡是对着太平洋，中国人一渡过洋便可上岸的，也不准中国人去。世界虽大，可容华工谋生活的地方却甚小了。

## （三）中国过剩人口的三条活路

在过去这几十年内，中国的社会情形可以用生之者寡、食之者众两句老话表现出来。在本部十八省内人是这样多，生产的能力，比较起英美来，又是那样小，所以结果闹得民穷财尽。假如新大陆的富国可以让中国人去，也许有很多人要离开这名为地大物博实则民穷财尽的中国，适彼乐土了。但实在的情形，那些人烟稀少的国家，大多数都已挂起"华人无许入内"的招牌。既然那些空地方无许中国人去，中国人只好在十八省里挤挤了。现在我们已经挤得头昏眼花了，长此以往，非同归于尽不可。在这个紧急的时候，我们应该望四周看看，还有活路没有。

我们问：中国十八省的过剩人口还有活路可走没有？

有的！活路的第一条，通到中国北部、西部的边疆。换句话说，解决中国本部人口过剩的问题，第一步便是开垦边疆。山东、直隶等省的人民，在本省内找不到生活的，已经往东三省及内蒙古跑了。过去几十年的殖边运动，完全是人民自动的、无政策的、无计划的。以后政府应当把殖边一件事看作一种极重要的工作。假如政府想借殖边以纾民困，有三件事是非做不可的。第一便是调查边疆的经济地理。不知道边疆的经济地理，殖边政策是不能定的。我们现在只知道东三省、蒙古、新疆、青海、西藏是中国的一部，但中国人有几个知道这些地方的情形的？我们如想知道东三省的经济，非参考日本书不可；如想知道西藏的人情风俗，非参考英国书不可。外国人如不研究这些地方，中国人便无法知道这些地方的情形了。这种懒惰的国民，便没有资格、没有本领去开发边疆。举一个浅近的例来说，中国人如想把内蒙古的游牧社会改为农村社会，使一方里的土地多养活一些人民，第一个问题要解决的便是去调查内蒙古的雨量是否适宜于农业。雨量假如够了，温度何如？土壤何如？这一切极重要的问题，中国人没有研究过，所以回答不出来。因为不能回答这些问题，所以我们只会喊殖边殖边，但边疆到底能容纳若干人口，便没有人回答得出来。

殖边的第二个先决问题，便是造铁路。因为即使我们已把边疆的情形调查得清清楚楚，说是边疆多膏腴之地，移到那儿去住几年便可成家立业，再住几年便可致富，但是交通如不方便，从江浙搬到新疆，路上要走一两百天，那么大多数人还是不肯去的。铁路的功用在于打破那些穷民的株守乡井的心理，使他们愿意到边疆去时便可以去。

殖边的第三个先决问题，便是要由政府制订计划，帮助中国本部的人民到边疆去成家立业。政府有了事实作根据，知道边疆有些什么地方可以去，又造了铁路通到那些可以去的地方，便可制定法规，帮助那些愿意到边疆去的人，离开他们那人多于事的乡里，到那事多人少的新社会中去了。第三步做到后，殖边问题便算解决。以后只有殖边的事业，而无殖边的问题了。殖边事业的进行，如一切顺利，中国本部的人口也可不必像现在那样挤得难受。

活路的第二条，通到南海以南、东海以东的热带中去。这些地方最要紧的有三处：马来半岛、荷属东印度群岛、太平洋群岛。中国人到这些地方去的时代，比到新大陆及澳洲的年代早。但因中国以前的政府，对于华侨不知保护，对于殖民地不知猎取，所以这些地方现在都在白人掌握之中。白人虽然管有这些土地，但他们却不移殖到这些地方去。不移殖的重要原因，据许多学者的意见，是因白人不服热带的水土。无论如何，白人在热带的殖民地中只能作管辖的事业，至于开发的事业只好让诸别人。中国人便乘这个机会，在以上的各国中占了一个重要的经济位置。

热带各国中的土民，大多数无知无识，在半开化未开化的状态中。他们没有勤俭的习惯，没有工作的训练，所以对于开发本地的富源一事，每每不能胜任。在这种物竞天择、优胜劣败的世界中，这些土民如不自振作，终久有被淘汰的第一天。取其位而代之的人，以中国国民为最有希望。以马来半岛而论，中国人口的增加甚速，现在已快赶上马来土人了。据 1921 年的统计，马来土人有 160 余万，中国华侨有 110 余万。但马来土人多退居内地，像新加坡等繁盛的地方中国人比马来人多两倍。至于经济的势力，中国人当然超过马来人，那是无可讳言的。

中国人在荷属东印度群岛的数目，据荷政府 1917 年的估计，约 77 万人。但据中国政府 1926 年的估计，华侨在荷属东印度群岛的有 180 余万。这 180 余万华侨，可以左右东印度群岛经济的一切。在苏门答腊的深山中，白人足迹没有到的，华侨却有人在那儿开店。据管理英属婆罗洲的人说，假如那儿没有中国人，一切事业都要停顿了。研究荷属东印度群岛的人说，东印度群岛好比一头大母牛，看牛的是荷政府，但挤牛乳发财的却是中国人。荷属东印度群岛未开辟的地方还多，除开爪哇已呈人满之象外，别的岛屿，据某专家的计算，还可以容得下 1 亿至 2 亿人。

太平洋的南部，岛屿杂列。在这些不知名的岛屿上，常有华侨的踪迹。这些岛屿上的土人，自与有文化的国家交通以来，每每死亡率加增，生产率减低。据罗布斯的统计，这些岛屿有 35％的人口还在加增，有 39％已停顿了，另有 25％显然呈灭亡之征。不但在人口上他们有灭种之虞，便在经济事业上他们也着着退步。发展这些岛屿上的事业，非用外力不可，这便是华侨用武之地了。

在热带这些地方，中国人的利益与白人的利益，是相辅而行的，所以白人并不禁止华侨入口。菲律宾与檀香山为例外，因为这两处现在属于美国政府，美国一因本国是禁止华工入境的，二因想保护这两处的土民，使他们的经济利益不为华侨所夺，所以在这两处也禁止华工入境。其余的地方，如荷属东印度群岛，虽然也有法律规定华人入境的须纳税，但没有禁止华工入口。所以从大体讲来，热带中的岛国，华人还是可以去的。

活路的第三条，通到中国各地正在发展期中的都市。换句话说，我们要想开发中国各地的实业，增加中国人民的生产力，以解决中国人口的过剩问题。人口集中都市的趋势，是在各国皆然的。美国在 19 世纪还是个农国，但现在已有过半数的人民住在都市或小于都市之市镇中。美国现在 1 亿余人的衣食原料，只靠 1 000 余万农民的工作去获得。据 1920 年的统计，美国那些有职业的人，只有 26％在农业中寻生活，在工业中谋生的倒占 30％。那些做工的人，得到很高的工资，可以向农民买粮食。1920 年，美国农民每家平均种 900 余亩田地，种出来的粮食除开自用外，总有多余，可以卖给在他种职业谋生的人。他们以售粮食所得的金钱买汽车，送子女入大学，过一种舒适的生活。在这种分工合作办法之下，大家都有盈余，大家都很舒服。假如美国的工业不发达，全国的人都在田地中讨生活，结果一定不会像今日那样完美。中国今日人口之病，一病于大多数的人民皆挤于东南之一角，二病于大多数之人民皆集于耕种之一业。因为大多数的人民都趋于农业，所以中国人的农场小得可怜。据孟禄博士的调查，中国北部平均每个农场只有 26 亩，南部农场平均只有 9.5 亩。这样小的农场，无论耕者如何劳苦，一年之收获总是有限的。一家人想靠 10 亩田来提高生活程度，是做不到的事。农夫想靠 10 亩田收获的盈余去送子女入大学，也是一个梦想。为今之计，只有劝那只有 10 亩田的农夫把那小得可怜的农场卖去，然后搬至城市中去寻工作。那留在乡下不动的人便可把别人的田买下，扩充他的农场。这是自然的趋势，工业发达后，中国的农民自然会这样办的。我们如想此种状况速现，莫如提倡中国的工业，以及与工业有关的矿业、商业、交通业。

假如中国的农民有一半走到别的职业上去，不但他们本人可以得到较好的生活，便是那留在乡间的农民因农场较大、工资较高，生活上也可舒服一点。所以解决中国人口过剩问题的第三个方法，便是发展实业，把那挤在乡间的农民，疏导到都市中别的职业里去。

# （四）结论

中国十八省的人口过剩，已为不可掩蔽的事实。欧洲的国家，在同样境遇之下的，可以把过剩人口移殖到新大陆去。从中国人方面看来，那条路乃是一条死路。但中国的人口过剩问题，并不是没有解决方法。我们现在至少还有三条活路可走：一是殖边，二是移民到热带的岛国去，三是发展实业，疏导乡村中的农民到城市中去。

民国十七年 12 月 12 日，金陵大学

（载《新月》第 1 卷第 10 期，1928 年）

# 中美通婚的研究（上）

吴景超博士旅美多年，现任南京金陵大学教授。本刊承他撰文，非常感谢。本文所发表的两种长篇纪事，原意是借此比较中西生活风俗习惯的异同；但中西将来接触更多，文化也渐趋一致，异族通婚倒也是一个可资研究的有趣问题。

——编者

## 华侨在美有 80 年的历史

中国人是什么时候才到美国去的？关于这个问题，答案极不一致。有人说是在哥伦布发现新大陆之前，中国人已经到过美国了。有人说是 1776 年美国宣布独立的时候，中国人还不知道有美国。美国独立后 8 年，第一支商船开到广州，那时做洋生意的中国人听说有一只船从美国开来都莫名其妙。后来经过船主许多的解释，才知道美人与英人虽然看去一样，可不是从一个国家出来的。

还有滑稽的人，说是在几百年前广东人就带了一只布袋、一个衣盆、一块皂子到美洲去开洗衣店。因为当时旧金山一带人烟稀少，生意不很兴隆，所以终于把洗衣店的招牌除下，乘船回到他的广东老家。

到底第一个到美洲去的中国人是谁？为什么去？何时去的？我们现在回答不出来，只好交给有考据癖的先生们研究去。

但是在 1848 年之后，中国人到美国的事迹便有史册可考了。那年旧金山发现了金矿，消息不久就传到广东。在那一年，香港便有两个中国人到美国去，到第二年 2 月在旧金山的中国人便加增到 54 人。发现金矿后两年，据美国政府的统计，美国已有 758 个中国人了。

此后，中国人到美国去的逐渐增加起来，1880 年美国有华侨 10 万 5 000 人。1882 年，美国国会通过禁止华工入口的法律，华人赴美的便减少了许多。据 1920 年的统计，华侨在美的不过 6 万 1 000 余人。

## 历史中最浪漫的一页

华侨在美的历史不在本文讨论之内，我们暂且不提。现在我们只提出华侨生活中最浪漫的一段来说说，就是他们与美国女子通婚的情形。

## 美国法律对于黄白通婚的态度

中美通婚的问题，在中国很少有人注意到，可是在美国早就成为一种讨论的材料了。美国 48 个州之中，现在有 11 个州是禁止美国人与中国人结婚的。那 11 州便是亚利桑那、加利福尼亚、爱达和、密苏里、密士失必、俄勒冈、内布拉斯加、得克萨斯、犹他、歪俄明及维基尼阿。这 11 个州，有的是在美国南部，对于有色人种一向是仇视的，他们反对黑人，连带地也反对黄人。还有数州是在美国西部，因为华侨众多，曾闹过排斥华工的风潮，所以对华人也欠好感。在美国东部及中部，美人对华侨客气些，所以对于通婚一事也没有制定法律来反对。

## 学理上的讨论

现在离开法律来看学理上的讨论。有些学者，把通婚看作一个生理上的问题。英国的大哲斯宾塞尔（Herbert Spencer）便代表这一派。1892 年，有一位日本人写了封信去问他对于异种通婚的意见。这封信后来发表于伦敦的《太晤士报》，颇引起学者的注意。在这封信里，斯氏提到美国禁止华侨入口的办法。他说这个办法好极了，因为假如美国让华侨自由入口，结果只有两条路可走：第一便是在一国内造成黄白两阶级，彼此不通婚；第二便是通婚，生下许多不良的杂种。这两条路，无论走哪一条，结果都是不好的。斯氏谓黄白通婚生下来的子女是不良的，此语现在也有人同意，譬如英国一个研究人口问题极有名的学者卡尔山豆斯，也是这样说的。但也有些生物学者，是与他们取不同之态度的。哈佛大学的易司特教授在他的新著《遗传与人事》里，说英国人及西班牙人与日本人及中国人结婚生下来的杂种，是很纯良的。但这些说法，无论赞成还是反对，在俾给罗先生的眼光中看起来都是意气用事，没有客观的根据。他的态度最好了！他说现在无论是谁，对于通婚问题都没有资格说话。想说话的，最好先去搜集事实。在这搜集事实的时期内，凡黄白通婚的人，如写信报告他，他一定送上一份贺礼。

另外有一些学者，不从生理上看通婚，而从社会学上看通婚。何姆斯先生，说是假如爱情战胜了种族上的偏见，当然可以结婚，但他接着便提出警告说，在两种文化之下教养成功的一男一女，如使他们结为夫妻，朝夕聚在一起，冲突是免不了的。这种时常冲突的难受，恐怕一般的人都忍受不了，所以想与外族通婚的人，当慎之又慎。倭德衡的意见与此相仿，他说一个人不能离群而索居，各人都有他的亲戚朋友。假如这些亲戚朋友对于通婚一事不大赞成，那通婚的人在社交上便要感受痛苦。还有通婚的人也是要生子女的，他们的子女社会上把他们当杂种看待，受这种待遇的人心灵上是不会舒服的。他们这样打算那样打算，结论是通婚的困难多端，中国人最好还是在本国人当中寻配偶罢。

以上所说的话，都是英美人的意见。中国人对于通婚的言论，在报章上发表的很少，两年前有位华侨的代表在美国国会的移民委员会面前发表意见，说是大多数的华侨对于中美通婚都是不赞成的。我们大家都晓得的伍廷芳博士，10 余年前在伦敦的种族会议中，曾发表过他对于通婚的意见。他说两族通婚是进步的象征，中国人与欧美人通婚是一件好事：生下来的子女把两国文化中的优点都可以取来合于一身。为沟通文化起见，为联络邦交起见，他希望中西的男女通婚。可是他后来又说这种主张虽好，可是实行起来困难很多。关于这点，我想许多留学生一定与他老先生表同情。

编者按：本篇至此是偏于理论方面，下篇里要举出有趣味的事实。

［载《生活（上海 1925A）》第 4 卷第 7 期，1928 年］

# 中美通婚的研究（中）

## 最早的通婚

于今我们可撇开理论来看事实，前面已经说过，中国人于 1848 年以后到美国去的很多。现在我们要问：在什么时候，华侨便有与美人结婚的事呢？这个问题不易回答，因为搜集这种材料不易，但我们的确知道，在 1876 年旧金山便有几对通婚的夫妇了。那一年，美国国会调查华侨的状况，在旧金山发现了四五个中国人娶外国老婆的。9 年之后，旧金山的市政府调查"中国城"（华侨在美国都市中居住的地方，美人称之为"中国城"）的住宅情形，发现有 10 个美国的妇人与中国人同居。这些女人的家世，我们已不能道其详了。美国有一位国会议员密勒氏，在 1886 年曾作了一篇文章讲华侨的情形。他说华侨在旧金山如娶华人为妻，须出五六百块钱；如娶白人为妻，须出 3 000 块钱，也有些人出 1 000 或 1 500 元便可娶到一位白人的。大约可以钱买得来的美国女子，来路总有些不正当罢。

纽约的中国城，在美国数第二。那儿中国人娶美国人为妻的，也是早已有了。1888 年，有位华侨在《大同杂志》上发表一篇文章，讲纽约的中国人情形。据他说，在那时中美通婚所生下来的子女已近 100 了。这些洋太太，有的是爱尔兰人，有的是意大利人，有的是德意志人。她们都是苦人家出身，穷得日子不好过，但自嫁给中国商人之后一个个都丰衣足食了。她们见着人，都说中国的丈夫好。

## 通婚的统计

在美国的华侨到底有多少人娶了外国的女子呢？这个问题又是难答，因为政府中无统计。哥伦比亚大学有一位朱那失勒君，曾作了一本博士论文，题为《纽约城之通婚》。在那论文中，朱君说从 1908 年至 1912 年，纽约城有十个白人嫁给中国人。这十个白人以哪一国为最多呢？我们看答案便可知道。此十人中有两个是德国人，一个加拿大的英人，一个法人，一个在德国生长的犹太人，一个爱尔兰人，一个挪威人，一个在俄国生长的犹太人，一个苏格兰人，一个西班牙人。照这个表看起来，中国人可以说是实行墨子之道，无所偏爱了！

美国是一个种族最杂的国家，有些嫁给中国人的美国人，我们简直不知道她属于哪一种族。譬如纽约有一位嫁给华人开饭馆的，芳名赤突。这位小姐，父亲是爱尔兰人，母亲是日本人。还有一位开羞林，杂得更厉害。她的父亲是法人与红印度人的结晶，她的母亲是一白人与黑人生的，所以她自己本人的血脉中已有三大种族的成分了。现在她又嫁给一个中国厨子，生了一个小孩。虽然看见这个小孩的人都说他像父亲，但这小孩乃是 20 世纪的新产物，红、白、黑、黄四种的结晶。

## 哪种华侨娶美妇？

假如把娶白人为妻的华侨分析一下，我们便可知道其中的分子复杂。这些有外国太太的，有的是厨子，有的是开洗衣房的，有的是"堂"（美国华侨的一种秘密组织）中的首领，有的是大学中学的学生。至于这些太太的来路，更是杂不堪言。有的是大家闺秀，曾受过大学教育，得过学士硕士的。有的是房东太太的女儿，一见倾心，遂成眷属的。还有是跳舞场中的舞女，经过两三次的拥抱，便愿委身相从的。更有从娼妓出身，因不肯再作皮肉生涯，便决心到中国城来寻生活的。所以我们对于这些外国太太，不可一概而论，有的是上流社会中人，也有出身卑贱的。

## 美人有娶华女的吗？

以上所说的，都是华人娶白人的事实。我们现在要问：美人有娶华女为妻的吗？在我搜集的材料中，没有遇到过这样的事体。当然我们知道外国人娶中国人做妻子的事很多，但这些事实都是在中国发生的，在美国则未见过。只有几年前，有一位女华侨在好莱坞的电影公司中当演员，与一位美国男子发生恋爱了。这个男子始终没有娶她。他后来对别人说，我与这个中国女子做朋友，那是可以的，至于夫妻一层万谈不到。即使我肯，我的母亲必不肯，我的朋友也一定不赞成的。

编者按：我有几位本国朋友娶外国夫人，他们的母亲也是不赞成的，大概都是民族的成见。在下一篇，张先生将提出几个有趣的问题来研究，先在此处预告一下。

［载《生活（上海 1925A）》第 4 卷第 8 期，1929 年］

# 社会学观点下之社会问题

这几年来，中国谈社会问题的人非常之多。坊间出版关于社会问题的书，也不在少数。在这种情形之下，一个学社会学的人如要谈社会问题，最好在开谈之前把他的观点说得清楚：说明他的谈话与一般人不同之点是在何处。

社会学者谈社会问题与他人不同的，第一点在对于所讨论的问题不加道德的批评。这一点是最要紧的。把这一点弄清楚了，有许多问题便不成社会学上的问题。譬如"大小家庭制度"这个问题，现在讨论的人不少。但有许多人对于这个问题开口要问的，便跑来问你："先生，你看大家庭制度好还是小家庭制度好？我们应该保守我们原来的大家庭制度呢，还是采纳欧美风行的小家庭制度呢？"社会学者的回答是：这是伦理学中的问题，不是科学中的问题。社会学是科学，并不问一件事实或一个制度的优劣，犹之生物学或物理学并不管它所研究的对象的优劣一样。社会学者对于家庭制度要问的是：中国的大家庭制度是怎样来的？它在社会上的功用如何？它与别种社会中的大家庭制度有何分别？中国的大家庭制度从来是很巩固的，为什么到现在便成破裂之象？小家庭制度如何能在今日的中国生长？这种制度与经济状况及妇女的教育有何关系？类似的问题是研究家庭制度之现状、来源及变迁的。它只问事实的有无、因果的关系，并不判决它的好坏。

举一反三，社会学者对于别的问题所抱的态度也是一样的。社会学的目的在求真理，真理的最大仇敌便是成见。我们研究一问题时，如对于所研究的对象已经下了善恶的判断，那便是成见了。譬如我是赞成小家庭制度而反对大家庭制度的人，我去研究家庭问题时，便只能见小家庭的好处和大家庭的坏处。搜集事实时，每为此种观念所囿，把与我的成见相反的事实忽略过去。研究的结果，乃是意见，不是真理。

　　还有善恶的讨论，带主观的色彩颇重。甲以为是的，乙或以为非；乙以为是的，甲又以为非。二人之立足点，如不相同，辩论遂无止境。科学家所求的真理，不带主观的色彩。甲所以为是的，乙亦以为是。算学是各种科学的根基学问，它的主观色彩最低。二加二等于四，大家都承认。物理、化学中的定律，英人承认的，中国人也承认。他们能做到那个地步，便是因为他们在研究时，把主观的成见一齐抛却，大家只认清事实说话。假如化学家在研究炸药时，不问炸药的成分如何、制法如何，忽然提出一个道德问题来，问炸药好不好，化学实验室中一定会变为辩论场了。但是化学家聪明，在研究他的学问时决不把道德问题掺入其间。

　　我们学社会科学的从此可以得到一点教训，便是在研究学问时，不要与人辩论我们所研究的对象之好坏。这样，可以省却许多无谓的口舌，免得花费许多宝贵的光阴。这种说法并非有意轻视道德问题，我们在社会上做人，处处离不开道德。但道德问题与科学问题，是可以分得开的。为研究的方便起见，我们应该把它们分开。

　　社会学者谈社会问题，第二点与他人不同的，就是他研究的第一步不是空谈，不是臆说，而是搜集事实。现在有许多人还有一种误解，以为社会科学是可以信口开河，随便乱说的。我回国不久，便有人同我说道："你们教社会学的，真是容易，跑上讲台去，随便吹一下就是一点钟！"这种见解固然错误，但一半也怪我们学社会科学的人平日"吹"的时候太多，而脚踏实地去研究的时间太少。其实社会科学，如有志立足于科学之林，便应当采科学家的态度，用科学家的方法。科学家的态度，是不空谈，不瞎说，言必有据，立论必有所本。科学家的方法，第一步是搜集事实。我们无论研究什么问题，先从搜集事实下手。这不是坐在椅上把眼睛一闭便可做得到的，也不是心血来潮胸有所感便可信笔直书的。这是要花苦工花时间才能办得到的，所以懒惰的人便视此为畏途了。

　　用这种态度、这种方法去研究社会问题，当然与高谈道德不同。我们再举家庭问题来说。请问现在谈家庭问题的这样多，有几个弄得清楚中国家庭的情形的？我们平日都说，中国行的是大家庭制度，但这种制度果真普遍吗？江北与江南都一样吗？谁能回答这个问题？中国家庭中父母与子女的关系、兄弟的关系、夫妻的关系、叔伯与子侄的关系、姑嫂的关系、婆媳的关系、妯娌的关系、个人与家庭及宗族的关系，有谁能原原本本地分析解剖出来告诉我们？我们平日以为中国的风俗大同小异，所以懂得本乡的情形的，对于他处也可猜想其大略。然而事实有大谬不然者：数年前有一位在中国住过几十年的牧师著书论中国的风俗，说是中国福建某县盛行一妻多夫制。这种论调，中国学生闻而大哗，以为中国礼仪之邦哪会有这种制度。不过我们做学生的，虽然有心替中国辩护，可是对于中国的情形不熟悉，找不出反证来，所以只好作罢。还有 20 多年以前，有一位华侨在美国杂志上发表一篇文章讲他乡村的情形。他说在他的家乡中，男男女女过了一定的年龄以后便离开家庭，住在公立的寄宿舍，男的在一起，女的又在一起，到了结婚之后才从寄宿舍中搬出。这种制度，在野蛮部落中是很通行的，想不到在广东也有这种办法。我的教员看见了这篇文章，便来问我道："你是中国人，应该知道他所说的确实不确实，请你把你的意见告诉我。"我说我虽然是中国人，但没有到过广东，而且中国讲家庭制度的书找不出几本来。所以这位华侨所说的确实不确实，我真不知道。我因为经过这些经验以后，觉得中国的社会情形实在复杂得很，我们平日以为各地的情形相同乃是一种猜想，其实这个问题没有人研究过。我们如何便能断定各地的情形是一致的呢？这是从空间上看中国的家庭问题。再从时间上来说，清代的中国家庭与唐朝、周朝有何分别？晋朝的门第与现在的宗族有何异同？族谱是什么时候才有的？祭祖的办法是中国固有的，还是从别的文化中学来的？天子、诸侯的家庭与庶人的家庭有何不同之点？类似的问题，也从来没有做过系统的研究。所以从社会学者的眼光中看去，中国的家庭问题真是一片荒地，从未有人耕种过。真要研究起来，非几十人几十年的工夫，不能得其大略。

科学家研究问题，第一步在搜集材料，但并不止于搜集材料。材料搜集后，应该分类，作一有系统的叙述，使读者知道这个问题的真相是什么。我们对于一个问题已知其然了，还要想法知其所以然。换言之，知道中国有大家庭及大家庭的情形还不够，我们还要研究中国为什么有大家庭。由于地理的原因吗？由于经济的原因吗？由于心理的原因吗？由于文化的原因吗？作这一步功夫，须要用比较的方法、归纳的方法。所以知道中国的大家庭情形还不可以为足，应该还要研究罗马的大家庭情形、犹太的大家庭情形、英美在工业革命以前的大家庭情形，以及一切野蛮部落中的大家庭情形。我们把这些材料都研究过了，然后才可以说，在某种情形之下大家庭是会出现的。把这个问题解决以后，大家庭问题在科学上便算解决了。

我们因此又得到一条结论：社会学者谈社会问题，第三点与人不同的，就是他以叙述始，以解释终。一个问题来了，他先搜集事实，然后叙述事实，然后解释事实。他是处处离不了事实的。离了事实，他便不是科学家。等到事实已经解释清楚，科学家的职务便算成功了。

民国十七年 9 月 15 日，金陵大学

（载《金陵月刊》第 1 卷第 2 期，1929 年）

# 美国社会学之派别及其趋势

我们知道社会学是一种很新的科学。在 1839 年孔德始在他的实证哲学上用社会学又名社会物理学一学。至在美国则于 1876 年始有孙末楠（William G. Sumner）在耶鲁大学教社会学一科。他所用的课本就是斯宾塞尔的《群学肄言》（*The Study of Sociology*，又名《社会学之研究》），但在当时美国情形言，一班人尚以为此种科学太过激烈，有害于青年，于是教了 5 年即行停止。当时孙末楠曾与耶鲁的校长争辩，无奈当时美国一班学者头脑陈腐，卒无法挽救。及 1883 年华德（L. F. Ward）著一本社会学叫《动的社会学》（*Dynamic Sociology*），此即为美人所著社会学最早的一本。后来他就在支加哥大学开此一班，时在 1892 年，距今不过 37 年。1889 年白克马（Blackmar）亦在干萨斯大学开此门学程，叫"历史与社会学"。嗣后研究此门学程者渐多，而社会学在社会科学中的位置亦渐确定。然在此 30 年内派别已甚多，唯分派的方法各有不同，有的从地理方面去分，有的从……而我现在的分法则以研究的方法为标准。

## （一）统计法

统计学的用处很大，我们如欲知社会的真实现象，非用此法不可。如一社会之趋势如何——离婚、犯罪……及比较各地的情形。或两种事体的互相关系，皆非用统计法不可。因统计法有此种好处，所以很多社会学家用此法以研究社会现象。我们知道哥伦比亚大学的社会学是很著名的，在那边主持的就是 Prof. Cidding。他是个很注重统计学的人，因数学不好，他的著作应用到统计学的很少，但他的学生则多用统计的方法。

但统计法亦有短处：（1）社会现象有许多不能用数目字表现出来的，如夫妻的情感、父子关系。（2）数目字表现出来的事实亦未必可靠。如美国纽约州的法律，关于离婚一层仅有通奸一事可作离婚的理由，若单从官厅的离婚案统计出来，谓某种原因占百分之几，此实很不完全的。又如夫妻感情不好而论，亦有种种不同，不能一概而论。如有的因经济关系，有的因受对方虐待，而虐待的原因又有种种不同。（3）统计学用分析的眼光来看整个的人格或整个的行为，每每不能得到事实的真相。因统计学只能看见表面的事实，而不能深切了解其内容。如有三点于此，吾人可排为三角形（▲）或排为一直线（—），但统计学者只知道有三点而不知道三点的关系——可成一三角形亦可成一直线。

## （二）个案法

因统计法有许多缺点，所以有许多人就改用个案法。统计法观察一事件在多数人身上的分派，而个案法则在观察许多特质在一人身上的表现。个案法研究的步骤可分三步：（1）个人历史的搜集；（2）家庭状况的调查；（3）家庭以外的调查。如 Hayey 研究犯罪人的状态，在他的《不尽义务者》一书中分出八种事件去调查，又如 Kammerers 之研究未婚母亲则选择一百个案子去同她们谈话。

但此种方法内不能知道个人的内心生活。因一人的人格、行为绝非片言可知，若以图表之，则我们最容易见的为（1）外表，如衣服容貌及年龄……；次为（2）履历，如此人是商人抑学生或……；再次为（3）品格及秘密行为；又次则为（4）希望，此层则最亲密的人亦常不能知道。因此他们不能不用传记法以济其穷，此即用间接的方法。如用问题叫他填写，或搜集他的日记，用此法的有支加哥大学的多玛教授，他把波兰人写给家人的信收集一百多封以为研究波兰农民的资料。Caven 之研究自杀亦用此法。

唯此法亦有缺点：一时间不经济；二无确著的方法，不如统计学之可用公式去推算；三不能得到普通的情形。

## （三）历史法

此派可分二方面，一是社会思想方面的，一是社会制度方面的。

## （四）分布法

此法与统计法有点不同，因统计法以事实示于图上。此法注重地理上的分布，如美国离婚案于何州为最多，用此法则一望了然。若用统计法，则殊难明了。此派在支加哥大学有——社会实验室，内四壁皆悬着地图，以示各种社会现象在地理上的分布。

## （五）人类学法（anthropological method）

他们的研究是不限于一地的，尤其注意于野蛮部落的情形。他们之所以注重野蛮部落，原因有几：一野蛮部落的情形较为简单，易研究；二可免除偏见。用此法的有孙末楠及耶鲁大学派的学生，但此法亦不大可靠，因野蛮部落的情形与现在一般社会不同，未必即能代表。

## （六）调查法

此法即调查一地的社会情形，由调查所得的结果以为改良社会的根据。约可分两派：一是从单方面去调查的，一是从各方面去调查的。

再从研究的对象来分社会学的派别，则约可分四派：

（1）社会学是研究社会全体的。此派是很抽象的，他们认为社会学包括各种社会科学，代表此派的人为华德。

（2）社会学是研究社会中一部分的生活，就是各种社会科学没有研究到的东西都拿来研究，如婚姻问题、犯罪问题……但此派的学说是很危险的，因倘家庭学或犯罪学发展后，尽可脱离社会学而独立，是则社会学将无形消灭。

（3）社会学是研究社会的历程，就是研究各种社会现象的共同点。如竞争与冲突的现象，无论哪一种社会都是有的。帕克（Robert E. Park）和步济时（Ernest W. Burgess）把社会历程分为四种：一竞争，二冲突，三适应，四同化。

（4）社会学是研究影响社会的元素。他们以为社会学在研究推动或影响社会的原动力，因此有所谓地理学派、文化学派、心理学派……

现在的趋势：

从前的社会学者每天在那里找寻社会学的定义，说社会学是什么。现在则多从事于事实的研究，不像前日之徒事空谈。1920 年 Ross 所著的《社会学原理》，已没有什么社会学的定义了，大概它的趋势可提出其特别显著的几点来说。

（1）少谈理想，多研究问题。现在的一般社会学者都觉得徒事空谈无益，所以他们现在很注意于社会的实际问题，如都市问题、劳动问题、家庭问题、犯罪问题……

（2）不偏于一方学说。从前的社会学者如 Gidding 以同类意识解释一切社会现象，Emall 则以兴趣去解释一切社会现象，多玛则以四种欲望去解释，Ross 则以模仿去解释，此外尚有多人皆囿于一方的见解。现在研究社会学的人因觉社会现象异常复杂，绝非一方面的理由可以解释，所以皆从多方面去观察、解释，不再偏于一方。

（3）不偏于一种方法。从前研究社会学的方法多偏于一方，如用统计法的则忽视个案法及历史法，用个案法的亦同样忽视其他方法。现在则不主张仅用一种方法，只看何种事件则当用何种方法为最宜适。

（4）理论与实用分开。理论与实用本无明显的界限可分，但为方便研究及求精深起见，不能不把此两部分开，使各部能充分发展。很多人研究一种科学时常问此科学有何用处，若是不能直接应用或目前无用的科学，则认为无研究的必要。此实很错误的，因有许多科学不是一时可以用到的或其功用是间接的，如物理学虽无直接的功用，但工程学必以它为基础，故理论与实用皆当分别研究。计分开的好处有三：一免敷衍了事的毛病；二免见解不周的毛病；三免利害观念之弊。

（5）与伦理观念分开。就是我们研究一种事件的时候，不加以批评，不问其好坏，只求其事实如何。如研究大家庭制与小家庭制，我们不管哪种是好哪种是坏，只将它的事实写出来就是。我们若研究一问题时先以伦理的观念存乎其中，则必不能得到事实的真相。从前许多美国社会学者，伦理成见很深，现在则较能摆脱此种观念，以科学的态度去研究一切问题，使材料之搜集较易，研究亦比较精确。

（载《星期评论·上海民国日报附刊》第 3 卷第 11 期，1929 年）

# 孙末楠传

## （一）

美国的社会学会，是 1905 年成立的。1907 年举会长，当选的是孙末楠。当时许多人听到这个结果，都觉得稀奇。孙末楠不是一个经济学者么，为什么会做社会学会的会长呢？支加哥大学已故的司马尔（A. W. Small）教授，当时也觉得惊讶，以为孙末楠怎么配做社会学会的会长。总之，孙末楠在 20 年前，美国有许多人不承认他是社会学者。人家都知道他对于币制很有研究，会演说，能作文，在耶鲁大学中是最受学生崇拜的教授。但是如称他是社会学者，就是司马尔教授也有点不服气。

孙末楠于 1910 年便逝世了，但美国的社会学会依旧年年开会。在孙末楠当选为会长之后 20 年，便是 1927 年，美国社会学会又在纽约开年会了。一天晚上，许多社会学者都在一起聚餐，餐后大家都要密失根大学的顾勒（C. H. Cooley）教授起来说几句话。顾勒教授，是美国社会学者中最受人敬仰的一个，现在老了，大家都想听听这位老教授的言论。他站起来说：

> 同别人一样，近来我常想到研究学问的方法，以及类似的问题。我觉得解决这个问题的一个方法便是问问我们自己，美国社会学界中这些著作，我们认为最成功的是哪一本？当然，大家对于这个问题，意见不会一致的。然而我曾仔细思量过，假如我们把空论的社会学抛开不算，只提出那脚踏实地根据事实的著作来投票，看看谁得的票最多，结果孙末楠的《民俗论》（*Folkways*），即使得不到过半数的票，也会得到最多的票。①

---

① Cooley，C. H.，"Sumner and Methodology"，*Sociology and Social Research*，Vol. 12（1628），p. 303.

顾勒教授的言论，很可代表大多数人的心理。美国近数十年来出版的社会学书籍不可胜数，但大多数都是朝华夕落，经不住时间的淘汰，唯《民俗论》久而益彰，现在不但是个个学社会学的人都要读它，便是学别种社会科学的人也都渐渐觉得此书之可贵。我们读一个人的书，总想知道他的历史，所以我便采集我的见闻，草为斯篇，材料的重要来源是孙末楠的学生司达尔博士作的《孙末楠传》①。这本传记，据白兰德（L. L. Bernard）教授对我的私谈，说是在他所读各种传记中最有趣味的一本。喜欢研究孙末楠的人，不可不取原书一读。

<h2 style="text-align:center">（二）</h2>

孙末楠，名威廉格拉罕，生于 1840 年 10 月 30 日。父亲名汤姆斯，原是英国郎开斯（Lancashire）的人，在 28 岁的时候，便是 1836 年，因为不满意于本国的环境，便到美国来寻生活。孙末楠的母亲也是英国人，生长在英国，后来由她的父母带到美国来的。汤姆斯在结婚的时候，住在新泽西州的泊头孙（Paterson）。后来因为听见人说，西方的机会比较东方还多，所以他便带了家眷，离开美国的东部，到西方去寻安乐乡。他的足迹，曾到过纽约、本薛维尼亚及倭海倭诸州。那时美国的中部、西部还未开辟，人民粗鲁，文化浅陋。汤姆斯在这些地方走了几年，觉得成家立业，教养子女，美国的西部还是不如东部，所以他又把妻子带回东部来。这时，他不在泊头孙住家了，新家庭的坐落乃在新天（New Haven），便是耶鲁大学的所在地。

汤姆斯在新天成家，自己便在铁路工作。现在把铁路公司的账簿翻出来看，知道汤姆斯一月所入的薪金有限。工资是半个月一发的，汤姆斯在半个月内所得只在三四十元，全月的收入不满百元。但家庭中的人口，却一天一天加增起来了。孙末楠是长子，与他同母的还有一弟一妹。他的母亲身体衰弱，在孙末楠八岁的时候，便弃子女而长逝了。

孙末楠的母亲死后数月，汤姆斯便再娶了。这位后母，性情严厉，管家是好手，但慈爱却谈不到。孙末楠在她的手里，尝了不少的艰辛，受了很多的困苦。有一次，孙末楠与他的兄弟约瑟觉得后母待他们太苛刻了，设计要害死她。这不过是小孩子们无聊时候的一点幻想，他们并没有去实行。后母虽然不很慈爱，但是积蓄的本领是有

---

① Starr, H. E., *William Graham Sumner*, N. Y., Henry Holt and Co., 1925.

的。孙末楠能够入校受高深的教育，后母也有一部分的功劳。所以孙末楠后来提起他的后母，觉得还是可感激的。

这位后母，在孙末楠19岁的时候便去世了。汤姆斯的第三个妻子性情很温和，每每自己刻苦，把钱省下来给前妻的子女用。她到汤姆斯的家中来，孙末楠已经是一个大人了，只有在假期中回家，可以受得着这位后母的慈爱。久之，孙末楠对于这位后母也就发生了浓厚的感情。后来汤姆斯去世，孙末楠便把这位后母接到他的家中去终其天年。

孙末楠的性情及品格，当然受家庭的影响不少。他出身贫困，所以对于生活的艰难认识最为真切。他相信节俭、努力、自制。暴殄天物，以及饱食终日、无所用心，是孙末楠最反对的。他幼年丧母，缺少了慈风爱雨的润泽，所以他的性情非常刚毅，岸然道貌，不苟言笑。他从学校回家的时候，穿着黑衣服，走起路来很正经。邻居的小孩子觉得这位少年严若冰霜有点奇怪。他们常在后面喊他说："先生，你为何不开颜一笑？"

## （三）

孙末楠在中学毕业的时候，已经是19岁了。他本可早点毕业的，因为家境贫寒，在中学时代还做了两年生意，所以延迟了。中学毕业之后，他便进耶鲁大学。那时耶鲁的学费是45元一年，省俭一点，一年的费用在二三百元，四年大学大约有1 000元也就够了。

孙末楠是在1863年毕业于耶鲁大学的。他在学堂里非常用功，运动的时候很少。朋友也不多，但那几个真同他要好的都很佩服他的学问。别的同学，也都尊重他为学者。他虽然喜欢念书，但与那些念死书的又有不同。他想要得到的，是学问不是分数。

他曾从一位先生念一门化学，这位先生非常糊涂，自己懂得的，以为学生也都懂得，讲解时既不透切，挑问起来却又非常入微。他又有一样毛病，就是说话时从来不看学生，所以学生们作弊，他一点也不知道。别的学生觉得这个先生很好对付，所以讲时由他去讲，问时便偷看着书回答。照着这个法子办，准得好分数。但孙末楠却不肯随波逐流，不懂的地方总是要发问的。先生既讲得不清楚，他的问题当然也就加多。闹得先生不耐烦起来了，说是班上只有他一个是傻瓜，几乎没有给他及格。

孙末楠在校中最拿手的功课，便是作文及演说。他在大学一年级的时候便在辩论队中露头角，此后每年他都加入辩论竞赛，而且每次都得胜。1860 年，耶鲁大学与别的大学合起来出了一种杂志，名为《大学季刊》，孙末楠便被推举为编辑之一。他那时对于作文的见解，便与一般青年不同。他说："作文的第一条件便是：一个人决不可做文章，除非他觉得真有话可说，而且说出来时比别人都要说得好。"假如用这个条件做标准，他觉得好些文章都可烧去。

1863 年耶鲁大学行毕业礼的时候，孙末楠已在海上了。他自从进了大学之后，求知心愈切。他希望在入社会服务之前，要得到一种最好的训练。那时他有一位朋友在日内瓦留学，所以他也想到那儿去。但是最困难的问题，便是经济问题。有心无力，志愿难筹。好在他有一位同学，肯极力帮忙，借钱给他，于是他的留学志愿终于实现。

他到日内瓦去，是决定学神学的。他所以要学神学，大约是受了一位牧师的影响。这位牧师的人格很高，待孙末楠也特别青眼，孙末楠受他的感化，所以便倾向于神学一途。这个意思，他的父亲也很赞成，所以他渡大西洋的时候，是想到欧洲去受一点高深的宗教训练，归来当牧师的。

到了日内瓦两个月，他就觉得那儿没有什么东西可学，要求学问还得到德国去。那时德国人的宗教观念是比较开通的，顽固一点的美国人都觉得德国人危险，一与德国人往来，信仰便会动摇。所以孙末楠的父亲听说儿子要到德国去留学，便写信来反对。他的意思，是宗教的信仰比学问还要重要。他不愿儿子冒险去留学，回国变成一个怀疑者。他那要好的牧师，给他的劝告最妙。他说你到德国去是可以的，但是无论到什么地方，请你要紧紧地拉着耶稣基督的手。

孙末楠求知的欲望终于战胜了一切疑虑，所以在 1864 年 4 月，他便启程到德国的哥廷根（Gottingen）求学去了。他在那儿住了两年，虽然对于宗教没有失却信仰，但两年的训练养成他一种批评的态度，对于传教的热心也没有从前那样发狂了。回国后他还做了几年牧师，但自从入耶鲁大学当教授后，他便把宗教放开了。后来有人问他是否抛开了一切宗教的信仰，他说："我并没有自觉地抛弃我的宗教信仰，我似乎把我的信仰放在一个抽屉里面，后来我开下抽屉来看，信仰已不在了。"

孙末楠在德国两年，得益最大的便是学到了一个研究的方法。德国学者研究《圣经》，用力之勤，求证之殷，不苟且，不畏难，最使孙末楠佩服了。他们那种精神在孙末楠的眼光中，与自然科学者是无差异的，他们用的都是科学的方法。

1866 年 5 月，孙末楠离开了德国，但他还不即刻回国，因为他还想在英国住一下。

他到英国，住在牛津。英国的学风，从他的眼光中看来，与德国的大不相同。在德国，求学问便得到大学中去，从同学那儿得不到新的见识。但在牛津，从大学中得不到什么好处，然而友朋间的切磋琢磨倒很益人神智。那时，白珂耳（Thomas Buckle）[①]的学说新出来，大家对于他的学说讨论的时候颇多。孙末楠与他们讨论的结果，以为社会科学应根据历史上的事实。白珂耳的出发点是很对的。以后如想发展社会科学，便是去研究历史，从千头万绪的事实中去寻出一些定律来。不过历史的事实很复杂，有统系的研究应当如何下手呢？

这个问题，孙末楠一时想不出满意的答案来。我们现在看孙末楠的社会学系统，知道他受白珂耳的影响很深。不过他做学问的方法，与其说得力于白珂耳，不如说得力于斯宾塞尔。此点我们在下面当加以详细的说明。

他在英国只住了两个月，便接到耶鲁大学校长的信，说是请他回去当教员。他原来的目的是想当牧师，不过他觉得当教员的时候可以用心研究一下美国的情形，以为将来当牧师的预备，所以便答应了。

1866 年，孙末楠还是一个 26 岁的青年。他的预备时代已经完毕，服务社会的时期便开始了。


## （四）


孙末楠与耶鲁大学的关系，共分三期。第一期自 1859 年起，至 1863 年止，那时他是耶鲁大学的学生。第二期自 1866 年起，至 1869 年止，那时他是耶鲁大学的助教[②]。第三期自 1872 年起，到他的末年为止，那时他是耶鲁大学的政治与社会科学教授（Professor of Political and Social Science）。第二期与第三期之间，他离开了耶鲁，当了三年的牧师。

孙末楠初回国时，耶鲁派他当算学助教。第二年与第三年他教希腊文。那时耶鲁还是极守旧的，孙末楠对于课程及教法都不满意。他尤其不满意于校中的图书馆，因为那儿的书都是陈旧的，新一点的书籍便看不到。助教的生活也不舒服，地位既低，所入又微，他的同事们都把助教看作一种暂时的职务，外面找到好一点的工作，便辞职不干的。孙末楠当了三年助教，便转入牧师界了。

孙末楠的三年牧师生活，我们可以不必细述，但在这时期有一件事是可注意的，

---

① 白珂耳是英国的历史家，生于 1821 年，卒于 1862 年，著有《英国文化史》等书。他的学派，很与孟德斯鸠相近，对地理与文化的关系有独到的见解。他以为影响人类的物质环境有四种是极重要的，那四种便是食物、气候、土壤以及自然的形态。近代地理学者，受他的影响颇深。

② 助教英名 tutor，位在教授之下。

便是他在当牧师的第一年与一位爱立欧笛（J. W. Elliott）女士结婚了。孙末楠为人是不苟言笑的，不深知他的人以为这个人情感一定很薄弱，向女人求婚的事一定是干不来的。所以他的订婚帖子发出去之后，大家都很稀奇。有的人以为这位爱女士一定是戴大眼镜，喜欢读哲学的老处女。孙末楠去拜访她的时候，一定是高谈柏拉图、亚理士多德，因而得到这位女学士的欢心。后来人家看见这位爱女士，乃是一位年轻貌美的姑娘，与大家脑筋中的女学士并无些微相同之处，无不暗暗称奇。

孙末楠离开耶鲁三年，耶鲁也革新许多了。革新的动力，来自耶鲁的毕业生。在此次革新运动中，孙末楠当然尽了很大的力量。1872 年，耶鲁大学新添了一个讲座，专门教授政治与社会科学。关于这个新教授的人选问题校中共分两派：一派主张请孙末楠，一派主张请百朗大学的帝曼教授。后来有人出来调停，说是让帝曼教授来教政治与社会科学，同时也请孙末楠来做希腊文及古代历史的教授。这种争执后来如何解决的，我们不知道。不过帝曼教授始终在百朗大学，没有离开。孙末楠在归国后的第六年，便回到母校来当教授了。

孙末楠学的是神学，当牧师正可用其所学，为什么他要离开教堂，到大学中去教社会科学呢？此中大约有两种原因：第一，他在教堂中过了三年的生活，渐渐发现他自己的性情不合于牧师之职。牧师的职务，只有演讲是他愿意做的，其余的如像茶会、探问区友、看病人、送葬这一类的事，个个牧师应当做的，但孙末楠对此便有点不耐烦。他觉得这些无聊的事花费他的宝贵光阴，使他不能专心于读书、研究、预备演讲稿，是很可惜的。第二，他对于宗教以外的问题颇有兴趣。当时美国社会正在南北战争之后，百端待举。孙末楠觉得社会上各种问题都有研究的必要，而他最关心的问题便是关税与币制。这些问题，他是日夜思索的，可是在教堂中又不能提出来谈论。因为这两种原因，所以他有离开教堂之意，碰巧耶鲁请他去当教授，他便一口答应了。

孙末楠长于辞令，我们上面已经提过了。以他那种学问，又加上演讲的功夫，所以当教授是一定成功的。他教书的本领，不但耶鲁大学的学生佩服他，便是别校的教员也都听到他的名气，想到耶鲁来领教他的教授法。1878 年，密失根大学校长安哲耳（J. B. Angell）要教一门经济学。那时孙末楠教经济教得好的风声已经传到这位校长的耳中，所以他便写信给孙末楠，问他是怎样教法，以便参考。现在哥伦比亚大学校长白特雷（N. M. Butter）博士，在 1883 年还是一个伦理学教员。他也听到孙末楠的名气，所以便从哥伦比亚跑到耶鲁来，到他的班上去旁听一点钟。那天孙末楠上经济班的时候，带了一大卷《纽约时报》，都是当天的，他发给每人一份。在《商情》一栏中，他指出一段来给学生看，那段新闻是从支加哥来的，说是有多少牛、多少猪、多少别的家畜于某日运到支加哥的屠宰场。他便从这一点上发挥讲货物如何生产，如何出售，如何转运。经济学上的死定律，经他这一讲，便好像与我们的日常生活是息息相关的。白特雷看到他的成功，回哥伦比亚后也如法炮制。他也带一些报纸上堂，发给学生每人一份，使他们研究报纸上的论评，看看它是否合于伦理。亚理士多德的三段论法便与美国的社会问题发生关系了，学生对于研究伦理学的兴趣便格外加增。白特雷觉得孙末楠启发他的功劳实在不小，后来到1919年在他的校长报告书中还提到孙末楠，说像他这种好先生，是一代难得的。

孙末楠当教授时还有一段佳话，是他的学生所乐道的。他的责任心颇重，对于他所担任的功课认真教授，从来不缺课。有一个冬天的星期日，雪下得非常之大，晚上还继续地下，到了星期一早晨，电车都不能开行了。孙末楠的寓处离开学校有一英里，那时他的身体也不很强健，所以他的学生都猜想，这次他老先生一定要缺课了。可是等他们走进课堂，看见孙末楠已经坐在讲堂上。原来他早料到电车不能开行，所以起得早些，不避风雪而行，终于没有缺课。

## （五）

孙末楠在美国的社会学界有一种荣誉，是别人所希望不到的，原来他是美国教社会学的第一人。首创支加哥大学社会学系的司马尔教授、做了几十年哥伦比亚大学社会学系主任的季亭史（F. H. Giddings）教授，在1890年才教社会学，美国的第一个社会学系也到1889年才开办。可是孙末楠在1876年已在耶鲁教社会学了。他这门功课，到1881年取消，1885年又开班了。孙末楠为什么在1881年取消他的社会学一课呢？此中有一段很有趣味的历史在。

要说这段历史，得从斯宾塞尔讲起。斯宾塞尔是英国哲学家，生于1820年，卒于1903年。他的著述无所不包，其中关于社会学的一部分，现在看去，虽然陈旧，可是在19世纪的末叶还是簇新的。顽固一点的人听到他的名字，便有点害怕，视之如洪水猛兽。他的著作之中有一本名《社会学之研究》，孙末楠采它作课本。他采用此书的原意并不是说斯宾塞尔的言论他完全赞同，因为书中有许多地方他是不满意的。不过社会学在当时是一门新的学问，英文书籍中除了斯宾塞尔这本书以外，竟无别的书可以代替，所以孙末楠不得不用它。

于是校内校外便议论纷纷了。顽固的教授，以为斯宾塞尔的书居然拿来当课本，孙末楠不是犯了邪说惑众、误人子弟的罪名吗？这些议论，自然传到校长的耳中去。所以他便于 1879 年 12 月写了一封信给孙末楠，信中大略说是少年见解未定，阅历不深，假如使他们读斯宾塞尔的书，在智识上及道德上都有妨碍。这种风声如传到外方，于学校的名誉也有损伤，所以他反对用斯宾塞尔的书作课本。

孙末楠接到这封信后，并没有作复。他自己跑到校长的办公室中去，与他直接交涉。交涉的结果，当时并未宣布。不过我们知道的，就是在 1880 年的 1 月到 3 月，孙末楠在课堂中还是用斯宾塞尔的书。

后来孙末楠到纽约去，便有《纽约时报》的访员来问他这件事情的始末。他说这是他个人与校长的交涉。校长反对他用斯宾塞尔的书，他把书拿到校长的办公室中去，请校长指出书中有何可议之处。校长并不指出，只说斯宾塞尔的宗教观念错误，讨论神圣的教律，口气也不尊重，所以此书不适宜于青年学生。孙末楠老实不客气地对校长说，假如他真不许用此书作课本，他只有辞职，因为他觉得在教授的职务内受这种干涉，他是不能容忍的。校长说他不过，终于屈服了，所以斯宾塞尔的书，他还用着。

《纽约时报》把这段谈话传出去，一时大起社会上人士的注意。有些平日与孙末楠意见不合的人便乘这个机会造谣生事，说是耶鲁大学的经费都是从基督教的善男信女处捐来的，断不能让孙末楠在校中传布他的邪说。这种言论，当然传到耶鲁董事会的耳目中去了。所以在 1880 年 6 月，董事会开会时有一位董事便想提议，给校长以检查课本之权。校长说是在讨论各种议案之前，他有一段报告，在这报告之中校长说是孙末楠已经答应不用斯宾塞尔的书了。诸位董事听到这段消息，便没有把议案提出。

这是在密室中讨论的事，局外人一点也不晓得。直到 1880 年的冬天，孙末楠又预备教他的社会学了，忽然接到校长一封信，附着一段董事会开会时的记录。孙末楠看见这封信之后，心中非常愤怒。他从来没有说不用斯宾塞尔的书，校长说他答应了不用，完全是假造的。

不过他也不能教社会学了。因为如再用斯宾塞尔的书，学生与新闻记者一定把他在课堂中所说的话每句都记下来。那些反对他的，便可曲解他的言论，以泄其私愤。这事体常常在报纸上登载，于学校的前途也有障碍。对于这种责任，孙末楠是不愿意担负的。然而除了斯宾塞尔的书以外，别的书又没有适当的。在这种情形之下，只有将社会学一门暂时取消。

虽然如此，孙末楠觉得学校这种举动是极不合理的。以宗教上的偏见来破坏学术独立、思想自由的尊严，是孙末楠最反对的。同时他又觉得课程的内容，须与时并进。假如最新的学说，因为触犯了一部分人的信仰，便不能在校中讲授，他认为是对学生不起的。无论什么教员，如在这一点上受了干涉，是应该反抗的。所以他便在 1881 年 6 月写了一封长信，寄给校中的诸位同事及董事会，说他与校长交涉此事之真相，并提出一种严重的抗议。

在这个时候，孙末楠很有意离开耶鲁了。他已经写信到别地方去找事。不过他终于没有离开耶鲁，这大约一半由于他没有找到合宜的位置，一半由于他的朋友们不肯放他走。他与校长对于斯宾塞尔的辩论，后来也没有人提起了。不过，这件事体的影响是很大的。孙末楠已经指示了一般在社会科学中努力的人对于社会中一切信仰、偏见、主义等等的态度。社会科学的目的在求真理，真理与偏见有冲突时绝不可迁就偏见，应当为真理而奋斗。

## （六）

孙末楠一生的著述，甚为宏富。我们如把它们分析一下，可以看出共有四种。第一种是经济类，其中以论币制的为最多。他有好几本书，都是关于币制及财政的。第二种是传记类，一共有三种。第三种是论文类，他一生在杂志报章中发表的论文不计其数，现在由他的学生采集印成单行本的已有四册。第四种便是社会学类，其中包括他自著的《民俗论》以及与他的学生恺莱（A. G. Keller）教授合著的《社会学》（*The Science of Society*）。

孙末楠对于社会学的兴趣，虽然发生很早，不过他对于这门学问用功研究的时期却很晚。他在三四十岁时专心研究的是经济学，到了 50 岁左右注意点才改变。他关于经济的著作很多，不过据哈佛大学的陶希（F. W. Taussig）教授说，他的著作虽然都很清晰动人，然而对于经济学上并无新颖的贡献。他在经济学中的位置虽不很高，然而在社会学中已经有不朽的地位了。

我们上面已经说过，孙末楠对于白珂耳从历史中求社会变迁的原理一观念，虽然赞同，不过他觉得这种工作难做，因为历史的事实繁杂，不易下手。后来他读斯宾塞尔的书，在方法上得到一点新的启发。斯宾塞尔编《社会学》，所用的材料差不多完全是从野蛮部落及原始社会中得来的。野蛮部落，组织简单，易于研究，而且与我们所谓的文明社会相隔甚远，若风马牛之不相及，我们去研究它，也可不发生偏见。孙末楠看清楚这一点之后，便着手搜集关于野蛮社会的材料。我们现在如翻开《民俗论》以及孙、恺合著的《社会学》一看，没有不惊讶书中事实之丰富、材料之充足的。这两部书，便可代表孙末楠治学的精神。

　　他搜集材料的方法，可以说是卡片札记法。他在书中看见一段事实，觉得很重要的，便自己摘抄下来，或者勾出使他的书记抄录。据他的书记说，他在暑假中没有功课，总是整天地看书，看到要紧的地方就指出来要人抄。这位书记每天下午出公事房时，总把所有的都抄完，可是第二天早上上工的时候桌上早已摆了一大堆书等他来抄。

　　这种卡片在孙末楠临死的时候，已经积满了 50 多抽屉。每一抽屉有卡片约 3 000张，这便是他勤学的成绩！他做学问时，觉得只能读英文、法文、德文、希腊文、拉丁文、希伯来文还不够，在 45 岁之后，他还学会了瑞典文、挪威文、荷兰文、西班牙文、葡萄牙文、意大利文、俄文及波兰文。1899 年，他开始整理他的材料。起初他想写《社会学》的，后来觉得"民俗"一个观念极其重要，所以把《社会学》放开，写他的《民俗论》。此书于 1906 年出版，共 692 页。在此书的序文中，最后一句是："我们第二步工作，便是完成《社会学》。"可惜志愿没有达到，他便逝世了。他的学生恺莱教授，完成师志，把孙末楠的材料加以整理，又加以自己搜集的材料，成《社会学》四大册，于 1927 年出版，离《民俗论》之出世计 21 年。

## （七）

　　孙末楠在末年，身体极为衰弱。1909 年的冬季，他要到纽约的社会学年会，去读他的论文。亲戚朋友们都劝他不要奔波，但他坚执要去。在纽约，他中风不能起床。一天，他在医院中对着他的媳妇说："我快要去世了。"媳妇安慰他说："爱情是可以到达彼岸的。"彼岸，大约就是我们中国人所说的阴间。孙末楠听到媳妇的话，便回答她说："我想是的，"停一会又改口道，"我希望是的。"

　　1910 年 4 月 12 日，孙末楠长逝了。遗体葬于既尔浮（Guilford）公墓，享年70 岁。

民国十八年 3 月 31 日，金陵大学

（载《社会学刊》第 1 卷第 1 期，1929 年）

# 几个社会学者所用的方法

我们无论做哪一门学问，最要注意的便是方法。得到了做学问的方法，我们便可以不断地搜集新材料，发现新定律，解决新问题。

做学生的在学堂中读书，最要紧的便是把方法学到。假如学到了方法，他离开学堂之后，还可以继续他的研究工作，他便可以在学问上不只做一个消费者，而且还能做一个生产者。做先生的，尤其是我们这些教社会科学的人，更应注意社会科学的方法。把方法弄清楚了，用它去研究中国今日的社会问题，结果中国的社会科学才有独立的希望。现在我们教社会科学的，所用的课本是外国人做的居多数。这是过渡时代的办法，无可如何的。但是如果我们研究社会科学的不自知奋发，不去研究中国的社会问题，而只以教两三本外国教科书为尽职，那么，恐怕再隔100年，中国的社会科学还是外国社会科学的附庸，永无独立自由发展之一日。

为创造中国的社会科学起见，我希望先生与学生以及其他一切对于社会问题有兴味的人都来研究这个方法问题。

讨论社会学的方法，有两条路可走。第一，便是从理论上去研究各种方法的应用。譬如我要研究汉朝的家庭制度，便逃不了历史的方法。研究这个制度，有什么书籍可以参考？这些书籍的作者有资格写那些书么？坊间流行的版本可靠吗？类似的问题都是研究历史方法的人所应讨论的。此外社会学者常用的方法，如统计方法、文化分析方法、个案方法等等，各有各的规矩、步骤，要懂得透切，非下一番苦功不可。现在坊间关于这类的书籍已有好几本，欧美各国讲科学方法的书更多不胜数，本文所要讨论的并不在此点。

第二条研究科学方法的路，便是取科学家研究出来的成绩，去追溯他研究时所用的方法。本文所要讨论的，便是此点。当然在一篇短文内，很难把社会学者的重要成绩都讨论到。我所希望要做的，便是把我所知道最重要的几种社会学著作大略分析一下。分析时并不注重著作的内容，但要注重它们的方法，同时我希望连带地指出它们的方法拿来研究我们中国的问题是否适用。

## （一）蒲司的《伦敦人的生活及工作》[①]

　　蒲司（Charles Booth）是英国的一个社会学者，他调查伦敦的工作开始于 1886 年，花了 18 年的工夫才把他的大作完成，为后来做实地调查者树立一个极好的模范。我们读他的列传[②]，便知道他做这种调查事业时经过了许多困难。在这许多困难之中，他感受最亲切的便是没有方法。原来在 19 世纪的下半叶，社会科学在欧洲也还是十分幼稚，虽然著书立说的已不在少数，然而不瞎说、不空谈，言必有据、语必有本的学者还是不多。讲到做实地调查功夫的，更如凤毛麟角了。大家既没有做过实地调查的功夫，所以对于社会上的情形知道得并不透切。虽然如此，对于社会上的问题却人人爱谈，而且有许多人毫不客气，把改良社会的方法都在椅子上想出来，在纸上写下来了。蒲司是个最留心社会问题的人，尤其是在英国当时人人注目的贫穷问题。贫穷当然是社会上一种不良现象，留心社会利益的人都不愿见社会上有贫穷的人。这些有良心的人聚在一起，总要讨论解决贫穷问题的方法。蒲司也高兴听他们的议论。不久蒲司发现了一个很重要的事实，就是那些有心济贫的人并不知道贫穷问题的真相。他们都会说，贫穷在社会上是要不得的，是应该想法救济的。他们也都有他们的高见，说贫穷问题应该这样或那样解决。但你如问他们：伦敦的穷人有多少？穷人所过的生活如何？穷人的生活程度怎样？……总之，你问他们的问题，所需要的答案是事实而非意见，他们便哑口不能措一辞了。

　　蒲司觉得他们的路都走错了。他相信，没有知道事实便开药方的办法，是庸医的办法，是医得死人的办法。他更信，如想解决贫穷问题，第一步要做的便是调查事实的真相，先看清楚事实，再说别话。

　　蒲司看清楚这一点之后，便邀了一班朋友来，同他们商量调查伦敦的方法。一时

---

　　①　Booth，Charles，*Labour and Life of the People in London*.
　　②　Anonymous，*Charles Booth：A Memoir*，Macmillan，1918. 本节所叙，多取材于此书。

大家也想不出好主意来，因为平日大家说空话说惯了，忽然遇到一位不肯说空话、要脚踏实地研究的人，都觉得有点稀奇，有点不好办。正在这种困难的时候，蒲司太太的一位本家，就是现在英国有名的卫布夫人（Mrs. Sidney Webb），得到一点好消息，便来说给蒲司听。她说现在伦敦市中有许多视学员，他们在一个区域中服务的年限有极长的，而且天天与学生的家长接洽，知道伦敦的家庭情形，一定很为详细。假如请他们把经验说出来，不是极好的社会材料吗？这个方法，蒲司觉得可用。他一面去与视学员接洽，与他们商定谈话的机会；一面请了许多书记，帮他记载谈话的经过，并整理谈话的材料。

他先从伦敦的东部下手，因为那儿是贫人最多的地方。东部的研究，也不是同时举行的。他把一部分为数区域，一个区域研究完了，再研究第二个区域。这是分区的研究法。他觉得专靠一种方法还不够，以所在分区研究之外又加了一个分业的研究法。那便是以职业为单位，研究了码头上的工人，再研究工厂中的工人，再研究在别种职业中求生活的工人。

最初，他想把伦敦东部调查完结之后便算完事。但他的兴趣因此引起，所以把伦敦东部调查完了之后，还调查伦敦别处的情形。最初，他只靠视学员的报告；后来，他自己便去做实地调查的工作了。他最喜欢用的方法，便是谈话法。他对想问的话早有成竹在胸，见人时便以问题去钓他的经验。他在调查时所见的人，各色都有，上至公司总理，下至门房小工，他都去与其接谈，以求得各方面的事实。他又觉得专靠谈话的方法还不够，另外还要加上观察的功夫，所以他便到工人的家中去租房子住。他租房子的时候，总与房东约定，晚餐在房东家吃，因为晚餐是一个谈话最好的时候。而且晚餐以后，房东也许有别的朋友来拜会他，蒲司便可乘此机会与房东的朋友们谈话。谈话的结果，蒲司在临睡之前，总是详细地记下来。可惜蒲司在他的著作中，没有把他这种有趣的经验都报告出来。他的理由是，供给他材料的人，有许多在他出书的时候还生存，假如把这些材料发表，对于他们或有不便之处。但蒲司的笔记现在还保存着，以后我们也许还有看见这些笔记发表的一日。

我们如把蒲司所用的材料分析一下，可以发现它们的来源不外两种：一种是有见识的人告诉他的，譬如视学员等便是。视学员本身，并不是贫民，不过他们与贫民接近，知道贫民的生活，较别人亲切。蒲司去问他们，并不是问道于盲，乃是问道于识路之人。另外一种便是那些有经验的人告诉他的，譬如码头上的工人等便是。他们与视学员的不同之点便是，视学员乃观剧者，而工人等乃剧中人。贫穷的生活，正如戏台上的一本戏。你如愿知戏情如何，只有剧中人知道得格外分明，格外亲切。

蒲司怕他所得的结果，不幸有错误之处，所以在出书之前他把结果造成图表，开会展览，请地方上的人士来批评。人家对这些事实的批评，他都记下来，应当改正的立即改正，因为经过这一种手续，事实上的错误便减少了许多。

蒲司的著作发表以后，社会调查的工作，继起者颇不乏人。后人所用的方法有比蒲司还好的，譬如 1908 年至 1914 年出版的《匹兹堡调查》便是。但蒲司那种注重事实、不尚空谈的精神最可效法，尤其在今日之混沌的中国社会中。蒲司所调查的是世界上一个大城，非有财及有毅力的人办不到，但调查中国一个农村该不是一件极困难的事罢？中国今日之学生，大半是从农村中来的，但有几个人已经懂得他农村中的情形？谁能把他自己农村中的家庭状况、经济生活、教育程度、宗教信仰、娱乐方法等等对他人侃侃而谈，如数家珍？假如自己的一个农村还没有懂得清楚，如何能懂得全个的中国？

蒲司给我们的一种教训便是实地研究胜于据椅高谈，闭起眼睛来瞎说，不如放开眼光去调查一个社会。

## （二）孙末楠的《民俗论》①

去年美国社会学会开年会时，密失根大学的社会学系主任顾勒教授有一篇极动人的演说。他那演说的主题，便是孙末楠的《民俗论》。顾勒教授说，假如我们请美国的社会学者投票，看这 20 年来社会学所出版的书籍要算哪一本最有价值，一定有许多人要选孙末楠的《民俗论》。顾勒教授这种说法，有许多人是表同情的。支加哥大学社会学教授步济时先生有一天对我们谈话，说是美国的社会学可分为二期：1906 年——便是《民俗论》出版的那一年——以前，可称为社会学的哲学时期；1906 年以后，社会学才走到科学的路上去。我举这两件事为例，可见美国学者对于《民俗论》推重的一斑。

孙末楠原是耶鲁大学的教授，在美国大学中教社会学，他是第一人。他本无心作《民俗论》一书，但有志写一部《社会学》。据他在《民俗论》的序中说，在他动手写《社会学》的时候，觉得风俗在社会中势力之重大，但已出版的书籍中并没有一本把风俗解释得清楚的，所以他便把《社会学》的草稿暂时放开，写他的《民俗论》。这本书

---

① Sumner，William G.，*Folkways*，Ginn & Co.，1906.

出世后四年，孙末楠便去世了，他的大作便没有告成。好在他有一个学生，便是现在耶鲁大学的恺莱教授，把他的遗稿整理一下，又加以自己所搜集的材料，终于把《社会学》① 印成问世了。这部四大卷的著作，在美国的社会学界中一定有它不朽的地位。

孙末楠的求学方法，在 1925 年出版的《孙末楠传》② 中说得很详细。这部传记是他的一位学生作的，在学者的传记中可以说是最好的一本。我们从这部传记中发现了一段令人惊异的事实，便是孙末楠在死时留下了 50 多匣的读书札记，每一匣中有札记卡片约 3 000 张。孙末楠一生所用的工夫，便放在这 15 万多张卡片上。这 15 万多张卡片所记载的事实，有的很短，不过数行，有的很长，长到 2 000 字以上。

孙末楠所看的书不限于英文的，也不限于德文、法文的。他在 45 岁以后，还学会了瑞典、挪威、荷兰、西班牙、葡萄牙、意大利、俄罗斯及波兰等国的文字，所以他能看的书真是不可胜计了。他看书时见到有趣味的事实，便都抄在卡片上。这些卡片，他拿来分类之后又分类，所以检查之时非常便利，要用某类事实的时候一查卡片便得。

读过孙末楠《民俗论》的，没有一个人不佩服那本书。它的长处，便是事实充足。它说一个道理，并不想以巧辞来引诱你信，也不想以空谈来骗你信，只是陈列事实，把许多的事实放在一起，使你看了不得不信。它所用的方法与清代考据家所用的方法有相似之点，不过清代考据家研究的对象是古书中的字义，而孙末楠的对象乃是社会中的风俗，此其不同之点。

孙末楠受斯宾塞尔的影响甚深。斯宾塞尔从英国到美国游历的时候，孙末楠很欢迎他。在送斯宾塞尔归国的宴席上，孙末楠致别词，说是斯宾塞尔对于社会学贡献了一个很好的方法，我们学到这个方法，工作便算做了一半。斯宾塞尔的方法，便是从原人社会中搜集材料来研究社会演化的途径。孙末楠受他的影响，所以在书中引用的材料，关于原人社会中的居大多数。为什么他不用文明社会的历史材料及当代社会的材料，我们并不知道。但恺莱教授，对于此点曾有解释。他说原人社会比较文明社会为简单，易于研究，而且原人社会与我们的关系极疏远，我们对它不起感情作用，不生偏见，研究之易得真理，所以我们研究社会学的应从原人社会下手，应用原人社会中的材料。

我们对于孙末楠、恺莱二教授的专攻原人社会一点不敢苟同，但孙末楠的方法，拿来研究社会上的过去情形，真是再好没有了。中国社会上的各种制度，其历史并没

---

① Sumner and Keller, *The Science of Society*, 4 volumes, Yale University Press, 1927.

② Starr, H. E., *William Graham Sumner*, N. Y., Henry Holt and Co., 1925.

有人作一种有统系的研究过。即有之，也是片断的、肤浅的，不能列于科学之林。我们研究一种制度时，应该用他那种札记的方法，把关于那种制度的史料都摘抄下来，分类汇存，等到材料搜齐之后再做整理发表的功夫。总之，做札记不算真本事，现在凡肯在历史上做功夫的，都有他的札记方法。但做札记能花工夫如孙末楠的，在学者中并不多见。有谁能拿出 15 万多张卡片来，表示他的读书成绩呢？孙末楠过人之处在用力勤，用功深，不肯以苟且的著作拿来问世。中国的社会学者，如不取此种刻苦的态度，那么将来出版的制度史一定没有什么可观的。

## （三）汤姆士的《欧美的波兰农民》[1]

汤姆士在支加哥大学当了二十几年的社会学教授，在欧战后才离开了支加哥大学。支加哥大学的社会学系，我们都知道，是司马尔教授创办起来的。汤姆士先是他的学生，后是他的同事。司马尔在支加哥大学的年代虽久，在美国社会学界的声望虽高，但他在支加哥大学所留下的影响万不如汤姆士。现在支加哥大学的社会学教授，如法理斯（E. Faris）、帕克、步济时在方法上受汤姆士的影响最深。最奇怪的，司马尔教授一生谈方法，但他自己做学问的方法可以传给学生的实在是没有几点。在这层上，司马尔教授的方法论正与哥伦比亚大学季亭史教授的统计论一样地奇怪。季亭史教授处处劝人用统计的方法做学问，但他自己所发表的文章没有一处是用统计的。

《欧美的波兰农民》是汤姆士与一波兰人合作的。汤姆士对于做学问的兴趣，一生变动过几次。最初他研究的是原人社会中的情形，代表这种兴趣的作品便是他的《社会原始论丛》[2]。其后，他的兴趣便移到文明社会中的农业民族，《欧美的波兰农民》便是这个时代的产品。最近他渐注意到工业社会中的情形来了，1923 年出版的《不适应的女子》[3] 代表他这种趋向。他还有一部将出版的大作，名《孩童》，内容如何，现在不知。不过汤姆士的著作，无论哪一类，都有细读的价值。

汤姆士的方法，与季亭史劝人利用的统计方法大不相同。汤姆士的意见，以为统计法是研究社会学的二等方法，无可奈何时才用它。社会学者所应利用的方法，乃是传记法。譬如研究波兰农民的生活，用统计法的，一定要先制一个调查表，上面列了

[1]　Thomas，W. I. and Znaniecki，F.，*The Polish Peasant in Europe and America*，2 volumes，Knopf，1927.

[2]　Thomas，W. I.，*Source Book for Social Origins*，Badger，1909.

[3]　Thomas，W. I.，*The Unadjusted Girl*，*with Cases and Standpoint for Behavior Analysis*，Little，Brown，and Co.，1923.

好几个问题，这些问题的答案最好是数目字，以便制成图表。这种办法，乃是汤姆士所不取的。他不要调查表；他所要的，乃是农民的传记。他希望农民把他一生的经验，最紧要的、最有趣味的、最动人的都老老实实地写下来。研究他们的生活时，便以这些传记作根据。汤姆士虽想用这种办法，但他也觉得搜集传记的不易。在《欧美的波兰农民》中，他只弄到一份传记，还是用钱买来的。此外他所用的材料，有几百封私人的通信，有报纸上剪下来的新闻，有慈善机关及裁判厅中的档案。

研究一个人或一个团体的生活，为什么要用传记？汤姆士的答案是：我们研究人的生活，不但要知其然，还要知其所以然。譬如一个人犯罪，我们知道他犯罪不够，还要知道他犯罪之所以然。想解决这个问题，便非知道他的历史不可了。不但研究个人，便是研究一个团体，譬如家庭，也可以用传记的方法，那便是请家庭的各个分子把他在家庭中的经验写出来。我们看了这些传记，便可知道家庭的组织，家庭中各人的地位、态度，以及家庭中一切变动的原因了。

支加哥大学的步济时教授研究美国家庭，便是用传记法。他在大学中教"家庭"这门功课，已有七八年了。凡读他这门功课的，都要写一篇家庭史。学生在下笔之先，步济时教授发出一张问题单来，请学生在他的文章内把所问的问题要应答无遗。但他又告诉学生，回答这些问题时不要以写大考卷那种态度来回答。问题不过是个引子，引起我们过去的经验，写时要自然流露，信笔直书。

研究中国的家庭，也可用这个方法。现在中国各地的家庭情形没有人研究过，我们如想在书籍或杂志中找关于中国今日的家庭状况，真是困难极了。我们如用步济时教授的方法，定一个家庭研究问题单，请各地人士把他本身的家庭经验写出来。像这种家庭传记，如能收到 1 000 份或数千份，岂非研究中国家庭问题的好材料？

但是传记法的最大用处，还在研究社会心理学上。此处所谓"社会心理学"，包括两种问题：一是人类的社会行为，二是人格的发展。譬如离婚，便是社会行为的一种。以前研究这个问题的人，每用统计的方法，把官厅中的离婚统计拿来分析比较，便算尽了研究的责任。这种研究，虽然给了我们很多的知识，但离婚是一种极复杂的现象，我们专看几本统计还是不能了解它。所以近来便有人以传记的方法，去搜集离婚的材料。他们去找到那些离婚的人，请他们把婚姻的经过说出来，愈详细愈好。有一个离婚之女子，在她结婚的那一天便记日记，记到她离婚的那一天还没有间断。这是社会学的绝好材料，因为日记是最肯直说的自传。我们从那日记里，可以看出来他们夫妻结婚后经过多少时间便反目，反目的原因为何，他们用什么方法解决各种冲突，冲突时女子所取的是什么态度，冲突解决不了时两方的感情有何变动。看完这本日记，便如看了一场写实的电影，对这两人的离婚原因便了然于胸了。

研究人格的发展，用传记法的亦多。在美国最通行的，便是用这个法子来研究罪人。我有一位朋友，最喜欢研究犯罪的青年。他所搜集的传记中，有一本长 600 多页，是一个堕落过的青年的供状。看完这一本传记，我们便可知道他以前为何犯罪，他的家庭、朋友以及其他的经验对于他犯罪一事有何关系。

传记法的缺点也多，但此处无暇论此。汤姆士是用此法的最初一人，虽然他的方法经过支加哥大学别的教授之修改与订正，但还未到完善的地步。譬如我们请人写传记，别人不肯写，我们有什么法子呢？写时不吐实，我们有什么法子知道呢？传记收集之后，如何运用它呢？这些问题，一时想解决也是不易。我们知道方法以愈用而愈精，传记法的进步便靠现在运用传记法之人。无论如何，有许多材料是用这个方法才能得到，用别个方法便得不到的，此层汤姆士与他的学生已在他们的著作中指示我们了。

（载《社会学界》第 3 卷，1929 年）

# 中美通婚的研究（下）

## 通婚的问题

结婚是终身大事，而与外国人结婚，尤其是一件要审慎的事情。凡走到这条路上去的，迟早总要遇到一些切身的问题，与两人一生的幸福大有关系。

## 社会上的偏见

通婚的第一个问题，便是如何对付这社会上的偏见。一个黄脸的人与一个白脸的女子在街道上一同走路，无论在中国、外国，总是要引起别人的注目的。这种注目礼，有人受了便觉不舒服。在司丹福大学里以前有一位美国女子嫁与中国人的，但她在校舍的附近不敢与其丈夫同行，因为她怕别人注意。有许多人是这样胆小的，他们通婚的结果便是受罪。诸位读过《一位美国人嫁与一位中国人的自述》的，当然还记得那书的主人翁，起初也为此事焦虑，但她爱丈夫的心终久战胜了她的懦怯，以后她与丈夫出外散步，不但没有不自在的心，反而觉得自豪了。有了这种心理，社会的偏见也就不易摇动他们的爱情。可是社会中的分子，除了这些不相识的路人外，还有朋友，还有亲戚，还有家人。这些人的态度与通婚者的幸福是很有关系的。假如通婚之后，便要与亲戚朋友及家人断绝关系，当事人多少总要受点痛苦。美国的家长反对女儿与华人结婚的居多数，所以女儿如嫁给中国人，便以为有辱家声因而断绝往来的，乃是常有的事。但也有宽宏大量、不干涉女儿的婚姻的。女儿如嫁给中国人，他便承认这中国人做女婿。这种家长是比较难得的。

至于朋友方面，娶外国太太后，当然要发生一点影响。那些不会说英文的朋友，当然是不来了。那些能说英文而说得不好的，来的次数也稀少了，因为他们都怕在外国人面前说英文。至于洋太太的朋友，当然也要淘汰一番。那些怕中国人，怕到中国人家中来的外国人，当然要断绝关系了。所以在普通结婚的时候，男女两方面都加了些朋友；而在通婚的情形之下，结果适与此相反，男女两方面都要失却一些朋友。

## 夫妻间的适应

通婚的第二个问题，便是两个在不同的文化之下长成的人如何可以稳静而且和睦地过他们的共同生活。中西文化，根本上有许多不相同之点。美国的华侨虽然有许多在外国生长的，进外国学堂读外国书，可是他们的亲戚及家人还脱不了中国的文化。这些土生子在家庭中受了中国教育，所以有许多思想完全是中国人的思想，与美国人的思想是格格不相入的。那些在中国长大的华侨，更不必说了。以这些有中国思想习惯的男子，去与只有美国习惯、美国思想的女子同居，冲突是难免的。记得有一件事最可笑。一位在美国西部开店的华侨在中国据说已经有了妻子，但在美国又爱上了一位白女，恋爱的结果便是结婚。在第一天，困难问题便发生了。这位洋太太要求她的丈夫去与她度蜜月。这种要求，在洋太太眼光中看来，是正大光明的。在美国，哪一对新婚夫妇不去度蜜月呢？但这位华侨对于蜜月一事，完全莫名其妙。家中有好好的新房为什么不住，要东跑西跑去逛呢？而且他的店事很忙，想走也走不开。所以蜜月这个玩意儿，他是不干的。后来商量的结果，便是由这位华侨拿出些钱来，交给这个太太单独去过蜜月，他本人还是守着他的店，管他的店事。一场婚姻如此开张，结果一定是好不了。果然不久他们便离婚了，一场官司把这位华侨的家私送去了大半！

就是受过科学洗礼的中国人，与美国人结婚，有时也难免冲突。在《一位美国人嫁与一位中国人的自述》里，那主人翁说是在结婚之后想教一个男学生的法文，在闲谈中她把这个意思告诉了她的丈夫，可是她的丈夫一定不答应。讨论的结果，还是女人屈服了。她爱丈夫，所以不愿做一件使他不满意的事。女人教男学生，在美国人眼光中看来，完全是正当的，用不着避嫌疑。但中国人受了数千年男女授受不亲的教训，对于这件事当然眼光不同。所以在中美通婚的家庭里，丈夫对于妻子的社交时常干涉，特别是他太太的男朋友，在这点上也不知起了若干冲突。

假如结婚的永远住在美国，困难还不算多。假如男的想回中国，新的困难又要发生了。许多美国女子，以为中国是一个很野蛮、很奇怪的国家。她们从小说中，从电影中，从传教师的口中，得到了许多不正确的关于中国的观念。所以她们怕中国，不敢到中国来。在《独立》杂志第六十九卷中有一篇很有趣味的文章，名《我的中国丈夫》。这篇文章中的主人翁，说是中国有一婆妾的风俗，是她最怕的。一天，她接到一位中国女朋友的信，说是在中国不舒服，因为她的父亲在中国婆妾了，家庭中常常发生冲突。这封信触动了洋太太的心事，所以在那天晚上，她便婉转娇啼地要她的丈夫永远不回中国。后来她的丈夫答应了，这场风波才算完息。这是一件小事，但很可以证明中美的风俗中颇多不同之点。一个外国女子，除非她的性情是真温和，真能体贴她的丈夫，否则到中国的社会中来一定住不惯。现在中国的城市已经受欧化的影响不少，所以通婚的人如住在城市中物质方面的不便可以减少许多，但他方面的困难还是有的。第一种困难便是中国话。在中国管家而不会说中国话，如何能应付自如呢？所以在通婚的家庭中，每每有男子治外兼治内的事情发生，至少在初回国的一二年是如此的。

## 国籍问题

通婚的第三个问题，便是国籍问题。美国的女子，如嫁给中国人，是要失却国籍的。在独立、自由、平等的学说下长成的美国女子，对于失却国籍一层心中总有点痛惜。旧金山有一位在司丹福大学毕业的女子，第一次嫁给一位中国人；后来她的中国丈夫死了，又嫁给一位日本人。她于 1922 年，把她的经验写成一篇长文，名《我的东方丈夫》，登在一个日报上。在这篇文章里，她说与东方的丈夫住了几十年，她心中一点也不懊悔，只是有一件事使她不能忘怀的，便是美国不承认她是国民了。她在未嫁前是美国人，嫁了之后，她变成中国人，又变成日本人。一人三变，在她以为是一件稀奇的事。但她的心目中还忘不了美国，无论如何，她对于美国的忠心是不改的。这种心理，从一方面看去，固然可取。但是如有一天，美国与日本开战，她将何以自处？她的丈夫又将何以自处？

去年中国发生了排外的风潮，在这风潮之中不知有多少通婚的人夜夜不得安眠！

这些洋太太已经失却国籍，在法律上讲起来，她们当然不能受美国政府的保护。然而在街道上走路的时候，谁知道她是中国人？所以民众对于美国国家如有愤怒，这些洋太太当然是要一样吃亏。去年北方某校的西洋教员，因外间的风声紧急，都相约暂至有外兵驻扎的地方躲避。一位洋太太也被邀去逃避，但她不愿去。她是中国人，如何可以受外人的保护呢？她的丈夫也不愿她去，因为他是一个主张打倒帝国主义的，不肯做言行不一的事。但是如有暴徒攻入校中来杀外国人，这位丈夫能保护他的妻子么？答案是"做不到"。这个困难的问题，始终没有得到一个适当的解决方法。

## 子女问题

通婚的第四个问题，便是子女问题，中国人有一句骂人最刻毒的话，便是"杂种"。通婚者生出来的子女有中西二国的血，别人一看便可看得出的。这些子女无论在学校中还是在社会中，难免要受他人的欺侮。此事对于他们毕生的快乐以及人格的发展，都有很大影响的。

无论中国还是美国的社会里，子女皆从父姓，所以那些华夫美妇生下来的子女皆自认为中国人。他们的心灵中，对于这一点并不发生冲突；最可怜的，是那些西夫中妇生下来的子女。按照社会的习惯，这些子女当然不能算是中国人。他们因为父亲是外国人，所以也不愿做中国人。但在英美的社会中，凡带有中国血的人，都当作中国人看待。这些愿意做外国人而在实际上只能做中国人的"通生子"（这个名词，比"杂种"好听些），心中是十二万分地不舒服，有许多人竟因此自杀的。

在我所搜集的材料中，有一个通生子的命运最为惨酷。他是一个中国男人与一黑女的私生子，从小便在一华人家中养大，数年之内倒也相安无事。这华人的家中有一女儿，不久便出嫁了，一切问题便在这时间发生。女儿的丈夫最恨这通生子，他一定要他的岳母把这通生子赶走。最后他提出"哀的美敦书"来，说是如不赶走，他永远不进岳家的门。岳母受了女婿的逼迫，只好把这通生子送到官厅中，请政府设法安插。政府中的办事人把他送到别的华侨家中去，别的华侨都说这个通生子我们不要。最后政府无法，便送他到黑人的家中去。黑人是肯收他的，但这通生子却不情愿。他说我是中国人，不愿与黑人来往。这是好几年前的事。现在这个通生子在监狱中，因为他犯了罪，他在家庭中的困难情形便是从审判厅的档案中抄出来的。

## 结论

通婚在美国的情形，大略已如上述。以后中美的交接更多，文化也渐趋一致。通婚的趋势，据我个人的观察，是有增无减的。这种趋势，是好呢还是坏呢？这个问题乃是一个哲学上的问题，不在本文讨论之内了。

民国十七年 12 月 6 日，金陵大学

[载《生活（上海 1925A）》第 4 卷第 9 期，1929 年]

# 中国文明何时可与欧美并驾齐驱（上）

吴景超博士专研社会学，现在金陵大学教授。本刊本卷第七期曾有过他的文章，题为《中美通婚的研究》。

——编者

现在社会上的一般人士，对于中西文化有两种不同的态度。一种人是妄自夸大，以为中国文化有 4 000 年的历史，欧美后进国是无论如何比不上的。可是你如逼他一句，问他中国文化比欧美各国高在什么地方，他的答案总是极笼统的，这种人最后的护符便是"精神文明"四个大字。他的信仰是：中国的物质文明也许比不上西洋人，但如谈到精神文明，中国一定要首屈一指了。

还有一种人的态度恰恰与此相反。他看不起中国的物质文明，也看不起中国的精神文明。譬如你对他吹中国的精神文明，他会不慌不忙地问你读书识字是否精神文明。假如你的答案是肯定的，他会告诉你中国人读书识字的不到 20％，欧美诸强国读书识字的在 90％以上。你听到这个统计，对于中国的精神文明也许要发生一点疑问。他又会接着问你中国古时圣人所说的致知格物是否精神文明。假如你的答案又是肯定的，他又告诉你中国人的知识浅薄，学问真幼稚，本国人不知道本国的人情风俗，如想知道，还得去请教外国人。譬如中国的家庭平均有多大，金陵大学的卜凯（J. L. Buck）先生有一个说法，康奈尔大学的威尔科克斯（Wilcox）先生又有一种说法；而我们本国的人，没有人回答得出来，假如回答出来了，也不过是瞎猜，拿不出统计来，拿不出真凭实据来。又如我们中国的东三省现在有多少人，外侨有若干，富源如何，现在经济的发展如何，这些问题，中国人恐怕猜也不会猜了，如想得到答案，只有去请教日本人。这类的例，举不胜举，像这样的无识、愚昧，也算是精神文明么？所以照第二种人看来，中国的物质文明固不堪问，精神文明也是一塌糊涂。中国什么事都比不上人，都相形见绌。他们对于中国的前途，只有长吁短叹，觉得现在固然落后，将来也无希望可言。

这两种态度都失之过偏：第一种偏在妄自尊大，第二种偏在妄自菲薄。我们的态度与此不同：这种态度，可以称为自觉的态度，又可称为努力的态度。

什么叫做自觉的态度呢？简言之，便是自己要知道自己，知道自己什么地方不如人，何以不如人，我们对于那些批评中国文化，以为不如欧美的人，抱有相当的同情，但决不因此而生悲观，在不生悲观这一点上便是颓废者与自觉者分道的地方。我们对于中国文化的前途不抱悲观，至少有两种理由。

第一，中国人的智慧不在欧美人之下，这一点不是空说所能成立的，有事实可以为证。我们都知道智力测量是一种什么东西，这是心理学发达后的产品，我们利用这种测量便可判断每人智慧的高下。虽然现在还有许多学者对于这种测量的原理及应用还有批评的地方，但我们可以肯定地说，用这种测量得出来的结果比较"空口说白话"总要靠得住些。我们现在且看心理学者，根据测量的结果，对于黄白二种智慧的高下有何判断。

请先说那些主张中国人的智力较差于白人的。格来罕（V. T. Graham）于 1926 年根据他研究旧金山中国儿童的结果，发表一文于《比较心理杂志》，说是中国普通儿童的智慧与美国的中下儿童相等。他的意思是，中国儿童也有极聪颖的，但从大体上讲起来比美国儿童要逊一等。此外还有一位美陀（K. Murdoch）于 1925 年发表一文于《学校与社会》杂志中，说是自普通智慧上言，英美人较胜于东方人种。阿尔波（F. H. Allport）在他的《社会心理学》中说："根据现在所有的事实立言，黄种之智慧似较差于白种。"但他接着又说："这种断语须谨慎出之，因为中国人与日本人有极古高的文化，此点似指示我们，他们的智慧并不在白人之下。"

还有一派人根据他们研究的结果，说是中西人的智慧是相等的，并没有差别。李萨那（Sprah Lee）女士在加利福尼亚大学曾作了一篇硕士论文，题为《中美儿童智力之比较研究》。她曾测量过 46 个中国儿童及 46 个美国儿童，结果是两组儿童的分数差不多。还有一位杨（K. T. Young）先生于 1921 年在美国测量了 105 个中国儿童，与多尔曼测量 905 个美国儿童的成绩比较，并无上下。

最后还有一派人拿出成绩来，说是中国人的智慧较胜于白人。古得益诺佛（F. L. Goodenough）女士于 1926 年曾在《试验心理学杂志》中发表一篇论文，比较各种族"智力商数"（IQ）的高下。（编者按：关于"智力商数"的意义，请阅文末附注。）最可注意的，就是在她的表格中中国人的智力商数是 104.1，美国人的智力商数为 101.5，中国人平均比美国人约高 2.6。同年有一位圣帝弗（P. Sandiford）先生在《教育心理学杂志》中发表一文，说是根据他研究加拿大华侨儿童的结果，中国男孩的智力商数为 107.7，女孩的智力商数为 107.0，远在西方儿童平均智力商数之上。附在这儿，我们也可以说一下海司（E. C. Hayes）教授做的小玩意儿。他是意利诺大学的社会学系主任，去年逝世了。他在未逝世之前，曾在美国的《科学月刊》上发表了一篇短短的文章。他说曾用统计学中的拣样方法，研究意利诺大学生的分数。意利诺的大学生很多，他所拣的样，只包括 435 人。这 435 人的平均分数为 2.934。如把这 435人按着他们的种别分为七组，则分数最多的便是中国人，平均分数为 3.35；次为犹太人，平均分数为 3.18；三为欧洲北部人种，平均分数为 3；四为除却中国人的外国学生，平均分数亦为 3；五为欧洲中部人种，平均分数为 2.94；六为欧洲南部人种，平均分数为 2.83；最末为黑人，平均分数为 2.55。再把这 435 个学生中分数最高的十个学生拿出来看，中国人占了三个，第二是中国人，第七、第八也是中国人。

我们看了这些事实之后，可以得到一种概念，就是科学的证据并没有把我们列入劣等民族之中。我们的智力，有人说比欧美人低，也有人说比欧美人高，但持中之论，是说我们与他们在智力上不相上下。我们看了这些统计，不必自夸，也不要自馁。最科学的态度，是假设我们不优于白人也不弱于白人以待证于将来。

假如我们的智力是比欧美人差的，那么中国文化的前途可谓毫无希望，但是这种悲观，我们看了以上的事实，该可释然了。智力上既不让人，那么文化上即使暂时落后，也不足为虑。希腊、罗马强盛的时候，英国还在野蛮的时期中。假如在纪元的初年，有一位英国的忧时志士到罗马游学去，回三岛一看，觉得世事不如罗马，因而长吁短叹，说英国人实在永远赶不上罗马，我们现在看他，一定要笑他短见了。中国现在的暂时落后，正如英国在 2 000 年前落后一样。但英国的人种不差，所以有今日；我们的智力不亚于人，焉知没有来日？

编者按：吴先生所举的第一种理由到此已结束，在下篇里他将举出第二种理由来。

编者附注

我们测验智力，如将受测者在所规定测验中所得的分数除他实足的年龄（以月计），算至小数两位，乘以 100，去其小数点，如此所得之商数，即称为"智力商数"（英文为 intelligence quotient，IQ）。寻常所选用的测验法，都使"平均"或"普通"的儿童（非低能亦非上智者）在测验中所得的分数，与其以月计算的年龄数目相同，故关于任何实足年龄，平均的或者普通的 IQ 皆为 100。如所得之 IQ 在 100 以下，表示不及平均应有的智力；如 IQ 在 100 以上，则表示超越平均的智力。不及或超越，当然还有种种不同的程度，视 IQ 在 100 以下或 100 以上之数目大小而定。所以既求得各人所得的 IQ 即可根据数量来比较彼此的智力。

［载《生活（上海 1925A）》第 4 卷第 18 期，1929 年］

# 中国文明何时可与欧美并驾齐驱（下）

编者按：吴先生举出两种理由，表明我们对于中国的文化前途不必抱悲观。第一种理由是"中国人的智慧不在欧美人之下"，已在上篇根据事实有很透彻的说明，现在他进而讨论第二种理由。

我们对于中国文化不抱悲观的第二种理由，便是我们有历史的观念。人类的历史至少也有 100 万年。我们如拿 100 万年来做背景，那么一二百年真是极短的一个时期。欧美的文化超过中国的文化，不过是最近一二百年的事。退回 200 年去，中国人并没有十分不如人的地方；再隔一二百年，中国也许事事可以与他人颉颃，这全视我们努力如何了。

这儿我说努力一二百年，中国也许可以与欧美并驾齐驱，其实仔细分析起来，也许还不需一二百年。我们且提出几样东西来比较罢。于今凡是称赞西方文明的人，没有一个不赞叹他们的交通的便利。美国驻华商务参赞安立德先生在他所著《中国问题里的几个根本问题》一书中，特别注重中国的交通问题，以为这是中国衰弱、贫穷等问题的关键（编者按：在本刊上卷四十六期里，胡适之先生曾有一文介绍这本书）。美国的富强有一个根本的原因，就是交通便利。现在我们要问：中国的交通如要办到美国那种地步，共需多少年？这个问题的答案，也许可以从美国的经济发达史中看得出来。美国在今日，有 25 万里铁路，但在 1830 年就是距今还不到 100 年的时候，美国只有 23 里* 铁路。美国人在 100 年之内可以造 25 万里铁路，中国人在 100 年内做得到否？是在中国人的努力。

---

谈西方之交通的，除火车外，一定要想到轮船。轮船是 1807 年才发明的。第一只横渡大西洋的轮船在 1819 年，距今不过 110 年的光景。美国在这 100 年内惨淡经营，现在船的舱位已有 1 500 万吨，中国人在 100 年内做得到否？又是在中国人的努力。

再次说汽车。汽车是 1894 年*才发明的，距今不过 35 年。美国的汽车在 1900 年不过 4 000 辆，远远低于现在中国的汽车数量。但在 1926 年，美国的汽车数目便增至 1 900 万辆，平均每六人有一辆汽车。他们在 26 年之内有此成绩，中国人能做到否？又是在中国人的努力。

再次说电话。电话是 1876 年才发明的，距今不过 50 余年。美国现在有家庭 2 400 万，同时也有电话 1 100 余万，平均每二家有电话一具。他们在 50 年内有此成绩，中国人能做得到否？又是在中国人的努力。

这样的例，我还可以继续写下去。但最要紧的一点观念，就是西洋文化中的重要部分，除却极少数的例外，余下来的都没有 100 年以上的历史。汽机是最老的，但也到 1765 年才发明。其余如电报发明于 1837 年，海底电报发明于 1850 年，电影发明于 1895 年，飞机发明于 1903 年，无线电是 1895 年便发明的，但第一次传过大西洋的无线电还在 1901 年。西洋的物质文明，我们无不羡慕，其实他们有此种成绩的时期甚短，我们以他们为师，应该在最短的时期内把这种物质文明移植到中国来。

以上说欧美的物质文明，其光荣的历史为期不过 100 余年。我们如分析他们的精神文明，也可以得到类似的结论。欧美各国，在工业革命以前，大多数的人民都是不识字不读书的。国家对于人民负强迫教育的责任，乃是最近的事实。譬如西方的女子教育，我们都把它看为西方精神文明的一特征。但英美女子受高等教育的时期还不到 100 年。英国第一个为女子而设的大学是皇后学院，乃 1848 年才成立。美国第一个开放女禁的学校乃是阿柏林大学，时在 1833 年。又如美国各种学术的发源地乃是大学中的毕业院；毕业院最早成立的为约翰霍布根大学，距今不过 50 余年。在 50 余年前，据支加哥大学已故社会教授司马尔说，美国几无社会科学可言，那时想求高深学问的都要到欧洲去。但这 50 余年内，美国社会科学的发达便一日千里。1925 年出版的新书，关于历史的有 332 种，关于教育的有 239 种，关于社会学的有 505 种。此外，关于其他一切科学艺术的新书还有 6 000 多种。这是他们 50 余年努力的成绩。

离开教育来看政治，全民政治当然是精神文明的一种表现。美国的女子参政权，到 1920 年才有宪法上的保障，这不过是九年前的事。100 年以前的欧洲，除开英国以

---

* 时间疑误，此处保持原貌。——编者注

外，其余的都够不上谈民治。便是英国，政治的权力那时也还在少数人手中，直至1918年普选的目的才算达到。

离开政治来看劳工的时间。工人劳动的时间减少，不致自朝至暮，为面包忙，当然是精神文明的一种表示。现在美国的工人已有大半达到每日只做工八点钟的目的了，这是最近的成就。在1909年，工人中只有8%享得这种福气。在1914年，工人达到这种目的者也不过12%。

精神文明所包括的东西，当然不只教育、政治、劳动时间等等。除开这些东西以外，至少还要包括哲学、文学、家庭组织、民间道德等等。但这些东西，我们很难测量、计算。所以在哲学、文学等事上中国是否落伍，如是落伍则相差又有若干年等问题，我们很难得到一个客观的结论。

根据我们已经说过的话及条举的事实，我们应看清楚中国的文化在那数点上不如欧美诸强国。同时我们还应该牢记，西洋人在文化上所以有此灿烂的成就，全在他们国民过去100年的努力，便是我们所应取法的。我们看清楚我们的缺点，同时又深信这种缺点是可矫正的。有这种信仰，便可生出改造文化、创造文化的力量。青年人如都有这种力量，近则数十年，远则百余年，中国的文明便可与欧美并驾齐驱。

民国十八年 3 月 12 日，金陵大学

［载《生活（上海 1925A）》第 4 卷第 19 期，1929 年］

# 解释中国男多于女的几种假设

中国的人口素少精确的统计，不过关于性的分派方面男多于女，大约没有什么问题。许仕廉先生曾在美国的《社会学与社会研究》杂志中发表一篇论文，说是中国男与女之比为 110：100。克鲁（Crew）在《大英百科全书》第十四版中，说是中国男与女之比为 125：100。乔启明先生在其《中国乡村人口问题之研究》一文中，根据其研究中国 8 处 2 927 农家之结果，得一男与女之比为 113：100。又观陈华寅先生在立法院《统计月报》中所发表之《最近中国之人口统计》，知道江苏、浙江、安徽三省，不但在都市中是男多于女，便是乡村中也有同样之现象。在这三省中，没有一县的人口不是男多于女的。

这种现象与欧洲的情形正是相反。在 1920 年左右，欧洲的国家没有一国不是女多于男的。今将欧洲男女的比例，列表于下[①]：

| 国名 | 女子比男子 100 之数 |
| --- | --- |
| 德意志 | 109 |
| 奥国 | 108 |
| 比利时 | 103 |
| 丹麦 | 105 |
| 西班牙 | 106 |
| 法兰西 | 110 |
| 英吉利 | 109 |
| 希腊 | 101 |

---

① 本文统计材料，多取自《大英百科全书》第十四版。取自他处的，另注标明。

续表

| 国名 | 女子比男子 100 之数 |
|------|------------------|
| 意大利 | 102 |
| 挪威 | 105 |
| 瑞典 | 103 |
| 瑞士 | 107 |

欧洲女多于男的现象，并非在各年龄中皆然。顾静斯基研究丹麦、挪威、瑞典、芬兰、英吉利、法兰西、德意志等国的人口分派，发现那些国家在 20 岁以下的人男多于女，到 20 岁以上才是女多于男。在 25 岁至 45 岁之间，女多于男的现象尤为显著①。这种现象可以用两种原因来说明：第一，男孩出生的数目无论在哪一个国家都比女孩为多。譬如德国，男婴孩比女婴孩 100 之数为 107，英法二国为 105，瑞典为 106，挪威为 105，希腊最高，为 116。男孩出生之多，是使低年龄中男多于女的主要原因。但是男子的天然抵抗力每较女子为弱，所以婴儿死亡率也是男子比女子高。

根据 1911 年至 1915 年的统计，男婴死亡率与女婴死亡率之比在英国为 119∶100，在美国为 120∶100，在日本为 125∶100。男子死亡率比女子死亡率为高，不但在婴孩时代为然，便是在别的年龄中也是一样的。这固然是由于男子抵抗力较弱，但是男子所遇的危险较女子为多也是加增男子死亡率的一个重要原因。

今将 1920—1922 年欧洲各国男女死亡率比较如下：

| 国名 | 男死亡率（‰） | 女死亡率（‰） |
|------|------------|------------|
| 英吉利与威尔士 | 13.3 | 11.6 |
| 比利时 | 14.6 | 13.5 |
| 丹麦 | 11.8 | 11.8 |
| 芬兰 | 15.7 | 14.2 |
| 德意志 | 15.4 | 14.0 |
| 意大利 | 17.6 | 16.6 |
| 荷兰 | 11.7 | 11.5 |
| 挪威 | 12.4 | 11.8 |
| 瑞典 | 12.8 | 12.9 |
| 瑞士 | 13.7 | 13.5 |

① Kuczynski, R. R., "The World Population", *Foreign Affairs*, 7 (1928), pp. 30 - 40.

以上欧洲诸国，除瑞典及丹麦外，男的死亡率都比女的死亡率为高。丹麦男女的死亡率相等，瑞典女的死亡率也高得有限。因为男的死亡率比女的死亡率高，所以欧洲各国在 20 岁以上的，每有女多于男的现象。

中国男多于女，不但在 20 岁以下为然，便是 20 岁以上 50 岁以下大约也是男多于女。乔启明先生的统计，是 60 岁以下都是男多于女，至 60 岁以上才是女多于男。在他所调查的范围之中，80 岁以上的，男的只有 14 个，女的却有 29 个，女的比男的多一倍有奇，此点又与西方的情形相吻合。

我们现在要问，为什么中国在 50 岁或 60 岁以下的人都是男多于女呢？为什么中国的情形与欧洲不同呢？

关于这些问题，我们现在还无材料可以回答，但是我们可以根据欧美以及日本等国的情形提出几种假设来解释这种现象。这些假设不过是将来研究的出发点，其可靠与否须待将来搜集事实来证明。

我们的第一种假设，就是中国人的乡居大约与中国的男多于女一现象有关。根据欧美的统计，乡居者所生的子女，男多于女的程度较城居者为深，今比较如下：

| 国名 | 日期 | 婴儿出生数目 | 城市中男婴与 1 000 女婴之比 | 乡村中男婴与 1 000 女婴之比 |
|---|---|---|---|---|
| 英吉利与威尔士 | 1911—1915 | 4 300 000 | 1 038 | 1 043 |
| 爱尔兰 | 1906—1914 | 600 000 | 1 048 | 1 052 |
| 奥国 | 1904—1910 | 2 800 000 | 1 057 | 1 062 |
| 荷兰 | 1911—1915 | 850 000 | 1 045 | 1 055 |
| 美国 | 1915 | 800 000 | 1 054 | 1 058 |

中国到近年来才走上工业革命的路，所以人民还是居在乡下的多。中国人口满 10 万的都市，据《中国年鉴》第一回主要都市人口表，只有 44 个。美国的人口不过中国的 1/4，但据 1920 年的统计，美国人口满 10 万的都市共有 68 个[1]。欧洲人口满 10 万的都市在 1800 年不过 23 个，1900 年增至 146 个，1920 年竟达 202 个[2]。所以欧美的都市化比较中国要深得多，今将 1926 年各国人口住于 10 万以上之都市中的百分数，列表如下[3]：

---

[1] Whipple, G. C., *Vital Statistics*, pp. 171a – 171c.

[2] Sorokin and Zimmerman, *Principles of Rural-Urban Sociology*，p. 526. 此书著者论都市化与男女分派问题的关系，与本文略有出入，看原书第 549 页至 553 页。

[3] 此表取自葛逊德（Carr-Saunders）在《大英百科全书》中讲人口之论文。亨丁顿（Huntington）关于此点的统计，与葛逊德略异，见 Davis and Barnes, *Introduction to Sociology*，p. 287.

| 国名 | 人口住于 10 万以上都市中的百分数 |
| --- | --- |
| 埃及 | 12.2 |
| 英吉利与威尔士 | 39.1 |
| 日本 | 14.6 |
| 意大利 | 14.5 |
| 德意志 | 26.6 |
| 法兰西 | 15.5 |
| 印度 | 3.6 |
| 中国 | 4.5 |
| 俄罗斯 | 5.2 |
| 加拿大 | 17.7 |
| 澳大利亚 | 45.5 |
| 美国 | 26.5 |

上表可以证明，中国人口住于乡下的占大多数。假如住在乡下的比住在都市中的生子多男，那么中国人的乡居可以说是造成中国男多于女的一个原因。

我们的第二种假设，就是中国人的早婚大约与中国的男多于女一现象有关。早婚与男女分派问题有两层关系：第一，早婚的夫妻生男较生女为多，这是有统计可以证明的。据英国孟彻斯特（Manchester）医院的报告，母亲年龄在 15 岁左右的，所生子女中男婴与女婴之比例为 163∶100；在 20 岁左右，所生婴孩男女之比例为 120∶100；在 30 岁左右，比例为 112∶100；至 40 岁左右，比例为 91∶100。[1]

我们都知道妻子年龄小的，丈夫的年龄大约也小，所以年轻夫妻比较易于得男。中国人的结婚年龄，素无统计。我们根据平日的观察及少数的研究，知道中国人的平均结婚年龄比较欧美的人要低得多。李景汉先生在甄家营调查的 100 个男子中，在 11 岁娶妻的有 3 人，15 岁以下结婚的占 25％；15 岁和 16 岁结婚的占 26％；17 岁至 20 岁结婚的占 29％；21 岁至 24 岁结婚的占 20％。所调查的 146 个妇女中：12 岁出嫁的有 4 人，15 岁以下出嫁的占 22％；15 岁和 16 岁出嫁的为最多，占 43％；自 17 岁至 20 岁出嫁的占 33.5％；自 21 岁至 24 岁出嫁的仅两位，占 1％。[2] 我们如把中国这个村庄的婚嫁情形与美国比较，就可发见很大的差异。甄家营结婚的人都在 25 岁以下。别处的情形也许没有甄家营那样极端，但在 25 岁左右的人，大多数大约都已结婚。美

① Hankins，F. H.，*An Introduction to the Society*，p. 240.
② 李景汉，《京兆农村的状况》，载《现代评论》卷三，1926，第 365 页。

国的情形，与此大异。根据 1920 年的统计，在 15 岁至 19 岁结婚的，只占该年龄人口的 1.6%；在 20 岁至 24 岁结婚的，只占该年龄人口的 10.3%。① 又据韦司托马克的统计，意大利男子的平均结婚年龄为 27.2 岁，女子为 23.6 岁；德意志男为 27.4 岁，女为 24.7 岁；英吉利男为 27.4 岁，女为 25.7 岁；苏格兰男为 27.8 岁，女为 25.8 岁；法兰西男为 28.0 岁，女为 23.7 岁；瑞典男为 28.8 岁，女为 26.2 岁。② 假如结婚早的人便易于得男，那么中国人的早婚可以说是造成中国男多于女的第二个原因。

早婚对于男女的分派上还有一层影响，便是加增女子的死亡率。印度判查布省（Punjab）的人口报告中，说是该省中凡是早婚的地方，12 岁至 15 岁的女子比较同年龄的男子要少得多。调查的结果，发见女子早婚的，许多人死于肺痨及别种呼吸器官的病。因子宫病而死的，也是很多。③ 中国盛行早婚的地方，恐怕也难逃这种生理的结果。

我们的第三种假设，就是中国溺女之习大约与中国男多于女一现象有关。一年中所生的婴孩，已是男的比女的为多，再加以溺女之习，男婴的数目便更多了。溺女的习惯是各地都有的，可惜没有精确的统计，告诉我们一年内女孩死于此的共有多少。

我们的第四种假设，就是中国重男轻女的态度大约与中国男多于女一现象有关。欧洲女子的死亡率较男子为低，一是因为女子的天然抵抗力强，二是因为做父母的对于子女的待遇并无歧视。假如欧洲做父母的，也像中国人这样重男轻女，那么欧洲女子的死亡率不会比男子为低，也许比男子还要高呢。日本人与中国人相仿佛，也有重男轻女之习，所以日本女子的死亡率，普通便比男子为高。自 1 岁至 19 岁男子死亡率与女子死亡率之比例为 88：100；自 20 岁至 39 岁，男女死亡率之比例为 81：100。欧美的情形与此大异，我们在上面已经提及了。这种差异，固不能以重男轻女的态度为唯一的原因来解释，但这种态度至少要负一部分的责任。每见中国农家父母，对于女儿，每目为"赔钱货"，偶有疾病，亦不大怜惜，不肯为之延医。对于儿子，则视为将来生利之源，一有病痛，便尽心照料，并为延医治理。所以在一个家庭中，男女的环境是不一样的。生病时不同的待遇不过是一个例，其他重男轻女的行为不胜枚举。待遇既不相同，死亡率自有差异了。假如女子不是本来身体坚强，恐怕死亡率还要加许多呢。

以上提出来的四种假设：乡居，早婚，溺女，重男轻女的态度，并不能说是把中

---

① Groves and Ogburn, *American Marriage and Family Relationships*, p. 180.
② Westermarck, E., *A Short History of Marriage*, p. 48.
③ Duncan, H. G., *Race and Population Problems*, p. 299.

国男多于女一现象的元素都说尽了。除了这些元素之外，还有一些元素与男女分派一问题也是有关系的，但此种关系的性质因统计材料不完备之故不易明了。譬如战争，有许多统计可以证明在战时及战后，婴儿中男女的比例较平日为高。譬如英国自 1906 年至 1914 年男女婴儿的比例为 1 039：1 000，1915 年至 1919 年比例为 1 048：1 000，1921 年至 1925 年比例为 1 047：1 000。战中及战后，男孩的出世较多，但战争中死亡的是男子居多数。欧洲这次大战，男子死亡的约 1 000 万人。

男孩的出世虽多，但能够补偿战场上的损失吗？所以战争对于男女分派问题的关系，不容易看得清楚。因为如此，所以我们对于太平天国运动及民国以来的战争，对于性的分派之影响难下断语。

还有通婚与性的分派之关系，研究的结果并不一致。有人说与异族结婚，多生男子；有人说与异族结婚，多生女子。中国人因为交通不便，夫妻多属同乡，南方人与北方人结婚的比较不多见。这种情形与中国男多于女是否有关系呢，现在也难下断语。

总之，中国人男多于女是一种变态，与社会上许多现象都是有关系的。留心社会问题的人，对于此点应当加以研究。

民国十九年 3 月 16 日，金陵大学

（载《社会学刊》第 1 卷第 4 期，1930 年）

# 都市中的生与死

　　都市中的生产率与死亡率与乡村中的情形是否相同，乃是研究都市社会者所常注意的问题。在这一篇文章里，我们要先研究都市中的生产率，然后研究都市中的死亡率。材料的来源，完全是欧洲与美国。中国都市中的情形是否与本篇中所述的一律，因无统计，不敢断言。不过欧美的情形，很可供研究中国都市者的参考，那是大家都承认的。

## （一）

　　我们如看一下欧美的统计，便会发现欧美都市中的生产率较乡村中的生产率为低，今以德国为例：

| 地方 | 1894 年至 1897 年之生产率（‰） |
| --- | --- |
| 柏林 | 16.9 |
| 大都市（除柏林） | 23.5 |
| 2 万人至 10 万人之市镇 | 25.7 |
| 2 万人以下之市镇 | 25.9 |
| 乡村 | 29.0 |

　　在这个统计里，我们最要注意的，就是德国最大的都市，生产率在德国最低，每 1 000 人中只生 16.9 人；乡村的生产率最高，每 1 000 人中要生 29 人。换句话说，乡村中每 1 000 人要比柏林每 1 000 人多生小孩约 12 个。

次看法国的统计。

| 地方中农民的百分数 | 1904 年至 1906 年之生产率（‰） |
| --- | --- |
| 70%以上 | 30.2 |
| 55%～70% | 26.6 |
| 45%～55% | 24.9 |
| 30%～45% | 23.8 |
| 10%～30% | 23.7 |
| 10%以下 | 21.5 |

我们都知道，农民最多的地方是乡村。一个地方越是都市化，农民的成分越少。上表指示我们，凡是农民越少的地方，生产率亦越低。可见都市中生产率之低，德法是一致的。

再看美国。根据 1920 年的统计，在城市中，每 1 000 个在生育期内的女子平均共有在 5 岁以下的子女 392 人；而在乡村中，同样的女子便有在 5 岁以下的子女 581 人。别的国家的情形与此相似，不必重述。

生产率是受年龄分配之影响的。譬如在甲地中的人口，幼童与老人占多数；在乙地中，壮年人居多数。那么假如没有别的影响，乙地中的生产率应较甲地为高，因为幼童与老人在生育上是没有什么贡献的。我们现在要问，都市中生产率之低是否因为壮年人少而幼童与老人多呢？为回答这个问题起见，我们把美国都市及乡村中 15 岁以上的人口，按其年龄分配如下，看看在每组中所占的百分数，乡村与都市是否一律。

| 年龄组 | 都市（%） | 乡村（%） |
| --- | --- | --- |
| 15～19 岁 | 11.3 | 15.2 |
| 20～24 岁 | 13.0 | 12.7 |
| 25～34 岁 | 25.6 | 21.7 |
| 35～44 岁 | 20.5 | 18.5 |
| 45～64 岁 | 23.5 | 23.8 |
| 65 岁以上 | 5.9 | 7.9 |

观上表可知，美国都市中自 15 岁至 19 岁的较乡间为少，自 20 岁至 44 岁的较乡间为多，45 岁以上的又较乡间为少。自 20 岁至 44 岁，无论男女均在生育期间，都市中在此年龄组内的人既多，生产率应较乡村中为高，为什么反较低呢？

所以从年龄的分配上，我们看不出都市中生产率低下的原因。

生产率不但受年龄分配的影响，也受两性分配的影响。假如甲地中在生育期内的女子较乙地为多，那么假如没有别的影响，甲地中的生产率应较乙地为高。中国的都市中男多于女，所以在生育期中的女子大约乡村较都市为多。但在欧美则不然。欧美的都市中，每有女多于男的现象。即以美国而论，白种女子自 15 岁至 44 岁的，在都市中要占 25.4％，而在乡村中同样的女子只占 21.2％。黑种女子自 15 岁至 44 岁的，在都市中要占 31％，在乡村中只占 22.5％。都市中在生育期内的女子既较乡村中为高，那么都市中的生产率应较乡村中为高，为什么反较低呢？

所以从两性的分配上，我们看不出欧美都市中生产率低下的原因。

从别的方面，我们可以看出，都市中的生产率所以不如乡村至少有下列几种原因。

第一，都市中生产率所以低下，由于结婚者的百分数较乡村中为低。根据美国 1920 年的统计，15 岁以上的男子在都市中已结婚的占 58.9％，在乡村中已结婚的占 59.5％，15 岁以上的女子在都市中已结婚的占 57.6％，在乡村中已结婚的占 64.3％。所以无论男女，已结婚的，总是在都市中少，在乡村中多。何姆士（Holmes）教授曾做一统计，比较美国 28 个大都市与全国已结婚者的百分数，发现在 28 个大都市中，男子已结婚者占 59％，女子已结婚者占 58.8％。在全国，男子已结婚者占 63.8％，女子已结婚者占 66.3％。都市中结婚者既少，所生的小孩自然不如乡村中的多。

第二，都市生产率所以低下，由于迟婚。都市中不但不结婚的人多，便是那些已结婚的，其结婚年龄也较乡间为迟。今以美国的统计为证：

| 年龄组 | 都市中已婚者的百分数 | 乡村中已婚者的百分数 |
| --- | --- | --- |
| 男子（15～19 岁） | 1.7 | 2.4 |
| 女子（15～19 岁） | 10.4 | 14.5 |
| 男子（20～24 岁） | 25.8 | 31.1 |
| 女子（20～24 岁） | 47.6 | 58.4 |

观上表可知，无论男女，生于乡村中的多早婚，生于都市中的多迟婚。都市中的人，在可以生育的期内因迟婚而未生育，所以生产率便降低了。

第三，都市中生产率降低，由于生梅毒者之多。近来研究不生育问题的人公认已经结婚的男女，其不生育的在 10％以上。这 10％以上的人，其不生育之故，当然是很复杂的。有的是可以生育的，不过他们不愿生育，便利用生育制裁的方法以达到目的。但也有好些男女是愿意生育而不能生育的。其所以不能生育，一半是因为梅毒，生梅毒的人总是都市中比乡村中多。据德国 1903 年至 1905 年检查新兵的终果，知道新兵从都市中来的，患梅毒者较多，如下表：

| 新兵来源 | 每万人中患梅毒者之数 |
|---|---|
| 柏林 | 413 |
| 27 个 10 万人以上的都市 | 158 |
| 26 个 5 万至 10 万人的市镇 | 102 |
| 23 个 2 万 5 000 人至 5 万人的市镇 | 80 |
| 小城及乡村 | 24 |

别的国家的统计，与此相似。都市中生梅毒的人既多，能生育的人便减少，生产率同时也受影响了。

第四，都市中生产率之低，由于打胎者之多。打胎的数目，自然难得到精确的统计。但据许多人的估计，打胎的人是都市中多。在巴黎的打胎数目，有统计可考的，每年约在 2 万，暗地打胎的大约还有二三倍。流派奇（Lepage）说是巴黎每年打胎的数目与小孩出生的数目大略相等。大约在都市中，因为社会约束的势力达不到男女的私德范围，所以男女私通的事在都市中定较乡间为多。私通之后，如暗结珠胎，便要走到打胎的路上去。此外也有已结婚之女子，因为在都市中子女的担负太大，所以自量经济能力不能教养再多的子女时，如发现有孕，便去打胎。还有许多已结婚的女子，因为有子女，便不能不牺牲在家庭以外的活动或保存其少年的美丽，所以一经怀孕，就去打胎。这种女子，大约都市中多于乡村。打胎的数目既多，生育的数目便随之减少了。

第五，都市中生产率之低，由于实行生育制裁者之多。关于这点，并无统计可凭，所以这种结论，乃是推测而得的。都市中有子女之累，较重于乡村。在乡村中，子女在八九岁以后便可做点生利的事业。但在都市中，因为禁止童工，所以未成年的子女每不能从事生产，为父母分经济的担负。英国皮尔生（Pearson）曾研究纺织业工人的生产率，说是此业中的工人以前生产率是很高的，现在却降低了。此种现象与英国近来禁止童工入纺织工厂的法律有密切的关系。因为这种法律，纺织劳工的子女便不是生利的，而是分利的；不是入款的来源，乃是累赘的担负了。都市中的子女，不但不能如乡村中的子女为父母生利，就是他们对于父母进款上的消耗也较乡村中的子女为厉害。最要的原因，是都市中的生活费高。由此两点看来，都市中一般人民对于生育制裁的需要自较乡村中人民为急。加以都市中关于生育制裁的知识及方法较乡村中为易于获得，所以都市中的人民便以生育制裁的方法来满足他们减少子女的需要了。哈佛大学的易司特教授，曾谓近代欧美诸国生产率之所以降低，最要的原因是生育制裁，在各项原因之中，其势力要占 85％至 90％。我们虽然不能以数目字来表示生育制裁，但其在上述五项原因中所占地位之重要是无疑的。

# （二）

欧美的都市，不但是生产率较乡村为低，便是死亡率也较乡村为高。今以美国的情形为例。

| 时期 | 都市死亡率（‰） | 乡村死亡率（‰） |
| --- | --- | --- |
| 1920 | 14.2 | 11.9 |
| 1921 | 12.4 | 10.9 |
| 1922 | 12.7 | 11.0 |
| 1923 | 13.2 | 11.5 |
| 1924 | 12.8 | 10.9 |
| 1925 | 13.0 | 10.7 |
| 1926 | 13.4 | 11.1 |
| 1927 | 12.5 | 10.4 |

美国平均的情形，可以说是都市中的死亡率高于乡村。可是我们分析各个都市中的死亡率，每每发现有些都市中的死亡率反较乡村为低。譬如在 1911 年，纽约的死亡率是 15.3‰，而纽约州其余的地方死亡率反是 16‰。又如 1910 年，巴黎的死亡率为 16.7‰，而法国全国的死亡率反是 17.9‰。同年柏林的死亡率是 14.7‰，而德国全国的死亡率反是 16.2‰。其余类此的例，不胜枚举。

以上这些例子，粗看去似乎证明我们上面所说的话错了，其实不然。我们这儿所引用的死亡率乃是粗的死亡率（crude death rate），并不能表示出真的情形来，因为粗的死亡率是受年龄分配之影响的。假如甲地多壮丁，而乙地多幼童及老人，那么即使乙地的卫生较之甲地为讲究，乙地的死亡率还是会比甲地高。一个人在不同的年龄内死亡的危险是不一样的，请以英国 1926 年的情形为例。

| 年龄组 | 死亡率（‰） | 年龄组 | 死亡率（‰） |
| --- | --- | --- | --- |
| 5 岁以下 | 21.1 | 35～45 岁 | 5.3 |
| 5～10 岁 | 2.4 | 45～55 岁 | 9.5 |
| 10～15 岁 | 1.5 | 55～65 岁 | 20.2 |
| 15～20 岁 | 2.4 | 65～75 岁 | 49.7 |
| 20～25 岁 | 3.0 | 75～85 岁 | 117.7 |
| 25～35 岁 | 3.5 | 85 岁以上 | 263.4 |

大概各国的情形都是一样的，幼童与老人的死亡率总比壮丁为高。在都市中，幼童与老人所占的成分总比乡村中为低，上面已说过了，今再以德国的情形为例：

| 年龄组 | 都市（每 1 000 人） | 德国其余地方（每 1 000 人） |
| --- | --- | --- |
| 16 岁以下 | 305 | 380 |
| 16～30 岁 | 301 | 234 |
| 30～50 岁 | 264 | 226 |
| 50～70 岁 | 111 | 131 |
| 70 岁以上 | 19 | 29 |

因为都市与乡村的年龄分配不同，所以我们比较两地的死亡情形不能以粗的死亡率为标准。

假如用别的标准来量两地的死亡情形，就可以看出都市中的死亡率总是比乡村中高的。上面我们已经说过，如以粗的死亡率为标准，纽约城的死亡率为 15.3‰，而纽约州其余的地方死亡率为 16‰。假如我们不算粗的死亡率，而算标准死亡率（standardized death rate），结果便大不同。在 1911 年，纽约城的标准死亡率是 17.3‰，而纽约州其余的地方标准死亡率乃是 14.1‰。算标准死亡率时，是假定两个地方的年龄分配是一样的，所以结果比较能露出两个地方的真面目来。纽约城的死亡率用这种法子去分析，结果便比纽约州其余的地方都高了。

美国都市人寿保险公司的统计专家杜柏林（Dublin）曾根据 9 万 4 269 个保寿险公司的人的历史来解决一个问题。那个问题便是：哪种职业中的人，寿命最长？他的结论是：那 9 万余人的平均死亡年龄为 47.9 岁，9 万多人中的农夫平均死亡年龄为 58.5 岁，所以农夫的寿命比别种职业中人的总平均要高 10 岁以上。又据意大利 1913 年的统计，凡过了 25 岁再死的人，在别种职业中每 100 个死者只有 57 个是死在 65 岁以后的，而在农夫中每 100 个死者却有 63 个是死在 65 岁以后的。农夫是以乡村中为多，由此可见，都市中之长寿者远不如乡村中之众。

现在，我们要研究为什么都市中的死亡率比乡村中为高。

第一，都市中的死亡率所以高，系因母亲对于婴儿的照料平均不如乡村中的母亲。美国历年来都市中的婴儿死亡率总比乡村中为高，请以 1919 年至 1924 年的情形为例：

| 时期 | 都市的婴儿死亡率（‰） | 乡村的婴儿死亡率（‰） |
| --- | --- | --- |
| 1919 | 89 | 84 |
| 1920 | 91 | 81 |

续表

| 时期 | 都市的婴儿死亡率（‰） | 乡村的婴儿死亡率（‰） |
|---|---|---|
| 1921 | 78 | 74 |
| 1922 | 80 | 72 |
| 1923 | 78 | 76 |
| 1924 | 72 | 69 |

都市中的母亲有许多因为贫困，非入工厂做工不可。她在做工的时候，便无法照料子女，结果子女的死亡率便增加。赖德（Reid）曾研究过英国六个陶器市镇中婴儿死亡率的情形，得到一种结论，就是凡母亲在外做工的，其婴儿每 1 000 人中要死 209 个，那些不出外做工的所生婴儿 1 000 人中只死 146 个。修洛浦（Dunlop）曾研究过 5 458 个做工的母亲，发现她们的婴儿有 24％是死亡的；同时他又研究 5 458 个不做工的母亲，发现她们的婴儿只有 14.8％死亡的。母亲外出做工，把子女托给别人或托人以他种乳汁喂其婴儿一类的事在都市中颇多，而在乡间不多见，这是乡村间婴儿死亡率低于都市中的原因。婴儿死亡率既低，总的死亡率自然也受影响而下落。

第二，都市中死亡率所以高，系因许多疾病在都市中流行甚于乡间。我们上面已经提过，花柳病在都市中比在乡间流行。都市中生肺病的人也较乡间为多，美国都市中肺病死亡率与乡村中肺病死亡率之比为 100∶70。都市中的人多在室内工作，空气不清洁，食物缺少滋养料，为易得肺病的主要原因。又如，饮酒过度而死的人也是都市中比乡村中为多。在 1923 年，美国都市每 10 万人中因饮酒过度而死亡者有 4.6 人，而乡村中则只有 2 人。死于心脏病及血管病的也是都市高于乡村。自 1921 年至 1923 年，意大利 18 个大都市每 10 万人中死于血管病的有 5.1 人，意大利全国死于此症的平均只有 3 人。又如，癌肿是难于医治的病，都市中人死于此症的也较乡村中为多。1923 年，美国都市每 10 万人中死于癌肿的有 106.9 人，而在乡村每 10 万人中只有 73.5 人死于此病。此外也有许多疾病，在乡村中流行甚于都市，但比较地不算重要。

第三，都市中死亡率所以高，系因都市中已结婚者不如乡间之多。在同样的年龄组内，已结婚者较之未结婚者为平安。观纽约 1909 年至 1911 年已结婚者与未结婚者之死亡率比较表便知。

| 年龄组 | 男未婚者死亡率（‰） | 男已婚者死亡率（‰） | 女未婚者死亡率（‰） | 女已婚者死亡率（‰） |
|---|---|---|---|---|
| 20～29 岁 | 6.6 | 4.2 | 4.7 | 5.7 |
| 30～39 岁 | 12.9 | 5.9 | 7.4 | 6.3 |
| 40～49 岁 | 19.5 | 9.5 | 10.0 | 8.2 |

续表

| 年龄组 | 男未婚者死亡率（‰） | 男已婚者死亡率（‰） | 女未婚者死亡率（‰） | 女已婚者死亡率（‰） |
|---|---|---|---|---|
| 50～59 岁 | 28.7 | 17.0 | 19.9 | 14.5 |
| 60～69 岁 | 51.0 | 31.9 | 37.1 | 28.1 |
| 70～79 岁 | 101.4 | 72.7 | 82.2 | 61.4 |
| 80 岁以上 | 204.2 | 205.1 | 279.8 | 194.8 |

观上表可知，男子除 80 岁以上，女子除 20 岁至 29 岁不计外，死亡的危险都是未婚的多。都市中未婚者既多，死亡率自然增加起来了。

第四，都市中死亡率所以高，系因都市中自杀者较乡村为多。1920 年，柏林每 10 万人中有 75.1 人自杀，全德国每 10 万人中只有 21.7 人自杀。1911 年至 1914 年，伦敦每 10 万人中有 10.1 人自杀，英国之乡间每 10 万人中只有 8.8 人自杀。1923 年，美国之都市每 10 万人中有 14.2 人自杀，乡间每 10 万人中只有 9.3 人自杀。1896 年至 1910 年，法国都市每 10 万人中有 27 人自杀，乡间每 10 万人中只有 18 人自杀。1921 年至 1923 年，意大利 10 万人以上之都市每 10 万人中有 18 人自杀，意大利全国每 10 万人中只有 8 人自杀。都市中的人何以有许多趋于自杀一途，那是另一问题，不能在此详细讨论。不过都市中自杀的人既多于乡村，死亡率自然也就提高了。

第五，都市中死亡率所以高，系由死于非命者较乡村中为多。我们可以随便举几个例。譬如汽车通行之后，死于车轮之下的不知多少，而这种人以在都市中为多。1927 年，纽约城给汽车撞死的人共 1 099 个，平均每天要撞死 3 个人。同年，支加哥汽车撞死的人共 787 个，平均每天要撞死两人以上。乡间虽也有死于汽车之下的，但没有都市中那样多。今将 1921 年至 1927 年美国都市及乡村中每 10 万人死于汽车之下的数目作一比较如下：

| 时期 | 都市（每 10 万人） | 乡村（每 10 万人） |
|---|---|---|
| 1921 | 15.3 | 7.6 |
| 1922 | 16.9 | 8.4 |
| 1923 | 19.6 | 10.4 |
| 1924 | 20.6 | 11.1 |
| 1925 | 22.4 | 12.1 |
| 1926 | 22.8 | 13.4 |
| 1927 | 24.6 | 14.9 |

都市中每年被人暗杀或被人无故杀死的数目也多于乡间。今将美国每 10 万人中被

杀的数目，分为都市与乡村两项，列表如下：

| 时期 | 都市（每 10 万人） | 乡村（每 10 万人） |
|---|---|---|
| 1900 | 3.4 | 1.2 |
| 1910 | 8.0 | 3.9 |
| 1920 | 8.4 | 4.2 |
| 1924 | 10.9 | 5.1 |
| 1925 | 11.2 | 5.0 |
| 1926 | 10.7 | 5.1 |
| 1927 | 10.7 | 5.0 |

此外，都市中的工人因在工厂中做工受伤而死的，也比乡村中的农夫因做工受伤而死的为多。所以在都市中的人，生命的危险实较乡村中的人为大。

## （三）

总括以上的讨论，我们可以说，都市中的生产率较乡村中为低，而死亡率反较乡村中为高。都市中生产率所以低于乡村，原因有五：（1）都市中结婚者的百分数较乡村中为低。（2）都市中的人较乡村中的人迟婚。（3）都市中生梅毒者较乡村中为多。（4）都市中打胎的人较乡村中为多。（5）都市中实行生育制裁的较乡村中为多。都市中死亡率所以高于乡村，原因有五：（1）都市中母亲对于婴儿的照料平均远不如乡村中的母亲。（2）许多疾病在都市中流行甚于乡间。（3）都市中已结婚者不如乡间之多。（4）都市中自杀的人多于乡间。（5）都市中死于非命的较乡间为多。以上这些原因，当然不能把都市中生与死的现象解释完备，但最要的原因大约已尽于此了。

## 本文考书举要

Duncan，H. G.，*Race and Population Problems*，1929.

Dublin，L. I.（Editor），*Population Problems in the United States and Canada*，1926.

Groves，E. R. and Ogburn，W. F.，*American Marriage and Family Relationships*，

1928.

Holmes，S. J. ，*The Trend of the Race*，1921.

Sorokin，P. and Zimmerman，C. C. ，*Principles of Rural-Urban Sociology*，1929.

U. S. Department of Commerce，*Statistical Abstract of the United States*，1929.

Whipple，G. C. ，*Vital Statistics*，1923.

（载《国立中央大学半月刊》第 1 卷第 14 期，1930 年）

# 中国农民的生活程度与农场

## （一）中美农民生活程度之差异

近来研究生活程度的人，每以家庭的零用账为原料。每个家庭的零用都可归纳作五项：一食品，二衣服，三房租，四燃料，五杂项。我们参考许多生活程度的研究可以发现一条原则，就是凡入款愈多的，其出款的百分数花在前四项上面的亦愈低。换句话说，入款愈多的人，其出款的百分数花在末一项上面的亦愈高。我们根据这一条原则，便可来判定一个家庭的生活程度之高低。假如有一个家庭，以一年的辛苦所得不过能解决衣、食、住的问题，而别种生活如教育、旅行、娱乐等等，都不能享受，这种家庭的生活程度一定是很低的。这种生活都是我们所不愿过的，因为它的状况与下等动物差不多。假如我们以一年的劳力所得，除却应付全家人口衣、食、住等必需的款项而外，还有储蓄，还有余资去购买书报，办置优美的家具，听音乐，看电影，坐汽车出外旅行，邀集朋友宴饮，捐助资财于公益事业，那么这种生活便非下等动物所能比拟了。这才是我们所愿意过的生活，因为这是人的生活，有趣味的生活。

中国农民的生活程度，属于上面的哪一类呢？他们的生活程度是低呢还是高呢？欲解决这个问题，最好拿别一国的情形来比较，因为不比较很难看出高低来。我们现在就拿美国农民的情形来与中国比较罢。

这儿所举中国的农民生活程度的两个研究，一个是金陵大学农科的，包括中国七省 13 处 2 370 个农家的生活情形；一个是李景汉的，包括北平郊外挂甲屯农户 100 家的情形。美国的农民生活程度的两个研究，一个包括美国东部 402 家的情形，一个包括美国南部 861 家的情形。现在我们把这四个研究的答案，列表于下：

| 生活项目 | 研究地点 | | | |
|---|---|---|---|---|
| | 美国东部（%） | 美国南部（%） | 中国七省（%） | 北平郊外（%） |
| 食品 | 39.5 | 44.0 | 58.9 | 64.3 |
| 衣服 | 13.7 | 17.7 | 7.3 | 7.7 |
| 房租 | 11.6 | 9.7 | 5.3 | 4.4 |
| 燃料 | 7.4 | 3.7 | 12.3 | 7.9 |
| 杂项 | 27.8 | 24.9 | 16.2 | 15.7 |

　　我们对于上表所要注意的一点，便是美国的农民每年出款用在杂项上面的占 25％左右，而中国农民出款用在杂项上面的只占 15％ 左右。假如用钱来计算，这种差异格外明显。美国东部的农民出款用在杂项上面的，计美金 559.33 元；美国南部的农民出款用在杂项上面的，计美金 357.56 元。中国七省 13 处的农户每年平均只有 38.08 元用在杂项上面；北平郊外的农户用在杂项上面的钱更少，每年平均只有 25.72 元。从这些数目字上面，我们便可看出中美两国农民生活程度的高低了。

　　假如一家农民，每年只有二三十元用在生活的必需品之外，如教育、娱乐、交际、旅行等等上面，这一家人的生活不舒服到什么样子，可以不言而喻了。

　　但是每年有四五百美金用在杂项上面的农家，其生活与中国之农民，便有天渊之隔。上面我所举的统计也许太抽象了，我们最好跑到美国农民的家中去参观一下，看看他们家中的布置与我国农民家中的布置有何不同之点。

　　我们先看美国东部 402 家农户的家庭罢。这 402 家有 295 家是自耕农，有 107 家是佃户。我们看看这些家庭中有些什么东西罢。

| 家庭设备 | 自耕农 295 家有此种设备的 | 百分数 | 佃户 107 家有此种设备的 | 百分数 |
|---|---|---|---|---|
| 自来水 | 42 | 14.2 | 10 | 9.3 |
| 浴室 | 48 | 16.3 | 13 | 12.1 |
| 屋内便室 | 47 | 15.9 | 18 | 16.8 |
| 电灯 | 27 | 9.2 | 11 | 10.3 |
| 煤气灯 | 55 | 18.6 | 8 | 7.5 |
| 洗衣机 | 50 | 16.9 | 19 | 17.8 |
| 电或煤气熨斗 | 39 | 13.2 | 14 | 13.1 |
| 吸灰机 | 74 | 25.1 | 27 | 25.2 |
| 温暖设备 | 123 | 41.7 | 30 | 28.0 |
| 电话 | 199 | 67.5 | 73 | 68.2 |

续表

| 家庭设备 | 自耕农 295 家<br>有此种设备的 | 百分数 | 佃户 107 家<br>有此种设备的 | 百分数 |
|---|---|---|---|---|
| 钢琴 | 166 | 56.3 | 50 | 46.7 |
| 汽车 | 228 | 77.3 | 76 | 71.0 |
| 家中的房屋（平均数） | 8.9 | | 8.5 | |
| 书籍（平均数） | 72.8 | | 64.4 | |
| 报纸（平均数） | 1.0 | | 1.0 | |
| 杂志（平均数） | 2.4 | | 2.2 | |

上面所列的这些设备，不但中国的农民办不起，就是中国的上流阶级也没有多少能与美国的农民比拟的。美国的佃户照这个表上所列的，有 68.2％的家庭有电话，46.7％的家庭有钢琴，71％的家庭有汽车，而且平均每家订报 1 份，杂志 2 份以上。这个研究是 1921 年举行的，近来有人研究爱乌华州（在美国的中部）212 家自耕农、239 家佃户，发现自耕农有 92.9％有汽车，而佃户之有汽车的亦达 89.1％。这个研究还举了两种新的设备，为上表中所无的。一样是留声机器，自耕农有此的约占50.5％，佃户有此的约占 35.6％。一样是照相机，自耕农有此的达 45.3％，佃户有此的达 38.9％。

# （二）差异之主要原因

中美两国农民生活程度之差异，从上面的统计中我们可以得到一个大概的观念了。现在我们要研究的，就是中美两国农民的生活程度何以有此差异。关于这点，原因当然是复杂的。譬如中国的教育不发达，美国的教育则很普遍；中国的交通不方便，美国的交通则极便利；中国的农业只知墨守成法，美国的农业已受过科学的洗礼；中国农产品的销售方法未改良，农民处处受中间人的剥削，美国的农民多采用贩卖合作，使商人不得从中渔利；中国的农民日受苛捐杂税的压迫，美国的农民便没有这种重担。凡此种种，以及我还没有举出来的许多原因，都与中美农民生活程度的差异有关系。不过在这许多原因之中，我认为最要紧的一个乃是两国农场面积的差异。我们都知道，农民入款的主要来源便是农作物，而农作物的多少每视农场大小为转移。农场小的农户，即使在每亩上的收获加到最高的限度，总收入还是有限。农场大的农户，即使在每亩上的收获不如别人，但他的总收入绝非他人所可及。我们如比较每亩的收入，中国农户并不亚于美人，但如比较两国农民的总收入，中国农民便望尘莫及了。主要的原因，便是中国人的农场小，而美国人的农场大。所以中国人的农场，如不设法扩大，那么别的地方无论如何改良，中国农民的生活程度也不能加增许多，因为在小的农场上挤不出大的进款来。进款既不能加增，生活程度自难提高了。

我们现在且把中美的农场来比较一下。

关于中国农场的统计现在自然还没有，但是估计却有几个。据民国十六年（1927）武汉土地委员会之报告，有土地农民拥有 1 亩至 10 亩的占人数的 44%，拥有 10 亩至 30 亩的占人数的 24%，拥有 30 亩至 50 亩的占人数的 16%，拥有 50 亩至 100 亩的占人数的 9%，拥有 100 亩以上的占人数的 5%。别种估计，与此差不多。美国 1925 年的统计，农场面积在 10 英亩（每英亩约合华亩 6.5 亩）以下的只占全国所有农场的 5.9%，10 英亩至 19 英亩的占 9.2%，20 英亩至 49 英亩的占 22.8%，50 英亩至 99 英亩的占 22.3%，100 英亩至 499 英亩的占 36.5%，500 英亩至 999 英亩的占 2.3%，1 000 英亩以上的农场占全国所有农场的 1%。由此以观，中国最普通的农场在美国占极少数。中国农场在 10 英亩以下的至少有 84%，而美国农场在 10 英亩以下的还不到 6%。两国农场面积的差异，于此可见。

我们再换一种统计看看。中国农场的平均面积，各省是不同的，但据刘大钧先生的估计，全国农场的平均面积为 24 华亩。金陵大学农科的统计是根据中国七省 13 处的情形立言的，发现中国农场的平均面积为 5 英亩左右，约合 32 华亩。这两个统计相差不远。此外，我们如取麦乐来先生之说，假定中国现有农户 6 000 万家，又取刘大钧先生之说，假定中国已耕之地为 2 亿 8 000 万英亩，平均每户所得之耕地约 4.7 英亩，合 30 华亩左右。根据这些数目，我们可以假定中国的农场平均在 30 华亩左右。美国农场的平均面积，在 1900 年为 146.2 英亩，1910 年为 138.1 英亩，1920 年为 148.2 英亩。换句话说，1920 年的美国农场平均为 963.3 华亩。所以美国的农场，平均要比中国的农场大 31 倍。不过，美国的农场有一大部分是没有种植的。我们如以美国播种面积的总数除以所有的农场，那么在 1909 年美国农场平均有播种面积 50 英亩，在 1919 年平均有 57 英亩，57 英亩约合 370.5 华亩。所以我们即假定中国农场的平均播种面积有 30 华亩，美国农场的平均播种面积有 370.5 华亩，那么美国的农场也比中国农场平均要大 11 倍。

假如有人要问美国的农夫何以能耕种那么大的农场，我们的答语便是，因为他们利用机器。中国的农场上，很少有用机器的。我们看海关的报告，民国十四年（1925），农业机器的入口价值只 161 288 两，民国十五年（1926）为 511 540 两，民国十六年（1927）为 665 976 两。历年的价值虽有加增，但是总数还是有限。美国在 1850 年以前，农业机器还不甚发达。在 1850 年，农业机器的出品价值为美金 6 842 611 元。到了 1927 年，出品的价值竟达美金 202 732 000 元了。这里两个数目的差异，便可表示美国利用农业机器者的加多，以及美国农场上农业机器的普遍了。他们利用机器之后，工作的效率便大大增加。譬如在 1829 年左右，用人工去种麦并割麦在 1 英亩地的上面需费时 61 点 5 分。1895 年左右，因为利用机器，所以同样的工作只需 3 点 19 分了。1870 年左右，用人工去种稻并割稻，在 1 英亩地的上面需费时 62 点 5 分。1895 年左右，因为利用机器，同样的工作只需 17 点 2 分了。易司特教授曾说过，美国的工人，工时比别人短，工资比别人高，就是因为美国人能利用机器。这句话不但是为工人说的，也可以说是为美国的农民说的。他们做工的时间比别人短，而收获比别人多，就是他们能利用机器的缘故。我国的农民做工的时日比别人长，而收获比别人少，就是我们不能利用机器的缘故。别人在那儿用机械的奴隶，而我们却在这儿役使我们自己。我们以一个血肉之身，去与几十个机械的奴隶（利得先生说是美国每一个人有 35 个机械的奴隶服侍他）竞争，成绩当然要落后。那么我们中国的农民为什么不利用机器呢？话说转来，还是由于我国农场太小。用农业机器去耕种 30 亩田是不经济的工作，只有在大农场上用机器才合算。历年来从各海关进口的农业机器，以由大连进口的为最多，便是因为东三省的农场较大，可以利用机器。所以我国的农民，如想步美国农民的后尘，享受他们那种愉快的生活，非扩大农场利用机器以生产不可。

## （三）中国的农场还可扩大吗？

现在我们讨论到一个最根本的问题了，就是中国的农场有无扩大的可能。我以为这是农民生活问题的中心点，假如这个问题解决不了，那么农民的生活程度即使能够加高，也是极有限的。

解决这个问题的第一步，便是看看中国的可耕地共有多少，以这些土地来分配与中国的农户，每户可得多少。关于中国农户的数目，我们在上面已提到了，可以假定它是 6 000 万户，这个数目与我们别种的估计是相吻合的。我们常说中国人口约 4 亿，其中 3/4 是农民，便是 3 亿。假如农户平均一家 5 人，以 5 乘 6 000 万户，亦得 3 亿。所以 6 000 万农户这个数目，我们可以暂时采用。关于中国可耕地的数目，美国农业专家贝克耳先生也替我们估计过了。他说中国的面积共有 24 亿 4 000 万英亩，这个统计并没有把西藏算进去，但是已比美国要大 30％ 了。但在这 24 亿 4 000 万英亩之内，雨量足的只有 13 亿英亩，其中还有温度不足的须减去 5％，只余 12 亿 3 500 万英亩。在此数的中间还有 40％，因为地形不适宜于种植，所以结果只有 7 亿 4 100 万英亩。其中又须除去 5％，是由于土壤不良。所以雨量足、温度宜、地形合、土壤良的土地，中国只有 7 亿英亩，以较美国之 9 亿 7 500 万英亩，反而减少 2 亿 7 500 万英亩了。

7 亿英亩，是中国可耕之地。中国已耕之地，照贝克耳（O. E. Baker）先生的估计，只 1 亿 8 000 万英亩，未免太低。刘大钧先生估计，中国已耕之地为 2 亿 8 000 万英亩。以中国已耕之地分配于 6 000 万农户，每户只有 4.7 英亩。但如以可耕之地分配于各农户，每户便有 11.7 英亩，较现在的农场要大一倍有半。

所以扩大中国农场的第一个方法，便是开垦荒地。

不过 11.7 英亩的农场，较现在虽然大些，比起美国来还是太小。所以我们得想第二个办法。第二个方法，便是发展农业以外的实业，如工业、矿业、商业、交通业等等，疏导拥挤在农业中的人口到别的实业中去。中国的人口现在大约有 75％ 在农业中谋生活，意大利人口在农业中谋生活的只有 59.4％，德国只有 35.2％，英国只有 11.9％，法国只有 42.7％，捷克斯拉夫只有 41.6％，澳大利亚只有 30％，美国只有 23％。澳与美不但在农业上可以自给，而且还有多余以济他人。澳国一人耕可供三人之食，美国一人耕可供五人之食，即在法国，一人耕亦可供二人半之食。英国在农业中谋生的人最少，但英国的农业并不能自给，所以不足为法。我们最好能做到美国那一步，至少也要做到法国那一步。假如我们有一天工商业发达了，只有 40％ 的人民在农间，那么现在的 6 000 万农户可以减至 3 200 万农户。假如工商业的发达再进一步，只留 25％ 的人民在农间，那么现在的 6 000 万农户可以减至 2 000 万农户（照全国 4 亿人 8 000 万户算）。假如务农的只有 3 200 万户，那么以 7 亿英亩来分配，每户可得地约 21.9 英亩。假如务农的只有 2 000 万户，每户可得 35 英亩。35 英亩的农场，比现在中国的农场平均只有 5 英亩的，要大 6 倍。

所以扩大中国农场的第二个法子，便是发展农业以外的实业，吸收农场上的过剩人口。

以上这两点，假如都做到了，中国农民的生活程度比现在要提高许多。虽然比美国还比不上，但是比现在的情形总要高得多了。不过在实现以上两点的时期中，农民须实行生育制裁，否则人口从 4 亿加至 6 亿，以上所期望的将来终成泡影。可是生育制裁这个题目又是复杂的，我们只好等到将来再讨论了。

民国十九年 10 月，南京

（载《新月》第 3 卷第 3 期，1930 年）

# 婚姻制度中的新建议

近代主张改良婚制的人，非常之多。他们的建议，五花八门，有的不过是个人的幻想，有的却有科学上的根据。在这篇文章里，我要提出讨论的乃是两种新的建议，其精神与一夫一妻制度是并不违背的。一夫一妻的制度，我们不敢认为尽善尽美，但是如与别种婚姻制度比较起来，它确有它的长处，为别种婚姻制度所不及。我们且把一夫一妻制的长处条举如下：

第一，一夫一妻制能使大多数人有满足性生活的可能，不致有向隅之叹。

第二，一夫一妻制使夫妻两造，可以独占对方的爱情及体贴，因而可以免除许多的冲突及嫉妒。

第三，一夫一妻制可使男女的性欲得到有节的及适度的满足，不致有泛滥及无处发泄之弊。

第四，一夫一妻制对于子女的抚养及教育最有帮助。

第五，一夫一妻制最足抵抗花柳病的传染。

别的婚姻制度，如澳洲土人的团体婚姻，虽然有一夫一妻制的第一种好处，但是一夫一妻制的别种好处便比不上了。至如一夫多妻制或一妻多夫制，比起一夫一妻制来更望尘莫及了。

因为一夫一妻制有上述的特点，所以多数的社会学者，对于这个制度的根本原理并不怀疑，不过以为一夫一妻制的流弊应当矫正就是了。

矫正一夫一妻制之流弊的第一种建议，便是"伴婚"（the companionate marriage）。主张这种制度的人，当以美国的法官林瑟（Ben B. Lindsey）为代表。这种制度的特点共有三项：第一，采用伴婚制度的人，在结婚的时候是不愿有子女的。他们在向地方官吏取结婚证的时候便声明此点，同时国家对于结婚的人应当施以身体检查，并教以最科学的生育制裁的方法。第二，在行伴婚制时，国家应设立一机关，名为"人类幸福学院"，凡是愿结婚的，均应该到学院中去听讲。讲师要告诉他们的便是性教育及爱情的艺术。经过这番教育之后，男女一定可以免去婚后的许多暗礁及烦恼。第三，行伴婚制的人，如无子女，且双方同意，愿意离婚时法律即允其离婚。

据林瑟的意见，现在美国男女在结婚后数年不愿意生子女的非常之多。这种人实在是行伴婚制的。不过，美国的法律无许生育制裁知识之流行，所以这种人设法去获得生育制裁的知识以达到不生子女的目的乃是犯法的。林瑟的目的是在取消现在禁止生育制裁知识流行的法律，让那些愿意用生育制裁的人都可以用。这种主张，当然是有新马尔萨斯人口主义作根据。相信新马尔萨斯人口主义的人，以为现在流行的迟婚不合乎自然，不合乎人性，其流弊可使精神病及娼妓等现象加增。他们提倡早婚，但是早婚的人，经济能力一定不足教养由婚姻而产生的子女，所以他们主张早婚与生育制裁并行，让青年男女可以享婚姻的幸福，而无子女的挂累。林瑟提议以伴婚来解决迟婚的流弊，我想大家都会赞成的。但是伴婚之用，还不止此。有许多人，因为身体孱弱，假如生育子女，便有生命的危险。在旧式婚姻制度之下，这种人便不能享受婚姻的幸福了。他们如采用伴婚制，一方面既可满足感情上的生活，一方面又可无生命的危险。所以伴婚制又可解决身体孱弱的女子，如诗家柏朗宁夫人（Mrs. Elizabeth Barrett Browning）辈的结婚问题。

林瑟上面的提议，为经济困难的人着想，为身体孱弱的人着想，没有什么可以批评的。不过他同时又为性情不同的人着想，说是因为性情，男女也可采用伴婚。假如他们实行伴婚数年，发现二人的性情各不相合，毫无乐趣，那么二人同意，便可离婚。反对这一点的人，以为这种伴婚与试婚（trial marriage）无异。林瑟的意见，以为伴婚与试婚诚有相同之点，因为两种制度都利用生育制裁。它们都不愿意给没有子女的夫妇在离婚的时候以许多的困难。它们都承认，男女在结婚的时候谁都不知道将来是否成功。不过实行这两种制度的人，在心理上有显然的分别。试婚的人，注重在"试"字。他们尝试之后，遇有不合，即可解散。实行伴婚的人，注重在"婚"字。他们遇有不合的时候，总想法补救；遇有难关的时候，总想法打破这种难关。这才是结婚的真精神。不过有时在婚姻中，遇到一些困难，非人力所能补救，到了这个时候，才谈到离婚。在现在的制度之下，无论愿意离婚的人是否有子女，离婚确是一件不易的事。有些地方，结婚之后无论如何是不可离的。又有些地方，只有男女两造中，有一造与人通奸或虐待，受损害的一造才可提出离婚。试婚把离婚定得太易，现在的制度又把离婚的规律定得太难。唯有伴婚制，据林瑟说，是得乎中庸之道的。

　　林瑟对于他的主张，虽然言之有理，然而反对他的人，以为因经济及身体的原因而行伴婚诚然可取，但因性情之故而行伴婚，以为将来离婚之余地，则流弊殊多。因为这种观念如一时通行，那么男女对于婚姻一定会取一种儿戏的态度。他们一定会这样想：我与某人结婚后不一定能过得来，然而不妨试试，结果不好，我们还是可以分手的。林瑟说是伴婚与试婚有别，然而在实行的时候，我们有什么保障使行伴婚的人不取试婚的心理？而且在这种制度之下，男女对于情人的选择一定没有像现在那样谨严。所以在今日这种制度之下，男女因为谨慎选择对手结为夫妇，彼此和睦，终身不离婚的，也许在伴婚制之下由于草率选择，不得其人，结婚后常生勃谿，因而离婚。所以在伴婚制之下，难免有增高离婚率的危险。

　　这些批评并不是根本反对伴婚，只是反对带有试婚性的伴婚。因经济之故而行伴婚，因身体之故而行伴婚，并不含有试婚的性质，而且还可矫正现在婚姻制度的一些弊病，所以是可以赞同的。但是利用伴婚之名，以行试婚之实，不但不能矫正现在制度的弊病，还可生出别的许多弊病来，则无可取。所以我们对于伴婚的赞同，是有条件的赞同；对于伴婚的反对，也是有条件的反对。

　　假如有一天伴婚制真的通行，我们应当教育子女，使其利用伴婚制以达到正当的目的，不可借此以满足私欲。正如我们现在教育子女用刀，教其以刀削物，以刀切菜，以刀做别种有用的事，而不教其以刀杀人。

　　我们既然不赞成带有试婚性质的伴婚，所以对于双方同意便可离婚的法律，以为还有可以讨论之余地。离婚的法律定得太严，诚有弊病，但定得太宽，其弊正同。现在有许多夫妻遇到冲突的时候肯想和平的方法去解决，正因离婚这一条路不容易走。假如离婚太容易了，那么夫妻遇到困难的时候，恐怕不肯花心思去想别的方法解决，而群趋于离婚的一路了。

　　经过这番讨论，我想林瑟所提出的三条办法，如第一条、第二条都可采用。第三条是想用以解决不幸婚姻的，但我以为如想免除不幸的婚姻，不如慎之于始。糊糊涂涂结婚的人不但在现在这种制度之下得不着幸福，便是在离婚自由的制度之下也是得不着幸福的。

　　慎之于始，是婚姻生活最可靠的保障。不过一个人无论如何谨慎选择他的对手，以为这样选择之后就不会有争吵发生，不会有冲突出现，那是大误的。夫妻的生活包括多方面的生活，而且这多方面的生活又是长时期的。在这长时期中，争吵与冲突乃是不可免的事。正如一个人无论如何讲究卫生，可是有时也免不了生病。身体遇有疾病的时候，我们便到医院中去请教医生。我们在婚姻生活中遇有困难，可以到什么地方去请教呢？

我在这篇文章中所要讲的第二种新建议，便是为解决上面所说那种困难而设的。这种建议，社会学者有许多人谈到，不过因为他们的注重点不同，所以我们对于这种新建议可以分作两方面去看。一种人是注重预防的，称他们所愿意建设的机关为"婚姻顾问院"（Bureau of Matrimonial Counsel）。在这个顾问院中，有许多专家如心理学家、社会学家、经济学家、医生、律师等等，对于婚姻问题都有片面研究。无论已婚未婚的人，对于婚姻问题有疑问的，都可以到婚姻顾问院中去求解答。这个机关中的专家预备了许多印刷品，供给婚姻生活中的常识。譬如一个已婚的人想要知道生育制裁的知识，便可到这个婚姻顾问院中去要一本小册子，讲生育制裁之常识的，正如一个想要旅行的人可以到轮船公司或火车公司中去要一张时刻表一样。又如一个已结婚的女子觉得自己对于记账的常识还很缺乏，也可跑到这个婚姻顾问院中去要一本小册子，是讲家庭零用账怎样记法的。我们平日常常听见，某家的家庭不和是因为子女太多，某家的家庭不和是因为妻子不会管账。假如社会上有婚姻顾问院一类的机关，专门给人民以婚姻教育，那么有许多不和也许可以免去了。不过，以上所说那种小册子乃是为解决一种抽象的、普遍的问题而作的，虽然出诸专家之手，但也许不合个人的需要。已婚或未婚的人也许心中有一疑问，但是这个疑问在小册子或他种印刷品中求不到答案，又将如何呢？解决这个困难问题的法子是很简单的，便是由这个有疑问的人去与婚姻顾问院中的专家谈话，正如一个健康的人想预防伤寒症可以去找一位医生谈话一样。

主张筹设婚姻顾问院的人，其目的在预防婚姻生活中的冲突。另外有一派人，主张设立家庭病院（Family Clinic），以救济婚姻生活中的冲突。家庭病院中的专家，与婚姻顾问院中的专家，性质可以说是相同的，不过他们的职务不在预防而在救济。现在我们所住的社会还没有这种家庭病院，所以夫妻如有冲突，有时任其自生自灭。有时亲戚朋友来劝和，劝得好的固有，劝得令两方面格外生气的也是常见的事。有了这种家庭病院，那么夫妻有重大冲突的时候便可到家庭病院中去就医。譬如夫妻争吵是因为银钱，那么他们便可去见家庭病院中的经济专家。经济专家看见病人来时，并不是马上就开方的，一定要把病案问得清楚。有时经济专家听完了病症，便开方了；有时也许他觉得病根并不在银钱，而在性生活的不调和，银钱的争吵不过无意中的借题发挥就是了。假如他看出病源不是他的能力所能除去，他也许告诉这位病人，要他去请教家庭病院中别的医生。总之，他们对于每个病案，一定要细心查察，然后再开药方。这个药方，有时是一个人开的，有时是几个专家共同讨论后才开的。"吃药"的人，有时是丈夫，有时是妻子，有时是夫妻以外的第三者。

家庭病院，虽然还没有在什么地方正式成立，不过欧美社会中已有许多专家为人家解决婚姻生活中之困难，如精神分析学家，如心理学家，如社会工作家等皆是。近来社会学者也有出而做此种事业的。不过，现在还没有一个机关把这些专家聚于一处，开一个正式的家庭病院就是了。可是鼓吹这种方法的人很多，不久也许可见这种机关的成立了。

现在医院发达，因为医生所根据的科学，如细菌学、解剖学、生理学、化学等等，皆有许多颠扑不破的原理可供应用。家庭病院中的医生，所根据的科学大半是社会科学。这些社会科学是否也有许多原理拿来应用在婚姻生活中，便可改良婚姻生活呢？大约家庭病院的前途，便要看这个答案是否正负而定了。

以上两种新建议，一种的重要使命是解决迟婚问题，一种的重要使命是解决婚姻生活中的冲突问题。这两种建议都有再加讨论的必要，所以提出来请留心婚姻问题者注意。

民国十九年 4 月 20 日，金陵大学

（载《金陵光》第 17 卷第 1 期，1930 年）

# 西汉遗留下来的几条仕宦之路 *

　　无论在什么社会里，人才的升降乃是一件极可注意的事。社会中有许多事业，每种事业需要许多人才，这是有目共见的事。我们只看见每件事都有人做，但是这件事为什么是某甲做，那件事为什么是某乙做，某丙为什么赋闲数年而一旦得意，某丁为什么历充要职而一朝潦倒，却少有人去做系统的研究。其实这种研究是很重要的，它的结果可以告诉我们，某社会或某事业的进化已到什么程度，或腐化已达什么程度。我这篇文章所述的，不过是这类研究的初步。其实不但在仕宦界，即在学术界、经济界以及其他各界都可以用同样的眼光去分析。这篇文章的题目，以《西汉遗留下来的几条仕宦之路》为名，有数点须加以解释。第一，题目之首冠以"西汉"两字，并不是说这几条仕宦之路是西汉人发明的，不过我所用的材料都是从《前汉书》中取出的，所以我敢说中国至迟在西汉时便有这几条仕宦之路。第二，在"仕宦之路"的前面我加以"几条"两字，表示我并没有把西汉一切的仕宦之路都列举在此，不过选出几条来谈谈罢了。第三，我在题目中用了"遗留下来的"数字，表示西汉人所走的几条路据我的观察现在还有人走的意思。


## （一）父兄之路

　　西汉有一种制度，便是父亲或哥哥做了大官，就可替儿子或兄弟弄一个小官。据应劭的考据，说是汉吏二千石以上，视事满三年的，得任同产或子一人为郎，不以德

---

　　* 该文第一部分和之前内容、第二和第三部分、第四和第五部分作为《西汉遗留下来的几条仕宦之路》的上中下篇分别刊载于 1931 年《生活（上海 1925A）》第 6 卷第 6 期、第 7 期、第 8 期。——编者注

选。汉朝有许多做官的，第一步便是走这条路。我们举几个最显著的例。譬如刘向，在十二岁的时候，就任"辇郎"的职务，乃是他的父亲刘德替他弄到的。又如霍光，在汉朝是最有威名的一个人，连宣帝都有点怕他。他做官做得很早，在十几岁的时候便做官了。他的父亲霍仲孺不过是一个小小的县吏，原无多大的势力。可是霍仲孺在平阳侯家中服役的时候，与平阳侯的侍儿卫少儿私通，生了霍去病。卫少儿有一个妹妹，名子夫，得幸于武帝，立为皇后。霍去病以皇后姊子贵幸，到了长大的时候，才知道他的父亲是霍仲孺。所以有一次伐匈奴的时候，他便去看父亲，知道他的父亲已另娶正妻，生了霍光。他便带霍光回长安，从此霍光便飞腾上达了。所以霍光的得势，可以说是靠了异母兄的援助。这种引用子弟的办法流弊极多，董仲舒、王吉都有文章批评这个制度。不过批评自批评，这个制度终难打破。《史丹传》说是史丹的子女共有二十人，"九男皆以丹任，并为侍中、诸曹"。桑弘羊为御史大夫八年，自以为功劳很大，"欲为子弟得官"，霍光不肯帮他的忙，所以他怨望霍光，甚至与上官桀等谋反。最可笑的是张禹，他的儿子别的都有官了，只有一个小儿子在他病重的时候还未有官。皇帝去看他的病，"禹数视其小子，上即禹床下，拜为黄门郎"。这种替儿子谋缺的用心，可谓无微不至了！汉朝做官的人不但替子弟想法，便是对同族的人也都尽心援引，如韦贤父子为丞相，"宗族至吏二千石者十余人"。辛庆忌曾为将军，"宗族支属，至二千石者十余人"。其余与此相同的例子，不胜枚举。哀帝即位的时候，曾除任子之令，但是不久这种办法又复活了。王莽摄政的时候，想请龚胜做官，后以龚胜年老，令其上子或孙或同产或同产子一人，"所上子男皆除为郎"。所以我们可以说是终前汉之世，这条父兄之路乃是仕宦的大道。虽然由这条路上进的人也有可取之材，但大多数都如王吉所说："今使俗吏得任子弟，率多骄骜，不通古今，……亡益于民"。

这条父兄之路，乃是革命的政府所应当封闭的。

## （二）同乡之路

中国素来交通不方便，迁居的事不大发生，所以一个人对于他的故乡，少则有数十年，多则有数百年的历史。在这种情形之下，每每发生一种情感，便是对同乡的人而发的，名之曰乡谊。一个人遇着患难的时候，可以要求同乡帮忙，便是做官，也可请同乡援引。汉朝靠同乡的力量而做到大官的，朱买臣便是一个好例。朱买臣壮年的境遇，是非常可怜的。班固记他：

　　家贫，好读书，不治产业，常艾薪樵，卖以给食。担束薪，行且诵书，其妻亦负戴相随，数止买臣毋歌讴道中，买臣愈益疾歌，妻羞之求去。买臣笑曰："我年五十当富贵，今已四十余矣。女苦日久，待我富贵报女功。"妻恚怒曰："如公等，终饿死沟中耳，何能富贵？"买臣不能留，即听去。其后买臣独行歌道中，负薪墓间，故妻与夫家俱上冢，见买臣饥寒，呼饭饮之。

　　可见他穷得连妻子都要与他离婚了。他后来到长安去上书，武帝久不见他，还是靠了他同乡严助的举荐，才见到皇帝，以后居然给他回到故乡去做太守。与朱买臣一样有名的例，便是司马相如。司马相如在穷困的时候，他的丈人卓王孙并看不起他。后来也是靠了他的同乡杨得意的力量，进见武帝，做到中郎将，出使西南夷，使得"卓王孙喟然而叹，自以得使女尚司马长卿晚！"朱买臣与司马相如二人，总算是汉代的人才，他两个人虽然由同乡之路走入仕宦界，但并不能证明同乡之路是一条选择真才的途径。从同乡之路走入仕宦界的，其中有许多是才不胜任的，于定国的事便是一个好例。《尹翁归传》曰：

　　（翁归）征拜东海太守，过辞廷尉于定国。定国家在东海，欲属托邑子两人，令坐后堂待见。定国与翁归语终日，不敢见其邑子，既去，定国乃谓邑子曰："此贤将，汝不任事也。又不可干以私。"

　　于定国因为做到廷尉，便有同乡走他的门路，好在尹翁归这个人大公无私，否则便有两个"不任事"的人走入仕宦界中去了。由此看来，同乡之路也是革命的政府所应封闭的。封闭之后，再设几条选择真才的大道，让真有本领的人，如朱买臣、司马相如辈，可以靠自己的本领，从这条大道上走入仕宦界中。如此，则于定国那种无用的同乡便没有插足的机会了。


# （三）亲戚之路

　　在西汉的时候，一个人如与皇帝发生了亲戚的关系，这个人的爵位一定俯拾即得。汉初有一个官运亨通的人，自己与四个儿子，官都做到二千石，便是人家称为万石君石奋的，其出身最为可笑。史载石奋在十五岁时：

　　为小吏，侍高祖。高祖与语，爱其恭敬，问曰："若何有？"对曰："有母，不幸失明；家贫，有姊，能鼓瑟。"高祖曰："若能从我乎？"曰："愿尽力。"于是高

　　祖召其姊为美人，以奋为中涓，受书谒。徙其家长安中戚里。

　　石奋由小吏做到大官，一个重要的原因便是有姊能鼓瑟，而且嫁与汉高祖当美人。还有出身更稀奇的，便是卫青。卫青本不姓卫，因为他的父亲是郑季。郑季与武帝姊阳信长公主的家僮卫媪私通，生了卫青。卫青长大的时候，归到父亲的家中去，他的异母兄弟因为他是私生子都看不起他，不把他当兄弟待遇。后来有一个看相的人说卫青是个贵人，官至封侯。卫青那时是不相信的，他说："人奴之生，得无笞骂即足矣，安得封侯事乎？"可是后来他的同母姊子夫得幸于武帝，卫青便冒姓为卫氏，因此上进，后来做到大将军。像这一类的事，《汉书·外戚传》中的例子很多，不可胜举。不但与皇帝发生亲戚的关系时容易做官，便是与大官贵人发生亲戚的关系时也可以拾青紫如草芥。霍光贵幸的时候，他的两个女婿都为东西宫卫尉。"昆弟诸婿外孙，皆奉朝请，为诸曹大夫、骑都尉、给事中。党亲连体，根据于朝廷。"霍光死后，宣帝因为要减少霍氏的势力，把霍光的亲戚调出关外或降职。被调出或降职的人中有四个是霍光的女婿，一个是霍光姊姊的女婿，可见霍光引用亲戚之滥了。

　　由亲戚之路走入仕宦界中，最易引起旁人的怨恨，而且亲戚盘踞要津，也容易结党为非。所以亲戚之路也是革命的政府所应当封闭的。

# （四）师友之路

　　师生之关系本应是一种学术上的关系，但中国读书的人想做官的多。所以一个教过书的人，如做了大官，他的学生便都来请他谋事了。汉朝叔孙通的故事，最可做一个例。叔孙通降汉的时候，弟子从他的数百人。叔孙通在高祖面前，只荐了一些别人，而没有荐他的学生。这些学生便都怪叔孙通，问他为什么不替他们谋出路。叔孙通只好回答他们："汉王方蒙矢石争天下，诸生宁能斗乎？故先言斩将搴旗之士。诸生且待我，我不忘矣。"后来叔孙通定朝仪，使汉高祖尝到做皇帝的尊荣，被拜为奉常，赐金五百斤。叔孙通这时才替他的学生说："诸弟子儒生，随臣久矣，与臣共为仪，愿陛下官之。"高祖便用他们为郎。叔孙通又以所得五百金悉赐诸生，诸生乃喜曰："叔孙生圣人，知当世务。"叔孙通为他的学生，每人都谋到差使，所以便被尊为圣人。西汉的末年，有一位孔光，乃是"孔圣人"之后，官运甚佳，"凡为御史大夫、丞相各再，壹为大司徒、太傅、太师，历三世，居公辅位，前后十七年"。他的学生是很多的，看见老师做了大官，都来要他帮忙。可是孔光这个人倒很公平，所以无所荐举，他的学生因此有恨他的。所以他虽然是圣人之后，他的学生却不尊他为圣人！还有更可笑的，便是吴章的学生。吴章为当世名儒，教授尤盛，弟子千余人。因为得罪王莽，为王莽所杀。王莽以为吴章是个恶人，恶人的党羽都当禁锢，不得仕宦。他的学生，一时便都更名他师，其中只有一个云敞，自己肯承认是吴章的学生，抱吴章的尸归葬。别的学生，因为承认吴章是老师，便不利于做官，所以便不敢承认，这真是中国儒界中一件最可羞的事了。至于朋友间的互相荐引，更是一件平常的事。汉时长安有一句俗语，说是"萧朱结绶，王贡弹冠"。"萧朱"系指萧育与朱博，"王贡"乃指王阳与贡禹，他们的友谊很好，所以二人之中如有一个做官的，另外一个一定也可走进仕途。这种情形是极普通的，所以有时一个人失了官，他的朋友也都连带而去。如杨恽坐大逆诛，他的朋友如未央卫尉韦玄成、京兆尹张敞（便是替妻子画眉的张敞）及孙会宗等皆免官。又如淳于长败，他的朋友孙宝与萧育等皆坐免官。一个人得势，便把他的朋友带上来；一个人失势，便把他的朋友拖下去。这样的升降，不是以才能为标准，乃是以势力为标准，也是革命的政府所当改良的。

# （五）结论

以上所说四条仕宦之路，其流弊很多，不必我来征引。但是 2 000 年来，这几条路还没有封闭。现在我们都希望政治走上轨道，所以急应封闭这四条仕宦的曲径，而另以选举与考试二条大道来代它们。我在《社会组织》中曾说到这一点，现在引来做我的结论罢：

> 政府中的职员很多，假如都要选举，人民将不胜其烦，假如都由私人择派，又易流于引用私人之弊，所以民众只选那几个政府中定政策的人，至于实行这种政策的人，需要特殊知识或技艺的，便用考试的法子，使那任职的人不致滥竽充数。政府的下级人员如是这样产生的，政府便不会成为分赃的政府，而成为服务的政府了。总之，选举与考试制度实行之后，凡是在职的人，其所以在职，并非因为他与长官有亲戚的关系，或有家族的关系，或有朋友的关系，或有同乡的关系，或有师生的关系，乃是因为他的才能与经验够得上做他要做的事。他与长官，并不必要有上列各种关系之一，即有，也是偶然的，而非必需的。

现在正是革命的政府当权的时候，我们希望这一天能早实现。

民国十九年 12 月 22 日，南京

# 两汉多妻的家庭

中国婚姻中的多妻制，起源是很古的。自远古以迄近代，多妻的家庭是时时都有的。我们观察这种制度，每每只看到它的外表，但它的内容是什么样子，局外人每不知其详。现在根据两汉的史料，把多妻家庭的内容研究一下，看看这种家庭的生活到底是什么样子。从科学的眼光看去，用历史的方法来研究这个问题，当然不如用个案法完善。但用个案法研究这个问题，困难很多，在这些困难没有打破以前，历史法颇有一试的价值。

叙述两汉的多妻家庭，当然要从皇帝的家庭讲起。汉高祖是一个好色的人，在没有得志的时候，除了吕后之外，已经有了一位外妇曹夫人［《前汉书》（简称《前》）三八］。楚汉相争，天下未定的时候，他洗足要用两个女子（《前》四三）。他坐河南成皋灵台，要管夫人、赵子儿两位美人侍候他（《前》九七上）。他听说石奋有姊能鼓瑟，便要来做他的美人。此外他的后宫可考的，还有薄姬，有赵姬，有戚夫人，不可考的一定还多。前汉的后宫，除皇后外，妾皆称夫人。又有美人、良人、八子、七子、长使、少使等名目。武帝又加了婕妤、娙娥、傛华、充依数等。元帝加昭仪之名，共十四等（《前》九七上）。王莽在谦恭下士、折节恭俭的日子，大约只有一个妻子，后来私买了一位侍婢，可是这个消息不久传出去了。

> 莽因曰："后将军朱子元无子，莽闻此儿种宜子，为买之。"即日以婢奉子元。其匿情求名如此。（《前》九九上）

可是他后来做了皇帝，便把真面目现出来了。

> 莽于是遣中散大夫、谒者各四十五人分行天下，博采乡里所高有淑女者上名。……更始元年，……（莽）乃染其须发，进所征天下淑女杜陵史氏女为皇

> 后……备和嫔、美、御和人三，位视公；嫔人九，视卿；美人二十七，视大夫；御人八十一，视元士。凡百二十人。……莽日与方士涿郡昭君等于后宫考验方术，纵淫乐焉。（《前》九九下）

前汉与王莽后宫的等级，虽然多者不过十余，少者只有四五，但后宫佳丽的总数常在数千。《后汉书》（简称《后》）称："武、元之后，世增淫费，至乃掖庭三千，增级十四。"（《后》一〇上）一个人要占三千个女子，这个数目岂不惊人？王莽的宫女在更始入长安的时候还有数千，可见当初征集天下淑女之多。后汉的光武，在他的宗族中素有谨厚之名（《后》一上）。他在没有结客起事之前，心中不过有两种欲望：

> 光烈阴皇后，讳丽华，南阳新野人。初光武适新野，闻后美，心悦之。后至长安，见执金吾车骑甚盛，因叹曰："仕宦当作执金吾，娶妻当得阴丽华。"（《后》一〇上）

后来他居然做了皇帝，当然比执金吾威武多了。阴丽华也给他娶到手了，但这位谨厚的皇帝，有了一位美人还不足，另外还娶了一位郭圣通。此外，他的内宠也许还有，不过已不可考了。后汉六宫的称号很简单，除却皇后、贵人之外，另置美人、宫人、采女三等。这些女子是如何选来的呢？

> 汉法常因八月算人（《汉仪注》曰："八月初为算赋，故曰算人"），遣中大夫与掖庭丞及相工，于洛阳乡中阅视良家童女，年十三以上，二十已下，姿色端丽，合法相者，载还后宫，择视可否，乃用登御。（《后》一〇上）

至于选女之多少，大约视皇帝的嗜好而定。"（桓）帝多内幸，博采宫女至五六千人，及驱役从使，复兼倍于此。"（《后》一〇下）灵帝的后宫，据吕强所闻，亦有"采女数千余人，衣食之费，日数百金"（《后》一〇八）。灵帝后来以用度不足，竟公开卖爵。大约他的用度所以不足，后宫女子太多要负一部分责任。

皇帝以下的公侯将相，假如愿意多妻，法律及舆论并不来管束他。所以做大官的，便有许多是多妻的。如汉初的丞相张苍，自"免相后，口中无齿，食乳，女子为乳母。妻妾以百数，尝孕者不复幸"（《前》四二）。又如武帝时的田蚡，他的"后房妇女以百数"（《前》五二）。后汉的袁术，亦有"媵御数百，无不兼罗纨，厌粱肉"（《后》一〇五）。

至于有妻妾数十人的，则更多不胜数。如史丹"后房妻妾数十人，内奢淫，好饮酒，极滋味声色之乐"（《前》八二）。王凤的昆弟，"后庭姬妾，各数十人"（《前》九八）。昌邑王贺在逊位之后，还有妻十六人（《前》六三）。明帝的儿子梁节王畅，亦自称有小妻三十七人(《后》八〇)。便是以儒学著名的人，也有许多纵情声色的。如前汉的张禹，本以通《易》及《论语》大义显名，但是他的学生如走进他的内堂，便可看见这位儒者的纵欲生活。"崇每候禹，常责师宜置酒设乐，与弟子相娱。禹将崇入后堂，饮食，妇女相对。优人管弦铿锵，极乐，昏夜乃罢。"(《前》八一)又如后汉的马融，才高博洽，为世通儒，教养诸生，常有千数。然而他个人的生活，却偏于享乐方面。他的"居宇器服，多存侈饰，常坐高堂，施绛纱帐，前授生徒，后列女乐"(《后》九〇上)。

这些风流的儒者，大约都是多妻的。至于普通的人，假如他的经济能力可以养活许多妻子，自然也可以多妻。不过经济不充足的人，如朱买臣，连一个妻子都养不活(《前》六四上)。又如陈平，虽然有田三十亩，但是娶妻的时候还要从岳家假货币以聘，又要借钱来供婚时酒肉之资(《前》四〇)。像这一类的人，大约是不能多妻的。所以多妻的家庭在地位愈高、家资愈富的社会中越普遍，在下级的社会中这种家庭是罕见的。

前汉元帝时的贡禹，对于多妻制是很反对的。他说古者皇帝的后宫不过九人，但在当时，"诸侯妻妾，或至数百人；豪富吏民，畜歌者至数十人。是以内多怨女，外多旷夫"(《前》七二)。内多怨女，外多旷夫，乃是多妻制必然的结果。外多旷夫，乃是多妻制对于社会所发生的影响，我们暂且不必讨论它。至于内多怨女，乃是明白表示多妻制的家庭中有一部分的人过的是痛苦的生活了。皇帝的后宫，每有佳丽数千人，这些佳丽当然不能个个都有与皇帝接近的可能。于是她们的青春，便消磨于寂寞宫院之中。在这种情形之下，有许多宫人便从同性爱的经验中满足她们感情上的需要。前汉时宫人称这种同性爱为对食。应劭解释对食的意义，以为宫人自相与为夫妇名对食。成帝时的后宫中有道房与曹宫两人，便过这种对食的生活。这是讲那见不着皇帝的宫人，性生活不能满足的可怜。便是那曾蒙皇帝垂青的人，也不见得能常常见皇帝的面。譬如文帝的母薄姬，从入高祖后宫，岁余还不得幸。假如没有管夫人、赵子儿提到她，汉高祖也许便把她忘了。经两位美人这一提，于是

> 汉王心凄然怜薄姬，是日召，欲幸之。对曰："昨暮梦龙据妾胸。"上曰："是贵征也，吾为汝成之。"遂幸，有身。岁中生文帝，年八岁立为代王。自有子后，希见。(《前》九七上)

我们试想薄姬的一生，曾享了几天夫妇之乐？我们再看卫子夫的故事。

> (武)帝祓霸上，还过平阳主。……讴者进，帝独说子夫。帝起更衣，子夫侍

尚衣轩中，得幸。还坐欢甚，赐平阳主金千斤。主因奏子夫送入宫。子夫上车，主拊其背曰：“行矣，强饭勉之。即贵，愿无相忘！”入宫岁余，不复幸。（《前》九七上）

曾经得宠的人，入宫后便岁余看不见皇帝的面，难怪后来“子夫得见，涕泣请出（《前》九七上）了。

在多妻的家庭中，得到丈夫的恩爱既然不易，所以得到之后便怕它失掉。在这种时候，如有人来与她竞争，便是她的仇敌。妻妾之争风及互相仇恨，便在这种情形之下产生。历史中最惨无人道的事，不是暴君做出来的，不是强盗做出来的，乃是多妻家庭中妻妾彼此怨恨的心理所产生出来的。试看吕后对待戚夫人的法子。

赵王死，太后遂断戚夫人手足，去眼熏耳，饮喑药，使居鞠域中（《史记》作厕中），名曰“人彘”。（《前》九七上）

吕后的毒，还不如阳成昭信。阳成昭信，是广川王去的姬妾。广川王去乃是景帝之后，他的姬妾可考的有王昭平、王地余、陶望卿、陶都、崔修成、荣爱、阳成初以及阳成昭信等人。我们且看阳成昭信得宠时，对于其余诸姬的凶毒。

（广川王去）有幸姬王昭平、王地余，许以为后。去尝疾，姬阳成昭信侍视甚谨，更爱之。去与地余戏，得袖中刀，笞问状，服欲与昭平共杀昭信。笞问昭平，不服，以铁针针之，强服。乃会诸姬，去以剑自击地余，令昭信击昭平，皆死。昭信曰：“两姬婢且泄口。”复绞杀从婢三人。后昭信病，梦见昭平等，以状告去。去曰：“虏乃复见畏我！独可燔烧耳。”掘出尸，皆烧为灰。

后去立昭信为后；幸姬陶望卿为修靡夫人，主缯帛；崔修成为明贞夫人，主永巷。昭信复谮望卿曰：“与我无礼，衣服常鲜于我，尽取善缯丐诸宫人。”去曰：“若数恶望卿，不能减我爱；设闻其淫，我亨之矣。”后昭信谓去曰：“前画工画望卿舍，望卿袒裼傅粉其傍。又数出入南户窥郎吏，疑有奸。”去曰：“善司之。”以故益不爱望卿。后与昭信等饮，诸姬皆侍。去为望卿作歌曰：“背尊章，嫖以忽，谋屈奇，起自绝。行周流，自生患，谅非望，今谁怨！”使美人相和歌之。去曰：“是中当有自知者。”昭信知去已怒，即诬言望卿历指郎吏卧处，具知其主名，又言郎中令锦被，疑有奸。去即与昭信从诸姬至望卿所，裸其身，更击之。令诸姬各持烧铁共灼望卿。望卿走，自投井死。昭信出之，椓杙其阴中，割其鼻唇，断其舌。谓去曰：“前杀昭平，反来畏我，今欲靡烂望卿，使不能神。”与去共支解，置大镬中，取桃灰毒药并煮之，召诸姬皆临观，连日夜靡尽。复共杀其女弟都。

后去数召姬荣爱与饮，昭信复谮之曰："荣姬视瞻，意态不善，疑有私。"时爱为去刺方领绣，去取烧之。爱恐，自投井。出之未死，笞问爱，自诬与医奸。去缚系柱，烧刀灼溃两目，生割两股，销铅灌其口中。爱死，支解以棘埋之。诸幸于去者，昭信辄谮杀之，凡十四人，……独昭信兄子初为乘华夫人，得朝夕见。（《前》五三）

阳成昭信这种惨无人道的举动，应由多妻制度负一部分的责任。假如她的家庭中是一夫一妻制的，世间便要少十四个无辜枉死的人了。在多妻制度之下，这种残忍的事，是常发见的，我们再举袁绍的妻子为例：

袁绍妻刘氏性酷妒，绍死，僵尸未殡，宠妾五人尽杀之，为死者有知，当复见绍于地下，乃髡头墨面，以毁其形。尚（刘氏子）又为尽杀死者之家。（《后》七四上注）

在多妻制的家庭中，不但诸妻间的感情，因利害冲突，不能和睦，就是夫妻间的感情，也因丈夫的恩爱不能平等及普及，时常发生破裂。这是自由竞争制度的自然结果，也就是多妻制异于含有专利意味的一夫一妻的地方。在一夫一妻制之下，妻子为丈夫所专有，丈夫亦为妻子所独占。在一夫多妻制之下，丈夫乃是群妻的丈夫，而非一人所独占。丈夫的恩爱，以竞争的程序获得，优胜劣败。优胜的人固然可以一时满意，但这种满意是没有保险的，一朝年老色衰，她也会降到劣败的境域中去。这些竞争失败的人，不但恨那与她竞争的人，也怨她的丈夫。观下列数事可知。

（宣帝子东平思王宇）姬胸臑故亲幸，后疏远，数叹息呼天。宇闻，斥胸臑为家人子（师古曰："黜其秩位。"），扫除永巷，数笞击之。胸臑私疏宇过失，数令家告之。宇觉知，绞杀胸臑。（《前》八〇）

更始二年春，光武击王郎，至真定，因纳后（即郭圣通），有宠。及即位，以为贵人。……（建武）二年，贵人立为皇后，……其后，后以宠稍衰，数怀怨怼。十七年，遂废为中山王太后。（《后》一〇上）

（和帝阴皇）后少聪慧，善书艺。永光四年，选入掖庭，以先后近属，故得为贵人。有殊宠。八年，遂立为皇后。自和熹邓后入宫，爱宠稍衰，数有恚恨。（《后》一〇上）

恚恨或怨怼，乃是多妻制之下妻子对于丈夫所常发生的心理。从丈夫一方面说，他对于那许多妻子有要求便得满足，所以不会发生同样的心理。但他因为妻子很多，所以对于每个妻子的价值不很重视。如用一个经济学的名词来说，就是多妻制的家庭中每个妻子的"边际价值"是很低的。因为这个缘故，所以丈夫把他妻子有时当作货物看待，便送给人也无所吝惜。皇帝的后宫很多，所以可随便拿几个去送人：

> 孝文窦皇后，景帝母也，吕太后时以良家子选入宫。太后出宫人以赐诸王各五人，窦姬与在行中。（《前》九七上）

> 元帝后宫既多，乃使画工图其形，案图召幸。诸宫人皆赂画工，独王嫱自恃容貌不肯与，工人乃丑图之，遂不得见。后匈奴入朝求美人为阏氏，于是上按图以昭君行。及去，召见，貌为后宫第一，善应对，举止闲雅。帝悔之，而名籍已定，不复更，乃穷案画工，皆弃市。（《西京杂记》）

王侯的妻妾也是很多的，所以他们也把女人当货物看待，有时也可奉送。

> 淮南厉王长，高帝少子也，其母故赵王张敖美人。高帝八年，从东垣过赵，赵王献美人，厉王母也，幸，有身。赵王不敢内宫，为筑外宫舍之。（《前》四四）

大官贵人多妻的，也有皇帝或王侯那种大量：

> （爰）盎为吴相时，从史盗私盎侍儿。盎知之，弗泄，遇之如故。人有告从史，"君知女与侍者通"，乃亡去。盎驱自追之，遂以侍者赐之，复为从史。（《前》四九）

匈奴的单于也是多妻的，所以他们也不惜以阏氏赐人。

> （东胡）使使谓冒顿曰："欲得单于一阏氏。"冒顿复问左右，左右皆怒曰："东胡无道，乃求阏氏！请击之。"冒顿曰："奈何与人邻国爱一女子乎？"遂取所爱阏氏予东胡。（《前》九四上）

家庭中的分子，除却夫妻之外，还有子女。多妻制下的夫妻生活大略已如上述，我们现在换一个观点来看子女的生活。

中国人有祖先崇拜的宗教，道德系统中又有"不孝有三，无后为大"的信条，所以对于后嗣是看得很重的。在多妻的家庭中，假如有一个女人生了儿子，她的地位便较那些没有儿子的人要高些。这种优越的地位，每每招别的妻妾的妒忌，所以她的儿子不但得不到庶母的钟爱，有时也许连生命也送在庶母的手中。

我们举一个极端的例来证明多妻制度的家庭中子女命运的危险。

> 哀帝既立，……后数月，司隶解光奏言：臣闻许美人及故中宫史曹宫皆御幸孝成皇帝，产子，子隐不见。

臣遣从事掾业、史望，验问知状者掖庭狱丞籍武，故中黄门王舜、吴恭、靳严，官婢曹晓、道房、张弃，故赵昭仪御者于客子、王偏、臧兼等，皆曰宫即晓子女，前属中宫，为学事史，通《诗》，授皇后。房与宫对食，元延元年中宫语房曰："陛下幸宫。"后数月，晓入殿中，见宫腹大，问宫。宫曰："御幸有身。"其十月中，宫乳掖庭牛官令舍，有婢六人。中黄门田客持诏记，盛绿绨方底，封御史中丞印，予武曰："取牛官令舍妇人新产儿，婢六人，尽置暴室狱，毋问儿男女，谁儿也！"武迎置狱。宫曰："善臧我儿胞，丞知是何等儿也！"后三日，客持诏记与武，问："儿死未？手书对牍背。"武即书对："儿见在，未死。"有顷，客出曰："上与昭仪大怒，奈何不杀？"武叩头啼曰："不杀儿，自知当死；杀之，亦死！"即因客奏封事，曰："陛下未有继嗣，子无贵贱，唯留意！"奏入，客复持诏记予武曰："今夜漏上五刻，持儿与舜，会东交掖门。"武因问客："陛下得武书，意何如？"曰："瞠也。"武以儿付舜。舜受诏，内儿殿中，为择乳母，告"善养儿，且有赏。毋令漏泄！"舜择弃为乳母，时儿生八九日。后三日，客复持诏记，封如前予武，中有封小绿箧，记曰："告武以箧中物书予狱中妇人，武自临饮之。"武发箧中有裹药二枚，赫蹄书，曰："告伟能：努力饮此药，不可复入。女自知之！"伟能即宫。宫读书已，曰："果也，欲姊弟擅天下！我儿男也，额上有壮发，类孝元皇帝。今儿安在？危杀之矣！奈何令长信得闻之？"宫饮药死。后宫婢六人召入，出语武曰："昭仪言'女无过。宁自杀耶，若外家也？'（晋灼曰：'宁便自杀，出至外舍死也。'）我曹言愿自杀。"遂自缪死。武皆表奏状。弃所养儿十一日，宫长李南以诏书取儿去，不知所置。

许美人前在上林涿沐馆，数召入饰室中若舍，一岁再三召。留数月或半岁御幸。元延二年怀子，其十一月乳。诏使严持乳医及五种和药丸三，送美人所。后客子、偏、兼闻昭仪谓成帝曰："常绐我言从中宫来，即从中宫来，许美人儿何从生中？许氏竟当复立邪！"怼，以手自捣，以头击壁户柱，从床上自投地，啼泣不肯食，曰："今当安置我，欲归耳！"帝曰："今故告之，反怒为！殊不可晓也。"帝亦不食。昭仪曰："陛下自知是，不食为何？陛下常自言'约不负女'，今美人有子，竟负约，谓何？"帝曰："约以赵氏，故不立许氏。使天下无出赵氏上者，毋忧也！"后诏使严持绿囊书予许美人，告严曰："美人当有以予女，受来，置饰室中帘南。"美人以苇箧一合盛所生儿，缄封，及绿囊报书予严。严持箧书，置饰室帘南去。帝与昭仪坐，使客子解箧缄。未已，帝使客子、偏、兼皆出，自闭户，独与昭仪在。须臾开户，呼客子、偏、兼，使缄封箧及绿绨方底，推置屏风东。

恭受诏，持箧方底予武，皆封以御史中丞印，曰："告武，箧中有死儿，埋屏处，勿令人知。"武穿狱楼垣下为坎，埋其中。（《前》九七下）

赵飞燕是一个不能生育的女子。她与她的妹妹赵昭仪在成帝的后宫专宠十余年，但都不能生子。她们自己虽然不能生子，同时也不愿意别的宫人有儿子，所以曹宫生了儿子，赵昭仪拿去弄死，许美人生了儿子，她也拿去弄死，还要逼着成帝与她一同下此毒手。此外"掖庭中御幸生子者辄死，又饮药伤堕者无数"。成帝的绝嗣，便是赵昭仪造成的。但赵昭仪所以如此狠毒，无非是想在多妻制下专宠。赵昭仪这种心理并不是特别的，宣帝的霍皇后（《前》九七上）、桓帝的梁皇后（《后》一〇下）在同样的情形之下也有同样的心理及行为。

赵昭仪的故事不过表示一个不能生育的女子对于能生育者的妒忌，以及对于她们子女的狠毒。还有一种女子，自己虽然有了子女，但不愿她丈夫的别个妻子也有子女。假如别个妻子有了子女，她便要想法来害他们，以便家庭中所有的权利都是她自己的子女享受。下面所引衡山王赐的家庭，可以证明这一点。但他的家庭是一个极恶化的家庭，除却庶母与子女冲突之外，还有妻妾的冲突、亲兄弟姊妹的冲突以及父子的冲突。我们且看这个故事：

> 衡山王赐，后乘舒生子三人，长男爽为太子，次女无采，少男孝。姬徐来生子男女四人，美人厥姬生子二人。……后乘舒死，立徐来为后，厥姬俱幸。两人相妒，厥姬乃恶徐来于太子，曰："徐来使婢蛊杀太子母。"太子心怨徐来。徐来兄至衡山，太子与饮，以刃刑伤之。后以此怨太子，数恶之于王。女弟无采嫁，弃归，与客奸。太子数以数让之，无采怒，不与太子通。后闻之，即善遇无采及孝。孝少失母，附后，后以计爱之，与共毁太子，王以故数击笞太子。元朔四年中，人有贼伤后假母者，王疑太子使人伤之，笞太子。后王病，太子时称病不侍。孝、无采恶太子："实不病，自言，有喜色。"王于是大怒，欲废太子而立弟孝。后知王决废太子，又欲并废孝。后有侍者善舞，王幸之，后欲令与孝乱以污之，欲并废二子而以己子广代之。太子知之，念后数恶己无已时，欲与乱以止其口。后饮太子，太子前为寿，因据后股求与卧。后怒，以告王。王乃召，欲缚笞之。……乃使人上书，请废太子爽，立孝为太子。爽闻，即使所善白嬴之长安上书，言衡山王与子谋逆，言孝作兵车锻矢，与王御者奸。……王闻，即自杀。……孝坐与王御婢奸，及后徐来坐蛊前后乘舒，及太子爽坐告王父不孝，皆弃市。（《前》四四）

这一个家破人亡的惨案，因多妻而起。最初的冲突大约是乘舒及徐来，结果是乘舒死而徐来为后。徐来为后之后，厥姬又与她发生冲突了。厥姬于是利用太子以抗徐来，徐来又利用无采及孝以抵抗太子。在这种冲突之下，胜利终属于徐来，因为她居然煽动衡山王要废太子了。她排斥了太子之后，便想进一步排斥孝。可怜他们亲兄弟二人受了别人的利用还不知道。假如孝接着爽为太子，最后一定还要给徐来排挤出去，因为她早已存心为自己的儿子谋继立。但计划未成，一家都死亡了。

在多妻制之下，亲兄弟受了别人的煽惑都会冲突起来，异母的兄弟更不必问了。在上面的故事中，太子爽与徐来的儿子广感情如何，作史者没有提到，但爽与广的利害既有冲突，广的母亲又与爽不对，那么以理度之，他们的感情绝不会融洽。异母兄弟的感情之不睦，史中的记载甚多，如卫青是郑季与卫媪私生的，郑季家中还有正妻，卫青长大归家后，"父使牧羊。民母之子皆奴畜之，不以为兄弟数"（《前》五五）。

又如常山宪王的家庭中：

> 宪王有不爱姬生长男棁，棁以母无宠故，亦不得幸于王。王后修生太子勃。王内多，所幸姬生子平、子商。王后稀得幸。……及王薨，王后、太子乃至。宪王雅不以棁为子数，不分与财物。郎或说太子、王后，令分棁财，皆不听。太子代立，又不收恤棁。棁怨王后及太子。（《前》五三）

总之，多妻制的家庭中，常有下列情形出现：

(1) 内多怨女。

(2) 诸妻间的妒忌及仇恨，时有残忍的行为。

(3) 妻子中之失宠者怨恨丈夫。

(4) 丈夫视诸妻如货物，可以转相授受。

(5) 杀婴。

(6) 父子失和。

(7) 异母兄弟或亲兄弟受他人之煽惑而失和。

这是多妻制度对于家庭生活的恶结果。但是这种制度有什么诱人之点而使许多男子采取它呢？多妻者中山靖王胜曾说过："王者当日听音乐，御声色。"（《前》五三）

有钱有势的人想"御声色"乃是多妻制度存在的主要原因，但在"御声色"三字之下，不知道有多少人的幸福便轻轻葬送了。

民国二十年 4 月，南京

# 两汉的人口移动与文化（上）

从社会地位学的眼光看去，人口在空间的移动可以分为两类。第一类可以称为人口移殖，俗说便是"搬家"。在这种移动的情形之下，不但移动者换了位置，便是他所隶属的家庭也从甲地迁到乙地了。第二类可以称为人口流动，俗说便是"离家"。在这种移动的情形之下，只是移动者换了位置，他的家庭还在故乡。这位离开家庭的人，不管他的动机如何，迟早还是要回来的。这两种人口移动，在社会上发生的影响是不同的。我们且以两汉的史迹为材料，来研究这两种不同的人口移动与当时社会上的文化所发生的关系。

先说两汉的人口移殖。在这篇文章里所讨论的只限于国内的人口移殖，国际的人口移殖都不在本文讨论的范围之内。下面研究人口流动时，也是如此。两汉时人民的自动移殖乃是一件不大常见的事，此中的理由当然是很多的。最要紧的原因，当然是在农业经济之下人民的生活与土地分不开。土地是移不动的，所以附在土地上的农家当然也感到迁移的困难。此点显而易见，不必多加说明。除了这个原因之外，还有别种原因，是使搬家者感到困难的。我们且把当时搬家的手续研究一下。汉高祖五年（前202）曾下了一道命令，说：

> 民前或相聚保山泽，不书名数，今天下已定，令各归其县，复故爵田宅。
> ［《前汉书》（简称《前》）一下］

名数便是户籍。在两汉的时代，每一个地方的人口都有户籍可查。这种制度的产生与赋税、徭役都有关系，我们暂且不提。直接管理这种户籍的人，据我的推测，大约就是当时最下级的地方官，县或乡中的啬夫。前汉时，乡中的官吏有三老，有秩、游徼及啬夫。"啬夫职听讼，收赋税。"（《前》一九上）后汉的乡吏无变动，但"乡小者，县置啬夫一人，皆主知民善恶，为役先后，知民贫富，为赋多少，平其差品"[《后汉书》（简称《后》）二八]。啬夫为职务的关系，非知道当地的户籍不可。假如一个人要搬家，一定要把他的名数也一齐带走。这种把名数带走的方法，我们已不知其详。大约一个人从甲地搬家到乙地，须在甲地把他的名数取消，在乙地再重行注册，否则他便成为亡命之徒了。关于移动名数的事，史书上也有记载。譬如孔霸，乃是孔子的后裔，原为鲁国的人。他在宣帝的时候，曾教过太子读书，所以"元帝即位，征霸，以师赐爵关内侯，食邑八百户，……加赐黄金二百斤，第一区，徙名数于长安"（《前》八一）。孔霸从鲁国移到长安去住家，所以他的名数也要移到长安。后来孔霸上书求奉孔子祭祀，元帝下诏以霸所食邑八百户祀孔子。于是孔霸便"还长子福名数于鲁，奉夫子祀"（《前》八一）。

从别处徙名数于长安的，除孔霸之外，我们还知道有班固的祖宗班况。班况在"成帝之初，女为婕妤，致仕就第，赀累千金，徙昌陵。昌陵后罢，大臣名家皆占数于长安"（《前》一○○上）。班况原是雁门郡楼烦县人，后来也占数于长安。占数的意义，据颜师古注，"占，度也，自隐度家之口数而著名籍也"。徙名数假如是一件自由的事，那么这种手续还不足为移殖的阻碍。但从史书上许多地方看来，似乎徙名数并非可以自由的。景帝元年有一道命令说：

> 间者岁比不登，民多乏食，夭绝天年，朕甚痛之。郡国或硗狭，无所农桑畜畜。或地饶广，荐草莽，水泉利，而不得徙。其议民欲徙宽大地者，听之。（《前》五）

武帝元鼎年间，"山东被河灾，及岁不登数年，人或相食，方二三千里。天子怜之，令饥民得流就食江淮间，欲留，留处"（《前》二四下）。这两次诏令，允许人民有迁徙的自由，以解决生活问题。由此可以推测，在平常的时候，如无诏令的允许或未经过特种的手续而随便搬家，大约是犯法的。我们再举别种证据来证明此点。先看陈汤的事：

> 成帝起初陵，数年后，乐霸陵曲亭南，更营之。万年（姓解，时为将作大匠）与汤议，以为"……子公（陈汤字）妻家在长安，儿子生长长安，不乐东方，宜求徙"。（《前》七○）

陈汤是山东的人，曾做过大官。假如他不愿居故乡，而迁徙又是自由的，解万年何必劝他求徙呢？

再看宣帝子淮阳宪王的事。淮阳宪王是张婕妤生的，但张婕妤不是淮阳的人，乃是我们所知道的。

> 宣帝崩，元帝即位，乃遣宪王之国。时张婕妤已卒，宪王有外祖母，舅张博兄弟三人岁至淮阳见亲，辄受王赐。后王上书：请徙外家张氏于国。博上书：愿留守坟墓，独不徙。王恨之。（《前》八〇）

假如搬家是自由的，淮阳宪王请他的母舅搬家，又何必去惊动天子呢？迁徙的不自由，到后汉还未改变。章帝元和元年（84），因为牛疫，谷食连少，便下了一道诏令：

> 令郡国募人无田欲徙他界就肥饶者，恣听之。到在所，赐给公田，为雇耕佣，赁种饷，贳与田器，勿收租五岁，除算三年。其后欲还本乡者，勿禁。（《后》三）

这段话里第一句与末句很可注意。前句允许人民他徙，后句允许人民归来。假如没有这道诏令，似乎饥民也不能逃荒他地，即逃出去之后，也不能自由归来。此外，还有张奂搬家的事，也可表示后汉移殖的不自由。

> 张奂……敦煌酒泉人也。……赐钱二十万，除家一人为郎。并辞不受，而愿徙属弘农华阴。旧制，边人不得内移，唯奂因功特听，故始为弘农人焉。（《后》六五）

后汉的"边人不得内移"，以及前汉的"王国人不得在京师"（《前》七一注），乃是约束移殖最明显的条例。别的条例一定还有，可惜史中没有详载。不过，这些条例足以妨碍人民的自由移殖乃是无疑的。

汉代不但移家的手续麻烦，便是路途上的费用也很大。这种旅行的花费，也是移居的一大阻碍。贾谊曾有一段文章，叙淮南人到长安去的艰难：

> 今淮南地远者或数千里，越两诸侯，而县属于汉。其吏民繇役往来长安者，自悉而补（应劭曰："自悉其家资财，补缝作衣。"师古曰："悉，尽也。"），中道衣敝，钱用诸费称此……（《前》四八）

不但淮南人到长安去要卖家财，便是从山东琅邪到长安去的人也非如此办不可。我们看琅邪人贡禹对元帝说的话便知：

> 臣禹年老贫穷，家訾不满万钱，妻子糠豆不赡，短褐不完。有田百三十亩，陛下过意征臣，臣卖田百亩以供车马。（《前》七二）

旅行的花费既然很大，所以如有不得已的旅行，自己的财力不足时，亲友每来帮忙。郭解是河内轵人，被征徙茂陵。他走的时候，"诸公送者出千余万"（《前》九二）。便是汉高祖在未得志的时候，因为远行，也要受他人的帮助。

> 高祖以吏徭咸阳，吏皆送奉钱三，何（即萧何）独以五（师古曰："出钱以资行，他人皆三百，何独五百。"）。（《前》三九）

这件事体使高祖对于萧何非常感恩。后来高祖平定天下，论功行赏，萧何被封为酂侯，食邑八千户。这事已令许多功臣的心里不满，但高祖记着萧何以前多送了他二百钱，所以还"益封何二千户，'以赏徭咸阳时何送我独赢钱二也'"（《前》三九）。

一个人的行动已经是这样费钱，一家的移动更不必说了。总结起来，我们可以说，两汉时的农业经济以及移居时手续之麻烦、旅行之花费，处处都可以使人民留恋故土，不做远徙之计。两汉时自动移殖的人见于史册者很少，便是因为这些缘故。

两汉时自动移殖的人，虽然很少，但被动移殖的乃是数见不鲜的事。汉高祖初即位时，曾从娄敬的话，办了一次大规模的强迫移民。

> 敬从匈奴来，因言："匈奴河南白羊楼烦王，去长安近者七百里，轻骑一日一夕可以至。秦中新破，少民，地肥饶，可益实。夫诸侯初起时，非齐诸田，楚昭、屈、景莫与。今陛下虽都关中，实少人。北近胡寇，东有六国强族，一日有变，陛下亦未得安枕而卧也。臣愿陛下徙齐诸田，楚昭、屈、景，燕、赵、韩、魏后，及豪杰名家，且实关中。无事，可以备胡；诸侯有变，亦足率以东伐。此强本弱末之术也。"（《前》四三）

高祖听了娄敬的话，所以"（九年）十一月，徙齐楚大族昭氏、屈氏、景氏、怀氏、田氏五姓关中，与利田宅"（《前》一下）。

光武都洛阳时并没有移民实都的举动，大约因为洛阳的民物丰盛，没有这种需要。可是后来董卓西迁，又强迫许多人家与他同徙了。

> （献帝初平元年）迁都长安。董卓驱徙京师百姓悉西入关。……己酉，董卓焚洛阳宫庙及人家。（《后》九）

前汉除汉高祖曾做一次大规模的移民外，以后的帝王如武帝、昭帝、宣帝等等都曾移民实陵。原来汉朝的皇帝有一种习惯，就是在自己没有死的时候，选择一块空地，预筑自己的坟墓，名为山陵。在造成的时候，便要从他处移一些人家来住。这种办法，到成、哀二帝的时候才行停止。武帝所移的民最多，他在还生存的时候曾移民三次于他所建筑的茂陵。被徙的人家有吏二千石，有富人，有豪杰并兼之家。这种举动有两层意义：

> 汉兴，立都长安，徙齐诸田，楚昭、屈、景及诸功臣家于长陵。后世世徙吏
> 二千石、高訾富人及豪杰并兼之家于诸陵。盖亦以强干弱支，非独为奉山园也。
> （《前》二八下）

"强干弱支"的政策，从巩固中央政府的势力上着想诚然是可取的。不过一根树的支末或者说是一个国家的边境，如太弱了，便有外侮的危险。所以在前汉时，除却移民关中的政策之外，还有一种相反的政策，便是移民实边。这个政策，秦始皇早已行过。前汉第一个人提出这个办法来的，便是晁错。文帝时错言：

> 远方之卒守塞，一岁而更，不知胡人之能，不如选常居者，家室田作，且以
> 备之。……要害之处，通川之道，调立城邑，毋下千家，……先为室屋，具田器，
> 乃募罪人及免徒复作令居之。不足，募以丁奴婢赎罪及输奴婢欲以拜爵者。不足，
> 乃募民之欲往者。皆赐高爵，复其家。……其亡夫若妻者，县官买予之。（《前》
> 四九）

文帝听他的话，便募民徙塞下。武帝元朔二年（前127），又听了主父偃的话，"募民徙朔方十万口"（《前》六）。元狩五年（前118），又"徙天下奸猾吏民于边"（《前》六）。元鼎六年（前111），"分武威、酒泉地，置张掖、敦煌郡，徙民以实之"（《前》六）。《前汉书·地理志》对于前汉最后一次移民曾有比较详细的记载：

> 自武威以西，本匈奴昆邪王、休屠王地，武帝时攘之，初置四郡，以通西域，
> 隔绝南羌、匈奴。其民或以关东下贫，或以报怨过当，或以悖逆亡道，家属徙焉。
> （《前》二八下）

根据这些报告，可知徙边的以罪人的家属为最多。前汉对于罪人的家属，每每使他们移居边界。罪人家属的徙边有时是大批的，如上文所述，但普通还是零星的由政府发往。这类的事多不胜载，如"（鲍）宣既被刑，乃徙之上党，以为其地宜田牧，又少豪俊，易长雄，遂家于长子(师古曰：'上党之县也。')"（《前》七二）。

又如淮南厉王有罪，"（有司奏）请处蜀严道邛邮，遣其子、子母从居，县为筑盖家室"（《前》四四）。

又如司马迁的外孙杨恽，因为与孙会宗的信里有不满朝廷的话，宣帝见而恶之，"廷尉当恽大逆无道，要斩。妻子徙酒泉郡"（《前》六六）。

又如息夫躬犯罪死在狱中之后，官吏又发现"躬母圣，坐祠灶祝诅上，大逆不道。

圣弃市，妻充汉，与家属徙合浦"（《前》四五）。

西汉的移民实边，以及被移的人中以罪人为多，已如上述。后汉时也有移民实边的举动。光武建武二十六年（50），南单于遣子入侍，云中、五原、朔方、北地、定襄、雁门、上谷、代八郡无边寇，于是"遣谒者分将施刑，补理城郭。发遣边民在中国者，布还诸县，皆赐以装钱，转输给食"（《后》一下）。

明帝接续光武移民实边的政策，除却鼓励边人在内郡的复归本土之外，还募死囚，减罪一等，令其徙边。如永平八年（65）：

> 诏三公募郡国中都官死罪系囚，减罪一等，勿笞，诣度辽将军营，屯朔方、五原之边县；妻子自随，便占着边县；父母同产欲相代者，恣听之。……凡徙者，赐弓弩衣粮。（《后》二）

明帝在位的时候，这类的诏令曾下了四次。以后如章帝、桓帝，都有类似的诏令。人情都畏死而愿生，大约在这种诏令之下，中原罪人远徙边郡的，当不在少数。

以上略举两汉人口移殖的事实。我们根据这些事实，提出两条结论。第一，两汉时自动移殖的人很少。第二，两汉被动移殖的可分为二种，第一种为移民实都，第二种为移民实边。这种种事实对于当时社会的文化发生一种什么影响呢？

据我的观察，两汉的强迫移民对于中原文化的传播有很大的影响。我们都知道，人是文化的负荷者，所以他到了什么地方，便把文化带到什么地方。近来如中国人移殖到美国去，所以美国的大都市内便有中国城出现，表示中国的文化，随着中国人也到了美国。近代如此，古代亦何独不然？两汉时到边疆去的人，虽然是以罪人及贫困的人为多，但他们却把中国的文化带到边疆去了。可惜他们比较地是中原的下流分子，受中原文化的陶冶还不甚深，而且边境多寇，他们不能长时期地安居乐业，所以不能把中原的文化在边疆发挥光大起来。虽然如此，两汉数百年间边郡文化发展的成绩也颇有可观。譬如武帝所置的敦煌郡，在两汉时是最西的边疆，在前汉时并没有出什么名人，但在《后汉书》中便有三位名人盖勋（《后》五八）、张奂（《后》六五）、侯瑾（《后》八〇下）是生长在敦煌的。又如与敦煌同州的安定，在前汉时也不出名人。杨恽《报孙会宗书》中有一段描写安定的情形："顷者，足下离旧土，临安定，安定山谷之间，昆戎旧壤，子弟贪鄙。"（《前》六六）

被杨恽所鄙弃的安定在后汉也出了六位名人，便是卢芳（《后》一二）、梁统（《后》三四）、李恂（《后》五一）、皇甫规（《后》六五）、皇甫嵩（《后》七一）以及那著《潜夫论》的大哲学家王符（《后》四九）。与敦煌同时设立的武威郡，在前汉无名人，在后汉也出了段颎（《后》六五）。

我们如离开西北的凉州来看东北的幽州，也可见同样的趋势。假如名人是文化的结晶，那么在前汉时，幽州的郡国除却涿郡与勃海之外，都无人物可言。但到后汉时，有许多幽州的郡县在前汉不出人物的，在后汉也有一二人显出了。在《后汉书》中可考的，幽州的代郡出了范升（《后》三六），上谷出了寇恂（《后》一六），辽西出了公孙瓒（《后》七三），乐浪出了王景（《后》七六），渔阳出了盖延（《后》一八）、王梁（《后》二二）及阳球（《后》七七）。只是并州的边郡，在前后汉都没有名人。云中郡在前汉时还出了两位二等的将帅，如李沮与郭昌（《前》五五），但后汉时便默默无闻。并州边郡的人物，不如他州边郡的缘故，一时还看不出来，留待将来再考。

四川在两汉时也算边郡，在汉初的时候文化也还是闭塞的。《前汉书·地理志》上说："巴、蜀、广汉本南夷，秦并以为郡"（《前》二八下）。秦时尝移民于巴蜀，在汉初时高祖又移了一大批去：

> 汉兴，接秦之敝，诸侯并起，民失作业，而大饥馑。凡米石五千，人相食，死者过半。高祖乃令民得卖子，就食蜀汉。（《前》二四上）

汉高祖本纪也说：

> （汉二年）关中大饥，米斛万钱，人相食。令民就食蜀汉。（《前》一上）

由此可知，汉初关中有一大批人民被饥馑逼迫到巴蜀去。此后，汉武帝开西南夷地，也移了许多人家入蜀。《后汉书》八六注云：

> 初，秦徙吕不韦子弟宗族于蜀，汉武帝开西南夷，置郡县，徙吕氏以充之，因置不韦县。

自此以后，巴蜀的文化便继续发展。益州各郡国，在秦时还无名人，到前汉时，汉中郡与蜀郡共出名人六七人，最有名的当然要算司马相如、王褒、扬雄以及身使异域的张骞。到了后汉时，益州的名人共有三十以上。不但汉中与蜀郡，便是巴郡、广汉、犍为等郡，也是名人辈出。广汉一郡，在后汉时产生名人十四，可与中原大郡相比而无愧色。犍为是在武帝时才开置的，《前汉书》中称它为"西南外夷"，但在后汉时也出了三位名人，由此可见西南在两汉时发展的程度了。

但在两汉的文化史上最重要的一点，而为一般人所未十分注意的，乃是中原的文化向西推移，致使关中成为产生人物的中心。此点与前汉历代帝王之移民关中颇有密切的关系。关中本为秦地，秦国在周代时是不出人物的。楚、魏诸国，都以夷狄待它。

后来秦之所以独霸诸侯，大半是靠客卿的力量。我们从帮助秦穆公并国二十、开地千里的由余数起，数到帮助秦始皇统一天下的李斯，便可知道秦国的人才差不多都是外地去的。秦国的土著，在《史记》中有列传的，不过白起、王翦及樗里子。《仲尼弟子列传》中，还可找寻得出两位秦人来，便是秦祖与壤驷赤。但这两位学生的言行在《论语》中竟看不到一点，以较齐鲁的弟子诚有愧色。由此可见，周代的秦实无高深的文化可言。便是统一中国的秦始皇，也不能算是秦人。他的母亲是邯郸豪家女，他的父亲也许是一位阳翟的大贾（《史记》八五）。

　　两汉时的秦地产生名人的力量，与周代便不同了。前汉移往关中的人家，从文化及生物两方面看去，都是中人以上的。这些移往关中的人，有许多是已成名的；有许多在移去的时候并未成名，但他们的子孙中却出了许多出类拔萃之士。我们上面已讲过武帝三次徙民于茂陵，被徙的人之中有官吏及富户。茂陵的移民是带有选择性的，于此可见。昭帝的母葬在云陵，史称"（始元三年）募民徙云陵，赐钱田宅"（《前》七）。云陵的移民是募来的，似乎没有经过选择的作用，但移往昭帝的平陵及宣帝的杜陵的人家却是选择过的。

　　　本始元年春正月，募郡国吏民訾百万以上徙平陵。……二年春，以水衡钱为平陵，徙民起第宅。（《前》八）

　　　（元康元年）更名杜县为杜陵，徙丞相、将军、列侯、吏二千石、訾百万者杜陵。（《前》八）

　　前汉的山陵虽多，造成后移去的人民也不少，但是只有茂陵、平陵与杜陵的人民乃是选择而来的。此种选择的移殖与人物的产生颇有关系。我们且看前汉时茂陵的人物：

　　（1）"董仲舒，广川人也，……家徙茂陵。"（《前》五六）

　　（2）"张敞，字子高，本河东平阳人也。祖父孺为上谷太守，徙茂陵。"（《前》七六）

　　（3）"杜邺，字子夏，本魏郡繁阳人也。祖父及父积功劳皆至郡守，武帝时徙茂陵。"（《前》八五）

　　（4）"原涉，字巨先。祖父武帝时以豪杰自阳翟徙茂陵。"（《前》九二）

　　（5）"郭解，河内轵人也，……及徙豪茂陵也，解贫，不中訾。吏恐，不敢不徙。卫将军为言'郭解家贫，不中徙'。上曰：'解布衣，权至使将军，此其家不贫！'解徙，诸公送者出千余万。"（《前》九二）

再看前汉时平陵的人物：

（1）"魏相，字弱翁，济阴定陶人也，徙平陵。"（《前》七四）

（2）"朱云，字游，鲁人也，徙平陵。"（《前》六七）

（3）"平当，字子思，祖父以訾百万，自下邑徙平陵。"（《前》七一）

（4）"韦贤，字长孺，鲁国邹人也。……贤以昭帝时徙平陵。"（《前》七三）

（5）"郑崇，字子游，本高密大族，世与王家相嫁娶。祖父以訾徙平陵。"（《前》七七）

（6）"何并，字子廉，祖父以吏二千石自平舆徙平陵。"（《前》七七）

此外前汉时平陵的人物，还有云敞（《前》六七）、李寻（《前》七五）、王嘉（《前》八六）及张山拊（《前》八八）等四人，我们不知道他们是从什么地方搬去的，但他们绝不是平陵的土人，因为平陵乃是昭帝时才成立的县。

前汉时杜陵的人物由他处移往的，有韦玄成（《前》七三）、尹翁归（《前》七六）、韩延寿（《前》七六）、萧望之（《前》七八）、冯奉世（《前》七九）、王商（《前》八二）、史丹（《前》八二）、黄霸（《前》八九）及田何（《前》八八）。此外，还有张汤（《前》五九）、苏建和苏武（《前》五四）、朱博（《前》八三）及陈遵（《前》九二），《前汉书》上只说他们是杜陵人，但没有说他们或他们祖宗的来历，依我的见解，这些人或他们的祖宗大约也是从别的地方搬去的。除却这三陵济济多士之外，在前汉时高祖的长陵有施雠（《前》八八）、田蚡（《前》五二）及车千秋（《前》六六）。施雠是他处移往的；田蚡当是齐人之后；千秋本姓田氏，其先齐诸田，是在高祖时徙往长陵的。惠帝的安陵有爰盎（《前》四九）与冯唐（《前》五○），二人都是徙者的子孙。景帝的阳陵有周仁（《前》四六）及田延年（《前》九○）。周仁之先，是任城人；延年之先，也是齐诸田，于高祖时徙往的。

现在我们要注意的一点，就是以上这些陵寝分在京兆、左冯翊、右扶风三郡之中，如杜陵在京兆，长陵（后汉属京兆）及阳陵属左冯翊，安陵、茂陵与平陵属右扶风。京兆在前汉时有县十二，左冯翊有县二十四，右扶风有县二十一。三郡合计，除却杜陵等六县之外，还有五十一县。假如这五十一县，也像杜陵等六县一样人才济济，那么杜陵等六县有人才三十余人，其余的五十一县便应有人才三百余人。实际的情形与我们所期望的乃大相差异。因为这五十一县，只有二县中出过人才，便是长安与栩。而且这二县的人才，屈一手之指可数。由此看来，杜陵等数县之多才乃是移民的结果，是毫无可疑的。

但是上面的事实中还有可注意的一点，便是由他处移往关中的上流人物，其子孙中亦多知名之士。此点在茂陵的名人录中已可看出，但我们研究后汉的名人时对于此点看得格外清楚。后汉时名人最多的一郡是南阳，这点是极易解释的。南阳是皇帝的家乡，光武即位，附骥尾而显名的颇多南阳的人。最显明的一个例子，便是开国功臣云台二十八将中，便有十一个是南阳的。所以南阳的多才乃是一种特殊的情形所造成的，正如在前汉时高祖的乡人屠狗贩缯之徒也可以赫赫一时。但这些人的得势不一定由于自己有特殊的才能，所以每招舆论的批评。郭伋见光武时，便言"选补众职，当简天下贤俊，不宜专用南阳人"（《后》三一）。由此看来，我们比较后汉各郡的人物时应略南阳而不论。

除开南阳不算，后汉时天下人才之多便要以扶风为第一了。在周代不出名人的地方，在后汉时居然在产生名人的数量上占了第一位，这真不是一件偶然的事。扶风一郡，在后汉时共出了名人三十位。其中有称帝蜀汉与光武争雄的公孙述（《后》一三）；有决策河北，定计南阳，帮助光武开国的耿弇（《后》一九）；有举羌胡边杂之师，一举而空朔庭的窦融后人窦宪（《后》二三）；有立志死于边野，以马革裹尸还葬的马援（《后》二四）；有与北海郑玄齐名，言为儒宗的贾逵（《后》三六）；有潜精积思二十余年，著作《汉书》的班固（《后》四〇下）。班固还有一个弟弟，便是那燕颔虎颈，飞而食肉，辍业投笔立功异域的班超（《后》四七）；还有一个妹妹，便是那著《女诫》七篇的班昭（《后》八四），可谓班氏一门三杰。假如后汉没有这几个人，后汉的历史岂不减色？除了这几个人之外，扶风还出了万脩（《后》二一）、鲁恭（《后》二五）、韦彪（《后》二六）、张湛（《后》二七）、杜林（《后》二七）、申屠刚（《后》二九）、苏竟（《后》三〇上）、郭伋、孔奋、苏章（《后》三一）、法雄（《后》三八）、班彪（《后》四〇上）、何敞（《后》四三）、马融（《后》六〇上）、窦武（《后》六九）、秦彭（《后》七六）、李育（《后》七九下）、傅毅（《后》八〇上）、井丹、矫慎、梁鸿、法真（《后》八三）。

我们如把上列的三十人，看他们在扶风各县的分派，还可发现一件最有趣味的事，就是扶风十五县中，除却眉县出了法雄、法真及井丹，漆县出了李育之外，其余的二十六人都集中于三县，便是上文所讲的安陵、茂陵与平陵。其中出身安陵的有三人，出身茂陵的有十二人，出身平陵的有十一人。茂陵与平陵的人才众多，是否因为武帝、宣帝移民留下来的影响呢？我们对于这个问题，只有回答"是的"。因为根据《后汉书》的记载，这些名人的祖先，有许多的的确确是于前汉时由别处搬去的。我们暂且先看安陵三位名人的祖宗。

这三位名人，便是班彪与他的儿子班固、女儿班昭。班超史称其为平陵人，所以我们把他放入平陵的名人中计算。班氏之先，原住楼烦（《前》一〇〇上），所以他们是从外边去的，无可疑虑。再看茂陵的十二位名人，其中如公孙述，祖宗原是无盐人，武帝时以二千石徙往（《后》一三）。耿弇之先是巨鹿人，也是武帝时以二千石徙往（《后》一九）。马援的先人是邯郸的，武帝时以吏二千石徙茂陵（《后》二四）。杜林的父乃是杜邺，其先是魏郡繁阳人，武帝时徙茂陵（《后》二七）。申屠刚的七世祖是申屠嘉，文帝时为丞相，我们查《前汉书》，知道他原是梁人（《前》四二）。郭伋的高祖父是郭解，我们前面已经讲过，他是在武帝时自河内郡搬去的。孔奋的曾祖是孔霸，我们在前面也说过，他原是鲁国的人。马融与马援是一族的，他当然也出自邯郸（《后》六〇上）。此外还有万脩、秦彭、傅毅与矫慎四人，我们从史书中找不出他们的祖宗是从什么地方搬去的，只好阙疑。至于平陵十一人，班超已经在上面提过了。窦融的高祖父是常山人，宣帝时以吏二千石徙往（《后》二三）。鲁恭的先人，世吏二千石，哀平间自鲁而徙（《后》二五）。韦彪的高祖父是韦贤，宣帝时为丞相，祖籍原是鲁国的（《前》七三）。苏章的八世祖是苏建，原为杜陵人（《前》五四）。贾逵的曾祖父原是洛阳人，宣帝时以吏二千石徙（《后》三六）。何敞的先人，家于汝阴，本始元年（前73）才自汝阴徙平陵（《后》四三）。窦武是窦融的玄孙，其先当然也出自常山。此外还有张湛、苏竟、梁鸿三人的祖先无所考。不过从上面这些事实看来，我们可以断言，扶风的名人大多数是前汉武、宣时移民的后裔。假如武、宣二帝没有移民的举动，后汉的扶风绝不会成为名人产地的中心。这种现象，很难用环境的学理来解释。因为假如扶风的环境优越，在这种优越的环境之中大人物自然产生，何以扶风全郡十五县的名人几乎都集中于茂陵、平陵呢？不但诸陵的名人，其祖宗是他处搬往的，便是上面所说眉县那两位姓法的，祖宗也是从别处搬往的。他们原是齐襄王法章之后，秦灭齐，子孙不敢称田姓，乃以法为氏。宣帝时，他们的祖宗才徙往扶风（《后》三八）。我们当然不承认名人的产生，遗传为唯一的元素，因为上面已经讲过，南阳名人的产生，环境似乎负较大的责任。但我们如谈扶风名人的来源，便不得不把遗传的因子放在环境之上了。

　　靠近扶风的京兆，在后汉时也出了十三位名人。京兆共有十县，但人才却集中在长陵与杜陵。这十三人之中，宋弘与宋登是长安的，王丹是下邽的，苏顺是霸陵的，杨政我们只知道他是京兆人，而不知道他属于何县。此外冯衍、廉范、张纯、杜笃属于杜陵，乐恢、赵岐、第五访、第五伦属于长陵。冯衍之先是上党潞人，曾祖父奉世时才徙杜陵（《后》二八上）。廉范之先，在汉兴时以豪家自苦陉徙往（《后》三一）。张纯的高祖父张安世，宣帝时为大司马，在那时便已居杜陵了，其先是何处来的已不可考（《后》三五）。杜笃的高祖是杜延年，宣帝时为御史大夫（《后》八〇上），杜延年的父亲是杜周，乃是南阳杜衍人（《前》六〇）。所以后汉杜陵的人物，也是前汉移民的后裔。长陵的乐恢、赵岐不可考，但第五伦、第五访乃是齐诸田之后。汉时诸田徙园林的很多，乃以次第为氏（《后》四一），所以这两位名人也是移民的后裔。

总括以上的讨论，我们不得不承认前汉时武、宣诸帝那种含有选择性质的移民，其影响是很大的。假如一个地方，召集了许多优秀分子来住家，这个地方以后便能产生名人。这条原理，我们在研究两汉的历史时可以应用，研究以后各代的历史时也可以应用。不过，江南名人的产生与晋宋的南渡颇有关系，此点已为大家所承认，所以不必在此赘述了。

两汉移民发生的影响已如上述，不过当时移殖的人民在全人口中还是占最少数。大多数的人民，因为农业经济的关系及移殖的不方便，所以是不大搬家的。他们生长在甲县，老死也在甲县。他们的祖宗在甲县住家，子孙也在甲县住家。在这种情形之下便发生了两种特殊的观念：一种是乡土观念，一种是家族观念。这两种观念，在中国历史上发生了很大的影响，我们在此也不能细叙。不过这两种观念的养成，无非由于家庭的不流动。在家庭流动性很大的国家如美国，人民很少有这两种观念，即有也是很薄弱的。

历代在一个地方住家的人，对于他的故乡自然会发生一种感情。所以汉高祖的父亲即使到长安去做皇帝的父亲，精神上还是不快乐。弄得汉高祖没有办法，只好在关中更筑城寺市里如丰县，名曰新丰，还要发一道命令，使在丰县住家的都搬到新丰来住（《前》一下）。高祖本人也是一个乡土观念很重的人，看他击破黥布后回沛的举动可知：

> 上还，过沛，留，置酒沛宫，悉召故人父老子弟佐酒。发沛中儿得百二十人，教之歌。酒酣，上击筑，自歌曰："大风起兮云飞扬，威加海内兮归故乡，安得猛士兮守四方！"令儿皆和习之。上乃起舞，忼慨伤怀，泣数行下。谓沛父兄曰："游子悲故乡。吾虽都关中，万岁之后吾魂魄犹思沛。且朕自沛公以诛暴逆，遂有天下，其以沛为朕汤沐邑，复其民，世世无有所与。"（《前》一下）

乡土观念发达的人，生在故乡，死也愿在故乡。与高祖有同感的人，两汉时是很多的。我们试看贡禹上元帝的书：

> 臣禹犬马之齿八十一，血气衰绝，耳目不聪明，非复能有补益，所谓素餐尸禄污朝之臣也。自痛去家三千里，凡有一子，年十二，非有在家为臣具棺椁者也。

诚恐一旦顚仆气竭，不复自还，洿席荐于宫室，骸骨弃捐，孤魂不归。不胜私愿，愿乞骸骨，及身生归乡里，死亡所恨。（《前》七二）

便是立功异域的班超，到了年老的时候也动了故乡之思：

超自以久在绝域，年老思土。十二年，上疏曰："臣闻太公封齐，五世葬周，狐死首丘，代马依风。夫周齐同在中土千里之间，况于远处绝域，小臣能无依风首丘之思哉？……臣不敢望到酒泉郡，但愿生入玉门关。"（《后》四七）

生死固然都愿在故乡，便是在他乡得志，不回故土，也得不到感情上的满足。所以项羽以为富贵不归故乡，如衣锦夜行（《前》三一）。反是，衣锦还乡便算是人生的乐事，史上的佳话。朱买臣原在本乡，给他的妻子看不起，后来"上拜买臣会稽太守。上谓买臣曰："富贵不归故乡，如衣绣夜行，今子如何?"买臣顿首辞谢"（《前》六四上）。他的同乡严助，平生大愿也是回乡去做太守：

助侍燕从容，上问助居乡里时，助对曰："家贫，为友婿富人所辱。"上问所欲，对愿为会稽太守。于是拜为会稽太守。（《前》六四上）

后汉的景丹，是云台二十八将之一。光武以他功高，封他到故乡去做栎阳侯，并且同他说：

今关东故王国，虽数县，不过栎阳万户邑。夫"富贵不归故乡，如衣绣夜行"，故以封卿耳。（《后》二二）

衣锦还乡这句话从项羽传到现在，还是津津为人所乐道，可见项羽说破了乡土观念很重的人意识中一种潜在的欲望。这种乡土观念固然由于家庭的不流动而起，但这种观念养成之后格外使人不肯离弃他的乡井。

在中国人的脑海中比乡土观念还要明显的，便是家族观念。家族观念，由于家族之存在而生。在流动性很大的国家中，一个人的环境，只有家庭，甚至是零星不全的家庭。在两汉那种移殖不常的社会中，不但家庭常在一个人的环境中，便是他的宗族与他的日常生活也脱不了关系。两汉的人，既多与宗族同居，所以各地常有大姓出现。这些大姓起初的人口也许并不很多，不过因为子孙并不移殖他郡，年积日久便成为大姓了。这种大姓在前汉可考的，如济南有瞷氏（《前》九〇），河内有穰氏（《前》九〇），颍川有原氏、褚氏（《前》七六）、灌氏（《前》五二），涿郡有西高氏、东高氏（《前》九〇）。后汉时大姓可考的，如信都有马氏（《后》二一），巨鹿有耿氏（《后》二一），鄗县有苏氏（《后》二一），舞阴有李氏（《后》二六），湖阳有冯氏（《后》三三），北海有公孙氏（《后》七七）。此外，散见于各传及不可考的大姓还不知凡几。大姓发达的地方，当然有一些奸人借宗族的势力做种种的罪恶。所以两汉的酷吏，如欲表示他的威严，每从治大姓下手。懦弱无能的官吏，每为大姓所控制，这也是宗族制度发达后的一种病态。

我们在此只想指出人口的固定与宗族观念发达的关系。至于宗族观念发达以后对于社会发生一种什么影响乃是一个很复杂的问题，在此不能多论。但有一点我们要注意的，就是两汉时如天下太平，同族的人固然在一处共营生活，即在乱离的时候，他们无论是御敌，是逃难，是从军，每取一致的行动。

更始新立，三辅连被兵寇，百姓震骇，强宗右姓各拥众保营，莫肯先附。（《后》三一）

第五伦……京兆长陵人……王莽末，盗贼起，宗族闾里争往赴之。伦乃依险固筑营壁，有贼，辄奋厉其众，引强持满以拒之，铜马、赤眉之属，前后数十辈，皆不能下。（《后》四一）

（樊宏）为乡里著姓……更始立，欲以宏为将，宏叩头辞曰："书生不习兵事。"竟得免归，与宗家亲属作营堑自守，老弱归之者千余家。（《后》三二）

这是宗族合力御敌的事。

董卓之乱，（荀彧）弃官归乡里。同郡韩融时将宗亲千余家，避乱密西山中。彧谓父老曰："颍川，四战之地也。天下有变，常为兵冲。密虽小固，不足以捍大难，宜亟避之。"乡人多怀土不能去。会冀州牧同郡韩馥遣骑迎之，彧乃独将宗族从馥，留者后多为董卓将李傕所杀略焉。（《后》七〇）

这是宗族一同避难的事。

至于宗族的长幼老弱男女一齐从军，在今日看来似乎有点稀奇，但在汉时却是常事。赤眉之乱，所过残贼，但光武还赞他们有三善，第一善便是"攻破城邑，周遍天下，本故妻妇无所改易"（《后》一一）。

从这点看来，可知赤眉横行中原，是时时都带家眷走的。他们在乱世中，别的道德信条都打破了，但没有得新忘旧，这大约是宗族控制的力量罢。不但在赤眉中有许多随军的家族，在官军中也是一样。

会王郎反，世祖自蓟东南驰，（耿）纯与从昆弟䜣、宿、植共率宗族宾客二千余人，老病者皆载木自随，奉迎于育。……世祖曰："……军营进退无常，卿宗族

不可悉居军中。"（《后》二一）

更始政乱，（张宗）因将家属客安邑。及大司徒邓禹西征，定河东，宗诣禹自归。……禹军到枸邑，赤眉大众且至，禹以枸邑不足守，欲引师进就坚城，而众人多畏贼追，惮为后拒。禹乃书诸将名于竹简，署其前后，乱著筒中，令各探之。宗独不肯探，曰："死生有命，张宗岂辞难就逸乎?"禹叹息，谓曰："将军有亲弱在营，奈何不顾?"（《后》三八）

刘伯升起义兵，（阴）识时游学长安，闻之，委业而归，率子弟、宗族、宾客千余人往诣伯升。伯升乃以识为校尉。（《后》三二）

这些都是家族一同从军的事。家族在两汉时还可以视为生存竞争的一个单位，在天下太平的时候，一个人有宗族为声援，便没有人敢来欺侮。在乱离的时候，他们还是团结起来，御外侮，谋自存。这种精神的表现，乃是长时期同居的结果。

以上论两汉的人口移殖与当时文化的关系，以下当进而讨论两汉的人口流动及其影响。

民国二十年 4 月 22 日，南京

（载《社会学刊》第 2 卷第 4 期，1931 年）

# 最近一年之人口

## （一）中国人口总数的推测

在 1930 年（民国十九年）以前，中外学者对于中国人口总数推测的文章很多，但其结果殊不一致。据我所知，最低的推测乃是 1904 年（光绪三十年）美国公使乐克里耳（Rockhill）所发表的，他说那时中国的人口只有 2.75 亿。最高的推测，乃是 1925 年（民国十四年）陈启修先生发表的，他说中国的人口约有 547 020 880。其余的推测，大约在这两个数目之间。这种很大的差异，真是令研究这个问题的人不知所从。1930 年，国际统计协会在东京开第十九次会议，那时会场中辩论最烈的题目便是中国人口总数的推测。参入这个辩论的人，西人可以康奈尔大学的教授威尔科克斯为代表，中国可以陈长蘅及陈华寅二人为代表，他们的推测有很大的差异。威氏以为中国的人口在 3.5 亿左右，二陈以为中国的人口在 4.5 亿左右，这 1 亿的差异便是辩论的焦点。

我们现在可以简单地讨论他们差异的原因。

先说威氏的估计何以与陈长蘅的估计相差。在此，我们以为很有趣味的一点，就是他们研究的出发点都是相同的，都是根据于宣统年间的户口统计。宣统年间的户口调查，系先调查户数，然后调查口数，但口数只有数省调查完毕，清室便被推翻了。所以那时的户数有多少，我们有统计可查；但口数有多少，却没有统计可考了。威氏与陈长蘅二人，便用各种统计的方法想去解决两个问题。第一，宣统年间中国有多少户数？第二，每户平均的人口到底有多少？他们以为这两个问题如有答案，则二数相乘，便等于中国在宣统年间的人口总数。

　　但是解决这两个问题也有困难。第一，宣统二年（1910）十二月二十七日发表的户数调查，虽比较完备，但也有遗漏之处，此点为威氏与陈长蘅所公认。可是哪些省份的户数可靠，哪些省份的户数不可靠，两人的见解却不一致。威氏以为四川及奉天两省的户数不可靠，所以加以修正；陈长蘅以为除却这两省之外，山西、江苏、江西、云南、广西等省的户数也要修正。结果，他们得到两个不同的答案。威氏以为十八省的户数是 64 539 479，加上东三省及新疆，便为 67 586 294。陈长蘅以为十八省的户数是 68 136 093，加上东三省及新疆，便为 71 252 928。这是他们对于户数估计的差异。还有每户的平均口数，他们的估计也有差异。威氏以宣统年间的报告，户数与口数俱全的，有直隶、浙江、江西、贵州等省。从这几省的统计，他推算每户的平均人口为 5.0。陈长蘅发现报告中户、口俱全的，有北京内外城，顺天府所属，直隶（北京顺天府及八旗除外）、吉林、黑龙江、贵州、山西、江西大部分，浙江、四川等处，其中山西、江西、浙江、四川四省的报告，陈长蘅以为不可靠，把它们除开之后，得到每户的平均人口为 5.2。因为这两个数目不同，所以威氏以为宣统二年中国二十二省之人口为 341 730 000，而陈长蘅则谓有 370 515 000。

　　他们两人对于宣统二年中国人口的估计，相差虽约有 2 800 万，但这种差异还不算大。他们差得厉害的地方，乃是对于最近人口的估计。威氏有一个大胆的假设，就是中国的人口近年来并没有加增。岂止近年来没有加增，中国的人口从 1800 年以后便处于停顿状态了。他所提出来的理由，一是中国近 200 年来食料的供给并未加增，二是中国人的生活程度并未降低。这两种影响人口加增的元素既未变动，所以中国人口的数目也未变动。

　　在此，陈长蘅提出 1928 年（民国十七年）国民政府调查各省人口的成绩来。他以 1928 年江苏、浙江、安徽、山西、陕西、广西的人口报告与他所修正的宣统二年人口报告，发现这六省的人口从 91 804 905，加至 111 283 869。换言之，这六省的人口从宣统二年以后平均每年要加 10‰。假如别的省份的人口也像这样增加，那么中国的人口已有 461 713 000。这个数目，比较威氏的估计要多 1.2 亿。

　　陈华寅的推测，系由 1912 年（民国元年）国务院的户口统计出发。他以为民国元年的户口统计，其可靠性并不减于宣统年间的调查。据他的计算，民国元年中国内地及东三省的户数为 74 882 899。假如民国元年的每户平均口数也像民国十七年那样是 5.18 人，那么民国元年中国的人口计有 387 890 000，加以外藩，计有 393 190 000。他又以民国十七年已有人口统计的八省与民国元年那八省的人口比较，求得这八省平均每年人口的加增率为 7.8‰。假如别省的人口也是照样地增加，那么民国十七年中国的人口应有 4.45 亿。所以陈华寅的估计，也要超过威氏估计的 1.03 亿多。

从上面的讨论里，我们可以看出威氏的估计与二陈所以不同的原因，便是威氏假定中国近年来人口并无增加，而二陈则根据于国府最近的统计，推定中国的人口近来确有增加。据我们看来，威氏不信中国人口加增的论据是很薄弱的。他先有一种成见，所以对于最近内政部所发表的人口统计便不加信任。但是我们本国人知道，1928 年的人口调查，虽然可靠的程度比不上欧美各国的人口调查，但是如与 1910 年（宣统二年）的人口调查相比，其可靠性实有过之无不及。威氏能信 1910 年的人口调查，为什么不能相信 1928 年的人口调查？还有他说中国食料的来源没有加增及生活程度没有下落二点，并未拿出证据来。关于生活程度一点，我们难下断语，但是食料一点，则近年来东北及西北的开发、国外米麦的输入，似乎都可以反证威氏之说，所以我们对于威氏中国人口停顿之论不表同情。同时，我们对于二陈的估计也不能认为完全可靠。陈长蘅谓宣统二年以来，中国人口之平均加增率为 10‰，陈华寅谓民国元年以来中国人口之平均加增率为 7.8‰。这两个数目的相差，便是我们不知道中国人口加增率到底是多少的明证。而且中国幅员广大，各地的文化状况不同，我们绝不能以研究数省所得的结论来概括全国。即使我们承认江苏、浙江等省的人口确有加增，我们也不能推论说是其余各省的人口也照样加增，所以二陈的估计也还有讨论的余地。大约中国人口总数这一个谜，非等到全国有了人口调查，是不能解决的。

## （二）中国人口的性别分配

1928 年（民国十七年）的人口调查，已由内政部发表的共十二省，其性别分配如下：

| 省别 | 男 | 女 | 男子与女子 100 之比 |
|---|---|---|---|
| 浙江 | 11 594 328 | 9 028 739 | 128.4 |
| 湖北 | 14 723 534 | 11 972 719 | 122.9 |
| 新疆 | 1 423 569 | 1 144 071 | 124.4 |
| 湖南 | 17 550 061 | 13 950 280 | 125.8 |
| 江苏 | 18 163 676 | 15 966 008 | 113.7 |
| 察哈尔 | 1 176 485 | 820 749 | 143.3 |
| 山西 | 6 926 102 | 5 161 849 | 134.1 |

续表

| 省别 | 男 | 女 | 男子与女子100之比 |
|---|---|---|---|
| 绥远 | 1 293 855 | 830 059 | 155.8 |
| 陕西 | 6 593 264 | 5 208 960 | 126.5 |
| 安徽 | 12 211 581 | 9 503 815 | 128.4 |
| 河北 | 17 285 446 | 13 832 765 | 124.9 |
| 辽宁 | 8 312 636 | 6 686 694 | 124.3 |
| 总计 | 117 254 537 | 94 106 708 | 124.5 |

观上表可知，在有报告的十二省中男子比女子要多2 300余万。换句话说，每100个女子中，便有124个男子。这种情形与欧洲各国恰恰相反，因为在他们那儿都是女子比男子多。美国是男子多于女子，但其比率是1.04，也不如中国之甚。中国男多于女的实情也许不如统计所表示的那样厉害，因为对于调查人口有经验的人都异口同声地说，中国人在报告家庭人口时每每把女子遗漏了，特别是一二岁的女婴。所以将来的人口调查，如较现在完密一点，也许我们要得到一种不同的统计。不过我们对于中国男多于女的程度，虽不能下一断语，但是对于男多于女这件事实大约是不能否认的。造成这种现象的原因很复杂，有先天的，有后天的，我在《社会学刊》一卷四期曾有一文，名《解释中国男多于女的几种假设》，专论此题，兹不赘叙。

以上所讲的性别比例，乃是人口长成后的性别比例。关于中国婴儿出生时的性别比例，吴泽霖教授在中国社会学社第一次年会时曾有一个报告。他所举出的事实，有下列数点：

（1）上中经济阶级的家庭334家共生过1 844个小孩，其中男的占1 074个，女的占770个，男与女之比为139.4∶100。

（2）北平特别市卫生局的报告，该市于民国十七年10月至12月间出生的男子共1 199人，女子共1 019人，男女的比例为117∶100。

（3）上海特别市卫生局的报告，自民国十八年1月至十九年10月该市出生男婴20 608人，女婴16 331人，男女比例为126∶100。

（4）上海西门妇孺医院自1927年7月至1929年12月，共接生2 909人，其中男婴1 561人、女婴1 336人，男与女之比为116.8∶100。

以上数种统计，吴泽霖教授以为最后一种为最可靠。这种性别比例与希腊的差不多，比别的欧美国家都要高些。譬如德国，男婴比女婴100之数为107，英法二国为105，瑞典为106，都比中国为低。中国男女的数目在出生时为什么便相差如此之巨，是很值得研究的。

　　人口的分配，除却性别分配以外，还有年龄分配、婚姻状况分配、职业分配等等，在各省调查人口时都在调查之中，但有报告出来的却很少。便是有报告出来的，因为作报告的人不明人口统计原理，所以结果毫无科学上的价值。譬如人口的年龄分配，研究许多问题都用得着。作人口报告的人，应当把每岁的男女分别报告出来，让应用这种统计的人自己去分组（如以 5 岁为一组，或 10 岁为一组，或 6 岁至 12 岁为一组），去适合他们自己的用途。但是各省的人口统计，每把年龄分组报告出来。譬如浙江的报告便分为三组，20 岁以下为一组，21 岁至 40 岁为一组，41 岁以上为一组。这种统计毫无用处，办教育的人用不着它，研究死亡率的人用不着它，商人也用不着它。学者如想拿别国的情形与浙江比较，更觉得这种统计一钱不值。又如上海公安局发表的 1930 年 7 月份户口统计，把上海市民的年龄分为八组，未满 1 岁为一组，1 岁至 5 岁为一组，6 岁至 12 岁为一组，13 岁至 20 岁为一组，21 岁至 40 岁为一组，41 岁至 60 岁为一组，61 岁至 80 岁为一组，81 岁至 100 岁为一组。像这种参差不齐的分组法，比浙江的统计，正如五十步比百步，价值也高不了多少。由此可见，办人口统计固属紧要，但办时最紧要的一件事便是多请几位专家去做顾问。

## （三）中国人口的移动

　　中国人口的移动，可分作三方面观察：一是由乡村移到都市中去，二是由内地移到边省去，三是由国内移到外国去。

　　近年以来，由乡村移到都市去的人日渐加多，最要紧的原因有二：第一是天灾人祸的压迫，使乡民的生活不安宁；第二是外货侵入，破坏了乡村经济的基础。在这种情形之下，都市一天一天地膨胀起来。据内政部的人口报告，100 万人口以上的都市，中国已有三个，便是上海、北平、天津。又据何廉、方显廷二人合作的《中国工业化之程度及其影响》一文中引用海关的统计，说中国 20 万人口以上之城镇共有 15 个。这种估计，大约是未详尽的。中国因为没有大规模的人口调查，所以多少人住在城市里，多少人住在乡村里，我们很难回答。便是有人口统计的几个都市，我们从那些统计中也不能断定这些都市人口的膨胀，由于自然增加的占百分之几，由于乡村移民的占百分之几。我们所以不能回答这个问题，乃是由于许多有人口统计的都市并无人口的出生与死亡登记。因无出生与死亡登记，所以我们不知道各都市的人口自然增加率，连带着我们也就不能推定乡村移民的数量了。但是中国的都市也有举办人口出生与死亡登记的，这种登记的不可靠，不必专家审查，便可以看得出。某市的死亡率，常在2‰左右。假如这种死亡率是可靠的，这个市里的人平均非活到五百岁不可，这不是大笑话吗？又有某市的卫生局长，因为看到市中的死亡率低得太可笑了，所以督察他的属员与警察合作，认真考察该市中死亡的真实情形，在一个月之内死亡率便由10‰以下加到25‰以上。由此可见，近来各市所发表的各种人口登记，可靠的实在很少，假如我们去引来做参考的材料，一定要自误误人的。

近数年来，山东、河北、河南、陕西等省，因年岁歉收，生活艰窘，加以内乱的压迫，人民更不能安居乐业，所以移殖他处的很多。这些离乡背井的人，有一大部分是往边疆去。而往边疆去的人，又以往东三省去的为多，往内蒙古去的次之，往新疆去的又次之。往新疆去的人，所以稀少，乃是由于交通的不方便。譬如由北平经长安、兰州、嘉峪关到新疆的奇台县起码要花三个月，路上如有耽搁，半年五个月也说不定。便是由北平乘平绥火车至包头改骑骆驼走内蒙古以入新疆，至少也要一个半月。从西伯利亚铁路去，费时是要少些，不过半个月便可到新疆，但路费太贵了，非200元不可。因为这些缘故，所以新疆虽然还可以容纳一些人口，但内地人去的却不多。内蒙古自改设三省以后，移殖的人渐多。据美国商务参赞安诺德（Annold）的观察，中国人在内蒙古开荒，每年至少要前进一英里。这种趋势如继续下去，不久内蒙古的文化便可与内地渐趋一致了。内外蒙古的人口，据威尔科克斯的推测，在宣统二年时合计不过200万。但据内政部最近发表的统计，察哈尔便有2 132 493人，绥远也有2 114 881人，加以热河，大约内蒙古三省最近的人口当在600万以上，由此便可猜想近年移民内蒙古的数量了。但是近十数年来，移民最大的渊薮还要算东三省。东三省的人口，据麦乐来的估计，在1900年时有1 400万人，近来辽宁一省便有1 500万人，加以吉林、黑龙江，东三省人口的总数当在2 500万至3 000万之间。据南开大学社会经济研究会之调查，自民国十一年至十九年底，直鲁豫三省人民出关就食的共计480余万，求之各国史乘，殆无其匹。兹参考各处统计，我国历年来内地人民移往东三省的情形如下：

| 年次 | 内地居民向东三省移动之人数 | 复回原籍之人数 | 留住东三省之人数 |
| --- | --- | --- | --- |
| 1923 | 341 638 | 241 565 | 101 073 |
| 1924 | 384 730 | 200 046 | 184 684 |
| 1925 | 472 978 | 237 746 | 235 232 |
| 1926 | 566 725 | 323 694 | 243 031 |

续表

| 年次 | 内地居民向东三省移动之人数 | 复回原籍之人数 | 留住东三省之人数 |
|---|---|---|---|
| 1927 | 950 828 | 341 959 | 608 869 |
| 1928 | 938 472 | 394 247 | 544 225 |
| 1929 | 1 046 291 | 621 897 | 424 394 |

以上这些统计，只包括那些乘火车或轮船去的内地人民，还有步行出关的，那就不可考了。东三省有南北部之分。其南部地区的人口已很稠密，每方里有 150 余人，已有不能再吸收移民之势。但其北部地区居民稀少，吉林每方里有 108 人，黑龙江只有 24 人，所以东三省将来移民的发展在北不在南。现在到东三省去的移民，以长春为目的地的最多。到长春的移民，或即分布于吉林省南部各地，或再北上至哈尔滨分布于吉林的中部、北部及黑龙江全省。其北部地区的人口现在不过 1 000 万左右，将来最低限度也可容纳现有人口三倍之多，而增至 3 000 万。

华侨出国，我国从来是不登记的，所以近年来华侨出国的实数共有若干，无从查考。最近我搜集了 50 余处的华侨统计及估计（详表见拙著《中国海外移民鸟瞰》，载中国社会学社第一次年刊），知道华侨在海外的数目自 800 万至 1 100 万，按洲分派如下：

| 洲名 | 华侨数目 | | |
|---|---|---|---|
| 亚洲 | (1) | 7 283 343 | （暹罗估计取小数） |
| | (2) | 9 283 343 | （暹罗估计取大数） |
| 澳大利亚与海洋洲 | (1) | 946 757 | （荷属南洋群岛估计取小数） |
| | (2) | 1 962 112 | （荷属南洋群岛估计取大数） |
| 南北美洲 | | 210 101 | |
| 欧洲 | | 22 000 | |
| 非洲 | | 15 539 | |
| 共计 | (1) | 8 477 740 | |
| | (2) | 11 493 095 | |

这个表中的估计所以有两个，乃是由于对于华侨有估计的地方，其中有两处，各家的估计相差得太多。这两个地方，便是暹罗与荷属南洋群岛。暹罗的华侨据暹罗政府的估计，不过 50 万人，但据华侨代表的报告，中国在暹的侨民自 180 万至 250 万。荷政府对于荷属南洋群岛华侨的统计为 80 余万，而中国经济讨论处的估计却有 180 余万。这种差异，大约是由于两方面对于华侨所下的定义不同。中国人把土生的华侨算

入，而当地政府却把土生的不包入华侨之中。我们对于暹罗与荷属南洋群岛华侨的估计，如取小数，则华侨在海外的总数只有 850 万左右；如取大数，便加到 1 150 万左右了。

在 1930 年（民国十九年），华侨的出路大受影响。暹罗的新移民律，谓主管移民事宜的部长得规定外人入暹应带之金额及限定每年准设外人入暹数目及其种类。华侨入暹，因此便没有以前那样自由了。南洋新加坡英属政府因锡矿停工，树胶跌价，土人失业的很多，所以从 8 月 1 日起颁布限制华人入口令，到年底还未取消。荷属南洋群岛，有从 1931 年起对于入境之外侨征收入口税从 100 盾改至 150 盾之说。凡此，都是对于华侨的出路有不良影响的。但在这些不好的消息中，中美洲的尼加拉瓜，忽有与中国订约取消华人入境苛例之说，算是可以乐观的一件事。

总括上面的讨论，我们可以看得出，关于中国人口的事实，我们现在知道得很少。许多简单的问题在外国翻一下年鉴，便可得到答案，而在中国却做不到。原因便是至今中国还无大规模的人口调查。近来国民政府设了主计处，据说他们在最近的将来便要举行人口清查。假如这件事能够做到，我们将来讨论中国人口问题时，便有许多材料可以贡献了。

（载《时事年刊》第 1 期，1930 年至 1931 年）

# 一个内乱的分析——汉楚之争

在中国的各种社会问题中，有一个问题与民众的幸福最有密切的关系，那便是内乱问题。这个问题虽然重要，可是历来只有历史家才去研究它，学社会科学的还没有人去分析过这个问题。其实内乱在中国的历史中不知发生了若干次，不但中国有内乱，便是外国也有内乱。所以内乱并无时间性与空间性，凡是在一个环境中如有发生内乱的条件，便有发生内乱之可能。这种超乎时间空间而存的事实，正是社会科学的好材料。社会科学家去研究这个问题，最好把一切内乱，不问它发生在什么时候，发生在什么地方，都把它搜集起来，做一个比较的研究，看看内乱有无共同的条件，有无共同的过程。不过这种研究，虽然能够给我们一个对于内乱最抽象、最科学的认识，在实行起来却有许多困难，因为各国关于内乱的记载都是零散的、杂乱的，还没有人做过一番整理的工夫。既然没有这些整理过的材料作根据，我们便无法做比较研究。

比较研究既然为目下情形所不许，那么我们对于这个问题还有什么别的方法可以下手么？我的答案是肯定的。我以为现在去研究内乱问题，很可以从解剖学家那儿去学一点乖巧。解剖学家研究人体的构造时，并没有拿许多人体来解剖以做比较的研究。他只拿一个人体去细细地分析，想从这一个身体上去发现人体构造的神秘。他细细地解剖过一个人的身体之后，对于一切人的身体都有相当的认识了。我们研究内乱，也无妨学他的方法。我们可以拿出一个内乱来细细地分析，把一个内乱分析清楚之后，我们能否对于其余的内乱便有相当的认识呢？在没有研究之先，谁都不敢下一断语。解剖学家研究过一个人的身体构造之后，便知道其余的人身体的构造，乃是因为人的构造都是相同的，都是一致的，所以一个身体便可以代表人类的身体。历史上的内乱是否有这种相同性或一致性呢？从常识一方面看来，这个内乱与那个内乱假如有相同之点，其相同的程度绝没有这个身体与那个身体相同得那样密切。但其有相同之处，是无可讳言的，否则我们为什么要用一个名词——内乱——去概括它们呢？假如我们承认一切的内乱有它们的相同性，那么分析一个内乱，也对于另外一个内乱可以看得格外分明。不过，我们大约不能以为懂得一个内乱的因素及过程，便可知道一切内乱的因素及过程。虽然做不到这最后的一步，但我们去分析一个内乱也许便是达到这最后一步的起点。"千里之程，起于跬步"，我来分析一个内乱，也就是这个意思。

我所分析的一个内乱发生于公历纪元前209年至前202年，历史家每称这次为陈项之乱或秦末之乱，因为这个内乱发生于秦的末季，内乱中重要的分子有陈胜、项羽等人。我所以选择这个内乱，乃是因为这个内乱是正史上有记载的第一次内乱，材料比较丰富。本来这个内乱，司马迁与班固都有记载，不过我的目的与他们不同。他们的目的在描写事实，描写某时某地某人所发生的事实。我的目的在把这些事实重行安排，看出它们中间的关系来。我的目的不在叙述事实，而是分析这些事实，去得一点关于内乱的知识。所以我的态度不是历史家的态度，而是社会科学家的态度。我的目的在从这个内乱寻出一个内乱的过程来，以为研究别个内乱的准备及参考。以下便是这次分析的结果。

## （一）苛政及人民的不安

秦王政即位的时候，与他并立的还有六国。自从秦王政十七年（前230）起，他靠着外交及军事上的胜利，便开始吞并六国的雄图。十七年灭韩，十九年灭赵，二十二年灭魏，二十四年灭楚，二十五年灭燕，二十六年灭齐，即皇帝位。在十年之内，他把统一的局面完成。可是这个局面，一共只维持了十二年，到二世元年（前209）的时候便为内乱所破坏了。我们如想知道二世元年的内乱为什么会发生，一定要研究统一后的十二年内社会上的种种情形以及人民的生活状况。这十二年的情形，我认为贾谊的描写最为深刻。他在《过秦论》中描写秦始皇统一天下后的情形说：

> 繁刑严诛，吏治刻深，赏罚不当，赋敛无度。天下多事，吏弗能纪。百姓困穷，而主弗收恤。然后奸伪并起，而上下相遁，蒙罪者众，刑戮相望于道，而天下苦之。自君卿以下，至于众庶，人怀自危之心，亲处穷苦之实，咸不安其位，故易动也。是以陈涉不用汤武之贤，不借公侯之尊，奋臂于大泽，而天下响应者，其民危也。故先王见始终之变，知存亡之机，是以牧民之道，务在安之而已。天

下虽有逆行之臣，必无响应之助矣。故曰"安民可与行义，而危民易与为非"，此之谓也。（《史记》六）

贾谊说秦末之乱所以发生，乃是由于人民的不安，可谓一语破的。一个社会里面，假如人人都能安居乐业，那么人民对于现状一定怀有好感，一定是要拥护的。反是，假如社会的环境使大多数的人民感到生活的压迫，感到肉体上的痛苦，感到精神上的不自由，那么他们对于现状一定要怀着满腔的怨恨，遇有机会，他们一定要起来推翻它。秦末时人民的不安，诚有如贾谊所说，但他们不安的原因却言之未详。我根据史料所分析的结果，认为造成当时人民不安的原因，一大部分都可包括在"苛政"这个名词之下。换句话说，秦朝的政府是造成秦末之乱的主动者。他们在统一六国后的十二年中，所有的政治设施不但不能为民众谋幸福，而且是处处与民众的幸福背道而驰的。这些妨害民众幸福的设施，造成人民不安之心理的，分析起来共有以下数种。

（1）苛役。役民的制度，秦以前便有，但是人民服役公家的时期是有限制的。贾山说周时有一千八百国，"以九州之民养千八百国之君，用民之力不过岁三日"（《前汉书》五一）。贡禹也说，古者"使民岁不过三日"（《前汉书》七二）。假如秦朝也依这个办法行去，一定不会引起人民的反感。但是秦时之役，据董仲舒的计算，凡三十倍于古（《前汉书》二四上）。这个数目不知董仲舒是怎样算出来的，以当时的事实来作推测的根据，似乎有一部分的人一年为皇帝服役还不止三个月。秦始皇在位的时候办了许多的事，都是需要人民劳力的。第一是治驰道，此事发生于统一后的次年，便是嬴政二十七年（前220）。据贾山的记载，说是"（秦）为驰道于天下，东穷燕齐，南极吴楚，江湖之上，滨海之观毕至。道广五十步，三丈而树，厚筑其外，隐以金椎，树以青松"（《前汉书》五一）。在当时那种经济组织之下本无这样好的道路，而且秦始皇造驰道的本意也不是为发展商业交通着想，乃是想借这个机会巡行六国，以表示他的威势，使六国的人民都畏服他。这个动机，他的儿子胡亥很清楚，所以胡亥即位以后也师始皇的故智，巡行郡县，以威服海内（《史记》六）。筑驰道所需的劳工有多少，史无明文记载，但这种大规模的工程一定影响到各处的人民。他们对于这种筑路的工作只觉得占了他们农作的时间，好处是一点也看不出来的。第二种苛役，便是筑骊山，造阿房宫。这两种工程，共需劳工七十余万人。骊山是秦始皇的坟墓，在秦始皇去世后方才完成。阿房宫是一个极大的建筑，东西五百步，南北五十丈，上可以坐万人，下可以建五丈旗。这件工程，始皇生时便已动工，到他死的时候还没有完毕，二世即位继续进行。这七十余万工人每日所需的粮食，当然是可观的。咸阳附近，一定不能生产许多的粮食来养活这许多工人，所以二世曾下令郡县，要各地供给菽粟刍藁，而且运输粮食的人都得自己带粮食，以免靡费公粮（《史记》六）。骊山工作之苦楚，从汉高祖及黥布的故事中便可看得出来。高祖以亭长为县送徒骊山，徒多道亡。高祖自度，到了骊山，大家一定跑光了，所以他便私放那些没有跑的，自己也亡命去了（《史记》八）。黥布在骊山做过苦工，与其徒长豪杰相通，便邀了他们，私跑到江中为群盗（《前汉书》三四）。假如骊山的工作不苦，高祖所送的徒不会闻风逃逸，黥布也绝不会情愿去做强盗。从这两件事上，我们也可以看出苛政如何逼迫良民走上不法之路。第三种苛役，便是北伐匈奴。这件事的发动及其结果，主父偃说得最详细：

> 昔秦皇帝任战胜之威，蚕食天下，并吞战国，海内为一，功齐三代。务胜不休，欲攻匈奴，李斯谏曰："不可。夫匈奴无城郭之居，委积之守，迁徙鸟举，难得而制。轻兵深入，粮食必绝；运粮以行，重不及事。得其地，不足以为利；得其民，不可调而守也。胜必弃之，非民父母。靡敝中国，甘心匈奴，非完计也。"秦皇帝不听，遂使蒙恬将兵而攻胡，却地千里，以河为境。地固泽卤，不生五谷，然后发天下丁男以守北河。暴兵露师十有余年，死者不可胜数，终不能逾河而北。是岂人众之不足，兵革之不备哉？其势不可也。又使天下飞刍挽粟，起于黄、腄、琅邪负海之郡，转输北河，率三十钟而致一石。男子疾耕不足于粮饷，女子纺绩不足于帷幕。百姓靡敝，孤寡老弱不能相养，道死者相望，盖天下始叛也。（《前汉书》六四上）

伐胡的不利，既如李斯所说，为什么始皇一定要坚持伐胡呢？他的动机据史册所载完全是自私的，而且这种自私的心理在现在看来真是幼稚得可笑。原来始皇三十二年（前215），有一位燕人卢生，大约是方士一流的人物。他奏录图书，说是"亡秦者胡也"，所以始皇便令蒙恬发兵三十万人，北击匈奴（《史记》六）。以后发人运粮，发人戍边，还不知惊动了多少百姓。陈胜吴广的起事，便是要反抗这种苛役的压迫（《史记》四八）。不过陈胜吴广即不起事，在别的地方一定有别的人要起来反抗，因为受压迫的人不只陈胜吴广所带领的九百人，而秦代的苛政也不只北伐匈奴一点。第四种苛役，与伐胡相仿佛的，便是南戍五岭。据徐广的考据，说是守五岭的共有五十万人（《史记》六注），这个数目比伐匈奴的人数还多。但是这件差使比伐胡还苦，据晁错说：

> 杨粤之地少阴多阳，其人疏理，鸟兽希毛，其性能暑。秦之戍卒不能其水土，戍者死于边，输者偾于道。秦民见行，如往弃市，因以谪发之，名曰"谪戍"。先发吏有谪及赘婿、贾人，后以尝有市籍者，又后以大父母、父母尝有市籍者，后

入间，取其左。(《前汉书》四九)

晁错说是人民视戍南越如往弃市，陈胜吴广说是戍北边而死的人十有六七。在这种情形之下，人民对于戍边的深恶痛恨，可以不言而喻。这些苛政，受影响的自然以男子为多，但是女子也逃不了这种压迫。因为戍边工作，虽然不用女子，但是转输的工作却有由女子担任的。据严安说：

> 秦祸北构于胡，南挂于越，宿兵于无用之地，进而不得退。行十余年，丁男被甲，丁女转输，苦不聊生，自经于道树，死者相望。(《前汉书》六四下)

女子所担任的工作，还不只如严安所说，只有运输一项。据伍被说，秦始皇使尉佗逾五岭，攻南越。尉佗"使人上书，求女无夫家者三万人，以为士卒衣补。秦皇帝可其万五千人"(《史记》一一八)。由此可见，女子除担任运输的工作之外，还要随军担任补衣的工作。女子的身体软弱得多，如何经得起这些劳役。难怪伍被的观测，以为伐胡的结果，百姓欲为乱的，十家而五；等到伐南越之后，百姓离心瓦解，欲为乱的，十家而七(《史记》一一八)。十家有七家想作乱，社会上的治安无论如何是维持不下去的。造成这种局面的原因，上述的种种苛役要负大部分的责任。

(2) 重税。孟子对于古代的赋税制度曾发了一段议论。他说：

> 有布缕之征，粟米之征，力役之征。君子用其一，缓其二。用其二，而民有殍。用其三，而父子离。(《孟子·尽心下》)

秦朝对于民力的浪用已如上述，那么他们对于民众的布缕粟米是否还要征收呢？董仲舒对于这个问题曾有回答。他说：

> 古者税民不过什一，其求易供。……至秦则不然，……田租口赋，盐铁之利，二十倍于古。(《前汉书》二四上)

秦代赋税所以加重，与苛役有密切之关系。秦时人民役于官府的，据上面所述，北筑长城四十余万，南戍五岭五十万，骊山阿房之役七十余万。这三四件事，便需人民一百六十余万了。此外在二世元年时，屯卫于咸阳的材士有五万人，加上运输粮食的人、在帝都及各郡县当差的人，总计当不下三百万。当时的人口并无统计，然据梁任公先生的估计，不过三千万左右(《饮冰室文集》四四)。这三千万人之中年在十五至五十的壮丁，根据近来各国人口的年龄分配，我们可以假定它为二分之一，便是一千五百万人。当时为公家服役的三百万人，其生活的必需品便要靠其余的一千二百万壮丁供给。这一千二百万人终年劳苦，除了仰事俯蓄之外，还要额外担负三百万人的生活费，其生活的压迫可以想见。他们的不幸远不止此，因为除却三百万人的生活费以外，还有官吏的薪俸、帝王的享用都要出在这些老百姓身上。在这层层的压迫之下人民的生活是怎样呢？伍被说：

> 当是之时，男子疾耕不足于糟糠，女子纺绩不足于盖形。（《史记》一一八）

班固在《前汉书·食货志》中也说：

> 至于始皇，遂并天下，内兴功作，外攘夷狄，收泰半之赋（师古曰："泰半，三分取其二。"），发闾左之戍。男子力耕不足粮饷，女子纺绩不足衣服。竭天下之资财以奉其政，犹未足以澹其欲也。海内愁怨，遂用溃畔。（《前汉书》二四上）

由此以观，可知赋税之重是造成人民不安的第二个大原因。

（3）严法与酷刑。秦在战国的时候，曾以商鞅为相。统一之后，所用的臣如李斯、赵高，都是法家一派的人物，所以主张法治而轻礼治。因此，秦法比前代为繁密，刑罚也较前代为惨酷。人民在这种严法与酷刑的统治之下，其有无所措手足之感。《前汉书·刑法志》述秦代法治的成绩如下：

> 秦用商鞅，连相坐之法，造参夷之诛（师古曰："参夷，夷三族。"），增加肉刑、大辟，有凿颠、抽胁、镬亨之刑。至于秦始皇，兼吞战国，遂毁先王之法，灭礼谊之官，专任刑罚，躬操文墨，昼断狱，夜理书，自程决事，日县石之一。而奸邪并生，赭衣塞路，囹圄成市，天下愁怨，溃而叛之。（《前汉书》二三）

秦时的政府，自始皇帝以至官吏，都喜欢随意杀人，视人命如草芥。我们且看两件始皇帝杀人的故事。

> 三十五年……始皇帝幸梁山宫，从山上见丞相车骑众，弗善也。中人或告丞相，丞相后损车骑。始皇怒曰："此中人泄吾语。"案问莫服。当是时，诏捕诸时在旁者，皆杀之。（《史记》六）

> 三十六年，荧惑守心，有坠星下东郡，至地为石。黔首或刻其石曰"始皇帝死而地分"。始皇闻之，遣御史逐问，莫服，尽取石旁居人诛之，因燔销其石。（《史记》六）

除此以外，始皇帝还有坑儒的故事乃是大家都知道的。他的儿子胡亥，有了父亲作榜样，又有赵高作先生，对于杀人一事格外惨酷。贾谊对于他的行为曾有一段记载。贾谊说：

使赵高傅胡亥而教之狱，所习者非斩劓人，则夷人之三族也。故胡亥今日即位而明日射人，忠谏者谓之诽谤，深计者谓之妖言，其视杀人若艾草菅然。（《前汉书》四八）

我们看胡亥对付造骊山的工匠、对付大臣及诸公子的残忍，就可知道贾谊的话并没有冤枉他。流风所被，各地的官吏，其出手也便是一样的残酷。范阳令徐公，便可作那时官吏的代表。据蒯通说，徐公为令十余年，"杀人之父，孤人之子，断人之足，黥人之首，甚众"（《前汉书》四五）。当地的慈父孝子，没有一个不想拿刀去杀他的。与范阳令相似的官吏很多，只看陈胜起兵之后，郡县少年多杀其守尉丞以应，可见当时人民痛恨这班残吏之深（《前汉书》三一）。

在这种严法酷刑之下，每年触法网的据说以千万数（《前汉书》二四上）。我们知道，推翻秦室的人中，有许多便吃过秦法的亏。如汉高祖当亭长时，与夏侯婴戏而伤婴。这原是一件小事，假如夏侯婴不上诉，别人也不必干涉。可是居然有位第三者去告高祖，高祖不承认，夏侯婴也不承认。高祖大约没有吃到苦处，可是夏侯婴却被掠笞数百（《前汉书》四一）。后来高祖因事亡命，官吏便把吕后捉去，遇之不谨（《史记》九六）。丈夫犯事，妻子连坐，这便是一个证据。与高祖同年起事的项梁，也因事为栎阳县所逮捕。假如他得不到蕲县狱掾曹咎的帮忙，替他在栎阳狱掾司马欣那儿说人情，那么项梁不是亡命，便要入狱了（《史记》七）。此外如陈馀，曾为县吏所笞（《前汉书》三二）；如黥布，曾坐法刺面（《史记》九一）。这都是秦法下的牺牲者。在这种状况之下，无论贫富贵贱，其生命自由都无保障。晁错说：

秦始乱之时，吏之所先侵者，贫人贱民也；至其中节，所侵者富人吏家也；及其末途，所侵者宗室大臣也。是故亲疏皆危，内外咸怨，离散逋逃，人有走心。（《前汉书》四九）

难怪陈胜先倡，天下大溃了。

（4）压迫言论。以上所举出的这些社会病态及其在社会上所发生的影响，假如当时在朝的人，有人明白指出来给皇帝看，然后设法去矫正它，补救它，也许可以救危亡之局，也许可以避免内乱的发生。但是秦朝的两位皇帝都是压迫言论自由的人，只许臣下说他们的好处，而不许臣下说他们的短处，于是造成大臣重禄不极谏、小臣畏罪不敢言的状态。秦初压迫言论，虽然是由于皇帝专制所致，但是当时的大臣李斯也要负一部分的责任。我们且把这段压迫言论自由的历史重温一遍，同时要注意这件事与亡国有何关系。

秦朝压迫言论自由的政策，在统一中国的第一年，便是秦始皇二十六年（前221），已开其端了。那年丞相王绾与廷尉李斯曾有一番辩论，可见当时在朝的人共分两派。这件事的经过如下：

> 二十六年……丞相绾等言："诸侯初破，燕、齐、荆地远，不为置王，毋以填之。请立诸子，唯上幸许。"始皇下其议于群臣，群臣皆以为便。廷尉李斯议曰："周文武所封子弟同姓甚众，然后属疏远，相攻击如仇雠，诸侯更相诛伐，周天子弗能禁止。今海内赖陛下神灵一统，皆为郡县。诸子功臣以公赋税重赏赐之，甚足易制。天下无异意，则安宁之术也。置诸侯不便。"始皇曰："天下共苦战斗不休，以有侯王。赖宗庙，天下初定，又复立国，是树兵也，而求其宁息，岂不难哉？廷尉议是。"分天下以为三十六郡……（《史记》六）

从这次辩论看来，可见当时朝臣有复古与师今两派。复古的人，以为一切设置都要遵依古时制度。这派的人在数目上占极大优势，只看王绾的建议，群臣无不赞成，便可知道了。师今派以李斯为首领，主张推翻旧制，建立新模。这派的人数目很少，不过因为主张与皇帝的意旨相合，所以皇帝听从他们的话，于是把复古派的主张打倒了。复古派的主张虽然没有为皇帝所采用，可是赞同他们那种主张的在朝在野都很多，他们当然不以师今派的办法为然，所以常常在旁批评。这两派的暗潮到了嬴政三十四年（前213）重行爆发，经过如下：

> 三十四年……始皇置酒咸阳宫，博士七十人前为寿。仆射周青臣进颂曰："他时秦地不过千里，赖陛下神灵明圣，平定海内，放逐蛮夷，日月所照，莫不宾服。以诸侯为郡县，人人自安乐，无战争之患，传之万世。自上古不及陛下威德。"始皇悦。博士齐人淳于越进曰："臣闻殷周之王千余岁，封子弟功臣，自为枝辅。今陛下有海内，而子弟为匹夫，卒有田常、六卿之臣，无辅拂，何以相救哉？事不师古而能长久者，非所闻也。今青臣又面谀以重陛下之过，非忠臣。"始皇下其议。丞相李斯曰："五帝不相复，三代不相袭，各以治，非其相反，时变异也。今陛下创大业，建万世之功，固非愚儒所知。且越言乃三代之事，何足法也？异时诸侯并争，厚招游学。今天下已定，法令出一，百姓当家则力农工，士则学习法令辟禁。今诸生不师今而学古，以非当世，惑乱黔首。丞相臣斯昧死言：古者天下散乱，莫之能一，是以诸侯并作，语皆道古以害今，饰虚言以乱实，人善其所私学，以非上之所建立。今皇帝并有天下，别黑白而定一尊。私学而相与非法教，人闻令下，则各以其学议之，入则心非，出则巷议，夸主以为名，异取以为高，

率群下以造谤。如此弗禁，则主势降乎上，党与成乎下。禁之便。臣请史官非秦记皆烧之。非博士官所职，天下敢有藏《诗》、《书》、百家语者，悉诣守、尉杂烧之。有敢偶语《诗》《书》者弃市。以古非今者族。吏见知不举者与同罪。令下三十日不烧，黥为城旦。所不去者，医药卜筮种树之书。若欲有学法令，以吏为师。"制曰："可。"(《史记》六)

这次反对师今派的人，又是复古派的人物。这一派的言论，在李斯等的眼光看来当然是反动的论调。大约秦初承战国的学风，派别很多。这派有这一派的主义，那派有那一派的主义。那时正是法家或师今派当权，每有命令下来，别派的人便用他们的主义去批评他。李斯所谓各以其学议之，便是此意。这原是政治活动中所常有的现象，英美各国现在还逃不了这种规模。譬如英国的保守党提出一种政策来，自由党从他们的眼光去批评它，工党又从他们的立场去批评它。在言论自由的英国，保守党绝不能因为别人的批评便目别人为反动，便要去防止别人言论之自由。一种政策在大家公开的批评之下，才能发现错误，才能着手改良。所以言论自由，乃是政治进步的唯一要素。李斯在当廷尉的时候，虽然有人与他意见不同，但他的职位还不是最高的，所以他还不敢提出压迫言论的主张来。到了嬴政三十四年，他已经由廷尉做到丞相了。这时他仗着权势便想肃清社会上一切与他相反的言论，他的办法与现在压迫言论自由的人所用的相仿。第一，他要肃清一切反动的读物。凡是他目为反动的读物，都要拿去焚毁。第二，他不许人批评政治。凡是批评政治的便是罪人，便可以借法律来惩罚他。李斯这种主张，当然可以迎合皇帝的心理。因为皇帝的行为，没有人敢批评他，皇帝不是可以为所欲为么？皇帝的地位不是格外尊严么？所以李斯的办法，秦始皇是十二分赞成的。

自从压迫言论自由的政策实行之后，果然没有人敢批评政治了。当时政府中的情形，卢生有几句话形容得好：

博士虽七十人，特备员弗用。……天下畏罪持禄，莫敢尽忠。上不闻过而日骄，下慑伏谩欺以取容。(《史记》六)

苛政在社会中种下革命的种子，社会是一天一天地恶化了，但没有人敢指点出来让皇帝知道。皇帝所不喜欢的事，别人便不敢说，敢说的都是些讴歌颂德的事。秦始皇自己的命，便在言论不自由的空气中送掉。因为"始皇恶言死，群臣莫敢言死事"，所以三十七年（前210），他便一病不起（《史记》六）。不过始皇恶言死，结果不过把自己的命送掉。到了他的儿子，因为恶闻乱，结果竟至亡国。二世不喜欢有人起来反对他，所以便是有人造反，他也不许人说。别人不说，他当然听不见了。他听不见，便以为没有人造反了。这种变态的心理，在言论不自由的空气中极易养成。二世的变态心理，由他对付叔孙通那段故事便可以看得出。

> 叔孙通者，薛人也。秦时以文学征，待诏博士。数岁，陈胜起山东，使者以闻。二世召博士诸儒生问曰："楚戍卒攻蕲入陈，于公如何？"博士诸生三十余人前曰："人臣无将（瓒曰：'将，谓逆乱也。'），将即反，罪死无赦。愿陛下急发兵击之。"二世怒，作色。叔孙通前曰："诸生言皆非也。夫天下合为一家，毁郡县城，铄其兵，示天下不复用。且明主在其上，法令具于下，使人人奉职，四方辐辏，安敢有反者！此特群盗鼠窃狗盗耳，何足置之齿牙间。郡守尉今捕论，何足忧。"二世喜曰："善。"尽问诸生，诸生或言反，或言盗。于是二世令御史案诸生言反者下吏，非所宜言。诸言盗者皆罢之。乃赐叔孙通帛二十匹，衣一袭，拜为博士。叔孙通已出宫，反舍，诸生曰："先生何言之谀也？"通曰："公不知也，我几不脱于虎口！"乃亡去，之薛……（《史记》九九）

在这种政府里，直言的有罪，阿谀的有赏，当然没有人肯自由发表意见了。这种压迫言论自由的代价是怎样呢？二世的末路便是答案：

> 郎中令与乐俱入，射上幄坐帏。二世怒，召左右，左右皆惶扰不斗。旁有宦者一人，侍不敢去。二世入内，谓曰："公何不蚤告我？乃至于此！"宦者曰："臣不敢言，故得全。使臣早言，皆已诛，安得至今？"……麾其兵进。二世自杀。（《史记》六）

二世死后不久，秦朝也就亡了。

总括以上的讨论，我们可以看出，在陈胜起事之前，大多数的人民已陷于不安的状态。这种不安的状态，便是政府的苛役、重税、严法、酷刑等苛政造成的。苛政在那儿种下革命的种子，同时人民的言论自由又被剥夺，所以人民的痛苦便无由上达。结果人民知道靠政府来改进他们的生活是毫无希望的，所以大家都预备着革命，都等候着爆发的日子来到。果然二世即位还不到一年，革命便爆发了。

## （二）革命及现状的推翻

革命爆发的时期，在二世元年的七月。这次革命，最可以代表被压迫者对于压迫者的反抗。秦朝对于民众的压迫，陈胜在当时便深刻地感到。他原是一个替人耕田的人，靠自己的血汗来维持自己的生命。可是在苛政之下，他连佣工的生活也不能平安地享受，终于在二世元年七月被征发去守渔阳。在他们的路上，遇着大雨，路道不通，所以预算不能如期到目的地。据秦朝的法律，被征发的人不如期而到的，便要受斩刑的处罚。陈胜在这种情形之下觉得忍无可忍，于是煽动他同行的人说：

> 公等遇雨，皆已失期，失期当斩。藉弟令毋斩，而戍死者固十六七。且壮士不死即已，死即举大名耳，王侯将相宁有种乎！（《史记》四八）

同行的九百人，在他这种慷慨的宣传之下，都决定去革命。于是二世元年七月，在沛郡蕲县的地方，革命的火焰便起。

我们现在分析这次革命的行动，觉得可以分为两个时期。第一个时期可以称为陈胜时期，因为这时革命军的中心是陈胜。第二个时期可以称为项羽时期，因为这时革命军的中心是项羽。

陈胜起事的风声传播出去之后，各地都闻风响应。陈人武臣描写当时的情形说：

> 陈王奋臂为天下倡始，王楚之地，方二千里，莫不响应，家自为怒，人自为斗，各报其怨而攻其仇，县杀其令丞，郡杀其守尉。（《史记》八九）

蒯通描写当时人民的心理也说：

> 天下初作难也，俊雄豪杰建号壹呼，天下之士云合雾集，鱼鳞杂袭，飘至风起。当此之时，忧在亡秦而已。（《前汉书》四五）

可见当时的民气是一致的，他们对于要推翻的对象也有很清楚的认识。这时假如有一个声望素著、智勇兼备、为大众所信仰所崇拜的领袖出来，集中革命的力量，对秦朝的政府加以攻击，那么革命必有摧枯拉朽之势。可惜陈胜不是这样的一个领袖。他是佣工出身，在社会上素无名望，这是他的第一缺点。第二，他这个人多疑心，容易听信谗言，所以没有与他亲近的人。第三，他待人苛刻，对于有功的人，常以小故下之于狱，所以没有人肯替他出死力。第四，他无知人之明，所用的人多才不称职。他有这些缺点，所以革命事业在他的领导之下，便几乎失败了。

我们现在可把陈胜的故事追述一下。陈胜起兵于蕲，攻破了好几个小县，最后他北行至陈。这时他的声势已经浩大了，在起事的时候他的部下不过九百人，攻陈的时候已有车六七百乘，骑千余，卒数万人。陈的守令闻风逃避，只有守丞出来应战，很容易地便为陈胜所击败。他听了三老豪杰的话，便自立为陈王。为推广势力起见，他变更了战略。他分发他的部将到各地去略地。假如陈胜的部将都是崇拜陈胜的，那么陈胜还可以约束他们，使革命的势力不致分裂。可惜陈胜无此才具。他所遣的诸将之中有一个名武臣，他的职务是去北略赵地。与他同去的人，有张耳、陈馀。他们看见别的将官，受命外出略地的，回去之后多以谗毁得罪，所以劝武臣不要回去，劝武臣自立为赵王，武臣听了他们的话，便与陈胜脱离了主臣的关系，而别树一帜。这是革命势力的第一次分裂。武臣自立为赵王之后，便脱离了革命的战线。他所以这样做，乃是听了张耳、陈馀这两个政客的话。这两位政客，利用武臣自私的心理去打动他说：

> 楚已灭秦，必加兵于赵。愿王毋西兵，北徇燕、代，南收河内以自广。赵南据大河，北有燕、代。楚虽胜秦，必不敢制赵。（《史记》八九）

革命的事业到了政客的手里便成为争权夺利的工具，真是古今一致，最足伤心的。不过武臣既已脱离革命的战线，所以自己也站不住，不久便给他的部下李良所杀。在他未被杀之前，他的部将韩广也步他的后尘，在其奉命略燕的时候，便脱离武臣而为燕王了。这一位赵王、一位燕王，与革命的事业无大关系，我们且不必叙他们。当时革命的势力，除了陈胜之外，还有魏咎、田儋、沛公及项梁。他们有一共同之点，便是都在二世元年九月崛起的。他们势力的发动，比陈胜迟两个月。其中田儋起兵于齐，自立为齐王，沛公起兵于沛，项梁起兵于会稽郡，虽与陈胜一同进行革命的事业，但不受陈胜的约束。只有魏咎，原在陈胜的部下，他被立为魏王，也是靠陈胜部将周市的力量，所以可说与陈胜有点关系。

革命事业的进行，在起初的几个月没有受到严重的打击。最要紧的原因，我在上面已经提到，就是二世讳言反，群臣没有人敢以此上闻，革命声势浩大，二世既然茫无所知，所以他也没有派遣正式的军队去消灭。后来革命军快到咸阳了，二世才发觉时局的严重，于是听从章邯的话，大赦天下，编骊山徒及人奴产子为军队，去与陈胜的前锋抵抗。我们从章邯的战绩看来，可以断定他是一员名将。革命军这一方面，领带数十万的兵卒与秦军抵抗的乃是一位陈人，其名为周文。在这种地方，我们很可以看出陈胜之无知人之明。像这种统带三军的重要位置，应该派一位善于作战的大将去充任，才是正当的办法，但是周文过去的经验如何，他在楚将项燕的军中住过，但他的职务乃是"视日"。古时的军队中便有这种迷信，出兵之前要看日时吉凶，以定休咎。所以周文乃是一位术士，而非一位将军。他曾事春申君，自己说是知兵，所以陈胜便信任他，予以要职。他当时所统带的，有车千乘，卒数十万，以兵力言之，大约并不弱于章邯。可是他一与章邯交锋，便从戏亭退到曹阳。第二次战争，又从曹阳败退到渑池。第三次章邯进击，周文见势不敌，便自刎以殉。周文大败之后，不久陈胜也为他的部下所杀。章邯乘破陈王之威，便进兵击魏王于临济。魏王派周市去请救于齐楚，齐王田儋同楚将项它都带兵去救魏王。章邯进兵，大破齐楚联盟军于临济。田儋被杀，魏咎也自烧杀。于是齐魏的革命势力，也为章邯所扫除了（《史记》六、四八、八九、九〇、九四）。

　　陈胜的势力为章邯所消灭的时候，中国的东南角却有一支生力军打着革命的旗号正往中原进发，这便是项氏的叔侄项梁与项羽。他们在二世元年九月起事于会稽。第二年，便以八千人渡江而西。遇着陈婴加入，兵力便增加了二万人。渡淮，黥布、蒲将军又以兵来属。等他们到下邳的时候，兵力已有六七万人了。这时章邯的兵，主力在什么地方呢？上面我已说过，章邯攻魏的时候，齐王田儋来救他，为章邯所杀，同时魏兵也为章邯所破。田儋死后，他的兄弟田荣便收儋余兵走东阿，章邯想根本消灭田氏的势力，所以便追上东阿去围他。项梁看到北方革命的势力几为章邯所消灭，所以便带兵去解东阿之围。这儿他击破章邯的军队，算是革命军第一次的大胜利。将被覆灭的革命军，到这个时候又声威一壮了。那时沛公的军队早已加入项梁的战线，与他通力合作。项梁派项羽与沛公二人另领一军，去攻秦军的别路。他们打了好几次胜仗，最后大破秦军，斩李斯的儿子李由。项梁自己又去攻定陶，大破秦军。他们连打几次胜仗，所以觉得秦兵无能为。项梁于是便有骄色。宋义看见将骄卒惰，知道项梁必败。其时秦又暗地增兵，补充章邯的军队。于是章邯乘机进攻楚军，楚军大败，项梁也死于这一役。章邯以为楚军受此大打击，一时必无能为，于是便北渡河，击赵王歇等于巨鹿。原来上面所说的赵王武臣，自从给李良攻杀以后，张耳、陈馀二人求得赵的后人赵歇，立为赵王，为秦兵所逼，逃在巨鹿。章邯杀项梁后，想消灭的就是赵的势力，这时革命军的势力又走进了危险的时期，正如几个月前章邯扫灭了陈胜的势力，去攻魏咎于临济一样。这时诸侯的兵，去救巨鹿的很多，但都为秦军的威所慑服，没有人敢上前。就在这个时候，项羽便出来做了一件惊人的事业，根本地打倒秦军主力，完成了推翻现状的工作。

　　项羽与他叔父项梁，原是一同渡江的。他们渡淮以后，将与秦军在东阿接触之先，听了范增的话，立楚怀王为盟主，在名义上主持革命事业的进行。项梁死了以后，楚军失去了主脑。楚怀王因为听到宋义有先见之明，在项梁未败之先便预料他必败，以为他一定知兵。后来与他谈话，便格外赏识他。所以项梁死后，便以宋义为上将军，项羽为次将，范增为末将，要他们去救赵，解巨鹿之围。宋义进行至安阳，留四十六日不进。他的战略，从他与项羽的谈话中，可以看得出来。他说：

> 今秦攻赵，战胜则兵罢，我承其敝；不胜，则我引兵鼓行而西，必举秦矣。故不如先斗秦赵。（《史记》七）

宋义的办法，是要让秦赵先决一个胜负，然后再定楚军的策略。他自以为这个办法是最稳妥的，所以猜度项羽即便不赞成这种主张，也不会改变他的策略。在项羽的眼中，以为宋义的办法要不得。他愤愤地说：

> 将戮力而攻秦，久留不行。今岁饥民贫，士卒食芋菽，军无见粮，乃饮酒高会，不引兵渡河因赵食，与赵并力攻秦，乃曰"承其敝"。夫以秦之强，攻新造之赵，其势必举赵。赵举而秦强，何敝之承！且国兵新破，王坐不安席，扫境内而专属于将军，国家安危，在此一举。今不恤士卒而徇其私，非社稷之臣。（《史记》七）

项羽认定宋义的办法是要贻误大局的，所以他便采取毅然的手段，假造楚王的命令，说是宋义谋反，把宋义杀了。他于是便代宋义握取楚军最高的兵权，开始救赵的工作。司马迁对于项羽救赵一役，有下面一段生动的描写：

> 项羽已杀卿子冠军（即宋义），威震楚国，名闻诸侯。乃遣当阳君、蒲将军将卒二万渡河，救巨鹿。战少利，陈馀复请兵。项羽乃悉引兵渡河，皆沉船，破釜甑，烧庐舍，持三日粮，以示士卒必死，无一还心。于是至则围王离，与秦军遇，九战，绝其甬道，大破之，杀苏角，虏王离。涉闲不降楚，自烧杀。当是时，楚兵冠诸侯。诸侯军救巨鹿下者十余壁，莫敢纵兵。及楚击秦，诸侯皆从壁上观。楚战士无不以一当十，楚兵呼声动天，诸侯军无不人人惴恐。于是已破秦军，项羽召见诸侯将，入辕门，无不膝行而前，莫敢仰视。项羽由是始为诸侯上将军，诸侯皆属焉。（《史记》七）

巨鹿之役决定了革命军胜利的命运，同时项羽的领袖地位也就因这个时势而造成。秦军经此一击之后已经勇气毫无，加以秦朝的将相又发生互相猜忌的事，章邯的前途据长史欣的观察，是"战能胜，高必疾妒吾功；战不能胜，不免于死"（《史记》七）。

章邯正在狐疑的状态之下，陈馀又去说以利害，于是秦军遂不战而降。秦军降后，入关的路便无阻碍。不过，沛公在项羽抵函谷关之前两月已经另取一路入关，秦王子婴已经投降沛公。项羽入关之后杀子婴及秦诸公子宗族，于是秦室便算灭绝，革命的事业至此乃告一段落了。

# （三）争雄及统一的完成

　　革命军占领了秦朝的地盘，推翻旧有的势力之后，便创造了一个新的局面。从这个新的局面里便酝酿出新的问题来。我们如要了解这个新的局面，须从项梁败死的时候讲起。项梁死后，章邯以为楚地兵不足忧，渡河击赵。当时楚军在大败之后，须从新决定战略。楚怀王以盟主的资格，与老将商议的结果，决定楚军要分两路进攻。一路北发救赵，由宋义、项羽、范增诸将领导。我们为讨论的方便起见，可以称这一路的革命军为第一集团。第一集团的首领是宋义，但后来宋义为项羽所杀，首领的地位便为项羽所得。另外一路的兵，往西去取关中。这一路的兵由沛公领导，我们可以称为第二集团。项羽原意是想加入第二集团的，但怀王听了老将的话，不要他去，而派他去救赵。这两路军队，虽然所取的路线不同，但都以攻入秦朝的根据地为目的。假如第一集团开始便由项羽统率，那么这两路军队，谁先到关中，还在不可知之数。可惜第一集团在宋义的统带之下，便停在安阳四十六日不进。这样的一迟延，便被第二集团捷足先到了目的地。第二集团到关中时，正是十月；第一集团到时，已经是十二月了。论起这两个集团的兵力来，第二集团远不如第一集团。因为当时项羽兵四十万，号百万；沛公兵十万，号二十万（《史记》八）。所以第一集团的兵力，比第二集团要多三倍。

　　他们这两集团的首领，既然都在革命的旗帜之下起事，现在革命已经成功，论理应当合作，建设新政府，除苛政，布新法，以完成他们革命的使命，才是正当的路径。可是革命的人，在革命没有成功的时候，未尝没有为民众谋幸福的意思，未尝不想于推翻现状后做一番建设的事业。等到现状已经推翻，旧势力已经打倒，他们握有大权，可以为所欲为的时候，也便是革命势力最容易腐化的时候。在这个时候，革命的首领，其服务的心理，每易为争权夺利的心理所征服；其为民众谋利益的思想，每易为自私自利的思想所笼蔽。革命成功之后，革命的势力便易于分裂，就是因为有这些卑污的心理从中作祟。

　　我们观察沛公、项羽二人革命成功后的行为，便可知道伟大的革命家真是千古难逢。这两个集团的首领，幼时都有虚荣心。他们两人初次看到秦始皇的时候，都未免有点羡慕。沛公的反感，是"大丈夫当如此也"；项羽的反感，是"彼可取而代也"。可见他们的权利禄位思想，早已蓄在胸中。后来沛公先到关中，看见秦宫宫室，帷帐狗马，妇女以千数，便引起他享乐的心理来，意思便想住在那儿，过他的富贵日子。樊哙劝他，毫无影响。还是张良动之以利害，才把他的欲望压下（《史记》五五）。可是他对于这些妇女、这些珍宝，始终未能忘情。看他后来追项羽到彭城，第一件事便是收其货宝美人，置酒高会，便可知他的欲望虽然一时压下，并不是甘心情愿的。项羽入关中后，其行为与沛公相仿佛。货宝妇女，他是要的，既然没有人与他竞争，又没有樊哙、张良一流人物从旁劝解，所以他便一齐搜括，运回故乡。秦朝宫室虽然富丽，但项羽却没有把它看在眼中。因为他的虚荣心比沛公还大，以为富贵不归故乡，如衣锦夜行，所以他的志愿是要归家去摆架子，不甘居于关中的。秦的宫室对于他虽然无用，可是他也不愿别人去享用它，所以他便放火一烧。始皇、二世费了几十万人的力量所建筑起来的宫室，经他这一烧，三个月都没烧完（《史记》七）。

秦朝的宝物，秦朝的宫室，秦朝的妇女，给第一集团的首领用强盗的方法解决了。还有秦朝的天下应该怎样办呢？革命军的盟主既然是怀王，所以一切善后的问题，依理依法都应由怀王来主持。项羽也看到这一层，所以他第一步是去请命怀王。怀王因为以前曾与诸将约，先入关中的，分之为王。现在既然是沛公先入关，当然要先封沛公为秦王。怀王这种主张，当然是与项羽的意旨相反，所以他决定推翻怀王，自己来主持分赃的事业。他推翻怀王所用的理由是：

> 天下初发难时，假立诸侯后以伐秦。然身被坚执锐首事，暴露于野三年，灭秦定天下者，皆将相诸君与籍之力也。（《史记》七）
>
> 怀王者，吾家项梁所立耳，非有功伐，何以得主约！（《史记》八）

怀王的地位给他轻轻的几句话便推倒了。这个时候，他的兵力最强，所以宰割天下，当然由他动手。第二集团的将领，虽然心中并不见得愿意，但兵力不及，也只好暂时忍受。项羽分派地盘的结果，是第一集团的人最占优胜，今分析如下：

其一，第一集团共得十三王：（1）项羽自立为西楚霸王，王九郡，都彭城。（2）章邯原是秦将，因为降楚，所以封为雍王，王咸阳以西，都废邱。（3）司马欣也是秦的降将，因为他尝有德于项梁，所以封为塞王，王咸阳以东至河，都栎阳。（4）董翳本劝章邯降楚，故立为翟王，王上郡，都高奴。（5）申阳是张耳的嬖臣，先下河南郡，迎楚河上，故立申阳为河南王，都雒阳。（6）赵将司马卬定河内，数有功，故立卬为殷王，主河内，都朝歌。（7）赵相张耳素贤，又从入关，故立耳为常山王，王赵地，都襄国。（8）当阳君黥布为楚将，常冠军，故立布为九江王，都六。（9）鄱君吴芮，率百越佐诸侯，又从入关，故立芮为衡山王，都邾。（10）义帝柱国共敖，将兵击南郡，功多，因立敖为临江王，都江陵。（11）燕将臧荼，从楚救赵，因从入关，故立荼为燕王，都蓟。（12）齐将田都从共救赵，因从入关，故立都为齐王，都临菑。（13）故秦所灭齐王建孙田安，项羽方渡河救赵，田安下济北数城，引其兵降项羽，故立安为济北王，都博阳。

其二，第二集团只有一人封王，便是沛公。他本应为秦王，项羽不想封他，又恶负约，于是宣言，说是巴、蜀亦关中地，立沛公为汉王，王巴、蜀、汉中，都南郑。

其三，此外还有五王，虽为项羽所封，但并不属于第一集团。这五王是：（1）魏豹，原为魏王，被徙为西魏王，王河东，都平阳。（2）韩成，原为韩王，仍封为韩王，都阳翟。（3）赵歇，原为赵王，被徙为代王。（4）韩广，原为燕王，被徙为辽东王。（5）田市，原为齐王，被徙为胶东王。

在这种新的局面之下，只有第一集团的人满意了，因为他们分得的地盘最大。不满意的人，第一自然要算第二集团的将领。同是一样革命，同是一样入关，为什么第二集团的人只有一人被封，而且被封的地方是那样的偏僻呢？除了第二集团以外，还有些失意军人，对于项羽也不满意。这些失意军人之中，第一个是田荣。他在革命时也尽了点力量，齐王田市便是他的侄儿。现在不但他没有得到地盘，连他侄儿固有的地盘也给项羽夺去三分之二，分给田都、田安，自然是大不高兴。第二个失意的军人便是彭越，他曾助沛公攻昌邑，当时有众万余人，屯于巨野，项羽并没有一个位子安置他。第三个失意的军人便是陈馀，陈馀与张耳是同时起事的，一样有功于赵。项羽因为他没有随从入关，原想不封他。后来有人劝告，才以南皮附近三县封陈馀。陈馀听说张耳封王，而他不过一侯，自然是很气愤的。

项羽所造的新局面还没有维持一个月，"反项"的势力便开始发动了。第一个发动的，便是第二集团。沛公于诸侯归国后一月，便开始向雍王章邯攻击。田荣于再后一月，便自立为齐王，并三齐之地。他知道彭越不满意于项羽，便给他一个将军印，邀他加入反项的工作。同时陈馀也从田荣那儿借兵，去攻击项羽所立的常山王张耳。不到两个月的工夫，反项的声势已经浩大了。

"反项"的领袖，当然是第二集团的沛公。他于汉高祖元年（前206）五月发动，到了第二年四月，居然率领了五十六万人的兵力，攻到项羽的都城了。项羽在沛公率兵东进的时候，正在北边作讨伐田荣的工作，听说沛公的兵已到彭城，于是令其部将击齐，自己带了精兵三万人来与沛公对敌。在这个时候，以前革命军中的两个首领现在乃互相攻击，第一次相见于沙场之上。

自从这次对敌之后，刘项两方的形势互有消长。到了汉高祖五年（前202）垓下之战，沛公才把项羽的势力消灭，完成统一的工作。我们现在分析这次倒项的斗争，觉得沛公所以能征服项羽，不外以下几种重要原因：

第一，项羽性情残忍，所过无不残灭，易失民心。他在项梁部下的时候，尝攻襄城，襄城坚守不下，已拔，皆坑之。秦军降后，他见秦吏卒很多，怕他们心中不服，入关必危，便在新安城南夜击坑秦卒二十余万人。入关之后，又屠咸阳，杀秦降王子婴，烧其宫室，火三月不灭。田荣在齐反抗他，他举兵北伐，夷齐城郭室屋，皆坑降卒，系虏老弱妇女。徇齐至北海，所过残灭。汉四年（前203），他击下外黄，又下令男子年十五以上诣城东，欲坑之。假如没有外黄令舍人儿去说动他，在他的一怒之下又不知道要添多少新鬼了（《前汉书》三一）。他这些举动，结果只是多立了一些敌人，于他毫无益处。韩信知道项羽已为民众所怨恨，所以劝沛公利用这种心理去征服项羽。他对沛公说：

> 项王所过亡不残灭，多怨百姓（师古曰："结怨于百姓。"），百姓不附，特劫于威，强服耳。名虽为霸，易失天下心，故曰其强易弱。（《前汉书》三四）

沛公的性情在这一点上恰与项羽相反。他在未得志的时候，便有宽仁爱人的名气。他在项梁的部下，虽然有好几次与项羽同去杀敌，但项羽得到"慓悍猾贼"的批评，而沛公在怀王诸老将的眼中却是一个"宽大长者"。入关中后，他对付秦人的办法与项羽正是相反。项羽的办法，是坑，是屠，是烧，是杀。沛公完全以仁义的手段去迎合秦人的心理。他到霸上，便召诸县豪杰父老来对他们说：

> 父老苦秦苛法久矣，诽谤者族，偶语者弃市。吾与诸侯约，先入关者王之，吾当王关中。与父老约，法三章耳：杀人者死，伤人及盗抵罪。余悉除去秦法。诸吏人皆案堵如故。凡吾所以来，为父老除害，非有所侵暴，无恐！（《史记》八）

他又把这些话宣传到乡下去，于是秦人大喜，唯恐沛公不为秦王。后来沛公攻击项羽的势力，第一步便是北定三秦。三秦所以容易攻下，不能不说是民心的向背有很大的影响。

第二，项羽为人刚愎自用，沛公对于别人的意见肯虚心接受，从谏如流。在这一点的差异上，表明沛公颇有做领袖的特点，而项羽却缺少做领袖者最需要的特点。大凡社会上的人物，各有长处，也各有短处，断无一个人能兼众人之美的。项羽的长处是在军事方面，他在作战一方面确有几分把握。不过在战争上求得最后的胜利，各方面均需要人才，不只作战一方面而已。项羽假如是个真的领袖，他便应当知道自己的短处，同时也要赏识别人的长处，肯虚心听从他们的话，肯与他们合作，然后才可以成功。但他的性情并非如此。他对于什么事情，只信自己的主张，别人的计划，他很少能信用的。他这种刚愎自用的特性，从好几处可以看出。其一，鸿门之宴，范增屡次示意给他，劝他对沛公下手，但他默然不应，遂致放虎归山，为他后患。其二，韩生劝他都秦，但他心思东归，丝毫不肯考虑韩生的见解，以致后来沛公得据陕西形势，东向以争天下。其三，张耳、陈馀原是站在同等地位上的人，项羽封张耳为王而不封陈馀，陈馀的客人在项羽面前指出此点之疏忽，但项羽还是不肯封陈馀为王，只封以三县，以致陈馀怨恨，加入反项的工作。但他最大的错处，莫如不听韩信的计划。韩信是当时第一号的将才，在他没有去从沛公之先，曾在项羽手下为郎中。他数以策于项羽，项羽不用。韩信的话一定是很有价值的，岂可以这样地忽略他？后来韩信在沛公那儿当大将，便成了项羽唯一的劲敌。由此可见，项羽刚愎自用的短处便成了他终身之累。至于沛公，便与项羽大不相同。他对于别人的见解最能虚心领受，有时他对于一件事情，自己早已成立一种见解，只要他觉得别人的见解比他高明，便不惜牺牲自己的见解来迁就别人的见解。有好几件事可以证明这一点。其一，他初入关中，给秦朝的宫室妇女所诱惑，便想拥为己有。樊哙、张良谏他，他居然肯封秦重宝财物府库，还军霸上。其二，他听了别人的话，使兵守函谷关，拒纳诸侯军。后来项伯、张良指出此事的危险，他马上撤兵，而且还冒险到项羽面前去道歉，使得项羽虽想铲除他，而无所借口。其三，项羽封他为汉王，他觉得自己受了冤屈，便想即刻与项羽翻脸，周勃、灌婴、樊哙、萧何等谏他，他便把他的气忍下去了。其四，鸿沟之约成后，他原想引兵西归，与项羽平分天下。张良、陈平劝他利用这个时机去消灭项羽，他也就把西归之念打消了。此外如他听郦食其的计划去袭陈留，听张良的话去攻宛，听董公的话为义帝发丧，听萧何的话拜韩信为大将，听袁生的话去分楚的兵势，听陈平的计策离间楚的君臣，等等，都可以表示他有领袖的资格，能利用别人的长处去成就自己的伟大。

第三，项羽缺乏知人之明，沛公的知人善任正与项羽相反。这一点沛公自己也知道。他在统一天下之后曾发出一个问题，征求群臣的答案。他问：

> 列侯诸将无敢隐朕，皆言其情。吾所以有天下者何？项氏之所以失天下者何？

（《史记》八）

当时大约只有王陵出来回答。他说：

> 陛下慢而侮人，项羽仁而爱人。然陛下使人攻城略地，所降下者因以予之，与天下同利也。项羽妒贤嫉能，有功者害之，贤者疑之，战胜而不予人功，得地

而不予人利，此所以失天下也。（《史记》八）

这个答案，在沛公的眼光中看来，只有五十分，不能及格。他自己的答案，的确比王陵的要高明得多。他说：

> 公知其一，未知其二。夫运筹策帷帐之中，决胜于千里之外，吾不如子房。镇国家，抚百姓，给馈饷，不绝粮道，吾不如萧何。连百万之军，战必胜，攻必取，吾不如韩信。此三人者，皆人杰也，吾能用之，此吾所以取天下也。项羽有一范增而不能用，此其所以为我擒也。（《史记》八）

沛公手下的人才很多，但是假如要我们投票举出前三名来，我想大家的答案一定会与沛公相同。沛公的知人之明，于此可见。他不但留心自己部下的人才，而且时时注意敌方的人才。古人说过，"知己知彼，百战百胜"。沛公知道项羽方面有一范增，便可知道他平时对待对方"知彼"的功夫是做过的。此外还有一事，更足证明他有知己知彼之能。汉高祖二年（前205），沛公派韩信、曹参、灌婴三人去击魏，同时很想知道敌方作战的人物，恰好郦食其自魏还，他便问食其："魏大将谁也？"

> 对曰："柏直。"王曰："是口尚乳臭，不能当韩信。骑将谁也？"曰："冯敬。"曰："是秦将冯无择子也，虽贤，不能当灌婴。步卒将谁也？"曰："项它。"曰："是不能当曹参。吾无患矣。"（《前汉书》一上）

他不但能够批评敌人将领的能力，而且还知道他们的年龄，知道他们的家世，不是平日细心考察，如何可以做得到？项羽比起他来，真有愧色。他用人不得其当的例子，不可胜举。其一，他封秦地为三，以秦的降将为王，最是一个荒谬的举动。韩信对于这点批评得最妥当。他说：

> 三秦王为秦将，将秦子弟数岁，而所杀亡不可胜计，又欺其众降诸侯。至新安，项王诈坑秦降卒二十余万人，唯独邯、欣、翳脱。秦父兄怨此三人，痛于骨髓。今楚强以威王此三人，秦民莫爱也。（《前汉书》三四）

项羽不知这三个人是秦民所痛恨的，封他们为秦王，难怪沛公由汉中北伐，不费吹灰之力便一鼓而定三秦了。其二，反项势力初发动的时候共有三方面，便是田荣、彭越与沛公。他不去攻沛公而去对付田荣，已经表明他不知轻重。不过他既然去对付田荣，便应委托两个得力的人去应付彭越与沛公。哪知道他派去攻彭越的是萧公角，给彭越一战就打败了。他派去抵制沛公的是一位吴令郑昌，遇到韩信也就投降了。用这种无用的人去击强敌，如何不败？其三，成皋之役，是楚汉相争最紧急的关头，他离开阵线去击彭越也许在策略上讲得通。不过，他如去击彭越以绝后顾之忧，便应当把前线的战士交给一位老成持重的大将，哪知道他所托付的人是一位曾为狱掾的曹咎。曹咎是否知兵，史中未有明言。但他所以为项羽所信任的缘故，乃是曹咎为狱掾时曾有德于他的叔父项梁。他临走的时候，谆嘱曹咎谨守成皋，汉欲挑战，慎勿与战，他在十五日之内要灭了彭越归来，再与沛公计较。哪知曹咎的度量很小，给汉军一骂，便大怒而出兵，以致中了汉军的暗算，一败涂地。项羽不知曹咎的情性而希望他听话，又是他无知人之明的一个证据。其四，项羽既然自己出兵，与沛公对阵，后方当然要派一个最可靠的人坐镇。他即使找不到萧何一类的人，也应当找到像周苛那种忠心不二的人。他没有找到萧何，也没有找到周苛。没有找到枞公，也没有找到纪信。受他提拔的人，见了敌人便降的，以前已有郑昌，已有申阳，已有英布，已有张耳，到了垓下之役千钧一发的时候，他的大司马周殷也就反戈，随刘贾、彭越来追迫他的故主了。在沛公方面，有许多可用的人，许多可靠的人，而项羽反是，所以他要失败了。

第四，项羽战争的策略远不如沛公。项羽是一个身长八尺、力能扛鼎的勇士。作战时不怕死，敢向前，是他的长处。他对于兵法，只知其皮毛，没有精深的训练。他的叔父项梁曾教他兵法，他开始学习的时候很喜欢，但"略知其意，又不肯竟学"（《史记》七）。总观他的生平，对付敌人的方法只有一种，便是以武力去征服。他一生所遇到的敌人，如章邯，如田荣，如彭越，如沛公，只有一个对付的方法，便是自己带兵去与他们宣战。沛公知道他的勇敢，所以项羽如与他挑战，他总用别的话来推托。但是项羽唯一的方法，只是打，只是拼命，所以后来他与沛公相遇于广武间，他便对沛公说：

> 天下匈匈数岁者，徒以吾两人耳，愿与汉王挑战决雌雄，毋徒苦天下之民父子为也。（《史记》七）

而沛公是个老奸巨猾的，如何肯中他的计策，所以他只淡淡地回答说：

> 吾宁斗智，不能斗力。（《史记》七）

项羽只知斗力，不知道在别的方面用功夫，所以结果是一败涂地，但他至死还不觉悟。司马迁对于这一点的批评甚为中肯，他说项羽：

> 自矜功伐，奋其私智而不师古，谓霸王之业，欲以力征经营天下，五年卒亡其国，身死东城，尚不觉悟而不自责，过矣。乃引"天亡我，非用兵之罪也"，岂不谬哉？（《史记》七）

　　沛公作战的策略，便与项羽大不相同。其一，他的作战是有通盘打算的，并不像项羽那样只为枝节地应付。他一方面应付项羽，另一方面对于项羽以外的势力，如秦，如燕，如魏，如赵，如齐，都有应付的方针。所以在项羽不知不觉间，他已经把自己的势力向各方面发展。最后再利用各方面的势力，集中来应付项羽，项羽虽强，也无力与全国的势力抵抗了。沛公所以能做到这一步，固然因为他有好的参谋、好的说客、好的大将，但从另一方面看来，他先入关，得到秦丞相律令图书，因而得知天下隘塞户口多少强弱所在（《前汉书》三九），也不无相当的帮助。其二，沛公在战争之外，还用了许多别的策略。在这些策略之中，如宣传项羽的罪恶使人民痛恨项羽，用离间的方法使项羽君臣不和，利用外交的手段使项羽势力孤单，扰乱项羽的后方使项羽常有后顾之忧。这些对于消灭项羽的势力，都有相当的功效。就其中扰乱项羽的后方使他前方的军士得不到粮食的接济，乃是项羽的致命伤。从这些地方看来，可知沛公所谓斗智，并非在项羽面前大言，而是他的战略中最得意之点。

　　项羽有这许多地方不如沛公，所以最后的惨败乃是当然的结果，不可诿责于天命。项羽死后，诸侯都推崇沛公，请他做皇帝，于是统一的事业乃告成功。

## （四）善政及和平的恢复

　　从推翻旧政权到成立新政权，许多人以为革命的事业便算成功了。其实新政权的成立只可以说是革命过程中一个重要的阶段，而不能目为革命的归宿。假如新政权成立后的设施与旧政权相仿佛，那么只可说是以暴易暴，不但不能说是革命得到归宿，反而成为一个新革命的起点了。所以我们如想判定某次的革命是否成功，不能以推翻旧势力为标准，不能以成立新政权为标准，而应以新政权立后看它是否能为民众谋幸福为标准。所谓为民众谋幸福，并不是空说的，乃是要实行的。譬如在旧势力下，有苛役，有重税，有严法酷刑，以及言论上的不自由，都是与民众的幸福背道而驰的。新政权成立后，如只是口中说说减轻赋税、免除苛役、恢复言论自由，而在实行上依然是苛役，是重税，是压迫言论自由，那么人民一定会知道，一定不会受骗，迟早总要再起革命的风潮。所以新政权成立后，如真想为人民谋幸福，真想完成革命的工作，一定要实行革命的政治，让它的政绩来恢复社会上的和平，来得到人民的信仰。

　　汉朝成立之后对于使人民不安的苛政，的确取消不少。它的政治虽然不能尽如人意，但从大体上讲来或与秦政比较起来，我们不能不承认，汉初的政治实有革命的意味。汉初虽然仍有役民之制，但较之秦政要轻得多。在某种情形之下，还可以免除服役的义务。沛公不愿扰民的心理从萧何治未央宫一事可以看出。

> （七年）二月，至长安。萧何治未央宫，立东阙、北阙、前殿、武库、大仓。上见其壮丽，甚怒，谓何曰："天下匈匈，劳苦数岁，成败未可知，是何治官室过度也！"（《前汉书》一下）

大约当时在大战之后，人民还没有稳固的职业，所以萧何便利用他们去造未央宫。未央宫虽然壮丽，但还比不上阿房，所用的人也绝没有七十余万。萧何死后，曹参代他为汉相国，他的大政方针便是与民休息，不去扰动百姓。他这种政策在相齐时已得相当的效果：

> 参之相齐，齐七十城。天下初定，悼惠王富于春秋，参尽召长老诸生，问所以安集百姓，如齐故（俗）诸儒以百数，言人人殊，参未知所定。闻胶西有盖公，善治黄老言，使人厚币请之。既见盖公，盖公为言治道贵清静而民自定，推此类具言之。参于是避正堂，舍盖公焉。其治要用黄老术，故相齐九年，齐国安集，大称贤相。（《史记》五四）

他为汉相后还是继续在齐的政策：

> 择郡国吏木讷于文辞，重厚长者，即召除为丞相史。吏之言文刻深，欲务声名者，辄斥去之。日夜饮醇酒。卿大夫已下吏及宾客见参不事事，来者皆欲有言。至者，参辄饮以醇酒，间之，欲有所言，复饮之，醉而后去，终莫得开说，以为常。（《史记》五四）

曹参这种办法可以说是无为而治，本来无为乃是消极的，为什么反有好的结果呢？因为以前的政治都是剥夺民众利益的时候多，所以在朝的人一有举动，在野的民众就要吃亏。无为的政策虽然不能给民众什么好处，但它的结果是不干涉民众的生活，让民众可以安居乐业。在农业经济的组织之下，在天下大乱民间的伤痕未复之后，这便是民众所需要的。加以秦政扰民最甚的便是苛役，无为便可不用民力，便可减轻力役之征了，这从民众的眼光看来当然算是一种仁政。

其次在赋税一方面，汉朝减轻了许多。高祖即位的时候，公家是很穷的。"自天子不能具醇驷，而将相或乘牛车。"（《前汉书》二四上）假如沛公的心理也像二世一样，他一定会从民众的身上榨取一些脂膏来做个人享受的工具。但在高祖十一年（前196），却有一道省赋的诏令。诏曰：

> 欲省赋甚。今献未有程，吏或多赋以为献，而诸侯王尤多，民疾之。令诸侯王、通侯常以十月朝献，及郡各以其口数率，人岁六十三钱，以给献费。（《前汉书》一下）

可见当时有多赋以献为的，沛公不但不奖励他们，反而要他们照着一定的章程去做，以免引起人民的愁怨。这与秦朝收泰半之赋的办法是大相悬殊了。至于税的方面，董仲舒说古者税民不过什一，秦朝的赋税二十倍于古。汉初不但反秦之所为，而且所收的税比周朝还要少些，因为周朝是十分税一，汉初乃是什五而税一（《前汉书》二、二四上）。所以减赋税一层，汉初可以说是做到了。

在刑法一方面，汉初也有减省，汉高祖五年（前 202），天下已定，便有一道诏令说：

> 民前或相聚保山泽，不书名数，今天下已定，令各归其县，复故爵田宅，吏以文法教训辨告，勿笞辱。（《前汉书》一下）

这便是重教育而不重刑罚的先声。第二年又有一道诏令，更足表明当时朝廷宽大的心理。汉高祖六年（前 201）十二月诏令说：

> 天下既安，豪杰有功者封侯，新立，未能尽图其功。身居军九年，或未习法令，或以其故犯法，大者死刑，吾甚怜之。其赦天下。（《前汉书》一下）

此后如惠帝四年（前 191），除挟书律，于是秦律敢有挟书者族的恶法便取消了（《前汉书》二）。高后元年（前 187），除三族罪、妖言令。师古说："罪之重者戮及三族，过误之语以为妖言"，都是秦朝的刑法，高后以其重酷，所以除之。可惜诛三族之令，不久又恢复了（《前汉书》三、二三）。文帝元年（前 179），又除相坐律。按秦法，一人有罪，并其室家，文帝以为残酷，故除此律。当时在朝的群臣，以为"民不能自治，故为法以禁之。相坐坐收，所以累其心，使重犯法，所从来远矣。如故便"。文帝的见解便比他们高些，他说："朕闻法正则民悫，罪当则民从。且夫牧民而导之善者，吏也。其既不能导，又以不正之法罪之，是反害于民为暴者也。何以禁之？朕未见其便"（《史记》一〇）。在这种辩论之下，群臣自知理屈，于是相坐律便除去了。从这些诏令看来，可知秦朝的严法在汉初便废除许多。酷刑中的肉刑，因为淳于公的案件，文帝动了恻隐之心，也下令废除，易以笞刑，至景帝时将笞刑减轻，于是罪人生命被全的便很多。（《前汉书》二三）

至于言论自由方面，我们上面已经说过，沛公的性情是能容纳别人意见的，对于他人的言论从不加以干涉。他肯认错的习惯，在未得天下时，固然充分表现。在既得天下后也还保存，相国萧何被系，他听到王卫尉批评此举不当，便这么做：

> 使使持节赦出相国。相国年老，素恭谨，入，徒跣谢。高帝曰："相国休矣！相国为民请苑，吾不许，我不过为桀纣主，而相国为贤相。吾故系相国，欲令百姓闻吾过也。"（《史记》五三）

有过而能改，那么别人的批评，正是改过的机会，所以不必禁止言论自由。沛公在世时，虽然没有取消诽谤法，但因批评政治而获罪的倒还没有。其后高后除妖言令，文帝除诽谤法，言论便格外自由了。文帝的诏令最为彻底，他说：

> 古之治天下，朝有进善之旌，诽谤之木，所以通治道而来谏者也。今法有诽谤妖言之罪，是使众臣不敢尽情，而上无由闻过失也。将何以来远方之贤良？其除之。民或祝诅上，以相约而后相谩，吏以为大逆，其有他言，吏又以为诽谤。此细民之愚，无知抵死，朕甚不取。自今以来，有犯此者勿听治。（《前汉书》四）

在这种言论自由的情形之下，我们也没有听说批评文帝的人便多起来了。因为止谤莫如自修，假如自己的政治没有错处，又何必怕人的批评？秦朝的皇帝因为自己有过失，畏人批评，所以禁止言论自由。由此可见，凡是禁止言论自由的人，其本身一定有黑暗之处，怕人把它泄露出来。

汉初的善政，还不止此，这些善政的结果是什么呢？《前汉书·刑法志》说：

> 孝惠、高后时，百姓新免毒蠚，人欲长幼养老。萧、曹为相，填以无为，从民之欲，而不扰乱，是以衣食滋殖，刑罚用稀。（《前汉书》二三）

《前汉书·高惠高后文功臣表》的序文也说：

> （汉王初即皇帝位时）大城名都民人散亡，户口可得而数裁什二三，是以大侯不过万家，小者五六百户。……逮文、景四五世间，流民既归，户口亦息，列侯大者至三四万户，小国自倍……（《前汉书》一六）

汉初的政治能够做到这个地步，总算革命的工作已有相当的结果了。

# （五）结论

这篇文章的用意并不在描写一个内乱，而在分析一个内乱。分析的结果发现，内乱有起点，有归宿，有中间的过程。总之内乱的头绪并不繁杂，而有系统可寻。这个系统有如下表：

苛政→人民不安→革命→现状推翻→群雄争权→统一完成→善政→和平恢复

我希望这个系统可以作研究他种内乱的参考。假如它还能够给我们处乱世的一个观察时局的指针，那就已经超出我的希望之外了。

一月九日

（载《金陵学报》第 1 卷第 2 期，1931 年）

# 两汉寡妇再嫁之俗

夫死不嫁之说，儒家早就主张的。《礼记·郊特牲》云：

> 信，妇德也。壹与之齐，终身不改，故夫死不嫁。

东汉曹大家作《女诫》，以为"夫有再娶之义，妇无二适之文"（《后汉书》八四），大约就是根据于这句经典。不过儒家的经典，在两汉时并未为民众普遍地采用。而且当时儒家的派别很多，对于一种主张并无共同的见解。譬如曹大家根据《礼记》，认为女子不能再嫁；但董仲舒根据《春秋》，却以为寡妇有更嫁之道。他的主张，从他对于下面案件的判断可知：

> 甲夫乙将船，会海盛风，船没溺流死亡，不得葬。四月，甲母丙即嫁甲，欲当何论。或曰：甲夫死未葬，法无许嫁，以私为人妻，当弃市。议曰：臣愚以为《春秋》之义，言夫人归于齐，言夫死无男，有更嫁之道也。妇人无专制擅恣之行，听从为顺。嫁之者，归也。甲又尊者所嫁，无淫衍之心，非私为人妻也。明于决事，皆无罪名，不当坐。（《太平御览》六四〇引）

汉儒对于女子守节这个问题的讨论是很少的，所以当时的社会是赞成守节还是不赞成守节，从当时人士发表的言论中很难看得出来。不过我们研究的对象并非学说，而是风俗，并非理论，而是行为。两汉的人是否赞成守节，从当时寡妇的行为上便可看得出来，从别人对于寡妇的态度上更可看得出来。所以我们现在便可离开理论与学说来看当时寡妇的行为，以及别人对于寡妇的态度。

## （一）寡妇再嫁之例

凡是一个社会，如主张夫死不嫁，同时一定也主张男子不娶寡妇。这两条行为的标准，一定要同时存在，然后方可以行得通。但在两汉时，寡妇固有再嫁的自由，男子对于娶寡妇为妻也并无厌恶之念。不但常人肯娶寡妇，便是皇帝也有娶寡妇的。我们可以看看汉文帝的母亲的出身。

> 高祖薄姬，文帝母也。父吴人，秦时与故魏王宗女魏媪通，生薄姬。而薄姬父死山阴，因葬焉。及诸侯畔秦，魏豹立为王，而魏媪内其女于魏宫。许负相薄姬，当生天子。是时项羽方与汉王相距荥阳，天下未有所定。豹初与汉击楚，及闻许负言，心喜，因背汉而中立，与楚连和。汉使曹参等虏魏王豹，以其国为郡，而薄姬输织室。豹已死，汉王入织室，见薄姬，有诏内后宫，岁余不得幸。……汉王四年，……遂幸，有身。岁中生文帝……（《前汉书》九七上）

由此可见，文帝的母亲原来是魏豹的妻子，魏豹死后方为汉高祖所收纳。景帝的王皇后，便是后来生武帝的，在未与景帝为婚之前，曾嫁给姓金的，而且还生了一个女儿。不过她是与姓金的离婚之后再嫁给景帝的，并不能算是寡妇，所以我们不必叙她的故事。后汉常于八月"遣中大夫与掖庭丞及相工，于洛阳乡中阅视良家童女，年十三以上，二十已下，姿色端丽，合法相者，载还后宫，择视可否，乃用登御"（《后汉书》一〇上）。因为有年龄的限制，所以后汉的皇后便没有是寡妇出身的。后汉之末，天下分裂，三国并立，当时便有一件极巧的事，便是魏、蜀、吴的第一个皇帝都娶有寡妇。魏文帝的甄皇后原是袁熙的寡妇：

> 文昭甄皇后，……建安中，袁绍为中子熙纳之。熙出为幽州，后留养姑。及冀州平，文帝纳后于邺，有宠，生明帝及东乡公主。（《三国志》魏书五）

蜀先主的穆皇后原是刘瑁的寡妇：

> 先主穆皇后，陈留人也。兄吴壹，少孤，壹父素与刘焉有旧，是以举家随焉入蜀。焉有异志，而闻善相者相后当大贵。焉时将子瑁自随，遂为瑁纳后。瑁死，后寡居。先主既定益州，而孙夫人还吴，群下劝先主聘后。先主疑与瑁同族，法正进曰："论其亲疏，何与晋文之于子圉乎？"于是纳后为夫人。（《三国志》

蜀书四）

吴主权的徐夫人原是陆尚的寡妇：

> 吴主权徐夫人，……初适同郡陆尚。尚卒，权为讨虏将军，在吴，聘以为妃……（《三国志》吴书五）

皇帝的亲戚及女儿夫死再嫁的事，亦数见不鲜。如景帝的岳母臧儿，先嫁王仲，后又嫁给田氏，前后共生子女五人。后来她的第二个丈夫死了，郦寄还想娶她为夫人，假如不是景帝从中作梗，臧儿大约前后要嫁三次（《史记》九五）。武帝姑馆陶公主，号窦太主，先嫁给堂邑侯陈午。午死，主寡居，年已五十余岁了。五十余岁的老寡妇当然难于再嫁，但她却养董偃为私夫。武帝到馆陶公主家中去逛的时候，说是要见主人翁，公主便引董偃出来见他。公主死了以后，并非与陈午合葬，乃是与董偃合葬于霸陵，可见馆陶公主在五十以后便等于正式嫁给董偃了（《前汉书》六五）。宣帝的外祖母王妪，先嫁与同乡王更得，后乃嫁与广望王迺始，生了一女，名翁须，便是宣帝的母亲（《前汉书》九七上）。宣帝的女儿敬武长公主，原嫁给营平侯赵钦，钦死后，她又嫁给薛宣为续弦（《前汉书》八三）。成帝许皇后的姊许嬺，原为韩宝的夫人，韩死后她与定陵侯淳于长私通，因而嫁给他为小妻（《前汉书》九三）。后汉桓帝邓后的母亲先嫁给邓香，后又嫁给梁纪（《后汉书》一〇下）。但在这些再嫁的故事之中最有趣味的，莫过于光武的姊姊选择第二个丈夫失败的故事：

> 帝姊湖阳公主新寡，帝与共论朝臣，微观其意。主曰："宋公（宋弘）威容德器，群臣莫及。"帝曰："方且图之。"后弘被引见，帝令主坐屏风后，因谓弘曰："谚言贵易交，富易妻，人情乎？"弘曰："臣闻贫贱之知不可忘，糟糠之妻不下堂。"帝顾谓主曰："事不谐矣！"（《后汉书》二六）

光武这样热心替他的寡姊做媒，可见当时寡妇再嫁并不算是一件家丑。

皇室以外的人家娶寡妇的以及寡妇再嫁的事，史中也可以找到。其中嫁人次数最多的要算陈平娶到的妻子。他的妻子姓张，这位张女士的历史以及嫁给陈平的经过如下：

> 户牖富人张负有女孙，五嫁夫辄死，人莫敢取，平欲得之。邑中有大丧，平家贫侍丧，以先往后罢为助。张负既见之丧所，独视伟平。平亦以故后去。负随平至其家，家乃负郭穷巷，以席为门，然门外多长者车辙。张负归，谓其子仲曰："吾欲以女孙予陈平。"仲曰："平贫不事事，一县中尽笑其所为，独奈何予之女？"

负曰："固有美如陈平长贫者乎？"卒与女。（《前汉书》四〇）

这个故事有好几点可以注意。第一，嫁过五次的女子还不厌再嫁。第二，寡妇的尊长不但不劝寡妇守节，还时时刻刻在那儿替她物色佳婿。第三，嫁过几次的女子也有男子喜欢她，要娶她。第四，寡妇的父亲并不以女儿为寡妇而降低其择婿的标准，此点从张仲的态度中可以看得出来。张负肯把孙女给陈平，并非降低标准，乃是他有知人之明，看清陈平虽然穷困但将来终有发达的一日。

汉代有名的寡妇，并非文帝的母亲薄姬，也非陈平的妻子张氏，而是司马相如的妻子卓文君。在一个婚姻要有父母之命、媒妁之言的社会中，卓文君的行为乃是很稀奇的。因为它稀奇，所以能够传到今日，还是啧啧为人所乐道。但是我们对于这个故事发生兴趣，并非由于卓文君的私奔，乃是由于卓文君私奔的时候本身是个寡妇。她与司马相如私奔之后，她的父亲卓王孙大怒说：

女不材，我不忍杀，一钱不分也！（《前汉书》五七上）

司马相如本是一穷人，既得不到岳家的帮助，只好与卓文君当垆卖酒。后来有人劝卓王孙慷慨一点，卓王孙不得已，方分与文君僮百人、钱百万及其嫁时衣被财物。

这个故事中有可以研究的一点，便是卓文君私奔之后卓王孙为什么要大怒呢？他的大怒是否因为女儿不能守节呢？据我们看来，卓王孙的发怒绝不是因为女儿再嫁，而是因为嫁给了一个家徒四壁的穷措大。卓王孙是临邛的富户，单说僮客便有八百人，所以他心目中的女婿一定要与他门第相当，或在社会上有名望的人。司马相如乃是一个无业的游客，如何会使他看得起呢？后来司马相如居然发达了，受武帝的命令去通西南夷，到了四川的时候太守以下郊迎，县令负弩矢先驱，蜀人以为宠。"于是卓王孙、临邛诸公皆因门下献牛酒以交欢。卓王孙喟然而叹，自以得使女尚司马长卿晚"（《前汉书》五七下）。可见卓王孙并没有要女儿守节的心。假如司马相如在做了大官以后再到卓家，当时又适文君新寡，那么卓王孙一定肯把女儿嫁给司马相如，卓文君也用不着和他私奔了。

## （二）寡妇有子女者亦可再嫁

寡妇生了子女的，年龄大约比那无子女的寡妇平均要大些。她们年事已长，而且在子女的身上，感情也得到寄托，所以她们对于再嫁的需要并不深切。不过在中国的社会中女子是无职业的，她们的丈夫死后有时生活便发生恐慌。假如还有子女之累，不是夫家丰厚的，便不易把生活维持下去。像这种女子，如可以再嫁，问题便容易解决了。但是儒家中有一派晚出的学者，认为寡妇守节是天经地义，无论在何种情形之下都不可修改。如程伊川答客问时，有一句被别人时常引用的句子：

> 又问：或有孤孀贫穷无托者，可再嫁否？曰：只是后世怕寒饿死，故有是说，然饿死事极小，失节事极大。（《近思录》六）

这种说法在近世虽然影响很大，但两汉的人却没有这种观念。两汉不但无子女的寡妇可以再嫁，就是有子女的寡妇也可以再嫁。如上面提到的武帝的母亲王皇后：

> 孝景王皇后，武帝母也。父王仲，槐里人也。母臧儿，故燕王臧荼孙也，为仲妻，生男信与两女。而仲死，臧儿更嫁为长陵田氏妇，生男蚡、胜。（《前汉书》九七上）

这是生了子女三人还要再嫁的一个例子。又如苏武使匈奴，匈奴因故留武，诡言武死。第二年李陵降匈奴，其后十余年，李陵与苏武谈话时说：

> 来时，大夫人已不幸，陵送葬至阳陵。子卿妇年少，闻已更嫁矣。独有女弟二人，两女一男，今复十余年，存亡不可知。（《前汉书》五四）

苏武也生了两女一男，但他的妻子因为听说苏武已死于匈奴还要再嫁。难怪苏武在匈奴也另外娶了一位胡妇。此外如新丰富人祁太伯，有一位同母弟王游公（《前汉书》九二），可见太伯的母亲生了太伯之后还再嫁为王氏妇。又如光武的妹夫李通有一同母弟申徒臣，为光武的兄伯升所杀（《后汉书》一五）。可见李通的母亲生了李通后，曾再嫁给申徒臣的父亲。不过，对于祁、李二夫人的身份史中并无详细的说明。她们再嫁时也许是寡妇，也许是出妻。然而这两位夫人有了儿子还要再嫁，乃是无疑的。

寡妇有了女儿还要再嫁的，我们可再举两个例子。第一是元帝傅昭仪的母亲：

> 孝元傅昭仪，哀帝祖母也。父河内温人，蚤卒，母更嫁为魏郡郑翁妻，生男恽。（《前汉书》九七下）

可见这位傅太太再嫁的时候，已经生了傅昭仪了。第二个例子，我们可以举桓帝邓皇后的母亲：

> 桓帝邓皇后讳猛女，和熹皇后从兄子邓香之女也。母宣，初适香，生后。改嫁梁纪，……后少孤，随母为居，因冒姓梁氏。（《后汉书》一〇下）

此外还有一个很有名的女子，生了儿子还再嫁人的，便是蔡邕的女儿蔡文姬。但是她的情形有点特别，与他人不同。她最初嫁给河东卫仲道，夫亡无子，归宁于家。献帝初年，天下大乱，文姬为胡骑所得，没于南匈奴左贤王，在胡中十二年，生二子。曹操素与蔡邕相好，痛他无子，便使人以金璧把文姬赎归，重嫁给董祀（《后汉书》八四）。范晔大约悲其身世，而且爱她的文辞，所以著《后汉书·列女传》，虽然只选了十七人，但也把蔡文姬列入了。假如使宋儒来写列女传，对于这位嫁过三次的妇人一定要讥她失节，不会为她立传了。

## （三）寡妇不嫁者家属每劝其再嫁

假如一个社会中，寡妇再嫁便算失节，便算一件有辱门楣的事情，那么就是寡妇本人愿意再嫁，她的父母、她的翁姑一定要从旁阻挠她，防止她的。但在两汉时代，并无再嫁便是失节的观念。年轻的寡妇，特别是夫死无子的寡妇，原有再嫁的风俗。所以即使寡妇本人，因为特别的原因不肯再嫁，她的家属反而要在旁边劝她再嫁，有时甚至逼她再嫁。这是两汉的人对于寡妇再嫁的态度与近代的人根本不同的一点。便从这一点上考察，可以使我们格外相信，两汉时代的寡妇再嫁是极普通的，是不失体面的，是不发生贞节问题的。

前汉时，东海曾出了一件冤案，是与一个寡妇有关的：

> 东海有孝妇，少寡，亡子，养姑甚谨，姑欲嫁之，终不肯。姑谓邻人曰："孝妇事我勤苦，哀其亡子守寡。我老，久累丁壮，奈何？"其后姑自经死，姑女告吏："妇杀我母。"吏捕孝妇，孝妇辞不杀姑。吏验治，孝妇自诬服。具狱上府，于公以为此妇养姑十余年，以孝闻，必不杀也。太守不听，于公争之，弗能得，乃抱其具狱，哭于府上，因辞疾去。太守竟论杀孝妇。郡中枯旱三年。后太守至，卜筮其故，于公曰："孝妇不当死，前太守强断之，咎党在是乎？"于是太守杀牛自祭孝妇冢，因表其墓，天立大雨，岁孰。郡中以此大敬重于公。（《前汉书》七一）

这个带有神话式的故事，我们可以不必注意神话的一部分而注意寡妇不肯再嫁时其姑所持的态度。她的姑对于夫死不嫁的办法是不赞同的，其后她自经而死，原因不甚明了。据颜师古的推测，她因不欲累妇，故自杀。这种推测，不管她是否可靠，总之这位老婆婆对于她的儿媳妇不但不劝她守节，反而鼓励她再嫁，乃是显然的。

不但平民有这种态度，便是新室的皇帝王莽，女儿经为平帝的皇后，等到平帝死后，王莽还预备要他的女儿再嫁：

> 孝平王皇后，安汉公太傅大司马莽女也。……后立岁余，平帝崩。莽立孝宣帝玄孙婴为孺子，莽摄帝位，尊皇后为皇太后。三年，莽即真，以婴为安定公，改皇太后号为安定公太后。太后时年十八矣，为人婉瘱有节操。自刘氏废，常称疾不朝会。莽敬惮伤哀，欲嫁之，乃更号为黄皇室主，令立国将军成新公孙建世子豫饰（师古曰："豫，盛饰也。"）将医往问疾。后大怒，答鞭其旁侍御。因发病，不肯起，莽遂不复强也。（《前汉书》九七下）

这是前汉末年一位寡妇不嫁而她的父亲要她再嫁的一个例子。王莽的女儿所以不肯再嫁，大约是因为自己做过皇后。皇后再嫁，嫁给谁呢？嫁给平民，甚至嫁给大官做妻子，不是把自己的地位降低了么？天下的事，无独有偶。在后汉的末年，也有一位寡妇的身世与其命运可以说是与王莽的女儿相仿的。这位寡妇，便是弘农王的妻子唐姬。我们应当记得，弘农王在献帝之前曾即皇帝位，为董卓所废。下面便是唐姬的故事：

> 山东义兵大起，讨董卓之乱。卓乃置弘农王于阁上，使郎中令李儒进鸩，曰："服此药，可以辟恶。"王曰："我无疾，是欲杀我耳！"不肯饮。强饮之，不得已，乃与妻唐姬及官人饮宴别。酒行，王悲歌曰："天道易兮我何艰！弃万乘兮退守蕃。逆臣见迫兮命不延，逝将去汝兮适幽玄！"因令唐姬起舞，姬抗袖而歌曰："皇天崩兮后土颓，身为帝兮命夭摧。死生路异兮从此乖，奈我茕独兮心中哀！"因泣下呜咽，坐者皆欷歔。王谓姬曰："卿王者妃，执不复为吏民妻。自爱，从此长辞！"遂饮药而死。时年十八。唐姬，颍川人也。王薨，归乡里。父会稽太守瑁欲嫁之，姬誓不许。（《后汉书》一〇下）

唐姬之不肯再嫁，也是因为地位的缘故。她曾为王者妃，势不能再为吏臣妻。但是她的父亲还要她再嫁，正如王莽要他的女儿再嫁一样。在再嫁便算失节的社会中，做父亲的绝不会有这种态度。

我们再举一个父亲要女儿再嫁的例子来做这篇的结束：

> 南阳阴瑜妻者，颍川荀爽之女也，名采，字女荀。聪敏有才艺。年十七，适阴氏。十九产一女，而瑜卒。采时尚丰少，常虑为家所逼，自防御甚固。后同郡

郭奕丧妻，爽以采许之，因诈称病笃，召采。既不得已而归，怀刃自誓。爽令傅婢执夺其刃，扶抱载之……（《后汉书》八四）

荀采不肯再嫁的原因，不甚明了。但她的丈夫死后，她便怕母家的人要她再嫁，后来她的父亲果然逼她再嫁了。我们要知道荀家在后汉是一个很有名望的家族。荀爽的父亲荀淑，是荀卿的十一世孙，李固、李膺等名士都宗他为师。荀淑生了八个儿子，并有名称，时人号为"八龙"。荀爽在八龙中，名望尤高。他家慈明，颍川的人都说："荀氏八龙，慈明无双。"（《后汉书》六二）像这种书香的人家，像这样有名望、号称当代硕儒的父亲，还要女儿再嫁，可见寡妇再嫁在当时真是"俗之所趋"的了。

中国的家庭，在这两千年内并非没有变动，从这件事上便可以看得出。

民国二十一年4月19日，清华

（载《清华周刊》第37卷第9-10期，1932年）

# 中国历史上的肉刑

## （一）肉刑的意义

肉刑不是中国独有的发明。在初民社会中，在西洋各国的历史中，都有肉刑的存在。不过在中国历史上，肉刑的含义与别个民族里所谓的肉刑略有不同。譬如笞打，在西洋人的眼光中看来算是一种肉刑。中国的过去虽然也有笞杖之刑，但中国人并没有把它看作一种肉刑。又如割耳、斩手，在英国 18 世纪以前的肉刑中占一个重要的位置，而中国的肉刑中却没有这些名目。

中国的肉刑，到底是指哪些刑罚而言呢？如要明白这点，我们不可不先讨论"五刑"的意义。中国历代以来，虽然刑名偶有更换，但主要的刑罚只有五种。"五刑"这个名词始见于《虞书》，但五刑的名目却见于《周礼》。《周礼·秋官司寇》说：

> 司刑，掌五刑之法，以丽万民之罪。墨罪五百，劓罪五百，宫罪五百，刖罪五百，杀罪五百。

这儿的五刑，前四种便是肉刑，后一种是死刑。四种肉刑排列的次序，《周礼》上是墨刑第一，劓刑第二，宫刑第三，刖刑第四。这个次序，与周穆王时所定的次序略有不同。周穆王的五刑次序是：

> 墨罚之属千，劓罚之属千，剕罚之属五百，宫罚之属三百，大辟之罚其属二百。五刑之属三千。（《吕刑》）

《周礼》上宫刑列第三，而《吕刑》却把宫刑列于第四，只次于死刑。在古人的心目中是把宫刑看得重呢，还是把刖刑看得重呢，很难下一断语，因为古时每有对于减死一等的囚徒加以宫刑，或加以刖刑的。

由此可见古代的五刑，其中有四种便是肉刑。至于这四种肉刑的意义，据颜师古的解释是：

> 墨，黥也，凿其面以墨涅之。劓，截鼻也。宫，淫刑也，男子割腐，妇人幽闭。刖，断足也。（《前汉书》二三注）

这个解释，对于墨、劓、刖三刑都很清楚。刖刑在汉初又名"斩左右止"。据颜师古说："止，足也。"所以斩左右止，便是斩左右足的意思。不过，他对于宫刑的解释还欠明白。什么是"男子割腐"呢？关于此点，我们可参考苏林与如淳的解释。苏林说："宫刑，其创腐臭，故曰腐也。"如淳说："腐，宫刑也。丈夫割势，不能复生子，如腐木不生实。"（《前汉书》五注）由此可见男子受宫刑的，便是去其生殖之具。至于女子受宫刑的，据马国翰《目耕帖》，说是"用木槌击妇人胸腹，即有一物坠而掩闭其牝户，只能溺便，而人道永废矣。是幽闭之说也"。程树德著《汉律考》，引马氏之说，以为他解"幽闭"与古说不同。到底"妇人幽闭"的真意如何，现在已很难考察了。

## （二）肉刑在西汉以前的历史

中国历史上肉刑的意义已如上述，我们现在再问中国的肉刑起于什么时候？关于这个问题有三种不同的答案。一说肉刑起于蚩尤之世。丁谥说：

> 肉刑在于蚩尤之代，而尧、舜以流放代之。故黥、劓之文不载唐虞之籍，而五刑之数亦不具于圣人之旨也。（《通典》一六八）

一说肉刑起于夏禹。班固《前汉书·刑法志》说：

> 禹承尧舜之后，自以德衰而制肉刑，汤武顺而行之者，以俗薄于唐虞故也。（《前汉书》二三）

另外一派的人以为肉刑起于何时已无典籍可考，但至迟当在周代，因为《周礼》及《吕刑》上已有肉刑的名目。这三种说法，我们以为第三派为最妥当。现在我们且不管它的起源如何，我们且翻开历史，看看肉刑在西汉以前是否通行，是否有人受过肉刑的惩罚。

我们先看墨刑。《史记·商君列传》说：

太子犯法。卫鞅曰："法之不行，自上犯之。"将法太子。太子，君嗣也，不可施刑，刑其傅公子虔，黥其师公孙贾。（《史记》六八）

与公孙贾受同样刑罚的，在秦末汉初还有黥布：

黥布，六人也，姓英氏。少时客相之，当刑而王。及壮，坐法黥……（《前汉书》三四）

除了这两位受过墨刑在史上可考的以外，嬴政三十四年曾有一道命令，要百姓焚书，"令下三十日不烧，黥为城旦"（《史记》六）。当时因为未焚书而受墨刑的共有若干，已不可考。楚汉初起，蒯通对范阳令徐公说："足下为令十余年矣，杀人之父，孤人之子，断人之足，黥人之首，甚众。"（《前汉书》四五）由此可见，墨刑在秦时是很普通的。

受劓刑的人在史中可考的，有羌人爱剑的妻子，其受刑约在秦厉公时。

羌无弋（羌人谓奴为无弋）爱剑者，秦厉公时为秦所拘执，以为奴隶。不知爱剑何戎之别也。后得亡归，而秦人追之急，藏于岩穴中得免。羌人云爱剑初藏穴中，秦人焚之，有景象如虎，为其蔽火，得以不死。既出，又与劓女遇于野，遂成夫妇。女耻其状，被发覆面，羌人因以为俗……（《后汉书》八七）

一国的刑罚居然影响到另一部落的风俗，这是立法的人所万想不到的。秦时大约用劓刑甚多，所以贾谊说"赵高傅胡亥而教之狱，所习者非斩劓人，即夷人之三族也"（《前汉书》四八）。原来什么罪应当割鼻子，以及鼻子如何割法，也有专家教导的。

古代受过刖刑的倒有两个知名的人，一位是孙膑：

孙膑尝与庞涓俱学兵法。庞涓既事魏，得为惠王将军，而自以为能不及孙膑。乃阴使召孙膑。膑至，庞涓恐其贤于己，疾之，则以法刑断其两足而黥之。（《史记》六五）

但是兵法高明的人，并不因断足而有所损失。后来孙膑还是把庞涓打败了，报了断足之仇。还有一位的遭遇比孙膑还悲壮的，便是卞和：

楚人和氏得玉璞楚山中，奉而献之厉王。厉王使玉人相之。玉人曰："石也。"王以和为诳，而刖其左足。及厉王薨，武王即位，和又奉其璞而献之武王。武王使玉人相之，又曰："石也。"王又以和为诳，而刖其右足。武王薨，文王即位，和乃抱其璞而哭于楚山之下，三日三夜，泪尽而继之以血。王闻之，使人问其故曰："天下之刖者多矣，子奚哭之悲也？"和曰："吾非悲刖也，悲夫宝玉而题之以

石，贞士而名之以诳，此吾所以悲也。"王乃使玉人理其璞而得宝焉，遂命曰"和氏之璧"。(《韩非子·和氏》)

至于受过宫刑之罚的，在西汉以前虽然很多，然而很少知名的。赵高尝自称曾为"内官之厮役"，李斯也曾骂他为"贱人"(《史记》八七)，大约他曾因罪而受宫刑。不过，秦时受过宫刑的人并非少数。嬴政三十五年(前212)，造阿房宫及穿骊山，曾用"隐宫徒刑者七十余万人"。张守节解"隐宫"二字的意义说："余刑见于市朝。宫刑，一百日隐于荫室养之乃可，故曰隐宫"(《史记》六注)。这七十余万人虽然不全是受过宫刑的，但其中有一部分受过这种刑罚乃是无疑的。

# （三）汉文帝除肉刑

肉刑自从古代的政府采用以后，一直到西汉文帝十三年(前167)都没有废止。可是到了那一年，文帝却因一个女子的上书动了恻隐之心，居然把历代传下的肉刑下令废止了。这件事的始末，《前汉书·刑法志》上有下面一段详细的记载。

齐太仓令淳于公有罪当刑，诏狱逮系长安。淳于公无男，有五女，当行会逮，骂其女曰："生子不生男，缓急非有益也！"其少女缇萦，自伤悲泣，乃随其父至长安，上书曰："妾父为吏，齐中皆称其廉平，今坐法当刑。妾伤夫死者不可复生，刑者不可复属，虽后欲改过自新，其道亡繇也。妾愿没入为官婢，以赎父刑罪，使得自新。"书奏天子，天子怜悲其意，遂下命曰："制诏御史：盖闻有虞氏之时，画衣冠异章服以为戮，而民弗犯，何治之至也！今法有肉刑三，而奸不止，其咎安在？非乃朕德之薄，而教不明与！吾甚自愧。故夫训道不纯而愚民陷焉。《诗》曰：'恺弟君子，民之父母。'今人有过，教未施而刑已加焉，或欲改行为善，而道亡繇至，朕甚怜之。夫刑至断支体，刻肌肤，终身不息，何其刑之痛而不德也！岂称为民父母之意哉？其除肉刑，有以易之……"丞相张苍、御史大夫冯敬奏言："肉刑所以禁奸，所由来者久矣。陛下下明诏，怜万民之一有过被刑者终身不息，及罪人欲改行为善而道亡繇。至，于盛德，臣等所不及也。臣谨议请定律曰：……当黥者，髡钳为城旦春；当劓者，笞三百；当斩左止者，笞五百；当斩右止……者，皆弃市。………"制曰："可。"(《前汉书》二三)

由这道诏令看来，可知汉文帝废肉刑后，便把墨刑改为五年的徒刑，劓刑与刖刑中的斩左足都改为笞刑，刖刑中的斩右足却改为死刑了。肉刑共有四种，墨、劓、刖都已废除，还有宫刑是否也废除呢？《史记》索隐引崔浩《汉律序》云："文帝除肉刑，而宫不易。"张斐注云："以淫乱人族序，故不易之也。"（《史记》一〇注）崔浩是北魏时人，他信汉文帝并未除宫刑。可是另有一派的人，相信汉文帝把宫刑也废去了。他们的理由有二：第一，在汉文帝废肉刑的诏令中说"今法有肉刑三"，可见汉文帝除宫刑还在除其余三种肉刑之前。假如文帝十三年宫刑依然存在，文帝应说"今法有肉刑四"，不应说"今法有肉刑三"了。第二，《前汉书·景帝纪》，载有一道颂扬文帝的诏令，文云：

> 孝文皇帝临天下，通关梁，不异远方；除诽谤，去肉刑，赏赐长老，收恤孤独，以遂群生；减耆欲，不受献，罪人不帑，不诛亡罪，不私其利也；除宫刑，出美人，重绝人之世也。（《前汉书》五）

末了这一句不是证明文帝曾除宫刑么？可是这道诏令在《史记》上的字句略有不同。最要紧的，就是《前汉书》上明明写的是"除宫刑，出美人，重绝人之世也"，而《史记》上却写的是"除肉刑，出美人，重绝人之世"（《史记》一〇）。我们细玩诏令的语气，以为《前汉书》的字句没有错误，因为肉刑中的墨、劓、刖三刑与绝人之世并无关系，能绝人之世的只有宫刑。《史记》上这个错字，也许是后人抄错的，也许是司马迁自己抄错的，因为司马迁曾受过宫刑，依照佛劳德精神分析学的说法，司马迁对于这个"宫"字，顾有抄错之可能。

## （四）肉刑之死而不僵

汉文帝除肉刑，可是肉刑并没有因之而消灭。在西汉以后的历史中，我们若断若续地还可以看见肉刑的痕迹。不过有一件事算是汉文帝做到的，就是肉刑在他的攻击以后便没有成为中国法律中的主刑。譬如五刑的数目虽然到了隋朝便又恢复，一直到了民国，刑罚还是只有五种，可是这五种主刑中已找不到肉刑了。不过从西汉一直到清的末叶，肉刑中总有一种或一种以上是为政府采作从刑的。

我们先看汉文帝以后的墨刑。墨刑在魏时依然存在，从《毛玠传》中可以看出：

> 崔琰既死，玠内不悦。后有白玠者："出见黥面反者，其妻子没为官奴婢，玠言曰'使天不雨者盖此也'。"太祖大怒，收玠付狱。大理钟繇诘玠曰："自古圣帝

明王，罪及妻子。《书》云：'左不共左，右不共右，予则孥戮女。'司寇之职，男子入于罪隶，女子入于舂稿。汉律，罪人妻子没为奴婢，黥面。汉法所行黥墨之刑，存于古典。今真奴婢祖先有罪，虽历百世，犹有黥面供官，一以宽良民之命，二以宥并罪之辜。此何以负于神明之意，而当致旱？……"（《三国志》魏书一二）

假如钟繇的话是可靠的，那么魏时的黥面不过是采用汉法。可惜他没有明言，这种汉法是汉文帝以前的还是汉文帝以后的。不过，受这种刑罚的都是罪人的妻儿，而没为官奴婢的大约其用途并无以前的广。五代晋天福中，始创刺面之法，后代都遵它的制度。清初的法律："凡重囚应刺字者，旗人刺臂，奴仆刺面。民犯徒罪以上刺面，犯杖罪以下刺臂，再犯者亦刺面。逃犯刺左，余犯刺右。初犯刺左者，再犯累犯刺右。初犯刺右者，再犯累犯刺左。字方一寸五分，画阔一分有半。"（《清通典》八〇）由此可见清初虽有墨刑，但是一种从刑，并非受了墨刑之后便不受别种刑罚的。

关于劓刑，梁武帝天监十四年（515）曾有诏令，除劓墨之刑，可见在那年以前劓刑曾恢复过的。

至于刖刑，我们在上面已经说过，共有两种，便是斩左足与斩右足。斩左足的法律，文帝改为笞五百。景帝元年（前156），以为笞五百与死刑无异，所以把笞五百减为笞三百，中元六年（前144）又减笞三百为笞二百。应受劓刑的人，原是改为笞三百，景帝元年改为笞二百，中元六年又改为笞一百，自是被笞的人才有保全性命的希望（《前汉书》二三）。至于斩右足，原来不过是毁肢体的刑罚，文帝改为弃市，反是改轻为重了。不过据钟繇上魏明帝书，说是孝景帝曾下过一道命令，是"其当弃市，欲斩右趾者许之"（《三国志》魏书一三）。此令虽然不见于《史记》《汉书》，不过钟繇曾做过法官，对于律学颇有研究，且生当汉末，其言必有所本。后汉明帝即位，曾有诏，令"天下亡命殊死以下，听得赎论：死罪入缣二十匹，右趾至髡钳城旦舂十匹"（《后汉书》二）。由此可见，后汉初年也还有斩右足之刑，后来不知在什么时候又废止了。魏时并无此刑，从钟繇的议论中可以看出。斩右足的刑罚后来到唐太宗时又重行恢复，可是不久又取消了（《旧唐书》五〇），以后刖刑便未复现。

宫刑在汉文帝时是否废除，本来是一个问题。我们即承认此刑在汉文帝时已废，可是不久又恢复了。景帝中元四年（前146），曾下诏"赦徒作阳陵者，死罪欲腐者，许之"（《前汉书》五），可见死罪减一等便入于腐刑。前汉文帝后受宫刑的人可考的有司马迁（《前汉书》五四）、李延年（《前汉书》九三），昭帝的外祖父赵某、元帝的外祖父许广汉（《前汉书》九七上），以及张安世的哥哥张贺（《前汉书》五九）。后汉也有宫刑，不过是为死罪系囚减死一等的人而设。如光武建武二十八年（52）、三十一年

（55）（《后汉书》一下），明帝永平八年（65）（《后汉书》二），章帝建初七年（82）、元和元年（84）、章和元年（87）（《后汉书》三），和帝永元八年（96）（《后汉书》四），都有相似的诏令，赦免一切犯了死罪的人，让他们以宫刑代替。到了安帝永初中，陈忠上书请除宫刑，得诏允许，然后宫刑在汉代才算真的取消了（《后汉书》四六）。可是到了北魏的时候，司徒崔浩定律令，凡"大逆不道腰斩，诛其同籍。年十四以下腐刑，女子没县官"（《祥刑典》一五七）。可见到了这个时候，宫刑又恢复了，是专门用于谋反大逆的未成年子孙的。隋朝的刑制受了北朝的影响很深，可是宫刑却未采用。由此可见，宫刑是到隋朝才算真的取消了。后来虽然还有宦官的制度，不过这些人系以自宫来解决生活问题，牺牲了男女之欲来谋温饱，并不能算是一种刑罚。

总括以上的讨论，可见四种肉刑中只有墨刑流行最久，其余的三刑虽然时废时复，但到了隋唐时代，便都废置不用了。墨刑所以流行最久，是因为古代并无认别罪人的科学方法。在法律上有好些罪名，初犯与累犯所受的刑罚是不一样的，假如没有一种办法去分别初犯与累犯，这种法律便不能施行。墨刑便给古代的政府一个认别罪人的有效方法。假如摄影的技术发明得早点，或者指纹的方法早就有人知道它的用处，那么墨刑也绝不会有那么悠久的命运了。

## （五）古人对于肉刑的评价

自从汉文帝废肉刑之后，肉刑之应恢复与否便成为在朝在野的人所时常讨论的一个问题。历代在朝的人对于肉刑的讨论至少有十次。

第一次的讨论，在汉献帝建安中。当时赞成恢复肉刑的人是尚书令荀彧，反对的人是少府孔融（《晋书》三〇）。

第二次的讨论，是在魏武秉汉政的时候。当时赞成恢复肉刑的人有御史中丞陈群、相国钟繇，反对的人是郎中令王修（《三国志》魏书一一，《晋书》三〇）。

第三次的讨论，在魏文帝受汉禅之后，参与讨论的人未详（《三国志》魏书一三）。

第四次的讨论，在魏明帝太和中。赞成恢复肉刑的人有太傅钟繇，反对的人有司徒王朗（《三国志》魏书一三）。

第五次的讨论，在魏废帝正始之间（《晋书》三〇）。赞成恢复肉刑的人有河南尹李胜，反对的人有征西将军夏侯玄、尚书丁谧（《通典》一六八）、中领军曹羲（《艺文类聚》五四）。

第六次的讨论，在晋武帝初年，当时廷尉刘颂屡次上书，请复肉刑，未见采用（《晋书》三〇）。

第七次的讨论，在东晋元帝时。当时主张恢复肉刑的人有廷尉卫展、骠骑将军王导、太常贺循、侍中纪瞻、中书郎庾亮、大将军咨议参军梅陶、散骑郎张嶷。反对的人有尚书周颤、郎曹彦、中书郎桓彝、大将军王敦。还有尚书令刁协、尚书薛兼是守中立的，他们主张于"行刑之时，先明申法令，乐刑者刖，甘死者杀"（《晋书》三〇）。换句话说，他们主张恢复肉刑中的刖刑，与死刑并存，让犯死罪的人可以有一个选择。

第八次的讨论，在东晋安帝元兴末年。当时桓玄辅政，议复肉刑。蔡廓赞成，孔琳之反对（《晋书》三〇）。

第九次的讨论，是唐太宗复断右趾法引起来的。当时如谏议大夫王珪，如萧瑀、陈叔达都赞成这种办法。后因裴弘献及房玄龄的反对，终废断右趾法（《旧唐书》五〇）。

第十次的讨论，是在宋神宗时。韩绛、曾布请用肉刑，王安石、冯京等对此互有论辩，未行（《宋史》二〇一）。

从上面所列的看来，我们可以知道，肉刑的讨论在魏、晋二代最多，参与这些讨论的都是在朝的人。此外在野的人，著书立说讨论肉刑的人很多。最著名的，在东汉有班固（《前汉书》二三），有仲长统（《后汉书》四九），有崔寔（《后汉书》五二），有荀悦（《申鉴》二），在晋有袁宏（《三国志》魏书一三注）。可是历代虽然主张恢复肉刑的人很多，而肉刑终没有完全恢复。朝中的辩论，每次都是反对恢复肉刑的人战胜了。

我们现在可以参考各家的言论，看看主张恢复肉刑的人是什么理由，反对恢复肉刑的人又是什么理由。

先看那主张恢复肉刑的人提出来的理由。

主张恢复肉刑的人第一种理由是，社会上有好些罪恶处以死刑未免太重，而处以髡钳之罚又未免太轻。欲求一轻重适当的刑罚，只有肉刑，所以肉刑应当恢复。班固可以代表这一派。他说：

> 且除肉刑者，本欲以全民也，今去髡钳一等，转而入于大辟。以死罔民，失本惠矣。故死者岁以万数，刑重之所致也。至乎穿窬之盗，忿怒伤人，男女淫佚，吏为奸臧，若此之恶，髡钳之罚又不足以惩也。故刑者岁十万数，民既不畏，又曾不耻，刑轻之所生也。……删定律令，纂二百章，以应大辟。其余罪次，于古

当生，今触死者，皆可募行肉刑。及伤人与盗，吏受赇枉法，男女淫乱，皆复古刑，为三千章。（《前汉书》二三）

仲长统也说：

夫鸡狗之攘窃，男女之淫奔，酒醴之赂遗，谬误之伤害，皆非值于死者也。杀之则甚重，髡之则甚轻。不制中刑（指肉刑）以称其罪，则法令安得不参差，杀生安得不过谬乎？（《后汉书》四九）

照班固与仲长统的说法，似乎在东汉的时候死刑之下便是髡刑，但是汉文帝用以代替劓、刖的笞刑不是应当在死刑与髡刑之中而成为仲长统所谓的中刑么？可是照马端临的考证，笞刑在汉代并不常用。他说：

古者五刑，大辟至重，墨至轻。孝文除肉刑，以髡钳代墨，以笞代劓、刖。其后复减笞数，定箠令，则刑制益宽矣。然景、武以后，习为严酷，死刑至多。《宁成传》称"成抵罪髡钳。是时，九卿死即死，少被刑，而成刑极，自以为不复收"。又王吉、龚遂、王式，皆坐辅导昌邑王无状，减死，钳为城旦春。《何并传》，并为颖川太守，时钟元为尚书令，元弟威为郡掾，赃千金。并过辞元，元免冠，为弟请一等之罪（如淳曰："减死罪一等。"），蚤就髡钳。并不许，卒谕杀威。以是观之，则知当时死刑至多，而生刑反少。髡钳本以代墨，乃刑之至轻者，然减死一等，即止于髡钳，进髡钳一等，即入于死。而笞箠所以代刖、劓者，不闻施用矣。（《文献通考》一六三）

假如我们知道这个背景，便可了解为什么班固与仲长统等人有"死刑太重，生刑太轻"的议论了。据他们的见解，罪有重罪，有轻罪，有不轻不重之罪。重罪处以死刑是应当的，轻罪处以髡钳之刑也是应当的。唯有不轻不重之罪，应当处以肉刑，才算是公平，所以他们有恢复肉刑的议论。魏时陈群主张恢复肉刑的最大理由，也与班固、仲长统相同。他说："杀人偿死，合于古制。至于伤人，或残毁其体而裁剪毛发，非其理也。"（《三国志》魏书二二）所谓裁剪毛发，便是髡刑。他以为伤人者只受髡刑，未免太轻，所以主张用肉刑来代它。数百年之后，韩绛、曾布请用肉刑，其理由也无非是"死刑太重，生刑太轻"。宋时的刑罚，除了死刑之外，其余流、徒、杖、笞四种都是生刑。曾布主张在死刑与流刑之间添一肉刑，正如东汉时人主张于死刑与髡刑之间添一肉刑一样。曾布说：

汉文帝除肉刑而定笞箠之令，后世因之以为律。大辟之次，处以流刑，代墨、劓、剕、宫，不惟非先王流宥之意，而又失轻重之差。古者乡田同井，人皆安土重迁。流之远方，无所资给，徒隶困辱，以至终身。近世之民，轻去乡井，转徙四方，固不为患，而居作一年，即听附籍，比于古亦轻矣。……今大辟之目至多，取其情可贷者，处之以肉刑，则人之获生者必众。若军士去应斩，贼盗赃满应绞，则刖其足；犯良人，于法应死而情轻者，处以宫刑。至于劓、墨，则用刺配之法。降此而后为流、徒、杖、笞之罪，则制刑有差等矣。（《宋史》二〇一）

主张恢复肉刑的人第二种理由是，恢复肉刑后可以使人口繁殖。古时的人，许多都以人口加增为进步的象征。特别在乱离之后，假如有人提出一个办法可以使人口加增，那种办法一定是中听的。所以主张恢复肉刑的人，决不肯放松这一点。但是恢复肉刑，怎样便可使人口繁殖呢？要明白此中的奥妙，不可不知道古代死刑之滥。前汉武帝的时候，大辟之罪共四百九条，千八百八十二事。自昭帝至平帝六世之间，每年犯死罪而受刑的，计千余口中便有一人（《前汉书》二三）。东汉和帝的时候，死刑也还有六百一十条（《后汉书》四六）。死罪的名目既然有这样多，每年触犯刑章而死的当然数目很大。主张恢复肉刑的人，以为肉刑恢复之后，原来应当处死的，有一部分便处以肉刑。这些人如不是受宫刑的，结果都有生育的可能，岂非恢复肉刑之后便可发生人口加增的影响吗？钟繇的主张可以代表此点。他说：

能有奸者，率年二十至四五十，虽斩其足，犹任生育。今天下人少于孝文之世，下计所全，岁三千人。张苍除肉刑，所杀岁以万计。臣欲复肉刑，岁生三千人。子贡问能济民可谓仁乎？子曰："何事于仁，必也圣乎，尧、舜其犹病诸！"又曰："仁远乎哉？我欲仁，斯仁至矣。"若诚行之，斯民永济。（《三国志》魏书一三）

卫展也说：

古者肉刑，事经前圣，汉文除之，增加大辟。今人户雕荒，百不遗一，而刑法峻重，非勾践养胎之义。愚谓宜复古施行，以隆太平之化。（《晋书》三〇）

蔡廓在东晋之末也说：

今英辅翼赞，道邈伊周，诚宜明慎用刑，爱人弘育，申哀矜以革滥，移大辟于支体，全性命之至重，恢繁息于将来。（《晋书》三〇）

主张恢复肉刑的人第三种理由是，以为肉刑可以止奸。刘颂对于这点发挥得最透切。他说：

圣王之制肉刑，远有深理，其事可得而言，非徒惩其畏剥割之痛而不为也，乃去其为恶之具，使夫奸人无用复肆其志，止奸绝本，理之尽也。亡者刖足，无所用复亡；盗者截手，无所用复盗；淫者割其势，理亦如之。除恶塞源，莫善于此，非徒然也。（《晋书》三〇）

近来研究犯罪学的人，对于防止罪人再犯故罪的问题也是很注意的。他们以为防止再犯的方法是改良罪人的品格、罪人的环境，以取消罪人犯罪的动机。刘颂的目的也是想罪人不再犯罪，不过他不采取费时费事的办法，他主张施行肉刑，使受刑的人即有再去犯罪的动机，也无犯罪的能力。王导、贺循等也有同样的见解。他们说：

且原先王之造刑也，非以过怒也，非以残人也，所以救奸，所以当罪。今盗者窃人之财，淫者好人之色，亡者避叛之役，皆无杀害也，则加之以刑。刑之则止……（《晋书》三〇）

主张恢复肉刑的人第四种理由是，肉刑可以使人见而知戒，不敢为非。作这种主张的人，以为肉刑不但可以使受者不再犯罪，便是那些将要犯罪的人看见肉刑的痛苦也一定会畏惧而不敢为非了。他们以为肉刑阻止人民犯罪的力量比死刑还大。我们可以再引王导、贺循等的见解：

惑者乃曰：死犹不惩，而况于刑？然人者冥也，其至愚矣，虽加斩戮，忽为灰土，死事日往，生欲日存，未以为改。若刑诸市朝，朝夕鉴戒，刑者咏为恶之永痛，恶者睹残刖之长废，故足惧也。然后知先王之轻刑以御物，显诫以惩愚，其理远矣。（《晋书》三〇）

刘颂也说受过刑的人，"残体为戮，终身作诫。人见其痛，畏而不犯，必数倍于今"（《晋书》三〇）。此外还有以为肉刑是古圣先王之法应当恢复的，肉刑较死刑为宽和应当恢复的，但最重要的理由不外乎以上四种。

现在我们再看那反对恢复肉刑的人所持的理由。

反对恢复肉刑的人第一种理由是，以为重刑才可使民畏惧，不敢作恶。如以肉刑，便是以轻刑代重刑，结果一定会使作恶的人加增，所以应当反对。周顗、曹彦等的主张可以代表这种观念。他们说：

刑罚轻重，随时而作。时人少罪而易威，则从轻而宽之；时人多罪而难威，则宜死刑而济之。肉刑平世所应立，非救弊之宜也。方今圣化草创，人有余奸，习恶之徒，为非未已，截头绞颈，尚不能禁，而乃更断足剕鼻，轻其刑罚，使欲为恶者轻犯宽刑，蹈罪更众，是为轻其刑以诱人于罪，残其身以加楚酷也。昔之畏死刑以为善人者，今皆犯轻刑而残其身，畏重之常人，反为犯轻而致囚，此则何异断刖常人以为恩仁邪！（《晋书》三〇）

反对恢复肉刑的人第二种理由是，以为肉刑惨酷，恢复肉刑之后不但不能使人心悦服，反而使人心离叛。王朗说：

前世仁者不忍肉刑之惨酷，是以废而不用。不用以来，历年数百。今复行之，恐所减之文未彰于万民之目，而肉刑之问已宣于寇仇之耳，非所以来远人也。（《三国志》魏书一三）

孔融以为如复肉刑，便如一千八百个纣王复活，对于人民心理上的影响一定是很坏的。他说：

纣斫朝涉之胫，天下谓为无道。夫九牧之地，千八百君，若各刖一人，是下常有千八百纣也。求俗休和，弗可得已。（《后汉书》七〇）

王敦反对恢复肉刑的理由，也是以为"百姓习俗日久，忽复肉刑，必骇远近。且逆寇未殄，不宜有惨酷之声，以闻天下"（《晋书》三〇）。

反对恢复肉刑的人第三种理由是，以为肉刑不但不能止人为非，反而把罪人自新的道路割绝了。我们可以再引孔融对于这点的言论：

且被刑之人，虑不念生，志在思死，类多趋恶，莫复归正。夙沙乱齐，伊戾祸宋，赵高、英布，为世大患。不能止人遂为非也，适足绝人还为善耳。（《后汉书》七〇）

因为主张恢复肉刑的人，有肉刑可以止奸之说，所以孔融从历史上找出证据来，表示受过肉刑的人还可以作乱为非的。

反对恢复肉刑的人第四种理由是，以为肉刑并不能使欲为恶的人见而自警，改邪归善。因为肉刑恢复之后，受肉刑的人必多，大家看见受肉刑的人都抱一种司空见惯的心理，不以为奇。假如肉刑滥用，受肉刑者太多，那么没有受过肉刑的人反而觉得自己与众不同，自惭形秽了。周颉等预料肉刑的结果，一定是：

受刑者转广，而为非者日多，踊贵履贱，有鼻者丑也。（《晋书》三〇）

踊是刖足者之履，踊贵履贱表示受刖刑的人很多。有鼻者丑表示受劓刑的人在社会中居多数。在那种社会里面，肉刑可以说是没有一点吓阻的效力了。这是滥施肉刑一种当然的结果。宋时仍有刺面之刑，受这刑罚的人很多，但是它并无吓阻别人的效果，由洪迈的《容斋随笔》中可以看出：

> 秦之末年，赭衣半道而奸不息。国朝之制，减死一等及胥吏兵卒配徙者，涅其面而刺之。本以示辱，且使人望而识之耳。久而益多，每郡牢城营，其额常溢，殆至十余万，凶盗处之恬然，盖习熟而无所耻也。罗隐《谗书》云："九人冠而一人髡，髡者慕而冠者胜；九人髡而一人冠，则冠者慕而髡者胜。"正谓是欤？（《文献通考》一六三）

以上四点是反对恢复肉刑的人最重要的理由。这种问题原无绝对的是非，所以我们对于这个历史上的辩论也不必加以最后的评判。但是有一点可以注意的，就是主张恢复肉刑的人在事实上并没有成功，而且在隋唐之后主张恢复肉刑的人也渐渐地少了，肉刑竟不成为政治上一个重要的问题了，这是什么道理呢？

我们以为恢复肉刑运动之所以没有成功，乃是因为人类同情心的发达。汉文帝把斩右足改作死刑，后人以为汉文帝既然不忍加肉刑于百姓，为什么倒忍以死刑加于百姓？其实这种心理是不难了解的。我们如懂得齐宣王"以羊易牛"的心理，也就可以懂得汉文帝以死刑易斩右足的心理。

假如我们还不懂得这是什么心理，可以再看唐太宗的故事：

> 太宗即位，……戴胄、魏徵又言旧律令重。于是议绞刑之属五十条，免死罪，断其右趾。应死者多蒙全活。太宗寻又愍其受刑之苦，谓侍臣曰："前代不行肉刑久矣，今忽断人右趾，意甚不忍。"谏议大夫王珪对曰："古行肉刑，以为轻罪。今陛下矜死刑之多，设断趾之法，格本合死，今而获生，刑者幸得全命，岂惮去其一足？且人之见者，甚足惩戒。"上曰："本以为宽，故行之。然每闻恻怆，不能忘怀。"又谓萧瑀、陈叔达等曰："朕以死者不可再生，思有矜愍。故简死罪五十条，从断右趾。朕复念其受痛，极所不忍。"（《旧唐书》五〇）

唐太宗恢复剕刑之后，良心上有好几次觉得过不去，好像做了坏事一样，后来终于把断右趾法革除了。为什么他对于受死刑的人没有"念其受痛，极所不忍"呢？这是因为受死刑的人，正如王导等所说，"虽加斩戮，忽为灰土，死事日往"，我们不久也就把死者忘去了。但是受肉刑的人，生命依然保存，他们那种痛苦之态、呻吟之声时时刺激我们的耳目，唤起我们的同情心，使我们认识肉刑的残忍。所以古人即使在理智上承认肉刑较死刑为轻，而在情感上却不忍见肉刑的复活。在此我们应该注意一点，就是历代主张恢复肉刑的人有好些是司法界中的人物，如钟繇、刘颂、卫展等都是。他们见惯了痛苦的现象，所以对于肉刑给予人的苦痛并不以为奇了。但是大多数的人对于肉刑没有不痛恨的，这是肉刑不易恢复的第一个原因。

还有一点可以解释隋唐以后讨论肉刑之人渐少的，便是从那个时期以后已有一种可以代替肉刑的刑罚了，这种代替肉刑的刑罚便是流刑。流刑虽然起源甚早，但在晋朝以前并没有为政府采作主刑。流刑之成为主刑，大约起于北魏。隋朝采取这种制度，列流刑于第二，只比死刑低一等。以后各朝，都遵这个办法。流刑在交通不便的时代，当然是一种很严厉的刑罚。韩绛、曾布等说流刑是一种轻刑，乃是不知道受这种刑罚的人所受的苦楚，同时还没有明了流刑的伸缩性。流刑在隋代最重的不过二千里，唐代便加到三千里，清末加到四千里。此外如唐时还有所谓加役流，便是流放到远处还要做工。明代还有永远充军、终身充军等名目。清代的流刑有发烟瘴地方安置、发新疆当差等名目。受这种刑罚的人，并不见得比割鼻子或斩右足为轻罢？所以流刑被采为正刑乃是恢复肉刑运动衰落下去的第二个原因。

民国二十一年 4 月 24 日，清华园北院

（载《政治学报（北平）》第 2 卷，1932 年）

# 萧克利佛对于犯罪学的新贡献 *

　　萧先生这两本书，是犯罪学中一种别开生面的著作。在他没有发表这两本书之前，他已有一本《犯罪区域》（*Delinquency Areas*）问世。关于此书的内容，虎矫如先生在《社会学刊》二卷四期中已有一个详细的介绍，此处毋庸赘叙。那本书的方法，虽然是统计与个案并用，但他的最大贡献还是统计方面。他把支加哥分为若干区域，每个区域的面积都是一方里。然后他把历年的支加哥罪人，如未成年男罪犯、未成年女罪犯、成年罪犯等等，按着他们的住址分配在各区域中。这种研究的结果发现了几点很有趣味的事实。第一，各区域犯罪的百分率有很大的差异。第二，一个区域在甲期罪人很多的，在乙期罪人也很多。第三，各种各色的罪人都有集中的趋势。譬如某区中未成年男罪犯很多，那么这个区域中未成年女罪犯也是很多的，同时成年罪犯也是很多的。换句话说，萧先生在支加哥这个区域里，发现了若干犯罪区域。在这个区域中住家的人，不管你是犹太人还是波兰人，是白人还是黑人，不管你是低能还是智慧很高，都比别个区域中的人容易走上犯罪的路。

　　为什么一个城里会有犯罪区域？为什么在这区域中住家的人便容易犯罪？这些问题，萧先生在《犯罪区域》一书中虽然有一些假设，可是并没有详细地讨论。他续出的两本书，是与他的第一本书有连续性的。他在第一本书中提出的问题，在续出的这两本书中都有一个尝试的答复，同时还提出了一些新的问题来，为他以后研究的对象。

　　讲到这两本书的贡献，可以分作几层来说。一是方法方面。这两本书的主要部分，

---

　　* 评论的作品详情：Shaw，Clifford R.，*The Jack-Roller*，*A Delinquent Boy's Own Story*，The University of Chicago Press，1930，XV +205 pages；Shaw，Clifford R.，*The Natural History of a Delinquent Career*，The University of Chicago Press，1931，XV +280 pages。——编者注

便是两个生长在支加哥犯罪区域中的两个罪犯的自述。用自述的材料来帮助我们了解犯罪问题的性质，乃是方法上一个大进步。自从龙布罗梭主张研究犯罪学应把视线集中在罪人的身上之后，大家都知道研究"罪人"比研究"罪过"为重要。可是罪人应当怎样去研究呢？龙布罗梭的学派，只知道注意罪人的体质，还有一些心理学家只知道注意罪人的智慧，还有一些唯物史观的学者只知道注意罪人的经济状况。这些人都只看到了犯罪问题的片面，而没有看到问题的全相。近来才有一班社会学者，用个案的方法，从各方面去搜集罪人的材料。他们与罪人本身谈话，与罪人的家属谈话，与罪人的亲友谈话，与一切知道罪人历史的人谈话，同时又请医生来检查罪人的身体，请心理学者来测量罪人的智慧，然后根据这许多材料加以比较，加以分析，以求得事实的真相，再从这整理过的事实中去推论犯罪的原因。这种综合的研究已比那些片面研究进一步了，可是还有一个缺点就是搜集到的材料很少能够表示罪人内心的活动，罪人对于一切事物的态度，以及这些态度发展的历史。为补救这种缺点起见，于上述各种材料之外，有搜集罪人自述的必要。从罪人的自述中，我们可以发现多少事实是别种方法所得不到的。

罪人的自述，有什么法子可以得到呢？

在叙述萧先生的方法之前，我们可以先把步济时教授对于各种搜集自述方法的批评报告一下。我们搜集材料，目的在得到真实，假如自述的人在那儿故意说谎，那么我们所得到的材料，可以说是完全无价值。据步济时教授的意见，以为我们所得到的材料，其真伪与否，与搜集材料者的身份须有密切的关系。第一是法官的身份。法官对于罪人，也想知道他的一切，不过罪人对法官说话时，常想把真的事实蒙蔽起来，因为说实话也许受罚便要重些。第二是调查员的身份。譬如某处发生一件案子，政府派一位官员去调查，这个调查员所能得到的，每每是一些外表的事实、浮面上的事实。事实背后的态度，他是得不到的。第三是官吏的身份。官吏有时也要到民间去调查事实，人民有时也有到官吏那儿去陈述事实的义务。这些事实，也都是表面的。第四是生人的身份。两个素不相识的人在火车上谈心，谈到投机的时候也许要把他们素来没有告诉过别人的话互相交换。第五是朋友的身份。朋友的交情如到了亲密的程度，每每把内心的活动彼此倾吐。第六是主教的身份。天主教的教徒做了坏事之后，常到主教那儿去忏悔。把他不肯对别人说的话都说出来了。第七是专家的身份。一个人遇到某种问题，想专家帮他解决，每把事情的真相告诉专家。第八是科学家的身份。科学家以研究真理的名义，请有各种经验的人，把他们的经验贡献给科学。有各种经验的人，因为对于科学有兴趣，每把他的经验写出，交给科学家。这八种不同的身份，据步济时教授的见解，以第八种身份为最容易得到有价值的材料。萧先生所得到的两种自述，便是以社会科学家的身份得来的。他进行的方法是与罪人谈话，知道他在过去犯过几次案子，坐过几次监狱，然后把这些事实按年月的前后排列起来，请罪人自己对于每次犯罪的情形加以详细的叙述。假如第一次写得不详细，还可请他重写，同时可以把他自述中详尽的部分特别指点出来，作他重写时的榜样。譬如萧先生的第一本书，是斯丹来（假名字）的自述，在第一次写成的时候不过 6 页的样子，以后逐渐加增，便伸长到 130 余页了。在这个自述里面，萧先生以为最可注意的有三点：第一，是斯丹来本人对于自己的行为及其环境的态度；第二，表示斯丹来的社会环境对于斯丹来的行为所发生的影响；第三，斯丹来的犯罪生活的起源及发展。萧先生研究斯丹来的犯罪行为，并非以斯丹来的自述为唯一的根据，凡是用别种方法可以搜得的关于斯丹来的材料，他都去搜集起来，所以自述可以与别种客观的材料参观，让我们对于斯丹来的犯罪行为能够格外了解。同时自述中的话，是否都靠得住，我们因为有别种材料可以参考，也可以对它下一个判断。所以自述的材料，应与别种材料同时搜集。这两种材料，合之则双美，离之则两伤，是应当并存的。

用自述的材料去研究社会问题，赞成的人固有，反对的人却也不少。反对这种方法的人，每有一种偏见，以为统计方法是社会科学中唯一可靠的方法。他们所要求的是数目字，是公式，是量的描写，是客观的叙述。自述中充满了主观的见解，充满了偏见，充满了感情的发泄——这些都是主张用统计方法的人所反对的。我们觉得这种反对用自述材料的人，没有充分地认识人生。人的生活自然有量的方面，有可以用数目字表示的方面，如一天吃了几次饭，用了多少钱，都属于这一类。假如我们去研究这些物质的生活，自然要利用统计法。但人生也还有别的方面，如一个人的内心活动，如一个人的感情及态度，岂可以用数目字表示得出来的？自述中虽然没有数目字，没有公式，但并不因此减少它的真实性。正如电影所表现的人生，便不是数目字的人生，但谁敢说有声电影的表示因为没有数目字便减少了它的真实性呢？自述中有许多主观的见解，譬如一个母亲在别人的眼光中看起来是很慈善的，而在自述者的主观中他的母亲待他很苛刻。这个主观的见解，便可以影响儿子对于母亲的行为。所以我们不能因为这个见解是主观的，便不去管它。它虽然是主观的，但有它的价值。我们如想了解这个儿子的行为，便非知道这个主观的见解不可。自述的价值，便是因为它充满了这些主观的东西，为在他处所搜集不到的。

关于这两本书的方法我们可以介绍的，便是上述的数点。我们觉得自述的材料不但可以拿来研究犯罪问题，便是其他的社会问题，也可以搜集些自述的材料去研究。汤姆士是用这个方法最早的一个人，他曾用这个方法去研究波兰家庭，去研究不适应于环境的女子，帕克教授等曾用这个方法去研究种族接触问题，开凡夫人曾用此法去研究自杀问题，麻流曾用此法去研究离婚问题，都有相当的成绩。

西方的圣人曾说过，从一棵树上所结的果，你便可以判定那棵树的价值。我们对于萧先生的方法，也可以用这个标准去看它。它研究自述的成绩怎样？他研究的结果是否帮助我们了解犯罪的性质？犯罪的原因，从这两本罪人的自述中，我们能否得到一点新的见解？

在上面我已经提到，萧先生第一本关于犯罪学的著作是《犯罪区域》。这儿所讨论的两本自述，其主人翁，一为斯丹来，一为西得来，都是在犯罪区域中生长的。这个事实似乎是他们犯罪的一个元素，但绝不是他们犯罪的唯一元素，因为在犯罪区域中生长的人也有不犯罪的。但是如说他们住家在犯罪区域一事与他们的犯罪行为无关，那也是一样的错误。因为他们假如生长在别一个环境里，也许可以不致犯罪，只看斯丹来后来改邪归正是在别一个区域住家的时候实现的，便可知道犯罪区域的空气的确有点不良的影响。我们从这两个自述中，知道这两个人都是从贫穷的家庭中出来的。这个事实，也可说是他们犯罪的另外一个元素。唯物史观的学者也许要说，既然他们是从贫穷的家庭中出来的，那便是他们犯罪的原因了，还要找什么别的原因？这种一元的解释，是近代的社会科学所最反对的。我们反对唯物史观的一元论，正如我们反对某种心理测量家的一元论一样。若干年前，美国的哥台德教授曾倡罪人低能说，他说罪人的低能与否是容易测量出来的。假如我们去测量一个罪人，发现他低能，那么我们便可说是已经发现这个罪人犯罪的原因了。这种说法，从唯物史观的学者看来，是一种错误的偏见。但是他们那种经济一元说，其为错误的偏见正与哥台德的见解是一样地可笑。我们不承认贫穷是犯罪的唯一原因，因为很多穷人并不犯罪，很多穷的国家犯罪率并不较富的国家为高。而且西得来的自述中，提到他有一个比他大好几岁的哥哥，这位哥哥一样是在贫穷的环境中长大的，但他却是一位正人君子，从来没有犯罪过。所以贫穷只可说是这两位少年犯罪的一个元素，而非犯罪的唯一元素。此外与他们的犯罪行为有关系的元素，我们还可以举出损友、破裂的家庭、无趣味的学校、道德标准低下的邻里、冷酷黑暗的监狱等等。这些元素联合起来便造成他们的犯罪行为，正如三根线联合起来成为一个三角形一样。这是萧先生给我们的一个关于犯罪的综合解释。这种综合的解释，与19世纪末叶流行的那种一元的解释是相反的。

萧先生研究的结果还有一点是与应用一方面有关的，便是社会上对于罪人的处置方法是否已达完善的境界。社会上对于罪人的处置，以前喜用死刑，用肉刑，用流刑，现在这些方法都渐渐地消灭了。近来最流行的方法，便是监禁的方法。被监禁的人，除却少数是永远监禁的以外，其余的迟早是要放出来的。这些放出来的罪人，假如放出后还要犯罪，那便是监狱的失败，表示监狱的制度需要大大的改良，然后才可保护社会的安宁与秩序。

斯丹来与西得来的自述，充分地表示了监狱制度的失败。斯丹来在 6 岁 6 个月的时候便给警察捉去一次，因为他晚上不归家，宿在别人的门梯上。以后他因犯规或犯法，前前后后与警察厅拘留所、感化院、监狱等机关发生关系共 38 次。最后的一次，因为邀伴抢人的钱，被判监禁 1 年，那时他还没有 17 岁。西得来在 7 岁的时候，便犯事与警察厅发生关系，未满 17 岁时，因持枪劫人并强奸，被判监禁 20 年。在 7 岁至 17 岁之间，他已尝过铁窗滋味若干次。他们对于监狱都有一种强烈的恶感，因为监狱中给他们的待遇太过冷酷了，太过无人道了。所以他们在监狱中不但没有感化，反而养成一种报复的心理。他们都觉得社会虐待了他们，所以他们立志要与社会为敌。加以他们在监狱中得到了与别的罪人讨论的机会，彼此交换智识，彼此切磋琢磨，结果是加增了许多犯罪的知识。所以监狱名为改良罪犯、感化罪犯而设，实际却变成高等罪犯养成所。这种机关不但不能保护社会，反而变成社会的祸根了。美国的监狱如此，我想别处的监狱也逃不了这种批评的。萧先生对于监狱的改良有什么意见呢？

西得来在写他的自述的时候，还有 10 余年的徒刑，所以他的前途殊未可料；斯丹来在写他的自述的时候，已经改邪归正，成家立业了。斯丹来在生活中的转变，并非受了监狱教诲之功。其实，在他 18 岁出狱的时候，社会看不起他，他自己身无一文，朋友还是以前那些嫖赌偷劫无恶不作的少年。这时假如没有别的势力来帮助他，那么他不久一定还要犯罪的。可是这时他遇着了萧先生。萧先生知道要帮助他，非要了解他的个性不可，非要知道他犯罪的原因不可。所以他一方面做斯丹来的朋友，一方面想出种种方法来引导他上正轨。花了两年的工夫，萧先生才算达到他的目的。他的方法，是把斯丹来从旧环境中引出来，放到一个新的环境中去。在这个新的环境中，他结识了新的朋友，养成了新的态度，得到了新的人生观。在这个过程中，他还要抛弃他的旧识，拒绝旧的引诱，破坏与建设并行，所以不是一件容易成功的事。在萧先生帮助斯丹来自新的时候，最难解决的问题是职业问题。斯丹来是一个不肯任人随便指使的人，所以好些事他干不许久便不干了。同时，他也没有高深的训练，所以不能做指挥别人的事。后来萧先生替他找到一个捎客的位置，才算把职业问题解决了。捎客的工作是可以独自进行的，同时斯丹来外交的手段高明，在这种职业中也易于成功。自从就了这个新职之后，他不久便娶妻生子，过他的合法生活，在写自述的时候已经离开监狱五年了。

由此可见，近来监狱中对于罪人的处置，不问罪人的经验，不看罪人的个性，不顾罪人的态度，只一律地予以冷酷的惩罚，对于社会与罪人都是有损无益的。对付罪人的方法，应当先了解他，然后根据这个了解，予以个别的处置，像萧先生处置斯丹来一样。这种办法如果实行，社会上犯罪的人一定可以减少大半。

总括起来，我们可以说萧先生这两本书，在方法上，在理论上，在应用上，都有它们的贡献。研究犯罪学的人，不可忽略这两本书。

民国二十一年 7 月 27 日

（载《图书评论》第 1 卷第 1 期，1932 年）

# 两汉的人口移动与文化（下）

上篇略论两汉人口的移殖与文化之关系，在下篇内我们要研究两汉人口的流动及其影响。*

在研究两汉人口的流动情形之前，我们要看一下当时的法律对于人口的流动有无限制。在前汉的时候，帝都是在关中，关禁非常严密。人民出入关中，须有符传一类的东西为证，没有符传的人，出入便不能自由。今举数事为证。

> 终军，字子云，济南人也。……初，军从济南当诣博士，步入关，关吏予军
> 繻。军问："以此何为？"吏曰："为复传，还当以合符。"军曰："大丈夫西游，终
> 不复传还。"弃繻而去。（《前》六四下）

> 郭丹……父稚，成帝时为庐江太守，有清名。丹七岁而孤，小心孝顺。后母
> 哀怜之，为鬻衣装，买产业。后从师长安，置符入函谷关，乃慨然叹曰："丹不乘
> 使者车，终不出关。"（《后》二七）

以上这两段故事，证明在前汉时入关非有符传不可。原来这种办法在文帝十二年（前168）时曾废止一次，后来因为七国之乱，到景帝四年（前153）时，"复置诸关，用传出入"（《前》五）。这种办法，一直到王莽的时代，还是实行的。王莽因为想使他所铸的布钱流行，在始建国二年（10）还下了一道命令，与我们所讨论的题目有关。他令"吏民出入，持布钱以副符传。不持者，厨传勿舍，关津苛留"（《前》九九中）。师古解释这道命令说："旧法，行者持符传，即不稽留。今更令持布钱，与符相副，乃

---

* 上篇见第198页至212页，由于上篇在括注中将《前汉书》简称《前》，《后汉书》简称《后》，为保持上下篇的一致性，下篇也做如上处理。——编者注

得过也。"

入关既用符传，出关也非此不可。我们看宁成的故事便知。

> 宁成，南阳穰人也。……武帝即位，徙为内史。外戚多毁成之短，抵罪髡钳。是时九卿死即死，少被刑，而成刑极，自以为不复收，乃解脱，诈刻传出关归家。（《前》九〇）

前汉对于关中人民的出入防范得如此严密，目的在防止他处的奸人混入关中，同时关中的犯人也难于偷逃出界。关中的出入如此，其他郡国的出入是否也需同样的手续呢？据我的推测，在其他郡国旅行，譬如由济南郡到东海郡，大约不需符传一类的信物。只看终军与关吏的问答，便可知道终军从济南到长安的道中，便没有用过符传一类的东西。到了后汉，帝都从长安搬到洛阳，关中已非要地，所以持符传出入关中的诏令大约也就无形取消了。

除了上述一点之外，还有一种限制，大约只行之于京师及京师附近的，便是人民不得夜行。这种禁令，现在只有戒严的时候才颁布，但在两汉时的京师，无论什么时候，人民夜行都是禁止的。我们且看武帝时一段故事：

> （李广）与故颍阴侯屏居蓝田南山中射猎。尝夜从一骑出，从人田间饮。还至亭，霸陵尉醉，呵止广。广骑曰："故李将军。"尉曰："今将军尚不得夜行，何故也！"宿广亭下。（《前》五四）

霸陵尉待李广，还算客气的。王莽时有一位亭长，遇着一个夜行的人，曾处以斩刑。

> 天凤元年……大司空士夜过奉常亭，亭长苛之，告以官名，亭长醉曰："宁有符传邪？"士以马棰击亭长，亭长斩士，亡，郡县逐之。家上书，莽曰："亭长奉公，勿逐。"（《前》九九中）

后汉灵帝的时候，这道禁令依然存在。裴松之引《曹瞒传》，说是曹操当洛阳北部尉的时候不避豪强。灵帝爱幸小黄门蹇硕叔父夜行，曹操便把他杀了（《三国志》魏书一注）。由此可见，两汉时代，人民在京师及京师附近的流动只限于白日。离京师较远的郡国是否也有这种禁令，今不可考。不过上面所说这两种限制，对于人民的流动并不能说是有力的障碍，我们也不必十分去注意。

与人民流动最有关系的条件，当然要算交通。中国现在还没有一部很好的交通史，告诉我们古代的交通情形。从零碎的史料中，我们知道在战国的时代，因为战争上运输的关系，各国的路政都有进步。秦始皇统一中国，因为要到各地巡狩，威服各国的人民，又造了许多驰道。前汉的贾山，对于驰道曾有一段记载：

> （秦）为驰道于天下，东穷燕齐，南极吴楚，江湖之上，濒海之观毕至。道广五十步，三丈而树，厚筑其外，隐以金椎，树以青松。（《前》五一）

驰道与别的路道不同的，就是在驰道之中有一段是特为天子而设的，这一段便在路的中间，只有天子可行其上，别人只能在旁边行。前汉的时候，因为在驰道上行走而被罚的例子很多。如江充为直指绣衣使者时，出逢馆陶长公主行驰道中。

> 充呵问之。公主曰："有太后诏。"充曰："独公主得行，车骑皆不得。"尽劾没入官。后充从上甘泉，逢太子家使乘车马行驰道中，充以属吏。（《前》四五）

又如：

> （翟方进）迁为丞相司直。从上甘泉，行驰道中，司隶校尉陈庆劾奏方进，没入车马。（《前》八四）

又如哀帝时：

> 丞相孔光四时行园陵，官属以令行驰道中。宣（即鲍宣，时为司隶）出逢之，使吏钩止丞相掾史，没入其车马，摧辱丞相。（《前》七二）

驰道的上面，不但不许常人行走，而且还不许平常的人穿过。假如欲穿过驰道，须在相当的地点。我们以成帝为太子时的经验来证明此点：

> （元帝）尝急召，太子出龙楼门，不敢绝驰道，西至直城门，得绝乃度，还入作室门。上迟之，问其故，以状对。上大说，乃著令，令太子得绝驰道云。（《前》一〇）

关于驰道的故事还有，我们在此也不必细谈。不过我们从驰道的描写上，可以想见当时最好的道路。驰道的中段，据如淳（《前》七二注）所说，共有三丈，两边还有旁道，为常人车马之用，所以驰道的广阔可以与中国今日的汽车路相比拟而无愧色。但是京师以外的驰道，是否在建筑及设计方面都能如贾山所描写，很可疑。我们现在敢断定的，就是两汉时代的重要道路，不管上面有无为皇帝特设的驰道，其阔度足够当时车马的往来，乃是无疑的。当时的车，大的一排可坐三人。颜师古说：

> 乘车之法，尊者居左，御者居中，又有一人处车之右，以备倾侧。是以戎事则称车右，其余则曰骖乘。骖者，三也，盖取三人为名义耳。（《前》四注）

文帝从代至长安，坐的便是大马车，与他同乘的，除了御者之外，还有宋昌。大约皇帝出行的时候，坐的总是大马车，车上除却御者，还有一位大臣陪他，名为骖乘。如石奋曾为高祖骖乘（《前》四六），爰盎、赵谈曾为文帝骖乘（《前》四九），霍光与张安世曾为宣帝骖乘（《前》六八）。皇帝的马车既大，所以驾车的马也多。我们现在用的马车只有一马，多的也不过两马，但汉朝皇帝的马车却有六马。爰盎谏文帝疾驰的时候，曾有"陛下骋六飞"之言，如淳注云"六马之疾若飞也"（《前》四九），可为一证。此外，还有石庆的故事更可以证明此点。

> （石）庆为太仆，御出，上问车中几马。庆以策数马毕，举手曰："六马。"（《前》四六）

六马的车，大约除皇帝外，没有别人坐的。普通的官吏，坐的都是四马的车。这种四马所驾的车，名为传车。两汉时的道路可以行使传车，证据甚多。如田横从海边至洛阳（《前》一下），周亚夫从长安至洛阳（《前》三五），文帝由代入即帝位（《前》四），司马相如奉命使巴蜀（《前》五七下），朱买臣至会稽上太守任（《前》六四上），都是坐传车而行的。此外还有一马二马所驾的车，名为轺传（《前》一下注），又名轺车，普通的人民及做生意的便用这种车（《前》二四下）。驾车的畜，除马外，还有用牛的。据《食货志》所载，汉初，"自天子不能具醇驷，而将相或乘牛车"（《前》二四上）。"吴楚诛后，稍夺诸侯权，……贫者或乘牛车。"（《前》三八）可见当时有钱的人坐马车，无钱的人便坐牛车，正如现在有钱的坐汽车，无钱的坐人力车一样。牛车虽可供人乘坐，但其大用还在运货。田延年在大司农的任内办昭帝的陵墓工程，曾租用牛车三万乘，以为运沙之用，可见当时牛车之多（《前》九〇）。

以上略述汉代的路政及车马，由此可见当时交通的设备，与清代末年相比，可无愧色。所以我们敢说，当时的交通，对于人民的流动，并无妨碍。我们再要研究的，便是行人食宿的机关。在秦汉时代，有一种兼旅馆、饭馆两种性质的机关，其名为亭。秦法十里一亭，汉依秦制，有亭二万九千六百三十五（《前》一九上）。据师古的考据，说是亭即停留行旅宿食之馆（《前》一上注）。管理亭中事务的人，名为亭长。汉高祖没有做皇帝之前，曾为泗上亭长。关于亭中可以住人的记载，史中颇多。今举数例：

> （司马）相如归，而家贫无以自业。素与临邛令王吉相善。吉曰："长卿久宦游，不遂而困，来过我。"于是相如往舍都亭（师古曰："临邛所治都之亭。"）。（《前》五七上）

> （息夫）躬归国，未有第宅，寄居丘亭。（《前》四五）

（鲍宣）迁豫州牧。……行部乘传，去法驾，驾一马，舍宿乡亭。（《前》七二）

（赵孝）从长安还，欲止邮亭。亭长先时闻孝当过，以有长者客，扫洒待之。（《后》三九）

前面两段故事，表示汉时的亭有类于今日的公寓；后面两段故事，却表示亭的性质有如旅馆。至于亭的里面，做饭的设备如锅灶之类大约也是有的，观下面两段故事可知：

（韩）信从下乡南昌亭长食。亭长妻苦之，乃晨炊蓐食。食时信往，不为具食。（《前》三四）

（光武）至饶阳芜蒌亭，冯异进豆粥。公曰："得公孙豆粥，饥寒俱解。"公将出，或曰："闭之。"亭长曰："天下讵可知，何闭长者为？"（《后汉纪》二）

所以行旅的人如带了豆米之类，在亭中大约可以弄出豆粥来吃。至于亭长本人，是否在他的捕盗贼的职务之外还兼做点饭馆生意，今不可考。除了都亭、乡亭、邮亭以及其他各种的亭以外，还有一种机关是为官吏食宿之用的，名为传舍。汉高祖起义时过高阳，曾宿于传舍（《前》四三），可见秦时已有这种机关。汉时官吏如外出巡行，或路过郡县，都是住于传舍中。如韩延寿为左冯翊守，出行县，至高陵，入卧传舍（《前》七六）。又如"（何武）行部必先即学官见诸生，试其诵论，问以得失，然后入传舍"（《前》八六）。传舍对于非官吏，大约是不招待的。有些贪便宜的人便假冒官吏，到传舍中去混食宿。光武在未定天下时曾做过这类的事：

（光武）至饶阳，官属皆乏食。光武乃自称邯郸使者，入传舍。传吏方进食，从者饥，争夺之。传吏疑其伪，乃椎鼓数十通，绐言邯郸将军至，官属皆失色。光武升车欲驰，既而惧不免，徐还坐，曰："请邯郸将军入。"久乃驾去。（《后》一上）

各郡县有传舍，在京师还有与会馆相类的机关，其名为邸。邸的作用，据师古说，乃是诸侯王及诸郡朝宿之馆（《前》三四注）。大约当时有多少郡国，京师便有多少邸。邸名之可考的，如卢绾曾舍于燕邸（《前》三四），申公曾舍于鲁邸（《前》八八）。朱买臣在长安潦倒的时候，常从会稽守邸者寄居饭食（《前》六四上）。京都有这许多会馆，所以到京谋事的人不愁无寄宿处。

以上所述的这些寄宿的机关都是官家办的，是否对于过客取值已不可考。以招徕顾客为营业的旅馆不知起于何时，但在后汉时已有这种营业的机关，名为逆旅。周防的父亲周扬，常修逆旅，以供过客而不受其报（《后》七九上），可见别家的逆旅都是要受报的。后汉顺帝时，张陵创五斗米道，其来学者初名为鬼卒，后号祭酒。这种宗教的内容不在本题讨论范围之内，但他们的教义有一条与我们的题目有关，便是"诸祭酒各起义舍于路，同之亭传，悬置米肉以给行旅。食者量腹取足"（《后》七五）。我们不管张陵的教义如何，他这种义舍的设备对于当时人口的流动予以很大的方便，是无疑的。

两汉时与流动有关的物质条件大略已如上述，我们继着要讨论的便是当时流动的人物。我们在上篇已经说过，流动者便是暂时离开家乡将来还要归来的人。这类的人当然很多，我们现在把这些人分为两大类，而且每类之中只提出几种最要紧的来说。我们所谓的两大类，一类是被动的，一类是自动的。现在先讲那被动的，被动之中最重要的一种便是流民。两汉时代的人民大多数在农业经济下过生活，他们与土为缘，在平常的时候绝不会离开家乡。逼他们离开家乡的元素，一是人祸，一是天灾。所谓人祸，便是指战争而言。我们且看秦末之乱使人民流离失所的程度：

> 高帝南过曲逆，上其城，望室屋甚大，曰："壮哉县！吾行天下，独见洛阳与是耳。"顾问御史："曲逆户口几何？"对曰："始秦时三万余户，闻者兵数起，多亡匿，今见五千余户。"（《前》四〇）

曲逆一处，因兵乱而流离的，在三万户之中计有二万五千户。我们从此可以想见其余经过兵灾地方的情形。这些逃难的人在天下太平之后有许多归来的，看下面的记载便知：

> （汉）五年东克项羽，即皇帝位，八载而天下乃平，始论功而定封。讫十二年，侯者百四十有三人。时大城名都民人散亡，户口可得而数裁什二三，是以大侯不过万家，小者五六百户。……逮文、景四五世间，流民既归，户口亦息，列侯大者至三四万户，小国自倍。（《前》一六）

王莽之乱以至光武中兴，中间若干年人民因为兵乱又有一次很大的流动。建武十五年（39），曾诏下州郡检核垦田亩数及户口年纪（《后》一下）。这次的结果发现人口少了许多，应劭说是世祖中兴海内人民可得而数才十二三（《后》二三注）。据我的见解，此次人口所以大大减少，并非完全死于兵祸，乃是有一部分的流民还未登记的缘故。明帝在位的时候因为要鼓励流民的登记，所以常下命令，说是"流人无名数欲自占者人一级"（《后》二）。无名数便是没有户籍的人，我们在上篇已经提到，自占便是自己去登记的意思。后来人口的增加，大约一部分也是由于登记的完密。

除了人祸之外，各种天灾如水灾、旱灾、虫灾等等，把农民的生活基础破坏了，也可以使农民暂时离去乡井。这类的记载在史上非常之多，而且有些次数被天灾压迫而离乡的人数，实在多得可惊。如武帝元封四年（前 107），因为河水泛滥，关东流民计有二百万口（《前》四六）。西汉末年，流民入关的计有数十万人（《前》二四上）。受天灾人祸的压迫而离乡的人，事后返乡的固有，但也有一部分流落在他乡的。这一部分流落在他乡的，在他们流动的初期，固然可以依赖官府满足衣食的需要。但是过了一定的时期以后，官府停止了他们的救济事业，这些不归乡里的流民将如何托足呢？史官对于他们的命运很少有统系的记载，但据我的推测，这些流民如不死于饥寒，便要走到农奴或类似农奴的地位上去，受大地主的使唤，以维持其生计。两汉时代的大地主，或大富翁，或王侯将相之家，总有一大批寄生的人。这类的人可分两个阶级，一个阶级是奴婢，另一个阶级便是宾客。这两个阶级，史家时常并称，如《司马相如列传》，记卓王孙家有僮客八百人，僮便是奴仆，客即宾客。奴婢的来源，与流民无大关系，我们可不讨论。至于宾客，至少有一部分是流民出身的。宾客这个名词，在两汉时的意义与现在大不相同。在两汉的时候，宾客是就那些生于异乡而寄人篱下者而言。他们的地位，绝不能与今日的所谓宾客相提并论。关于宾客的来源，我们从下面两种记载中可以想见其大略：

> （马援）亡命北地。遇赦，因留牧畜，宾客多归附者，遂役属数百家。（《后》二四）

> 更始立，以（伏湛）为平原太守。时仓卒兵起，天下惊扰，而湛独晏然，教授不废。谓妻子曰："夫一谷不登，国君彻膳。今民皆饥，奈何独饱？"乃共食粗粝，悉分奉禄以赈乡里，来客者百余家。（《后》二六）

大约在天灾人祸的压迫之下，这些流离失所的难民遇着有人来收容他们，便依靠这些恩主为宾客度日。这些宾客的职务是什么呢？我们从零星的记载中知道有些宾客的职务是种田。如马援归汉后无它职任，"以三辅地旷土沃，而所将宾客猥多，乃上书求屯田上林苑中"（《后》二四）。不过普通的宾客并无一定的职务，他在主人的指挥之下什么事都可以做。他们可以替主人负丧（《后》三一），可以当主人的保镖（《后》一五），也可以受主人的差遣去杀人报仇（《后》二三、三一）。许多贵人的宾客时借主人的势力去犯法，为当时地方上最难办的一个问题（《后》二六、三三、六七）。

关于流民的问题还有一个可以附带讨论的，便是他们的路线。在两汉时代，流民的移动多采取东西的路线，很少采取南北的路线。最重要的原因，当然是当时的南部并未十分发展，北方的人如往南方跑，不是跑进蛮夷之邦，便是走到没有人烟的地方去。此外还有一个原因，便是当时中原的人不服南方的水土。《史记》有"江南卑湿，丈夫早夭"（《史记》一二九）的记载。贾谊是洛阳人，谪居长沙。长沙卑湿，贾谊便自伤悼，以为寿不得长，后来果然不到三十三岁便死了（《前》四八）。不但长沙在汉人的眼光中是卑湿之地，便是南昌在后汉陈蕃的眼光里也属于江南卑薄之域（《后》五三）。在北人的眼光里，南方是一个不很卫生的地方，所以皇室及功臣，如封在南方的，每每请求换一个地方。如光武是景帝子长沙定王发之后，他的老家原在长沙。到了元帝的时候，他的祖宗有一位名为孝侯的，以南方卑湿请徙南阳，于是孝侯的昆弟宗亲才从长沙搬家到南阳去（《后汉纪》一）。又如马援的后人马防，曾封于丹阳。在和帝的时候，马防亦以江南下湿，上书乞归本郡（《后》二四）。在今人的眼光中以为最富庶的地方，而汉人却弃之如遗，可见当时的人对于江南水土的不服。晋宋之后，北人南移，对于江南的气候如何逐渐适应，乃是一个很有趣味而还没有人研究过的问题。

第二种被动的流动者，我们要讨论的便是军卒。"军卒"这个名词包括两种职务，一是兵，二是役。我们先讨论第一种职务与人民流动的关系。前汉的人民，个个都有当兵的义务。在汉景帝之前，人民过了二十三岁才开始尽这种义务，到景帝时男子年满二十，便到了当兵的年龄了（《前》五注）。过了二十岁的人，至少要有一年的军事训练，在各郡国实施。去受军事训练的人，或为车骑，或为材官，或为楼船。这三种名目如译为现代的名词，便是骑兵、步兵及海军。据《文献通考·兵制》：

> 平地用车骑，山阻用材官，水泉用楼船。盖三者之兵，各随其地之所宜。以汉史考之：大抵巴蜀、三河、颍川诸处止有材官，上郡、北地、陇西诸处止有车骑，而庐江、浔阳、会稽诸处止有楼船。三者之兵，虽各随其地之所宜，而郡国之兵，其制则一。

受过军事训练一年之后，便可各归乡里，安居乐业。一朝有事，皇帝可以就地征发退职军士，到前敌去作战。如武帝元鼎五年（前112）伐南越，发江淮以南楼船十万人；六年（前111）征西羌，发陇西、天水、安定骑士及中尉，河南、河内卒十万人（《前》六）。宣帝神爵元年（前61）伐西羌，曾发三河、颍川、沛郡、淮阳、汝南材官，金城、陇西、天水、安定、北地、上郡骑士（《前》八）。在这种征发制度之下，任何青年都有流动的机会。后汉光武曾有诏罢轻车、骑士、材官、楼船士及军假吏（《后》一下），似乎把前汉的制度推翻。不过兵虽罢，似郡国仍有兵。如灵帝中平元年

（184），黄巾军起，发天下诸郡兵征之，又诏"公卿出马、弩，举列将子孙及吏民有明战阵之略者，诣公车"（《后》八）。由此可见，民间对于军事的训练仍多举行。战端一起，他们依旧有被征发的可能。

其次论力役与人民的被迫流动。汉时役民之制，系沿秦法。董仲舒说：

> 至秦则不然，用商鞅之法……又加月为更卒，已，复为正一岁，屯戍一岁，力役三十倍于古……汉兴，循而未改。（《前》二四上）

师古解释这段话，以为更卒是在郡县当差，一月而更，正卒便是到京都去当差，屯戍是到边疆去防寇。假如董仲舒这段话是对的，那么汉朝的人，无论是谁，在一生之内至少要到京都去一次，到边疆去一次。实际上并不尽然，因为法律准许雇人替代。如淳说：

> 古者正卒无常人，皆当迭为之，一月一更，是谓卒更也。贫者欲得顾更钱者，次直者出钱顾之，月二千，是谓践更也。天下人皆直戍边三日，亦名为更，律所谓徭戍也。虽丞相子亦在戍边之调。不可人人自行三日戍，又行者当自戍三日，不可往便还，因便住一岁一更。诸不行者，出钱三百入官，官以给戍者，是谓过更也。（《前》七注）

总括以上诸家的解释，可见人人都有义务到京师去服役，都有义务到边疆去防寇，但是轮到的时候，如肯出钱，亦可避免。那些没有钱的人，自然非自己出马不可。一年之内，各郡县到京师服役的人数惜不可考。我们只知道在昭帝的时候，河南一郡在京师各官府当差役的人有二三千之多。

> 人有告相贼杀不辜，事下有司。河南卒戍中都官者二三千人，遮大将军，自言愿复留作一年以赎太守罪。（《前》七四）

假如别郡在京师各官府当差的也如河南郡一样，那么京都便有各郡县当差的一二十万人，这个数目未免太大。各郡县的人，在各官府服务的，一年一换，此外还有在皇帝面前当卫卒的，也是一年一换。卫卒的数目，在武帝建元元年（前140）计有二万人，那年有诏省去一万人（《前》六）。这种役民之制，后汉与前汉相仿佛。卫卒在后汉时，也还是一年一换（《后》一五）。至于戍边的卒，也是一岁一更。晁错对于这种制度，颇不赞成。他以为令远方之人守塞，一岁而更，不知胡人之能，不如选常居者。文帝虽然听了他的话，募民徙塞下（《前》四九），但戍边的制度并未废除。戍边的人之多少，完全要看边疆的安靖与否而定。譬如前汉自浑邪王降后，曾减陇西、北地、上郡戍卒之半，以宽天下徭役（《前》五五）。反是，假如边疆多故，戍卒自然要加多了。

在这种强迫的服役制度之下，有两种人可以免除对于皇帝服役的义务。第一种便是有官爵的人。前汉沿秦的制度，爵分二十等，自第一爵至第八爵为民爵，生以为禄位，死以为号谥，皇帝赐给人民的爵便是这类的爵。自第九爵至第二十爵为官爵，有了官爵的人，便可免除官家的徭役。第二种便是王国里面的平民。前汉的天下，除却若干郡县之外，还有许多王国。郡县归皇帝管辖，而王国则归诸侯王管辖。在诸侯王管辖下的人民须为诸侯王服务，譬如卫青、霍去病的父亲便都在侯家服务过，他们已尽了这种义务，便不必到京师去替皇帝当差了。

以上这两种被迫的流动者流民与军卒，对于当时的文化发生一种什么影响呢？我们在上篇已经说过，两汉时代，人民自动搬家的很少，大多数人都是生于斯、死于斯。在这种移殖不常见的情形之下，假如人民还一点都不流动，那么各地的文化一定会分歧地发展，而无同化的可能。可是中国各地的文化，自从战国以后，可以说是一直在融会贯通的路上走。造成这种结果的原因很多，但流民与军卒在这过程中也负了一部分的责任。他们到京师去服役，他们到边疆去防敌，他们离开故里，到异乡去漂泊，虽然感到寂寞的苦痛，同时心灵上却得到一种解放，经验上却得了新的刺激。他们遇着了新的人物，看着了不同的风光习惯，在在都可以使他们修改原有的思想、原有的态度。等到回到故乡之后，他们已经不是那囿于一隅之见的乡曲可比拟的了。这种人如在一个地方增加起来，那么这个地方的风俗一定要起一种变动，而且这种变动一定是朝着同化的路上去的。可惜史上对于这些平凡的流民与军卒，没有一种详细的记载，使我们不能充分证实上面的假设。不过，根据我们对于近代人口流动的观察，我们觉得上面的推论有很大的可然性。

于今且从被动的说到自动的流动者。这些自动的流动者，可以商贾、儒生及官吏为代表。这些人或因求利，或因求名，或因求知，所以自动地离开乡里。他们并没有以传播文化及统一文化为己任，但无意地却造成这种结果。假如文化可以分为物质的与非物质的，那么商贾所传播的便是物质文化，而儒生及官吏所传播的乃是非物质文化。关于商贾传播物质文化的事实，从《史记》及《前汉书》的《货殖列传》中，我们可以窥见其一斑。列传中所描写的商人，许多都是足迹遍天下的。他们把甲区的特产运到乙区去卖，同时又把乙区的特产运到甲区中来。因为有这些商贾去做通有无的事业，所以原来是甲区特有的物质文化现在也传播到乙区来，同样乙区也靠商贾的力量把他们的物质文化贡献给甲区的人民。各地的人民在不同的地理环境之下，对于物质文化的享受有渐趋一致的可能，便是食了商贾之赐。《史记》及《前汉书》所记载的商人，如师史贾郡国，无所不至，如曹邴氏"贳贷行贾遍郡国"，如宛孔氏"连骑游诸侯"——这些以及其他不知名的人好像以全国为他们的市场。此外如罗裛往来巴蜀，如卓氏贾于滇蜀，是以局部的郡国为他们的市场。这些商人都是传播物质文化的功臣。《后汉书》没有《货殖列传》，但后汉时贸易的活动并不减于前汉，这是我们从其他列传中零星的记载所得到的印象。后汉中兴的功臣有许多曾做过商贾的事业，如吴汉为宛人，曾以贩马而往来燕蓟间（《后》一八）；贾复为南阳冠军人，曾至河东贩盐（《后》一七）。便是光武在未得志时，也曾卖谷于宛（《后》一上）。王符《浮侈篇》说是当时"俗舍本农，趋商贾，牛马车舆，填塞道路"，大都市如洛阳，"资末业者什于农夫"，其他"百郡千县，市邑万数"（《后》四九），可见当时商业的繁盛。不过两汉时代的商业，最多只可说是到了市镇经济时期。在这种时期，虽然有少数的商人足迹遍天下，但大多数的商人，其活动的范围只限于数十里之内。他们活动的根据地，便是王符所说的那百郡千县间的许多市邑。这些市区，便是物质文化的中心。在这种情形之下，物质文化传播的范围以及统一的程度，当然不能与已入都市经济时期的近代欧美情形相比。

两汉时代，非物质文化传播的方式与物质文化的传播大异。那时物质文化的中心很多，但是非物质文化的中心却只一个，便是帝都。帝都成为非物质文化的中心，到武帝时便确定。他的方法，便是"立五经博士，开弟子员，设科射策，劝以官禄"（《前》八八）。

在武帝以前，与儒家竞争的学术还有，而且还得到君王的爱好。如孝文本好刑名之言，窦太后又好黄老术。到了武帝的时候，"武安君田蚡为丞相，黜黄老、刑名百家之言，延文学儒者以百数，而公孙弘以治《春秋》为丞相封侯，天下学士靡然乡风矣"（《前》八八）。

自从这次学变以后，儒家的势力便没有消失过。儒家的学术成为做官的敲门砖，难怪各地的学者都来研究儒学了。在武帝以前，博士不收学生，所以帝都还无教学的机关。武帝为博士官置弟子五十人，这些弟子都是从各郡国选拔出来的，在博士那儿受业一年，成绩好的便可以入仕途。弟子员的数目历代都有增加，成帝末年弟子员已增至三千人。除了这些博士以外，还有许多别的经师，也在帝都教授。所以在前汉时，凡是有志上进的青年都要到长安去读书，后汉时青年都要到洛阳去读书。后汉本初以后，游学京师的有三万余人（《后》七九上），可见当时游学之风的盛行。两汉时代，在京师以外讲学的也很多。不过，在战国时代各地的学风不同，在两汉的时候全国的学风都受帝都势力的支配，所以京师以外所讲授的并不是诸子百家之言，而是儒家的一经了。

当时的学术既以帝都为中心，儒生又多到帝都来受业，所以在两汉时代能够造成全国一致的学风。这些儒生既是一个炉子陶冶出来的，他们的道德观念、政治思想、治国平天下之道，当然也相仿佛。所以他们到各地去做官，如看见那个地方的风俗闭塞或差异，他们一定要竭力使其同化，这类的例子史中很多，如：

> （文翁）少好学，通《春秋》……。景帝末，为蜀郡守，仁爱好教化。见蜀地辟陋有蛮夷风，文翁欲诱进之，乃选郡县小吏开敏有材者张叔等十余人亲自饬厉，遣诣京师，受业博士，或学律令。……数岁，蜀生皆成就还归，文翁以为右职，用次察举，官有至郡守、刺史者。
>
> 又修起学官于成都市中，招下县子弟以为学官弟子，为除更徭，高者以补郡县吏，次为孝弟力田。常选学官僮子，使在便坐受事。每出行县，益从学官诸生明经饬行者与俱，使传教令，出入闺阁。县邑吏民见而荣之，数年，争欲为学官弟子，富人至出钱以求之。由是大化，蜀地学于京师者比齐鲁焉。（《前》八九）

这段故事说明有蛮夷风的蜀郡，所以能与中原同化，便是靠了儒生与官吏之力。假如没有儒化的官吏到蜀郡去，或去后不派青年到帝都去接受儒术，那么蜀郡的文化一定要经过长久的时期，才能与中原抗衡。总之，蜀郡在文化上的发展与当时儒生及官吏的流动实有密切的关系。我们再举一个例子：

> 桓帝时，（牂柯）郡人尹珍自以生于荒裔，不知礼义，乃从汝南许慎、应奉受经书图纬，学成，还乡里教授，于是南域始有学焉。（《后》八六）

以上两个例子，证明儒生或官吏对于传播一般文化的力量。此外，官吏传播某种文化特质的例子也很多，今举二例：

> （崔寔）出为五原太守。五原土宜麻枲，而俗不知织绩。民冬月无衣，积细草而卧其中，见吏则衣草而出。寔至官，斥卖储峙，为作纺绩、织纴、练缊之具以教之，民得以免寒苦。（《后》五二）
>
> （王景）迁庐江太守。先是百姓不知牛耕，致地力有余而食常不足。郡界有楚相孙叔敖所起芍陂稻田。景乃驱率吏民，修起芜废，教用犁耕。由是垦辟倍多，境内丰给。（《后》七六）

教化一个地方，不但要把新的文化特质介绍进去，有时对于土有的文化特质还要铲除，使其与他处的文化渐趋一致。前者是建设的工作，后者是破坏的工作。汉朝官吏对于破坏工作有成绩的颇多，今亦举二例：

> （宋均）迁九江太守。……浚遒县有唐、后二山，民共祠之，众巫遂取百姓男女以为公姬（以男为山公，以女为山姬，犹祭之有尸主也。），岁岁改易，既而不敢嫁娶。前后守令莫敢禁。均乃下书曰："自今以后，为山娶者皆娶巫家，勿扰良民。"于是遂绝。（《后》四一）

> （周）举稍迁并州刺史。太原一郡，旧俗以介子推焚骸，有龙忌之禁。至其亡月，咸言神灵不乐举火，由是士民每冬中辄一月寒食，莫敢烟爨，老小不堪，岁多死者。举既到州，乃作吊书以置子推之庙，言盛冬去火，残损民命，非贤者之意，以宣示愚民，使还温食。于是众惑稍解，风俗颇革。（《后》六一）

由这些例子，我们可以看到官吏对于统一文化上的贡献。我们总括以上的讨论，也许可以明了在一个乡里观念、家族观念发达的社会中，在一个人民不常搬家的社会中，文化为何不分歧地发展而仍有整齐划一的可能。假如中国的人民，既不移殖，又不流动，那么中国甲区与乙区的文化一定有很大的差异。反是，假如中国的人民移殖性与流动性都大，那么中国的社会中一定要缺少两种基本的观念，便是上篇所指出的家庭观念与乡土观念。近代的中国，移殖性已渐渐地增加，将来这两种观念也许要完全打破。同时流动性也渐渐加增，所以中国本身的文化，不但是格外朝着划一的路上去，同时还呈着与西方文化融合之象。在这种中西文化融合的过程中，流动的人，不管他们是流民，或是劳动者（强迫服役制已取消，但劳动者仍存在，中国人到海外谋生的还是这个阶级），或是学生，或是官吏，或是商贾，依旧有他们的贡献。

民国二十年 10 月 25 日，清华

（载《社会学刊》第 3 卷第 2 期，1932 年）

# 评霍耳等编的《失业的个案研究》*

在过去的几年，欧美的出版界中出了很多研究失业问题的专著。霍耳等所编的这本《失业的个案研究》，内容与别的著作大有不同。别的著作中所讨论的题目最要紧的不外失业的原因及失业的救济，而霍耳等这本书中所描写的乃是失业的结果，乃是150个工人失业后的生活报告。

这150个工人的历史，乃是从分散在美国21州的32个都市中搜集来的。搜集的时期是在1928年的冬季，那时美国还未走入商业衰落的旋涡。所以这本书中所描写的失业情形乃是代表工业社会常态下的情形，1929年以后的状况当然比这本书所描写的还要严重。

美国都市中的工人，与别个都市中的工人是一样的，都是要靠劳力，才可以换得衣食。所以他们最希望于社会的，是工作的稳固及安定。他们希望高工资，但他们更希望稳固的工资。但是在变动万千的工业社会中，工人的地位是无保障的。从这些故事中，我们看到有许多在一个工厂做工10余年以至20年的人也要感到失业的悲哀。但是今天失业，明天便可找到另外一个职业，或者在最近的将来便可找到一个别的职业，那么工人虽然一时感受痛苦，也还有补救的余地。但像美国这种社会中，生产者与劳动者的供求组织并不完善，所以有些失业的人花了半年几个月的工夫去寻而寻不到，乃是常见的事。在这个长期失业之中，如工人有失业保险，那么工人及其家庭的

---

    * 标题为编者所拟，原题为《霍耳等编的失业的个案研究》。评论的作品详情：*Case Studies of Unemployment*, compiled by the Unemployment Committee of the National Federation of Settlements, with an Introduction by Helen Hall, and a Foreword by Paul U. Kellogg, edited by Marion Elderton, Philadelphia, University of Pennsylvania Press, 1931，1 418 Pages。——编者注

生活还不致毫无着落。但是美国与英国不同，多数的工人是无失业保险的。所以美国工人在长期失业的情形下，其生活是很悲哀的，在这一百多个故事中我们已经可以领略其生活的酸苦。

一个工人失业后的结果，可以分好几方面来看。从经济方面说，有存款的便是动用存款，但美国 3/4 的家庭是无存款可动的。存款既无可用或用完，便是告借，从朋友借，从亲戚借，从相熟的店家借。但是一个失业的人，信用是有限的，于是不久这条借债之路便走不通了。借贷既已不能，于是只有典卖，卖家具，卖首饰，卖房屋。在这种时候，保险费也不能付了，工会费也不能付了，以前购进的东西说是分期付款的，现在也不能继续付款了。于是保险单作废，工会的利益不能享受，以前买进来的东西因为欠账未清又为店家收回去。原来住的房屋，或因卖出，或因房租未付，不能再住下去，只好搬家，搬到一个便宜的地方去住。那便是说，搬到小一点、坏一点的房子里去住。妻子原来在家里管家照料小孩的，现在也不得不出去做工了。子女原来在学校中读书的，现在也要废学去做工了。这样地奔走，这样地牺牲，结果也许还要到慈善机关里去求救济，才可以维持生活。

失业对于身体上所发生的结果，也是显而易见的。吃的东西减少了，滋养品也因之而减少。牛乳的供给当然要减削，病人所需要的滋补当然也只得割爱。冬天的衣服一定也要不够，煤炭也许买不起了，所以冬天的房子与外面是一样地冰冷。小孩因之而得肺病或他种呼吸器官的病，乃是数见不鲜的事。至于因为身体调养不当而残亡，在这些失业者的家庭中也可以找到一些例子。

失业对于心理上所发生的影响，当然也是不良的。有些人因为找不到事做，自己着急，回家还要听妻子的闲话，于是有暂时抛弃家庭不顾的，有沉醉于酒中以消愁的，有自杀或企图自杀的，有偷东西或签假支票的，有虐待子女以出气的。他们因为时时仰面求人，所以失去了自尊之心，因为觉得社会待他们太苛刻，所以养成了仇恨之心。在这种家庭中的子女当然感觉不到一点乐趣，所以有好些人离开了家庭，与下流为伍，因而走上了犯罪之路。

他们的希望呢？他们原想教育他们的子女，使其子女的地位超过他们本身的。现在自己的衣食都无着落，还谈得到什么子女的前途？他们原希望积蓄一点钱财，衰老时可以退隐，还可以过独立的生活。失业使他们连目前的日子都过不下去，还顾虑什么将来？

这形形色色，便是失业的结果。

等到失业已经造成这种结果，谈救济便不是一件容易的事。你能恢复失业者的健康，但很难恢复失业者的精神。你能暂时维持失业者本身的生活，但很难补救他的子女所丧失的机会。所以霍耳在此书的序言里，以为对于工人失业后之救济，不如根本上设法图谋工人地位上之安全。万一达不到这一步，也设法使工人即便失业，其家属亦不因此而受损失。但是这两个困难的目标，如何可以达到呢？霍耳等在这本书中并未给我们一个答案，不过表示我们需要此种答案之急迫。至于将来是否有人能够给一个美满的答案，便要看研究失业问题的人之努力如何了。

民国二十一年 10 月 3 日

（载《清华周刊》第 38 卷第 3 期，1932 年）

# 加增中国农民收入的途径

中国农民生活程度的低下，凡是做过比较研究的人都知道。现在如欲提高他们的生活程度，大约可以从三方面努力。第一便是增加他们的收入；第二便是减轻他们的负担；第三是要由政府举办社会事业，使农民不必自己花费便可满足几种生活上的需要，如教育、娱乐、卫生等等。这篇文章所要讨论的，只限于第一方面，看看现在农民每年的收入有无增加的可能。

中国农民实际上的收入，实在是低得可怜。华洋义赈会曾举行一个调查，包括7 097 家农户，分散于河北、江苏、山东、安徽、浙江五省的 240 个乡村中。他们发现中国东部的农户有 1/2 以上，中国北部的农户有 4/5 以上，其每年进款在 150 元之下。在这些农户里面，每年的进款不到 50 元的，在东部有 17.6％，在北部有 62.2％。[①] 华洋义赈会的调查是在灾期中举行的，也许不能代表中国农民收入的常态。但是金陵大学卜凯教授的调查是在 1921 年至 1925 年之间举行的，其结果也不见得比华洋义赈会的高多少。他与他的学生调查了七省 2 866 家农户的经济状况，发现中国北部的农户平均每年进款为 196.41 元，其中有盐山一处 1922 年每家农户的平均收入只有 100.67 元，1923 年的平均收入更降到 62.31 元。中国南部的农户平均每年进款为 288.19 元，其中有来安一处 1922 年每家农户的平均收入只有 133.67 元。全国 17 处农户的平均收入，为 239.60 元。[②] 美国农部于 1929 年曾调查 11 805 家农户的经济状况，发现他们的平均收入为 1 298 元。[③] 中国的农民听到这个数目，一定是要羡慕不已的。

---

① Mallory，W. H.，*China：Land of Famine*，p. 10.

② Buck，J. L.，*Chinese Farm Economy*，p. 86.

③ U. S. Dept. of Agriculture，*Year Book of Agriculture*，1931，p. 228.

　　中国的古人说得好，与其临渊羡鱼，不如退而结网。我们与其羡慕美国农户生活的安适，不如回头考察一下，看看有什么方法可以加增中国农民的收入。

　　两年以前，我在《新月》曾发表一篇文章①，讲中国农民生活程度与农场的关系。在那篇文章里，我认为中国农民生活低下的主要原因是农场的狭小，所以如想改善他们的生活，非扩大中国农民的农场不可。当时我根据好几家的统计及估计，假定中国的农场平均在 30 华亩左右。但据最近国府主计处统计局编制的各省农户田地统计，每家农户平均耕地只有 21 亩。其中如山东、江苏、安徽、湖北、云南、贵州、湖南、江西、浙江、福建、广东等省，平均还不到 21 亩。② 在这样小的农场上收获当然是有限的，所以扩大农场乃是加增农民收入的主要条件。关于此点，我已详细讨论过了，不必赘述。

　　除却扩大农场之外，还有好几点是中国的农民可以努力的。第一便是在固有的农场上，设法加增生产。中国的农民，虽然在一块小农场上花了许多工夫和精神，可是有好些农产品，每亩的收获量远不如人。我们先看汤纳（R. H. Tawney）的报告③：

| 国名 | 每一英亩麦的收获（蒲式耳） | 每一英亩玉蜀黍的收获（蒲式耳） | 每一英亩稻的收获（磅） |
|---|---|---|---|
| 美国 | 13.9 | 27.8 | 1 076 |
| 加拿大 | 16.6 | | |
| 英吉利与威尔士 | 32.9 | | |
| 法国 | 21.5 | | |
| 德国 | 27.3 | | |
| 西班牙 | 13.6 | | |
| 意大利 | 17.2 | 24.0 | |
| 苏联 | 10.1 | 17.4 | |
| 印度 | 11.4 | 13.9 | 863 |
| 日本 | | | 2 350 |
| 安南 | | | 643 |
| 爪哇与麦都纳 | | 15.2 | 880 |
| 中国 | 10.8 | 11.7 | 1 750 |

　　由上表我们可以看出，中国麦的收获量只比苏联略高一点，和其余各国都比不上。

---

① 见《新月》三卷三期，此文后收入潘光旦先生所编的《中国问题》。
② 见民国二十一年 4 月 11 日《大公报》。
③ Tawney，R. H.，*A Memorandum on Agriculture and Industry in China*，pp. 38 - 39.

如与英国相比，每英亩的收获要少 2/3。玉蜀黍的收获，中国在各国中是最低的。稻的收获，中国比日本也赶不上。卜凯在他的《中国农业经济》一书中也有一个相似的比较[①]。除去麦、稻及玉蜀黍三种农作物，他的结论与汤纳相似外，他还说中国棉花的收获不如埃及、巴西、墨西哥及美国，只比印度为佳。只有番薯的收获差强人意，比美国的成绩要好得多。但是主要的农产品，对于人民"衣食"二字上极有关系的农产品，不能与别国相颉颃，乃是无可疑虑的。

改进这种现状的步骤很多，第一便是改良种子。据福州电气公司的报告，福州水稻的本地品种，收获量低，品质不良，谷粒易脱落，而该公司所提倡改良之种，收获量高，品质亦佳，谷粒无脱落之事。如用本地品种播植，早晚两次，只能收稻七担半，售洋 41 元 5 角；用改良稻种播种，早晚两次，可收稻 12 担，售洋 72 元。两相比较，新种每亩的收入比旧种要增加 30 元 5 角。[②] 定县平教会曾设计改良玉蜀黍及棉种所得结果：玉蜀黍一项，分于农民的种子，每亩出产较前增加 1 元 2 角。棉作物一项，普通棉种产棉 100 斤，所收花衣为 36 斤，花子为 64 斤。改良棉种产棉 100 斤，所收花衣为 40 斤，花子为 60 斤，比普通增加花衣 4 斤。[③] 最可注意的，是华洋义赈会推广耐旱高粱种子的成绩。这种耐旱高粱种子，是从别国选来的。燕大农场在南苑试种耐旱高粱及本地高粱共 300 亩，结果耐旱高粱较本地高粱大约多收 82%。换句话说，耐旱高粱每亩可收 1 石 2 斗，而本地高粱每亩只收 6 斗 5 升。山东武城县建设局试种银色高粱（也是改良种之一）5 亩，结果较本地高粱增收 1.5 倍。其他农户种植耐旱高粱增收之量，自 50% 至 1 倍不等。[④] 这种耐旱高粱不但在收获上比较本地高粱为多，而且在雨量减少的年份本地高粱没有收获时，耐旱高粱还可以有收获。由此可见，不但中国农民的增加生产问题可以靠选种问题去解决，就是中国西北部的旱灾问题如欲解决，也应注意改良种子。

种子选好后，还应当注意培植。植物也与人一样，有了好的遗传，还要有好的环境，才可以有好的结果。中国农民对于培植农作物一点，至少有三方面可以努力。第一是耕耘方面。在这一方面，中国在过去这 2 000 年似乎没有什么进步。耕耘所用的农具、耕耘的技术，中国农民只知死守陈法，不知改变。而且有好些地方似乎把古人遗留下来的良法都忘却了，耕耘的技术甚至退步得不如古人了。关于此点，中国农

①　Buck, J. L., *Chinese Farm Economy*, p. 208.

②　刘崇伦著《福州电气公司农村电化部之庶绩》，文载民国二十年 10 月 4 日《大公报》。

③　冯锐著《十七种华北农业改良设计在定县之进行情形及在华北推广后增加生产之估计》，文载民国二十年 4 月 4 日《大公报》。

④　《中国华洋义赈救灾总会丛刊》乙种四十八号，《耐旱籽种一年来的经过》第 16 页。

民如以外国的经验为参考，一定可以得益不少。培植应注意的第二方面，便是施肥。中国农民对于施肥的举行是很早的，不过他们完全以经验为师，没有科学的根据。他们不知道某种植物需要何种元素，他们也不知道某块土地缺乏何种肥料。所以他们的施肥是盲目的，并不一定有美满的结果。外国的农民当然也没有这种专门的智识，不过他们有政府的帮助，有专家的指导，所以在施肥上不致劳而无功。中国农民对于此层，同样需要政府的帮助、专家的指导。① 培植应注意的第三方面，便是消灭害虫及植物病。美国农民一年的损失，由于害虫及植物病的，常达进款的 1/10。他们有政府在那儿年费巨款，与害虫及植物病奋斗，还免不了这样重大的损失，中国农民的损失由于同样原因的更不必说了。定县的平教会有鉴于此，所以在他们的 17 种农业改良设计中有 5 种是与除害及植物病有关的，其中有一种设计系用烟草液驱除为害棉作物等的蚜虫。② 法以干烟叶半斤、水 12 斤，同入铁罐中煮沸，至 10 分钟冷却后用此液喷射或浸渍蚜虫，则蚜虫全数死灭，对于棉之自身并无妨害。施用此法，每亩地所费不过 1 角 5 分，而每亩棉地如受此蚜虫之害平均损失为 2 元 5 角，所以驱除蚜虫之后每亩可多收入 2 元 3 角 5 分。福州电气公司改良福橘，散布药剂，以除害虫，结果使 15 年的橘树从前每 100 株收入只为 60 元的加增至 210 元。除去特别支出，犹余 90 余元。③

从上面这些零碎的事实中，我们可以得到一点最重要的认识，就是中国的农业如能科学化，生产可以增加数倍。所以加增中国农民收入的途径，除却扩大他们的农场外，还应用科学的方法改良农业，加增他们的生产。

在此，我们应该注意到一点新的事实，就是中国农民的生产并非专为自己消费的，其中有一部分是要在市场上售出的。卜凯的书中关于此点也有一个统计④，今录于下：

| 地名 | 农户将农作物售于市场的百分数 | 农户将农作物留作自用的百分数 |
| --- | --- | --- |
| **安徽** | | |
| 怀远 | 35.2 | 64.8 |
| 宿县 | 40.3 | 59.7 |

①　关于此点，可看 Shaw, C. F., *The Soils of China*, *A Preliminary Survey*, pp. 35 - 36。
②　此五种设计，第一为设计高粱黑穗病、大麦黑穗病、粟黑穗病之防除。第二为设计诱虫灯驱除华北三大害虫。此三大害虫，一为蔬菜害虫之浮尘子，二为果树及林木害虫之蛾类，三为玉蜀黍、荞麦、大小麦害虫之蝼蛄。第三为设计驱除蝗蝻利器之轧蝻器。第四为设计蝼蛄之防除。第五便是文中所提到的设计用烟草液驱除为害棉作物等之蚜虫。
③　刘崇伦著《福州电气公司农村电化部之庶绩》，文载民国二十年 10 月 4 日《大公报》。
④　Buck, J. L., *Chinese Farm Economy*, p. 199.

续表

| 地名 | 农户将农作物售于市场的百分数 | 农户将农作物留作自用的百分数 |
|---|---|---|
| **河北** | | |
| 平乡 | 54.9 | 45.1 |
| 盐山（1922） | 55.6 | 44.4 |
| 盐山（1923） | 30.6 | 69.4 |
| **河南** | | |
| 新郑 | 37.6 | 62.4 |
| 开封 | 32.8 | 67.2 |
| **山西** | | |
| 武乡 | 49.8 | 50.2 |
| 五台 | 54.9 | 45.1 |
| **北部各地统计** | 43.5 | 56.5 |
| **安徽** | | |
| 来安（1921） | 54.9 | 45.1 |
| 来安（1922） | 56.8 | 43.2 |
| 芜湖 | 55.7 | 44.3 |
| **浙江** | | |
| 镇海 | 83.8 | 16.2 |
| **福建** | | |
| 连江 | 64.5 | 35.5 |
| **江苏** | | |
| 淳化镇 | 73.7 | 26.3 |
| 太平门 | 66.4 | 33.6 |
| 武进 | 46.3 | 53.7 |
| **南部各地统计** | 62.8 | 37.2 |
| **全国 17 处统计** | 52.6 | 47.4 |

　　从这个统计表中我们可以看出，农民的出产品有 1/2 以上是要在市场中售出的。假如这些售出的农产品能够得到高价，农民的进款自然可以加高。但是现在有许多势力使农民对于他们的出产得不到高价。在这些势力之中，我们可以提出两项来讨论。第一是交通的不方便。因为交通不便，所以货物销售的范围便有限制。明知别处的货价比本地市场为高，也不能运去贩卖。譬如山西鸡蛋的价目，各地的差异是很大的。如离省城数十里的乡村，一日能步行往返的，省城的蛋贩去购买，蛋价每枚值二十二三文。假如一日不能往返的乡村，蛋价即较低廉。最远到沿黄河东岸各县的乡村，交

通最不便，距火车地点有四五百里或五六百里的，每枚蛋仅值制钱十文或更落至七八文。[①] 所以交通不便的地方，明知别处的蛋价比本地市场中的价目要高两三倍，也得不到它的好处。当然从黄河东岸到山西省城并不是没有交通，可是这种交通乃是兽驮人挑的交通，而非汽车、火车的交通。兽驮人挑的交通乃是最不经济的交通，因为费钱多而收效小。汤纳说是在山西运粮，如用大车或兽驮，每运 1 吨行 1 英里需洋 7 角 9 分。如用运货汽车，只费 1 角 3 分。如用火车，只要 2 分便够了。[②] 美国驻华商务参赞安立德，曾比较各种运费的价目。他说自美国的达科他州运麦至西雅图，从西雅图再运至上海，其间需经过陆路 1 000 英里、海程 6 000 英里，每担的运费最多 3 元已足。但自渭河流域运一担麦至最近的车站，中间不过三四百英里，而运费每担需 7 元。[③] 由此可见，没有轮船、火车或汽车路的地方，农民即便把他们的农产物运到价格较高的市场中去贩卖，结果因为运费的昂贵，恐怕也得不偿失。所以农夫如欲得到别的市场中高价的利益，非等到新式的交通发达之后不可。

第二种势力使农民对于他们的出产得不到高价的，便是商人的剥削。农人的物品经过了许多中间人，才到消费者的手中。途中每多经过一个中间人，便多一人从中取利。结果消费者所付的物价，只有一小部分分到农人的手中。根据美国的调查，农民对于各种产品，其所得的代价不过消费者所付价目的 30% 至 75%。如出卖牛油及五谷，农民可得物价的 70% 至 75%。但在水果与菜蔬上，农民所得的只有 30%。[④] 中国的情形，大约还不如美国。据我所知的，徽州种茶叶的农户将茶叶卖给上海的洋行，中间须经过四五次中间人。第一道中间人是"走山头的"，他们跑到各山的农户家中去买茶叶，集有成数之后，再卖给"茶贩"。"茶贩"集了茶叶几十袋之后，便送到"茶行"中，由"茶行"为中间人卖予"茶号"。"茶号"将茶叶分类并制造之后运往上海，由"茶栈"为介绍，卖给收茶叶的"洋行"。其实"洋行"还不是最后的消费者。他们把茶叶运到欧美之后，还不知要经过多少手续、多少中间人，才到消费者的手中。我们不必比较欧美市场上茶叶的价目与徽州茶户售出茶叶所得的价目，只看上海各茶栈售予洋行的价目，便可知道有时比农户所得的要高四五倍。假如农户自己组织贩卖合作，那么现在有一部分中间人所得的利润一定可以归农民所享有了。譬如金陵大学农科在安徽乌江试办的农产贩卖合作社，于民国十五年代社员出售棉

---

① 《中外经济周刊》一七期《山西之鸡与鸡蛋》。

② Tawney, R. H., *A Memorandurn on Agriculture and Industry in China*, p. 69.

③ Arnold, J., *Some Bigger Issues in China's Problems*, p. 2.

④ Yoder, F. R., *Introduction to Agricultural Economics*, p. 309.

花，售给无锡申新第三纱厂。结果除去一切开销，农民每担改良棉的收入比本地市价要多 6 元 8 角 4 分，每担普通棉的收入比本地市价要多 5 元 8 角。① 假如没有贩卖合作社，这种每担五六元的差异，便要到商人的囊中去了。贩卖合作社系由农户自身组织起来行使商人的职务，因而取得商人应得的利润。但是贩卖合作社对于农户的益处，还不止此。它不但替农户保持一部分的利益不为商人所提取，还可以保护势单力薄的农户防止奸商不合法的剥削。奸商剥削农民的方法是很多的，如河北无极县的农民卖棉花给花行，农民的秤每斤 16 两，而花行买棉花的秤却是 24 两一斤，所以农民卖棉花给花行，每斤暗中要吃亏半斤。又如南京种生姜的农户卖生姜给姜行，姜行可以任意看货色的高低，而定扣除斤两的多寡。例如姜行以为某农户的生姜不好，那么称量就是 130 斤，姜行可以从中减去 30 斤，照 100 斤付价。② 此类吃亏的事，如有贩卖合作社，便不会发生了，因为贩卖合作社是农民自己组织，为农民谋利益而存在的。

　　以上所讨论的主要的目的，在想从农民的正业便是农业上面设法加增农民的收入。不过农民的正业是有季节性的。中国的农民，特别是北部的农民，并不必一年到头在田地中工作。他们在收获之后播种之前，在农业中便无工作可做。不但如此，因为中国农民的家庭大而每家农户的农场小，所以一个家庭中每每有剩余的劳工为农业上所不必需的。譬如歙县的南乡，平均的农场是极小的，一个农场上的工作只需妇人去做便够了。男子的劳力，除去播种及收获数日外，其余是农场上所不必需的。在中国现在交通不发达及未完全工业化的情形之下，农民除去正业之外，实有发展副业而将一年中的暇时用在生利上的必要。假如处处农民，除去正业之外，还有副业，那么又可以多一条收入的途径了。这种副业，有好些地方是已发达的。如平湖的妇女每租袜机领纱，于家务闲暇时在家工作，织袜便成为一种家庭副业。妇女每织袜一打，可得工资 2 角 2 分至 2 角 6 分。租机时先付小租两月，押租 6 元，以后每月租银 2 元，修理费由出租的担任。妇女方面，每月普通可净得工资 5 元。③ 又如高阳附近人烟稠密，兼以春旱夏涝，本地产量每每不够本地之用。所以农家多从事织布，每家备置织机一二架不等，于农作之余集合家族，并力从事。大约男子司机织及赶集卖布买线，妇女便助埋浆线络线等预备工作，每织布一匹的工资自 4 角至 2 元不等。④ 以织布为

① 基督化经济关系委员会出版《农村经济两大问题》第 18 页。
② 侯哲莽著《农村合作运动》第 49 页至 50 页。
③ 《中外经济周刊》二二八期《平湖之织袜业》。
④ 《中外经济周刊》一九五期《高阳之布业》。

副业的地方很多，如山东昌邑县东南乡北孟区、三泊区、密城区一带农民，多以织布为副业，每年出品在 200 万匹以上，俗谓之寨子布。[①] 南昌的农民，各家皆有织布木机，而且所备机数都按各家人数的多寡，其开始织布之期大约在每年农事完毕的时候，到第二年快要栽秧才行停止。[②] 此外如杭州乡妇，除农业外，春夏育蚕纺丝，秋冬抽麻织布，以增收入。长江以北产麦区域，人民许多以编草帽缏为副业。河北、山东、山西、河南各县的人所编的草帽缏，除去自用以外，还可以输往欧美。[③] 句容农民的副业约有五种：一为蚕桑，二为酿酒，三为养猪，四为种竹，五为造林。[④] 养猪这种副业，在中国大约是普遍的。与养猪同样为农民所乐为的，便是养鸡。所以中国虽然没有伟大的养鸡场，而在民国十八年的出口货物之中，蛋及蛋产品居然列在第三位，它的重要性居然超过素负盛名的茶叶了。

这些副业假如有组织，有指导，农民所得的利益一定还要多些。戴乐仁教授近来提倡在中国乡村中发展小规模的工业，目的也是想为农民于正业之外另辟一条生财之路。他以为发展这种乡村工业，有六点是要注意的。第一，在一定的区域之内生产者要有一种团体的组织。第二，要用金融合作的方法，或由国家设立特种银行，给这个团体以金融上的方便。第三，设法请专家指导及做各种问题的研究，并予此团体以技术上之训练。第四，此生产的团体对于设备及原料等的供给都用合作的方法去解决。第五，组织贩卖合作社，除为此生产团体销售货物外，还可以训练这个团体，使其生产的货物标准化。第六，用团体的力量供给电力。[⑤] 假如这六点都可以做到，那么在乡间从事于工业的人，其出品便可以与都市工厂中的出品竞争。结果是农民不但在正业上可以得到确定的进益，在副业上也可以有很可观的固定收入了。

总之，假如以上所提出的五种办法，如扩大农场，加增生产，发展交通，合作贩卖，提倡副业，都能够一一做到，每家农户的进款一定可以比现在加增若干倍。有了丰厚一点的进款做基础，才可以谈到提高生活程度的问题。不过，在中国这种情形之下农民的收入固难增加，即使可以增加，也不一定可以提高生活程度，因为农民的负担太重，其中苛捐杂税一项便可以把农民的收入一起搜刮而去。不过减轻农民负担的问题牵涉的方面太多，只好留待将来再讨论。但从此我们也可以看得出农民问题的复

---

① 《中外经济周刊》一七六期《昌邑之寨子布》。
② 《中外经济周刊》一六六期《南昌土布洋布业之近况》。
③ 《工商半月刊》一卷十一号《中国草帽缏之制造与销路》。
④ 《工商半月刊》一卷五号《句容县之近岁概况》。
⑤ Taylor, J. B., "A Policy for Small Industry in China", *China Critic*, April 2, 1931.

杂，以及其牵涉方面的众多。农民问题的解决，不是一方面或朝一个方向努力所能成功的。一定要从各方面下手，要得到社会上各种人士的帮助，农民问题才有解决的希望。

民国二十一年 10 月 25 日

（载《清华周刊》第 38 卷第 7–8 期，1932 年）

# 中国佃户问题的焦点
## ——佃户能变成自耕农吗？

中国佃户的数目，素来是没有统计的。从所有的估计看来，它们的差异是很大的。根据农商统计表，民国六年中国各省区的佃农占全体农民的 49.7%。这等于说中国的农民中有一半是佃农。据张心一先生近年的估计，佃农的百分数在各区域是不同的。扬子江流域的佃户占农民的 40%，满洲及内蒙古的佃户占农民的 30%，黄河流域中佃户只占农民的 13%。金陵大学卜凯先生的估计，比上说两种还要低些。他调查中国 17 处的情形，发现佃户只占农民总数的 19.7%。此外还有美国农部的估计，不知是怎样得来的，说是中国的佃户占农民总数的 28.1%。假如我们把张心一先生对于三个区域的估计数目加起来平均一下，其结果与美国农部的估计相差无几。在没有更好的统计之先，我们就暂时采用 28% 来作中国佃户的百分数罢。

假如这个估计可以代表中国佃户的实在数目，那么中国佃户在农民中的成分并不能算很高。世界各国佃户的百分数固然有比中国低的，如丹麦的佃户只占农民总数的 8%，加拿大的佃户只占农民总数的 7.9%。但也有许多国家佃户的百分数较中国为高，如英国的佃户占农民总数的 88.9%，澳大利亚为 78.9%，新西兰为 58.5%，比利时为 54.2%，阿根廷为 38.5%，美国为 38.1%，爱尔兰为 36%。日本的情形与中国相仿佛，佃户占农民总数的 28.5%。所以从佃户的成分这一点看来，中国的情形可以说是很中和的，并无特异之点。

更从纳租方法这一点去观察，中国的情形也无特异之点。中国各地纳租的方法不一，但主要的不过二种：一是用主要产物纳付，一是以货币纳付。用主要产物纳付的，或佃户得六成而地主得四成，或地主得六成而佃户得四成，或平均分配。据汤纳教授的调查，平均佃户所得似较地主为略多。这种分配方法与美国最普通的方法是一样的，因为美国佃户的所得平均也不过一半。至如以货币纳付的，据刘大钧先生的调查，安徽、江苏等地之租额，最低者当地价 4.5 厘，高者当 1.25 分。汤纳教授的调查，也说地主所得货币租额平均等于地价的 11％。这种利息，在中国的环境里并不算高。

当然有些地方，地主对于佃户的剥削是很苛刻的。如江苏灌云等地之租约中，规定佃户须永远服从地主指挥，并于暇时为地主服役，佃户的地位近于农奴。河北静海县的佃户，有死佃、活佃之别。活佃为自由契约，地位与寻常租地的地户略同。死佃不能自由脱离，且遇主人有事，须供役使，有类主仆。河南商城县，在未产生共产党之先，佃户除纳租外，有所谓人工稞，即地主修房盖屋及一切苦力所用的人工均出之佃农，而不给值。如地主外出，以轿代步，轿夫即由佃农充任。甚至所用的仆妇，亦由佃农征调。这类的情形，在外国当然是少有的。但在中国，也只能看作例外。正如中国有些地方，佃户只纳 20％的租于地主，同为例外一样。大多数的佃户种了别人的田，纳四成到六成的租，与世界各国的佃户是没有很大差别的。

中国佃户问题的特质，既不在其成分，又不在其纳租的方法，那么到底在什么地方呢？我们再从别处观察，又可看见中国佃户生活程度较他国佃户为低下，这是否中国佃户问题的特点？诚然，中国佃户的生活，如与英美的佃户相比，是相差甚远。但这种低下的生活程度并不限于中国的佃户，便是中国自耕农的生活程度也不见得比佃户要高多少。所以生活程度低下乃是佃户与自耕农所共有的问题，而非佃户所独有的问题。又如中国佃户在乡间受高利贷的剥削，受苛捐杂税的压迫，受土豪劣绅的欺侮，受土匪丘八的骚扰，乃是别国的佃户所遇不到的。然而这种不幸的境遇，并非佃户所独受，中国的人民除却少数的幸运者，谁不在这种境遇之下挣扎？所以上面所说那些不良的境遇乃是中国大多数人的问题，并不能说是佃户的独有问题。

中国佃户问题的焦点，据我看来，乃是他们的固定的身份。他们很少有上升的机会，很少有成为自耕农的可能。他们在壮年时是佃户，到老了也还是佃户。甚至父亲是佃户，儿子也还是佃户。这一点乃是中国的佃户与别国的佃户不同的地方，也是与中国别种身份的人不同的地方。

中国的商界中有永远做学徒的人吗？我们的答案是否定的。学徒乃是商人生命中的一个阶段。他由学徒可以升为伙计，也可以升为掌柜，有些学徒还有希望做老板。同样，在工界中没有永远做徒弟的人，在学界中没有永远做小学生的人，但中国的佃户中从小至大永远做佃户的却多得很。此点从中国农业中的永佃制度便可以看得出。据刘大钧先生说，永佃制度是在中国为最通行的制度。在已经调查的十一省中，江西、江苏、浙江、安徽、湖南五省，此制颇为通行。据前东南大学的调查，江苏金陵道佃户中为终身租佃的占 55%，苏常道为 91%，沪海道为 90%。中国的佃户所以不能改变他们的身份，乃是因为他们的农场太小，一年的收入除却纳租之外，所余的拿来仰事俯畜还感觉到不够，更谈不到盈余了。既无盈余，当然不能自置产业，所以便终身当佃户。我们都知道，一个人的生活所以有兴味，乃是因为人人都觉得有一前途，觉得凭自己的努力，将来的生活也许比现在要高一点，要好一点。但是大多数的佃户却没有这种希望，他们的一生还有什么趣味？

在美国，佃户的身份乃是农民生命中的一个阶段，很少以佃户终其身的。伊利教授曾调查美国五省 2 112 个农场的情形，发现在 25 岁以下的农夫有 3/4 是佃户，35 岁到 45 岁的农夫有 1/3 是佃户，55 岁到 65 岁的农夫只有 1/5 是佃户。由此可见，在 25 岁是佃户的，在 65 岁已有许多不是佃户了。美国统计局也有一个研究，是调查在 1915 年至 1920 年间由他种身份变为自耕农者的来历的。这个调查的结果表示，这些自耕农平均在 23.3 岁时开始为农场上的雇工，29.1 岁时离开雇工的身份而成为佃户，到 38 岁时便成为自耕农了。

别国的佃户可以上升，可以变为自耕农；中国的佃户很难上升，很难变为自耕农。这是中外佃户问题不同之中心点，也便是中国佃户问题的焦点。

我们有什么方法来帮助中国的佃户变为自耕农呢？

方法是很多的，因为这个问题在中国是有悠久之历史的，在外国的历史上也曾发生过，所以参考中外的历史，便可得到帮助我们解决这个问题的材料。我们也不必旁征博引，只在这些材料中提出两点来谈谈，看看在中国今日是否可以实行。

我们可以看看丹麦的故事。

丹麦在五六十年前，大半的土地都在大地主的手中，那时农民中的佃户占 90%。可是在 1875 年，丹麦的政府通过一个议案，设立一些银行，放款给佃户为置产之用。他们可以向政府借钱购地，自 5 英亩至 20 英亩。借款数目最多可至 4 400 元，利息每年 4 厘，在前 5 年内只付利息，第 6 年起开始还本。借款总额可分期于 98 年内还清。因为政府有这种政策，所以丹麦自耕农的数目便年年加增起来，现在已有 90% 以上的农民是自耕农了。

假如我们愿意中国的佃户也变为自耕农，那么中国的政府也当步丹麦政府的后尘，给佃户以经济上的帮助。这种经济上的帮助在中国是必需的，因为我在上面已经提到，中国的佃户农场太小，难有盈余。没有外界的帮助，他们是很难上升的。

假如有一天，政府居然设立一些金融机关来帮助佃户购地，但是地主不肯出卖，或出卖而故意居奇，高抬价格，我们又有什么办法对付这种困难呢？

为预防地主不肯卖地起见，我们以为可以采取中国古人已经提到过的办法，便是"限民名田"。董仲舒在武帝时便提倡这个办法，"以澹不足，塞并兼之路"。但他并没有提到，每人有田最多不得过多少亩。到了哀帝的时候，才有令："诸王、列侯得名田国中，列侯在长安及公主名田县道，关内侯、吏民名田，皆无得过三十顷。"过 30 顷的田，便没入公家。欧战之后，东欧各国的田政大有改革，其中有好些国家规定，置田产的不得过 150 英亩或 800 英亩。超过这个数目的田主，非把余剩的田卖出不可。假如中国的政府，或采前汉的成规，或取东欧的新法，那么地主不肯出卖土地的问题便可解决了。至如田地的价格，如怕地主故意高抬，可以仿效政府购买招商局股票的办法，规定一个价格将大地主余剩的土地收回，再转卖给佃户，也就解决了。

总之，中国佃户问题的焦点在其难从佃户的身份上升为自耕农。解决这个问题，方法并非没有，只要政府里面的人肯努力。

民国二十二年 1 月 20 日


（载《旁观》第 10 期，1933 年）

# 都市教育与乡村教育——对于旭生先生教育方案的商榷

　　旭生先生在《独立评论》所发表的《教育罪言》，前后共有六篇。前五篇是批评的，指出现有教育制度的缺点；最后一篇才是建设的，提出他的改革教育的方案。我在这篇文章里，所要与旭生先生讨论的，只是他的方案。

　　我觉得旭生先生的方案，其最新颖的一点，便是注重农业教育。六岁以下所受的幼稚教育，我们姑且不谈。他的国民教育，与现在的小学不同的，便是"先生学生，尽属农夫。农忙力田，农闲治学"。国民学校中的教职员，虽然是师范学校出身的，但是这些师范学校，"位置是在乡野的，……师范学校附近有两个大规模的农场，第一农场为就我国旧法稍加改良者，第二农场为新式工业化者。……师范学校学生，前一半入第一农场，习我国固有农事；后几年入第二农场，习新法农事"。换句话说，从这些师范学校出身的，只能教授农业，对于别种职业是外行的。旭生先生在高等教育中，还是一贯地注重农业，所以商科各种学校，工科各种学校，都要"附设农场，亦如师范学校。……工商业的学校，如前二三年不须实习者，仍当附设第一农场，资其练习"，"大学教育前有预备学校，预备学校……亦有附设农场，练习农事，而无年限"。

　　旭生先生为什么要使全国的教育农业化呢？因为他觉得这种教育才合于中国的需要。他对于中国社会的组织，以及变迁的趋势，有下面一句重要的论断。他说：

　　　　中国是以农立国的，我们相信不唯今日如是，即将来亦仍如是。

因为他有这样一个前提，所以才有他的全国教育农业化的方案。这是他的主张中最新颖的一点，也是我认为最可商榷的一点。

主张以农立国的人，近来真是不可胜数，但是什么算是以农立国，可惜没有人给它下一个详细的解释。假如说中国以农立国，只是要表明中国的多数人是依靠农业为生，那诚然是一件事实，但我却认为是一件可怜的事实。因为这一件事实，只是证明中国的农业生产方法落后，要多数人在农业中劳碌，才可维持全国人的衣食。生产方法进步的国家，只要有少数人在农业中努力，全国衣食的资料便有着落。如美国在1930年，只有22％的人在农业中谋生，不但生产可以维持本国人的衣食，还有余剩可以运往外国，便是一个好例。中国在农业中谋生的人数，现在虽无统计，但许多估计都把它放在70％以上。文化先进的国家，生活程度高的国家，没有一国的农民其百分数是在70以上的。根据1932年的《国际年鉴》，农民百分数在70以上的国家，可考的有南非联邦（75.0）、印度（72.3）、保加利亚（82.4）、立陶宛（79.4）、波兰（75.9）、罗马尼亚（79.5）及苏联（86.7）。苏联的统计，是1926年的，那时五年计划还未开始。现在我们敢说苏联农民的百分数，要降低很多了。以上这些国家，如把苏联除外，试问有哪一个国家，不是比较贫穷的，生活低下的，文化落后的？所以，如说中国以农立国，便是多数人依农为生的意思，那么我们最好努力改良农业的技术，使少数人耕之，多数人便可食之。如此便可使很多的人，从农业中解放出来，从事于别种实业，努力于他种生产，使中国的财富，除农业外，还有别种来源。

旭生先生又以为不但现在的中国是以农立国，即将来亦仍如是。这便等于说，中国的经济组织，是固定的，是不变的。但是旭生先生有什么根据，下这种奇异的推测？在旭生先生所提倡的新式师范教育中，不是要学生习新式农事么，不是设备一种新式工业化的农场么？我相信中国的农业，如不开倒车，总有一天会采纳新的生产方法，如旭生先生所希望的。假如有那一天，中国农民的百分数一定要减少的，这可以外国的经济为证。我们试看各国的历史，凡是农业进步的国家，没有一国农民的百分数不是下降的。今列表如下：

| 国名 | 第一时期 | 农民百分数 | 第二时期 | 农民百分数 |
|---|---|---|---|---|
| 美国 | 1880 | 44.1 | 1930 | 22.0 |
| 比利时 | 1846 | 44.0 | 1920 | 19.1 |
| 英吉利与威尔士 | 1881 | 12.0 | 1921 | 6.8 |
| 德国 | 1882 | 42.5 | 1925 | 30.5 |
| 瑞典 | 1870 | 51.6 | 1920 | 40.7 |
| 瑞士 | 1900 | 31.2 | 1920 | 25.5 |
| 挪威 | 1910 | 39.5 | 1920 | 36.8 |
| 法国 | 1906 | 42.7 | 1926 | 38.3 |

续表

| 国名 | 第一时期 | 农民百分数 | 第二时期 | 农民百分数 |
|---|---|---|---|---|
| 丹麦 | 1901 | 46.2 | 1921 | 34.8 |
| 荷兰 | 1909 | 28.4 | 1920 | 23.6 |
| 奥国 | 1870 | 62.6 | 1920 | 31.9 |
| 匈牙利 | 1890 | 70.5 | 1920 | 58.2 |
| 加拿大 | 1911 | 34.2 | 1921 | 32.8 |
| 澳大利亚 | 1871 | 44.0 | 1921 | 22.9 |
| 新西兰 | 1881 | 29.0 | 1921 | 27.1 |

以上这些国家，第二时期的农民，百分数都比第一时期为低。这些国家里面的农民，有的只是百分数的降低，如表中所示的。有的不但是百分数的降低，而且是实际数目的降低。如美国在 1910 年，在农业中谋生的人，有 1 265 万，1930 年，只有 1 075万。德国在 1907 年，农业中有 988 万人，1925 年，只有 976 万人。丹麦在 1911 年，农民有 51 万人，1921 年，只有 47 万人。法国在 1906 年，农民有 885 万人，1926 年，只有 819 万人。但是这些国家的农民虽然减少，而农产品却在增加。以少数的农民，产多量的农产品，这是最经济的生产方法。假如中国采用这种最经济的生产方法，当然无须 70％以上的人在农村中。所以假如中国的农业有进步，中国依赖农业为生的人，是要减少的。

以上这些讨论，只是要说明我与旭生先生对于中国情形的观察不同之点。我们的见解有一点是相同的，就是都认中国的国民，大多数以农为生。但他以为这是一件好事，所以要把教育制度去迁就它。而我却认为这是一件可怜的事，能早日脱离最佳。脱离这种畸形的状态，使中国除农业之外，还要发展工业、商业、交通业、运输业、金融业、矿业，乃是我们所希望的。此外，旭生先生认将来的中国，还是以农立国。而我以为农业技术进步的结果是，农村中可以不必容纳 70％以上的人口，这些剩余的人，将来一定是在别种职业中找生活。结果，中国人口的职业分配，一定要与现在不同。那便是说，将来大多数的人，不一定要靠农业为生。我们即使学不到美国，学不到澳大利亚，也应当学到法国。英国当然不足学，因为它诚如旭生先生所说，工商业畸形发展了，弄得不到 10％的人在农业中。不过我们要记得，工商业的畸形发展固不足取，然而农业的畸形发展，如中国与印度，又何足为法。

我对于旭生先生的前提，既然不能完全同意，所以对于他的教育方案，也不能完全赞同。他提倡农业教育的精神，我是很表同情的，但是他要使全国的教育农业化，就未免"矫枉过正"。我们先不谈将来中国的情形如何，就拿现在的情形来说，中国人口的分布，并不完全在农村中。中国人的职业，也不完全是耕田种地。中国在 100 万人口以上的都市，据我所知的，至少便有 3 个。10 万人口以上的都市，据托格雪夫（Boris P. Torgasheff）在《中国评论周报》三卷十四期中所说，至少有 112 个。此外在 5 万人口以上的都市，我们还不知道有多少。陶内先生在《中国的农工》一书中，估计中国的市民占全国人口的 20% 左右。请问这些人的子弟，也都应当习农业吗？假如他们都习农业，那么中国的商业、工业、运输业等等，应当交谁执行？总之，"驱天下之民，归之于农"乃是中国以前的顽固思想，由于不明他种职业的生产价值而发生的。自从经济学发达以后，谁都知道一国的经济组织不是靠一种实业所能维持的，一定要各种实业平衡地发展，才可以收国富民荣之效。所以我们如想建设繁荣的中国，不但在农业上要努力，在别的实业上，也要有相当的努力。旭生先生似乎也想到这一点，所以他也"希望我们的工商业有相当的发展，不再受帝国主义的压榨"。可是他只希望而已，在他的教育方案中，实在看不出实现此种希望的教育。他的国民学校中，先生学生尽属农夫，一切的学校都附设农场。从这种学校出身的学生，耕田种地固然是拿手好戏，但是要他们从事于别种职业，试问有无此种能力？

所以我的意思，以为在市中的国民学校与师范学校，与其附设农场，不如附设工厂。与其教他们种地，不如教他们织布。与其教他们拿耙，不如教他们开火车。与其教他们割麦，不如教他们打电报。与其教他们研究土壤，不如教他们研究都市交通。与其使法官耕田，不如让他利用那些时间去研究中国的司法制度。与其使医生种地，不如让他利用那些时间去设法减低中国人的死亡率。总之，中国社会中的生产事业，不只农业一项；中国社会中所需要的人才，也不只农业人才。教育制度，要造成各色各样的人才，要满足各方面的需要，所以国民学校中的学生，旭生先生要他们尽属农夫，乃是我所不敢赞同的。

不但在都市中的学校，不必教授农业，就是农村中的学校，也不必专教农业。我是因为看清楚中国农村中的人口过剩，所以有此种主张。农村中的人口过剩，何廉先生在《独立评论》六号中已有说明，我们徽州人尤其深刻地感到这一点。在我们那儿，农场是很小的，一个农场的经营，有时交给家庭中的女子便够了。这种小农场的生产，不能维持一家人的生计，同时农场的经营，也用不完一家人的劳力。于是这些过剩的劳工，只好向外发展，向农业以外的职业去发展。中国南部有一句土话，说是"无徽不成镇"，这是表示徽州人在外路谋生者之多，但这种情形，实有经济地理之背景的。中国有好些地方的情形，一定与徽州相仿佛，如宁波，如广东的许多部分都是。在这些乡村地方，如只给它们以农业教育，一定不能满足它们的要求。办教育的，一定要斟酌当地情形，除农业教育外，还要办商业教育、工业教育，以解决他们的生计问题。此外中国还有许多地方，有其特殊的富源，如山西之煤、河北之铁、湖南之钨、云南之锡，为充分利用这些富源起见，在这些省里，岂可忽略矿业教育？

至如中国将来的情形，恐怕对于农业以外的教育，需要更有甚于今日。这是将来的话，现在也不必多谈。

最后，我愿意对于这篇文章的题目加一解释。"都市教育"与"乡村教育"二词据旭生先生说，是采用梁漱溟先生的。他们都反对都市教育，而主张乡村教育。假如目前的中国教育是都市教育，那么都市教育诚然是可反对。但是与其称目前中国的教育为都市教育，不如称它为游民教育。因为现在的学校，特别是中学，只制造出来一批一批的游民。他们当然不会耕田种地，在农村中做生产的事业。但都市的事业中，又岂有他们的地位？他们固然不能从事于农业，又岂能从事于工商业？所以把中国的教育叫做都市教育，真是冤枉了"都市教育"这个名词。假如我们说都市教育是工商教育，以别于乡村中的农业教育，那么都市教育在中国应当提倡，正如乡村教育应当提倡一样。在创造新中国的过程中，我们要发展农业，同时也要发展其他的实业。假如我们承认这一点，那么旭生先生的教育方案就应加以修正，使都市教育与乡村教育在他的方案中都占有相当的地位。

民国二十二年 2 月 25 日，清华

（载《独立评论》第 40 期，1933 年）

# 讨论"中国农民何以这样多"

适之先生：

在拙著《都市教育与乡村教育》中，主要的论题，并非讨论"中国的农民何以这样多"。所以对于此点，并未畅所欲言。今天看到《独立评论》四十三号董时进先生的大作，知道他对于我在那篇文章里说到的"农民多是由于生产方法落后"一点之外，还加上他的一点意见，便是"农民多是因为大家没别种事体可干，只好挤在乡间种田"。其实这两个意见并不冲突，而是互相补充的。关于董先生所提出的这个意见，我在别的文章里也提到数次。如五年前我在《新月》一卷十期中，发表了《中国移民之趋势》一文，提到解决中国人口过剩问题的三个方法，其中

解决中国人口过剩问题的第三个方法，便是发展实业，把那挤在乡间的农民，疏导到都市中别的职业里去。

三年前我又在《新月》三卷三期中，发表了《中国农民的生活程度与农场》一文，提到扩大中国农场的几个方法，其中

第二个方法，便是发展农业以外的实业，如工业、矿业、商业、交通业等等，疏导拥挤在农业中的人口到别的实业中去。

此外在拙著《社会组织》中，也提到了这一点，因为自己对于这个意见在数年中发表过好几次，所以在《都市教育与乡村教育》一文中便把它忽略了，以免重复之嫌。

其实改造中国的经济组织，别种实业的发展固然要注意，同时农业本身的改良也不可忽略。英美的经济史以及最近苏联的五年计划，都无意地或有意地表示，工商业的发展与农业的革命是要并进的。中国人尤不可忽略此点。因为中国的农民，诚如董

先生所说：

> 他们虽是生产者，然而生产能力很薄弱，不过可以养活自己。（《独立评论》三十号《乡居杂记三》）

假如发展中国的实业，而同时不用十二分力量去改良农民的生产技术，以及其他需要改良的事，请问在别种实业中谋生的人，其食料问题如何解决？董先生在他的《食料与人口》一书中，不是叹息中国以农业国而从外国输入食料一现象吗？假如中国的农业不改良，而农民的数目却减少（姑承认它是可能的），那么中国将来的食料问题比现在还要严重若干倍。

总之，我的意见以为，一方面要改良农业，一方面要提倡实业，并不偏重于任何一方面。假如董先生主张提倡实业，而对于农业生产技术的改良以"不成问题"四字了之，那我不敢与他同意。假如他以为改良农业技术之外，还要提倡实业，那么我们的意思是一样的，因为提倡实业是我心中想说，在别的地方也说过，不过在《都市教育与乡村教育》一文中未能畅所欲言就是了。

景超

民国二十二年 3 月 29 日

（载《独立评论》第 45 期，1933 年）

# 近代都市化的背景

近代社会与中古或上古社会的差异，当然是很多的，其中最可注意的一点，便是人口的都市化。所谓人口的都市化，至少包含两种意义。第一，从人口的地理分配上看去，以前的人口，除了极少数之外，都是住于乡村中的，但从 19 世纪以后，住于乡村中的人口，其百分数有下降的趋势，而住于都市中的却逐渐加增。第二，从人口的职业分配上看去，以前的人口，除了极少数之外，都是在农业中谋生，但从 19 世纪之后，从事于农业的人逐渐减少，同时在别种实业中谋生的人却逐渐加多。这种现象，给它一个简单的名词，便是"都市化"。

虽然都市在古代便已有了，但数目并不很多。就拿人口在 10 万以上的都市来说，在 16 世纪初叶，欧洲只有 7 个，到 19 世纪初叶，也不过 22 个。但在 19 世纪末叶，便有 146 个了。1920 年，便加至 202 个。[①] 中国同样的都市，在 16 世纪到底有几个，惜无统计可考。在 1873 年，根据海关的报告，有 9 个商埠人口在 10 万以上。1930 年的报告表示，这样的商埠便有 24 个。实际中国的都市，人口在 10 万以上的，当然不止此数。托格雪夫在 1930 年 4 月 3 日出版的《中国评论周报》上发表了一篇文章，估计中国都市，人口在 10 万以上的，有 112 个。[②] 哲佛生（Mark Jefferson）曾在美国的《地理评论杂志》上做了一篇论文，讨论全世界都市人口的分布。据他说，世界上的都市，人口在 10 万以上的，共有 537 个，其中有 112 个在中国。他的材料，不知是怎样

---

　① 16 世纪欧洲都市的数目，采自 Weber, A. F., *The Growth of Cities in the 19th Century*，第 449 页。19 世纪及 20 世纪欧洲都市的数目，采自 Sorokin, P. A., Zimmerman, C. C., and Galpin, C. J., *A Systematic Source Book in Rural Sociology*，第三卷第 635 页。

　② Torgasheff, B. P., "Town Population in China", *China Critic*, Vol. III, No. 14（April 3, 1930）, pp. 317 – 322.

得来的，但与托格雪夫之说相吻合[1]。无论这个数目是否可靠，有一点大约是真的，便是中国近来也慢慢走上都市化的路了。

我们假如分析 100 万人口以上的都市，更可看出都市化的趋势。世界各国，在 19 世纪以前，是否有 100 万人口以上的都市，很是一个问题。埃及及巴比伦的都市，其人口数目，今已不详。希腊的都市，人口在 10 万以上的，屈指可数，但没有一个达到 100 万的。关于罗马的人口，在它最盛的时代，是否达到 100 万，各家的估计并不一致。有人说它在 1 世纪时，人口不过 75 万，也有说它已有 125 万的。[2] 汤姆生（W. S. Thompson）以为在汽机没有发明之先，因为运输不便，人口集中到 100 万以上，是不可能的。所以他很怀疑罗马在最盛的时候，是否有 100 万人口。[3] 维白（Adna F. Weber）也说当年的罗马大约有 60 万或 80 万人，绝不能超过 100 万。[4] 但是罗马后来衰微了，在 14 世纪中叶，人口还不到 2 万人。假如把罗马除开，我们可以说在 19 世纪以前，历史上没有满 100 万人口的都市。中国历史上的都市，如两汉之长安、洛阳，如六朝之金陵，如隋唐之扬州，如南宋之苏杭，其人口是否超过 100 万，我们不得而知。虽然诗人与史家，对于中国古代的都市，有铺张很盛的，如唐人咏金陵，便有"金陵百万户"之句，但这种数目字，我们绝不能把它们当统计看的。

在 1800 年，世界上最大的都市是伦敦，那时它的人口只有 95 万余。巴黎人口当时还不到 55 万。1850 年，伦敦与巴黎人口都超过 100 万了。1900 年，世界上人口在 100 万以上的都市约有 11 个。近来世界上满 100 万人口的都市，大约有 30 个，其中有 3 个在中国，便是北平、天津、上海。[5]

近代都市发展的情形，已如上述。现在我们要讨论的，便是最近 100 余年都市发

① Jefferson, M., "Distribution of the World's City Folks：A Study in Comparative Civilization", *The Geographical Review*, Vol. XXI, No. 3 (July, 1931), pp. 446 - 465.

② Howe, F. C., *The Modern City and Its Problems*, p. 19.

③ Thompson, W. S., *Population Problems*, p. 272.

④ Weber, A. F., *op. cit.*, pp. 448 - 449.

⑤ 汤姆生在他的《人口问题》第 273 页有一个表，说明近数十年 100 万人口以上的都市常有增加。1900 年，11 个人口在 100 万以上的都市为纽约、伦敦、柏林、巴黎、支加哥、东京、维也纳、费城、加尔各答、君士坦丁、莫斯科。1930 年人口在 100 万以上的都市，据他表中所载，计有 19 个。但据 1931 年的 *World Almanac* 所载，世界上人口满 100 万的都市，除美国外，共有 25 个。又根据美国 1930 年的人口统计，人口满 100 万的都市有 5 个，所以合起来共有 30 个。但 *World Almanac* 所举的 25 个大都市，其中有香港（1 075 000 人）、杭州（1 000 000 人）、汉口（1 500 000 人）三处之人口统计不可靠，此外又遗漏了天津。假如我们从该表中除去香港、杭州、汉口，加上天津，其总数便为 28 个（数字疑误，此处保持原貌。——编者注）。今按首字母之先后，排列如下：Berlin, Bombay, Budapest, Buenos Aires, Cairo, Calcutta, Chicago, Detroit, Glasgow, Hamburg, Leningrad, London, Los Angeles, Melbourne, Moscow, New York, Osaka, Paris, Peking, Philadelphia, Rio Janeiro, Sao Paulo, Shanghai, Sydney, Tientsin, Tokyo, Vienna, Warsaw。

展的原因。换句话说，我们要寻求都市化的背景。关于这个问题的材料，自然是欧美的历史中最丰富，因为欧洲有好些国家，其都市化的程度比较他国为深。中国虽有三个 100 万人口以上的都市，112 个 10 万人口以上的都市，但这些都市的人口，合起来不过全体人口的 6.4%。如与英国相比，英国 10 万人口以上的都市虽然只有 42 个，但这些都市的人口却占全体人口的 44.2%。美国 10 万人口以上的都市虽然只有 93 个，但这些都市的人口却占全体人口的 29.6%。[1] 由此可见，中国不过刚走上都市化的路，比较英美等国，相差的程度很远。因为如此，所以这些国家的经验，很可以作我们的参考。

## （一）

普通的人谈到都市化问题，都知道它与工业革命的关系，其实都市的发展，与农业革命也很有关。"农业革命"这个名词，在各国的历史中意义并不完全一致，但其结果却都相仿，便是农业革命之后，农业中容纳不下以前那样多的人口，于是很多的人

---

[1]　Jefferson，M.，"Distribution of the World's City Folks：A Study in Comparative Civilization"，*The Geographical Review*，Vol. XXI，No. 3（July，1931），pp. 446 – 465.

在这篇文章里，哲佛生以各国人口在大都市（人口在 10 万以上的都市）中百分数的多少，定各国都市化的深浅。他所计算的国家，总数共有 70 个。其中都市化程度最深的 10 个国家如下：

| 国名 | 人口在 10 万以上的都市 | 都市化的程度 |
| --- | --- | --- |
| 澳大利亚 | 6 | 47.8 |
| 英国 | 42 | 44.2 |
| 新西兰 | 3 | 34.5 |
| 奥国 | 3 | 32.5 |
| 美国 | 78 | 28.6 |
| 荷兰 | 6 | 27.5 |
| 德国 | 46 | 26.6 |
| 阿根廷 | 4 | 25.8 |
| 乌拉乖 | 1 | 25.5 |
| 加拿大 | 7 | 24.7 |

此处所用的统计都是 1927 年左右的。哲佛生在 1933 年的《地理评论杂志》中，又发表了 "Great Cities of 1930 in the United States with a Comparison of New York and London" 一文。在这篇文章里，他说美国在 1930 年，大都市的数目已增至 87 个，但没有算出这些都市的人口占全体人口的百分之几。87 这个数目，也许是不对的，因为根据美国 1933 年的《统计摘要》（*Statistical Abstracts of the U. S.*）第 48 页，说是美国的都市，人口在 10 万以上的共有 93 个，人口占全体人口的 29.6%。文中所用的美国统计，便根据此书改正。

便都离开了乡村，到都市中去谋生了。这种现象，是使都市膨胀的最大原因，因为都市的生育率较之乡村为低，假如它们只靠自然的加增，不借助于外来的移民，它们绝不会膨胀到现在这一步。纽约在 1790 年，有 49 401 人，到了 1920 年，便有 5 620 048 人。假如纽约在过去 130 年中，其人口自然加增率与 1920 年一样，那么原来的 49 401 人，在 1920 年只有 190 000 个子孙，所以纽约之成为美国第一个大都市，得利于移民的力量不少。这些移民，一部分是从美国的乡村中去的，一部分是从他国的乡村中去的。[1] 别个都市的历史，如加以分析，其结果一定与纽约相仿佛。

所以我们可以说农业革命是近代都市化的主要原因。农业革命的方面很多，最可注意的一点，便是生产技术的改变，机器代替了人工。泰娄（Carl C. Taylor）对于此点，曾举数例如下：

> 1830 年，在美国如欲生产一蒲式耳的麦，需人工三点三分钟。在 1894 年，只要十分钟就够了。……1855 年，如生产一蒲式耳的玉米，需时四点三十四分。但在 1894 年，只要四十一分钟就够了。1860 年，生产并收割一吨干草，需要三十五点半钟。可是在 1894 年，只要十一点半钟。1844 年，生产一磅籽棉，需时十三分钟有奇，1895 年，便减至四分钟有奇了。[2]

昆亭史（H. W. Quaintance）曾以美国新英格兰数州为例，证明在这些地方因为采用农业机器，生产品的价值虽然增加，可是农人的数目却减少了。他说：

> 在 1880 年，新英格兰数州，10 岁以上的人，从事农业的，计有 304 679 人；1900 年，只有 287 829 人。农业人数的减少，并非因为这些地方农业的衰败，因为新英格兰在 1900 年所出的农产品价值较 1880 年约高 50%（1880 年的农产品价值为 103 343 566 元，1900 年为 169 523 435 元）。这种情形，一定是农业机器的采用所造成的，只看新英格兰的农业机器在 1880 年每英亩只分得 1.68 元，1900 年加至 4.49 元，便可了然了。[3]

其实美国不但是新英格兰数州农业机器的采用减少了农民的需要，别的地方凡利用农业机器的，都有同样的情形。美国的农业人口自 1910 年以后便没有加增过，但美国全国的人口却年年加增，美国的农产品也在那儿年年加增，近来且受了生产过剩的痛苦。以逐渐减少的农民能够满足逐渐加增的需要，便是因为美国的农民充分利用

① Burgess，E. W.（Editor），*The Urban Community*，pp. 125 – 126.
② Taylor，C. C.，*Rural Sociology*，pp. 68 – 69.
③ Carver，T. N.，*Selected Readings in Rural Economics*，p. 54.

机器。①

　　这种农民减少、农产加增的现象，在以前的历史上是没有的。以前农业技术不良，绝不能以少数人的力量来解决大多数人的衣食问题。所以多数的人，非从事于农业不可。假如多数人抛弃农业，一定会造成田野荒芜、五谷不登的危险。所以古代的思想家都提倡农业，而鄙弃其他的职业。此点在中国的思想史中，表现得最明显。他们都怕"一夫不耕，或受之饥"，他们都提倡"殴民而归之农，皆著于本"。这种思想深入人心，所以农业的技术变了，许多人的重农思想还未改变。便在欧美，现在也还有人提倡归农运动。他们以为人口集中于都市是一件危险的事，最好一部分人还是回去种田。他们不知农业机器的采用，乡间已没有他们的地位了，只有都市中还有谋生的机会，所以他们到都市中来。解决他们的问题，不是劝他们回去，而是在都市中替他们找一条生路。

　　农业革命的第二方面，便是科学知识的应用，最显著的，便是利用化学知识以改良土壤，利用生物学知识以选种。中国农夫所采用的，虽然是集约耕种方法，但每亩的出产量远不如人，便是因为中国的农夫没有经过科学洗礼。今以小麦及玉米的生产量为例。小麦在英国每英亩可产 32.9 蒲式耳，在德国可产 27.3 蒲式耳，在丹麦可产 41.0 蒲式耳，但在中国只能产 10.8 蒲式耳，比起生产量最多的丹麦来，只有 1/4。玉米在美国每英亩可产 27.8 蒲式耳，在西班牙可产 24.0 蒲式耳，而在中国只能产 11.7 蒲式耳，比较美国，还不到 1/2。② 所以耕种及选种的方法改良，可以不加增耕地而加增生产。以前如想加增农业的生产，非多辟耕地不可，多辟耕地，便是对于农民的需要加增，所以古代农产品的加增与农民的加增成正比例。现在一个利用科学知识的农民，可以不扩充他的农场，不加增他的雇工，便可加增他的生产，所以生产的加增并不

---

　　①　关于美国人口、农民及农产品在过去 20 年之加减情形，可阅下表：

| 年份 | 人口（千人） | 农民数目（千人） | 农产价值（千元） |
| --- | --- | --- | --- |
| 1910 | 91 972.2 | 12 659.1 | 8 498 311.4 |
| 1920 | 105 710.6 | 10 953.1 | 21 425 623.6 |
| 1930 | 123 630.0 | 10 752.4 | |

　　②　此处统计，除丹麦外，余均见 R. H. Tawney 所著的 *A Memorandum on Agriculture and Industry in China* 第 37 页至 38 页。丹麦统计，见 Ainsworth-Davis 所著的 *Crops and Fruits* 第 34 页。该书引 1920 年统计，谓英国小麦每英亩只产 28.8 蒲式耳，其余国家每英亩的产量如下：荷兰（38.0）、比利时（33.6）、新西兰（31.2）、瑞士（30.2）、瑞典（29.2）、美国（13.6）、澳大利亚（16.1）、加拿大（14.4）。中国每英亩的产量在各国中算是最低的。美国因为行大农场及粗耕制，所以每英亩的收获较欧洲各国为低。但是每人的收获量，美国的农民平均较任何国家为高，这是大农场的结果。

与农民的加增成正比例。不但在耕种方面加增生产不必多添工人，就在畜牧方面，也有同样的情形。美国近年来育种学的进步，真是一日千里。他们改良畜种，可以做到不增加家畜数目而加增家畜产品的地步。如以 1917 年至 1921 年的五年与 1922 年至 1926 年的五年相比，美国的乳牛在后五年比前五年只加增了 4%，但牛乳的产量却加增了 22%。食用牛在后五年比前五年减少了 8%，但牛肉却加增了 9%。猪的数目，前后两期相差无几，但猪肉及猪油在后期却加增了 25%。[①] 这种统计，表示从事畜牧的人可以不变或减少，但畜产品还可加增。所以农业（畜牧业包括在内）的科学化，可以使乡村中容纳人口的力量停滞或减少，但农村中的人口，依旧是猛烈地加增，这些过剩的人口，只有向都市去。

美国农业的机器化、科学化，不但使本国的农民减少，也使都市的人口加增。它的势力伸张出去，使别的地方，特别是欧洲东部的国家，受其影响，也走到都市化的路上去。这种变动，我们须从美国的农产品生产过剩说起。美国从事于农业的人，近来虽然不到全体有业的人的 1/4，但他们的出产品，在本国还消费不完。这些过剩的农产品，只有往国外的市场推销。美国的农业专家贝克耳曾说过：

> 美国与加拿大的 700 万农夫（9/10 在美国，1/10 在加拿大）靠比他们的数目要少得多的雇工——总数不过占全世界农夫及农工的 4%——帮助，生产了世界上 70% 的玉米，60% 的棉花，50% 的烟草，40% 的雀麦及干草，30% 的糖（假如把古巴、檀香山、泡多利科的生产也算入），25% 的小麦及亚麻子，10% 的番薯，6% 的裸麦，但是不到 1% 的米。假如把美国所生产的谷类总合起来，大约占全世界所生产的谷类总量的 1/4，如把加拿大所产的也加入，便占全世界产量的 30% 了。[②]

但是美国与加拿大的人口只占世界上人口的 1/15，当然消费不了世界上农产物的 1/3，所以这些剩余的农产物便销售于外国。同时南美及澳大利亚等处，也因农业机器化及科学化，有过剩的农产品出售。这些农产品的最大市场，便是欧洲。欧洲的农民，特别是东部的，因为生产方法落后，其出产品便不能与美国等相竞争，结果只好弃农业，加入都市。那些站得住的农夫，竞争而仍能生存的农夫，对于生产方法，都经过一番改造。改造的结果，当然是对于农民的需要减少，利用机器及科学知识的地方加

---

① 见 1929 年 *Harris Foundation Lectures* 第 263 页至 264 页。
② 同上书第 276 页至 277 页。贝克耳的论文，题为 "The Trend of Agricultural Production in North America and Its Relations to Europe and Asia"，收入该演说集第 211 页至 280 页。

多。因此在乡村中失业的人民，只好往都市中去。所以新大陆的农业革命，不但使新
大陆的国家都市化，同时也使欧洲好些国家不得不走上都市化之路。[①]

以上所述，偏重于美国的情形。英国的农业革命，在美国之前。从我们的眼光看
来，英国的农业革命，最可注意之点，不在它的生产方法的改良，而在田制的改变。
此种田制的改变，在英国史中，称为"圈地运动"（Enclosure）。英国的圈地运动，最
重要的共有两次，一次起于 15 世纪，一次起于 18 世纪。[②] 在 18 世纪以前，英国的可
耕地，有一半已经圈起。从 1700 年至 1845 年，被圈之地，约有 1 400 万英亩。第二次
的圈地，于农村人口影响最大，所以我们格外对它注意。圈地的职务，在将一村的土
地重行分配。圈地的目的，在集合小农场而成为一大农场。英国一个村中的土地，在
没有圈起之前，共分数种。第一种是耕地，其大小不等，但一个农夫或佃户的耕地，
每每分散在各处，并非集于一起的，所以耕种的时候很不方便。第二种是草地，第三
种是牧场，第四种是林地。后三种土地是公有的，凡是村中的人，都可利用它们。假
如一个村子的人，认为农场的分散是一件不经济的事，便可请求国会通过一个特许他
们圈地的法律，他们便可将村中的土地重行分配。譬如一个农夫在圈地之前，有三块
分散在各处的耕地，圈地之后，便可得一整块的耕地，面积与三块分散的相等。在那
整块的耕地四围，他可筑起篱笆来，因此大家都称这种运动为"圈地"。不但耕地可
圈，便是草地与牧场，也可经多数之同意而分派，而由各人圈起。

在圈地的过程中，大地主每得到很多的利益，而小地主却处处吃亏。在分派土地
的时候，有时小地主得不到土地，只得到一些金钱作为赔偿。有时在分派之后，小地
主以生计艰难，只好将土地出卖。他生计艰难的原因，就是在圈地之前，他可充分地
利用公地养猪养羊，以畜牧的所得来补充他的收入；圈地之后，这点好处他是得不到
了，所以他的进款便见减少。同时因为都市中工业发达，他的家庭工业也不能维持，
所以这些在乡村中站不住的人，只好加入都市。我们应当记得，英国第二次的圈地运
动与工业革命是同时的。圈地的结果产生出一批无产农民，同时工业革命的结果是工
厂勃兴，需要许多的劳动者。于是乡村中的农民，便入都市为劳工了。这些无产的农
民既然加入都市，留在乡村中的，多是大地主，他们的农场大、资本充足，改良的计
划易于举行，以后英国的农业进步可以说是圈地运动间接造成的。

---

① Sorokin, P. A. and Zimmerman, C. C., *Principles of Rural-Urban Sociology*, pp. 537 - 538.
② 关于圈地运动的历史，可看：Gras, N. C. B., *A History of Agriculture in Europe and America*, Ch. 7；
Cheyney, E. P., *An Introduction to the Industrial and Social History of England*, pp. 120 - 125, 185 - 188；Chapin,
F. S., *An Historical Introduction to Social Economy*, Ch. 14。

美国在农业革命的过程中并无圈地的必要。一因美国是新辟的土地，占据一个大农场是很容易的事，二因各州及联邦政府的法律都给农夫以获得大农场的方便。只有在大农场上，才可用最经济的生产方法，便是用人少而收获多的方法。中国的农业已有数千年的历史，因为人口繁殖，每个农场是很小的，平均只在 25 亩，比 25 亩还小的农场也很多。在这种农场上，绝不能采用机器的方法生产，而且农民因为进款低下，无受教育的机会，所以也不能利用科学知识去加增生产。在这种情形之下，扩大农场，乃是最要的办法。农场扩大之后，农业的技术可以改良，以少数人的生产就可解决多数人的衣食问题，如美国一样。同时因为农业已经改良，所以农村中过剩的人口加入都市，也绝不会有古人"一夫不耕或受之饥"的恐慌。但是如何可以扩大农场呢？吾国的历史与英国不同，当然不能直接抄他们的圈地办法。但是他们的经验，也有可给我们参考之处。如吾国人的农场，有从他的祖宗遗传而来的，有由自己购置的。农场小，而且分散各处，圈地的办法不是集合小农场成为一个较大农场的一条可行之路吗？此外如苏联之集合农场制度，也有可以采取之处。苏联近年的农业革命，不但是生产技术的革命，也是田制的革命。[①] 中国在这两方面，也是需要改良的。只有这两点都做到了，然后都市化才有好的结果，否则都市化无新式农业做基础，一定要发生饥荒的问题。我们认清楚这一点，所以敢说近代欧美的都市化，农业革命是一个主要的原因。

## （二）

都市化的第二个重要原因，便是工业革命。我们如想知道工业革命何以促成都市化，不可不知工业革命以前的工业状况。英国在工业革命以前，工业的组织经过两个时期。第一个时期，可称为"手工工业时期"，第二个时期，可称为"家庭工业时期"。在手工工业制度之下，工业的单位是很简单的，一个老板，一个或数个伙计，一个或几个徒弟，合拢起来，便可从事于制造的工作。制造品的原料，制造的工具及地点，制造时所需之劳力及管理，制造品成功后的出售，一切都由这个小单位负责经营。老板与伙计共同操作，感情是很好的，并没有近来资本家与劳动者中间所有的隔膜。手

---

① 关于苏联五年计划中的农业改革，可看 Chamberlin, W. H., *Soviet Russia: A Living Record and a History*; Burus, E., *Russia's Productive System*; Farbman, M., *Russia's 5-Year Plan*。

工工业如何转变为家庭工业，我们暂不必管。所要注意的，就是在家庭工业制度之下，制造的步骤不完全在生产者的手中了。起初有一些商人，对于市场很有研究，出来担任销售的工作。家庭工业的产品不必由生产者自己去找市场，制成后便有商人来收，从商人那儿便可得到售价。后来商人不但收买已经制成的货品，还要在各家庭中订货，在订货的时候，他可以供给原料。工业演化到这个阶级，生产者对于制造所必需的手续，已经不能完全担任了。他所担任的，只是制造的工具及地点，以及制造时所需的劳力及管理。①

中国今日，正在工业革命的初期，大都市中已可以看到工厂工业，但乡村及市镇中，还留着手工工业及家庭工业的痕迹。中国各市镇中的手艺店，便是手工工业的代表。这种手艺店，在都市中也还找得到。譬如

> 南京铜匠店、铁匠店、锡匠店、盆桶店、竹货店、棕床店等业，本地皆谓手艺店。此等店之老板，即为各该店之主要工人。其店之生意少者，店中或仅有店主及学徒一二人。生意甚盛稍有资本之手艺店，则有伙友三四人至八九人。此种伙友在做工上为完全工人，不过手艺店之伙友，须兼代店主卖货。②

家庭工业，在吾国各地也很发达，今以江苏省常熟之放机制为例。

> 所谓放机者，乃将布机放与工人之家。例如布厂以布机一百架，招女工一百人，具保将厂中之布机领去，而置之自己家中，随时织布，随时交货。故当地之布厂有采放机制者，仅一小事务所已足办理，并无厂屋，亦不见布机。如工人停止工作，不愿继续时，该项布机须交还原主。在工人请领布机时，一切原料均由布厂供给，并由厂家发给凭折一扣，借此可以取原料、计工资焉。是项收支，月给一次。厂内支取之纱，重量须与交还之布匹相符合，如有短少，须在工资内扣除。③

家庭工业，当然不限于织布。我们再举一个别的例子。

> 家庭工业，普通系由一家家属制作一种商品。有时家主受雇于工厂或工场，其妻室子女则在家中工作，如织制花边发网及编织物之类。家庭工业之做工人数，当然不多，但戚友时或加入，而使家庭不啻成为一小工场。家庭工业之工作，有

---

① 工业革命前英国的工业组织，见 Chapin, F. S., *op. cit.*, Chs. 10 - 12; Hobson, J. A., *The Evolution of Modern Capitalism*, Ch. 3。

② 《中外经济周刊》二二六期《南京各种工商业之调查》。

③ 《中外经济周刊》二一四期《常熟之经济状况》。

由承揽而得者，有自行办理者。承揽之工作，系由工厂或经纪商，将原料发给工人，令在家中依式制造，造成时向该厂或该商领取工资。例如装储火柴之盒，通常由火柴厂将材料发给工人，在家糊制，制成后交厂换领工资。此种办法，于无须监视之工作，颇为相宜。自行办理之工作，由工人自备资本及材料，从事制造，物品出产后，自赴市场或沿街出售，或售予批发商人。沿街叫卖之玩物及其他简单物品，即属此类。[①]

这些都是中国现在的情形，但是我们读到这些记载，便如读英国 18 世纪以前的历史一样。这些手工工业及家庭工业，在英国 18 世纪以前，也曾盛极一时，但现在却都消灭了。中国这些手工工业及家庭工业将来恐也难免步英国历史的后尘。我们现在所要讨论的，便是工业革命之后，为何手工工业及家庭工业便难于立足，手工工业和家庭工业的衰微，以及工厂工业的勃兴，又与都市化有何关系。

工业革命所以能打倒手工工业及家庭工业，乃是因为工厂的出品较旧式工业的出品，价钱要便宜得多。陈令（E. P. Cheyney）告诉我们，机器纺出来的纱，比手工纺出来的纱价廉物美。在 1786 年，某种重量的棉纱，售价要 38 先令；10 年之后，到 1796 年，只售 19 先令；1806 年，便跌至 7 先令 2 便士；一直到 1832 年，价钱只有 3 先令了。跌价的原因，一部分是棉花价钱下降，但最要的原因，是机器纺纱花费较少。织布方面，情形与此相似。手工织布的人，在 1800 年，一星期要拿 25 先令；1810 年，只拿 19 先令 6 便士；1830 年，只能拿 5 先令 6 便士了。别种手工业的人，遭遇到同样的结果。对于这种减少工资的抵抗，完全是无用的。手工与机器不能竞争，旧式工业中人的出路，只有放弃旧的，加入新的工业中去。[②] 新式工业的出品所以便宜，因为新式工业的生产方法是大规模的生产方法，所以也是最经济的生产方法。大规模生产的经济，据维白所说，共有五点。第一是动力及工厂设备的经济。建筑一个大工厂，比建筑两个小工厂要便宜得多。第二是机器的经济。近代的工业，可以说是机器的生产，但是机器越来越复杂，花费越来越高。机器的改良及发明，是日日常有的事，只有大规模的生产者资本雄厚，可以利用这些改良及发明，在竞争上立于不败之地。第三是工资的经济。大规模的生产，分工可以分得很细，粗工细工，都用得着。只有在这种大工厂里，才用得着有特别才干的人，小工厂中的工作，不够维持一个出类拔萃的人才。而且也只有在大工厂里，方可以请一些专家研究工业的各方面，以为改良

---

① 《中外经济周刊》二二八期《国内工业发展之状况》。

② Cheyney, E. P., *op. cit.*, p. 189.

的预备。第四是副产物利用的经济。副产物有好些须有大量才可利用，小量的副产物只有抛弃。中国的屠场中遗弃的东西甚多，但在支加哥的大屠场中，据他们的经理说，所有猪牛羊身上的东西，只有它们在宰割前的一声哀鸣是用不着的，其余的一切都可以利用。这便是大规模的工业充分利用副产物的一个好例。第五是买卖的经济。大规模的生产者有雄厚的资本为其后盾，所以购买原料可以在最便宜的市场中举行，而且因为他们是大宗地进货，价钱比别人还要上算。制造成功的货物，也可堆存起来，等待善价而沽。简单的一句话，他们大规模地生产，每件货物的成本已较轻，而且他们还取薄利多卖主义，小规模的手工业者自然不能与之竞争而被淘汰了。[①]

我们已经明了工厂工业何以战胜旧式工业，便可进而讨论工厂工业与都市化的关系。新式的工业，为什么要集中于都市呢？这是由好几种原因造成的。第一，都市的交通方便，所以一种工业如需要各色的原料，而这种原料不是一个地方所能供给的，那么在都市收集这种原料最为方便。第二，近代的工业是大规模的生产，已如上述。大规模的生产，便要大规模的市场。都市人口众多，便是消费制造品的好市场，而且都市与他处都有运输上的联络，制造品由都市运至各处，可以畅行无阻。第三，工厂需要各色的工人甚多，乡村中只能供给少数的工人，如需要很多的工人，便须求之于都市，因为都市是各地过剩人口的集中点。第四，都市的金融组织较为完备，制造者建筑工厂、收买原料、购办机器、发给工资，处处都要金钱，在都市中举办工业，金钱的通融较为顺便。有此四利，所以设立工厂的人，多选地点于都市。不过最近一部分的工业，又有由都市外移的趋势，其原因大约也有四项。第一，都市的生活费高，所以工资也较高。第二，都市中工人组织严密，工潮难于驾驭。第三，都市中的公共事业发达，所以租税较重。第四，都市中地皮的需要甚大，故地租甚昂。这四种元素，都可以使制造的成本加高，因而制造家每想将工业由都市外移。[②] 可是那些已经移出的工业，其新选的地点，每每离都市甚近，以便可以利用都市所能给予的好处，同时还可避免在都市中所受的害处。这些工厂的所在地，每每成为工业小镇，环绕于都市的四围，像许多行星环绕着一颗恒星一样。虽然如此，有许多工业还是离不开都市，像英之伦敦、美之纽约，至今还是工业的中心。这些都市之所以膨胀，工业要负一大部分责任。

在各种工业之中，哪种工业离不开都市，又有哪种工业可由都市外移或者从来未

---

① Weber, A. F., *op. cit.*, pp. 193 - 195.

② Gras, N. S. B., *An Introduction to Economic History*, pp. 213 - 214.

入都市呢？关于这个问题，我们只能加以简单的讨论。[①] 先说那不能在都市中建设的工业。第一种是原料的重量与制造品的重量相差甚大的。这种工业如设立于都市中，势必花很大的运费，把原料运至都市。但这些原料大部分是废物，运往都市，不但花钱，而且处置这些废物，在都市中也是一个困难问题。炼铜工业便属于这一类。100吨的矿石只能炼出 1 吨纯铜，所以炼铜工作，每在铜矿附近举行，没有将矿石运往都市中的。第二种不能在都市中建设的工业便是原料容易败坏的货物。譬如制造粗糖，所需的原料便是甘蔗。但是甘蔗割下来之后，如在 24 小时以内不将糖汁榨出，便容易腐败。所以制造粗糖，非在原料出产地点举行不可。粗糖是不容易坏的，所以从粗糖炼成精糖的工作，便可在都市中举行。如纽约虽然不制粗糖，但今日还是提炼精糖工业的中心。

再谈那从都市外移的工业。这种工业，有好几种特点。第一，它需要大块的土地，在都市中占据大块土地极不经济。第二，在制造的过程中，它需要大量的燃料及水，都市中对于此两物的供给取价较昂。第三，它的废物处置是一个严重的问题，在都市中比较难于解决。第四，制造品无时间性，搁置几天或几个月，不成问题。第五，这种工业，每具令人讨厌的特征，如大声、怪味，或富于危险性，设立于都市人口众多的地方，每易引起他人的非议。

但是我们最要注意的，还是那些离不开都市的工业，因为只有这些工业，是使都市的人口加增的。这些工业也有好几种特点。第一，这种制造品是有时间性的，过了一定的时间便失其效用。最好的例子，便是新闻纸的印刷。新闻纸假如移到市外去印刷，送回都市来销售，所有的新闻便都成为明日黄花了。第二，这种制造品的重量或所占的面积，因为在制造的过程中，加了许多的水或空气，每比原料的重量加增，或占面积较广。这种制造品，当然要在消费最大的都市中制造，以节运费。最好的例，便是面包、箱盒以及化学品中的硫酸等。第三，这种制造品带有时髦性质，在市外制造也许不合时式，如妇女的衣服便是一个好例。第四，这种制造品需要技术高深的工人，在都市中，这种工人的供给可以不成问题，移出市外，便招集不到相当的工人了。如制造仪器、制造珠宝等工业，属于此类。第五，凡是季节性的工业，在某一季需要工人甚多，而在另一季则不需许多工人的，只有在都市中设立，才可以解决它的工人

---

① 工业应当设在什么地方，近来经济学者讨论的很多。W. Krzyzanowski 对此曾有一结账式的报告，文章的题目是 "Review of the Literature of the Location of Industries"，*The Journal of Political Economy*，Vol. 35，No. 2（April，1927），pp. 278 - 291。后来 R. M. Haig 研究纽约工业的历史，对于这个问题的理论也有贡献，见 "Major Economic Factors in Metropolitan Growth and Arrangement"，*Regional Survey of New York and Its Environs*，Vol. I。

问题。如印刷贺年片、制造冰淇淋等工业，属于此类。最后还有一些工业，并无设立于都市中的必要，当初也许是设立在都市的边际，但是后来都市膨胀，以前的边际成为都市的中心，原来设立在此的工业本想搬家，可是搬动的花费太大，因而逗留于都市中。支加哥的屠宰工业，便是一例。以上这些工业的总和，在工业的全体中便是一个重要的位置。这些工业既然非在都市中不可，于是便为都市加上很多的引诱力了。所以乡村中的旧式工业衰败，都市中的新式工业崛起，乃是造成人口离开乡村加入都市的第二个重大原因。

这些经过工业革命的国家，不但摧残了本国的旧式工业，使本国的人口都市化，它们的影响远达到别的国家，使别的国家也起重大的变化。新式的工业既是大规模的工业，所以它的市场并不限于本国，连别国也包括在内。它们将用机器制造出来的货送到别国的国境内，于是别国的土货也经不起压迫而衰落了。中国土布的消沉便是一例。别种土货，只要是用旧法制造出来的，迟早都要遭遇相同的命运。旧式的制造品既不能行销，于是靠此为生的人非改行不可。乡间既无他们的机会，只有往都市去。所以美国、英国的工业革命，间接也促成中国的都市化，正如新大陆的农业革命间接促成东欧各国的都市化一样。但是英美各国，因为有新工业代替旧工业而兴，所以在旧工业中绝了生路的人，可以投入都市的新工业中谋生。可是摧残中国旧工业的势力，并非来自上海，也非来自天津，乃是来自伦敦，来自纽约，或来自横滨与大阪，所以中国在旧工业中失了位置的人，虽然跑到都市中去，但是都市中的新兴工业还在幼稚时期，不能收纳乡村中投往都市的人口。因此，造成中国今日乡村与都市的普遍失业现象。假如工业的先进国肯容纳中国的过剩人口，未非中国人民的一条出路。可是这些国家，早就不肯容纳华工了。[①] 解决这种困难的方法，只有努力工业化，使中国的新兴工业来吸收以前靠旧式工业谋生的人，然后以新工业的出产品来抵制外国制造品的侵略。所以中国的都市化，如建筑在新工业的基础之上的，真是解决中国经济破产问题的一剂起死回生的妙药。

## （三）

都市化的第三个重要原因，便是商业的发展。商业的出现是很早的，它是分工合

---

① 各国对付华工的法律，可阅拙著《中国海外移民鸟瞰》，载于世界书局印行的《中国人口问题》第 115 页至 142 页。

作的自然结果，但是世界贸易的总值如用金钱表示出来，近代要比以前加增许多倍。便拿最近几十年的变迁来说，在 1874 年至 1875 年，全世界贸易的总值不过 27 亿镑；1895 年，加至 25 亿镑\*；1913 年，加至 83 亿镑；1927 年，便有 129 亿镑了。[①] 商业的发展，又可从商人阶级的膨胀看出。在原始时代，虽然也有交易发生，但当时的交易都是生产者与生产者直接交易，并不假手于中间人。商人阶级，据格拉斯教授告诉我们，是到市镇经济出现时才发生。由市镇经济转变为都市经济，商人的需要加增，所以商人的数目也比以前加多了。[②] 美国在 1820 年，在商业与交通业中谋生的人，合起来不过占全体有职业者的 2.5%，可是 100 年之后，便是 1920 年，已由 2.5%加至 24.9%了。英国在商业与交通业中谋生的人有 22.4%，澳大利亚有 24.5%，德国有 16.5%，法国有 15.8%。那些都市化程度较低的国家，国人在这种职业中谋生的便较少，如印度人在商业与交通业中的只有 6.9%，保加利亚只有 4%，苏联只有 3.7%。[③] 商人的地位，在都市中尤为重要。试以纽约 1920 年的统计为例。1920 年，纽约有职业的人在 253 万左右。其中以在工业中谋生的为最多，占全体的 37.6%，商业次之，占全体的 31.4%。假如商业加上交通业，便占全体的 40.9%了。[④]

我们现在先要问为什么近代的商业较以前为发达，然后再问为什么商业要集中于都市。近代商业的发达，其最要紧的关键，便是交通业的进步。近代的交通，如与以前的比较，有两点是大不同的。第一，近代的交通速度比以前为快。关于此点，哈特（Hornell Hart）教授曾给我们一些很好的统计。他说，在新石器时代以前，人类还没有知道利用马的时候，最速的交通工具，还是人类自己的两条腿。世界上一英里赛跑的纪录，是 4 分钟零 10.4 秒。依照这种速度，人类每点钟可跑 14.6 英里。但步行最速的记录，一点钟不过 9.4 英里。所以在新石器时代以前，交通的速度，每点钟不过自 5 英里至 15 英里。自从马类成为家畜之后，交通大有进步。根据 1922 年的记录，马在疾驰的时候，一点钟可行 30.9 英里，但如飞奔，一点钟便可行 37.8 英里。自从新石器时代起，至 1825 年火车的实用为止，马的速度，没有一样东西可以超过。1825 年，火车初用的时候，一点钟不过行 15 英里，但是四年之后，火车的速度已经达到一点钟 44 英里，超过骏马的速度了。此后火车的速度还有进步，20 世纪开始的时候，

---

　\*　数字疑误，此处保持原貌。——编者注

　①　Overton, A. E., "Trade: World Statistics", *Encyclopaedia Britainica*, 14th Edition.

　②　Gras, N. S. B., *op. cit.*, Chs. 4 - 5.

　③　Thompson, W. S., *op, cit.*, p. 275.

　④　Adams, T., Lewis, H. M., and McCrosky, T. T., "Population, Land Values and Government", *Regional Survey of New York and Its Environs*, Vol. Ⅱ, p. 101.

已经达到一点钟走 120 英里的成绩了。这个纪录，后来又给汽车所打破。汽车在 1895年初的时候，一点钟不过走 14.7 英里，与 1825 年的火车速度相仿佛。但是它的进步很快，1910 年，便已超过火车的速度，一点钟走 131 英里。1931 年的速度，是一点钟245 英里。但是最快的汽车，还不如最快的飞机。飞机是 20 世纪的产品，在 1905 年，速度只有一点钟 33 英里。1929 年，一点钟已能行 358 英里。它的前程，还是未可限量。据专家的估计，将来飞机的速度，也许一点钟可行 500 至 1 000 英里呢。[①]

交通速度的加增，使商业也起了革命。以前的交易只限于易于保存的货物，现在交通便利，所以那些容易腐败的货物，如菜蔬，如水果，如鲜花，如兽肉，也可以做交易的对象了。贮藏方法的改良，使这些容易腐败的货物，更可以从容地流入市场。近代商业的发展，这些货物的加入要负一部分责任。

近代的交通还有一个特点，便是运价较以前为廉。关于此点，我们也可以举一些统计来证明。从前中国铁道部的顾问贝克耳曾替我们算过：

> 中国的铁路，在军人没有干涉路政之前，取价是很廉的，每运 1 吨货物行 1启罗米突，只要 1 分 5 厘钱。当然，如运比较贵重的东西，价目是要高些，但运不很值钱的东西，价目还要便宜。在有些路线上，运某种货物，只要 5 厘钱，便可运 1 吨，行 1 启罗米突。假如用担夫运，或者用大车运，价目每看天气的好坏，路的平坦与否及路上危险性之大小，而有高下之不同。大约运 1 吨货物行 1 启罗米突，运价总在 1 角 5 分至 5 角之间。平均起来，我们敢说大车的运费，高于火车约 10 倍；担夫的运费，高于火车约 20 倍至 30 倍。[②]

瓦克（G. M. Walker）对于这个问题，也有类似的见解，他说：

> 中国一个挑担的，挑 80 磅的东西，一天可走 25 英里，工资是 1 角大洋。照这种价目计算，运 1 吨货物行 1 英里，要 1 角 1 分钱。两个人用一架江北车，可以载重 350 磅至 400 磅，一天走 18 英里至 20 英里。他们的工资，是 2 角 6 分。计算起来，运 1 吨货物行 1 英里，需洋 8 分。骆驼或者别种驮货的兽，运价也许要便宜一点。我们可以拿这种情形，来与美国的运价比较一下。美国的大铁路公司，譬如圣保罗铁路，运货 1 吨行 1 英里，平均只取费 6.5 厘。纽约线与本薛维尼亚线，运货 1 吨行 1 英里，只要 6 厘钱。美国铁路的平均运费，运 1 吨货物行 1

① Hart，H.，*The Technique of Social Progress*，pp. 75 - 77.
② Baker，J. E.，"Transportation in China"，*Annals*，Vol. 152 (Nov.，1930)，p. 165.

英里，约在 1 分以下，有些铁路，运价还不到 3 厘。[①]

机械运输与筋肉运输，代价的一贵一贱，于此可见。在筋肉运输的时代，因为运价太昂，所以交易的商品，特别是要运往远地的商品，一定具有一种特性，便是占的面积小，物轻而价昂。笨重的东西不能运往别处出售，因为这种货物加上运费，没有人可以买得起。在现在这种机械运输的时代便不同了，运价既然这样便宜，所以笨重的货物，如五谷，如煤铁，也都成为国际贸易的商品了。近代商业的发展，这些货物的大量加入，也要负一大部分责任。

交通的速度加增及运费减低，不但使以前不大成为商品的东西，现在也成为商品了，同时还使这些交通方便的地方，分工合作的程度加增。在许多农业的社会里，因为通行的是筋肉运输，所以一个村子的人，对于日用的一切货物，大部分都由自己供给，小部分才由市场中购买。譬如一个农夫，他所种植的东西样色是很多的，以满足他各方面的需要。他种玉米，同时也种小麦，他种豆，同时也种菜籽。他不能只种小米，同时向他人购进小麦。因为他的玉米假如挑到四五十英里以外出售，运价加到货价上面，便没有人买得起那样贵的玉米。同时他与其向几十英里以外的人买小麦，不如还是自己种较为便宜。在这种情形之下，大部分的分工，都是由于地理环境不同而起的分工。分工合作的范围，也比较狭窄，只有住在几十里之内的人，才可收分工合作之效。在机械运输之下，情形便大不然了。因为交通的方便，所以分工的程度越趋越细。种小米的人，可以不种小麦，种菜蔬的人，可以不种豆子。他可以把自己的盈余售出，以所得的钱来买别人的盈余。这样，他可以专攻一业，在精力上最为经济。可是货物流通的数量，也因分工细密而加增了。近代商业的发展，这又是一个原因。[②]

我们已经知道近代商业发展的原因了。但是我们还要进一步再问，为什么这些商业要集中于都市？在都市没有发达之前，无论哪一个国家，不是都有许多市镇么？这些商业为什么不分散于许多市镇中，而要集中于少数都市呢？市镇经济为什么要转变为都市经济呢？理由是很多的，但我们可以提出下列数点。第一，商业集中于都市，从堆存货物的立场看去，是很经济的。现在的人，对于货物有三种需要，便是质要好，量要多，样色要有变化。把这些货物分布于各个市镇中，需要的堆栈是很多的，堆栈的建筑费及保存费，加起来一定大有可观。但是把这些货物堆存于都市中，便不必建筑许多小堆栈，只要建筑少数的大堆栈，雇用少数的看管人便行了。这是第一层经济。

①　Walker，G. M.，*The Measure of Civilization*，p. 56.

②　关于交通与商业的关系，本文多采顾勒教授之说，顾勒教授的意见，发表于"The Theory of Transporation"一文中，该文现收入 Cooley，C. H.，*Sociological Theory and Social Research*，pp. 17 - 118。

第二，假如各项商业都分在市镇中举行，那么，铁路、汽车路、运河等等交通的组织，一定要采取棋盘式。反是，假如集中于都市，交通的组织便可采蛛网式。从工程一方面看来，自然是蛛网式较为经济。第三，假如商业分散于市镇中，那么剩余的资本也一定是分散于各市镇中。这些资本，分开便没有什么很大的用处，但如聚于一大都市中，成一巨数，便有很多的用处了。这是从经济方面着想，论商业何以要集中于都市。① 此外我们从地理方面着想，便可看出近代商业的举行，一定要在一个环境适宜的地点，而这种环境适宜的地点并不很多。譬如近代的国际贸易，多以轮船为媒介。大轮船的行驶，有时需要 40 尺深的港道，而这种港道并非沿海岸都可找到。在美国的东部，只有纽约够得上这个资格。所以欧洲与美国的贸易，不得不假道纽约。又如美国中部的货物运往国外出售，在铁路没有发明之先，水运自然较陆运为廉。只有纽约有一天然的赫得孙河，与人工造成的伊利运河相连，由伊利运河通大湖，再由大湖通美国的中部，有一条不断的水道。别个沿大西洋的都市，未尝不想造一条运河，使内地与它们自己的海港相连，但是中间有一座大山为阻，沿山找不到一个适当的溪谷把运河穿过去。因此美国内地的货物，多由纽约出口。商业集中纽约，真是环境逼之使然。② 中国的上海，处境与纽约相似。外国来的轮船所运的货物，如行销于扬子江流域，非在上海卸货不可。因为中国的中部海岸，只有上海的港道可以容得下较大的轮船，别处都没有 30 尺深的港道。而且在上海卸货，便可换长江轮船，运往扬子江各埠。假如在宁波、杭州等处卸货，便没有这样的方便了。所以上海的繁盛，是有它的地理背景的。扬子江流域的国际贸易，真有非集中于上海不可之势。别处即使有与上海争雄的志愿，但因天生没有适当的地理环境，只好对上海甘拜下风了。

我们既已知道近代商业的发展使商人加多，而商人及商业又多集中于都市，便可以说近代的商业发展是都市化的第三个重要原因了。

## （四）

以上提到的三种原因，农业的改良，工业的革命，商业的发展，乃是近代都市化的主要原因。此外次要的原因还多，如政治的原因、文化的原因、娱乐的原因等。我

---

① Gras，N. S. B.，*op. cit.*，pp. 204 - 205.
② Smith，J. R.，*North America*，pp. 21 - 131.

们只需把它们提出来，不必细细讨论。

最后，假如我们由这次讨论得到一个教训，那便是：一个国家里面，乡村与都市的人口分配，一定要有一个适当的比例，然后国家可以富强，人民的生活程度可以提高。这个适当的比例，是不容易定的，我们都要承认。但如以中国与欧洲各国相比较，中国乡村的人口太多，而都市的人口太少，乃是不能否认的事。中国的穷，中国人的贫与弱，这种不合适的人口分配，要负一大部分的责任。中国今日，需要更深的都市化，乃是想提高中国生活程度的人所一致承认的。如欲达到此点，并无别条新奇的路，只有步先进国的后尘，改良我国的农业，提倡新式的工业，发展机械的运输，供给贸易的便利，行之数十年，中国自然也有像德国或美国那样都市化的一日。

（载《清华学报》第 8 卷第 2 期，1933 年）

# 近代工人生活的保障 *

　　自从工业革命以来，各国都有多少轰轰烈烈的劳工运动。这种运动的目标，简单说来，只有一个，便是求工人生活的安全。工人在近代社会里，谋生的方法只有一途，便是出售他们的劳力。他们要靠自己不断地工作，不断地努力，才可以维持他们自己的生活，维持他们家庭的生活。但是不断地工作，虽然是工人所希望的，可是很难达到。第一，假如市面不佳，工厂的货物销售不出去，工厂因而停工，工人便要失业。失业的意义，便是没有进款，这时工人的生活，便要发生恐慌了。第二，假如工人有事可做，工厂也需要他，可是工人不能自己保险终年不生病。等到病魔缠身，工人只好睡在床上休养。睡在床上生病，在工人是最不幸的事情，因为在这个时候，不但是没有进款了，还得要出钱请医生，出钱买药。此外，他的妻子并不能因为他生病便不过日子，但是过日子的费用，从何而来？这时工人的生活，又要发生恐慌了。第三，假定工人终年有事做，终年不生病，但现在工厂的环境，多少总带有一点危险性，稍一不慎，机器便会切断工人的手，折断工人的腿，甚至断送了工人的生命。这种不幸的灾难，轻则使工人变成残废，重则使工人不能终其天年。这时，工人或者他的孤儿寡妇的生活，一定要发生恐慌了。第四，假使工人的一生侥幸得很，总有事做，很少生病，避了灾难，但工作到 60 岁或 65 岁的时候，大约没有人再肯雇他了。这时假如他有积蓄，自然不成问题，但很多工人到了这个时候，身边还是不名一文。这时工作的能力已经丧失了，没有资本家再肯用他了，但这位老工人还保存他的残喘，这时教他如何度此残生？

　　以上所举的几种状况，是使工人感觉生活不安的重要元素。在工业革命的初期，

---

　　* 该文第一部分及之前内容、第二部分、第三和第四部分分别刊载于 1933 年《独立评论》第 54 期、第 56 期、第 58 期。——编者注

各国都是靠慈善事业，去应付这些困难。因为工人在以上的几种情形之下，生活不能维持，便由工人变为穷人，穷人只好靠慈善机关来救济。近来各国的政府与社会，从它们的经验中，觉得那种应付的方法是不妥当的。它们都觉得应当从预防方面着手，应当制定一些法律来保障工人，使工人虽然遇到上述的几种不幸境遇，生活也不会发生恐慌，不必去请慈善机关救济。这种保障工人生活的方法，乃是这篇文章所要简单介绍的。先从失业的保障说起。

## （一）失业保险

近来实行失业保险的国家，可以分为两种，一种是由国家强迫保险的，一种是由工人自动保险，国家加以援助的。今根据 1931 年的统计，将此两种国家之被保险工人数目，列表如下：

| 强迫保险的国家 | 被保险工人数目 |
|---|---|
| 澳大利亚 | 137 000 |
| 奥地利 | 1 200 000 |
| 保加利亚 | 287 000 |
| 德国 | 16 738 000 |
| 英国 | 12 100 000 |
| 爱尔兰自由邦 | 284 000 |
| 意大利 | 2 600 000 |
| 波兰 | 1 033 000 |
| 瑞士（九州） | 150 000 |
| 苏联 | 10 000 000 |
| 总计 | 44 529 000 |
| 自动保险的国家 | 被保险工人数目 |
| 比利时 | 628 000 |
| 捷克 | 1 129 000 |
| 丹麦 | 288 000 |
| 芬兰 | 未详 |
| 法国 | 200 000 |
| 荷兰 | 388 000 |
| 挪威 | 43 000 |
| 瑞士（十四州） | 165 000 |
| 总计 | 2 841 000 |

由上表我们可以看出，这两种制度之中，强迫失业保险制度较为盛行，在被保险的工人中，有 93％是在这种制度之下的。但从历史方面看来，自动保险制度较为长远。最初行这种制度的，是比利时的琴特市，所以现在研究失业保险的人，都称这种制度为"琴特制度"（Ghent System）。我们现在可以很简单地把这种制度说一下。1898 年，琴特的市政府组织了一个委员会，包括工人、资本家及经济学者。他们的职务，是要研究出一个办法，来救济市中失业的人。讨论的结果，他们提议由市政府出资补助有失业保险的工会，以及那些未入工会但失业而动用储金的工人。补助金的多少，视两种情形而定：（1）市政府的财政；（2）失业人数的多寡。琴特原有一些工会，加入工会的工人平时便有自动的失业保险，失业之后，便可向工会领取保险金。市政府的补助，每每等于工会给予工人保险金数目的百分之几，但最多不能超过每日 1 佛郎，且补助的时间，不能超过 60 日。未入工会的工人，虽然照章也可向市政府领取补助金，但实行时颇多困难，所以实际获得利益的人，都是已经加入工会的。琴特制度初行时，只有市政府的补助，后来省政府及中央政府也都加入这种事业。到了现在，工人在失业时所领取的保险金，可以说一半是由他们自己平日捐助，一半是由各级政府津贴的。这个制度，起初只行于琴特，后来比利时别处也模仿这种办法，最后别的国家也有采用的。现在各国的施行细则虽然并不一致，但大体是相仿的。这种制度的缺点，至少有二。第一是不普及，有许多工人应该保险的，没有包括进去。第二，这是政府与工人的合作事业，资本家没有尽他应尽的义务。这两种缺点，在强迫保险制之下，都已矫正了。

强迫失业保险的实施，可以拿英国来做一个例子。英国的失业保险法是 1911 年通过的，起初所包括的工人只有 200 万左右，经 1920 年及 1927 年的法律修正后，可以说是把英国应当保险的工人都包括进去了。它的要点，可以分述如下。第一，英国的劳工（农工及仆人除外），年龄在 16 岁以上 65 岁以下，以及那些非卖力的雇员，年俸在 250 镑以下的，都要保险。第二，这些被保险的人，在平日有事可做的时候，都要纳相当的保险费，同时资本家及政府，也要为每一个工人纳相当的保险费。这种保险费，每星期交纳一次。交纳的手续颇为简单，每一工人都有一本失业保险簿，此簿存于雇主处，在每星期发工资的时候，雇主将工人应纳之保险费扣下，易为印花，贴于保险簿中，同时雇主亦将其应纳之保险印花贴于每个工人的保险簿上。此种保险费，在两年之内，如交纳过 30 次，那么在失业时，便可取得保险金。第三，工人在失业时，便将失业保险簿由雇主处取出，转存于国立工人介绍所，这便等于失业的登记。工人介绍所在一星期之内，应为此失业的工人谋一相当职业。假如这件事成功了，自然无话可说。假如不能，那么自第七天起，工人便可领取失业保险金，直至有业时为止。第四，保险金的数目，视被保险工人的年龄、性别及其子女的多少而不同。今将英国工人有业时每星期所纳的保险费及其失业时每星期所得的保险金，照 1927 年的法律，列表如下：

| 所纳保险费类别 | 工人种类 | | | | | | | |
|---|---|---|---|---|---|---|---|---|
| | 男子（21 岁至 65 岁） | 女子（21 岁至 65 岁） | 青年男子（20 岁至 21 岁）（19 岁至 20 岁）（18 岁至 19 岁） | 青年女子（20 岁至 21 岁）（19 岁至 20 岁）（18 岁至 19 岁） | 少年（16 岁至 18 岁） | 少女（16 岁至 18 岁） | 成年依赖者 | 未成年的子女 |
| 雇主每星期所纳保险费（便士） | 8 | 7 | 7 | 6 | 4 | $3\frac{1}{2}$ | | |
| 工人每星期所纳保险费（便士） | 7 | 6 | 6 | 5 | $3\frac{1}{2}$ | 3 | | |
| 政府每星期所纳保险费（便士） | 6 | $4\frac{1}{2}$ | 5 | $3\frac{3}{4}$ | 3 | $2\frac{1}{4}$ | | |
| 每星期保险费总额（便士） | 21 | $17\frac{1}{2}$ | 18 | $14\frac{3}{4}$ | $10\frac{1}{2}$ | $8\frac{3}{4}$ | | |
| 失业工人每星期所得保险金（先令） | 17 | 15 | 14，12，10 | 12，10，8 | 6 | 5 | 7* | 2 |

* 1930 年改为 9 先令。

　　照上面所说的法律，工人在取保险金之前，须在两年内付过 30 次保险费。近来因为有一部分的工人不能满足这个条件，所以定有一种通融办法，便是在两年内付过 8 次保险费的，在失业时也可领取保险金。在保险法实行的前 10 余年，领取保险金的期限是一定的，如每年不能超过若干星期。1924 年工党执政的时候，把这一条法律取消，后来保守党卷土重来，又把时限加入法律中，到 1927 年，又恢复 1924 年的办法，便是失业的人可以领取保险金直至有业。近来英国遭遇空前的失业问题，政府因付失业保险金而负债，1931 年 5 月，已达 82 810 000 余镑。因为如此，所以又有人提议工人得失业保险金须有固定的期限，过期便不再给。这种办法从财政方面看来，当然是一种节流的举动。但从大多数的失业工人方面看来，失业保险金停付，同时如再找不到相当工作，便有饥寒的危险。所以为社会福利着想，原来的法律还是以不改为妙。至于因此而引起政府负债，可以用他种方法解决，在资本家甚多的英国，这并非一件困难的事。

这种失业保险在英国社会中所发生的善果，是很显然的。一个失业的工人，假如没有这种制度，便无金钱的收入，生活上便要发生恐慌。现在，他便找不到职业，也有每星期 17 先令的固定收入。假如他有一个妻子或一个老母亲，他还可多拿 9 先令。假如有子女，每个子女还可多拿 2 先令。所以一个失业的工人，如一家有五口（本人、妻子及三个未成年的子女），每星期便可拿 32 先令。32 先令一星期，在伦敦过日子诚然是困难的，但如自己节省一点，再加上自己平日的些微储蓄，也就可以在贫穷线以上生活，没有冻馁之忧了。

1931 年的 3 月，英国穷人靠公家救济过日子的，有 100 万以上，其中只有 3 万余人是被保险的工人。他们拿了保险费还要公家救济的主要原因，便是家庭太大。但 3 万余人，在英国工人的总数中，是一个极小的数目。失业保险的成绩，由此可见了。

民国二十二年 6 月 1 日

## （二）疾病保险

德国是有疾病统计最早的国家，根据他们的经验，我们可以看出几点重要的事实。

第一，从 1885 年到 1928 年，每年工人中生病的，常在 1/3 至 1/2 之间。

第二，工人因病而不能做工的时间，战前与战后略有不同。1913 年，工人因病而不能做工的时间，平均是 8.65 日。1925 年，平均便增至 12.53 日。战后的状况稍差的原因有三。一因大战中青年死亡很多，所以战后的工人阶级中，老者的成分多些。因为老年人比较容易生病，所以战后工人的平均生病日期也就长些。二因大战期间，男子死亡较多，所以战后的工人阶级中，女子的成分也多些。女子的死亡率虽然比男子低，但生病的次数并不较男子为少，而且每次生病的时日平均较男子为长，此点也可影响德国战后的统计。三因欧洲大战之后，德国的经济状况甚为衰颓，一般人的健康受它的影响，远不能与战前相比。有此三因，所以德国的工人战后便较战前为多病。

第三，上面的统计，说工人因病而不能做工的时间，是把生病的工人与不生病的工人放在一起平均计算的。现在我们可以把那些不生病的工人除开，只看那些生过病的工人，平均每年要损失若干时间。就男工说，1885 年，生病的工人平均损失 14 日，1913 年增至 19 日，1928 年便加至 22.5 日了。女工的成绩，比男工还要坏。1885 年，生病的女工平均也是损失 14 日。1913 年增至 24 日，1928 年便加至 27.1 日了。

美国也有一些疾病统计可以拿来比较。不过美国的统计只限于少数工厂，并不包括劳工的全体。譬如倭海倭州有一个橡皮工厂，雇有工人 16 000 人。根据这个工厂 3 年的统计，女工因病而不能做工的时间平均每年有 12.8 日，男工平均每年计有 8 日。又据波士顿爱迪生电厂 10 年的统计，女工因病而不能做工的时间平均每年为 12.9 日，男工平均每年为 6.9 日。这种情形，与德国战前相仿佛。美国的统计，也是把生病与不生病的工人放在一起算的，如单算生病的工人，那么每年不能做工的时间一定比上面所述的长些。

我们现在可以看看，这些数目字背后所表现的事实是怎样。

一个做工的人，靠他的努力来养活他自己并他的妻子，忽然一天病倒了，而且病势不轻，不是几天就可以好的，在这个时候，这个工人应该怎么办，他又能够怎么办？这时有三个大问题在他的脑中。第一，他自己的医药费从何而来？第二，工资没有了，他将如何维持自己的生活？第三，工资没有了，他又何能维持妻子的生活？

美国是一个没有疾病保险的国家，工人生病，先得自己想法，社会是不来帮助他们的。他们怎样想法，有许多社会学者都去调查过。我们可以拿一位汤先生的故事来为例，因为他生病后的过程，很可以代表一般美国工人的命运。这位汤先生做工若干年之后，忽然得了一样重病。在这种病况之下，为解决上面所述的三个问题起见，他便动用银行中的存款。这点存款，是经过若干年的刻苦才积起来的，一共不过 700 元，不久便用光了。第二步，便是借款。他先以人寿保险单为抵押到银行去借款，后来只好以自己的信用向亲友去借款。各方面都借过了，而病状还无起色。第三步，只好请妻子到外面去做工。最后还逃不了一般穷人的命运，到慈善机关去请求救济。美国的慈善机关，有钱的很多，这位汤先生在 4 年之内得到救济金约 2 000 元。4 年的病，终于把他磨死了，遗下来的妻子，还要靠慈善机关才能维持生计。

这是在美国。但是自从 1883 年德国提倡疾病保险以来，很多的国家都来仿效，至今已有 20 余国是有疾病保险的了。这些国家，大多数在欧洲。欧洲以外的国家，有这种办法的很少。例外大约只有两个，一是日本，1922 年也通过工人疾病保险法；另一国便是南美的智利，在 1924 年，也有同样的制度了。

疾病保险的办法，我们可以英国为例来说明，同时以他国不同的情形来补充。

英国的疾病保险法是 1911 年通过的，以后时有修改。现在，凡是 16 岁以上 65 岁以下的工人，以及那些每年入款不到 250 镑的，都要保险。保险费的交纳，由雇主、工人及政府三方面负责。根据 1911 年的法律，假如工人是男子，每星期须纳保险费 4 便士，雇主替他纳 3 便士，国家替他纳 2 便士。假如工人是女子，每星期须纳 3 便士，雇主与国家替她纳的，与男子相同。关于纳保险费的多少及负责的方面，各国的情形不同。譬如德国的法律，纳保险费一事，只由雇主及工人二方面负责，国家不过给予行政上的帮助。而且所纳的数目，并不是一切的工人都是一律的，工资高的便多纳些，将来生病时所得的好处也多些。这种办法似乎合理，但管理非常麻烦，不如英国的简便。

在英国，工人与雇主所纳的保险费，由雇主征收，交给当地的邮政局，再由邮政局转到中央的保险委员会。中央委员会收到这些款项以后，把它们分作两部分。一部分交给各地工人自己组织的会社，这种会社受国家的委托，把工人于生病时所应得的补助金付给工人。另一部分交给各地方的医药委员会，以为买药请医生之用。各地的医药委员会，看当地工人的多少，请定若干医生，工人可以在这些医生之中，随便挑定一个替他医病。1924 年，英格兰、威尔士、苏格兰三处，共有医生 38 486 人，其中有 14 645 人，是受医药委员会的付托，为被保险的工人医病的。各地的药房，也有许多与医药委员会有联络，工人拿了药单到这些药房去取药，可以不必自己花钱。

在这种组织之下，英国的工人假如生了病，可以得到什么好处？

第一，他请医生看病以及吃药，可以不花钱。他的健康可以因此而恢复得很快，他的忧虑也可减少许多。第二，假如他的病到了第四天还不好，那么从第四天起，每星期他可以拿点疾病补助金。补助金的数目，看保险时间的长短而有不同。假如他保险的时间还不到 26 个星期，那么他得不到这种权利。假如他已保险 26 个星期，那么男工每星期可得疾病补助金 9 先令，女工可得 7 先令 8 便士。假如他已保险 104 个星期，那么每星期男工可得 15 先令，女工可得 12 先令。这种补助金，最多只给 26 个星期。如工人的病过了 26 个星期还没有好，同时他保险的期限不到 104 个星期，那么他也就得不到别的好处了。假如他已付过 104 个星期的保险费，那么从第 26 个星期起，他还可以得到一种补助金，名为"无能"补助金，表示得这种补助金的人是无能力做工的。这种补助金的数额，不分男女，都是 7 先令 6 便士一星期。生病的工人，假如健康没有恢复，便可继续领取这种补助金，一直到 65 岁为止。

除了以上这些好处，一个工人假如保险过 42 个星期，那么他的妻子生产时，还可以领 40 个先令的产母补助金。假如他的妻子也是个工人，也是保险过的，那么在生产的时候，便可拿 80 个先令。一个没有结婚的母亲，假如她是保险过的工人，也可拿40 个先令。

英国的疾病保险法，如与他国相较，还有几种缺点。第一，保险的工人虽然可以不必花钱而得医药，但是病重的人，除却生肺病的以外，得不到医院的治疗。别国的保险法中，常给病人以一种选择。他可以在院外治疗，同时拿疾病补助金，也可以不拿疾病补助金，而到医院中去养病，如德国、波兰及捷克等的法律中，都有这种规定。在保加利亚，入医院疗养的人，对于疾病补助金，便少拿 1/4。在日本，入医院的病人只能拿补助金常额的 1/3。还有好些国家，对于入院的病人，其给补助金与否，要看他有无家庭的负担而定。如奥地利、匈牙利等国，对于入院而有家庭负担的病人，每给以补助金常额的 1/2。这种条例，对于有重病的工人，当然是有利益的。

第二，英国保险法中的最大缺点，是对于工人的家庭并无照顾的办法。英国保险过的工人，自己生病了，当然可以得到上面所述的种种便利，但是家中的妻子生病了，还是得自己花钱的。别的国家，有好些在保险法中不但顾到工人本身的健康，也顾到他的家庭的健康。第一个通过这种法律的国家，是匈牙利，时期是在 1907年。以后欧洲别的国家，也有仿行的。在这种法律之下，工人的家庭中，如有人生病了，也可以不必花钱，便可得到医药。德国的法律，近来也与匈牙利一样顾到工人的家庭。所以在德国的人口之中，现在已有 3/5，其医药问题，已由工人与社会合作，而得到解决的方法了。其余 2/5 的人，大部分是中产以上的阶级，医药本是不成问题的。

第三，英国的保险法还缺少一种规定，便是病故工人的丧葬补助金。德国在最早的疾病保险法中便有这种规定。丧葬补助金的数目，要等于粗工每日工资的 20 倍，但无论如何，不能少于 50 个马克。卢森堡的办法，是丧葬补助金须等于工人每年工资的1/15，但至多不能超过 400 佛郎，至少也不能低于 20 佛郎。

第四，英国的疾病补助金，数目似乎嫌少一点，在有家庭负担的工人，一定感觉不够。这种缺点，各国的法律都不能免除。最好的办法，在德国的工人保险团体中，有少数已自动地实行，便是于法定的常额（德国工人所得的疾病补助金，等于标准工资的 1/2）之外，家庭中如多一个依赖者，便再多给 10%。但补助金的总额，不能超过标准工资的 75% 或 80%。在这种规定之下，工人在生病时，对于养家一问题，便可完全解决了。

最理想的疾病保险法，可以英国现行的办法为纲，再把别国保险法中的优点加上便行。有这种法律为保障，我在前面所提到的病人三问题，便都云消雾散，不复存在了。他一生病，可以不必忧虑，可以不必乞怜于亲友，可以不必低心下气于慈善机关之前，只须安静地休养，等健康恢复后，再来继续他的工作。

民国二十二年 6 月 15 日

# （三）灾伤抚恤

在工业发达的国家里，每年因工作而受伤的人是很多的，其中有一部分且因此而丧失生命。根据美国 1926 年的统计，工人因伤死亡的，数目在 16 000 以上。受伤而暂时不能工作或永远不能工作，但不致有性命之忧的人，总数有 260 余万。

这些不幸的工人，重的丧失生命，轻的断了胳膊，瞎了眼睛，或伤了指头，假如生在 19 世纪的初叶，其命运是很悲惨的。在那个时候，假如厂主是仁慈的，他们也许可以得到一点抚恤，维持目前的生计。以后的生活，如何办法，只有付之命运。假如厂主是苛刻的，他们一个钱也得不到。即使诉之于法律，也不见得能够胜利，因为当时的法律，多为厂主的利益着想。可是 1883 年以后，情形便大不同了。德国首先通过工人赔偿法，以后别的国家都继续仿效，到了今日，可以说是没有一个文明的国家没有这类的法律了。就是我们中国，对于工人别种福利，虽然没有顾到，但在近年通过的工厂法中，对于工人的灾伤抚恤，也有明文规定的。

工人因工作受伤的结果，不外三种：一是死亡，二是残废，三是减少了工作的能力。近来的法律，对于工人的赔偿，当然看结果的不同而有分别。

我们先看工人因受伤而死亡，在各国所得的赔偿是怎样。

美国各州的办法是不一致的。在本薛维尼亚，工人的家属可以从厂主那儿领 300 个星期的恤金，恤金的数目等于已故工人工资的 15％至 65％，但最多不得过 15 元一星期。所以工人的家属，最多可以得恤金 4 500 元，但是 300 个星期之后，恤金已经用完，假如工人遗下来有几个未成年的子女，他们的生活将如何维持？这是本薛维尼亚的法律所没有解决的问题。纽约的法律要高明些。在那儿，假如工人受伤而死，遗下来一个寡妇，那么她可以终身去领恤金，或者到她再嫁时为止。恤金的数目，等于已故工人工资的 30％。假如工人还遗有未成年的子女，那么每一个未成年的子女可以多领工资的 10％。但恤金的总数，不能超过已故工人工资的 2/3。而且已故工人的工资，如每月在 150 元以上，也照 150 元计算。纽约的法律，从工人的眼光中看来，是比较满意的，因为它有伸缩性，而且真正解决了孤儿寡妇的生活问题。

英国的法律，与美国略有不同，其令人满意的程度，似乎不如美国。它的办法，可以分作三层来说。第一，假如死者没有家属，那么厂主应付医药费及丧葬费若干，但至多不得超过 15 镑。第二，假如死者只遗下一位寡妇，那么她可以领恤金 200 镑，或者已故工人 3 年的薪资，但总数不得超过 300 镑。第三，假如死者所遗下的，不只寡妇，还有未成年的子女，那么家属所得的恤金，应分作两部计算：第一部为寡妇恤金，第二部为子女恤金。寡妇恤金的算法，已如上述。子女恤金的算法，可分三步。第一步系察考已故工人每星期的平均工资，如在 1 镑以下，以 1 镑计，如在 2 镑以上，以 2 镑计。第二步系察考死者的未成年子女，须离 15 岁尚有若干星期。第三步系以死者每星期的平均工资，乘其子女离 15 岁尚有若干星期的数目，其得数再以 15% 乘之，即等于每个子女所应得的恤金。但寡妇恤金与子女恤金的总数，不得超过 600 镑。我们现在可以举一个例，来表示英国法律的应用。譬如有一个工人，生前所得的工资是每星期 45 先令，死时还有一妻一子，子年 3 岁。寡妇的恤金，等于死者 3 年的工资。所以我们便以 156 个星期乘 45 先令，等于 7 020 先令。化之为镑，便有 351 镑。这个数目应当减去 51 镑，以合法律所定寡妇恤金不得超过 300 镑的条文。他的儿子离 15 岁还有 12 年，换句话说，还有 624 个星期。以 624 乘 2 镑，等于 1 248 镑，再以 15% 乘之，便是 187 镑 4 先令。这是孤儿应得的恤金。在这个家庭中，寡妇恤金与子女恤金的总数是 487 镑 4 先令，并未超过 600 镑。

德国的法律规定，厂主对于因伤丧命的工人，除给丧葬费外，还要付给恤金。丧葬费等于已故工人年薪的 1/15，但须在 50 马克以上。恤金视死者家属的大小而定，至多不得超过死者生前工资的 60%。

以上所说的各种恤金，无论在哪一国，都是由厂主付给，表示厂主对于工人的安全要负完全的责任。

对待残废工人的办法，各国亦不一致。这种残废工人，生命虽然保存，但已失却工作能力。在这种情形之下，残废工人的本身以及依他为生的家属，其生活便发生问题。美国麻省的法律规定，厂主对于这种工人，应给以 2/3 的工资，但付给此种工资的时间，不得超过 500 个星期。假如一个年方 30 的工人，每星期收入工资 40 元，一旦变成残废，他在这种法律之下，所得的待遇如何？他应当得 2/3 的工资，便是 26 元 6 角 7 分，但实际他只能得 18 元，因为法律另有一条规定，残废工人每星期所得的津贴，不得超过 18 元。现在假定他每星期得洋 18 元，500 个星期之后，他是否能得津贴总数 9 000 元呢？不然，因为法律还有一条规定，残废工人所得的津贴总数，不得超过 4 500 元。所以在名目上，他能取 500 个星期的津贴，实际他只能取 250 个星期的津贴。到了 35 岁，他便毫无进款了。此后他将何以为生？所以麻省的法律，并不足取。这个工人假如生在纽约，每星期便可得 25 元的津贴，因为那是纽约法定的最高数目。但他可以终身领取此种津贴，这是极正当的。英国的法律规定，厂主对于残废工人的津贴，视工人平日所得的工资多少而不同。假如工人平日的工资，每星期是 50 先令或 50 先令以上，那么残废津贴须等于工资的 1/2，但最多不得超过 30 先令。如工人平日的工资，每星期在 50 先令以下，那么残废津贴的数目比 1/2 的工资还要略为多些，其算法极复杂，兹不赘。德国的办法，大约对于工人最为有益。因为残废工人所领的津贴，等于工资的 2/3。假如他的残废程度极深，处处需他人的照料，那么他所得的津贴，可以加到与工资相等。

这儿所说的残废工人，是指那些因受伤而完全损失其工作能力的。另外还有一种工人，便是我上面所说因受伤而减少工作能力的。譬如断了一条胳膊的人，虽然是减少了工作的能力，但并没有完全损失其工作能力。他休养了若干星期之后，也许还可以找到工作，不过所赚的钱，不如以前那样多就是了。这种人应当怎样对付呢？美国的倭海倭州规定，工人因受伤而减少工作能力的，可以领取恤金。恤金的数目，不得超过工资的 2/3，也不得超过每星期 18 元 7 角 5 分之数。至于领取恤金的时期，视受伤的所在而有长短之不同。譬如断了一条胳膊，便可取恤金 200 个星期，瞎了一只眼睛，只能领取恤金 100 个星期，切去一只大拇指，可以领取恤金 60 个星期。恤金领完之后，厂主便不负责任了。美国联邦政府对于雇员因工受伤的赔偿，比倭海倭州的法律，似较周到。受伤的人，在调养时期内，可以领取原薪的 2/3，但总数不得超过每月 116 元 6 角 6 分。身体恢复之后，假如他还可以回到原来的工作，领取原来的薪资，自然无话可说。假如他因为受伤，不能回到原来的工作，但是找到了别种工作，其报酬较原职为差，那么政府要赔偿他损失的 2/3。譬如有一位邮差，月薪 100 元，受伤后不能再当邮差，另外找到一种工作，月薪只有 70 元。所以他因伤所受的损失是月薪 30 元。政府要赔偿他损失的 2/3，所以每月须付这个邮差 20 元。邮差本人的损失，因为有这种赔偿的法律，便由 30 元减为 10 元了。这种赔偿的原则，现在已有许多国家采用。

欧战之后，渐渐有人觉得，假如这些受伤因而减少工作能力的工人能够得到相当的训练，还可以恢复受伤前的经济能力。福特曾研究过 8 000 种工作，发现其中有 670 种是两条腿都没有的人可以做的，2 637 种是一条腿的人可以做的，2 种是没有胳膊的人可以做的，715 种是只有一条胳膊的人可以做的，还有 10 种是瞎了眼睛的人可以做的。所以我们遇到一个局部残废的人，可以看他还适宜于何种工作，再给以相当的训练，结果有时不但不减少经济能力，还可以加增经济能力。譬如一个煤矿中的粗工，受伤之后，一条腿没有用了，开矿的事当然不能担任。但他的脑筋还是灵敏的，他的两手也还灵活，此时如政府给他一种修理钟表的训练，那么他以后当钟表匠，所得的工资也许比受伤前当矿工的时候还多。所以受伤工人的重行训练问题，乃是研究灾伤抚恤的人近来所最注意的。

# （四）老年恤金

老年问题，在近代的工业社会中，比较以前严重多了。这种情形，是好几种原因造成的。第一，近代卫生事业发达，医药的技术进步，所以老人的数目，近代较以前为多。就拿美国来说，1890 年，65 岁以上的人只占全体人口的 3.9%，1930 年便加至 5.4% 了。英国的老人，也有同样的加增。在 1894 年，伦敦有一个调查，发现每 1 000 人口之中，有 40 个在 65 岁以上。1931 年，老人的数目，从每 1 000 人中 40 个加至每 1 000 人中 73 个了。老人的数目虽然加增，但是工业社会中的组织却渐渐地小家庭化。子女到了成人的时期，便脱离了父母的约束，自己到社会中去成家立业。他在经济上只顾自己，只顾妻子，只顾未成年的儿女，至于父母，他是不管的。实际许多工人，在生活艰难的状况下奋斗，也无余力来侍养他的父母。所以欧美的工业社会中，便发生了一种老年问题，是农业的社会中所少遇到的。

一个人到了 65 岁，工作的能力损失了许多，所以到了这样大的年纪，还继续工作，维持自己生活的，实占少数。根据伦敦近来的调查，65 岁到 70 岁的工人，4 个之中，只有 1 个还做工的。70 岁以上的工人，10 个之中，只有 1 个做工的。这种老年的工人，大多数不能自己谋生，假如他的妻子身体也很好，此时还继续伴他活着，这一对老夫妻将如何过他们的日子呢？子女的不大可靠，已如上述。假如他们平日已有积蓄，早为未雨绸缪之计，此时生活也可不成问题。但是很多的工人是不与银行发生关系的。这些人到了年事已高、不能工作的时候，就要靠国家来帮助他们了。

德国在 1889 年便有老年恤金的办法。现在有这种办法的国家，数目在 30 个以上。这种恤金，在有些国家里是白给的，但也有些国家规定工人要保老险。保了老险的工人，到了 65 岁或 70 岁才可领取恤金。也有好些国家兼采两种办法的。下面我们可以举例说明。

美国的倭海倭州，对于 65 岁以上的老人，如每年收入不到 350 元，可以领取恤金，每星期不得超过 5 元。在尼法答州，过了 70 岁的老人，假如自己不能维持生活，才可领取恤金，每日不得过 1 元。英国的老年恤金律，是 1908 年通过的，以后常有修改。最近规定，凡领取老年恤金的人，年龄须达 70 岁，做英国的国民在 10 年以上。

如此老者是生长在英国的，那么他在 50 岁以后，至少有 12 年住在英国，假如他是外国人入英籍的，至少须有 20 年住在英国。同时他每年的入款，不得超过 49 镑 17 先令 6 便士。进款超过这个数目的老人，没有领取恤金的权利。进款不及这个数目的人，看他进款的多少，定恤金的多寡。进款不到 26 镑 5 先令的人，可以领取每星期 10 先令的恤金。这是最高的恤金。进款超过 47 镑 5 先令，但不到 49 镑 17 先令 6 便士的，可以领取每星期 1 先令的恤金。这是最低的恤金。

上面所说的恤金，是白给的。英国除了这种恤金，在 1925 年还通过一种法律，是强迫工人保老险的。凡在疾病保险法之下应当保险的人，都要保老年险。男子每星期须纳保险费 4.5 便士，女子每星期须纳保险费 2.5 便士。凡在 65 岁以前，曾继续保险 5 年，而且付过保险费 104 次的，在 65 岁至 70 岁之间，每星期可得恤金 10 先令。假如他的妻子也有 65 岁了，他还可以另外领取恤金 10 先令。保了老险的人，年龄到了 70 岁，不问他是否合于领取老年恤金的条例，还可以继续领取老年恤金，每星期 10 先令。

也许有人要问，老险既是个个工人要保的，但工人不一定能个个活到 65 岁，那些不到 65 岁便离开尘世的，不是什么好处都得不到么？实际不然。那些保了老险的工人，不到 65 岁便死亡的，他的孤儿寡妇可得到一些利益。先说寡妇所得的利益。假如她的丈夫生前曾保老险，而且付过 104 次保险费，那么在他逝世后，寡妇每星期便可领取恤金 10 先令。假如他还有 14 岁以下的子女，那么最大的每星期可得 5 先令恤金，以下的子女每星期可得 3 先令恤金。假如这些子女过了 14 岁还在学校中读书，可以领取恤金至 16 岁。假如死者没有遗下寡妇，只遗下孤儿，那么负责教养这位孤儿的人便可领取 7 先令 6 便士一星期的恤金，直至孤儿达 14 岁。如继续入学，恤金的领取可以延长到 16 岁。德国的老险是与残疾险合并举行的。保了这种险的人，到 70 岁便可领取恤金。70 岁以前，如患了痼疾，过了 26 个星期还未痊愈（德国对有疾病保险的工人，于疾病时付补助金，只以 26 个星期为限），也因为保了这种老险与残疾险，可以有恤金的收入。

以上所说的两种应付老年问题的方法为联合举行，那么老者的生活问题，总算得到一条解决的途径了。还有可以批评的，就是各国对于恤金的数目，定得似乎低了一点。即以英国来说，一对老年夫妻，每星期有 20 先令的进款，生活还可以勉强维持。假如一个单身的老者，靠 10 先令来维持生活，一定是不够的。不过在这种情形之下，不够的数目有限，子女便乐意出来帮助了。假如没有子女的帮助，自己又无他项收入，那么还得靠慈善机关的救济，才可延此残生。所以恤金的数目，应当略为加高，使毫无进款的老年工人，依此恤金便可维持生活在贫穷线之上。

总结以上的讨论，我们可以得到下列几点感想。

第一，近代先进国家中的工人，其生活中最大的危险，现在都已得到保障。他们的生活程度，因为有这种保障，比较 19 世纪的初叶要提高得多。

第二，中国现在刚踏进了工业革命的初期，所以工人生活的艰苦，与英美各国 100 年前相仿佛，如与英美的近代工人相比，真是望尘莫及。这是研究中国劳工问题的人所应注意的。

民国二十二年 6 月 29 日

# 中国县志的改造

现在研究中国社会的人，所感觉到最大的困难，便是缺少材料。虽然搜集材料是研究社会现象的人的最要职务，但如把这种职务专门委托给研究社会的人，成绩一定是很坏的。理由是社会的现象很复杂烦琐，而从事研究社会的人数目并不很多。以这数目不多的人来搜集社会上复杂烦琐的事实，如何能够有完备的贡献呢？近来美国有许多学者，在乌格朋（W. F. Ogburn）教授领导之下，出了两大本的巨著，名为《最近社会趋势》，其中把美国各方面的情形，如人口、富源、交通、经济、教育、乡村、都市、家庭、宗教、娱乐、艺术、财政、政府等等在过去数十年的变迁及将来的趋势，原原本本地加以描写及分析。我们看完这一部书，对于美国各方面情形真是懂了不少。后来有几位研究社会学的朋友聚在一起讨论，以为我们不妨以这部书为法，在中国也做一个同样的研究。讨论的结果认为，这种研究目下在中国举行，还嫌太早，最重要的理由，就是我们缺少基本的材料以为研究的基础。乌格朋教授等能够成功，一方面固因为他们的学识丰富、方法谨严，另一方面也是因为美国的社会中，早有一些基本的材料存在，可以给他们利用。假如没有这些现存的材料，他们的研究是不会成功的。

不但研究社会的人感觉到材料缺少的困难，就是实行社会改良的人何尝没有同样的感觉？彻底的社会改良，须根据于事实，否则只是隔靴搔痒、张冠李戴，于实际毫无补益，这是大家都承认的。现在中国最风行的社会改良运动，便是复兴农村。但中国的农村社会，至今还是一个大谜。有好些根本的问题，与复兴农村有关的，现在还没有一个人能回答得出。譬如：中国农民占有职业的百分之几？农民的土地分配，状况如何？农民每年的收入，平均约有若干？农民的生活程度，现状何似？有多少农民在贫穷线之下过日子？农民所担负的捐税，占他入款的百分之几？农村中有多少失业的人？失业的原因安在？类似的问题，没有人能够以事实为根据来答复，我们所看到的，上焉者只是一些片段的调查，下焉者不过是一些臆测，一些武断的偏见。在这种情形之下，如欲定复兴农村的政策，正如古人所谓闭门造车，出门想它合轨，一定是不可能的事。有眼光的人，对于这一点是看得很清楚的。譬如 7 月 13 日的《大公报》，因为邹平乡村建设协进会之成立，曾对他们作下列建议：

> 愿明日邹平之会，决议一项：即由此二十余团体发起一总调查。尤注意田赋差徭及种烟区域烟亩罚款之实际状况。然后与乡村人家平均之生产消费，作一比较，呼吁全国，发起大规模之整理税捐运动，吾以为此乃今后乡村运动之第一义也。

这种见解，代表实际的社会运动须建筑在稳固的事实之上，乃是我们所赞同的。但是从此也可看出中国关于社会事实的搜集，是怎样的缺乏。便是这种对于民生最有密切关系的事实，现在还没有什么地方可以参考。这真是中国文献界中一大耻辱。

但中国人对于地方上的社会事实，并非不加注意，可惜的只是没有得法。中国的县志表示，我们的祖宗对于地方是很关心的，但这些县志的内容，却表示他们虽然关心但没有得法。我们无论是研究社会的，还是想要改良社会的，如想从县志中得些材料，结果总是失望的时候多。社会上有些极重要的事实，在县志中并找不到，我们所看得到的，无非是一些诗词歌赋，一些古迹的名目，一些忠臣烈女的名字。这些不相干的东西，至少要占一大部分的篇幅。清朝的章实斋先生，是最注意方志之学的。他对于当时方志的内容是不满极了。他曾说过：

> 方志久失其传。今之所谓方志，非方志也。其古雅者，文人游戏、小记短书、清言丛说而已耳。其鄙俚者，文移案牍、江湖游乞、随俗应酬而已耳。
>
> ——《章氏遗书》卷十四《方志立三书议》

我们对于章实斋先生的批评，是同情的。对于他的见解，特别是讲方志的功用及州县应立志科诸点，尤为佩服。但他终是清代中叶的人，他的主张，无论如何高明，在今日看来，应当修正的地方，还是不少。即如方志的内容，他所规定的，虽然高人一筹，但我们用社会科学的眼光去看，似乎还有增减之余地。譬如他所编辑的《石首县志》，共分八门：一编年，二方舆，三建置，四民政，五秩官，六选举，七人物，八艺文。另以"序例图考，冠于编首，余文剩说，缀于简末，别为篇次，不入八门"。这个目录，我们如与最近李景汉先生所编的《定县社会概况调查》相比，便可看出今人胜于古人的地方。李先生的书，共分十七章：一地理，二历史，三县政府及其他地方团体，四人口，五教育，六健康与卫生，七农民生活费，八乡村娱乐，九乡村的风俗与习惯，十信仰，十一赋税，十二县财政，十三农业，十四工商业，十五农村借贷，十六灾荒，十七兵灾。这本书除文字的描写外，还有 314 个表格、68 张照片。看完了这本书之后，对于定县社会的认识，真比亲身到定县去参观半个月还要深刻。这才是我们所需要的县志，这真可以作别种县志的模范。

旧县志所应修改的，不只是内容而已。修志的年月，也应重行规定。雍正年间，曾令各州县志书，每 60 年一修，着为功令。这种 60 年一修的办法，当然要加以修改。特别是在目前这种社会变迁剧烈的时代，60 年前的情形，对于研究今日社会及改革今日社会的人一无用处。60 年一修的办法，既不足取，那些过了 60 年还不重修的，更是要不得了。我们以为最好的办法，是隔 5 年或 10 年一修县志，正如欧美各国每隔 5 年或 10 年调查人口一次一样。假如这一点能够做到，那么我们每隔 5 年或 10 年，便有 2 000 册左右的新县志出现。这 2 000 册新县志，是全国民生状况的写真，是我们研究社会科学者的宝库，是改良社会者的指南针。它们的贡献真不是几句话所能说得完的。

这种改造县志的办法，也许大家都很赞成，但是实行起来，有没有困难呢？我们上面所说那本县志的模范，是在李景汉先生指导之下编成的。像李先生这种专家，中国并没有几个，但是中国的县，却近 2 000 个。我们看看这种情形，岂不是要发生才难之叹么？我们承认这是一个困难的问题，但非无法可以解决。我们以为在那模范县志中，最有价值的，是那 314 个表格所告诉我们的统计。制造这种统计表格，是一件难事，是要出于专家之手的。但是有了这些表格，然后根据这些表格去调查各种社会事实，并非很难的事情，只要受过相当的训练，便可举行。至少在大学中受过社会科学训练的学生，对于举行这种工作，是不应当感到很大困难的。李先生的助手中，就没有几个曾受大学训练的。所以我的私见以为，中央政府的统计局应该起来领导这种新县志的编纂。我们称这种工作为"编辑县志"，不用"社会调查"等名称，因为县志是一个旧制度，编辑县志是易得当地人民之赞助的。所以我们希望保存这个旧酒瓶，不过酒瓶中要盛新酒就是了。

中央方面，既已有人负责，地方方面，也应有相当的筹备。章实斋先生曾提议在各州县设立志科，如用现在的术语来说，就是在县政府之下，设一县志局就是了。按现行的法律，县政府下设教育局、建设局、财政局及公安局。如必要时，得呈请省政府设置卫生局、土地局、社会局、粮食管理局。在法律里面，并没有提到县志局。近年财政困难，如想在全国各县都设一县志局，那是做不到的事。所以不如因陋就简，在各县的教育局下设一县志科，其职务是在中央统计局的监督下，搜集该县中各项社会事实及统计。在逢五或逢十之年，这个县志科可以多请些助理编纂县志，在指定的日期之内编辑完成，交由中央统计局即行发表。平常的年份，可择县中主要问题，做精密的研究，研究的结果，或附于县志之末，或交由中央统计局发行专刊，如美国劳工局所发行之专刊。不过劳工局的专刊，只限于劳工问题，县志科的专刊，可以包括社会中各种问题就是了。县志科的科长，最好用考试方法选用，资格是要在大学毕业，曾研究社会科学的。这样又可为大学生多辟一条生路，真是一举而数便了。

假如这个提议可以帮助研究社会问题及实行改良社会的人解决一个先决的问题——搜集材料，那么我很希望在最近的将来，政府的当局能够使这个提议实现。

民国二十二年 7 月 15 日

（载《独立评论》第 60 期，1933 年）

# 季亭史传

## （一）

社会学是一门新兴的科学，它的发源地虽在欧洲的大陆，但现在要算在美国最发达。在美国的大学中，社会学的地位总算是稳固了。社会学在美国能有今日，我们追流溯源，不得不归功于几位开路的先锋。在这些开路先锋里面，谁的地位最重要，谁的贡献最伟大呢？关于这个问题，美国社会学的后辈也常提出来讨论，似乎还没有大家公认的判断。台维士（J. D. Davis）与彭恩史（H. E. Barnes）等于 1927 年著了一本《社会学入门》（*An Introduction to Sociology*）。在篇首，他们把这本书献给美国社会学界的六位先锋。这六位是：

（1）孙末楠（William G. Sumner，1840—1910）。

（2）华德（Lester F. Ward，1841—1913）。

（3）司马尔（Albion W. Small，1854—1926）。

（4）季亭史（Franklin H. Giddings，1855—1931）。

（5）顾勒（Charles H. Cooley，1864—1929）。

（6）劳斯（Edward A. Ross，1866—  ）。

汉根史（F. H. Hankins）在 1931 年 11 月份的《美国社会学杂志》里，以为后人的论断，现在虽不可知，但据他的眼光看来，孙末楠、华德、司马尔及季亭史四人在美国社会学界的地位，是不可磨灭的。李登培（J. P. Lichtenberger）在 1932 年三四月份的《社会学与社会研究》中，以为美之有华德、司马尔、季亭史，正如法之有孔德，英之有斯宾塞尔，他们的名字在社会学史中是必传的。这些人对于美国社会学先锋的数目，虽然看法各有不同，但是至少有一点是相同的，就是他们都公认季亭史在美国社会学界的地位。

这不是美国社会学者的私论，我想凡是对于美国社会学有认识的人，一定都觉得他们推崇季亭史，是很有道理的。

（二）

季亭史并不像斯宾塞尔那样著有自传。他的门人，假如有在那儿替他作传记的，那本传记现在也还没有出版。所以现在替他作一篇传，是很困难的。但是根据一些零碎的材料，我们对于他的一生，也可以看到一个轮廓。这个轮廓，便是我现在所要写的，至于内容的充实，只好俟诸异日。他的学说，另有陈通夫、吴文藻诸先生专文介绍，在本文中只好从略。

季亭史于 1855 年 3 月 23 日，生于美国康奈丁克州的休门（Sherman，Connecticut）。他的父亲是一位牧师。他的母亲的上代，有一位是坐"五月花"到美国的富流（Edward Fuller of the Mayflower）。"五月花"是一只船的名字，是英国的清教徒于 1620 年到美国去开辟新世界所坐的一只船。美国现在的人民，假如发现上代是坐"五月花"到美国去的，都觉得是无上的荣耀。季亭史的祖父，是美国麻省的一个大地主。他的祖母，是美国第十三任总统费尔模（President Fillmore）的堂姊妹。季亭史对于这一点，大约认为是很荣耀的，所以在他的 205 篇论文之中，有一篇便是论费尔模的家世的。此外他的祖先在美国独立战争中曾出力的也不少，可考的计有四位上尉、两位少校、一位上校。

在牧师的家庭里，生活自然是很严肃的。季亭史幼年的家庭生活，花在宗教的事业上面很多。他对于这种宗教的训练，不但觉得没有趣味，而且觉得厌烦。他情愿在他父亲的田园里做工，做得背脊生痛，而不情愿在他父亲身旁，过那种所谓精神生活。他有一部分的时间，是跟着他的祖父过的。他的祖父，教他测量，以及农场管理的基本知识。他后来在大学中学土木工程，也许是受了他的祖父一点影响。田园的生活，使他爱好自然，使他对于户外运动发生很大的兴趣。他生长于美国的东北部，冬日苦寒，所以他对于滑冰是最擅长的。在冬季，他常于四点钟起来滑冰，滑到天明上学的时间才止。

在季亭史的先生之中，除却司各脱（Harry H. Scott），没有一个对于季亭史知识的发展发生重大影响的。司各脱乃是季亭史在中学时代的先生。这位先生，最会鼓励年青的人努力作知识上的探讨。他介绍季亭史去读达尔文、赫胥黎、斯宾塞尔。当时斯宾塞尔的《群学肄言》正陆续发表于美国的《通俗科学月刊》。季亭史读了，觉得很有趣味，便搜求斯宾塞尔别的著作来读。所以他对于社会学的兴味，可以说是发生于中学时代，他在进大学之时，对于英国自然科学及社会科学界中名人的著作，已经读得不少了。

　　1873 年，季亭史那时还只 18 岁，便进了联合大学（Union College）。他所学的，乃是土木工程。在大学里，他没有遇到像司各脱那样循循善诱的教师。两年之后，他暂时离开了学生生活，在外面当教师。但是他在 1877 年，便已在联合大学得了学士学位。在毕业的前一年，他同麻省的浩司（Elizabeth P. Hawes）女士结了婚。

　　季亭史的学生生活，在联合大学毕业之后，便告一段落。我们从此可以知道，影响他的思想最深的，乃是 19 世纪中叶英国演化论派的学者，就中以斯宾塞尔最为紧要。在他当学生的时代，美国大学中并无高深的社会科学可说。司马尔教授说，美国大学中，在 1876 年以前，对于社会科学，是不注意的。在那一年，约翰霍布金大学（Johns Hopkins University）成立，在吉尔曼校长（President Gilman）及亚丹士（Herbert B. Adams）教授领导之下，设立历史政治学系，美国对于社会科学的研究，才可说是略见萌芽。当时美国的青年，如想在社会科学上做点高深的研究，都到德国去留学。德国留学生回国以后，当然把德国的学说及德国学者做学问的方法介绍到美国来。约翰霍布金大学的社会科学教授，有许多都是德国回来的留学生。所以在 19 世纪后半叶，美国的社会科学界很受德国思想的影响。季灵（John L. Gillin）教授在他所著的《季亭史评传》中，也提到这些德国留学生，以为他们在美国 19 世纪后半期中发生很大的影响。这种观察，当然是很对的。我们试看美国社会科学界中的先辈，如社会学中的孙末楠与司马尔，政治学中的步济时与古德诺（Frank J. Goodnow），经济学中的伊利（Richard T. Ely）与塞利格曼（E. R. A. Seligman）等，都出身于德国的大学。不过德国的学风，在美国的社会科学界中，虽然发生很大的影响，但在季亭史的思想及其学说的系统上，可以说是不发生什么关系。他的思想的根源，可以说是在英国而不在德国。这是他与支加哥大学的司马尔教授根本不同的一点。

　　从 1877 年季亭史在大学毕业的那一天起，到 1888 年止，这 11 年中，季亭史的事业，是在新闻界中。他曾前后在三个报馆中服务，第一个是《先驱报》（*The Herald*），第二个是《春田共和报》（*Springfield Republican*），第三个是《春田联合报》（*Springfield Union*）。这 11 年的新闻事业，对于季亭史当然是很有益处的。第一，报纸给他一个发表思想的机会，养成他一个做文章的习惯。他在一生中，能够写 15 本书、205 篇论文，不是一个下笔敏捷的人，是绝做不到的。第二，报馆的环境，养成他一种集中精力的本领。在人声嘈杂的环境中，在刺激很多的周围里，季亭史只要有一张桌，有笔有纸，便可定下心来运用他的心思，写他的论文，不以外界的纷扰而乱其方寸。这点本领，对于他做学问，当然是有帮助的。第三，新闻界的生活使他与现实的社会发生接触，使他对于当时的政治问题、经济问题、社会问题发生兴趣。在这个时代所搜集的材料，对于他以后研究社会学原理，当然是有贡献的。他在做新闻记者的时候，依旧读社会学的书籍。在中学时代便已发生的兴趣，此时仍接续下去。所以他后来在大学中担任社会学的功课，是很胜任而愉快的。

他对于社会问题的兴趣，使他常作论文，投稿于哥伦比亚大学的《政治学季刊》（*Political Science Quaterly*）及麻省劳工统计局的刊物。这些论文，大大引起了大学教授的注意。所以 1888 年，当威尔逊（Woodrow Wilson）离开勃林茅大学（Bryn Mawr College）的时候，季亭史便被聘为该校的政治学讲师了。

1888 年起，季亭史便开始他的教授生涯。他的伟大的成就，便是在这教授时期完成的。

## （三）

季亭史在勃林茅大学中上升很速，在很短的时间内，他便成为政治学教授了。他起初所教的功课，共有四门：一为政治制度的发展，二为经济史与经济学说，三为行政方法及原理，四为贫穷与犯罪。到了 1890 年，他开了一门研究院的功课，名为近代社会学学说（Modern Theories of Sociology），这可说是他正式教社会学的第一年。学校章程中，关于这门功课的描写，说是研究生愿选这门功课的，对于历史及经济须有充分的预备，此外，近代生物学及实验心理学的知识也是不可少的。学生要读的书目中，有高尔敦（Galton）的《遗传学》（*Natural Inheritance*）、梅毓斯密士（Mayo-Smith）的《统计学与社会学》（*Statistics and Sociology*）。1892 年，哥伦比亚大学请季亭史去做讲师，每星期教两点钟的社会学，这是他与哥伦比亚大学发生关系之始。从这一年起到 1894 年止，他除在勃林茅大学当教授外，继续在哥伦比亚大学当讲师。我们查一下哥伦比亚大学 1893 年的章程，就可知道季亭史在该校所教的功课计有两种：一种是社会学，上学期开班；一种是犯罪学，下学期开班。到了 1894 年，哥伦比亚大学设立社会学讲座，请季亭史去做教授，于是季亭史才算正式地加入哥伦比亚大学。丁纳（A. A. Tenney）在《哥伦比亚大学季刊》（*Columbia University Quaterly*）二十三卷三号中，说是 1894 年哥伦比亚大学所设立的社会学讲座，乃是美国大学中的第一个社会学讲座。关于此点，我们愿意来做一点考据。

在《社会学刊》一卷一期中，我写了一篇《孙末楠传》。在那篇文章里，我曾说过：孙末楠在美国的社会学界中有一种荣誉，是别人所希望不到的，他原来是美国教社会学的第一人。1876 年，季亭史还没有大学毕业的时候，他已经在耶鲁大学教社会学了。不过他在耶鲁的职务，并非社会学教授，而是政治学与社会科学教授。耶鲁在当时并无社会学讲座，便是在今日，继承孙末楠衣钵的恺莱，也不是社会学教授，而是社会科学教授（Professor of the Science of Society）。所以孙末楠虽然是第一个教社会学的人，但他却不是美国的第一个社会学教授。

孙末楠的历史，是后人考据出来的。在当时，他教社会学的事，很少有人知道。他在社会学界的名誉，是在 1906 年《民俗论》出世之后才鹊起的。但在 19 世纪的后半期，在司马尔与季亭史还没有教社会学的时候，有一位美国人，已被大家公认为社会学者，这个人便是华德。华德的大著《动的社会学》（*Dynamic Sociology*），是 1883 年出版的。他可以说是第一个作书讲社会学的美国人。但是很奇怪，社会学并不是华德的正业。他的正业是做官。在 24 岁的时候，他便在美国的联邦政府做官，前后共做了 40 年的官。起初他在财政部中当书记，后来又当航业及移民司的司长，又当统计局的图书主任。1881 年，他加入美国的地质调查所，当所中的古生物学家。像这样的一个人，谁也猜不到他于公余之暇，会注意社会学，会写很多关于社会学的书。他虽然是美国第一个著书论社会学的人，但他得到在大学中教社会学的机会，比季亭史还迟 10 余年。直到 1906 年，波朗大学（Brown University）才请他去当社会学教授。在那儿，他教书教到死为止。他的教书资格很浅，并非美国第一个社会学教授。

季亭史当社会学教授的时候，哥伦比亚大学还没有社会学系。他的社会学讲座，是设在政治学院之内。美国第一个社会学系，是设在干萨斯大学（University of Kansas）之内，但这也是偶然的。在 1889 年的春季，干萨斯大学的董事到约翰霍布金大学找到白克马（Frank W. Blackmar），请他到干萨斯大学去办一新系，并且给这个新系一个名字。白克马知道约翰霍布金大学有一个历史政治系，所以他提出这个名字来，董事们听到这个名字，都连声说要不得，因为干萨斯的人听到政治就头痛，假如听说大学中有政治系，一定要反对的。白克马不得已，只好换一个名字，叫它历史与社会学系（Department of History and Sociology）。社会学与大学中的系发生关系，当以干萨斯大学为第一次。白克马在大学中的职务，便是历史与社会学教授。所以笼统地说，美国第一个社会学教授，应该是白克马。但是严格地说，白克马的职务是混合的，并不是纯粹的社会学教授。在这一系中，经济、政治、历史、社会学都包括在内。后来经济、历史及政治都脱离母系而独立成系。到了 1912 年，干萨斯大学才有纯粹的社会学系。白克马也是到那时，才成为严格的社会学教授。

有资格与季亭史争美国第一个社会学教授的荣誉的人，除了白克马，便是司马尔。假如我们可以称在学界中互相竞争的人是学敌，那么司马尔可以说是季亭史唯一的学敌。司马尔第一次教社会学，也是在 1890 年，与季亭史不谋而合。那时他在科尔卑大学（Colby College）当校长，在他的校务之外开了这门社会学，专为四年级的学生而设。1892 年，支加哥大学成立，司马尔被聘为教授。那时支加哥大学的社会科学组共分四系，一为经济，二为政治，三为历史，四为社会科学与人类学。司马尔便是第四系的主任兼教授。当时他就觉得那系的名称不大妥当，所以建议董事会，改为社会学与人类学系（Department of Sociology and Anthropology）。当我于 1928 年离开支加哥大学的时候，社会学与人类学还未分家。但在 1929 年，人类学离开社会学系而独立，支加哥大学才算有纯粹的社会学系。海司教授在他的《司马尔评传》中，说是司马尔于 1892 年到支加哥大学，去当世界上第一个社会学系的主任。这句话，严格地讲起来，也不能说是对的。因为司马尔的职务，并非社会学系主任，乃是社会学与人类学系主任。假如司马尔是世界第一个社会学系的主任，那么应置白克马于何地？但是司马尔也有一种荣誉，是别人所抢不去的，那便是美国第一本社会学杂志的主办者。至于严格的所谓美国第一个社会学教授，大约丁纳的话是对的，应该是季亭史。

上面这几段考据，是丁纳的话所引起的。由此我们可以知道几件有趣的事，便是汉根史所提到的四位美国社会学的先锋各有其特别的荣誉：孙末楠是美国第一位教社会学的，华德是美国第一位著书讲社会学的，司马尔是美国第一本社会学杂志的主编者，而季亭史是美国第一个纯粹的社会学教授。

1894 年起到 1928 年止，在这 34 年之内，季亭史是哥伦比亚大学社会学的台柱。1906 年，他从社会学教授改为社会学及文化史教授。1928 年，他不教书了，只从事于研究。哥伦比亚大学给他一个新的名目，称他为退职住校教授（Professor Emeritus in Residence），并增加他的薪金。在这个清闲的名目之下，他专心于著作，直至 1931 年 6 月 11 日逝世。

## （四）

上面已经说过，季亭史对于社会学的贡献，大部分是在他的哥伦比亚时期内做出的。关于他的贡献，我们可以分两点来说。

第一点贡献是他在社会学上的著作。1931 年出版的《哥伦比亚大学政治学院教授著作表》（*A Bibliography of the Faculty of Political Science of Columbia University，1880—1930*）列举季亭史的著作，共有书 14 本、论文 205 篇。1932 年，他还有一本遗著出世，所以经他的手写成的书籍，共计 15 本。他的论文太多了，因为篇幅的关系，不录。他的 15 本书，今录其名如下：

（1）*The Modern Distributive Process*，with John Bates Clark，1888.

（2）*The Theory of Sociology*，1894.

（3）*The Principles of Sociology；An Analysis of the Phenomena of Association and Social Organization*，1896.

（4）*The Theory of Socialization；A Syllabus of Sociological Principles*，1897.

（5）*The Elements of Sociology*，1898.

（6）*Democracy and Empire；With Studies of Their Psychological，Economic and Moral Foundations*，1900.

（7）*Inductive Sociology*，1901.

（8）*Readings in Descriptive and Historical Sociology*，1906.

（9）*Pagan Poems*，1914.

（10）*The Western Hemisphere in the World of Tomorrow*，1915.

（11）*The Responsible State；A Reexamination of Fundamental Political Doctrines in the Light of World War and the Menace of Anarchism*，1918.

（12）*Studies in the Theory of Human Society*，1922.

（13）*The Scientific Study of Human Society*，1924.

（14）*The Mighty Medicine；Superstition and Its Antidote：A New Liberal Education*，1929.

（15）*Civilization and Society*，1932.

上列第三种《社会学原理》是使季亭史成名的一本巨著。在这本书内，季亭史发表他的"同类意识说"（consciousness of kind），这个原则成为他的学说的中心。此书出版的时候，华德与司马尔都有长篇的书评来批驳他。华德曾为此书写了三篇书评。但是当时的社会，对于此书却很欢迎，在六个星期之内，第一版便售完了。出版后 10余年内，此书便有七国文字的译本：日文译本，出版于 1896 年；法文译本，出版于1897 年；俄文译本，出版于 1898 年；西班牙文译本，出版于 1898 年；波希米亚文译本，出版于 1900 年；希伯来文译本，出版于 1901 年；德文译本，出版于 1911 年。季亭史别的著作，虽然也有译为别国文字的，但都没有此书流传之广。司马尔于 1916 年也说，美国人所著的社会学，没有一本为欧人所引用之广如季亭史之《社会学原理》的。但是我们如想懂得季亭史的社会学系统，除《社会学原理》一书外，上列第十二种《人类社会学说之研究》、第十三种《人类社会之科学的研究》及第十五种《文化与社会》，是非读不可的。

他的论文，所讨论的对象是非常之广的。差不多整个的社会科学，都在他的研究范围之内。他所讨论的，并非完全是理论的问题，有一部分也是美国社会上实际的问题。这些实际问题的讨论，差不多都是发表于《独立杂志》（*Independent*），有一个时期，季亭史常为这个杂志做社论。博大精深的学者，并不忘情于实际问题，季亭史便是一个好例。

季亭史的论文，是在很多杂志上发表的。在此我们愿意提出一个很有味的故事来说，便是他与《美国社会学杂志》（*American Journal of Sociology*）的关系。美国的社会学会，是在 1905 年才正式成立的，但在 10 年以前，便是 1895 年，有一位张伯伦先生（Rev. L. T. Chamberlain），想出来组织一个美国社会学会。他原是美国基督教社会学会的会长，但他觉得"基督教"这个名词与社会学合在一起，未免不伦不类，所以他同季亭史讨论，要组织一个纯粹的社会学会。季亭史介绍他去见华德，华德觉得那个办法很好。张伯伦大约也同司马尔谈过，得到司马尔的赞同。他们还预备出一本社会学杂志。张伯伦的计划正在进行的时候，司马尔忽然宣布，支加哥大学要出一本社会学杂志。司马尔这一拆台，张伯伦的计划便行不下去了。1895 年的冬季，他写信给华德，说是社会学会的事只好暂时搁起。编辑社会学杂志的事，忽然落在司马尔的手里，大约季亭史心中总有点不愿意的。但是司马尔先说要与张伯伦合作，为什么后来忽然变卦呢？这件事仔细说来，也难怪司马尔。司马尔说，在 1895 年的春季，有一天他去见支加哥大学的哈伯校长（President Harper）商量一件公事。谈完的时候，哈伯忽然对司马尔说："大学现在有一笔经费，是为出版用的，你是否愿意用这笔款子去办一个社会学杂志？"司马尔是个好强的人，遇到这种机会，岂有推托之理，所以他与同系的教授商量一下，便答应哈伯来办这个杂志了。1895 年的 7 月，《美国社会学杂志》第一期便这样产生。当时征集社会学的稿子，当然是很困难的。幸而华德与劳斯都很出力地帮忙，这本杂志才能把生命延续下去。季亭史是当时第一流的社会学者，但他对于这本杂志，却抱一个不合作主义。他写信给华德，称《美国社会学杂志》为司马尔的杂志。1895 年至 1904 年，他没有为《美国社会学杂志》做过一篇文章。1904 年 9 月，《美国社会学杂志》已经出到第 10 卷了，我们才看见季亭史的第一篇文章。这篇文章，也不是专为《美国社会学杂志》做的，曾在三处同年发表。他专为《美国社会学杂志》做文章，是在 1907 年。那时美国社会学会已经成立，已经决定以《美国社会学杂志》为机关报，不过仍由支加哥大学社会学系的教授主编。虽然如此，他在《美国社会学杂志》中发表的文章还是很少，前后不过 11 篇。1922 年，他的学生奥腾（H. W. Odum）主办《社会势力》（*Social Forces*）之后，季亭史的社会学论文，便在《社会势力》中发表。自《社会势力》出世之日起，至季亭史的末年，他在《美国社会学杂志》中只做了一篇文章，但在《社会势力》中却发表了八篇。这个故事，在我们知道季亭史与司马尔关系的人看来，意味是很深的。

季亭史的第二点贡献，便是为美国造就了许多社会学的人才。在这一点上，只有支加哥大学的司马尔可与他相颉颃，别人都望尘莫及。他们有这样大的势力，一方面固然因为他们的人格伟大，学问高深，有号召的力量，但另一方面，也是因为哥伦比亚大学与支加哥大学的地点，适宜于招引学生。这两个学校，一个设立在美国的第一大都市里，一个设立在美国的第二大都市里，有精明的校长为先锋，有充足的经费为后盾，有良好的教授为中坚，所以一切的学系皆很发达，社会学系自然也非例外。我们如鸟瞰美国各大学的社会学系，便可知道其中的教授，大部分是从这两个学校出身的。美国专门人才的出身，没有一门像社会学这样集中于两个大学的。

丁纳说，从季亭史门下出身的社会学博士，数目是很大的，内中有 50 个博士，现在或充大学中的教授，或在科学的、教育的、慈善的机关中从事研究。有的是大学校长，有的从事新闻事业，有的加入政治生涯。可惜我们得不到一种统计，告诉我们在季亭史指导之下，完成他们的博士论文的有几人？在这些人之中，又有多少还从事社会学之研究的？但在他的门人之中，我们至少应当指出那研究社会变迁现为支加哥大学教授的乌格朋，研究社会生物基础现为司密斯大学教授的汉根史，研究人口问题现为斯克黎布斯研究社（Scripps Foundation for Research）社长的汤姆生，研究社会病态学现为威斯康辛大学教授的季灵，研究社会心理学现为霍伯特大学（Hobart College）教授的威廉士（J. W. Williams），研究社会思想发展史现为本薛维尼亚大学教授的李登培，著作终身而对于社会思想史特有贡献的彭恩史，研究黑人心理现在主编《社会势力》的奥腾，研究社会演化现为明尼索达大学教授的崔宾（F. S. Chapin），著书讲统计学原理现为哥伦比亚大学教授的崔道克（R. E. Chaddock），专攻文化社会学现为明尼索达大学教授的威莱（M. M. Willey），专攻应用社会学现为雪来可斯大学教授的辛通（H. N. Shenton），讲方法论有名现为本薛维尼亚大学教授的雷士（S. A. Rice），研究都市社会学现为华盛顿大学教授的吴斯通（H. B. Woolston），研究社会问题现为阿尼冈大学教授的伯松斯（P. A. Parsons），研究黑人迁徙问题有名的吴福特（T. J. Woofter），研究俄国移民问题现为耶鲁大学教授的台维士，鼓吹社会保险制度现在从事社会事业的鲁比朗（J. M. Robinow），研究贫穷及犯罪问题曾为密苏里大学教授的柏勉立（M. F. Parmelee），介绍德国社会学现为哥伦比亚大学教授的阿卑耳（T. F. Abel），用统计方法研究社会现象现为哥伦比亚大学教授的劳斯，非洲教育问题专家琼司（T. J. Jones），以及追随季亭史之后 20 余年，在哥伦比亚大学助其料理系务的丁纳。以上 20 余人，当然没有把季亭史的学生完全包括在内，但是他的最知名的门人，大约遗漏的也很少了。他的社会学系学生，当然不只是美国人。中国留学生在他班上听讲的人，不知道有多少，其中在他门下完成博士论文的人，也有四位。第一是朱友渔先生，现为协和医院宗教社会事业部主任。他的论文，是《中国慈善事业之精神》（"The Spirit of Chinese Philanthropy"）。第二是徐声金先生，现为厦门大学社会学系主任。他的论文，是《中国家庭制度》（"The Chinese Family System"）。第三是陈通夫先生，现为清华大学社会学系主任。他的论文，是《中国移民：关于劳动条件的专门考察》（"Chinese Migrations, with Special Reference to Labor Conditions"）。第四是吴文藻先生，现为燕京大学社会学教授。他的论文，是《见于英国舆论和行动中的中国鸦片问题》（"The Chinese Opium Question in British Opinion and Action"）。日本的社会学者，曾肄业于季亭史之门的也很多，此处不必细举。

　　季亭史已经逝世了，但他的知识的种子，已经遍撒在人间。将来社会学如有丰富的收获，大家当然忘不了在这初辟的园地中耕耘一生的季亭史。

民国二十二年 1 月 26 日，清华

# 参考材料

(1) Columbia University, *A Bibliography of the Faculty of Political Science of Columbia University*, *1880 - 1930*, pp. 63 - 76, 315 - 366.

(2) Gillin, J. L., *Franklin Henry Giddings*, *in Odum's American Masters of Social Science*, pp. 191 - 228; Cf. Dealey, J. Q., Ward, L. F., Ibid., pp. 61 - 96; Hayes, E. C., Small, A. W., Ibid., pp. 149 - 187.

(3) Hankins, F. H., Giddings, F. H., 1855 - 1931, "Some Aspects of His Sociological Theory", *Am. J. Soc.*, Vol. XXXVIII, No. 3 (Nov., 1931), pp. 349 - 367.

(4) Lichtenberger, J. P., Giddings, F. H., 1855 - 1931, *Sociology and Social Research*, Vol. XVI, No. 4 (Mar-April, 1932), pp. 316 - 321.

(5) Small, A. W., "Fifty Years of Sociology in the United States, 1865 - 1915", *Am. J. Soc.*, Vol. XXI, No. 6 (May, 1916), pp. 721 - 864.

(6) Stern, B., Giddings, F. H., Ward, L. F., and Small, A. W., *Social Forces*, Vol. X, No. 3 (Mar, 1932), pp. 305 - 318.

(7) Tenney, A. A., Giddings, F. H., 1855 - 1931, *Columbia University Quarterly*, Vol. XXIII, No. 3 (Sept., 1931), pp. 319 - 324.

(8) Tenney, A. A., Giddings, F. H., *Sociology and Social Research*, Vol. XVI, No. 2 (Nov-Dec, 1931), pp. 103 - 110.

(9) Tolman, F. L., "The Study of Sociology in Institutions of Learning in the United States", *Am. J. Soc.*, Vol. VII, No. 6 (May, 1902), pp, 797 - 838.

# 附录（陈达撰文）

受季亭史教授熏陶或影响的人，不仅是课堂上的听讲者及著述的读者，并须包括 F. H. G. 俱乐部的会员。这个俱乐部是他少数学生所组织的，渐渐变成季亭史氏生活的一部。自 1892 年季亭史在哥伦比亚大学授课起（两年后被聘为教授），至 1928 年退职止，共 36 年。在此时期内听讲的学生人数甚多，因 200 余人的大课堂往往是人满的。即专习社会学而得博士学位者人数亦比较多；就社会学博士中，约有 50 人，因各种关系，变成 F. H. G. 的会员。F. H. G. 是一个非正式团体，每隔两个星期在季亭史氏家中相聚一次，随便讨论各种问题，但对于社会学表示特别兴趣。这个团体是友谊的结合，会员对于老师，因此加上了一个亲爱的徽号，称他为 The Chief 或 The Old Man。老师委实是一位和蔼可亲的长者，对于少年循循善诱。

季亭史教授的书房是非常简雅的，四壁充满了书册，墙间悬挂数幅影片，桌上散置杂志或未成的稿件。F. H. G. 即在此室聚会，大致在晚间，散会后退入饭厅，略用糕点与饮料。饭厅的陈设亦朴素，内有季亭史氏大油画一，最足注意。某夜会员某君，忽自袋中取出一瓶，笑问 The Chief 对于美国禁酒的意见！他人阒然，The Chief 从容说道："此事与个人道德无关，与民治精神更无碍；饮酒不至于醉，国家不可干涉。犹之男子梳发，式样不一，或向头顶两边平分，或向后倒梳，随人自便！"大家多赞成此说，并多希望尝一尝瓶中物！

俱乐部所讨论的问题，不是预先公布的，是临时决定的。有一次讨论监狱的生活，报告人是社会学系高才生某君，他曾经一度因事下狱，亲尝狱中滋味。因此他对于因犯的心理、狱中生活、腐化情形、改良方针各点，有十分透彻的叙述。某君自欧洲归，报告英、德、法诸国的社会学现状，他特别注重德国的社会学，因有一派和美国几位社会学者很接近，也是提倡归纳法与统计法的；但还有一派仍旧努力于社会哲学及理论。

有些机会 The Chief 便谈到他自己的生活及工作。壮年的时代，他曾从事于新闻事业（特别是和《春田共和报》的关系）。编辑室内，进出的人很多，声音又嘈杂。但在这种环境之下，各人还得埋头工作，他逐渐养成了好习惯，可以不理会声音与烦扰。他后来觉得似乎无时无地不可以聚精会神，努力于学问。老师又说当他撰述《社会学原理》（1896 年第一版）时，稿子是完全自己抄的，稿子修改三次，所以抄了三遍。他晚间的睡眠是不充分的，往往有不能成睡的时候，但是他的思想就照常活动，据说有一部分的社会学理论，即在半醒半睡时找到了出发点。

F. H. G. 俱乐部每到一学年终了即开年会一次，寻常是在哥伦比亚大学俱乐部聚餐的，届时外埠会员亦往往参加；席间有会员的演说，有季亭史氏学术同志的演说；或对于某问题或学说提出讨论，或解释与赞扬季亭史教授的学说。最后由 The Chief 演说，有时候以社会学者的眼光讨论及批评时事，有时候讨论与批评他人的学说，有时候提出他自己的新思想，或修改已发表的著作的一部分。

有一次，F. H. G. 开会时，他人尚未来，我一人先到，因此得到与 The Chief 对谈的机会。他说："你是快要回国去了，你问我一个教员应有的态度，我以为对于功课不论是否已有较深的研究，你总要时时努力。久而久之，事实渐熟，学理渐明，你自己对于这门学问渐有把握，听讲者的信仰心亦必随之而增。还有一件事亦是很要紧的，即常与少年人接触。你看我很喜欢和这个团体谈话，多少年来如一日。因为他们的精神是兴奋的，思想是前进的，我和他们在一起，我自己也仿佛是一个少年人了！"言犹在耳，哲人已逝，抚今追昔，感慨系之！

民国二十二年 3 月 22 日

（载《社会学刊》第 4 卷第 1 期，1933 年）

# 智识分子下乡难

　　近来有好些提倡或实行乡村运动的人，一致地主张智识分子下乡。"回乡村去"这一类的文章，在报纸及杂志中，时常看到。他们眼见中国的乡村破产，农民是那样地愚弱，在政治上又受种种的压迫，以为只有智识分子，特别是受过大学教育或专门教育的分子，一齐回乡去拯救他们，农民才有复苏的希望。我们对于这些主张智识分子下乡的人的善意，自然只有敬佩，但他们的主张是行不通的，事实已经很明显地昭示我们了。智识分子不但不肯下乡，而且还有集中于都市的趋势。有一天我在班上与学生讨论这个问题，我问他们毕业后有几个是拟下乡工作的，结果在30人之中，只有1个人举手。这是事实，我想别个人的观察，大致当与此相同。

　　智识分子，为什么不愿意下乡，而愿意集中于都市呢？

　　这个问题当然是很复杂的，但重要的原因，据我的分析，不外以下数种。第一，智识分子的出路，在都市中比乡村中要多若干倍。换句话说，都市吸收或容纳智识分子的力量，比乡村中要高得多。关于此点，我们如把社会中各种职业的性质分析一下，便可了然。世间的职业虽多，但可分为四类。第一类是供给原料的，如农业、矿业、林业、渔业皆属之。第二类是工业，它的作用在把原料制造一下，使其适宜于人类的消费。工业的名目繁多，我们不必细举。第三类是商业，包括买卖、运输、银行、保险、堆栈、交通等等。第四类是自由职业，如教员、律师、医生、工程师、艺术家等皆是。以上这四类职业，除开第一类，其余的三类中，凡是重要的位置，以及需要专门知识的位置，多集中于都市。所以智识分子如想在后三种职业中谋生，就不得不住在都市里面。第一类的职业虽然是散在乡村，然其中如矿业、林业、渔业，在中国或因没有十分发展，或因墨守旧规，智识分子在这些职业中可以插足的机会是很少的。

至于农业，在中国虽然是最要紧的职业，而且是容纳人口最多的职业，但因中国农场太小，用不着新式的人才，农科出身的人回乡村去，真是英雄无用武之地。我的朋友学农的很多，但我细察他们的分布，大部分还是在都市中。这些农业专家，有的是在农学院中当教授，有的在农事实验场中研究，有的在政府的机关中办事。虽然他们的工作直接间接地可以嘉惠农民，但他们本人以及他们的家室，大部分还是住在都市中，并没有下乡去。

乡村中缺乏容纳智识分子的职业，是智识分子不能下乡的第一个重要原因。读者请勿误会，我所说的，乃是乡村中缺乏容纳智识分子的职业，并没有说乡村中缺乏智识分子可做的事。智识分子在乡村中可做的事，诚如梁漱溟先生所说，是很多的。他们可以教乡民识字，为乡村增耳目；他们可以呼喊乡村所受的祸害，为乡村添喉舌；他们可以谋划建设事宜，为乡村添脑筋。这些都是智识分子在乡村中能做的事，我们一点也不否认。但我们愿意指出的，就是这些事都不成为职业，都不能作谋生的工具。孙末楠曾说过，人类的第一件大事，是谋生活。智识分子也是人类的一部，所以也有他的生活问题。假如他回乡去教乡民识字（不是教乡村的儿童识字，那是一种职业，有小学教员负担），去呼喊乡村所受的祸害，去谋划建设事宜，乃是去做改良乡村的事，而非去就业。这时他的生活，试问将如何解决？

智识分子难于下乡的第二个原因，就是乡下缺乏研究学问的设备。我们虽然不敢说，每个大学生在离开大学之后还继续研究他的学问，但至少有一部分人是如此的。这些对于学问有浓厚兴趣的人，知道今非昔比，假如他在乡下住五年或十年，他的知识便要落伍。以前住在乡村中的人，颇有些经学大师、文坛巨子，都市中好学的人，有时须不辞辛苦、不惮跋涉，到乡村中去就教。但今日的学者或专家，没有几个住在乡村中的。他们如是研究自然科学的，便离不开实验室，如是研究社会科学的，便离不开图书馆。实验室与图书馆，都是设在都市中。研究自然科学的，因为采集标本、考察地质，研究社会科学的，因为发掘古物、实地调查，有时也要下乡，不过这都是搜集材料的工作。材料搜集之后，进行分析、比较及撰述等事，便不得不在都市中举行，因为都市中有友朋切磋之利益，有书籍参考的方便，是乡村中所得不到的。不但是研究科学的人要住在都市中，就是那些以创作为事业的文人，那些吟诗、作小说、写戏剧的人，似乎可以没有住在都市中的必要了，但实际他们也都集中于都市。上海是中国最大的都市，那儿文人也最多。他们虽然不一定需要实验室与图书馆，但他们需要印刷业以及同情的读者，而这些多集中于都市，因而他们也离不开都市。

智识分子难于下乡的第三个原因，乃是乡村中物质文化太低，不能满足智识分子生活程度上的需要。智识分子的生活程度较一般农民为高，这是无可讳言的事实。他们在乡村中住下，便感到不舒服，也是许多智识分子所公然承认的。有些人目击这种情形，便作文攻击今日的智识分子，以为他们的生活太贵族化，不能与平民共甘苦。我们暂时不管这种攻击是否正当，我们所敢说的就是事实不能因攻击而消灭，假如这种事实是有很深的心理基础的。人类在历史上的进化，从一方面看去，无非表示人类希求一个更高的生活程度，并努力去达到那个更高的生活程度。舍人类全体而言个人，个人一生的活动，也无非在那儿追求一个较高的生活程度。所以多数的人，对于降低生活程度的劝告，总是不肯容纳，因为这是与他们心理上的要求相冲突的。我们这样说法，并不否认社会上有少数的人受了一种主义或宗教的影响，肯为他们的主义或宗教，牺牲他们的生活程度。像中国历史上的墨子，"摩顶放踵，利天下为之"，便可代表这种少数的例外。既然这是例外，我们便不能以此希望多数的智识分子。

智识分子不肯下乡的第四个原因，便是他们最亲近的家庭宗族、亲戚朋友都不希望他们下乡。那些生长在都市中的智识分子，此时姑且不谈。就说那些生长在乡村中的智识分子，他们的家庭培植他们到大学毕业，对他们有些什么希望？希望他们回去种田么？回去耕地么？绝不是的。他们希望这些智识分子，在学成之后，在外面做点事业，最好是做官，否则也做点别种扬名声、显父母的事，使得一家的人都感觉到光荣。家庭中这种希望，当然要影响到智识分子的行为。所以他们在学成之后，决不作回乡之想，如要回乡，一定要"衣锦回乡"，否则"有何面目见江东父老"？假如有一位智识分子，学成之后，在外面找不到相当的事，因而束装归里，他在家庭中所得到的待遇，一定是像苏秦在兄嫂手中所受的待遇一样。结果，凡是有丈夫气的人，都要离开乡村，到都市中去谋事了。智识分子在中国还是很少的，所以乡村中如出了一位智识分子，不但他的家庭中人对他抱奢望，就是其余的宗族亲戚朋友，都天天热望着这位智识分子做点大事业出来，然后去提拔他们。曾文正公家书中有一段说他的舅舅对于他的希望：

> 己亥年至外家，见大舅陶穴而居，种菜而食，为恻然者久之。通十舅送我，谓曰："外甥做外官，则阿舅来作烧火夫也。"南五舅送至长沙，握手曰："明年送外甥妇来京。"余曰："京城苦，舅勿来。"舅曰："然，然吾终寻汝任所也。"（《道光二十四年三月初十日致六弟、九弟书》）

我想这一类的舅舅，不只曾文正公的家里有罢？岂止母族的亲人对于一位智识分子发生这种寄生的欲望，别种亲人抱有同类的冀求的，正多着呢！在这种冀求空气的压迫之中，岂容智识分子回乡服务？

　　以上所举的这四种理由，虽然未能详尽，但在这些势力的影响之下，我们至少可以看出智识分子何以不愿意下乡而愿意逗留于都市中了。至于这种现象对于乡村发生何种影响，假如发生一种不良影响，又有何补救之方，容当另为文讨论。

民国二十二年 7 月 27 日

（载《独立评论》第 62 期，1933 年）

# 农政局——一条智识分子下乡之路

智识分子集中于都市的情形以及下乡的困难，我在本刊六十二期中已略有论及。这种现象，有许多人认为是可以痛心的。他们把都市与乡村看作两种不相关的个体，好像住在都市中的智识分子只能为都市中的住民服务，假如他们欲为乡民服务，便非下乡不可。这种看法，无疑是错误的。都市中的智识分子，与乡民发生关系的地方很多，我们至少可以提出三点来说。第一，我们知道有一部分智识分子，虽然住在都市中，但他们对于市民与乡民，是有同样贡献的。如新闻记者在都市中办报，乡民也可看他的报；医生在都市中开医院，乡民也可来住他的医院；艺术家在都市中演剧，乡民也可来听他的戏。此外同样的例，不胜枚举。第二，有一部分智识分子，虽然住在都市中，但他们却是为乡民服务的。举一个浅近的例，如南京金陵大学农学院中那些智识分子，我看他们对于南京住民的贡献，是微薄的；但因为他们改良育种，提倡合作事业，对于附近农村中人民福利上的贡献，却是伟大的。再举一个有趣的例。前一个月，国内许多从事农村运动的人在邹平开会，最后他们要举两个值年的人，负责办理明年年会的事。这两个值年的人，对于农村运动是很热心的，也曾办了不少对于农民有益的事，但他们却都是住在都市中的。由此可见，住在都市中的智识分子，也可专心为农民服务。第三，有许多农村中间的问题，只有靠都市中智识分子的努力才可解决，下乡去的智识分子，对于这些问题，几乎无能为力。譬如苛捐杂税，是农民生活中的致命伤，但免除苛捐杂税，不是下乡去的智识分子所能做到的，我们须靠住在都市中的政治家来为他们想办法。又如乡村中人口过剩，以致产生大规模的失业状况，这种现象不是在乡村中努力所可消灭的，须在都市中从事于工商业的智识分子，在发展实业上努力，去吸收乡村中过剩的人口，然后乡村中的失业问题才可以得到解决。

本此三点，所以我对于智识分子集中于都市一现象，并不如一般人那样悲观。我认为智识分子虽然住在都市，但如能在他们自己的职业中尽责，乡村中的人民也可以得到他们的好处。

以上数点，是一般人所忽略的，所以我愿意先提出来说一下。不过主张智识分子下乡的人，自然也有他们的理由。都市中的智识分子无论如何为乡民服务，总还有一部分工作，非下乡去做便做不成的。为完成这种工作起见，我也赞成一部分智识分子下乡。但是智识分子如何便肯下乡呢？劝导他们下乡，也许有一小部分人肯去，但对于整个的乡村问题，是无补的。以办慈善事业的方式请智识分子下乡，也有一小部分人肯去，但对于整个的乡村问题，还是无补的。如欲解决整个的乡村问题，使全国各地的乡村都有智识分子的足迹，非用政治及职业的力量不可，这便是我想提倡于各县设立农政局的意思。中央政府应有农部，县政府应设农政局。我们现在不谈农部，只谈农政局的组织、职务对于农民的影响，以及这种机关设立之后，智识分子如何便可有一部分下乡。

我理想中的农政局，当然是属于县政府的，与公安局、教育局等占有同样的位置。不过农政局中的人都是为服务而去的，他们不是去做官，更不是去发财。他们假如年费国币二万元，便应当给农民做二万元的事，否则只是添了一个剥削的机关，不如不办。农政局的组织，不必要像别个局中那样烦琐，用不着设立许多只吃饭不做事的科员位置。局中至少要用三个受过大学教育的智识分子。一个办理乡村社会调查的事，以为一切改良、一切设计的基础。一个办理推广事宜，把国立或省立农事试验场所得的智识推广于各乡村中，使其与农民的生产发生关系。我们要靠这个推广的人才来加增农民的生产，拯救乡村的破产。第三个受过大学教育的智识分子，应尽全力于乡村组织，使现在乡民所过的那种一盘散沙的生活，转变为有组织有秩序的生活。关于调查与推广两点，讨论的人颇多，不必赘述。关于乡村组织一层，我还有几点意见可述。

现在谈进行乡村组织，第一要定组织的单位。以县为单位太大，以村为单位又太小，折中的办法，应以市镇及其附近乡村为单位。这种单位的范围可以调查出来，现在已有固定的技术可循，不很费事。把全县分为若干单位之后，便由这个对于乡村组织曾有训练的智识分子下乡去帮助乡民组织。其步骤大略如下。先邀集这个单位中的领袖聚于一堂，讨论组织的重要及应当组织的生活。这些领袖，或由县政府指派，或由当地人民选举，应视各地人民智识的程度而定。农政局中的职员所要注意的，就是当利用这些领袖，使他们成为地方上组织事业的重心。领袖团成立之后，便可由它产生许多委员会，每一个委员会负责组织农民某一方面的生活。委员会的性质及多少，当然要顾虑地方上的情形而定。但有几种委员会，我想各地都可组织。第一是娱乐委员会。它的职务，在把地方上的艺术人才组织起来，使本地的住民可以享受本地人才可能的贡献。譬如在乡村中，会唱西皮二黄的人不是没有，会变戏法的人不是没有，会说笑话的人不是没有，会讲故事的人不是没有，只因缺乏组织，所以这些人的贡献只有他们家庭中的人享受到了，别人得不到他们的益处。一有组织，他们便可在大众之前一显身手，这对于表演者及赏鉴者都是有利无害的。试想寂寞的乡村中，有这种娱乐委员会，人民的生活要丰富多少？第二是演讲委员会。这个委员会的职务，便是在相当时期内，请外间的智识分子来为农民演讲，以增进他们的常识。现在全国各县，有很多都有在平津沪汉各处读书的学生，他们中有许多是受县政府或省政府津贴的。这些学生，于暑假或寒假中回家，应当为乡里尽一点义务，至少应灌输一些新智识到乡村中去。但因为乡村中缺乏组织，所以他们虽有服务的志愿，也无服务的机会。假如全国各县都有演讲委员会的组织，那么这些大学生假期中回乡，便可到各地去演讲，这不是一个成人教育极好的办法吗？农政局不但可以事先与本县在外读书的大学生接洽，请其于假期中回县做巡回演讲，还可以在都市中敦请专家，请他们有暇也到乡村去演讲一次或数次。总之，有了这样的委员会，便可充分利用本地在外间读书的大学生，以及非本地人而学有专长的智识分子了。美国各乡村中的教堂，实际上便尽这种职务，许多在都市中读书的中国留学生，便常给他们请去讲中国的问题。假如中国各地有演讲委员会，也可达到同样的目的。第三是图书委员会。乡村中虽然也有读书识字的人，但因为经济的关系，他们买不起外间出版的书报，因而得不到新的知识。如有图书委员会，一方面可以借合作的力量，购置几种报纸与杂志、几本新出版的书籍，成立一个小规模的图书馆；一方面可以写信给在外面读书的、当教授的、经商的本地人，请他们把看过的书报，愿意捐助的，都捐给这个图书委员会。这样办下去，乡民便不会有读物缺少的恐慌了。第四是信用合作委员会。它的职务在组织当地的农民成为一个信用合作的团体，然后以团体的名义，与本地的富户或外面的金融机关接洽放款事宜。用信用合作社借来的款子，利息一定比较低廉，这样，农民便可免除高利贷的剥削，可以减轻他们生活上一个最重的负担了。以上这四种委员会，都有一定的职务可尽，别种类似的委员会，可以组织的还多，这儿不必枚举。不过我们要记得，这种委员会能否组织成功，要看各单位中的领袖团是否尽力，而在幕后推动这些领袖团，监督并且指导这些领袖团的，还是农政局里面的智识分子。假如农政局这个机关可以产生，农政局中主持事务的人是受过大学教育的智识分子，上面所说的理想境界，迟早都可以实现。

农政局的职务既然在服务农民，所以它的存立，一定可以吸收一些志在改良社会而不在掠夺社会的智识分子。同时在农政局服务的人，并不是去办慈善事业，他们是可以支薪的，而且所支的薪水不妨比一般大学毕业生还要高些，以鼓励那些肯下乡服务的青年，并且也可表示社会上对于这种职务的重视。只有用政治的力量，在中国各县安设这些位置，才可吸收很多智识分子下乡，否则智识分子一定都是向都市去，结果乡村中有一部分的工作，必因缺乏人才而无从进行。

民国二十二年 8 月 10 日

（载《独立评论》第 64 期，1933 年）

# 论恢复流刑

《北平晨报》8月18日专电，说是前外交总长罗文干先生，此次奉政府的命令赴新，除却考察西北边疆实际状况，还负有一种使命。这种使命，是与恢复流刑有关的。罗先生自己说：

> 在司法紊乱之今日，各地监狱设备简陋，罪犯充塞，政府近虽有减刑明令，终非根本办法。余此行欲解决者：（一）详察法院施行刑法之实况；（二）妥谋罪犯移边筑路等生计计划及自新办法。前者将据以为修正刑法之张本，后者系整顿司法目前之要图，将与地方官吏及法院当局，详筹实际方策。

罗先生以恢复流刑为整顿司法目前之要图，大约司法界中的人是有许多赞成的。8月23日天津《大公报》谓地方法院将筹募10万元建筑看守所，同时登有一段周祖琛院长的话，周院长说：

> 此次筹修新看守所，目的即在疏监，盖监所简陋人犯拥挤，不特无法讲求卫生，有违人道，即于观瞻诸多未便，是以新所之设，殆极必要。本人意见疏监以外，更应恢复流刑先制，此点部方近已注意，甚望早日可以施行，以为改良狱政之嚆矢云。

总观罗周二人的话，可见他们虽然都主张恢复流刑，但其用意，与前代利用流刑的人是大不同的。中国的流刑，可以说是起源很早。古代的传说，谓虞舜流宥五刑，流共工于幽州，放驩兜于崇山，大约就是流刑的一种。不过在魏晋以前，虽然流放的例子很多，流刑总还没有列为五刑之一。后魏刑名才有死、流、徒、鞭、杖五种名目。此后历代的刑名中，都有流刑一种。宣统二年（1910）的大清现行法律，列大清五刑：一死刑，二遣刑，三流刑，四徒刑，五罚金。流刑共有三种：一为二千里，二为二千五百里，三为三千里。遣刑实际便是较为严重的流刑，计有二种：一为发至极边足四千里及烟瘴地方安置，二为发往新疆当差。由此可见，流刑在中国的历史很长，一直到清末民国初年，方行废除。国民政府的刑名，虽然刑是定为五种（一死刑，二无期徒刑，三有期徒刑，四拘役，五罚金），但已经没有流刑的名目了，直到现在又听到恢复流刑的呼声。我们研究刑罚史的人，对于这种现象，并不觉得稀奇，因为数千年的制度，本不是一下就可使它消灭的。只看汉文帝废除肉刑之后，历代主张恢复的人，真是不可胜数，在朝廷中提出这个问题来讨论，至少也有十次。现在肉刑总算是历史上的名词了，主张恢复肉刑的人，大约是不会再有了。然而流刑的废止，不过是近二十年的事，所以还有人希望它复活。

以前利用流刑的人，把流刑看作一种很重的刑罚，其严厉的程度，只比死刑次一等。在现在交通便利的时代，我们也许以为旅行四千里不算什么事，但在以前，这是很可怕的。一路风霜雨雪，这些犯人能活着达到目的地，已经是很侥幸了。康熙九年十二月十四日，曾有上谕给刑部等衙门，说"流人多有贫者，衣装单薄，无以御寒。以罪不至死之人，冻毙道途，殊为可悯"。可见当时的流犯，在途中的死亡率是很高的。到了目的地之后，犯人是否能服水土，是否可以找到维持生命的工作，都是不可知的，至于精神上的安慰，更谈不到。康熙二十一年五月初九日，又有一道上谕给刑部，对于流犯到目的地后的生活，曾有下面的观察：

（朕）巡行边塞，咨询民间疾苦，东至乌喇地方，见其风气严寒，由内地发遣安插人犯，水土不习，难以资生。念此辈虽干宪典，但既经免死，原欲令其生全。若仍投畀穷荒，终归踣毙，殊非法外宽宥之初念，朕心深为不忍。

流刑给予犯人的痛苦，由此可见一斑。但现在主张恢复流刑的人，并非以流刑较徒刑为痛苦因而主张恢复，只看罗周二人的话，并没有主张"报复说"（theory of retaliation or retribution），便可证明此点。以前利用流刑的人，还有一个用意，就是他们把犯罪的人看作一种可怕可厌可恨的东西，不愿与他们同在一个社会中生活，所以要把他们"放诸四夷，不与同中国"。安置囚犯的地，总要择那人迹罕至的地方，远如汉平帝曾置西海郡，把天下犯禁的人移到那儿去住，近如清朝把犯人发遣到新疆，都含有这个用意在内。不但中国如此，就是英国在17世纪、18世纪把犯人送至新大陆，19世纪把犯人送至澳大利亚，也有同样的心理。但现在主张恢复流刑的人，没有这种用意。因为他们都知道边疆也是中国的一部分，而且是很重要的一部分。据罗先生的意见，送犯人到边疆去筑路，并不是使犯人与内地离开得远些，而是想靠犯人的努力，使边疆与内地联结得牢些。

主张恢复流刑的人，既不是想给犯人以更严酷的刑罚，也不是想把他们投诸"四夷"，与内地的社会隔绝，那么他们的用意到底在什么地方呢？关于这个问题，我们如仔细分析罗周二人的话，便可以得到三种可能的答案。

第一，他们主张恢复流刑，是想以流刑为手段达到疏监的目的。近年犯罪者日渐加增，监狱中常有人满之患，这是凡参观过监狱的人都晓得的。这种状况，对于犯人的卫生以及监狱的管理，都发生一种不良的影响，也是极明显的。所以我们对于疏通监狱的举动，是极端赞成的。但是疏通监狱，是否一定要恢复流刑，却是一个疑问。本来使狱中罪人减少的根本办法，是安定秩序，发展教育，改良政治，提倡实业，使人人皆乐于为善，而不去犯法。不过这种治本的办法，目前是谈不到的，而且远水救不得近火，这种预防犯罪的办法，即使目前切实去办，收效也在将来，对于今日的狱政还是无补的。所以我们不得不于治本的方法之外，讨论治标的办法。所谓治标的办法，在外国行之有效的，最要者有两种：一是假释（parole），二是缓刑宣告（probation）。假释是对于徒刑犯而设的，凡在狱中的犯人，如行为方面有进步，便可于徒刑满期之前，假释出狱，但在此时期内，还要受法官的监督，假如无大过失，期满后便可过自由的生活，假如再犯过失，还是要入狱的。宋元丰中，苏子容曾建议"请依古置圜土，取当流者治罪讫，髡首钳足，昼则居作，夜则置之圜土。满三岁而后释，未满岁而遇赦者不原。既释，仍送本乡，稽察出入，又三岁不犯，乃听自如"，很有点假释的意味。不过苏子容所说的，乃是一种理想，假释的实行，乃是近代的事。缓刑宣告乃是为尚未入狱的某种犯人而设的。这种犯人，或因年幼无知，或因无意犯法，或因还是初犯，法官觉得加以徒刑，对于他们有害无利，所以让他们在某种条件之下，回到社会中去。假如在相当的时期内，他们能循规蹈矩，便可完全恢复自由，否则还可以把他们拘回狱中，执行徒刑。考英美刑罚制度的演化，我们便可知道监狱是继流刑而起的，而假释与缓刑宣告，乃是矫正监狱的弊病而设。所以由流刑至监狱，由监狱至假释与缓刑宣告，乃是一种进步。现在我们如从监狱回到流刑，便是开倒车了。同样可以疏通监狱，为什么不从假释及缓刑宣告等制度上努力呢？

第二，也许主张恢复流刑的人，是想以流刑为手段达到开发边疆的目的。开发边疆，诚然是很重要的，"九一八事变"以及最近的新疆事变之后，我们对于这一点都认识得很透切了。但是开发边疆的方法，应当细心考虑，否则不但不能达到目的，反而要添出一些祸害。我们认为开发边疆的事业，不是犯人所可胜任的。即以罗先生所举筑路一事而论，我们以为与其发遣一些犯人去筑不如就地征工为得计。西北连年荒旱，逃亡的人不知若干，现在还有许多流转道路中的无业农民。西北缺少的是人才，是资本，并不缺少劳工，至少筑路的劳工还是有的。我们为什么不利用这些无业农民去筑路，同时为他们解决生计问题呢？而且我们以工作的能力来说，根据英美的经验犯人总不如普通的工人。理由是很简单的，一因犯人缺少工作的经验，二因犯人缺少工作的动机（犯人工作，每每得不到报酬，即有报酬，数目也是有限的，如国民政府的刑法规定：给予犯人的赏金，徒刑囚不得过该地方普通雇工价的十分之三，拘役囚不得过该地方普通雇工价的十分之五），三因犯人的平均体力不如常人，特别是那些烟犯、白面犯，工作的能力是很薄弱的。所以让这些犯人去筑路，他们是否胜任，还是一问题。至少我们敢说，他们所筑的路，一定不如平常的工人。最后还有一点，就是今日的边疆，在国防上已经占一很重要的地位，所以我们总希望在边疆居住的人民，其智力、体力以及道德思想，不要在内地人之下。现在边疆的生活艰难困苦，已经不能吸引许多内地的优秀分子，假如政府还以边疆为囚犯的尾闾，那么正人君子一定要望边疆而却步了。所以我们如想以流刑为手段去开发边疆，结果一定是把边疆弄得糜烂而不可收拾。

第三，也许主张恢复流刑的人，是想以流刑为手段达到改良罪人的目的。这种目的，诚然是光明正大的，而且还可以表示文明国家处置犯人的趋势。因为近来研究犯罪学的人发现，罪人中有一种最难应付的，便是累犯，他们所犯的，每每是一种有期徒刑的罪，期满出去，不久又犯罪而被拘。由此可见，拘禁并不能改良犯人，如想改良犯人，须在犯人第一次失足时，加以研究，根据研究的结果，定下一个帮助犯人自新的方针，照这个方针进行，也许可以使他感化，回到社会中去，复为良民。所以近代司法界中流行的改良主义，比起惩罚主义来，的确是一进步。但是改良囚犯，不是一件容易的事。在欧美各国，这种责任是由心理学者、精神病态学者、医生、法官、社会学者、社会工作家所共同担任的，而且改良的方法，注重分别地指导，绝无一种办法，可以施诸任何犯人而发生效力。流刑不能达到改良犯人的目的，因为它是用一种方药去医各种不同的毛病。假如流刑实施之后，管理犯人的人还是一些刀笔小吏，督察犯人的人还是一些赳赳武夫，结果不但不能改良犯人，恐怕还会加增犯人对于社会的怨恨，将来成为社会上一个更危险的分子。

根据以上的讨论，我们认为恢复流刑乃是一件有弊无利的举动，现在不必提倡，将来最好也不要见诸实行。

民国二十二年 8 月 24 日

（载《独立评论》第 66 期，1933 年）

# 美国移民律的将来及其对中国移民的影响

从太平洋会议以及旧金山传来的消息，都说美国的舆论，对于中国移民问题，已经改变了态度。以前他们对于中国的移民，主张闭门不纳，现在他们愿意把中国的移民与欧洲的移民一律看待，一样地给以相当的岁额。这件事情，虽然还没有成为法律，但在不远的将来，颇有成为法律的可能。假如这件事情可以实现，对于中国会发生什么影响呢？中国的人口，是否将因此而多一条出路呢？在回答这些问题之先，我们不可不知道美国近数十年对于移民问题的处置。

美国在 19 世纪，因为地大物博、人烟稀少，所以对于各地的移民，一律取欢迎的态度。在这一世纪内，除却对于中国移民曾加以限制，对于其他各国的移民，始终没有拒绝过。中国人到美国去谋生，不知始于何时。我们只知道在 1820 年，美国初办移民统计的时候，已经有中国人到美国去了。但大批的华侨到美国去，却在 1848 年之后，那时旧金山附近发现金矿，这种消息由美国的商人传到广东，打动了中国人的谋利之心，于是有许多人便不避艰险，远渡重洋，到旧金山去发洋财。起初中国人在美国是受欢迎的，因为美国的西部当时还是一片荒地，处处需要人工开发，中国人肯努力工作，肯耐劳吃苦，在这新大陆上，真是满足了一种需要。后来美国横贯大陆的铁路造成了，东部的人民因为旅行便利，迁移到西部去的逐渐增加。同时东部的货物因为运输便利，也逐渐贯入西部的市场。西部的新兴工业受不起东部工业的压迫，有很多关门的，可是谋事的人因为人口加增，却一天一天地多起来了，于是，造成一种失业的现象。在这时，中国人便成为白人的眼中钉了。他们感觉到自己生活之艰难，以为是由于中国人的竞争而起，多一个中国人，白人便少去一只饭碗。于是美国的西部，便发生一种排华运动。美国的国会为满足西部人民的要求起见，便于 1882 年第一次通过限制华工入境的法律。当时的规定，是在 10 年之内不许华工到美国去。1892 年期满，又延长了 10 年。到了 1904 年，美国的国会想出一个一劳永逸的办法，便是通过一条法律，永远不要华工入境，并无期限的规定了。

所以实际上讲起来，华工不能到美国去，已有 51 年的历史了。大战之后，美国好几次通过了限制移民的法律，但这些法律与中国移民并不发生关系，因为中国移民早有法律规定了。但我们为明了最近的发展起见，对于这些法律，不可不有简单的叙述。在大战之前，欧洲移民去美国的数目很多，有些年份甚至超过百万。在大战时期内，美国的政府因为本国人口成分复杂，感到了很多的困难。大战完毕之后，欧洲许多失业的人又都跑到新大陆去谋生，于是美国政府觉得对于欧洲移民也有限制的必要。1921 年，便通过一条法律，规定欧洲各国每年迁移到美国的人民不得超过 1910 年该国侨民寓居美国总数的 3%。1924 年这个移民律又修改了。修改的法律，有两点是很重要的。第一是百分数的降低，以前是 3%，现在改为 2%。第二是百分数的根据，不取 1910 年的人口报告，而采 1890 年的人口报告。第二点的变更是有道理的，因为美国的移民分为新、旧两种。旧的移民多来自西北欧，而且大多数是在 1890 年以前来的。新的移民多来自东南欧，而且大多数是在 1890 年以后来的。现在如以 1890 年的人口报告作根据，来定各国的移民岁额，自然东南欧各国移民的数目便要减少许多，这正是美国人所愿意达到的目的。在这一年的移民律中，还有一条规定，就是凡无资格做美国公民的，不能移往美国。这一条是为拒绝东方民族而设的，因为美国的公民法规定，蒙古种的人民不能做美国公民。这条法律通过之后，反对最力的是日本，我们留心国际新闻的大约还能记得。这条法律自然也牵涉到中国，可是中国早被美国拒绝了，所以此次并不感到什么影响，不过一次两次地被人家通过法律拒绝，面子上有点难看就是了。

1929 年，美国又实行一种新的移民律，规定每年美国只能容纳移民 15 万人，这 15 万人的分配，应以美国 1920 年的人口成分为标准。譬如我们分析美国 1920 年的人口，发现德国人的成分占 16%，那么在这 15 万的岁额中，德国可以占 16%。换句话说，德国每年便可以送 24 000 个德国人到美国。美国的人口来源很杂，移民到美国后，又因通婚，每每在二三代之后，便不能保持原来的血统。我们如去分析一个久居美国的人，一定可以发现他的血液中，含有好些民族的成分。所以分析 1920 年美国人口的成分，断定百分之几来自英国，百分之几来自法国，百分之几来自其他各国，是一件极其困难的事。但是美国有的是专家，行政当局把这个难题交给专家研究了很多时候，居然也弄了一个答案出来。这个答案，从科学的眼光看去是否可靠，我们且不管它。我们所要注意的，就是美国现行移民律所根据的原则。假如美国有一天也给中国一个移民岁额，他们一定是根据这个原则出发的。

美国在 1920 年共有人口 1 亿 571 万余人，其中有 9 400 余万是白种人，其余的 1 100 余万是有色人种。在有色人种中，黑种人占大部分，共有 1 040 余万人。中国人在美国最多的时候，有 107 000 余人。1920 年的人口统计表示，中国人在美国的，只有 61 639 人。我们如愿意知道美国将来要给我们多少移民岁额，先应问美国 1920 年的人口中中国人的成分是若干。依我的计算，中国人在美国人口中的成分，不过 6‰。根据上面所说的原则，中国的移民岁额，应当是 15 万人中的 6‰。换句话说，中国人每年可以到美国去的，不过 90 人。但是美国的法律还有一条，就是可以移民到美国的国家，其最低的岁额定为 100 人。所以我们现在猜想，美国将来如对中国移民开禁，每年也不过让中国去 100 人，再多的岁额是不可能的，因为美国绝不会因为中国改变他们移民律所根据的原则。

由上面的分析，我们可以得到一种感想，那便是：即使美国真对中国移民开禁，对于中国，并不发生影响。中国的人口，号称 4 亿人。我们的人口过剩问题，绝不会因为美国对中国移民开禁而得到解决。因为在 4 亿人中，100 个人真如九牛之一毛、太仓之一粟。这 100 个人有了出路，中国的人口问题还是丝毫没有解决。所以从经济及人口的立场观察，美国将来是否要对中国移民开禁，是无足轻重的。

民国二十二年 9 月 16 日

（载《独立评论》第 69 期，1933 年）

# 评韦白夫妇的《社会研究法》<sup>*</sup>

夫妇而能在学术上合作的，世间本不多觏。合作而有伟大贡献的，尤属绝无仅有。有许多名人著起书来，每于序文的最后一行，提起了他们的太太的功绩，好像没有她们的帮忙，这些书是完全写不出来的。但我们若听信了他们的话，想在这些书的内容里面找出他们太太的帮忙的痕迹，却是找不到的。她们的神秘的贡献，似乎是只有她们的丈夫才能知道的。可是，韦白太太对于韦白先生所曾帮忙的地方，明显得使人都瞧得见。

韦白太太与韦白先生，在没有结婚以前，各人都有著作。韦白太太曾帮助蒲司调查伦敦穷人的生活。蒲司所采用的方法，还是她从别处听来告诉他的。韦白先生在没有结婚以前，在著述界中已经有点名气；但是韦白太太（那时还是波得小姐）到什么地方去演说，韦白先生还愿跟去替她记录，替她送到报馆中去发表。有时在报上发表的演说稿子，比韦白太太演讲的还要精彩，这是最使她倾心的。后来韦白先生向她求婚，最大的理由，便是他们结合之后对于学术界的贡献，比他们分开来干要丰富许多。这个理由，居然打动了这位女学者的心，他们终于在学术合作的基础之上结合了。结合之后，他们的共同研究，发表了不下十余种。这儿所要介绍的书乃是他们根据数十年研究社会的经验而写出来的，可以说是一部内行的著作。

此书共分十二章，除第一章论社会学园地，最末一章论科学与人生外，其余数章，都是讨论方法的。韦白夫妇一生所研究的对象是社会制度，所以他们所讨论的方法，也以研究社会制度为最适宜。不过，在一切研究之先，我们心目中得有若干假设，否则世间事物纷繁，我们将有无从下手之感。他们所谓假设，也有人称为观点。许多研

---

* 标题为编者所拟，原题为《韦白夫妇的社会研究法》。评论的作品详情：Webb，S. and Webb，B.，*Methods of Social Study*，London，Longmans，Green and Co.，1932，Ⅶ+263 pages。

究社会现象的人常犯一个毛病，就是心中只有一个假设，一种观点。甚至有人与他的假设发生恋爱，无论事实如何，总不肯中途抛弃他的假设。这便是偏见，是科学的最大仇敌。所以韦白夫妇劝研究的人，不可只存一种假设，应有若干相冲突、相补充的假设存于脑中，至于将来采取哪种假设，完全受事实的摆布。事实证明哪种假设是对的，便采用哪种假设。事实证明哪种假设是不对的，便放弃哪种假设。但是我们怎样可以得到许多假设呢？韦白夫妇以为应多读书。假如一个人想在某块园地里发现新知识，那么这块园地中的旧知识，他是应当知道的。他在领略这些旧知识时，在考虑书中的见解时，每有许多新的观念、新的假设从脑海中涌出。这些观念与假设，便可作新研究的出发点。

　　研究时可用的方法很多，韦白夫妇在这本书中讨论的约有五种。第一种是札记方法，在这本书中讲得最好。无论中外，在学术上有贡献的人，大约都用过札记方法。记得梁任公先生有一次在清华演讲，也甚称道这种方法。不过著书讨论这个方法该如何应用的，实在很少。所以韦白夫妇书中这一章，是值得刚入大学而有志于社会研究的人一读的。札记方法是搜集材料的一个方法，我们在图书馆中搜集材料时都用得到。平常人做札记，每每做在一本簿子上面，这是要不得的。聪明一点的学生，不用簿子而用活页，这也是要不得的。韦白夫妇主张，做札记的人都用卡片。这种卡片，大小是要一律的。我们到图书馆时，不要带簿子，也不要带活页本，只要带几十张或几百张卡片。搜到好材料时，便把它抄在卡片上。但在抄时应当十分注意的一点，就是在每一张卡片上，只能写一件事。因为只有如此，分类才可方便。在搜集材料完毕之后，把这些分类过的卡片平铺在桌面上，做比较的观察、分析的研究，每每能够得到一个事实发生的原因及其发展的过程。这样做札记，札记方可成为发现真理的工具。

　　第二种研究社会的方法，便是谈话法。以谈话为工具，因而发现你所需要的材料，乃是我们在日常生活中所常用的方法。这种方法，虽然人人会用，然而由此方法而得到的结果，却大有好坏的不同。利用这种方法的人，在谈话之先，对于所谈的问题，应该有充分的预备。假如与你谈话的人对于所谈的问题有什么著作，你非先读一遍不可，否则一定得不到对方的同情与合作。不但自己对于所谈的问题要有充分的预备，同时还要知道对方所能给的是哪一类的材料，然后你所要知道的，一谈便得，不致浪费他人与自己的时间。关于谈话的技术，韦白夫妇在书中所谈到的，没有最近美国两位作家所写的那本谈话法那样详尽（对此法想更进一步研究，可看 W. V. Binham and B. V. Moore, *How to Interview* 一书。此书韦白夫妇亦颇赞许），不过他们书中，有一点是关于谈话道德的，颇值得大家注意。他们以为研究社会的人，绝不可以谈所得到的材料，来损伤与你谈话的人的利益。所以在发表这种材料的时候，绝不可让读者从字里行间猜到供给材料的人。否则人将视谈话为畏途，以后再有研究这个问题的人邀人谈话，人将守口如瓶，不肯尽情倾吐了。

第三种研究社会的方法，便是实地观察法。譬如研究英国的国会制度，那么在国会开会的时候，应当常去旁听。这儿使我想起乌格朋教授的一句名言，他说以后研究社会学的人，不应尽在大学里面。凡有社会问题的地方，就应当有研究社会学的人。他可以在党部里，在工厂里，在法庭里。他可以一面做事，一面观察，将观察的所得报告出来，便可使社会学的文献日渐丰富。这种局内观察法，是研究某种社会制度或社会现象的唯一方法。因为社会上有许多机关是不公开的，不像国会那样让人去旁听。我们如想了解这些机关，只有靠局内人实地观察的报告。韦白夫妇说是伦敦大学的华莱斯教授曾告诉他们一件故事，据说他有一位学生与一位实业家的女儿发生了恋爱，他的岳父说如肯加入他的公司，便把女儿许给他。这位学生跑到华莱斯教授面前诉苦，说是他对于研究最有兴趣，但因为婚姻问题，恐怕非改行不可，研究的事业大约不能继续下去了。华莱斯教授却安慰他，以为他这次结婚，不但有一致富的机会，还有一个最好的研究机会。因为他的岳父所主办的实业，外人知道得很少。假如他把每日的见闻都详细记下来，将来发表出去，一定是一部空前的巨著。这位学生后来果然做了实业家的女婿，可惜华莱斯教授要他写的书却没有写出来。现在社会中，有实地观察某个机关或某种制度的机会的人很多，假如他们能充分利用这种机会，做些报告，公之于世，对于研究社会的人，一定是有很大贡献的。

第四种研究社会的方法是统计法。韦白夫妇对于这种方法，并没有什么新奇的贡献。在他们的著作中，也是利用现存的统计材料的地方多，而自己去搜集新的统计材料的地方少。他们对于分析统计材料的方法，也没有什么发明，不过有一点意见说得很有道理。他们以为利用统计材料时，最要紧的一点，并不是发明什么新的公式，去整理这些材料，而是要去考察，看看这些材料的来源是否可靠。普通的人常有一个迷信统计的毛病，以为凡是用数目字表示出来的事实，总是可靠的。其实数目字有假造的，有靠不住的，假如我们于利用统计材料之先，不去查问一下它的可靠性，那么无论你用什么精密的分析方法，结果还是不可靠的。记得美国统计学者威尔科克斯曾有一次对我们说过，一切的统计学者，可以分作两类。一类统计学者，注意如何制造表格，如何搜集材料，如何使搜集到的材料与事实符合。另有一类统计学者，算学的根底较深，他们总想发现一种新的方法，去整理得到的材料。假如韦白夫妇也可称为统计学者，他们无疑是属于第一派的。

　　第五种研究社会的方法是实验法。实验法是研究自然科学的人所常用的方法，在社会科学中，有许多人认为它是不适用的。假如实验一定是要在实验室中举行的，假如实验的时候，一定要控制所有的元素，只去变动一个元素，以视其发生的影响，那么我们可以老实地说，这种方法在社会科学中是不可能的。不过虽然研究社会的人不能拿社会来试验，但在社会中执行职务的人却天天在那儿试验。禁娼是一种试验，禁酒也是一种试验，查账制度是一种试验，文官考试也是一种试验，甚至苏联的五年计划也是一种试验。这些试验，虽然不是应研究社会者的请求而举行的，但实验所发生的结果，研究社会的人却可从旁观察，根据事实的推演来证明他的假设的是非。禁娼是否可以使娼妓绝迹，禁酒是否可以使人脱去饮酒的习惯，查账制度是否可以灭除贪污，文官考试是否可以免除引用私人的弊端。只看试验的结果，便知分晓。苏联的五年计划表演给我们看，在与资本主义相反的制度之下，生产是否可以增加，失业是否可以废止，经济平等的目标是否有达到的可能。假如我们把社会上的许多行政都当作试验看，去看它的动因、它的过程、它的结果，一定可以发现许多真理。

　　以上所提到的几种方法，除统计法外，韦白夫妇在这本书中都说得很有条理。个案法与地位法是美国社会学者所常用的两种方法，韦白夫妇并没有提到，为此书美中不足之点。

　　最后一章提到科学与人生的关系，把科学的贡献以及它的限制说得十分透切。很多人以为社会科学是无用的，我们与其依赖它来改良社会，不如依赖大人物。大人物在历史上的地位，诚然不可忽视。但是这些大人物，如想减少工人的工作时间，如想降低婴儿死亡率，如想普及教育，如想设立民主政治，还是要靠过去以及现在的经验作向导，还是要靠社会科学所得到的知识来帮助。假如我们想达到一个目标，社会科学可以指出一条适宜的路，这是社会科学对于人生的贡献。不过改良社会，专靠科学是不够的。科学是冷静的，是分析的，它只能告诉我们社会是怎样的，但不能告诉我们社会该怎样。假如人们已经有了目标，科学可以告诉我们如何达到这个目标，但它不能给我们一个目标。替我们定目标，告诉我们社会应当怎样，鼓舞起我们的热情，为一种目的去努力，乃是宗教或主义的职务，科学是无能力的，这便是科学的限制。换句话说，科学可以与人为善，但不能使人为善。它的贡献在此，它的限制也在此。

民国二十二年 8 月 16 日

（载《图书评论》第 2 卷第 2 期，1933 年）

# 裁兵问题的研究

在中国的各种社会问题中，最严重而又最难解决的一个，便是养兵太多的问题。我们说它最严重，因为中国现在最需要建设，最需要近代化，但是这一切受了养兵太多的阻碍，几乎不能进行。我们试举目一观，中国的财政，现在可以说是陷入最大的危机，全年的收入，无论如何是不够开支的，政府在山穷水尽之时，只好靠借公债度日。这种状况，无论管理财政的人是如何的能干，也绝不能长久支持的。造成这种局面的最大原因，便是军费的支出太多，而军费的支出太多，乃是因为养兵太多。谈农村复兴的人，对于时局最痛心疾首的，便是苛捐杂税太多，这些苛捐杂税，使农民在收获丰裕的年岁，也因为剥削太多，还是要过饥寒交迫、儿女啼号的日子。这些苛捐杂税是农民的致命伤，但是我们如问这些苛捐杂税为何会生，一定会发现它与养兵太多也有密切的关系。譬如两年前有人调查甘肃的苛捐杂税，得44种名目：（1）亩款；（2）地丁；（3）罚款；（4）接济费；（5）清乡费；（6）麻鞋捐；（7）皮袄捐；（8）军服捐；（9）麦麸捐；（10）流通券；（11）军骡捐；（12）杂费捐；（13）袜子捐；（14）开拔费；（15）劳军费；（16）商家借款；（17）改装费；（18）粮价；（19）军费；（20）房捐；（21）锅捐；（22）换防费；（23）修械费；（24）补防费；（25）猪捐；（26）架腿；（27）公债；（28）特别借款；（29）临时费；（30）富户捐；（31）交通捐；（32）柴草捐；（33）米面；（34）被褥费；（35）征兵费；（36）总司令大借款；（37）紧急借款；（38）购械费；（39）马料税；（40）水磨捐；（41）修路费；（42）检验费；（43）货物附加税；（44）预征。我们只把这些名目看一下，就可知道其中有一大部分是为养兵用的，其余的部分间接也与军费有关。假如兵的数目没有减少，空谈取消苛捐杂税是无用的。又如中国各地的教育为什么不能发展，中国各地的教师为什么时常欠薪，中国各地的建设为什么时常停滞，已经进行的建设为什么不能继续。一切一切，我们都可以"缺乏经费"来作我们最重要的答案。但是我们如再问经费到哪儿去了，又一定可以发现，因为目前中国养兵太多，一切应当用在建设、富强中国的经费，都给这些兵士消耗完了。

我们用不着对于这一点作更长的讨论。因为凡是留心中国社会问题的人，谁不感到中国养兵太多这个问题的严重性呢？不过这个问题虽然严重，却也不是一时所能解决的。有些人以为中国养兵既然太多，唯一的解决方法便是立即进行裁兵。这种说法虽然痛快，但实际上一定是行不通的。

裁兵在目前难于实行，已如上述，那么我们此时提出裁兵问题来讨论，到底是什么意思呢？我们以为目前谈裁兵，虽然是有点不识时务，但是中国如要现代化，如想走上富强之路，将来总有一天要谈到裁兵问题的。这一天在什么时候来到，我们固然不敢预言，但我们如用历史的眼光来看中国的时局，就可知道这种纷扰的局面、割据的局面，绝不会永久维持下去的。总有一天，天下大势，会如写《三国演义》的人所说的，"分久必合"了。等到分久必合那天来到，自然要谈裁兵问题的。不过裁兵问题是极复杂的，办理如不得当，对于社会可以生出很大的祸害。现在主张裁兵的人虽然很多，但能提出一个完善的裁兵方案来的，可以说是无有。与其将来临时抱佛脚，不如先做一点研究的工作，以为将来实行裁兵时的参考，这便是我们现在提出这个重大问题来讨论的意思。

在过去数年内，正式军队自动裁兵的事虽然罕见，但在内战中失败的军队被动裁编的，却是时有的了。这些军队，有时在枪械被缴后便遭解散，有时还得到几块钱路费，做回乡的费用。这些被解散的军士，其出路是一个值得研究的问题，但一直至今似乎还没有人注意过这个问题。我们从报章杂志中看到的零星记载，知道这些兵士在被解散之后，绝不是个个回家种田，安分守己的。其中有一部分，一定是当土匪去了。土匪的数目如达到数百数千，官兵进剿感到困难的时候，政府每每采取收编的办法，于是这些土匪又变为正式军队了。结果以前的裁兵等于白裁，不但军队的数目没有减少，反而在军队变为土匪、土匪变为军队的过程中，破坏了若干农村，损失了若干人民的生命财产。这样的裁兵，不如不裁。但是在我们对于裁兵问题没有研究之前，请问一切主张裁兵的人，除了给资遣散的办法，还有什么更好的办法？

我们以为在政府还没有实行裁兵之前，大家对于裁兵应如何裁法一问题，须作一种切实的研究。研究的方法，我们现在所想得到的，至少也有两种。第一种是历史的研究。在中国历史上，内乱不知道发生若干次。内乱发生之后，总有一种割据的局面发生，各拥强兵，以争天下。经过若干年的斗争，统一总会完成的。在统一的时候，总有裁兵问题发生。因为以前统一中国的人，总是用武力的，所以他自己一定有一巨大的军队。征服别人的时候，又收集了别人的队伍，所以到统一完成的时候，统一者的军队，其数目是很可观的。历代统一中国的人，如汉高祖、汉光武，以及唐高祖、明太祖等，都遇到裁兵的问题，而且都把这问题解决过。他们所用的方法，很可以作近代人的参考。譬如汉高祖五年（前202），天下已经统一，曾有一道诏令，提到安置兵士。他说：

> 诸侯子及从军归者，甚多高爵，吾数诏吏先与田宅，及所当求于吏者，亟与。
>
> （《前汉书》一下）

他这种裁兵的方法，据我们看来，就比给资遣散的方法要高明得多，因为当兵的人把当兵看作一种职业，他是靠当兵来解决他的衣食问题的。现在如把他裁撤，等于打破了他的饭碗，使他变成一个无业的人。普通无业的人不一定是无家的，他们还有亲族照顾，不致一时便有冻馁之忧。但当兵的人，因为军队的迁移无定，有时驻防的地方也许离开兵士的家乡有数千里。所以一解散，不但是失业了，也是无家可归。这种遣散的兵士，自然有许多要铤而走险了，汉高祖看到这一点，所以在遣散之后，还给兵士田宅，让他们有一个安身立命的地方。这种办法，在今日不一定能够仿效，但它的原则却是可采用的。此外，别人裁兵的方法散见于各史籍中，也是值得去搜集起来，加以研究的。

第二种研究办法，便是对于现在军队中的兵士加以大规模的清查。中国的兵士，号称200万以至300万，但是他们各种情形，至今还是一个大谜。历年来关于兵士的调查，虽然也有几种，但多属于片面的，或局部的，不足供裁兵的参考。我们很愿意看见一个大规模的清查，告诉我们中国兵士的籍贯、年龄、婚姻状况、家庭状况、未入伍前的职业、工作的能力、教育的程度等等。同时我们愿意有人以个案的方法搜集一些兵士的传记，看他们是在哪种环境之下长成的，在生活中有些什么样的经验，为何走上当兵之路，第一次去当兵是在哪种情形之下决定的。这些统计的及个案的材料，可以使我们对于中国的兵士有一个比较清楚的认识，将来裁兵的时候，为这些兵士谋出路，也可以有些事实作根据。因为我们要知道，裁兵虽然是一个社会问题，但直接受到影响的，还是被裁的兵士。裁兵而不为兵士另找出路，结果是不会美满的。但为兵士谋出路，先得了解他们，所以调查他们的状况乃是裁兵的先决问题。这种工作，不是一下就可完成的，所以参谋本部，或国防委员会，或其他的机关，能早日举行这种调查的工作，乃是我们所希望的。顺便我们还可以说一句，便是这种调查的成绩，不但对于研究裁兵问题的人有用，就是对于研究别种社会问题的人，也有相当的贡献。譬如上面所说兵士籍贯的材料，我们如根据它制造一张图表，一定可以发现某省某县兵士的出数非常之多，另外也许可以发现某省某县几乎没有当兵的人。我想出兵甚多与出兵很少的县，其环境一定有大不相同的地方。我们如去做一种比较的研究，看看造成这种相异状态的元素何在，定还可以发现许多事实，此为研究贫穷、犯罪、农村破产等问题的人所想知道的。所以关于兵士状况的调查，不但从解决实际问题的方面看去是极重要的，便是从研究学理的方面看去，也是一件极有意义的工作。

民国二十二年 10 月 5 日

（载《独立评论》第 72 期，1933 年）

# 世界上的四种国家

国家分类的方法很多，我们可以从政治的观点去分类，也可以从经济的观点去分类，可以从宗教的观点去分类，也可以从教育的观点去分类。但这些分类，都不是我这篇文章中所要讨论的。我这儿所说的世界上的四种国家，乃是根据人口密度及职业分派两点所分析的结果。

先概括地说一下这四种国家的特点。

第一种国家，人口密度颇高，但在农业中谋生的人，其百分数比较低。

第二种国家，人口密度颇低，但在农业中谋生的人，其百分数也比较低。

第三种国家，人口密度颇低，但在农业中谋生的人，其百分数比较高。

第四种国家，人口密度颇高，但在农业中谋生的人，其百分数也比较高。

这四种国家的生活程度，以及人们在生活中所遇到的问题，都是不相同的。我们愿意把每种国家举一两个例来讨论一下，同时也要看看中国在这四种国家中，属于哪一种。

第一种国家，可以拿英、德两国来做代表。英国的人口密度，每方公里是 181.2 人，世界各国，除却比利时、荷兰两国，就要算英国的人口密度最高了。德国的人口密度，每方公里是 133.1 人。我们如知道世界各国的人口密度，每方公里在 100 人以上的，只有七个国家（除却上面提到的四个国家，还有日本、意大利、捷克斯拉夫），就可知道英、德两国的人口密度是颇高的了。英国人在农业中谋生的，比率最低，只占有职业的人的 6.8%。德国人在农业中谋生的，也不到有职业的人的 1/3，只占 30.5%。概括地说，这一种国家，本国的农产物大都不能维持本国人的生活，所以不得不于农业之外发展别的实业，特别是工业。它们便把工业的制造品卖给别国，再以赚来的钱从他国买进粮食，来维持本国过剩人口的生活。据哈佛大学易司特教授的估计，英国的农产物只能维持本国 41％的人口的生活。其他各国的农产物，如苏联，只能维持本国人口的 72％，意大利只能维持本国人口的 64％，比利时只能维持本国人口的 37％。又如日本，人口总计有 6 000 余万人，但本国的粮食只能养活 4 000 余万人。所以这些人口密度过高的国家，许多都靠别国土地的生产来维持其生活。这些农业不能自给的国家，既然要靠自己的工业品去换别人的农业品，所以它们在国际贸易上的市场如给别人占去了，本国人的生活便要起很大的恐慌。我们可以拿英国近年来的情形做一个例子。英国的纺绩工业，在各种工业中是最发达的。他们纺绩出来的货物，有 4/5 要运到外国去，本国的市场只能销去 1/5。这些运往外国的纺绩品，在英国的出口货中占一个极重要的位置，它的价值要占出口货全体价值的 20％，有时或达 30％。这些纺绩品，假如在国外的市场上销得出去，以所赚来的钱换得粮食归来，那自然是很好的。不过英国的海外市场并不是颠扑不破的。在 1890 年，英国的纺绩品有 40％销在印度，近来只能销 30％了。以前有 11％销在中国，近来只能销 8％了。东方的市场，在 1910 年要销英国出口的纺绩品的 56.4％，1920 年便降低至 43.6％。在 1913 年，英国出口的布匹长达 70 亿码，近来只有 45 亿码。英国在东方的纺绩品市场衰落的重要原因，一是印度与中国的纺绩工业日有进步，二是有日本与之竞争。这两种势力，不是英国工业的能力所能打破的。所以英国纺绩品市场在东方的丧失，不是暂时的现象，而带有永久的性质。英国的失业问题，有一部分未始不是这个重要的原因造成的，所以专靠国外的市场来维持国内的工业，乃是很危险的。

不过这些农业不能自给的国家，其危险还不止此。我们还是以英国来做例子。英国现在粮食不能自给，所以要向外国买进粮食。现在供给英国粮食的主要国家，有澳大利亚，有加拿大，有印度，有阿根廷。印度的人口密度是比较高的，所生产的粮食，大部分自己消耗，只有一小部分运出。这一小部分能够运出，乃是因为印度人的生活程度太低，正如中国近年有鸡蛋输出，并非因为中国人自己吃了还有很多，乃是中国大多数的人民还没有达到吃鸡蛋的生活程度所致。假如印度的生活程度略为提高一点，便没有多余的粮食运出。其余的国家有食物运出，乃是因为本国的人口稀少，农产品用之有余。但是这些国家的人口，还在那儿膨胀。有一个学者估计，加拿大与澳大利亚在 30 年之后便不能有食物输出，因为在这 30 年内加增的人口，要把余下来的食品都消耗了。这个估计也许是不对的，不过这些国家将来或无食品输出，并不是不可能的事。只看美国在 19 世纪输出的食品，数量甚巨，近来因为本国的人口加增，输出的数量便减少了。假如现在有食物输出的国家，将来停止或减少食物的输出，那么这些农业不能自给的国家，又要遇到一个严重的问题。由此看来，本国的农业不能自给，想靠别种实业来维持过剩的人口，虽然是一个普通的办法，虽然是一个为许多强国所采用的方法，却也是一个带有危险性的方法。

第二种国家，可以北美的加拿大、美国，南美的阿根廷，海洋洲的澳大利亚、新西兰等国为例。这一些国家，除去美国，其余四国的人口密度，每方公里都不到 5 人。美国的人口密度，每方公里也只有 15.6 人。除开加拿大不算，其余的国家，从事农业的人口，都不到 30％；从事工业的人，都比从事农业的人还多。加拿大国中从事农业的人，也不过 35％。它们从事于农业的人甚少，乃是与第一种国家如英、德等相仿佛的。但有一点与它们却大不相同，便是这些人口密度较低的国家从事于农业的人虽少，但农产品却可自给。不但可以自给，还有盈余，可以出售。这些国家的生活方法，是最可羡慕的。它们国中从事农业的人，大都用机器生产，所以每家的农场很大，每人的效率极高。美国从事于农业的人，不过 1 000 万左右，但美国在 1926 年所产的小麦，要占全世界的 22.8％；所产的玉米，要占全世界的 60.9％；所产的棉花，要占全世界的 62.2％。他们以少数的人在农场上工作，便可供给全国人民的衣食而有余。其余人口的时间与精力，便可用在别的上面，来加增国内人口的福利。那些在工业中谋生的，也是用机器来制造物品，所以他们的效率，也较别国的工人为高。1927 年，李德教授曾在《大西洋月刊》中发表了一篇文章，比较各国的工人效率，以中国为最低，美国为最高，如下表：

| 国名 | 工作效率 | 国名 | 工作效率 |
|---|---|---|---|
| 中国 | 1 | 印度 | 1.25 |
| 俄罗斯 | 2.5 | 意大利 | 2.75 |
| 日本 | 3.5 | 波兰 | 6 |
| 荷兰 | 7 | 法国 | 8.25 |
| 澳大利亚 | 8.5 | 捷克斯拉夫 | 9.5 |
| 德国 | 12 | 比利时 | 16 |
| 英国 | 18 | 加拿大 | 20 |
| 美国 | 30 | | |

换句话说，美国 1 个工人的生产力，能抵得过 30 个中国工人，这并不是因为美国的工人有天生的神力，为中国人所不及，乃是因为他们有机器帮助。他们工作的效率既高，所以工资也高；工资既高，购买力便大；购买力既大，生活程度自然便提高了。现在世界上，没有哪一国人民的生活程度，可与美国相颉颃的。美国能做到这一步，从我们的观点看来，一因人口与土地的比例保持得很适当，既不过多，也不太少；二

因他们在各职业中的分派甚为得法，所以能够做到农业既足自给，工业也很发达。各职业中的人民，彼此交易货品及服务，因而可使全国人的生活程度得到平均的提高。我们于此又须注意的一点，便是美国工业品的出路与英国不同。英国的海外贸易极其重要。美国本国有 1 亿以上的人口，所以国内市场较之海外市场，尤为重要。这种建筑在国内市场上的工业，其基础自较稳固，其危险自然较低。加拿大与阿根廷等国，现在是向美国那条路上走，将来人口加增一些，能够充分地利用本国的富源时，也许可以步美国的后尘，与美国人享受类似的生活程度。不过我们虽然赞美这些国家的人口密度及职业分派，并不就是说这些国家中的人民生活已无问题。近年美国各业的衰落，以及失业人数的众多，表示他们的生活里，还有很严重而亟待解决的问题。但是解决他们的问题，须从经济制度上着手，不是改良人口密度及职业分派所能救济的，所以不在本题讨论之内。

第三种国家，可以苏联为代表。苏联的人口密度，每方公里不过 6.9 人，与第二种国家相仿佛。但苏联的职业分派，根据 1926 年的统计，却与第二种国家大异。他们在农业中谋生的，占有职业的人的 86.7%，在工业中谋生的，只占 7.7%。由此可见，苏联在实行五年计划以前，还是一个农业国家，一个人口密度很低的农业国家。与苏联的情形相仿佛的，世界上大约还有，不过这一类的国家文化比较落后，统计每不完全，我们很难引证来作参考就是了。苏联的问题，不在人口与土地的比例，而在职业上的分派。他们从事于农业的很多，但他们的农业，在五年计划以前，与美国有一点是大不同的，便是用机械的地方很少。现在他们的计划，一方面想法使农业机械化，一方面设法发展农业以外的实业，如工业、交通业之类。假如有一天，苏联能使在农业中的人数降低到 30% 以下，同时在农业以外谋生的人数也能加增到相当的程度，那么苏联人的生活程度一定比现在要提高许多，远非欧亚诸国所可及了。不过那一天如果来到，苏联便不是我这儿所说的第三种国家，而成为第二种国家了。它在人口密度上，将与美国相仿，在职业分派上，也将与美国相仿。这两个国家，都有 1 亿以上的人口，都有巨大的富源，所不同的只在经济制度一点。那时我们比较两国的生活程度，便可发现到底资本主义国家中人民的享受，是否比得上社会主义国家。

除却上面所说的三种国家，还有第四种国家，其特点有二。第一，他们的人口密度比较高，每方公里的人口在 50 人以上。第二，他们的谋生方法，以农业为主体，在农业中的人口，要占 70% 以上。换句话说，他们的人口密度，有点像第一种国家，但职业分派，却像第三种国家。他们与第二种国家，刚好处相反的地位，毫无相同之点。这一种国家，可以亚洲的印度，欧洲的保加利亚、罗马尼亚为例。我们中国也属于这个团体。这些国家的人口有一共同之点，便是贫穷。国民主要的谋生方法虽然是农业，但因国内人口繁密的缘故，每家分得的农场平均便不很大。他们辛辛苦苦，靠自己的劳力在农场上做工，一年的收入最多只能做到"温饱"两字，一遇凶年及灾乱，便有冻馁之忧。他们的收入不多，所以除却衣、食、住的消费，便没有别种享用可言。他们终年碌碌，所为何来，无非自己要吃饭，一家人要吃饭而已。吃饭这一件事，在生活程度高的国家虽然也占一个重要的位置，但他们除去吃饭，还有别种享乐。据 1913 年的调查，澳大利亚工人的费用，平均花在食物上面的，只占 34.8％。又据 1918 年的调查，美国 12 096 个劳工家庭，平均用在食物上的款项，占全体用款的 38.2％。1922 年至 1924 年之间，美国劳工局调查了 2 886 个农民家庭，发现他们用在食物上的款项，占全体用款的 41.2％。他们多余的金钱，便用在别的上面，以满足他们生活上的欲望。但是像印度、中国这些国家，情形便大不同。根据 1913 年至 1914 年的调查，印度孟买的工人，全年的消费用在食物上的，要占 81.7％。中国各地人民的生活程度不一，但大多数的农工阶级，全年金钱消耗在食品上面的，要在 60％以上，高的要在 80％以上。他们在食物上面所花的钱，其百分数虽如此之高，但从营养方面看去，还远不如欧美的工人。别的享受，更不能比较了。这种悲凄的现象，一方面表示这些国家里人口过多的压迫，一方面也表示人力的未尽，不知在农业以外去开生财之源。为提高这些国家人民的生活程度起见，人口密度与职业分派两点都需要改良。

　　总括起来，我们可以说，从我们的观点看去，第一种国家，人口密度需要改良。第二种国家，人口密度与职业分派皆颇合适，可为模范。第三种国家，职业分派需要改良。第四种国家，人口密度与职业分派都有改良的余地。中国既然属于第四种国家，那么中国人的问题最为艰难，而中国人对于改良的工作，也应当特别努力。

民国二十二年 10 月 28 日

（载《独立评论》第 75 期，1933 年）

# 民族学材料的利用及误用

民族学是一门新兴的科学，它的职务，是研究初民社会或野蛮部落中的各种生活状况及其文化成绩。这种研究的报告，每年都有许多印行出来。研究别种社会科学的人，常常利用这些报告中的材料，来解决他们科学中的许多问题，就中以在社会学的园地中工作的人，利用民族学材料的地方为最多。他们要用民族学材料，大略有下列数点原因。

第一，一部分研究社会学的人，以为近代的文明社会太复杂，不易了解。但是文明社会中的各种制度，其模式（pattern）在原始社会中都找得到，所以如欲了解近代社会，可从原始社会下手。譬如近代的货币制度，包括金银本位问题、钞票问题、银行问题、汇兑问题、信用问题、物价涨落问题，是非常难懂的，我们如想从这些复杂的事实中去了解货币的功用，不知要花去多少工夫，才可以达至目的。但是我们如到原始社会中去研究贸易的情形，那么货币的功用便可一目了然。有了这种智识作根据，再来研究近代的制度，是一个由简至繁的自然步骤，收效一定是事半功倍的。这样研究原始社会，乃是为了解近代社会立基础，当然是可取的。

第二，研究社会学的人，从民族学的材料中，可以看出一种社会制度有多少表现的方式。中国的老学究以为，男女的结合只有一种可能的方式，便是父母之命、媒妁之言。那些到欧美各国游历过的人，知道此方式之外，还有自由恋爱的方式。不过我们再进一步，去看初民社会，就知道除却这两种方式，还可以有掠夺的方式，交换的方式（甲娶乙家的女儿，乙娶甲家的女儿），服务的方式（婿住岳家服务若干年，便可得妻），购买的方式，租借的方式，转让的方式（甲看中了乙的妻子，可以出若干代价，求乙转让），继承的方式，赠予的方式，以及其他各种不同的方式。又如婚姻制度，在文明的国家中，只知道有一夫一妻及一夫多妻的方式，但从民族学的材料中，我们还可以发现下列种种方式：（1）一妻多夫。（2）团体婚姻。（3）试婚，即以若干时日为期，期满如女方未生子或未受孕，可以解婚。（4）暂婚，即男子出猎或远行，与女子定数月或半年之婚约，期内同居并尽经济上互助的义务，期满解散。除婚姻外，别种社会制度，我们也可在初民社会中发现种种不同方式。由这类的研究，我们可以知道，在不同的情形之下，人性有何种不同的适应及表示，许多环境论与遗传论的官司，都可以利用这类的材料来解决。

第三，我们可以利用民族学的材料，来研究文化中各部分的相互关系。譬如现在最流行的经济史观，以为文化中的经济部分，对于别的部分有莫大的影响。经济组织是社会的基础，别的文化，如家庭、政府、宗教之类，都是上层建筑，只要经济组织变动了，别的文化非跟着变动不可。我们很可利用民族学的材料，来考察这种理论是否可靠。英国已故的社会学者霍布浩，就做过这种工作。他搜集了好些关于初民社会的报告，依着它们的经济状况，分为八组：（1）低级游猎民族；（2）高级游猎民族；（3）与农村为邻的游猎民族；（4）低级畜牧民族；（5）高级畜牧民族；（6）低级农业民族；（7）中级农业民族；（8）高级农业民族。这八组的生产方法，是不同的。霍布浩更进一步，分析这些民族的别种文化，看它们是否因生产方法之不同，而呈不同的花样。结果不尽然。生产方法不同的民族，在别的文化部分可以相同，如低级游猎民族中有母系家庭制，在高级农业民族中也可以有母系家庭制。反之，生产方法相同的民族，在别的文化部分尽可大不相同，如中级农业民族有行一夫一妻制的，也有行一夫多妻制的，也有两种制度兼行的。霍布浩的研究，是从经济制度出发的。我们可以仿效他的方法，从政治制度出发，或从宗教制度出发，看看在不同的政治制度及宗教制度之下，别种文化是否也不相同。这种事实的研究如果加增起来，也许有一天，我们可以回答社会学中一个中心的问题，便是各部分文化相互关系的问题。

以上所提出的三种人，可以算是善于利用民族学材料的，可惜在中国做这种工作的人还不很多。另外还有一种人，他们一样利用民族学的材料来解决一个理论的问题，可是这一种人，与其说他们利用民族学的材料，不如说他们误用民族学的材料。我所指的这种人，便是那些以进化论的眼光，想从民族学的材料中来追溯文化演进的过程及阶段的。中国现在能利用民族学材料的人虽少，而误用民族学材料的人，却已层出不穷。特别是摩尔根的《古代社会》一书，已经译为中文，许多研究社会的人，受了他的暗示，误入歧途的颇为不少，所以我们对于这一派的学者，不得不加以批评。

这些误用民族学材料的人，脑筋中都有一个问题，而这个问题，又不是用历史上的材料所能解答的。他们研究文化的发展，从现代追溯而上，到没有历史记载的时代，还没有看到这些文化制度的起源。人类的历史，最少也有百万年，其中只有数千年有历史的记载。所以人类所演的戏，前几幕的情形如何，不是从历史中可以得到答案的。但是研究文化史的人，总要想法去猜这个文化源流的谜。他们既然从历史中得不到答案，便转移眼光，到民族学的材料中去求答案。他们以为这些文化落伍的民族，可以代表我们老祖宗的情形，假如我们想要知道我们的祖宗过的是什么生活，只要去看看这些野蛮民族就行。用这种眼光去研究民族学的人很多，到了摩尔根，可谓集斯学之大成。他的《古代社会》是于 1877 年出版的，他在这本书的第一章里把人类文化史分为七个时期：（1）野蛮初期，自有人类起至火的发现及知捕鱼为止。（2）野蛮中期，自知捕鱼及用火起，至弓箭的发明为止。（3）野蛮上期，自弓箭的发明起，至陶器的发明为止。（4）半开化初期，自陶器的发明起，在东半球，至畜牧的发明为止；在西半球，至玉米的种植及灌溉技术的发明为止。（5）半开化中期，起点已如上述，止点为铁的发现及利用。（6）半开化上期，自铁器的利用起，至文字的发明为止。（7）文化时期，自文字之发明起以至于近代。摩尔根以为在野蛮社会中发现了我们文明社会的上古史，所以他说，假如我们想知道我们的祖宗在野蛮时期的生活，可以去研究澳大利亚的野蛮民族。如想知道他们在半开化时期的生活，可以去研究北美的红印度人。

摩尔根所定的阶段，是以全文化为对象的，此外还有研究经济、家庭、政治、宗教、艺术等制度的人，用同样的方法，把每种制度的演化分为若干阶段或若干时期，如把经济的进化分为采集、渔猎、畜牧、农业、工业等时期，把家庭的进化分为杂交、团体婚姻、母系、父系、一夫一妻制等时期，乃是最流行的。他们所根据的材料，差不多都是民族学的材料，因为上面已经说过，历史家是不能告诉我们人类原始的情形的。

为什么我们要说这些阶段论者误用了民族学的材料呢？

第一，我们要知道阶段是一个时间的概念，而民族学所供给我们的，乃是一些空间的材料。民族学告诉我们，澳大利亚有些民族还在过采集的生活，非洲有些民族过畜牧的生活，美洲的红印度人过农业的生活。澳大利亚的民族是否会发展到畜牧的阶段，科学家如只是根据事实说话，自然不必预言。红印度人是否经过了前两个阶段或前三个阶段而达到农业的阶段，科学家如只是根据事实说话，自然也无从推测。摩尔根的阶段论以及其他学者的阶段论，若是关乎有史以前的，都是一种假设。这种假设，不是用民族学的材料来变戏法（把空间各民族的文化方式，变为时间的各阶段，等于一种变戏法）所可证明的。

第二，阶段论是与许多文化传播的事实相冲突的。我们知道文化的发展不只靠本族的发明，也靠异族文化的传播。非洲用石器的人，不必经过铜器的阶段就可以到铁器的阶段，因为那些用石器的人一与用铁器的欧洲人接触，就用起铁器来了。拜物教通行的民族，不必要经过若干时期的发展才达到一神教。欧美的传教士在他们的社会中活动，就可使他们的宗教向另一途径发展。所以这种循序渐进的阶段论，是与许多事实不符的。

第三，阶段论没有知道文化的发展是可以循四种不同路线的。同样的起源，同样的结果，是第一路线，也是阶段论者所看到的路线。异样的起源，同样的结果，是第二路线，或可称为殊途同归的路线。如希腊时代，有奴隶生产制度，美国的南部，在19世纪初叶以前也有奴隶制度，但这两个国家是由异样的起源达到同一制度的，它们在采用奴隶制度以前的社会状况是绝不相同的。同样的起源，异样的结果，是第三路线，如基督教的起源是相同的，但在意大利，在西班牙，其发展的结果与在英美的基督教不同，便是一例。异样的起源，异样的结果，是第四路线，我们如以现在文明各国的文化与天涯海角的部落文化相比较，便可明了此点。假如我们承认文化的发展可以有后列的三条路线，便不能承认阶段论。

由于以上的讨论，我们便可知道文化并无循一固定路线发展的理由，也无可以证明人类以往文化系循一固定路线发展的事实。那些想从民族学的材料中追溯人类文化发展史的，不是缘木求鱼，便是刻舟求剑，结果一定是劳而无功的。

民国二十二年 11 月 18 日

（载《独立评论》第 78 期，1933 年）

# 恋爱与婚姻

韬奋兄：

克士先生《恋爱和贞操》一文所引起的讨论，我虽然早已看到了，可是克士先生的原文，到今天才得入目。关于这个问题，你要我也加入讨论，我现在把我的意见分作几点，大略叙述如下：

第一点我要说的，就是在现代的社会中，恋爱是不自由的。克士先生说："自从五四运动以后，报章杂志上时常有人提议：恋爱是应该自由的。"他所说的是"应该"，是心目中的理想，但在现实的社会中，恋爱是有许多限制的。社会上不许有夫之妇与人恋爱，也不赞成有妇之夫与人恋爱，更不赞成已婚的男女与未婚的男女恋爱。社会所允许的，只是未婚男女间的彼此恋爱。社会所以定下这些规矩来，无非要维持秩序，避免冲突。假如现在有一个男子，不以社会的规矩为然，以为恋爱应绝对自由，根据这条信仰出发，他去追求一个有夫之妇，结果不是挨打挨骂，便要受法律的制裁。到那时，他的经验会告诉他，恋爱是不自由的，恋爱是要在范围以内行使的。

第二点我要说的，就是在现代的社会中，恋爱是一个过程，并不是目的。恋爱乃是达到婚姻的过程，婚姻才是恋爱的目的。我想如把这一点弄清楚了，那么克士先生与许多读者的争论，也许可以避免。克士先生只在那儿讲恋爱，而读者却在那儿谈婚姻，所以这个说无条件，那个说有条件，弄得缠绕不清。其实爱一个人而愿意与他性交，与爱一个人而愿意与他结婚，完全是两件事。前者需要的条件甚少，后者需要的条件甚多，前者是社会所不许，而后者是社会所允许的。我承认克士先生所说，构成恋爱的基本条件，是两性间的"性的欲望"。在初民社会中，我们也常听说有所谓恋爱的结合。这种社会中的男女，假如彼此爱慕，便可实行性的生活。性的生活完毕，你走你的，我走我的，两不相涉。将来两人相遇，假如"两方的欲望趋向于一致"，还可以再来"灵肉一致"的生活。这种社会里面，也有婚姻制度，但婚姻的基础，或为经济，或为家庭，与恋爱可以不发生关系。但在今日的社会中，恋爱与婚姻分开，是不可能的。假如一个男子去追求一个女子，得到女子的好感后，便对她说，我们的结合只是恋爱的结合，不必要经婚姻的手续，恋爱在则接续同居，恋爱亡则彼此分手，我想这位女子一定不答应他的要求。因为现在中国的经济制度、道德观念、男女地位，还不允许与婚姻脱离的恋爱。既然恋爱与婚姻不能脱离，恋爱不过是达到婚姻的初步，那么我们便可以说，在现在的社会中，婚姻的条件便是恋爱的条件。或者我们可以这样说，在现在的社会中，婚姻是有条件的，所以影响到恋爱也要有条件。

我们讨论问题要顾到现实。克士先生所描写的那种纯恋爱的结合，在过去的社会中，有行过的。在将来的社会中，假如男女都有职业，假如儿童可以公育，假如卫生的知识已经普遍，假如节制生育的技术人人都知晓，假如大家都放弃了贞操的信仰，那么恋爱的结合，未尝不可再现于世。我可以猜想到那种社会中，两位都能自立的男女，从工厂归途中的一段谈话：

乔治说："玛丽，今晚有空吗？我来与你同居好吗？"

玛丽说："对不住，昨天我已邀了彼得今晚来作伴。假如你高兴的话，隔两天来好吗？"

乔治说："好，就那样办罢。我今晚也许去找你的朋友安娜。再会罢。"

乔治与玛丽，除却恋爱时，是很少在一起的，所以可以不必顾虑别的条件。现在的婚姻生活，与此便大不同了。在婚姻生活中，性生活虽然是主要的生活，但非唯一的生活。从时间一方面看来，性生活所占的时间极短，而其余的共同生活，所占的时间极长。在性的生活里，思想、性情、教育这些东西，都无重要的关系。但在其余的共同生活里，思想、性情、教育程度、治家能力、社会地位、经济状况等等，便要发生很大的影响。婚姻生活的成功与否，与上述那一些元素都有关系。因此在现代的社会里，我们与一个人发生恋爱，不可只看到对方能满足性的欲望与否（虽然这一点是很重要的），还要考虑对方别的条件。不但对方别的条件要考虑，就是对方的家世及其遗传方面，也要考虑。假如只以恋爱为婚姻的基础，这种基础是很薄弱的。

这封信已够长了。关于贞操问题，说来话长，只好将来有机会再谈。上面所说，假如你与克士先生有什么批评，我是很欢迎的。

景超<br>六月二日

［载《生活（上海 1925A）》第 8 卷第 31 期，1933 年］

# 革命与建国

蒋廷黻先生在本刊第八十号里，写了一篇《革命与专制》，在他文章的结尾，有句话说："现在中国作国民，应该把内战用客观的态度，当作一种历史的过程看，如同医生研究生理一样。"

他那文章里的意见，我有一部分是不能表同情的，但这一句话我却十二分地赞成。我对于他提出的问题，也曾下了一点工夫。几年以前，我受了西方讲革命理论者的暗示，便想从中国的内乱史上去下一番分析，看看能否找出一种内乱的法则来。两年以前，曾在《金陵学报》一卷二期中发表了我的研究成绩的一部，题为《一个内乱的分析——汉楚之争》。在那篇文章的结论里，我曾说过：

> 内乱有起点，有归宿，有中间的过程。总之内乱的头绪并不繁杂，而有系统可寻。这个系统有如下表：
>
> 苛政→人民不安→革命→现状推翻→群雄争权→统一完成→善政→和平恢复

我这儿所提出的系统，便是蒋先生所说的历史的过程。这个系统，经过好些朋友的讨论，以及我本人两年来的思考，觉得字面上还有可以修改的地方，但大体还是可以保存的。现在为讨论的方便起见，我愿意把上面所说的八个阶段，分作三期：

第一期自苛政至现状推翻，可以称为"打倒旧政权的时期"，又可称为"革命第一时期"。

第二期自群雄争权至统一完成，可以称为"创立新政权的时期"，又可称为"革命第二时期"。

第三期自善政至和平恢复，可以称为"建国时期"，又可称为"革命第三时期"。

假如用这个观点来观察时局，我个人的私见以为，自清室推翻以后，这20余年，我们闹来闹去，还没有跳出革命的第二时期。本来这个时期，在历史上长短是不一定的。短的如秦政权的推翻到汉政权的创立，中间不过 5 年。长的如东汉末年董卓政权之推翻到晋政权的创立，中间竟闹了八十八年*。所以我们如用历史的眼光来看，中国 20 余年来的混乱，乃是革命中必走的过程，而且 20 余年还不能算是最长久的。也许有人要问：革命为什么一定要经过第二个时期？打倒旧政权之后便进行建国的事业，不是最经济的办法么，为什么革命者都不走这条捷径呢？这是一个很难回答的问题，但我们从历史的研究，也可得到一个局部的答案。我们以为旧政权推翻之后，便有群雄割据的情形发生，第一是因为参加推翻旧政权的人，除推翻现状外，对于别种主张、别种政策，并不一定有一致的信仰，所以每于现状推翻之后，便分道扬镳了。项羽与刘邦，在推翻秦室之前是合作的，秦室推翻之后便分裂了。刘秀与刘玄，在王莽的政权未推翻之前是合作的，王莽推翻之后便分手了。其他类此的例，不胜枚举。第二是因为参加推翻旧政权的人，各人都有野心，谁都愿意做领袖，谁也不甘居人下，所以在野心与野心相冲突的时候，自然革命的势力便分裂了。上面所说的项羽与刘邦，两个都是有野心的人，一个看见秦始皇，便说"彼可取而代也"；另外一个看见秦始皇，便喟然太息，说是"大丈夫当如此也"。试问这两个有野心的人，如何可以合作？即使当领袖的人没有野心，那些"攀龙鳞，附凤翼"（用耿纯劝刘秀语）的人天天从旁怂恿，也可把首领的野心培植起来。此外如人民的智识愚陋，组织的能力薄弱，都可使群雄割据的时期，必然在旧政权推翻之后出现。

群雄割据的时期，无论久暂，总要演化到统一的途径上去，而在中国历史上，几乎没有例外，统一是以武力的方式完成的。举几个显著的例：东汉的统一，是以武力平赤眉、平渔阳、平齐、平陇蜀之后完成的；唐的统一，是以武力平东都、平河朔、平陇右、平河西、平河东、平江陵、平江淮、平山东之后完成的；宋的统一，是以武力平荆湖、平蜀、平南汉、平江南之后完成的；明的统一，是以武力平汉、平吴、平闽、平两广、平夏、平滇之后完成的。不过武力虽然重要，而运用此武力的，还要一位能干的领袖。这位领袖，至少应具下列几个条件：第一，他要有为国为民的声望，这种声望，是建筑在领袖的行为上面的，不是空口说白话或开空头支票所可奏效的，因为中国的人民自从读了四书之后，都学会了"今吾于人也，听其言而观其行"的秘诀，不容易永久上当的。第二，他要有知人善用之明，要网罗国内第一流的人物，来与他在革命上合作。假如他的左右，只有二三等的人物，那么统一绝不会由他完成的。

---

\* 数字疑误，此处保持原貌。——编者注

第三，他要有开诚布公的胸怀，要使得与他接近的人，都觉得这位领袖真是"推赤心，置人腹中"，然后才可以感动他的同僚，使得与他合作的人，都肯为革命而投死效命。现在的革命事业，有国际的背景在内，所以当领袖的人，尤为不易。除却上面所说的条件，还应当有现代的眼光，以及一个高明的外交政策。假如我们现在有这样一位领袖，革命的第二时期便可早日结束，否则不知道要延长到哪一年。不过我们对于中国统一的前途并不悲观，因为根据时势造英雄的原则，这种领袖迟早要出现的。

在群雄割据的时期内，除却武力统一的方式，我们看不出还有什么别的方式，可以完成统一的使命。虽然现在有人提倡以开放政权的方式来统一，但是据我看来，开放政权之后，一部分官僚，一部分政客，一部分以学者而兼政客的人，可以踌躇满志了，但于统一是无补的，对于大多数人民的福利，更是风马牛不相及。我们细想，开放政权之后，国民党与共产党，便可停战于疆场，相战于议场么？武力便可受政治的支配么？在各军阀所管辖的范围中所举出的议员，能反抗各该地军阀的意旨么？以前议会中所演的把戏，现在不再重演么？假如我们对于以上问题的答案都是否定的，那么我们便可看出在这个时候谈开放政权，未免不识时务。此外还有人提倡以联省自治的方式来统一，这种论调，在过去 20 年来时起时歇，但提倡这种方式的，大多数是各地军阀的代言人。这些军阀实力既不足以统一中国，同时又不希望有别人来统一中国，因而消灭他们的实力，所以每唱联邦自治之说，以为他们的护身符。假如我们现在要拥护这种主张，实际便是拥护群雄割据的局面，这是明眼者都看得出来的。联邦自治的理论，固然不可一笔抹杀，但真正的联邦自治，也是要统一后才可以实行，绝不能以此为手段，而达到统一的目的。因为既然谈到联邦，中央与地方的权限便要实行划分，此中最紧要的军权便应划归中央，但在这个时候，要各地军阀拱手而让军权与中央，岂非与虎谋皮？假如地方拥有庞大的军权，岂非还是群雄割据的局面，与统一有何相干？除了以上的二说，还有一说，现在也占有相当势力的，便是以建设谋统一。换句话说，主张以建设谋统一的人，想在第二个革命时期中便行第三个革命时期的事，以为这样中国便可统一了。

两千年前，齐国的人就有一句俗话说："虽有智慧，不如乘势；虽有镃基，不如待时。"我也愿意对这些讲以建设谋统一的人说：你们虽有那些建设的方案，还是放下等等罢，现在并不是谈建设的时候！历年来的建设方案，自孙中山先生的建国方略、建国大纲，报章杂志上所发表的，私人函件中所讨论的，以及这个会议那个会议中所闭门创制的，真是用古人的形容词来说，虽不能汗牛充栋，也可以车载斗量。但是建设的成绩在什么地方？我们的答案是"一点也没有！"。建设方案之不能实行，原因虽然很多，但据我看来，主因还是现在乃是一个群雄割据的时期，而不是一个建国的时期。我们得设法早日脱离群雄割据的时期，然后可以进行建国的事业。我很赞同蒋廷黻先生的说法："中国的基本形势是：政权不统一，政府不得好。"

我们试举几个例子，便可知道建设须以统一为前提。现在大家最注意的一件建设事业，便是救济农村。救济农村的第一件事，便是废除苛捐杂税。但在未统一的时期内，中央与各地军阀都要培植兵力，于是不得不筹饷，于是不得不加苛捐杂税，于是救济农村便等于空谈。又如普及教育，也是建国的一件事业。但普及教育，便需经费，而在群雄割据的时期内，一切的经费都用在军事上面，原有的教育机关已不能维持下去，哪有余费来发展教育，于是普及教育又等于空谈。又如经济统制，乃是近来最时髦的一种建设口号，但在未统一之先，山西的煤，中央能统制么？江西的米粮，中央能统制么？四川的石油，中央能统制么？在四分五裂的局面之下，来谈经济统制，岂非画饼充饥？又如近来有许多爱国之士，觉得中国沿海的发展太速，颇为危险，于是陶希圣先生主张今后中国要以内地能够避开敌人主力攻击的地点做中心，建筑经济的、政治的组织。两星期前翁咏霓先生在清华演讲，不约而同地也注意这点，他还以四川为例，以为四川值得开发。这都是很好的见解，但在中国未统一之前，这类的计划都无实现的可能，乃是我们所敢断言的。

总之，我们根据中国历史的分析，革命实分三个时期，现在还是一个群雄割据的时期，说不上建国的大事业。我们当前最大的问题，是统一问题。国家统一之后，一切的建设计划才能实行。此时来研究建国的计划，是无妨的，此时来谈建设的实行，未免超越时代。

民国二十二年 12 月 23 日

（载《独立评论》第 84 期，1934 年）

# 人口的趋势

关于人口将来的趋势一问题，现在有两种不同的说法。这两派的意见，可以 1928 年出版的两本书来作代表，一本是尼布斯（Knibbs）的《未来世界的影》（*The Shadow of the World's Future*），一本是顾静斯基（Kuczynski）的《生与死的平衡》（*The Balance of Births and Deaths*）。这两本书虽在同一年出版，但代表相反的意见。他们都是研究人口趋势的人，但他们所用的方法不同，所以结果也就不一致了。我们先看尼布斯的说法。

## （一）尼布斯的算法

尼布斯研究人口的趋势，是从自然加增率下手。自然加增率的算法是很简单的，只要从生产率中减去死亡率便行了。知道一个地方的人口总数，又知道它的自然加增率，便很容易算得出来，这个地方的人口须若干年可以加增一倍。尼布斯根据 1906 年至 1911 年的人口统计，算得下列各国的自然加增率及人口加倍所需之年数。

| 国名 | 自然加增率（‰） | 人口加倍所需之年数 |
|:---:|:---:|:---:|
| 法国 | 1.6 | 436 |
| 哲美加 | 2.8 | 248 |
| 苏格兰 | 5.5 | 126 |
| 挪威 | 6.6 | 105 |
| 比利时 | 6.9 | 101 |

续表

| 国名 | 自然加增率（‰） | 人口加倍所需之年数 |
|---|---|---|
| 意大利 | 8.0 | 87 |
| 瑞典 | 8.4 | 83 |
| 匈牙利 | 8.4 | 83 |
| 奥国 | 8.6 | 81 |
| 英格兰与威尔士 | 10.4 | 67 |
| 日本 | 10.8 | 64.5 |
| 锡兰 | 12.0 | 58 |
| 瑞士 | 12.1 | 57.5 |
| 荷兰 | 12.2 | 57 |
| 丹麦 | 12.6 | 55.5 |
| 德国 | 13.6 | 51 |
| 芬兰 | 14.3 | 49 |
| 罗马尼亚 | 14.8 | 47 |
| 塞维亚 | 15.5 | 45 |
| 智利 | 15.6 | 45 |
| 美国 | 18.2 | 38.5 |
| 澳大利亚 | 20.3 | 34.5 |
| 新西兰 | 25.6 | 27.5 |
| 加拿大 | 29.8 | 23.5 |
| 总计 | 11.6 | 60.1 |

1906 年至 1911 年，这些国家的自然加增率平均有 11.6‰。1909 年至 1923 年的自然加增率要低些，只有 6.56‰。假如以后人口的自然加增率，照 11.6‰ 或 6.56‰ 继续下去，二三百年后世界的人口共有若干呢？尼布斯的答案如下：

| 时期 | 照 6.56‰ 的加增率的人口总数（百万） | 照 11.6‰ 的加增率的人口总数（百万） |
|---|---|---|
| 1928 | 1 950 | 1 950 |
| 2028 | 3 790 | 6 179 |
| 2128 | 7 365 | 19 579 |
| 2228 | 14 313 | 62 041 |
| 2328 | 27 817 | 196 590 |

所以照 6.56‰ 的加增率，不到 300 年，世界的人口总数，从现在的 20 亿，便要加到 100 亿以上。照 11.6‰ 的加增率，不到 200 年，便要加到 100 亿以上。但是世界上

果能容纳这么多的人口么？易司特 1923 年在他的《人类之歧路》里，估计地球上只能容纳 52 亿人口。尼布斯修改他的意见，以为假如农业的技术进步，工业还接续发达，地球上容纳人口的量还可加增 35％，便是 70 亿 2 000 万。假使科学还有进步，还有新的发明，同时生活程度再降低些，也许还可以加到 90 亿。假使移殖可以自由，人类的组织改善，不做战争等破坏的事业，大家合作来谋公众的福利，那么地球上容纳人口的力量，也许到 110 亿。不过最后这个数目，尼布斯以为大约是不可能的。

地球上容纳人口的量是有限的，而人口加增是很速的。照 20 世纪初叶的人口加增率继续下去，不久地球上便有人满之患了。这不是社会上一个大问题么？在 18 世纪的末年，马尔萨斯眼中的人口问题，可以说是与 20 世纪初叶许多人口论者眼中的人口问题相仿佛。不过马尔萨斯解决这个问题的方法，是主张道德节制。而 20 世纪的人口论者，则主张生育制裁。他们看看地球上容纳人口的量，又看看过去人口加增的速率，觉得这样继续下去是很危险的。所以他们都极力鼓吹生育制裁，想以这个方法来减低或消灭人口加增的速率。

这一派的看法及主张，在 1928 年以前颇占优势，凡研究人口问题的人，都受过这派学说的影响。

## （二）顾静斯基的算法

在尼布斯那派学说得势的时候，便有人对于他们的理论表示怀疑。如美国的统计学者杜柏林（Dublin）与罗替卡（Lotka），便是怀疑最早的人。等到顾静斯基的《生与死的平衡》出版后，第一派学说的破绽，才被人明白地说穿。顾静斯基的意见以为，从自然加增率中看不出人口加增的趋势。有好些国家，在表面上看去，虽然生产率超过死亡率，但是人口已经往减少那条路上走了。自然加增率不能表示人口加增的趋势。欲知人口加增的趋势，非算出"净产率"（net reproduction rate）来不可。我在《社会学刊》二卷二期中，介绍顾静斯基的《生与死的平衡》，曾有一段讲到净产率的算法，今节录如下：

> 净产率的算法，是很易的，需要的算学知识并不多，大约有了小学的算学程度便够了。不过算净产率时，需要的统计却不少，像中国这种统计不完备的国家，净产率无论如何是算不出来的。

　　欲算净产率之先，我们必须有三种统计材料。第一，我们要知道一个国家里能够生育的女子的年龄分派。换句话说，我们要知道一个国家里 15 岁的女子共有若干，16 岁的女子共有若干，自此以上至于 50 岁左右，因为 50 岁以上的女子很少有能生育的。第二，我们要有一个统计，告诉我们在一年内，某年龄的女子共生若干子女。换句话说，我们要知道在某年内，15 岁的女子生了若干子女，16 岁的女子生了若干子女，以此上推，亦至 50 岁左右为止。第三，我们要一个人寿表，告诉我们在现在这种死亡率之下，1 000 个女子，有几个能活到 15 岁，有几个能活到 16 岁，以此上推，亦到 50 岁左右为止。

　　有了第一种与第二种统计我们便可知道，在现在这种生产率之下，平均每 1 000 个在生育期中的女子，可以生若干子女。算法是极简单的。因为我们已经知道国内 15 岁的女子有多少人，同时又知道 15 岁的女子生了若干子女，我们便可以算出，每 1 000 个15 岁的女子，可以生若干子女。这个答案，我们可以称之为"15 岁的女子的生产率"。照例我们也可以算出 16 岁的女子的生产率，以及其他年龄女子的生产率。把这许多生产率加起来，我们便得到平均每 1 000 个在生育期中的女子，可生若干子女的答案了。

　　假如现在生下来的女婴，个个都会活到 50 岁以上再死，那么我们上面所得的答案，也许可以告诉我们，在现在这种生产率之下，今年的 1 000 个女婴，将来可以生多少子女，但在事实上，这是不可能的事。现在生下的 1 000 个女婴，每年都要死去几个，等到 15 岁之后，她们能生育时便没有 1 000 个了。所以我们要看人口加增趋势，须得再发一个问题，便是在现在这种生产率及死亡率之下，1 000 个女婴将来能生多少子女。

　　因为要回答这个问题，所以我们要有一个人寿表。譬如瑞典 1901 年至 1910 年的人寿表，告诉我们在他们那种死亡率之下，1 000 个女婴，只有 848 个能够活到 15 岁，此后每年死去几个，到 52 岁时，只余 664 个。有了这个人寿表，我们便可把上面所得到的各年龄女子的生产率改正一下。譬如自 1901 年至 1910 年，瑞典平均 16 岁的女子，其生产率为 3.33‰。但据当时的人寿表，1 000 个出生的女子，只 845.9 个活到 16 岁。所以我们要用比例的方法，把 3.33‰ 改正一下，得数为 2.81‰。这个答数的意义便是，在瑞典当时那种生产率及死亡率之下，1 000 个出生的女婴，到了 16 岁时，只能生 2.81 个子女。我们如把别个年龄女子的生产率都照例改正一下，然后把答数加起来，便可得到在当时那种生产率及死亡率之下，瑞典 1 000 个出生的女子，平均可生若干子女了。

这个答数，把出生的男孩、女孩都包括在内。但是顾静斯基以为算净产率时，可以把男孩除开。以所余的女孩数目，用 1 000 除之，便得净产率。由此可知，净产率告诉我们的，便是在现在的生产率及死亡率之下，每一个女子可生若干女孩。西北欧有几个大国，净产率都在 1‰ 以下。1926 年，瑞典之净产率为 0.95‰，法国为 0.937‰，英格兰与威尔士为 0.88‰，德国为 0.89‰。统计西北欧各国，100 个母亲只能生 93 个将来的母亲。所以顾静斯基说，假如这些国家的生产率不加增，将来他们的人种会灭绝。

所以照顾静斯基的算法，西北欧有好些国家，人口已往减少的路上走，而照尼布斯的算法，这些国家的人口，却有过几十年或几百年便加一倍的可能。为什么他们有这种相反的论调呢？理由是他们所用的方法不同。顾静斯基的方法较为精密，所以虽然这个国家的生产率都超过死亡率，而他却看得出这个国家的人口已有减少的趋势。我们如再研究一下这些国家的人口年龄分派，便知道顾静斯基的结论颇有见地。这些国家的人口年龄分派，是一种变态。日本、埃及等国的年龄分派，是常态的。因为在低年龄组的人，其百分数较高年龄组的人为大。譬如日本在 5 岁以下的人，占 13.8%；5 岁至 9 岁的人，占 11.6%；10 岁至 14 岁的人，占 9.9%；15 岁至 19 岁的人，占 8.1%。年龄愈大，人口愈少，因为在生命的过程中，许多人都半途死亡了。正如长途赛跑一样，开始时跑的人很多，以后渐渐淘汰，最后只余下几个人了。日本的情形，乃是常态。法国、英国的情形，乃是变态。法国在 5 岁以下的人，占 6.2%；5 岁至 9 岁的人，百分数反而大起来了，计占 7.7%；10 岁至 14 岁的人，又比 5 岁至 9 岁的人多，计占 8.8%；15 岁至 19 岁的人，又比 10 岁至 14 岁的人多，计占 8.9%。这种情形，乃是历年来生产率降低所造成的。现在壮年的人还多，因为过去的生产率并不甚低。数十年后壮年的人都老了，老人的百分数，便要加高了，那时死亡率还要增高。同时现在的儿童，那时都养大成人，生育子女，但因为他们的数目没有现在的壮年那样多，所以将来的生产率还要降低。死亡率既有加增的趋势，生产率又有下降的趋势，不必要多少年，自然加增率便没有了。不但如此，死亡率还有高于生产率的可能。不但是可能，法国 1929 年的情形，表示这已成为事实了。

顾静斯基在《生与死的平衡》中，其立论系根据西北欧的材料，别国的情形，他还在研究中，不久便有报告出来。别处人口的趋势，顾静斯基在 1931 年 11 月 4 日出版的《国家周报》里面，曾有一段简单的叙述。他说有人口统计的国家，从它们人口加增的趋势看去，可以分为三组。

第一组中包括欧洲俄罗斯，人口为 1 亿 2 500 万，其净产率甚高，人口加增的速度，较以前并未减低。它的生产率虽然下降，但死亡率下降的程度，至少与生产率相等。

第二组中包括南欧各国，如葡萄牙、西班牙、意大利及巴尔干诸邦；中欧及东欧各国，如捷克斯拉夫、匈牙利、波兰、立陶宛及芬兰；加拿大及澳大利亚。这些国家，共有人口2亿左右。它们加增的速度，还没有苏联一半那样快，有些国家是极慢的。

第三组中包括美国、西北欧及中西欧各国。这些国家，共有人口3亿2500万，已经不能维持它们人口的现状了。

第二组与第三组合并起来，包括欧洲（苏联除外）、北美及澳大利亚。换句话说，它们包括重要的资本主义国家。这些国家现在每年出生的人，还超过死亡的人370万。这种情形，一部分是变态的年龄分派造成的。现在的年龄分派，可以使生育加多而死亡减少。但是假如生产率与死亡率都不变，或者它们的下降程度将来完全一样，那么生产超过死亡的数目，总会天天减少的。苏联的人口，虽然不到第二、三组合并起来的1/4，可是生产超过死亡的数目，一年也有300万。这种加增，是代表实在的加增，并非变态的年龄分派所致。假如各国的生产率与死亡率都不变动，不久苏联每年所加的人，要比欧美一切资本主义国家合起来还多。到那时，社会上、政治上又将起一种什么样的变动呢？

从这几点看去，顾静斯基便觉得世界上的人口问题并不严重。这又是与尼布斯等怕世界上不久便有人满之患根本差异的一点。他说，苏联土地占世界面积的1/6，所以人口便加一倍，或一倍以上，也容纳得下去。欧美资本主义国家的人口即有加增，也是有限的，南美与非洲也不必另找人口的出路，至少在这一世纪以内，是不会发生问题的。日本的人口密度虽然高，但日本人正在提高他们的生活程度，这是阻止人口加增的最大势力。所以世界上人口过庶，因而发生问题的地方，只有中国与印度。但是这两个国家的人口压力，与30年前并无大异，以后也不会格外严重起来。如说中国的人口，在四五十年之内便可加增一倍，假如中国可以消除个别恶习，便等于说美国的人口，在同时期内可以加增一倍，假如美国人废除生育制裁。这都是做不到的事。

以上两派意见，我已经大略介绍过了。各国人口的趋势，将如尼布斯等所预料的呢，或将如顾静斯基等所预料的呢？这不是一个易于回答的问题。我们敢说的，就是假如现在各国的生产率与死亡率继续下去而无变动，那么顾静斯基的预料较为可靠。然而生产率与死亡率，便真不会变动么？欲解决这个问题，请大家留心以后各国的人口统计。只有从这些统计之中，加以精密的分析，我们才可以看出各国人口的命运。

这是我两年前所作一书中"近代人口"一章，原是应某书局之约而写的。现在该书局倒闭了，此书终未能与读者见面。兹因周刊记者索稿甚急，故抽出此章以应命。

（载《清华周刊》第 40 卷第 11－12 期，1934 年）

# 舆论在中国何以不发达

《国闻周报》十一卷二期，载有胡政之先生的一篇论文，题为《中国何以没有舆论》，大意以为中国没有舆论，是因为言论不自由。我对于胡先生这篇文章，虽然是赞同的，但觉得他的分析，还未能十分详尽，所以做这篇文章来补充他。

在讨论正题之先，我愿意把舆论的过程分析一下。抽象地说，舆论的历史，可以分作四步。第一步是批评。假如世界上一切的人，对于一切的事，都感觉到满意，世间便听不见批评了。批评之起，一定是有一部分人，对于某一种社会问题，发生了不满意的感觉。他们把身受的或观察到的社会缺点尽情发泄出来，以引起社会人士的注意，这便是舆论的第一步。第二步便是建议。批评是消极的，而建议乃是积极的。批评是破坏的，而建议乃是创造的。社会的缺点既已有人指出，于是便有一些人士根据他们的经验、学理、信仰或主义，提出改良的方法。这些方法提出之后，舆论便走到第三步了。第三步是讨论。这个时候，有人赞成甲的主张，有人赞成乙的主张，有人觉得甲、乙的主张都不对，他提出第三者的主张。又有人觉得甲、乙、丙的主张都有相当的道理，他把这些都归纳起来而成为一种调和的主张。这许多主张，彼此抵消，彼此补充，彼此修改，经过相当的时期，便有一种或几种比较成熟的见解出现。这些成熟的见解，不是某甲个人的意见，也不是某乙个人的主张，而是许多人经过长期讨论后的一种结晶品，是大众心血的出产物，所以可以称之为"舆论"。在民治的国家里，舆论到了这个时期，人民的代表，没有不加以注意的道理。于是舆论所要求的，便成为议会中的议案了。到这个时候，得到多数拥护的舆论，便有成为法律的可能。法律实施之后，便可把大家认为不满意的问题，照多数的意见解决了。所以舆论的法律化，可以说是舆论的第四步，也就是舆论的最后一步。舆论做到这一步，大功便算告成了。

　　以这个分析为背景，我们便可进一步来讨论中国的舆论何以不发达。依我的观察，中国的舆论所以不发达，便是在舆论发展的过程中遇到很多的障碍。这些障碍，有的起于制度方面，有的起于心理方面，有的起于人才方面，并不只胡先生所说的一端。胡先生所说的言论不能自由，诚然有一部分道理。我们上面所说舆论的第一步是批评，而在今日批评社会，并不是完全自由的，诚如胡先生所说。但是反过来说，我们并不能说，现在批评任何事物都不自由。只看胡先生等主办的《大公报》社论栏中，今天批评这件事，明天批评那件事，便可知道我所说的并非过分。不过政府把舆论的范围缩小，把批评的对象加以限制，使舆论的职权不能充分行使，的确是中国舆论不发达的一个原因，这是我们不能否认的。

　　但是这儿我们要问一句：在我们可以批评的范围里，在言论可以自由的园地里，我们是否总可以听到舆论？经济统制问题，是我们可以讨论的，我们听到了什么舆论？黄河水灾，是我们可以讨论的，我们听到了什么舆论？苛捐杂税，是我们可以讨论的，我们听到了什么舆论？我们听到的有一些呼号、一些谩骂，也还夹着一些讥笑及海上传来的幽默。这都是感情的发泄，而不是以理智为基础的舆论。中国今日有这种现象，并非由于言论的不自由，而是由于没有人才，没有智识的领袖，来充分利用这种自由。譬如拿经济统制来说，中国人民的经济生活应当如何统制，外国的情形有哪些可以参考，关于这些问题，中国就很少有人能以中国事实为根据，参以外国的经验及理论，发挥他的真知灼见的。所以经济统制这出戏点出之后，便没有几个人敢跑上舆论的舞台上去评剧的。其他类此的问题，不胜枚举。我们缺乏专家，缺乏学者，缺乏作积极建议的人才，乃是中国舆论不发达的第二个原因。

　　即使一个问题能够征服上述的两层困难，而到了讨论时期，舆论还是难于长成，因为在这个阶段中，还要遇到许多心理上的阻碍。所谓心理上的阻碍，一言以蔽之，就是中国人缺乏讨论的态度。我们如提出一种见解或主张来与别人讨论，最要紧的，是不可固执己见，要虚心领略别人的理论及其主张。假如从别人的批评中发现自己主张或见解的错误，便应立刻矫正。所以有讨论态度的人，是欢迎别人批评的，他们时刻想发现别人的长处来修改自己的短处。但在中国的论坛上，似乎很少遇到这种态度。某甲假如提出一种主张来，似乎便与这种主张发生恋爱，要终身与它作伴，再也不肯分离。有这种态度的人，对于赞同他的主张的人，便欣然色喜，称之为友，称之为同志。假如有人批评他的主张，便勃然色怒，原来是朋友的，现在也要变成仇敌。对待仇敌当然可以不必客气，所以在反攻的时候，不但要说批评他的人如何没有学问，还要说批评他的人如何没有人格。所以甲、乙讨论一种问题，结果每是以甲呼乙为走狗，乙呼甲为败类收场。这种讨论，是没有价值的，也是没有结果的，绝不能产生成熟的舆论。我们如想产生舆论，一定要养成一种讨论的态度，来扫除现在论坛上的乌烟瘴气。我们虽然要谨慎地提出自己的主张，但在讨论的过程中，如发现新的事实、新的理论，也可以随时修改我们的主张。同时还要尊重对方的人格，讨论时要保持论坛上的礼貌。在这种心理状态之下，意见才可以自由交换、自由修正，私的意见，才有演化成为舆论的可能。

最后，我以为中国舆论不发达的第四个原因，便是舆论缺乏发挥威权的工具。在民治的国家里，舆论的工具是议会制度。舆论以为是，议会中的议员不敢以为非。舆论以为非，议会中的议员不敢以为是。舆论"左"倾，虽以大总统及大皇帝的威严，也不敢固执向右。违背舆论的政府，在选举的时候，便要受到制裁的。所以在这种国家里做文章或者演说，是与实际政治分不开的。创造舆论、指导舆论的人，便是从事政治，因为他可以影响政治。在中国则不然。我们对于一个问题，无论谈得怎样起劲，似乎总有点"纸上谈兵"的感觉。在政治舞台上活动的人，并不必要对舆论负责，所以他对于舆论，有时可以置若不闻。在这种时候，许多人觉得做文章不过白费心血，说话也是白费精力，于是无论什么大问题来到，他们也是噤若寒蝉，一句话也不肯说。这些人假如有参政的机会，假如觉得自己所说的话不是白说，那么有什么问题发生，一定会踊跃加入讨论的。所以我说舆论缺乏发挥威权的工具，是中国舆论不发达的第四个原因。

民国二十三年 1 月 20 日

（载《独立评论》第 87 期，1934 年）

# 变动中的家庭

工业革命之后，家庭的性质已经逐渐变动了，而且这种变动，到现在还未停止。将来的家庭，到底会变成什么样子，现在固然很难预测，不过在过去一二百年，家庭变动的成绩，我们无妨考察一下，也许从这种考察中，我们可以料到一点未来的趋势。

研究一种社会制度的变迁，最好从它的职务下手，因为制度的变动，可以从它的职务的变动看得最为分明。家庭是一个复杂的制度，它的职务是很多的。第一，它有传种的职务，社会生命能否维持，就看家庭对于这一点能尽职与否。以前的家庭，很少是不生育的。据许多人口专家的估计，在工业革命之前，不育的家庭只占全体家庭的2%以至4%。这些人大约都是因为身体有毛病，所以不能生育，并非能够生育而故意不生。但是近代的家庭，不育者的百分数，比以前加增许多。在工业化的国家中，每每高到10%。这种国家中的上流阶级，不生育者的百分数，常达16%以至20%以上。这些人并不是完全不能生育，大多数乃是利用生育制裁的结果。有了这种智识的人，假如不要儿子，儿子自己是不会来的。我们再看那些有子女的家庭，就可知道现代的家庭，平均所生的子女也比以前的家庭为少。在西北欧的国家中，据人口专家如顾静斯基等的计算，现在100个母亲，只能生93个将来的母亲。难怪这些国家中，有人在那儿奖励生育，有人提倡凡生第二个小孩的，由国家给予补助金，又有人提倡凡做母亲的，由国家给予薪资。这些事实都表示，现在的家庭对于传种一事，已经不能尽职，须由国家出来监督与扶助了。

家庭的第二种职务，便是生产与消费。以前在农业社会中，家庭是生产的单位，男耕女织，一家人的生活，大部分皆可以自给。在工业社会中，生产的单位已经由家庭移到工厂，家庭中几无生产事业可言。只有少数的农民（在英国农民还不到全人口的 10％，美国也只有 1/4）还以家庭为生产的单位，不过他们生产的目标也起了大的变动，不是为自给而生产，乃是为市场而生产了。现在这种以家庭为生产单位的农业，将来还要变动，假如有一天合作农场可以代替家庭农场，那么便是在农业中，家庭也不能成为生产的单位了。再从消费方面来看，虽然家庭还是占一个重要的位置，但是在消费的过程中，有许多工作原来是由家庭负担的，现在也逐渐移到社会的手中去了。关于这点，美国的统计最详，我们可以举出几件来说。1900 年以后，美国的人口只加增了 1/3 有奇，但饭馆中的招待却加了一倍以上，开饭馆的人加了 158％，这是表示吃饭一件事，有移到家庭外面去的趋势了。男子的衣服，早就不在家里做，便是女子的衣服，女子自己动手做的也渐少了，这是从家庭缝纫机器销路的减少可以看得出来的。此外如做面包、保藏食物、洗衣服等家常工作，也都有一部分由家庭移到社会中去。结果是已经结婚的女子，有好些因为家庭中没有很多事可做，都加入社会去活动。在 1890 年，美国 72 个做工的女子中，有 10 个是已经结婚的。到了 1920 年，42 个做工的女子中，便有 10 个是已经结婚的。还有一件有趣的事，便是在 1890 年，22 个结婚的女子中，只有 1 个在外面工作。在 1920 年，11 个结婚的女子中，便有 1 个在外面工作了。这些事实，如合起来看，可以表示在消费方面，家庭已没有以前那样重要了。

家庭的第三种职务，便是教养子女。在以前那种士之子常为士、农之子常为农、工之子常为工、商之子常为商的时代，父亲就是教师。虽然在家庭之外，也有受训练的地方，但家庭的教育职务，无论如何是很重要的。现在便大不然了，在教育很发达的国家中，教育的机关，有幼稚园，有小学，有中学，有大学，有各种专门学校。一个人在幼稚的时代，便从家庭之外去受教育，他的学问，他的技能，可以说大部分是从家庭以外得来的。他从家庭中受到的影响，如与从社会中受到的影响相比，可以说前者是很薄弱的。在苏联等国家中，现在还有托儿所的设备。在这种制度之下，儿童受社会教育的影响，又提早了两三年。这是从教的一方面说。再从养的一方面说，家庭现在还负一大部分的职务。虽然欧美的小学中也有供给午膳的例，但这是比较少见的。因为家庭还负养子女的职务，所以国家虽然实行义务教育，有许多贫穷家庭中的子女还不能充分利用这种机会。他们到了适当的年龄，虽然还有志深造，虽然国家也不收他们的学费，但他们为饥寒所迫，只好舍求学而谋职业了。为矫正这种缺点起见，有许多学者提倡国家应当代替家庭，去尽"养"的职务。凡是求学的青年，国家在不收学费之外，还应给以补助金，假如这一步可以做到，那么一切青年，不问贫富，便都有同样受国家教育的机会了。

家庭的第四种职务，便是互助以抵御外侮及危险。在中国的内地，现在还有族斗的事发生，因为这种地方，政府的力量达不到，一个人如受别人欺侮了，自有族人来替他抱不平，替他来主持公道。假如他受人杀害了，他家庭中的人，会挺身出来替他报仇。假如有什么内乱发生，或土匪来抢劫，家庭中的人总是通力合作，来谋一家人的平安。这一切职务，在欧美等地，都不必由家庭来操心，自有政府负责。除却这些外侮，我们在生活的过程中，还有许多危险，如生病，如失业，如残废，如衰老。在以前的社会里，一个人如遇到这危险，他的生活自有他的家庭来替他安排。但在近代，这一切职务，也逐渐转移到社会的手中去了。譬如在英国，一个失业的工人，国家会给他失业保险金，以维持他的生活。其余的危险，社会都会给他相当的保障。大约国家的职务越扩大，社会的组织越严密，一个人遇到急难，社会自有解决的方法，不一定要家庭来帮助了。

家庭的第五种职务，便是供给娱乐。在农业社会中，一家人之工作完毕，大家聚在一起，或闲谈，或唱歌，或游戏，便把闲暇的工夫轻轻度过了。但在工业社会中，娱乐也社会化了。男子、女子，各有他们的会社，各有他们的俱乐部。此外还有许多商业化的娱乐，引诱人从家庭中出来，消费他们的闲暇。在 1910 年，美国只有 9 000 多个电影院，到了 1928 年，便加到 2 万余个。这 2 万多个电影院的全年收入，在 5 亿元以上。此外还有体育场、跳舞场、球场、戏院，都是吸收人们外出的机关。还有汽车，每逢星期日或假期，总在那儿催促人家到外面去玩。只有无线电的发明，倒可使一些人安心留在家中。不过无线电所供给的娱乐，也是从社会中来的，而非家庭中自创的。所以时至今日，家庭对于娱乐的职务，可以说是把大部分让渡给社会了。

家庭的第六种职务，便是财产的传授。在社会主义国家中，这种职务已无足轻重。便是在资本主义国家，财产的传授，现在也要受国家的干涉了。遗产税便是国家干涉这种职务的工具。在英、美等国家中，凡直系亲属接受遗产的，税额最低；旁系亲属接受遗产的，税额较高；无血统关系的人接受遗产，税额最高。另外还有一种普遍的原则，便是遗产税每是递进的，遗产愈大，所纳的税也越高。这是在资本主义国家中，一种均贫富的最好方法。美国的州政府，在 1927 年，在遗产税上的收入，总数在 1 亿元以上。有些州政府，遗产税的收入，要占全部收入的 15% 左右。有好些学者，以为遗产税的税则，还嫌太低。譬如美国最高的遗产，只征收 40%。直系亲属接收遗产时，最高税则只是 14%。假如能由 40% 加至 80% 或 90%，那么一个人的财产，在死亡时，便大部分由政府收去了。政府以这种收入，来推广社会事业，社会上一般人的福利，便可增加许多。现在的潮流，似乎正向这一方面前进，将来一个人的财产，到了临终的时候，大约不会由他个人分派，而由政府来代行职责了。

家庭的第七种职务，便是供给感情上的食粮。一个人在生活中，需要感情上的安慰，而这种安慰，在以前和现在，一大部分全靠家庭供给。除却家庭，友朋及事业，也是我们感情寄托的所在。现在的家庭，对于这点，是否较以前的家庭为能尽职，很难用客观的事实来证明。我们先拿父子的关系来说，以前的家庭大，现在的家庭小，所以每一个子女，从他的父母手中所得到的慈爱，也许较以前为多。但是社会的变迁很快，两代的人，在不同的思想环境、不同的教育制度中长成，彼此互相了解的程度，也许不如以前那样地深刻。这种情形，是可以使家庭中两代间的人加增隔膜的。至如夫妻间的关系，如专从离婚的数目字上着眼，无疑地可以证明现在破裂的家庭，数目较以前为大。不过如从夫妻间的感情上着想，现在还没有材料证明，过去夫妻间的感情比现在的夫妻浓密。以前的夫妻，尽每天争吵的，但因风俗习惯及经济的关系，他们不一定离婚。这种家庭，虽然没有破裂，但并无幸福可言。现在的家庭，因为有离婚的方便，所以那些没有破裂的，倒是快乐的占大多数。美国曾有一个研究，问 1 000 个已经结婚的女子，看她们对婚姻生活是否满意。这些女子，大多数是受过高等教育的。在她们的答案之中，有 872 人认为她们的婚姻生活是快乐的，只有 116 人承认自己不快乐。还有一个研究，包括 7 412 个家庭。研究者设法去问与这些家庭认识的人，看由他们的观察，这些家庭中的夫妻是否快乐。结果有 72％的家庭，被认为是快乐的；只有 9％，被认为是不快乐的或感情极恶劣的。由此以观，近代的夫妻关系，大多数还是满意的。可惜我们没有前代的材料，拿来与此相比。

家庭的职务，也许还不止以上七种。但从上面片段的讨论，我们已可看出，家庭的职务已比以前减少，而且余留下来的职务，除第一、二种外，有逐渐社会化的可能。这种社会化的结果，对于大多数人的福利，我们认为是有益无损的。家庭在以前的社会中，占有很重要的位置，它在各种社会制度中，可以说是最重要的，对于人类的福利，可以说是有最密切的关系。在时代推移的过程中，家庭逐渐丧失它的重要性，它在社会中的最要地位，已为经济制度及政治制度所取代了。工业革命所发生的影响，我们认为这是最要的一点。

民国二十三年 3 月 10 日

（载《独立评论》第 92 期，1934 年）

# 家庭职务与妇女解放

　　过去100余年的妇女运动，目的只有一个，便是求妇女的解放。我们现在如来估量一下这种运动的成绩，便可知道有些方面是成功的，而有些方面离成功还很遥远。当然，无论在哪一方面，各国妇女运动成功的程度，是不一致的。但是我们如撇开那些落后的国家不算，而只注意那些先进的国家，我想大家一定可以看出，在教育方面，在政治方面，女子解放的成功，是最显著的。但在经济方面，在心理方面，女子的解放，还未彻底。女子虽然可以与男子受同样的教育，可以与男子同样参加政治活动，但在经济方面，大部分的女子还是依靠男子的。她们大多数没有独立的职业，没有独立的进款，因而只好过那寄人篱下的生活。在这种生活之下，女子只能养成一种倚赖的心理、自卑的心理、迁就男子的心理、胁肩谄笑的心理，绝不会产生一种独立自尊的心理。所以现在妇女解放的焦点，还是妇女的职业问题。假如成年的妇女，也与成年的男子一样，都有独立的职业、妇女的心理，一定要随着起一重大的改革，男子对于女子，自然会另眼相看，那时，妇女才算真的解放了。

　　讲到妇女的职业问题，我们可以先看一些统计。今以英、美两国为例，看看10岁以上人口有职业者的百分数，男女是否有点分别。

| 国名 | 年份 | 10岁以上人口有职业者的百分数 | |
| --- | --- | --- | --- |
| | | 男子 | 女子 |
| 英国 | 1881 | 83.3 | 33.9 |
| | 1891 | 83.2 | 34.4 |
| | 1901 | 83.7 | 31.8 |
| | 1911 | 83.7 | 32.3 |
| | 1921 | 82.8 | 30.8 |

续表

| 国名 | 年份 | 10 岁以上人口有职业者的百分数 | |
| --- | --- | --- | --- |
| | | 男子 | 女子 |
| 美国 | 1880 | 78.7 | 14.7 |
| | 1890 | 79.3 | 17.4 |
| | 1900 | 80.0 | 18.8 |
| | 1910 | 80.3 | 21.9 |
| | 1920 | 78.8 | 21.1 |

由此可见，10 岁以上的男子，有职业的，约占 3/4。同样年龄的女子，有职业的，只占 1/5 或 1/3，与男子的百分数相差甚远。法国在 1926 年，10 岁以上女子有职业的，约占 37.5％。德国在 1925 年，10 岁以上女子有职业的，约占 35.6％，与英国的情形，相差无几。

为什么有职业的女子，其百分数比男子低得那样多呢？在各种原因之中，我们以为最要的，乃是在现在的社会制度之下，女子的婚姻生活，与职业是有冲突的。许多女子，在结婚前是有职业的，结婚之后，因为家庭职务的关系，只好把职业抛开了。关于此点，从下列美国 1930 年的统计中，便可看出。

| 年龄组 | 16 岁以下 | 16 岁至 17 岁 | 18 岁至 19 岁 | 20 岁至 24 岁 | 25 岁至 44 岁 | 45 岁至 64 岁 |
| --- | --- | --- | --- | --- | --- | --- |
| 女子有职业者的百分数 | 2.9 | 22.1 | 40.5 | 42.4 | 25.4 | 18.7 |

我们要注意的，就是在 20 岁至 24 岁的女子中，几乎有一半是有职业的，而在 25 岁至 44 岁的女子中，只有 1/4 是有职业的。造成这种差异的主要原因，当然是婚姻。结婚之后，虽然有一些女子，还设法继续其职业生活，但大部分都变成管家的主妇，不能再在社会上活动了。

我想受过教育的青年女子，谁都考虑过这个难题。家庭的生活，是她们所要求的，职业的生活，也是她们所要求的。这两种生活，显然是有冲突的，有什么法子可以解决呢？

在讨论各种解决方法之先，有一点我们应当先决，就是我们所提出的方法，一定要两全其美，不可舍彼取此。所谓两全其美的方法，便是使妇女有家庭生活同时还可以有职业生活的方法，因为只有在这种办法之下，女子的人格，可以得到充分的发展。假如采取孟子所谓舍鱼而取熊掌的方法，不管鱼是家庭还是职业，妇女与社会的全体，都要感到一种不良的影响。因为妇女如舍家庭而取职业，社会上的生产力，自然是增加了，但社会本身，将因无人传种而消灭，所以那些为职业而独身的女子，是不足为训的。假如妇女舍职业而取家庭，社会上的生产力，自然要因妇女退隐而减低，而且妇女本身的解放，也永远不能达到目的，所以这种办法，虽然已经行了数千年，终不是一个最好的办法。

最好的办法，只有使家庭的职务社会化，使一切成年的女子，不论已婚未婚，都不致因家庭的职务，而影响到她们的职业。家庭的职务中，最足妨碍妇女职业的，便是教养子女。在现在的社会中，一个已婚的女子，在生育期的前后，便是有职业也要放弃的。但在苏联，因为教养子女的职务，其社会化的程度，较任何国家为深，所以女子在生育期的前后，可以暂时离开她的职业，不必放弃她的职业。苏联的法律规定，凡做工的妇女，在生育期的前后，可以各休息 8 个星期，依旧拿到工资。就是在公事房中当书记的妇女，在生育期前后，也可以各休息 6 个星期。所以生育子女，并不影响到妇女经济的独立。妇女在生育之后，休息 8 个星期，体力已经复原了，便可回到原来的职业中去。在英、美等国，妇女在生育后两三月便工作的并非没有，但是因为小孩缺乏照应，所以这种家庭中的婴儿死亡率特别地高。苏联有鉴于此，便在工厂或公司附近，设立一些托儿所。有职业的妇女，每天可以抱小孩去上工，到了工厂或公司，便把小孩交给托儿所，里面自有专家照应，做母亲的，隔若干点钟，可以去哺乳一次，到了下工的时候，可从托儿所中，将自己的小孩领回。在这种情形之下，小孩因为有专家照料，不致发生不幸，而且自幼便过群居的生活，长大成人，也许可以做一个更好的国民。至于做母亲的，因为无小孩的牵挂，自然不必放弃她的职业了。在莫斯科的都市中，1918 年，只有 4 个托儿所；1928 年，便加至 104 个；1931 年，又加到 120 个。这个数目，自然还不能满足全市人的需要。但这种托儿所，是年年加增的，将来总有一天，供给与要求可以相合。我们还要注意的，就是托儿所的制度，并非社会主义国家中的专利品，欧美各国中，也有类似托儿所的组织，不过不十分普遍就是了。然而这种制度与妇女解放的关系，我想是极明显的，凡同情于妇女解放运动的，应当提倡托儿所的制度。

除了教养子女，家庭中还有许多杂务，特别是关于经济一方面的，也要消磨主妇很多的时间。譬如三餐的烹饪，这是从古以来，便放在女子身上的，一天至少要花三点钟。其实这种职务，也可以使它社会化的，而且社会化之后，只有加增人们的福利，坏处是一点也没有的。德儒弥勒娄在 1912 年著《家庭》一书，对于这一点说得很透切。他以为现在这种以家庭为单位的烹饪方法，是最不经济的方法。譬如有 100 个家庭，现在便要造 100 个炉灶，社会化之后，只需造一个炉灶、一个厨房，便可解决这

100 个家庭的吃饭问题了。现在每做一餐饭，便有 100 个主妇在那儿忙碌。她们所买的菜，既不便宜又不一定合乎卫生，她们做出来的菜，也不一定是适口的，弄得许多人都生胃病，对于生活减少许多兴趣。但是社会化之后，情形便大不同了。以前需要 100 个主妇才能做出来的饭，现在只要两三个厨子，便可做出来了。从厨房中解放出来那九十几个人的时间，她们便可去做点别的生产事业。在厨房中的两三个厨子，我们假定他们是受过训练的，买菜的时候知道哪种最富于滋养，做菜的时候，放出他们的本领来，一定可以使大家都觉得适口。而且他们是大量地进货、大量地生产，一定比现在这种小规模的烹饪，要经济得多。现在已有国家，采取这种合作厨房的办法了。这自然是最合于理性的。烹饪既然可以社会化，洗衣自然也可以社会化，其余的一切杂务，都可以社会化。余下来假如还有一些工作，那么在上工之前、下工之后，夫妻可以合作，共同来尽这种家庭的职务。以上一切，假如一一都办到了，试问还有什么阻碍，使女子不能加入社会去活动？

　　我们对于女子经济独立的运动，是十二分同情的，同时我们愿意指出它的困难，以及征服此种困难的方法。所谓困难，便是妇女的家庭职务。所谓征服困难的方法，便是家庭职务的社会化。家庭职务社会化之后，妇女便可一样地与男子同谋独立的职业，同为社会服务，同为社会生产。妇女加入社会生产的结果，至少有一点对于男子是有利的。那便是男子工作时间的减少，以及闲暇的加增。因为现在的生产事业，如只让男子去做，每人每天须做八点钟的工，到了女子一齐加入之后，不是每天只做四五点钟的工作就够了么？

民国二十三年 3 月 24 日

（载《独立评论》第 94 期，1934 年）

# 一个周刊编辑的回忆

大约是一个月以前的事罢，周刊的一位编辑，跑到我寓所来谈话，除了要我写点文章，还提到今年的计划，其中有一件，便是要出一个周刊二十周年纪念号。当时我听到这个消息很兴奋，原来我们的老朋友《清华周刊》已经有二十年的历史了。当时我便出了一个主意，要这位编辑去查一下旧的周刊，看看谁曾担任过周刊的总编辑，然后每位那儿去一封信，要他们把编辑周刊的经验说一点出来，让大家看看，也可知道周刊过去是怎样演化的。这次谈话之后，好久听不到消息，昨晚忽然得到总编辑的一封信，要我写篇回忆式的文章，而且限期交卷，这真合乎古人所谓作法自毙的话了。假如以前与周刊发生过关系的人，都在那儿写他们的回忆，那么我来凑凑热闹，倒也是有趣的。不过照总编辑的来信所说，似乎要我唱独角戏的样子，这真令我发生一点寂寞之感了。

我原来想写的文章，倒不只是一点回忆。我预备在动笔之前，去搜集一些材料。材料的主要来源，第一自然是旧的周刊，我不知清华图书馆或者周刊编辑部中，是否还藏了一整套的周刊，但在理应该是有的。第二便是去年从故乡搬来的家信了。这几百份家信，去年回家时，无意在旧书橱中找到，当时大略翻了一下，记得提到周刊的地方是很多的。但是现在为时间所限，这种考据的工作，是无法进行了。我从来没有写过回忆式的文章，因为自己的记忆力实在太坏，记得幼时听我的父亲讲故事，他花了一点多钟，才把故事讲完，然后要我把故事重述一遍，但在我的口里，这个故事不到五分钟就说完了。又如，我在游艺会中听到的笑话，生平何止千百，但是假如有人要我也说一个笑话，我知道我便绞尽脑汁，也想不出一个来的。因为如此，所以我如想记点东西，总是把它们记在卡片上面，要用这些事实时，把卡片一翻就得。现在手也没有卡片，而文章又非写不可，倒真感到一点困难。好在我与周刊发生关系的时期很长，在这长时期里，多少总有几件事，我现在还是记得的。

在我进清华的时候，周刊的形式，已经是一本一本的了，但在创办的时期，周刊的形式，乃是一页一页的，与报纸的形式相仿。但面积并不大，不过等于现在报纸的四分之一罢。当时的周刊，也有总编辑，有编辑，都是由校中当局指派的。我第一次当周刊编辑，是在中等科三年级时候，那年的总编辑，好像便是现在编辑《中国评论周报》的桂中枢先生。不过我之投稿于周刊，却在当编辑之前。略为懂点文墨的青年，都有发表欲的，我也不是例外。记得我在中等科二年级的时候，便作了一篇小说给周刊，因为这是我第一次发表文章，所以至今还记得清楚。小说的题目是《郑老五》，内容如何，现在已经有点茫然，大约是述一个侠客的故事罢。当时白话文学运动还没有风行，所以作小说也用文言，而且小说的后面还有赞，的确是模仿《史记》而作的。在二年级的时候，除了这篇小说，大约还投过别的稿件，但写的是些什么东西，现在是一点也记不得了。在中等科三年级当编辑之后，在清华还住了六年，这六年间，好像便没有与周刊脱离过关系。前几年与我在周刊中同事的人，目前仍在清华的，好像只有萨本铁先生。我还记得有一年，我们两人共同负责编辑"国内大事记"。这一栏，在现在的周刊中，已经没有地位了，但在当年，周刊也送给留美的同学看的，所以这一栏很有需要。当年的周刊，新闻与别的东西，是印在一起的，并不像现在那样分开。新闻的编辑，可以与今日的园内副刊比较而无愧色，至于文艺与论文之类，无疑比现在的周刊差得多。记得那时因为新闻以外的稿件缺乏，所以还辟了"课艺"一栏，专门登载学生作文。这些文章，是由中文教员选出送去登载的。好像有一年，罗隆基的文章，在这一栏里登得最多，他受了这种鼓励，在中文上面格外地下功夫，自修室中每听到他高诵《庄子》的声音，这种修养，对于他以后做政论，也许有点贡献罢。当时的"课艺"，是只重形式、不重内容的，记得有一次，一位姓苏的国文教员，把我一篇《孔子作春秋论》，也送到周刊去发表。其实孔子为什么作春秋，我至今还有点茫然，当年不知写了一些什么，居然得到教员的赏识，可见当年教国文的先生重形式而不重内容的情形了。"课艺"一栏，不知在什么时候才取消的。但在我毕业前两年，似乎这一栏还存在的。

周刊的编辑，虽然自始便在学生的手里，但起初是有教员做顾问的。起初顾问的权力很多，所有周刊的稿子，都要顾问看过一遍，才可付印。我还记得在中学时我最佩服的孟宪承先生，便当过周刊的顾问，似乎有一次我到他的寓所中去谈话，他还与我谈到改我的稿子的事情，至于所改的是什么文章，现在已记不起来了。那时与孟先生对门而居的，便是现在主编《人间世》的林语堂先生。他们两位，那时刚从圣约翰大学毕业，在清华的中等科教英文，我们那时都很佩服这两位先生，但当时只知道孟先生的中文好，林先生的英文好。至于林先生的中文，在我们脑中的印象，是很模糊的，似乎当年林先生是不大用中文发表思想的罢。而且他总是穿西装，与孟先生总是穿中装，恰是相反。近来读到他在《论语》上论西装的文章，才知道林先生早已转变了，但那篇文章，不是有经验的人也写不出。

话说远了，现在再回到周刊顾问的问题罢。这个制度，在五四运动之后，便起了一种变动。顾问的权利，是逐渐没落了，到我当总编辑的时候，顾问与编辑一样，是由总编辑聘请的。编辑会议的时候，也请顾问到会指导，但顾问总是缺席的时候多，至于稿子，他们并不看的。现在连顾问的形式也没有了，不知是哪一年取消的。

五四之后，周刊编辑由学校指派改为学生选举，的确是周刊的一个大变动。当年民治的思潮，弥漫全校，凡是带一点阶级色彩的名词，都不喜用。"总编辑"的名词，固然应打倒，就是"编辑"一词，顾名思义，似乎有修改稿件之权，这当然也要取消。于是编辑部便变为集稿部，编辑便变为集稿员，总编辑便变为集稿部主席。在集稿制之下，周刊的事真难办，因为集稿员都是学生会举出的，彼此不一定都熟悉，所以很难合作（在学校指派编辑的时代，编辑的人选，总编辑颇有发言的余地）。而且同学投来的稿，无论如何都得登。有些同学，更不客气，在投稿的信中，除却指令登载的话，还不准集稿员修改一字。这个制度的不方便，是很显然的，不久便由学生会把它取消了，易为编辑制，而且采取责任集中主义，学生会只举总编辑一人，其余的编辑，大约是十八人罢，概由总编辑推荐，由学生会通过。照例，学生会对于提出的名单，没有不通过的。总编辑与编辑，既有友谊的关系，所以办事非常顺手。

我在毕业的前一年，便当了一年总编辑。我记得我的编辑部，在暑假以前便组织完成了。这是过去的一种好办法，可惜现在没有继续采用。现在的制度，好像是本学期的总编辑，一定要本学期才能选出，所以每每开学后六七个星期，还见不到周刊。假如我没有记错，在我当总编辑的那一年，开学的第一天，第一期的周刊便与读者见面了，所以当时每一学期，周刊总可出十六期以至十八期，这比现在一学期只出十二期，而且有时还两期合作一期出的，似乎可以使人格外满意一点。其实办到这一点并不难，只要本学期的学生会选出下学期的周刊总编辑、总经理就行了。

这一年的编辑生活，现在回忆起来，还觉得津津有味。当时与我共同编辑周刊的人，最重要的，是一樵与实秋。我们那年住在"新大楼"，便是现在的一院，三人共住一间寝室，课余的时间，大部分便用在周刊上面，因为当时我们真是把周刊当作一种有兴味的事业而合作的。一樵的主要职务，好像是编辑新闻。我与实秋，专写社论。每当发稿的前夕，我们大家商量几个题目，把意思交换一下，然后各人分开去动笔，在熄灯之先，假如还有工夫，每人也许再写一篇。写完之后，交换阅读，互相欣赏，自己便觉得真有当了大主笔的快乐。那一年周刊的内容，也颇有改革。新闻一栏，是大家最爱读的，我们便想出各种方法，去求新颖的材料。一次实秋进城"做礼拜"（那时实秋在城里已有了爱人，每逢星期日进城拜访，我们称为"做礼拜"）回来，说是有了新的材料，只见他振笔直书，写完一看，原来是一篇《胡适之先生访问记》。当时胡先生是青年最崇拜的人，所以这一类的材料，自然是同学所最欢迎的。后来像这一类的访问记，似乎还登了几次。我们又预备了好几种专号，如春假旅行号，是专载同学的春假旅行记的；如赠言号，是请要毕业的同学，把他们在清华数年的经验及感想写出，以作留校同学的参考的。但我们预备最久的，还是一本周年纪念号，是在学校周年纪念的那一天出版的。其中有一首长诗，题名《园内》，是我们好几个月以前，写信给当年留学在美的一多请他作的。还有一篇文章，讲园内的生活，是实秋、一樵等几个人合作的，其中讲体育馆、中文课堂中的生活数段，谁看了也要发笑，实秋的幽默，在那时已经开始流露了。那时的周刊，也有副刊，似乎有好几种，其中有一种是文艺副刊，一种是书报副刊。书报副刊中，因为载了胡适之先生的《一个最低限度的国学书目》，并与周刊记者讨论那书目的信，便引起梁任公先生的注意，说是要另写一书目给我们。记得那时的书报副刊是由文藻编辑，我们因为听到梁先生有重写一个书目的意思，便于一个星期日，与思成、文藻等数人，齐到西山去看他，顺便催他快把书目写给我们。梁先生居然答应了我们，隔了几日，他的《国学入门书要目及其读法》一文，便第一次在我们的周刊中发表了。这是我们当时觉得最得意的一点成绩。此外还有一篇文章，在当年的学术界中曾发生一次大笔战的，便是张君劢先生的一篇哲学演讲稿。我们当时听到他的演讲，觉得很有意思，便托人把他的原稿要来，登在周刊上面。在讲稿的前面，我似乎还加了一点按语，内容已记不得了，大约是说那篇文章的重要，请大家注意的话。后来这篇文章，果然引起了几十万言的笔墨官司，便是数年前有名的玄学与科学之争。可惜当年我们的学力还不足，对于这次辩论，没有人能够参加。

当年的周刊，除却新闻，最引人注意的，还有留美通信，这在国内的学生眼里，当然是很有趣味的。在那个时候，留美的同学很多，所以通信是源源不绝而来的。现在的周刊中，好久看不见这类的文字了，我觉得这是很可惋惜的。最近一期的周刊，在末了一页，还登载了八位国外特约撰述者的姓名，为什么他们没有通信寄来，也许编辑部催稿的本领，还有点欠缺罢。在这八位之中，有一位陈铨，是我的老朋友，前两个月曾从武汉大学写了一信给我，说是在那儿教文学批评，但周刊上说他还在德国，希望他写德国通信，不知何所据而云然。我希望周刊还能恢复"国外通信"一栏，现在我们的同学，在各国都有了，要他们把所在国的最近情形，写点告诉我们，大家一定都爱读的。此外周刊所请的十六位国内通信员，似乎也还没有在周刊上发表过文章。国内通信的意思是极好的，我们的同学散处各地，假如他们能把各地的情形，也写一点送给周刊，不管他们写的是个人情形，或民生疾苦，我们一定也都爱读的。但是他们是否肯写，又要看编辑先生催稿的本领如何了。

民国二十三年 4 月 22 日

（载《清华周刊》第 41 卷第 6 期，1934 年）

# 国际生活程度的比较

"生活程度"这个名词，虽然在普通的谈话中常常听到，但根据我的经验，多数的人都把这个名词用错了。他们每把生活费与生活程度混为一谈。我们常听见人们叹息着说："这个年头儿真难过，生活程度比以前高多了。"其实这些人认为不幸的，乃是生活费的加增，而非生活程度的提高。生活程度表示我们客观的享受，生活费乃是对于这些享受所支付的代价。譬如我去年每天吃 1 斤肉，每斤肉代价 2 角 5 分，今年依旧每天吃 1 斤肉，而肉价却增至每斤 3 角。结果是生活费加增，而生活程度却依然如故，并未变动。反是，假如去年我无能力吃肉，而今年每天可以吃到 1 斤，那才是生活程度提高了。提高生活程度，乃是我们在生活中所要达到的一个目的。所以一旦达到了，乃是可以庆幸的事，用不着叹息的。

在一个社会里面，各阶级的人，生活程度是不同的。关于此点，自从恩格耳（E. Engel）的研究发表之后，已经很是显然，而且如何比较各个阶级生活程度的内容，现在也有方法可以遵循。中国近年来对于这一类的研究，也有好几个发表。不过我在这儿要讨论的，并非一个国家里各阶级的生活程度比较，而是国际的生活程度比较。关于这个问题，欧战以后才有人开始注意，所以对于这个问题的研究，现在还没有到完善的地步。我们对于这个问题发生趣味，其故有二。第一，我们认为这种研究，可以告诉我们世界各国，哪一国的生活程度最高，哪一国的生活程度居中，哪一国的生活程度最低。我们根据这些事实，便可做进一步的研究，看看那些生活程度高的国家，何以能到那种地步。我们如想提高中国人的生活程度，这种研究，便可给我们很多的暗示。我们还可看看那些生活程度低的国家，为何陷入那种境地。这种知识，也可以使我们知所警惕。第二，我们认为这种研究，可以给我们一个客观的标准，来判断各种社会组织的价值。现在各国有不同的社会组织，对于这些不同的社会组织，颂扬的与诅咒的都有。我们不要听信这些主观的宣传与偏见，最好去看看在这些不同的社会组织之下，人民过的是什么样的日子。这是最严格的一种试验，凡经过这种试验而成绩很好的社会组织，总可以站得住脚。

现在我们可以问，比较国际的生活程度，有些什么方法呢？

恩格耳在1857年，研究比利时与萨克逊工人的生活程度时，发现一条原则，就是进款愈多的，其出款用在食品上的百分数愈低。这条定律，似乎在各国都很适用。在这儿所要注意的一点，就是恩格耳的定义中，说的是百分数，并非货币数。百分数低，并不表示货币数低。譬如某甲的家庭，进款100元，出款用在食品上的，占60%。又有某乙的家庭，进款500元，出款用在食品上的，占30%。某乙在食品上所花的百分数，较某甲为低。但如说到货币数，某甲在食品上只用了60元，而某乙在食品上却用了150元，反较某甲为高了。因为进款高的人，在食品上所花的百分数低，同时进款高的人，其生活程度亦高，所以研究生活程度的人，便把"出款用在食品上的百分数低"这一点，作为生活程度高的象征。这种看法所根据的理论是这样的。人类的各种欲望之中，以饮食的欲望为最迫切。别的欲望，一时不能满足，还不要紧，饮食的欲望，不能满足，生命便不能保存。所以各人为自己打算，总把满足饮食的欲望，当作第一件大事。有钱在手的时候，总是先满足衣食的欲望，再来考虑别种欲望如何满足。乞丐一天的进款，假如只有1角，一定是全数用在食品上的。换句话说，他的出款，用在食品上的，等于100%，所以他的生活程度是最低的。

现在各国对于生活程度的研究，都已有了，我们如利用上面的原则，把各国工人的出款用在食品上的百分数比较一下，便可得到一个生活程度高下的次第。

| 国名 | 调查日期 | 出款用在食物上的百分数 |
| --- | --- | --- |
| 澳大利亚 | 1913 | 34.8 |
| 南非联邦（白人家庭） | 1925 | 36.6 |
| 美国 | 1918—1919 | 38.2 |
| 新西兰 | 1919 | 39.0 |
| 德国 | 1927—1928 | 41.0 |
| 瑞典 | 1923 | 41.6 |
| 丹麦 | 1922 | 42.1 |
| 捷克斯拉夫 | 1927—1928 | 51.5 |

续表

| 国名 | 调查日期 | 出款用在食物上的百分数 |
|---|---|---|
| 芬兰 | 1920—1921 | 57.2 |
| 波兰 | 1926—1927 | 59.0 |
| 爱沙尼亚 | 1925 | 60.0 |
| 印度 | 1913—1914 | 81.7 |

这个次第，真能代表实际的情形吗？澳大利亚工人的生活程度，在国际上真能坐第一把交椅吗？印度工人的生活程度，真是各国中最低的吗？我们以为这个表所指示给我们的，大体当无错误，但不能说是严格地准确。所谓大体上无错误，便是这个表中的前几国，生活程度的确高于其他数国，还有别种的事实，如死亡率等可以参证，此刻不必细说。所谓不能严格地准确的意思，是说表中列为第一的，不一定是第一，也许是第二，也许是第三，而第三的也许是第一。我们不能准确，原因很多。第一，各国所调查的工人，不一定属于同一阶级，如甲国的调查，包括粗工较多，而乙国的调查，包括细工较多，这两种结果，自然不能作严格的比较。第二，这些调查，并非在同一时期发表的，以甲国在 1913 年的情形，与乙国在 1928 年的情形相比，当然不能准确。但在目前的情形之下，如欲在同一时期比较各国工人的出款情形，是不可能的，因为这种研究，费钱费时很多，各国也不能在同一时期举行。因为这一些原因，所以最近国际劳工局在比较各国的生活程度时，又采用了一种新的方法。这种新的方法，并不是比较各国工人的出款用在食物上的百分数，而是比较各国工人的实际工资。

工资是什么，大家都知道的，但实际工资，却是一个专门名词，应当加以解释。我们研究工人的收入，想要知道的，并不在他的工资的多少，而在他的购买力的高下。工资与购买力，有时成正比例，但并不尽然。其故系因物价有涨落。譬如某甲的工资，今年比去年涨了一倍，同时物价却涨了两倍，所以某甲今年的工资虽然比去年多，而购买力却比去年减少。我们如想知道某甲的购买力如何，知道他的工资是无用的，非要知道他的实际工资不可，因为实际工资是代表购买力的。实际工资，常以指数表示，其算法系以生活费指数除工资指数，再乘 100，便得。试举一例。某甲在 1926 年的工资是 30 元一月，1933 年却是 40 元一月。假如 1926 年的工资指数是 100，1933 年的工资指数便是 133.3。另外我们再看一下生活费指数（现在便是中国各大城中，都有生活费指数发表），1926 年是 100，1933 年却涨至 150。以 150 除 133.3 再乘 100，得数是 88.8。这便是某甲实际工资的指数。换句话说，某甲的工资虽然加了 1/3，但因物价涨了 1/2，他的实际工资，便减了 11.2%。所以他的工资虽然加增，他的购买力却反减少，他的生活，因而也比以前艰难了。

我们如研究一国中工人生活在时间上的变迁，可以用实际工资来作标准。实际工资加高，表示购买力加增，也就是生活程度上升的表示。因为购买力加增，自然享受也就要多些。这个原则，我们可以修改一下，应用到国际生活程度的比较上去。我们可以比较各国工人的实际工资，谁的实际工资高，便是谁的生活程度高。国际劳工局所采用的方法，其步骤如下。第一，搜集各国各种工人的货币工资。第二，选定一国为基本国（正如上面所举的例子，以1926年为基本年一样），假定该国工人的货币工资为100，然后以他国工人的工资与之相比，如高于基本国工人的工资，则指数必多于100，如低于基本国工人的工资，则指数必少于100。各国的货币是不一律的，所以在计算指数之前，一定要把各国的货币工资，化为基本国的货币工资。国际劳工局所采用的基本国是英国，所以各国的货币工资，都要化为镑，或先令，或便士，然后再计算货币工资指数。第三，制一国际日用物品表，以此表为根据，搜集各国的零售物价。第四，化各国的物价为基本国的物价。然后假定基本国的物价为100，计算其他各国的物价或生活费指数。第五，以此生活费指数，除货币工资指数，再乘100，便得各国的实际工资指数。如荷兰之货币工资指数为86，生活费指数为105。以105除86再乘100，等于82。这便是荷兰的实际工资指数。今将各国工人在1930年的实际工资指数，照上法算出，列表如下：

| 国名 | 供给材料的都市数目 | 实际工资指数 |
|---|---|---|
| 美国 | 10 | 190 |
| 加拿大 | 6 | 155 |
| 丹麦 | 1 | 113 |
| 瑞典 | 3 | 109 |
| 英国（基本国） | 7 | 100 |
| 爱尔兰自由邦 | 3 | 93 |
| 荷兰 | 4 | 82 |
| 德国 | 6 | 73 |
| 波兰 | 4 | 61 |
| 奥国 | 3 | 48 |
| 南斯拉夫 | 3 | 45 |
| 西班牙 | 4 | 40 |
| 意大利 | 6 | 39 |

国际劳工局这种比较的方法，当然比上面所说那第一种方法要高明些，要细密些，结果因而也要可靠些。但是这个方法，也有许多缺点，便是国际劳工局中主持这种工

作的人也都承认的。最重要的缺点，我们可以条举数端。第一，国际劳工局所调查的工资指数，不一定能代表各国的普遍情形。如上表中所列，美国工人的实际工资指数，比英国要高 1 倍，比德国差不多要高 2 倍。但据汉新教授（A. H. Hansen）的研究，这绝不能代表实际的情形。美国工人的实际工资指数，表面上那样高，因为被调查的工人，碰巧都是一些组织严密的、一般的工人，其实际工资指数并没有那样高。所以如何抽样，使被调查的工人可以代表一般的情形，乃是一个困难的问题。第二，制一国际日用物品表，以作调查物价的根据，又是一件极其困难的事。因为这个物品表中所包括的东西，一定要为各国的工人日常需要的，否则工人消费的是一种物品，而调查的又是另外一种物品，岂非牛头不对马嘴？那种结果，又有什么用处？但是各国工人的消费习惯是不一致的，所以如欲制一表格，在各国都可应用，自然是困难的。国际劳工局也感觉到这种困难，所以他们选出来比较的国家，其消费习惯虽不一致，但也有许多相似之点。他们没有把东亚的国家包括进去，就是因为印度、日本、中国等国，消费习惯与欧美各国相差太远，不能用同一的表格来调查。假如这点困难不能克服，中国工人与美国工人的实际工资，很难以科学方法比较了。第三，各国政府对于人民所负的责任并不一致。有好些东西，在甲国是由国家供给的，居民可以不必花钱享受，而在乙国，则非自己花钱便得不到。譬如工人的医药，在英国是由国家供给的，而在美国则由自己处理。我们可以假设两个国家，甲国的实际工资较乙国为高，但在甲国中，人民生活的必需品都由自己购备，而在乙国中，有一半由政府供给，一半由人民自备。结果乙国工人的实际工资虽低，但其生活程度，也许较甲国为高。这种情形，在实际工资中是看不出来的，所以我们比较各国人民的生活程度，除了实际工资，还要辅以别种的研究，才能下最后的结论。

民国二十二年 7 月 13 日

（载《社会学刊》第 4 卷第 2 期，1934 年）

# 英国民主政治的前途

从研究社会变迁的人的眼光看去，英国是世界上最有趣味的一个国家。自从 1688 年的"光荣革命"之后，别国虽然常常在那儿闹杀人流血的事，但英国人在国内却过着太平的日子。别国人牺牲若干生命财产才争来的权利，英国人用和平的方法便弄到手了。一直到欧战以前，英国人民所享受的权利及幸福，不较任何国人为差。欧战以后，又有许多国家在那儿闹革命了，但英人在国内依然继续过着他们太平的日子。这件事体，我们觉得是极有趣味的，是很可研究的。

关于这件事体的解释，许多人以为是简单而明显的。英国人所以能做到这个地步，便是因为他们有民主政治。英国人的民主政治，有五点可以特别注意的。第一便是政党的组织。关于此点，民主政治与独裁政治不同的，就是民主政治允许多数政党的存在，而独裁政治只允许一党的活动。在许多政党活动之下，人民便可根据自己的信仰及利益，附属于任何政党。这便是民主政治下所谓结合的自由。第二是自由讨论。一个问题发生之后，各个政党或各个公民，可以自由提出他们的政策或意见，以与别人讨论，影响别人的态度。第三是普选。凡是成年公民，都有选举的权利，不受性别、财产、地位、信仰等的限制。普选与自由讨论是有密切关系的，在自由讨论的时候，各政党都把他们的政策拿出来给大家看了，民众已经明了他们得到政权之后要做什么事了，于是他们在选举的时候，便利用投票的方法，决定把政权付托给哪一个政党。当然投票的结果绝不是一致的，所以我们应当注意到英国民主政治的第四个特点，那便是多数者执政。哪一个政党得到的票数最多，哪一个政党便出来组阁，因为从投票的结果看来，它最能代表多数者的意思。失败的政党，绝不出来兴兵作乱，他们一方面批评在朝的政党，一方面还继续宣传他们的主张，希望在第二次选举时，可以得到胜利，实行他们的政策。他们的希望，因为英国民主政治有第五个特点，所以容易达到。这个特点，便是频行选举。那便是说，每过若干年，常有一次大选，以便人民决定，对于在朝的政党，是否继续拥护。如继续拥护，在朝的政党当然继续把持政权，否则另外一个政党上台，排演他们的新戏。

在这种局面之下，英国政权的转移，可以依民意的向背而决定，不必操动干戈。英国有200余年的太平，我想大家都该归功于民主政治。

这种局面，英国能永久维持下去吗？这是我们现在要讨论的问题。

英国的政党，在20世纪以前，占有势力的，不外保守与自由两大党。他们的政策，无论如何不同，但他们对于社会组织的根本观念，是完全一致的。他们都承认私有财产权，都容许生产工具的独占。因为根本观念的相同，所以在野的政党，可以承认在朝政党所施行的政策，可以默认在朝政党所通过的许多议案。但自1900年起，英国的政局发生一种很大的变动，那便是工党的崛起。这30年来，工党的势力日有增加，此点可由历年来工党在大选时所得的票数及在下院中所占的席数看出：

| 年份 | 议员数 | 票数 |
|---|---|---|
| 1900 | 2 | 62 698 |
| 1906 | 29 | 323 195 |
| 1910（1月） | 40 | 505 690 |
| 1910（12月） | 42 | 370 802 |
| 1918 | 57 | 2 244 945 |
| 1922 | 142 | 4 236 733 |
| 1923 | 191 | 4 348 379 |
| 1924 | 151 | 5 487 620 |
| 1929 | 287 | 8 364 883 |

1924年与1929年，工党曾两次组阁，但两次在议会中，都没有得到大多数，所以不能实行他们的政策。1931年之后，他们的政纲，更加"左"倾了。我们不必在此比较工党与保守党、自由党政纲的异同，简单一句话，工党是代表社会主义的，而保守党及自由党是代表资本主义的。工党势力膨胀之后，保守党与自由党似已逐渐成一共同战线，以与工党对抗。关于此点，曾任工党内阁中印度事务大臣的彭恩，日前曾在北平发表如下谈话：

氏于英国政治，认为自由党已无存在余地，将来非保守即劳动，中间政党无复活动之可能。就现在言，当然以保守党在国会占大多数，然工党势力，已渐恢复，将来自有再握政权之机会。盖工党以前首领如麦克唐纳、斯诺登等虽经脱党，皆不过个人行动，于工党整个机能并无妨碍，工党在韩德森等领导之下，活气依然充满。近如在伦敦市会选举，博得从来未有之胜利，即其党势重振之征也。（6月7日《大公报》）

彭恩预测工党有再握政权的机会，这是谁都不能否认的。工党所代表的，是大多数的劳动阶级，在普选的条件之下，代表大多数人民的政党，迟早是要获得政权的。现在我们要问，假如工党在大选的时候得到大多数了，而他们所以能够得到大多数，乃是以社会主义号召的结果，到这个时候，英国的民主政治还能继续下去吗？

预言是一件极危险的事，我们也不愿意在这儿预言。我们所要讨论的，就是关于这个问题的几种推测。作第一种推测的人，是乐观派，是信仰民主政治的。他们以为在上述的情形之下，保守党看见工党得到大多数人民的拥戴，虽然知道工党一旦当权，将有大规模的改革；虽然知道工党将通过法律，将生产工具收归国有；虽然知道在新的社会里，他们的优越地位将完全丧失，他们将不能再不劳而食，享受以前那种舒适的生活；但他们因为要忠于民主政治，忠于历史的惯例，所以就是知道工党的政策将大不利于他们的阶级，也情愿把政权交出来给他们。假如这种推测是对的，那么民主政治发达到极点，便成为社会主义。在别的国家里面，社会主义的目标只有通过流血革命才能达到，而在民主政治的英国，社会主义便可用和平的方法实现出来。英国的工党中，便有很多人是持这样的看法。

但是也有不少悲观的人。这一派的人，以为英国的民主政治，到了今日，才遇到真正的难关，才碰到真正的危机。以前英国的政党，尽管意见不同，但不同的只是皮毛。现在英国的政党，争论的不是皮毛问题，乃是社会的根本问题，阶级的利益问题。保守党以为英国的将来及世界的文化，能否继续发展，要看现状能否维持。所以他们无论如何，是要维持现状的。换句话说，无论如何，要维持资本主义，要保护资本阶级的既得利益。工党的见解，刚刚与此相反。他们以为英国的将来及世界的文化，能否继续发展，要看现状能否推翻，要看旧的资本主义社会能否消灭，新的社会主义社会能否生存。所以他们无论如何，是要推翻现状的。所以一旦工党得势，他们便要推翻资本主义社会，创造社会主义社会。保守党为维持他们的利益起见，一定不肯退让，一定要用别的方法，来维持他们的政权。工党看见保守党既不肯和平地退让，一定要用别的方法，来推翻他们的政权。所谓别的方法，便是武力，便是流血与革命。假如英国的前途，真会演化到这一步，英国的民主政治，便算寿终正寝了。

英国将来到底走哪条路，我们虽然不必预言，但不可不加以深刻的注意。从英国的经验里，我们至少可以回答两个问题：

第一，改革是否可以代替革命？民众的要求，无论它的性质如何，是否都可以用和平的方法达到？

第二，苏联牺牲了许多生命财产，才走上社会主义的路，我们要看看英国，有没有别的法子，达到同样的目的。

民国二十三年 6 月 9 日

（载《独立评论》第 105 期，1934 年）

# 社会学观点的应用

社会学的观点，是一种综合的观点，在研究社会时用得着，在改良社会时也用得着。

先说社会学的观点对于研究社会的贡献。我们在研究某种社会问题之先，总要有几种假设，有了假设，才可以着手搜集材料。这些假设，都是从我们的观点中脱胎而来的。譬如抱有地理观点的人，对于一个社会问题的发生，总要看它是否与地理的元素，如土地、地形、气候等等有什么关系。抱有经济史观的人，对于同样的问题，总要看它是否受生产力或生产关系的影响。受过别种训练的人对于这个问题，又有别种不同的看法。本来在社会科学中，是主张分工合作的。所以各人从他的观点出发，去研究一个问题，把他的发现贡献于社会，同时虚心地去接受别人由别种观点出发研究出来的贡献，彼此互相切磋琢磨，对于社会真理的发现，一定要格外有把握。可是从过去的经验看来，这种目标，每每不能达到。一个人在研究社会时，如只有一种观点，每易迷信他的观点。观点原来是研究的工具，但只有一种观点的人，每每变成观点的奴隶。他只知道从他的观点去看社会，不知道社会还有第二种看法。他以为社会的组织及变迁，只受他所认为重要的元素影响，丝毫不为他那观点以外的元素所左右。这是反科学的态度。社会科学到了这种人的手里，都变成玄学了。现在国内有许多只念了一二本小册子的人，熟读了几句公式，便在那儿高谈社会问题，都是受了这种社会玄学的流毒。

社会学为矫正这种错误的、一元的观点起见，提出一种综合的观点来。这种观点，承认地理的、生物的、心理的、文化的（包括政治、经济、法律、家庭等等）元素，对于人类的社会生活，都是有影响的。但是某一个社会问题，到底是哪些元素所造成的，非研究以后，绝不先下断语。但在研究之先，我们无妨假定它与许多元素是有关系的。譬如我们研究犯罪问题，无妨假定犯罪这种行为，与气候是有关系的。有了这种假设，我们方可着手去搜集与这个问题有关的材料。但是假设并非结论。假设是可从脑中想出来的，而结论则要从事实中"搜括"出来。这是一种很费时间与气力的工作，所以那些喜欢偷懒背公式的人，最不喜欢走这一条路。因为我们花了许多工夫去搜集材料，有时固然可以证明我们的假设是对的，有时也可以证明我们的假设完全错误。但这是做学问的人所常遇到的事。一个假设不对，我们可以换第二个假设。一个观点不够用，我们可以加上第二个观点。譬如我们在研究犯罪与气候的关系之后，觉得所得的智识无几，便可换一个观点，采取别一种假设，搜集另一类的事实，再看结果如何。总之，我们应当从事实中求结论，不可把结论嵌在事实上面。这是社会学告诉我们在研究社会时应取的态度。

这种综合的观点，也许要引起一种误会。我记得有一次对人谈这种"综合"的观点，而听者误会为"中和"的观点。于是他推衍下去，以为社会学的观点，是一种调和的观点，是一种折中的观点。这实在是一个大错误。我们要知道科学的目的在求真理，哪一种结论正确，哪一种结论错误，我们都是可以根据事实而下判断的。假如事实不够，我们便不下断语。所以在社会科学的园地里，用不着调和，更谈不到折中。我觉得社会学者研究一个问题，其采取的观点，与西医判断病症时所采取的观点是一样的。一个细心的西医，遇到一个发热的病人请他判断，他所采取的观点，便是综合的观点。他心中先有许多假设。他以为这个病人的发热，也许是由于伤寒，也许是由于疟疾，也许是由于肺痨。他搜集若干材料去分析，然后根据事实下判断。假如事实告诉他，病人的发热是由于伤寒，他便这样说。他绝不调和，也不折中。假如病人的发热是由于肺痨兼伤寒，有事实可以证明，他也便这样说。这是根据事实说话，也不算是调和与折中。社会学者在研究社会时所取的态度，亦复如此。

我们再说社会学的观点，对于改良社会的贡献。我们根据许多理论的分析，知道社会上一个问题的发生，其原因是很复杂的，所以要解决一个问题，须有许多训练不同、技术不同、地位不同的人，从各方面去努力。社会上的问题，绝不是某一种人所能解决得了的，也不是实行某一种方案便能解决的。在这种观点之下，天下兴亡，匹夫有责的哲学才可以实行，合作才有基础，共同努力才有意义。可是现在一般从事改良社会工作的人，每每不能了解这种观点。他们根据自己的经验或训练，每每认定一种工作是唯一的改良社会工作，只有从事这种工作的人，才有价值，才不枉生于天地之间，才是真正的有"最后的觉悟"者。他们每每把别人的工作看得不重要，甚至于加以鄙视，加以攻击。在这种观点之下，合作的精神绝对不能产生。有时抱共同目标的人，因为采取方式的不同，甚至互相敌视。这是改良社会的工作中，一个最大的阻碍。所以我们要在这些人当中，提倡一种综合的观点，要他们知道改良社会的重担不是一种人所能挑得起的，要大家从各方面去努力，才可以达到我们共同的目标。我们绝不要学时髦，绝不要以为有些要人在那儿提倡工程救国，我们大家便都去学工程；有些学者在那儿提倡教育救国，我们大家便都去办教育；有些志士在那儿提倡复兴农村，我们大家便都跑到乡间去。这并不是反对学工程、办教育、跑到乡间去。我们承认这都是应当做的；但应做的，绝不止此。我们应当顾到自己的兴趣、自己的训练，选择一种我们能够做得最好的工作。要知道，我们如把自己所能做而且做得最好的工作做到了，对于改良社会的事业，我们便有贡献。我们要殷勤地耕耘自己的园地，不要听到别处的呼声，便抛下我们的锄头，跑到别人的田园中去凑热闹。同时我们对于别人的工作，只要是有价值的，我们应当从旁给以可能的赞助。我们至少要成人之美，绝不要破坏人家的事业。

或者有人要问，在这种观点之下，是否一切救国或改良社会的工作，都有它们的地位呢？我们的答案是：社会学的观点，是一种科学的观点，所以一切改良社会的工作，只要它们有科学的理论作基础（虽然只有科学的基础是不够的，但这不在本题范围之内，故不赘），证明它们对于改良社会确有贡献，我们便承认它们有相当的地位。反是，假如在科学的眼光中，是站不住脚的，如诵经救国、反对开掘古墓以维持世道人心等邪说，我们都要反对，认为它们不但不能改良社会，反使社会的腐化及愚化加深。所以综合的观点，并不是要把三教九流的人都收在一个旗帜之下，乃是要唤起一般受过科学洗礼的人，鼓起他们的热心，利用他们的智力，合作的，殊途的，朝着改良社会或救国的大目标前进。

民国二十三年 7 月 21 日

（载《独立评论》第 111 期，1934 年）

# 发展都市以救济农村

农村破产，在中国已经成为有目共睹的事实。社会上已有许多热心的人士，在那儿做救济农村的工作，有的从政治入手，有的从教育入手，有的从自卫入手，还有许多走别的途径去帮助农民的。可是在这种救济农村的潮流之下，很少有人从发展都市着眼去救济农村的。不但如此，社会上还有许多人误认都市为农村的仇敌。他们以为都市对于农村，不但没有贡献，反可使农村的破产加深。这种误解，是应当矫正的。

我们应当首先明了发展都市的意义。中国的都市，人口在 10 万以上的，据专家的估计，虽然有 112 个，但是我们如仔细分析这些都市的组织，就可知道它们是不完备的，绝不能充分行使都市应尽的职务。发展比较完备的都市，如天津、上海、汉口、广州等等，虽然在国内已经可以称雄，但如与外国的都市如伦敦、纽约等比较一下，就可知道中国的都市还是幼稚，离"成年"还远得很呢。我们应当努力去发展它们，使它们对于附近的农村有更大的贡献。

发展都市的第一种事业，便是兴办工业。美国在 1927 年，全国的工业共有 335 种，其中在纽约可以找到 305 种，在支加哥可以找到 275 种。中国的新式工业，据实业部的调查，共有 98 种，其中在天津只可找到 39 种，在汉口只可找到 20 种。我们只把这些数目字比较一下，就可知道中国的都市中，可以发展的工业还多。假如天津能多添 29 种工业，河北省农村的农民便可添许多出路。中国农村中人口太多，嗷嗷待哺者众，是农村中最难解决的一个问题。农业中已经无路可走了，我们只有希望全国的都市从发展工业上努力，那么一部分的农民迁入都市，固然可以有立足之地，就是那些留在乡下的农民，因争食者减少，生活也可略为舒适一点了。

发展都市的第二种事业，便是发展交通。每一个都市里面的领袖，都要设法认清，哪一部分的内地，是他的势力范围，是他的基本市场。在这个广大的市场里，应开设铁路、公路、航路以及空路，使这些散布各处的乡村，与都市有交通的联络。我们都知道从支加哥出发的铁路共有33条，这33条铁路，把支加哥与附近数百英里的农村与市镇相连接，造成一种"如胶似漆"的关系。乡村中农民的货物，往都市中流去，比较容易得到善价，这些农民的购买力加增，都市中的制造品便多一条销路。

所以交通的发达，是对于都市与乡村两便的事。我们再举一个例来证明此点。天津的商人，现在到山西的黄河东岸一带收集鸡蛋，是一种费精神而且吃苦的工作，同时黄河东岸的鸡蛋，也只值七八文一枚，因为运输不便，蛋价如果提高，津商便不肯要。假如有一日天津与山西的黄河东岸有直通的铁路，天津的商人与黄河东岸的农民，便都互受其利了。都市与它的内地，交通固然要便利，都市与都市间的交通，也应当发展，如此，在本市销不完的货物，才可很方便地运到别的都市中去。各地的农民，假如都有这种便利，他们的农产品，便不致受当地市价的限制，奸商对于他们剥削的能力，便要渐渐消灭了。

发展都市的第三种事业，便是扩充金融机关。中国的都市中，新式的金融机关，如银行、信托公司之类未尝没有，可惜它们的事业只限于都市中，以致不能充分尽职。合理的组织，应当把总行设于都市里面，而把支行或代理处分布于内地各处。这样，一方面可以吸收内地的现金，来做生产的事业；一方面又可放款于内地，使农民减轻利息上的负担。现在中国的银行，在内地有支行的颇少，所以有些地方的农民，略为有点积蓄，因为无处存放，只好埋在地下，或锁在箱里，这些搁置起来的资本，合起来一定很可观。假如银行在这种地方有支行，那么现在埋藏起来的资本，都可以流动起来了。另外一些地方，农民需款很急，可是无处可借，即使借得到，每月的利息也常在二三分以上。假如都市能扩充金融机关，设立支行于这种地方，那么高利贷者便无所施其技，岂非农民的一种福音么？

发展一个都市，应当努力的方向还多，以上提出的三点，不过举例以见一斑，假如都做到了，对于农民的贡献，是很显明的。都市与乡村的关系，不是敌对的，而是互助的，于此可见。

最后，我还愿意提出一点意见，以供都市中领袖的采择。中国的领袖，与别国的领袖一样，无疑都集中在都市里面。但中国的领袖，似乎缺少了一种"都市意识"。譬如天津工商业的领袖，有几个人知道天津的势力范围，包括一些什么地方？他们有几个人知道东南到什么地方，便侵入济南、南京或上海的势力范围，西南到什么地方，便侵入郑州或汉口的势力范围，晓得哪些地方，是他的都市的势力范围，因而出全力去经营这些地方，使这些地方与他的都市共存共荣，便是我所谓的都市意识。假如每个都市中的领袖，都有这种都市意识，然后根据此种意识去努力，那么中国现在虽然经济萧条，农村破产，将来总有繁荣的一日。

（载《农村经济》第 1 卷第 12 期，1934 年，
转载 9 月 9 日《大公报》星期论文）

# 提高生活程度的途径

　　"生活程度"这个名词，在普通人的口中，每每是用错的。譬如在谈话的时候，我们常听见人说，今年的日子真难过，生活程度一天比一天高了。其实他所指的，乃是生活费用，并非生活程度。生活程度，是指我们所享受的东西，而生活费用，乃是这些享受的代价。譬如去年我们每月吃一次肉，今年每月要吃四次。这是生活程度提高了，乃是一件可以庆贺的事情。假如今年每月还只吃一次肉，而去年一斤肉只值 2 角 5 分，今年的一斤肉却卖到 3 角，这便是生活费用提高了，生活程度却依然如旧。明白了这两个名词的意义，就可知道提高生活程度，乃是大家心中愿意的事。我们整天整月地忙，目的虽然不止一端，但有一点是大多数人的心中所共有的，便是提高生活程度，想法使我们现在所享受的，比以前要丰富一点。

　　我现在要讨论的，不是任何个人的生活，如何可以提高。我的对象，乃是社会上的大众，我们要问这许多人的生活，有何法子可以提高。中国人民的生活，如与欧美各国人民比较起来，其程度的低下，乃是有目共睹的。近来社会上已经有好些人看清楚这一点，都在那儿设法来改良这种现象。不过他们的眼光，似乎还嫌狭窄一点，没有从多方面去努力。我们只要把近人努力的途径分析一下，便可看出这点。

　　影响一国人民生活程度最要的元素，自然是一国的富源。中国人对于本国的富源，没有充分利用，我们只要听一下经济地理家的报告，就可了然。譬如中国的可耕地，已经利用的，据中外专家的估计，还不到一半。中国的煤藏，不管你采取哪一家的估计，它在世界上的位置，列在前五名，乃是毫无疑义的。中国人有如此丰富的煤藏，可是平均每年每人用煤，不过 140 磅。美国人在 1926 年，平均每人要用煤 12 000 磅。在这两个数目字的背后，我们可以看到中国人冬天挨冻，而美国人享受汽炉；中国人坐人力车、轿，而美国人坐轮船、火车的情形来。别的富源，我们也不必细数。归根一句话，中国人并没有充分利用本国的富源。这一点是大家都见到的，也是大家都在那儿设法矫正的，所以我们不必多说。

影响生活程度的第二种元素，便是生产的技术。中国人在这一方面的落后，也是很显然的。就拿农业来说，我们虽然已有 4 000 余年的经验，但生产的成绩，如与欧洲各国比较起来，还是相差很多。就拿小麦来说，中国各地的平均产量，每英亩只有10.8 蒲式耳（1 蒲式耳，等于 60 磅左右），英国的平均产量，每英亩有 32.9 蒲式耳。所以中国每英亩的产量，还不到英国的 1/3。虽然中国也有些地方，其出产可与英国相颉颃，但平均的情形，比英国落后许多，是已经专家证明的。更拿稻米来说，中国也比不上日本。日本平均每英亩产量，可达 2 350 磅；中国只能产 1 750 磅。农业中的情形，已然如此，别种实业中的情形，更比不上。譬如煤矿，新式旧式的，在中国已有不少。我们拿用最新方法的开滦煤矿来说，那儿的工人，每天只能采煤 800 余磅，而美国的矿工，平均每日可采煤 9 000 余磅。美国工人的效率，比中国的工人要超过10 倍。这还是拿新式的煤矿来与美国相比，如拿旧式煤矿来较量一下，美国工人的效率，要比中国工人超过 20 倍。技术的差异如此，难怪美国的矿工要拿 8 角 1 点钟，而中国的矿工只能拿 4 角 1 天了。中国人对于技术落后的觉悟，现在似乎已经普遍。所以在农业方面，近来有许多改良的运动，在中国各地发起。而政府里面的人，现在也有不少在那儿注意工业，想法使中国工业化的。我个人对于发展中国的实业，改良生产的技术，是主张各方面同时并进的。农业固然重要，工业也不可忽视。乡村固然要复兴，都市也应当发展。但近来舆论界中似乎有一种空气，喜欢注重农业而忽视工业，赞美乡村而咒诅都市。假如这种观察是对的，我认为这是一种危险的倾向。我们要知道都市与工业的畸形发展，固然是不足取的，但是这种情形，只在英、美等国中才遇得到。至于中国，情形刚与英、美相反。我们的都市与工业太幼稚了，以致大家都挤在乡下，使乡村与农业呈一畸形发展的现象。为救济这种现象，我们应当欢迎有志人士来创造新工业，创造新都市，为乡下的过剩农民另辟一条生路。所以关于改良技术一点，我们主张不但农业的技术要改良，别种实业的技术也要改良。不但农业的生产，要赶上欧美；就是工业、矿业、商业、交通运输等等实业，都要设法去赶上欧美。要各方面的生产技术都有进步，然后中国各界人民的生活，才可平均地提高。

影响生活程度的第三种元素，便是分配的方式。现在各国分配的方式，大多数是不公平的，中国也不例外。中国对于这方面的统计还没有，我们可以拿英、美两国来做例子。英国全国的进款，有 14% 为 1% 的人所占有。在另一方面，62% 的民众，只能分享全国进款的 22%。美国的情形，与此相仿。在富的方面，有 1% 的人，享受全国进款的 15%。在穷的方面，有 61% 的人，分享全国进款的 34%。假如这种分配的方式，可以改良一下，使有钱的人少享受一点，而贫穷的人多享受一点，那么全国人民的生活程度，一定可以平均地提高。我们并不主张把全国的收入平均地分配，因为那是行不通的事。就是现在的苏联，各人的所得，也还是极不平均的。工程司可以拿五六百卢布或 1 000 卢布一个月，而粗工有只拿几十卢布一个月的。所以我们现在不提倡平均的分配，但要鼓吹公平的分配。公平的分配，承认各人的收入可以有差异，但差异不能太大。现在的中国，有衣食无着的穷民，也有在银行中存款几百万或几千万的富翁，这便是公平的分配没有实现的表示。我们如想提高大众的生活程度，绝不可逃避这个问题，而应提倡用政府的力量，来实现公平的分配。政府应当实行各种税则，如所得税、遗产税之类，使富翁的一部分财富，可以转移到政府的手中。这样，富人的奢侈生活，当然要受一点损失。但是政府把收来的金钱，兴办各种社会事业，如教育、卫生、娱乐等等，那么大众的生活程度，便可以平均地提高，所以这种办法，对于少数人有损，而对于大多数人是有利的。关于此点，注意的人很少，不过政府如想为大多数人谋福利，这一点是不可忽略的。假如这一点有一天做到了，不但人民的生活程度可以提高，革命的暗潮也可无形地消灭了。

影响生活程度的第四种元素，便是人口的数量。世界各国人口的问题，是不一样的。像加拿大、阿根廷等国，人口似乎嫌少一点，他们如想发展各种事业，国内的人口，还不够用。但如中国及印度，则人口的数量，无疑是太多。这太多的人口，便是人民往上挣扎的一个大阻碍。我们可以拿一个家庭来比一个国家。假如一个家庭的生产，每年只有 1 000 元，同时家庭中的人口，却有 10 个之多。以 10 个人来分 1 000 块钱，每人只得 100 块钱。这 100 块钱，除衣、食、住等必需的生活费外，所余是有限的。在这种情形之下，这 10 个人的生活，很难提高，因为生产有限，而分利者太多。假如这个家庭里面，只有两个人，情形便大不同了。因为两个人分 1 000 块钱，每人所得的，不是 100 元，而是 500 元。500 元的生活，比 100 元的生活，是要丰富得多的。以小喻大，中国的情形，便是如此。假如中国的人口不是 4 亿而是 3 亿或者 2 亿，那么中国人的生活，一定比现在要舒服得多。这 2 亿人，再来利用中国的富源，改良生产的技术，实行公平的分配，那么使中国人的生活赶上美国人，亦非难事。可是人口数量与生活程度的关系，虽能如此显明，而政府及社会的人士，从这一方面努力，去提高人民生活程度的实不多见。减少人口压迫的方法，消极的有移民，积极的有节育。但这两种事业，还没有得到政府与社会的充分的同情。有时我们在报纸及杂志上，还看见一些人发表文章，鼓励中国人的生育。这种态度，实际等于看见人家跌下井，还从上面摔块石头下去一样。结果只有使中国人的生活，格外走入悲惨的境界。真心为大众谋福利的人，绝不可作此种无益而有大害的主张。

　　总括起来，提高中国人民的生活，第一要充分利用国内的富源，第二要改良生产的技术，第三要实行公平的分配，第四要节制人口的数量。前两点已为多数人所认识，后两点也同样重要，但还没有得到社会人士深刻的注意，所以我们愿意大家多来讨论一下。

民国二十三年 8 月 18 日

（载《独立评论》第 115 期，1934 年）

# 孙末楠的治学方法

孙末楠是美国第一位教社会学的教授，1910 年才逝世的。他在耶鲁大学教书的时候，学生非常爱敬他，在耶鲁毕业而没有念过孙末楠的功课的人，别人都觉得他够不上耶鲁学士的资格。关于他的生平，我曾有两篇文章介绍，一篇是《几个社会学者所用的方法》，载于《社会学界》三卷；一篇是《孙末楠传》，载于《社会学刊》一卷一期。最近读到继承孙末楠衣钵的恺莱教授所著的《孙末楠回忆录》，其中有好几段提到孙末楠的治学方法，有些是别的书中从未提到，有些是别的书中言之不详的，所以我愿意再来介绍一下。

孙末楠对于一切人所做的文章，或所说的话，总要从三方面去批评。第一，他要问说的是什么；第二，他要问说话的人有无证据；第三，他要问所说的话有何意义。关于第一点，他说有一次去听一位名人的演讲，听时似乎很受感动，听完之后，在归途中，他回想今天这位名人到底说了一些什么，才发现他一点东西都没有说，不过把一些名词翻来覆去玩了一套而已。这种言之无物的文章，不管你说得如何天花乱坠，在孙末楠的眼光中，是毫不值钱的。他又主张话不说则已，说则要人听得懂；文章不做则已，做则要人看得懂。他提到一位很负盛名的德国学者，其盛名的由来，便是做出来的东西，人家看不懂。在这位学者的文章中，可以用德文的地方，他偏不用，却用些希腊文或希伯来文；而且常用典故，都是从僻书上找来的。别人看不懂他的文章，以为这位先生，一定有点货色，其实他的意思，如用平常的话说出来，也没有什么惊人之处。像这种做文章故意要别人看不懂的学究，是孙末楠所最恨的。

关于第二点，凡是学科学的人，不问他学的是自然科学还是社会科学，都应当注意。我们都知道说一句话得有证据，但是能遵守这条规律的人，实不多见。孙末楠在这一点上如何努力，我们下面再说。

　　孙末楠提出的第三点，是要看所说的话，是否值得一说。有一位先生，花了许多工夫，研究中国人头发的根，以测定其坚实性，做了一篇文章。这种东西，孙末楠以为是不值一顾的。有一次，孙末楠的一个学生，决定要做一篇论文，讨论上帝与宇宙的关系。他有几个问题解决不了，便去请教孙末楠。孙末楠听了他那一套玄学的问题，非常生气，叫他以后不要再来问这种问题，只去念他指定的书籍。因为在这些书籍里，这位学生也许可以找到他的答案，也许可以发现他自己所问的问题，是怎样的无意义。后来这位学生的论文题目，便改为某个市镇中的工业。

　　我上面说到孙末楠主张说话要有证据，这一点，真是言易行难。孙末楠本人是能实践这一点的。我们读过他那本《民俗论》的人，看到事实之后，还是事实，最后才来一两句结论，便没有不相信他所说的。他能驾驭这许多事实，便是因为他平日做札记之勤。他是用卡片做札记的，每张卡片，长 8.5 寸，宽 4.5 寸。卡片的颜色，有好几种：从书上抄下来的文章，用白卡片；书目用红卡片；他自己的观察与论断，用绿卡片；文章的纲目，用黄卡片。在他死的时候，留下来的卡片，共有 52 箱，每箱约有 3 000 张。这是他最珍重的宝贝，有一次他的邻居失火，他怕延烧到他的房子，于是把这一箱一箱的卡片，从三层楼上的书房里，搬到楼下的后院中。这次把他累坏了，火熄之后，只得雇人来搬回原处。

　　白卡片上所抄的东西，不完全是他自己动手的。一年中有 9 个月，他要雇一个书记，月薪 20 元，专门替他抄书。孙末楠自己在书上看见有好的材料，便用铅笔勾出，每晚交给他的书记，带回家中去抄。

　　这种用卡片做札记的方法，在外国是很通行的。英国有名的学者韦白夫妇，在他们合著的《社会研究法》中，也特别提到此种方法。我还记得到支加哥大学上课的第一天，法理斯教授带了许多颜色的卡片，讲了一点钟做札记的方法，当时我们以为这是支加哥大学的教授们所发明的，现在才知道是从孙末楠那儿抄去的。

　　孙末楠在他自己的著作中，讲方法的很少，有时他还瞧不起那些专讲方法的人。他曾说这样一个故事。他在大学念书的时候，有一位同学不好好地去念书，却在那儿研究念书的方法。他做了许多试验，看看是坐下来念好，还是睡下去念好；是站住念好，还是蹲住念好。大考到了，这位同学不及格，被学校开除了。照孙末楠看来，研究一样东西，只要有常识，能下苦功夫便行，方法论可以不必学。他自己是精通十余国的语言的，学生如去问他如何可以学会一样外国文，他说学外国文没有别的方法，只有坐下来念。学生再问他还有什么别的工具，他说有的：一本文法和一本字典。

也许学习好几种外国语言，便是孙末楠研究社会的方法。他以为社会学是一种综合的学问，所以绝不能根据一个地方或一个时间的情形，便下结论。但是我们如想知道许多地方以及各个时期中的社会情形，便非精通好几国的语言不可，因为这许多记载，绝不是用一国的文字写的。所以研究院里的学生，第一年如去问孙末楠应该做些什么事，他常要他们去学意大利文。第二年去问，他会叫你去学荷兰文及丹麦文。等你把这些文字都学会了，他还要你去学西班牙文及葡萄牙文。孙末楠自己学这些文字，是很花了一些工夫的。文法中的题目，他从来不遗漏一个。除了希伯来文、希腊文、拉丁文、法文与德文，他所知道的外国语言，都是在 45 岁以后学的。

孙末楠要他的学生学那样多的外国语言是否合理，恺莱教授说，也还是一个疑问。不过孙末楠写出来的东西，内容与众不同，不得不归功于他在语言上所受的训练。现在美国的社会学界中，只有哈佛大学的社会学系主任索罗金（P. A. Sorokin）教授，可以与他比拟。索罗金教授是俄国人，也是精通好几国语言，所以他如讲到一个问题，不但可以引用英、美、法、德的材料，还可引用俄、意、西班牙等国的材料，这是别的学者所做不到的。现在有许多学社会科学的学生，对于一种外国语言，都不肯好好去学，以致毕业之后，还不能直接去看原文，只能读一些译本或中文的小册子。像这种学生，我愿意他看了孙末楠的榜样之后，自己格外努力一点。

孙末楠的社会学系统，是建筑在历史学及民族学的材料之上的。运用这些材料，只要懂得一点史学方法便行。孙末楠对于史学方法、在他的学生时代，是受过训练的。有了史学方法，再加上他的所谓常识，加上十几国语言，加上苦干的精神，便造成他在社会学界优越的地位。现在我们虽然于史学方法之外，还要学统计方法、个案方法，不过学会了方法，而不肯下死功夫去干，还是没有用处的。孙末楠的伟大，就在他那种肯干的精神。

民国二十三年 9 月 11 日

（载《独立评论》第 120 期，1934 年）

# 从佃户到自耕农

## （一）

关于中国佃户的数目，近来屡被人征引的一个估计，便是张心一先生等在 1930 年所发表的。[①] 根据那个估计，中国佃户的数目，在各地大有不同。在扬子江流域，自耕农约占所有农户的 32%，半自耕农约占 28%，佃户约占 40%。东北的情形，比扬子江流域好些，计自耕农占 50%，半自耕农占 19%，佃户占 30%。黄河流域的状况，又比东北好些，自耕农占 69%，半自耕农占 18%，而佃户只占 13%。假如我们把各流域各省的报告平均起来，便可发现，中国的自耕农约占全体农户的 51.7%，半自耕农占 22.1%，佃户占 26.2%。这个估计，与美国农部在 1923 年对于中国佃户所下的估计相差无几。[②] 但别的估

① 张心一先生的文章，名 "A Statistical Study of Farm Tenancy in China"，见《中国评论周报》1930 年 9 月 25 日出版的三卷三十九期。英国经济学者 R. H. Tawney 在他的 Land and Labor in China 一书中所引用的，以及国联农业专家 C. Dragoni 给国联的报告书中所征引的都是张先生所发表的材料。

② Gray, L. C., Stewart, C. L., Turner, H. A., Sanders, J. T., and Spillman, W. J., "Farm Ownership and Tenancy"，Agriculture Yearbook，1923，p. 508，该文中关于各国佃户百分数的估计，今亦录下以供参考。美国，38.1；英国，88.9；阿根廷，38.5；爱尔兰，36；法国，26.1；德国，25.4；加拿大，7.9；日本，28.5；丹麦，8。各国的情形，大约根据 1914 年至 1920 年间的报告为多。Ferd R. Yoder 在 1929 年发行的 Introduction to Agricultural Economics 一书中，引用各国佃户的比率，即根据此文。但美国另一农业经济学者 Wilson Gee 在 1932 年发行的 The Social Economics of Agriculture 一书中，关于各国佃户百分数的估计，虽然所采取的时期，与上文相差无几，但数目字却不相同，有的相差得很多，今亦录于下面。英格兰，88.4；威尔士，90.3；苏格兰，92.3；爱尔兰，36.0；瑞典，14.2；丹麦，10.1；荷兰，49.1；法国，29.3；德国，25.4；意大利，22.4；奥地利，22.4；匈牙利，2.7；日本，9.7。此种估计，见该书第 164 页。由上以观，中国佃户的百分数，在国际中，站在一个中间的地位。参阅拙著《中国佃户问题的焦点》，见《旁观》十期。

计，有比这个大的，也有比这个小的。① 在没有比较更完善的报告以前，我们只好假定中国的佃户，约占全国农户的 1/4。佃户与半自耕农的总和，约占全国农户的 1/2。纯粹的自耕农，只有 1/2。

佃户的估计，固然是难，可是还算比较容易解决的题目。比这个问题还要难于回答的，便是佃户与地主的关系。关于此点，各地的情形，相差得太多了。第一，关于纳租的方法，各地是不同的，有分租，有谷租，有钱租，还有其他不同的制度。第二，租期的长短，各地也是不同的，从一年以至永佃的都有。第三，纳租的数量，也有多少的差异，虽然土地法中规定，最高的租额不得超过 375‰，但这条法律，在实际上恐怕是不发生效力的。许多研究证明，纳租的数量，普通的情形，起码在 40%。2 000年前董仲舒说佃户耕豪民的田地，"什伍而税一"②，这种情形，在现在还是普遍的。此外，如佃户为地主服务，可以不给值，甚至所用仆妇亦由佃农征调的办法，在欧洲已为过去的历史，但在中国的内地，还可以遇到这类的事实。③ 在这种复杂的情形之下，如没有做过一种详细的调查，便著书立说，来讲中国佃户与地主的关系，乃是一件不可能的事。

不过我在这篇文章中所要讨论的，并非中国佃户的实在数目，也非佃户与地主的各种关系。我们以为即使对于上列的两个问题，不能作详细的描写与解释，但是对于

---

① 《经济半月刊》二卷十一期中，有《我国之租佃制度》一文，作者说是"全国租种农之百分率，或在 50% 以上。即以 50% 计，而假定全国农民之数，为 3 亿 6 300 万人，则受租佃制度之影响者，已约 1 亿 8 150 万人，即约当全国人口的 1/3 矣"。又国联与中国的技术合作委员会，于 1934 年 4 月 1 日给国联的报告书中，引用 C. K. Ping 在德国发表的论文，其中所用的材料，虽然都是根据张心一先生所发表的，但其结论，说中国扬子江流域及珠江流域，佃户占 43%，与张说略有不同。总之，现在如假定中国的佃户与半自耕农合计在 50% 左右，并不算高，如说佃户一类，便占 40% 或 50%，未免略高。此外也有一些零星的统计或估计，论中国各地佃户的百分数还不到 1/4 的。如金陵大学的卜凯教授，根据 2 866 家农户的报告，谓中国北部，自耕农占 76.5%，半自耕农占 13.4%，佃户占 10.1%。中国东南部，自耕农占 48.2%，半自耕农占 21.3%，佃户占 30.5%。各地平均的结果，自耕农占 63.2%，半自耕农占 17.1%，佃户占 19.7%。此种统计，见其所著 *Chinese Farm Economy* 第 146 页。又如李景汉先生，调查定县农户 790 家，谓自耕农占 70.8%，半自耕农占 27.8%，佃户占 1.4%。佃户的百分数，要算这个报告所表示的最低。

② 《前汉书》二四上《食货志》。

③ 1932 年 12 月 2 日，《大公报》所发表的《赤区视察记》，其中有一段记河南商城县的土地制度云："昔日地主所收之租谷为 1/2，且仅限于水田中所生产之稻，其无水之地中之产物及柴草悉归佃农。押金亦甚微。演至近日，人口日繁，佃农增多，地主乃大事压迫，租期由五年而缩为四年，继复缩为三年。其押金则增加，几与购买之地价相等。且须于押金之外，缴纳随礼一份。押金增多，将来退租时，佃农尚可收回，随礼则由地主没收。故佃农每三年必罄其积蓄献之地主，以求保留其佃地之权。同时，地主所收之租稞，亦复加重。稻稞之外，复有所谓麦稞（地中之麦）、鱼稞（塘中之鱼）、鸭稞、油稞、棉稞、柴稞（山中之柴）、草稞等。总之，凡田中所产，家中所畜饲，无一不按五五均分。外此并有所谓人工稞，即地主修房盖屋及一切苦力所用之人工，均出之佃农，而不给值，如地主外出，以轿代步，轿夫即由佃农充之，甚至所用之仆妇，亦由佃农征调。吾人于此，当以为地主对待佃农，已过于苛刻矣。不谓于上述租稞之外，又有所谓白供者，即佃农于春夏秋冬四节及地主举家之婚嫁生丧以及寿日所送之礼，年有定额，有增无减。如今年春节所送礼物中，鱼之一物，重凡三斤，则明年必相等，或多于三斤，否则遭收田之祸。以故农民终日孜孜，勤苦所获之代价，悉献之于地主，尚有不足。"地主压迫佃户之烈，于此可见一斑。

下列数点，我们大约是可以同意的。第一，在农村各种被压迫的阶级中，佃户无疑是一个主要的阶级。第二，压迫佃户的人虽然很多，如放高利贷的债主，如征收苛捐杂税的污吏，如在乡间为奸作恶的土劣等都是，但主要的压迫者，还是地主，因为佃户一年的勤劳所得，有一半或一半以上，要贡献给那不劳而食、不织而衣的地主。第三，假如我们觉得这种压迫是应当解除的，假如我们愿为那劳苦的佃户谋福利，那么把他们从地主的手中解放出来，应当是目前一种急迫的工作。我们当然不能说佃户如变成自耕农，他们所受的压迫，便完全取消了；但我们敢说，如果这一层做得到，他们所受的压迫，要减轻许多。

　　由于上列三点的认识，所以我们要来讨论：佃户如何可以变成自耕农？

## （二）

　　佃户如何可以变成自耕农？

　　回答这个问题的一个方法，便是看看在别个国家里面的佃户，是用什么方法变成自耕农的，然后再斟酌国内的情形，决定哪一国或哪几国的办法，最有采用的价值。

　　我们先看美国的情形。

　　美国有许多学者，喜欢谈"农业阶梯"（agricultural ladder）这个名词。这个农业阶梯，普通可以分为四段。第一段是雇工，第二段是佃户，第三段是欠债的地主，第四段是无债的地主。[①] 他们以为一个毫无凭借的农民，只要自己努力，经过相当的时期，便可变成地主。他初入农业的时候，可以替人家当雇工，把工资积一部分下来，经过数年之后，便可买农具，买种子，买牲口，租别人的田，自己耕种了。在佃户的期内，自己也可有点积蓄，到了相当的时期，便可从亲友处，或从国立的金融机关，借一部分的资本，加上自己的积蓄，便可自置田业了。这时虽然由佃户变成地主，但还欠别人的债。所以田地在名目上虽然是自己的，而实际则有一部分是别人的。再经数年的努力，把一切的债还清了，他才算是真正的地主了。到了这时候，他可以说是爬到农业阶梯的顶端，在乡村社会中，便算是身份最高的人。

---

　　① 农业阶梯共分若干段，每段的内容何如，各家的说法不同。此处采用 G. S. Wehrwein 之说，见其所著论文 "Place of Tenancy in a System of Farm Land Tenure"，*Journal of Land and Public Utility Economics*，Vol. I，No. 1 (Jan.，1925)，pp. 74 - 75。参看 Gray，L. C. and others，*op.*，*cit.*，pp. 547 - 548；Spillman，W. J.，"The Agricultural Ladder"，*The American Economic Review*，Vol. IX，No. 1，Supplement (March，1919)，p. 170。

　　一个家徒四壁、毫无凭借的人，可以白手成家，从雇工升到地主，在中国是少见的，但在美国，却是数见不鲜的事。格雷（L. C. Gray）教授等，根据 1920 年的统计，证明美国的自耕农，有 1/4 是从佃户出身的，又有 1/5，是经过雇工与佃户两个阶段的，所以总计起来，有 45% 的自耕农，曾在佃户的阶段中挣扎过。那些从雇工升到佃户，再从佃户升到地主的自耕农，平均在雇工的阶段里要工作 5.8 年，在佃户的阶段里要工作 8.9 年，合起来共需约 15 年。[1] 我们如再把美国在各阶段中的农民年龄分析一下，那么他们那种在农业阶梯上往上爬的情形，便历历如在目前。美国在 25 岁以下的农民，各种各色的佃户，约占 75.8%，而无债的地主，只占 10.2%。但是 65 岁以上的农民，佃户只占 16.5%，而无债的地主，却占 64.1%。[2] 他们那种生于忧患而死于安乐的情形，从这些数目字中，便可以想见了。另外还有一个研究，是根据美国中部 2 112 个自耕农的经验而成的。这些自耕农中，有 20% 是经过雇工与佃户两阶段的。他们平均在 19 岁时当雇工，7 年之后，升为佃户，又 10 年之后，便是在 36 岁时，升为地主。另有 13%，是由雇工而升到地主的，他们平均在 19 岁时当雇工，当了 10 年，于 29 岁时便成地主。又有 32%，只经过佃户一阶段。他们平均于 23 岁时当佃户，9 年之后，于 32 岁时便当了地主。最后还有 34%，没有经过雇工或佃户的阶级，便成地主，这些都是因为有亲友帮助。但可注意的，便是这 2 000 多个自耕农，有 2/3 是由于自己的努力，由无产者而变成自耕农的。[3]

　　美国的农民，能够靠自己的努力便往上升，理由是很多的。第一，美国的工资高。如 1923 年在收获的季节中，美国农村中的雇工，如是包饭的，可以得 2 元 4 角 5 分一日，不包饭的，可以得 3 元 3 分一日。在普通的时候，包饭的工人，可得 1 元 9 角 3 分一日，不包饭的，可得 2 元 4 角 7 分一日。这是指平均的数目而言，有些地方，雇工在收获的季节中每日所得的工资，可以在 4 元 5 角以上。[4] 中国的雇工，在秋忙时每日大约可得 4 角，平时每日只得 2 角。[5] 所以美国的雇工，可以积资而为佃户，中国的雇工，想升为佃户便很难。第二，我们再拿佃户来说，中国佃户所耕的农场很小，而美国佃户所耕的农场很大。美国佃户的农场，在南部较自耕农的农场要小点，但在北部与西部，平均比自耕农的农场还要大些。就全国而论，他们的农场，平均相差无几。所以我们可以用全国农场平均的亩数，来代表佃户农场的亩数。美国农场平均的

---

　①　Gray, L. C. and others, *op. cit.*, pp. 554 – 556.
　②　Ibid., pp. 549 – 550.
　③　Spillman, W. J., *op. cit.*, pp. 170 – 172.
　④　*Agriculture Yearbook*, 1923, p. 1149.
　⑤　社会调查所出版，《第二次中国劳动年鉴》第 171 页至 174 页。

亩数，数十年来，颇有增加的趋势。如 1910 年，平均每一农场，只占地 138.1 英亩（1 英亩，约合 6.5 华亩）；1930 年，每一农场，便有 156.9 英亩。[①] 在这样大的农场上，一年的收获，自然是很多的。经营这种农场，在很短的时期内，便可积资购产，乃是自然的事。据格雷教授的估计，在 1923 年左右，美国佃户的家财，平均每家值 4 315 元；半自耕农的家财，平均每家值 12 829 元；自耕农的家财，平均每家值 13 476 元。同时更可注意的，就是每家佃户，平均在粮食上，每年可收 1 187元。[②] 佃户的收入，既然可观，而美国的地价，又不过昂。如 1910 年，每英亩只值 32.4 元；1930 年，每英亩只值 35.4 元。[③] 我们只把这些数目字对照一下，便可知道在美国，从佃户升为地主，乃是极可能的。中国的情形，便不然了。中国每家农户平均的耕地，只有 21 亩。[④] 在这样小的农场上，只求于开销之外，图一家的饱暖，已非易事，哪能积钱来置田业。因为各种情形的不同，所以美国人可以高谈农业阶梯，而中国人则不能。美国的佃户，可以靠自己的力量，升为地主；中国的佃户，想改变他们的身份，是不易的。所以在中国各地，我们可以听到佃户要求永佃权。这种权利，他们还想传给子孙。可见大多数的中国佃户，本人固然不敢作脱离佃户阶段的打算，而且还觉得他们的子孙，也无力爬上一梯，这是一件极可痛心的事，美国的农民，无论如何，是猜想不到的。

中美的情形，既然有很大的差异，所以美国的佃户，那种靠自己的力量，变为自耕农的方法，在中国很少有参考的价值。


## （三）


中国的佃户，既难靠自己的力量，变成自耕农，那么我们如想使他变成自耕农，一定要政府设法从旁帮忙，这是很显然的。丹麦的政府，便曾这样做过，所以我们可以研究一下丹麦的故事。

丹麦在 1850 年的时候，农户中有 42% 是佃户，可是到了 20 世纪初年，农民中有 89.9% 是自耕农，只有 10.1% 是佃户了。如以耕种的面积来比较，在 1901 年的时候，

---

① *Statistical Abstract of the U. S.*，1933，p. 537.

② Gray，L. C.，"Accumulation of Wealth by Farmers"，*The American Economic Review*，Vol. XIII，No. 1，Supplement（March，1923），pp. 170－171.

③ *Statistical Abstract of the U. S.*，1933，p. 541.

④ 根据国府主计处统计局的估计，见 1932 年 4 月 11 日《大公报》。

丹麦的 900 万英亩可耕地，只有 8% 左右是由佃农耕种的。丹麦在半世纪之内，把佃农的百分数降低那么多，是一件极可注意的事。①

丹麦能做到这一点，便是因为政府实行一种政策，给佃户以金融上的便利，使他们可以把所耕的土地，由地主的手中买来。这种政策的开始，是在 1875 年，其后在 1899 年、1904 年、1909 年，对于原来所定的办法，略有修改，其目标无非要给佃农以更大的方便。一个具有下列资格的农民，便可请求丹麦政府帮他购置田业。

（1）他是丹麦的公民。

（2）年龄在 25 岁以上 50 岁以下。

（3）未曾犯罪。

（4）未因贫困而受公家的救济。

（5）在 17 岁之后，曾从事于农业 4 年。

（6）能得在社会上有名望者二人，证明其勤俭可靠。

（7）须有相当的财产，得政府帮助后，便能购置产业。

（8）但无政府的帮助，只凭自己的力量，是不能购置产业的。②

有上列资格的人，在请求帮助之后，政府派人调查，证明与事实相符，便可向政府借款。农民所购置的田业，其价值的 1/10，须由自己筹备，所以有上列第七条的规定。其余的 9/10，便可由政府借给。政府所借的款，起初规定最多不得超过的数额，约为美金 1 100 元，后来加到 4 500 元。农民所购的田地，起初规定不得超过 20 英亩，后来加到 30 英亩，最后把这一条完全取消了。③ 农民对于所借的款，在前 5 年只付 4.5 厘的利息。从第 6 年起，才开始将本息分期还给政府，约 98 年还清，所以每年的担负，是很轻的。在这种制度之下，许多的佃户，便都变成自耕农。④ 近来丹麦的政府，对于所定的办法，还有修改，但大体上是没有什么差异的。

丹麦这种由政府帮助农夫购田的办法，在原则上是可赞同的，中国大可采用。但在实行之先，有三点还要考虑。

第一，丹麦的法律，并没有规定，说是地主非出售土地不可。我们都知道，佃户所愿买的土地，除却一部分官地，大部分都在地主的手中。假如佃户愿意买地，

---

① Howe，F. C.，*Denmark，a Co-operative Commonwealth*，pp. 67 - 68.

② Kristensen，K. J.，"Public Guidance in Rural Land Utilization in Denmark"，*Annals*，Vol. 150 (July, 1930)，p. 233.

③ Mead，E.，"Land Settlemam"，*Encyclopaedia of the Social Sciences*，Vol. Ⅸ，p. 55.

④ Mead，E.，Ibid.，pp. 55 - 56. 参看 Yoder，F. R.，*op. cit.*，p. 181；Howe，F. C.，*op. cit.*，pp. 144 - 146.

政府又愿意帮助他买地，但是地主却不肯把地出售，这便形成一种困难的问题了。像这一类的事，在历史上并非没有。如英国的政府，在1892年，曾通过一种小农场法，命令各县的行政机关，帮助农民购田，以50英亩为限。购田的人，自己须筹备1/5的款项，其余的数目，可向政府告借，分年将本利筹还。但在1908年以前，受这个法律的好处的人，为数有限，最要紧的原因，便是大地主不肯把他们的土地分裂，在市场上出售，所以这个法律虽然实行了10余年，而在其下转手的土地，不过800英亩左右。[①] 由此可见，国家于实行帮助农民购田之外，还要设法使地主售田。

第二，假定地主肯把土地出售了，我们还要防备地主故意提高土地的价格。因为政府如肯出钱帮助农民购地，那么土地在市场上的需要，便会突然加增起来，这时如没有别的法律规定，土地的价格，一定会增长起来的。佃户如以高价购进土地，便是加重了自己的担负，因为钱虽然由政府借给，但迟早是要还的。如果地价太高，佃户虽然变为自耕农，而负债的年限，一定会加长的。我们这种顾虑，是有事实可以证明的。即以丹麦的经验而论，1878年之后，地价涨了53.8%。[②] 此外还有人估计，农民受国家帮助所购进的农场，地价比平常要高80%。[③] 又如俄国，曾于1883年设立农民银行，借款给农民购田，结果便使地价上涨。根据一个估计，自1896年至1900年的地价，要比1883年至1885年的地价，平均高36.5%。又据另一估计，自1888年至1897年的平均地价，要比前10年高60.4%；如与1868年至1877年的地价相比，便要高122.5%。[④] 在这种情形之下，得到实惠的，还是地主。所以国家于设法使地主售田之外，还得限制价格。

第三，便要谈到财政问题了。政府已经设法使地主售田了，同时又限制它的价格了，这时佃户如想买田，政府便要拿钱出来了。这个数目是不小的。丹麦是一个小国，它在这个上面，历年来也花了140 000 000左右的克朗（Crown）。[⑤] 中国的佃户，比丹麦多，政府如要使佃户变为自耕农，所需的款项，当然要比丹麦多。在罗掘俱穷的中国，政府是否有此能力，这是我们要考虑的第三点。

---

① Levy, H., *Large and Small Holdings*, p.126；Venn, J.A., *The Foundations of Agricultural Economics*, pp.130-131.

② Howe, F.C., *op. cit.*, pp.147-148.

③ Kristensen, K.J., *op. cit.*, pp.233-234.

④ Robinson, G.T., *Rural Russia under the Old Regime*, p.101.

⑤ Mead, E., *op. cit.*, pp.55-56.1克朗等于美金2角6分8厘。

## （四）

我们先考虑第一点，便是政府如何可使地主售田。

关于这一点的办法，是很多的。最普通的办法，在中外都行过的，便是限制地主最多可以有多少地。超过这个数目的田地，须由地主自行售出，或由国家给价收回，再售予佃户及其他农民。中国自汉朝起，历代都有限田的议论，但行之而有成绩的，实不多见。[1] 不过欧战以后，东欧各国，多实行限田的政策[2]，我们可以罗马尼亚为例。罗马尼亚在欧战以前，土地多集中在少数的地主手中，5 385 个地主，几占有全国土地之一半。同时有 95％的农民，其所有土地，合起来只占全国土地的 40％，所以土地的分配，是极不公平的。[3] 欧战之后，政府实行限田的政策，凡有地在 100 公顷（hectare，1 公顷等于 2.47 英亩）以下的，可以保留原来的数目。假如超过 100 公顷，其可以保留的数目，如下表：

| 地主原有的田地（公顷） | 地主可以保留的田地（公顷） |
| --- | --- |
| 100 | 100.0 |
| 200 | 165.7 |
| 500 | 241.2 |
| 1 000 | 284.9 |
| 2 000 | 324.6 |
| 5 000 | 396.0 |
| 10 000 以上 | 500.0* |

\* Evans，I. L.，*The Agrarian Revolution in Roumania*，pp. 107－108.

凡是超过限制的田地，都由政府给价收回，售给农民。结果大地主的田地，为政府所收回的，有 600 余万公顷，受这种政策影响的地主，有 2 万余人。[4] 罗马尼亚自

---

① 参看陈登元著《中国土地制度》。

② Schiff，W.，"The Legislative Agrarian Reforms in European Countries before and after the World War"，quoted in P. A. Sorokin，C. C. Zimmerman and C. J. Galpin，*A Systematic Source Book in Rural Sociology*，Vol. I，pp. 424－444；"New Agrarian Legislation in Central Europe: A Comparative Study"，*International Labor Review*，Vol. VI，No. 3（Sept.，1922），pp. 345－363；Rose，A.，"Agricultural Workers and Agrarian Reform in Central Europe"，*International Labor Review*，Vol. XVIII，No. 3（Sept.，1928），pp. 307－338.

③ Evans，I. L.，*The Agrarian Revolution in Roumania*，p. 76.

④ Frundianescu，A. and Ionescu-Sisesti，G.，"Aspects of Rumanian Agriculture"，in O. S. Morgan（Editor），*Agricultural Systems of Middle Europe*，p. 322.

从这次从新分配土地之后，大地主的数目，减少了许多，小农与中农的数目，自然有相当的增加。① 假如政府没有限田的政策，只是给佃户或小农以经济上的帮助，那么在很短的时间内，一定不能有 600 余万公顷的土地转换了主人。

但是限田的政策，实行时有很多困难，在一个土地没有登记的国家，我们如何能够知道某人有若干土地？即使我们制定法律，强迫登记，地主不会以多报少吗？他不会用几个人的名字，来登记他一个人的田地吗？如欲登记准确，政府须添多少官吏，民间要生出多少纷扰？类似的困难，是中国过去限田失败的原因，将来如欲再行此种政策，恐怕还免不了失败。大约东欧各国，限田政策成功，都是因为国家的幅员有限，官吏的耳目易周，在幅员辽广的中国，大约是不易实行的，所以我们应于限田的方法之外，来使地主售田。②

第二种使地主售田的方法，便是征收累进税。凡拥有土地愈多的人，所纳的税愈重，新西兰便行过这种政策。③ 不过征收累进税所遇到的困难，与限田是一样的，在我们不知道某人有若干土地之先，累进税是无法施行的。

最经济的办法，政府不必费很多的气力，便可使地主售田，莫如实行减租。这是在爱尔兰实行而有功效的方法。19 世纪土地问题，是爱尔兰一个最大的问题，那时的地主，大多数都是英国人，而爱尔兰人，差不多都是英国人的佃户。这是爱尔兰人最以为痛心而时刻想反抗的。为解决这种冲突起见，1870 年以后，英政府便通过许多法律，想用各种方法，帮助爱尔兰的佃户变成自耕农。其中最要紧的，便是 1881 年通过的土地法。在这次通过的法律中，承认爱尔兰的佃户，有要求减租之权。无论是哪一个佃户，假如他觉得地主所征收的地租太高，便可把这件事提到土地委员会或当地的法庭，请求公平裁判。假如上述的机关，认为地租过高，便可将它减低若干成，佃户便照新定的规率纳租。此种判决，有效期限为 15 年。15 年以后，佃户还可把这件事提付仲裁。这个法律，是爱尔兰农民的一种福音。自 1881 年起至 1896 年止，爱尔兰的 50 万个佃户中，有 38 万多个佃户要求减租。结果他们所纳的租，平均减低了 20.7%。其余的佃户，有因地主自动减租的，所以并没有把他们的要求提出。自 1896 年起，又有 143 000 多个

---

① Frundianescu, A. and Ionescu-Sisesti, G., "Aspects of Rumanian Agriculture", in O. S. Morgan （Editor）, *Agricultural Systems of Middle Europe*, p. 323. 在限田政策实行之前，罗马尼亚的农场，在 100 公顷以下的，合起来共有 4 593 148 公顷；在 100 公顷以上的，合起来有 3 397 851 公顷。限田政策实行以后，100 公顷以下的农场，合起来共占地 7 369 549 公顷；但 100 公顷以上的农场，只占地 621 450 公顷。

② 中国在 300 亩或 500 亩以上的农场，数目是极少的，所以即使实行限田政策，大多数的地主，还不受这种法律的影响。

③ Taylor, C. C., *Rural Sociology*, p. 263.

佃户提出减租的要求。他们所纳的租，原来共值 320 余万镑，已经减至 254 万镑了，再减租的结果，他们只给地主 210 万镑。1881 年以后，他们的租，一共减低了 34.4%。这种法律，刺激了地主，使他们都愿意把田出售。所以在 19 世纪的中叶，爱尔兰有 50 余万佃户，在欧战开始时，其中的 75%，便是 37 万 9 000 余人，已经变为自耕农了。这种趋势，欧战后继续进行。[1] 所以爱尔兰在土地改革上的成功，实可与丹麦相提并论。成功的各种元素之一，便是减租。中国近来也有减租的运动。如果政府照着法律去做，使佃户所纳的租，不要超过 375‰，那么很多的地主，一定愿意把地出售。因为在现在这种高的地租之下，地主投资买地，所得的利息，每年只有 6.6% 至 7.9%。[2] 如把租再减轻一些，地主觉得投资土地无利可图，一定要出售土地，另谋生计了。

我们再考虑第二点，便是地主肯把土地出售了，我们有什么方法，可以防止地主提高土地的价格。关于此点，东欧各国在欧战以后实行的办法，有许多可以参考的。他们的办法，有的颇不利于地主。如爱沙尼亚，如历维亚，从地主那儿征收来的土地，便算没收了，并不给价。[3] 有的国家所定的办法，虽然是给地主一点钱，但地主还是吃亏的。如波兰向大地主征收的土地，只给半价。[4] 捷克斯拉夫对于大地主的报酬，有时还不如波兰。如市价 25 镑至 30 镑一英亩的土地，政府收回时，定价是 5 镑左右，卖给佃户或小农时，却收 7 镑至 17 镑。[5] 还有，地主的土地愈多，吃亏也愈大。因为一个地主被征收的土地，如超过 1 000 公顷，那么政府对于这个地主应付的款项，还要扣除 5%。假如超过 5 万公顷，政府便要从应付的款项中，扣除 40%。[6] 更有一些国家所定的办法，对于地主的报酬，比以上诸国都要好些，但地主还要吃点小亏。这种办法，便是对于征收土地所付的代价，不照当时的市面，而照战前的价格。如保加利亚付给地主的代价，是按 1905 年至 1915 年的平均地价而定的。希腊所定土地的价目，也是照战前的情形而定的。[7] 最后还有一些国家，对于地主并不苛待，但是地主也不能高抬土地的价格。如芬兰，如匈牙利，征收土地时，均照市价付款。[8] 还有罗马尼亚规定地价的办法，最为特别。政府于事前研究 1917 年至 1922 年的平均租额，然后规定耕地

---

① Shiff，W.，*op. cit.*，pp. 429 - 430.

② 根据张心一先生等调查句容县情形的报告。

③ Shiff，W.，*op. cit.*，p. 441.

④ Ibid.

⑤ Turnor，C.，"Land Reform in Czecho-Slovakia"，*The Contemporary Review*，Vol. 130（Dec.，1926），pp. 720 - 721.

⑥ "New Agrarian Legislation in Central Europe"，*International Labor Review*，Vol. Ⅵ，No. 3（Sept.，1922），p. 349.

⑦ Shiff，W.，*op. cit.*，p. 441.

⑧ Ibid.，pp. 440 - 441.

的价格，不得超过租额的 40 倍，牧场的价格，不得超过租额的 20 倍。但是应付地主的钱，并不要完全由农民拿出。农民只付一半，另一半由政府津贴，所以农民对于耕地实付的代价，只等于租额的 20 倍。[①] 以上这些办法，后面的几种都可参考。我们以为最适宜的办法，是把过去 5 年的土地价格平均一下，作为地主应得的赔偿。这种办法，当然要由各县的土地委员会调查后再规定，不能由中央政府代定。此外罗马尼亚的办法，亦有参考的价值。假如过去 5 年的租额，等于土地价值的 6%，那么我们规定土地的价格，不得超过租额的 17 倍亦可。

　　第三个要考虑的问题，就是财政问题。关于这个问题，我们可以分作两点来讨论。第一点要讨论的，就是佃户购地所需的款，是由政府全部借给他呢，还是只借一部分给他呢？我们根据爱尔兰的经验，以为政府应借给佃户全部购地所需的款。英国在 1870 年通过的法律，规定爱尔兰的佃户，如向地主购地，可以自筹款项的 1/3，其余的 2/3，由政府借给，利息是 5 厘，本利分期于 35 年之内还清。这种法律的意思虽好，可是很少的佃户能够利用，因为他们没有能力筹 1/3 的款。1881 年修改原来的法律，规定佃户只要自筹款项的 1/4，但结果也不见佳。1885 年，新定的法律才决定佃户不必自己筹款，全部由政府借给。借款的利息是 4 厘，本息可以分 49 年摊还。譬如佃户租某地主田地一块，年纳地租 10 镑。照爱尔兰普通的办法，地价约等于地租的 18 倍，便是 180 镑。佃户如与地主商定地价后，这 180 镑的总数，当时便由政府付给地主 4/5，其余 1/5，于 5 年后付清。自此以后，这位佃户，便不必再向地主纳租了。他只需把 180 镑的本利，分 49 年付清，每年实付的数目，算起来只有 7 镑 4 先令，比平时纳租的担负，还要轻些。但纳租无论纳多少年，地还是别人的。而在这种办法之下，49 年之后，地便归佃户所有。这个法律，在 1903 年还有更改，把利息减至 3.75 厘，摊还的期限延至 68 年，佃户的负担，格外减轻了。[②] 假如中国不采这种办法，而令佃户自筹款项的一部分，那么佃户势必向他人借款，结果他虽然脱离了地主的压迫，一定又要走到高利贷者的网罗中，对于他还是没有好处。所以我们主张政府如帮助佃户买地，便应借给他全部的款项。

　　这便引到我们所谓财政问题的第二点了，那便是这一笔款子，从何而来。我们觉得解决这个问题，只有两个办法。一个便是由政府举债，把举债所得的款，借给农民。政府的信用，比私人的信用好些，它举债所负的利息，可以很低。假如中国也采用爱尔兰的办法，农民一方面可以减轻担负，一方面于数十年之后，还可以变成无债的自

---

　　① Gorni, O., "Land Reform in Rumania", *International Labor Review*, Vol. XXII, No. 4 (Oct., 1930), p. 466; Evans, I. L., *op. cit.*, pp. 118 – 119.

　　② O'Connor, J., *History of Ireland*, Vol. II, pp. 27, 90, 107, 161.

耕农。另外一个办法，便是由政府出面，代替佃户购地，购地所付之款，不是现金，而是债券。这种债券有一定的利息，分年由政府备款收回。东欧有许多国家，便采这种办法。譬如罗马尼亚付给地主的，便是土地债券，年息 5 厘，政府答应于 50 年内，分期收回。[①] 别国的债券，年息有定为 3 厘或 4 厘的。此外如捷克斯拉夫，对于地主应付的赔偿，不付现金，也不付债券，只在账上记下，算是国家对于地主的负债。国家对于这种债务，只负年付利息 3 厘的义务。[②] 我们觉得中国的政府，如对内对外，不能借到一笔大的款子，那么对于地主付款时，无妨发给土地债券。这种债券的利息，可以定得很低，如在 4 厘左右。债券的本息，可以由佃户分作数十年筹还，政府不过利用它的信用及权威，做一个中间人而已。这种办法，假如给佃户的负担不比纳租加重，反比纳租减轻，那么在我们这种穷的国家，倒是值得采用的。

# （五）

总括起来，我们可以得到下列结论：

（1）佃户是乡村中一个被压迫的阶级，我们如要为他们谋福利，当设法使他们成为自耕农。

（2）美国的佃户，有许多靠自己的力量，便升为自耕农的，但中美的情形，相差太远，中国的佃户，如无外力的帮助，很难改变他们的身份。

（3）丹麦以政府的力量，帮助农民购地，结果使国内佃户的百分数，从 42% 降低到 10.1%，此举中国颇可效法。

（4）中国如实行丹麦的政策，有三点仍须注意。第一，政府应效法爱尔兰减租的方法，使地主肯将土地出售。第二，应以东欧各国的成例为鉴，由政府以公平的方法，规定土地的价格，俾地主不致居奇。第三，购买土地所需之款，应由政府全部借给农民。至于此种款项之来源，或由政府举债，或发给地主以土地债券均可。政府借给佃户购地之款，利息应低，可由佃户将本息于若干年内摊还，其数目之多少，以不加重佃户负担为原则。

（载《清华学报》第 9 卷第 4 期，1934 年）

---

① Evans，I. L.，*op. cit.*，pp. 118 - 119.

② "New Agrarian Legislation in Central Europe"，*International Labor Review*，Vol. Ⅵ，No. 3（Sept.，1922），p. 349.

# 多福多寿多男子

中国是一个善颂善祷的民族。从古至今，关于颂祷的谚语，真是不可胜数。但流传最久，最能说出中国民众潜在的欲望的，莫过于"多福多寿多男子"一语。这一句话，可以代表许多人的人生观，许多人努力的目标。

我们愿意对于这句谚语，下一个新的评定。

"福"的意义，最为广泛，我们很难把它的内容条举出来。虽然如此，无论什么人，都愿意过一种幸福的生活，这是大家都承认的。但是幸福的生活，有幸福生活的条件。今日的中国，是否具备这些条件呢？大家如果反省一下，对于这个问题的答案，一定是否定的。幸福的生活，第一需要一个安宁的社会，而中国的社会，现在是一方面有内乱，一方面有外侮。内乱的结果，是人民流离失所，朝不保夕。外侮的结果，是人为刀俎，我为鱼肉。在这种状况之下，来求幸福的生活，岂非缘木求鱼？所以我们如不想"多福"则已，如欲"多福"，应当献身于统一中国及巩固国防两种工作。这两件事都做到之后，我们才能有安宁的社会，才有幸福生活的基础。

有了幸福生活的基础，还要在上面盖起幸福生活的建筑，然后幸福的生活，才可实现。这儿所谓幸福生活的建筑，便是物质的文化，也就是目前所有的建设运动所想达到的目标。我们知道衣、食、住、行等根本的欲望，如不能满足，人生便无幸福可言。现在如欲中国的大众，都能满足以上的根本欲望，只有采用先进国的机械生产方法，来开发中国各地的富源，才能办到。等到物质的文化已经开花，结下的果子，自然是精神文化。在物质文化与精神文化都发达的国内过日子的人，自然是"多福"的。我们觉得中国人以"多福"为生活的目标，是很对的，但要达到这个目标，在目前，还要在统一、国防、建设三个大问题上努力。

"寿"的意义，最为确切，我们都知道"多寿"便是希望年高的意思。可是与"多福"一样，"多寿"的目标，中国人也没有达到。我们只要作一个简单的比较，便可明了。先拿婴儿死亡率来说，欧美各国的婴儿死亡率，有好些是在50‰以下的。那便是说，这些国家一年内所出生的婴儿，每1000人中，死亡的数目，在50人以下。中国的婴儿死亡率，据陈通夫先生根据17种研究的推算，是275‰。假如这个估计是可靠的，那么中国每年出生的婴儿，有1/4以上，不满周岁便夭亡的，比欧美许多国家，要多死5倍以上。再拿普通死亡率来说，欧美有许多国家，是在15‰以下的。那便是说，那些国家中的人，老少都算在一起，每1000人中，死亡的数目，在15人以下。中国的普通死亡率，根据许多的研究，平均在30‰。所以我们的普通死亡率，较之欧美好些国家，要高2倍以至3倍。造成这样高的婴儿死亡率及普通死亡率，最大的原因，便是我们上面所说的，中国缺少物质的文化。欧美各国在100余年以前，物质文化还未发达的时候，死亡的情形，也与中国今日相仿。在物质文化还没有发达的时候，我们便没有剩余的财富，来讲究科学、卫生及医药。这些事情都不讲究，要想大众的寿年能够平均地提高，那是妄想，我们觉得中国人"多寿"的目标也是对的，但要达到这个目标，还要经过长期的努力。

"多男子"的含义，却有两个。一个解释，是把女子除开，只是希望多生男孩。虽然男孩女孩的出生，并不受我们希望的支配，但既生之后，男孩女孩的死亡率，却受我们重男轻女那种态度的影响。中国各地的人口调查，证明男子超过女子的数目，是可惊的。欧洲有好些国家，女子多于男子，新大陆的国家，虽然男子比女子多，但多得有限，在清查中所表示出来的男女性别比例，约为102：100。但中国的男女性别比例，竟高至125：100。中国和尚之多，单身汉之多，以及各地奸拐案件之多，一部分要由这种男女数目不平衡的现象负责。所以我们这种传统的多生男孩的观念，应该打倒。

"多男子"还有一个意义，便是不分性别，希望多生孩子的意思。这种希望，在人烟稀少的古代，是有意义的。但在现在的中国，便成为阻碍国家进步、降低人民生活程度的主要元素了。中国的人口，号称4亿以上，世上没有一个国家的人口，有这样多的。一个国家要这样多的人口，有何用处？打仗么？现在国际的战争，其胜负不以人的多寡而定。世界上的第一等强国，除美国与苏联，没有一国的人口，超过1亿的。即以美、苏而论，也还在1亿5000万以下。人口的数目，追随于中国之后的，只有一个已经超过3亿3000万的印度，而印度乃是世界上有名的弱国，最不能打仗的。生产么？现在的生产力，大部分已不靠人的力量，而是靠煤、油及水等天然的力量。

人力在世界各国所有的生产力中，不过占 1/8，所以生产最多的国家，每每不是人口繁庶的国家。中国有 4 亿以上的人口，一不能卫国，二不能生产，只是许多的消费的单位，加增中国的消费力量而已。中国的财富本是有限的，现在却要供给这许多人的衣食，安能不走到穷困衰弱的路上去。所以为国家及为个人着想，那些没有力量替子女造福，替子女添寿的人，应当取消"多男子"的信仰，而代以节制生育的实行。

总之，多福多寿的目标，是可取的，但中国却没有做到。多男子的目标，在现在已无足取，但中国人却是做到了。应做到的没有做到，不应做到的却做到了，乃是中国人民生活困苦的重要原因。如想打破这层难关，我们须要重行评定我们的目标，然后去努力。

（载《拓荒》第 2 卷第 7 期，1934 年，

转载 11 月 4 日《大公报》）

# 中国的政制问题

去年这个时候，关于中国政制的问题，曾引起舆论界很热烈的讨论，参加的人虽然很多，似乎并没有得到一致的结论。今年这个问题，又因汪、蒋两先生的通电，重新引起大家的注意。我对于这个问题，觉得应该分作三方面讨论：

第一，中国现在实行的是一种什么政治？是独裁政治，还是民主政治？这是一个事实的问题。

第二，我们愿意要有一种什么政治？这是一个价值的问题。

第三，怎样就可以达到我们愿意要有的政治？这是一个技术上的问题。

我觉得总要把这三点分清，然后讨论时彼此才能互相了解，不致误会。关于第一点，我以为大家对于事实的认识，应当是一致的，但从近来所发表的言论看来，似乎现实虽只一个，而各人的看法却有不同。

关于第二点，因为包含一个价值问题，所以意见就分歧了。去年我曾写了一篇关于革命与建国的文章（《独立评论》八十四号），里面提到除武力统一的方式外，我们看不出还有什么别的方式，可以完成统一的使命，于是有人以为我是赞成独裁的。其实这种推测是错误的。我在那篇文章里，讨论的是一个事实问题，或技术问题，而赞成独裁与否，乃是一个价值问题，绝不可混为一谈的。关于独裁政治与民主政治的选择，我与胡适之先生的意见是相同的，我们赞成民主政治。我个人赞成民主政治的理由是很简单的。第一，民主政治是理智的政治。谁能够说服大众，谁就可以当权。第二，民主政治是自由的政治。我们的主张，无论是赞成政府，或反对政府，都有充分发表的机会。第三，民主政治是和平的政治。假如我们对于政府不满意，可以提出我们的主张来，以求民众的拥护，假如民众赞成我们，我们便可上台，不必流血，不必革命。第四，民主政治是大众的政治。凡是公民，都有参政的权利与义务，民众与政治，可以打成一片，没有统治者与被治者的分别。因为民主政治有这四种特点，所以我个人如在各种政治中可以自由选择，我是一定选择民主政治的。不过我在前面已经提到，这是一个价值问题，好像罗素曾说过，凡是价值问题，都没有绝对标准的。我们只能提出我们以为是好的，希望别人都能同意，但别人如不同意，我们也没有方法，可以证明我们的价值，是至高无上的。

但是据我的观察，中国的智识阶级，多数是偏向民主政治的，就是国民党在理论上，也是赞成民主政治，不过觉得实行民主政治还没有到时候就是了。所以我们所希望的民主政治，前途是没有阻碍的，用不着像法国那样革命方可达到的。不过革命的工作，虽然可以避免，而和平的工作，亟待努力的，真是不可胜举。在这些和平的工作没有完成的时候，民主政治是无法实现的。这些和平的工作是什么？便是我上面所说的第三个问题，技术上的问题。

民主政治，在一个国家能否推行，要看这个国家是否具备下列五个条件。第一，便是政党的组织。但政党的数目，一定要在一个以上。第二，是自由的讨论。对于国家大事，不但要有发表意见的自由，而且要有人肯来利用这种自由。对于国事漠不关心或不知关心的人民，绝不会产生民主政治。第三，是普选的权利。假如选举权只在少数人的手里，如英国在 19 世纪初叶的情形，只可称为阶级政治，不能称为民主政治。第四，是多数党执政。民众选举的结果，谁得着民众的拥护，谁便掌握政权。少数党只可在旁批评，只可设法培植力量，以求下次胜利，但绝不可捣乱，不可拆台。第五，是频屡的选举。每隔若干年，立法员及主要的行政首领，要让民众重行选举一次，以示民心的向背。这五个条件，在今日的中国，或因法律上有阻碍，或因民众的程度不够，或因新习惯还未养成，并没有充分实现。在条件还未完备的时候，便要把在英美实行而有成效的民主政治，硬搬到中国来，结果是一定重蹈民国初年的覆辙，使民众对于民主政治更加一层厌恶而已。

所以凡是赞成民主政治的人，都应该努力，在中国的环境中，培植我上面所说的民主政治的条件，这是和平的——同时却是很吃力的——工作，大部分是可以用教育的方式完成的。等到条件完备之后，再行民主政治，便如水到渠成，毫不费力了。

由于以上的分析，所以我敢大胆地推测，在最近的将来，中国还摆脱不了一党专政的局面，但因现在专政的党以及国内的智识阶级，在价值上是赞成民主政治的，所以中国将来也许可以和平地走上民主政治的路。不过民主政治的条件，在今日的中国，是并没有具备的，所以将来民主政治在中国是否能够成功，便要看最近的十几年或几十年内，我们对于预备的工作，是否做得完满而定了。

［载《大公报（天津）》12 月 30 日，1934 年］

# 我们没有歧路

中国的工业化，在国际中是比较落后的。工业革命的工作，有的早已完成，如英、美；有的正在进行，如苏联。中国在若干年前，也曾听到工业化的呼声，但工业化的成绩，还没有表现出来，便有人在那儿反对工业化了。就在这一两星期之内，我便看见许多文章，有的提倡农本政治，有的主张以农立国，还有人来告诉我们："除农民外无所谓民。"这些见解，我们可以给它们一个名称，便是"经济上的复古论"。我们对于一切的复古运动，都不能表示同情，对于这种经济上的复古论，尤其反对。我们以为筋肉的生产方法，对于人民福利上的贡献，无论从哪一方面着眼，都不如机械的生产方法。在这一点上，美国与中国，正站在两个极端。美国平均每人可以驱使的生产力量，等于 13.38 马力，中国平均每人可以驱使的生产力量，只有 0.45 马力。这是使美国人富而中国人穷的主要元素。我们认为中国人现在应当积极地努力，用机械的生产方法，去代替筋肉的生产方法。朝这一条路走下去，自然是工业化，自然是商业发达，自然是农业方面的人口减少，而别种实业方面的人口加增。假如在这些成绩之外，还采用一种公平的分配制度，使贫富的距离不致相差过甚，那么工业化的结果一定是大家的生活程度都能平均地加增。这是我们所看得清楚而且愿其早日在中国实现的。

但是现在还有许多人不愿朝这条路上走，他们不愿朝这条路上走的原因，据我的观察，至少也有四种。

提出第一种原因的，我们可以称之为"夸大派"。这一派的人，以为中国的文化，无论哪一方面，都比外国人高。他们知道中国大多数的人，是从事于农业的，与英、美等国大多数的人，从事于别种实业的不同。但他们既以中国一切的文化，都是好的，都是应当保守的，所以在这一方面，也不必学别人，还是以农立国为佳。同时他们还常用一些笼统的名词，来描写农国的优点及工商国的缺点，以自圆其说，以满足其夸大的欲望。但是事实胜于雄辩，对于这些赞美农国的人，我们可以问他们几个问题，看他们如何回答：

第一，这儿有两条路，一条使人富有，一条使人贫穷，我们应走哪一条？

第二，这儿有两条路，一条使人聪明，一条使人愚笨，我们应走哪一条？

第三，这儿有两条路，一条使人长寿，一条使人短命，我们应走哪一条？

我这儿所说的两条路，一条是以各种实业立国，也就是以机械方法生产的路，一条是以农立国，也就是以筋肉方法生产的路。从这两条路上走，可以得什么样的结果，我们最好不必空谈，拿点事实出来给人看看。

先回答第一个问题，这可以各国人民的平均入款来说明。根据 1930 年的估计，各国人民平均入款最高的前五名是美国（749 元）、加拿大（579 元）、澳大利亚（477 元）、英国（409 元）及瑞士（389 元）。最低的五名，比较难说，因为有许多文化落后的国家，统计不齐，难于估计。但就有统计的国家说，我们发现人民平均入款较低的，有印度（37 元）、立陶宛（54 元）、波兰（74 元）、历维亚（94 元）及希腊（98 元）。前五国农民的百分数，没有在 35％以上的；后五国农民的百分数，没有在 50％以下的。换句话说，前五国是以各种实业立国的，而后五国是以农立国的。

再回答第二个问题，这可以各国文盲的百分数来说明。世界各国，文盲的比率，在 5‰以下的，有丹麦、瑞典、英国、荷兰及瑞士。这五国中，除瑞典的农民占有 40％外，其余各国的农民，都在 35％以下。丹麦这个国家，许多人总以为它是以农立国的，其实丹麦人口，在农业中谋生的，不过 1/3。再看那些文盲的百分数在 90％以上的国家，如埃及（92.0％），如南非联邦（90.3％），如印度（90.5％），务农的人，都在 70％以上。换句话说，以各种实业立国的国家，人民因为大多数受教育，所以是聪明的；以农立国的国家，人民因为大多数未受教育，所以是愚笨的。

最后回答第三个问题，我们可以平均寿年及婴儿死亡率两种统计来说明。1920 年左右，男子的平均寿年在 50 岁以上的，有新西兰（62.7）、丹麦（60.3）、澳大利亚（59.1）、英国（55.6）、挪威（55.6）、瑞典（55.6）、美国（55.3）、荷兰（55.1）、瑞士（54.4）。这些国家的农民的比率，没有在 40％以上的。假如把挪威与瑞典除开，其余国家的农民的比率，没有在 35％以上的。农业国家的人口登记，多不完备，所以关于这类的材料很少。但印度是农业国，而印度的男子，在 1910 年左右，平均寿年只有 22.5 岁。再拿婴儿死亡率来说。婴儿死亡率最低的国家，在 1931 年，为新西兰（32‰）、澳大利亚（42‰）、荷兰（50‰）、美国（62‰）、英国（66‰）。婴儿死亡率最高的国家，多无职业统计。如只看有婴儿死亡率的统计及职业统计的国家，我们也可得到一个结论，便是以各种实业立国的国家，婴儿死亡率没有在 150‰ 以上的。其在 150‰ 以上的国家，如保加利亚（154‰），如匈牙利（162‰），如印度（180‰），人民以农为业的，都在 50％ 以上，换句话说，便都是以农立国的。

这些统计所发现的事实，绝不是偶然的巧合，而是有集合的必然性的，利用筋肉的生产方法的国家，人民一定集中于农业（也有还不如农业的，如畜牧及渔猎），一定没有大量的剩余财富，因而人民大多数过穷苦的日子。穷人受不起教育，因而愚笨，无力讲究卫生，因而短命，也是必然的结果。中国素来是以农立国的，所以比较地穷，比较地愚，人民比较地短命。穷、愚及短命，绝不是可以夸大的事，所以我们对于这些夸大派，只有请他们认清事实，要知道以农立国，是一件可怜的事，没有什么可以自夸的。

提出第二种原因来反对工业化的人，我们可以称之为"禁欲派"。这一派的理论，可以下面所引的几句话为代表：

> 盖物质文明与日俱进，换言之，即日趋奢侈。生活以此为鹄，即纵欲之衣、食、住、行。纵欲之背景，即为工商，以工商发达，促成消费者之不规律，激增日新月异之滥费也。合理之衣、食、住、行，要在节欲。其资料之获得，备置之法度，使用之珍持，皆有应循之程序，应合之分际。生息于何种政治之下，始足语此？以果求因，其维农本。

作者的意思，大约以为农业的生产，虽然不能满足我们衣、食、住、行各方面的欲望，但是解决这个问题的方法，不在加增生产，而在节制欲望。这种懒人的态度，我们根本不能赞同。我们以为人类对于物质享受的欲望，要量多，要质好，要花样新鲜，乃是使人类上进的主要动力。假如在采集经济时代生长的人，相信禁欲主义，他们绝不会产生渔猎或畜牧的经济。在渔猎或畜牧经济时代生长的人，如相信禁欲主义，也绝不会产生农业的经济。人类在生产方法上能够改良，能够使现在一个平民，其享受超过中世纪的一个诸侯，便是因为人类有满足欲望的要求，有不满意现状，要求改良现状的勇气。假如大家都禁欲，大家都随遇而安，人类的社会，绝无进步可言。

而且在这个时候来提倡禁欲，来反对发展工商，未免太忽视了大众的福利。中国的大众，并不是纵欲的。他们终日孜孜，并非在那儿想过奢侈的生活，想得逾分的享受，乃是在那儿设法满足生活上的基本需要，还时刻感到力不能济，时刻受冻饿的苦痛。我们对于这些面有菜色的大众，衣不蔽体的大众，茅棚草舍不足以避风雨的大众，不能使他们的生活改善一点，反去劝他们禁欲，这是"深悉民间疾苦"的人所忍发的言论吗？

我们以为中国的劳苦大众，在衣、食、住、行四方面的欲望，要求满足，乃是做人应有的权利。而且在衣、食、住、行之外，对于教育、娱乐、交际、卫生、旅行等方面，想享受一点他们现在没有享受到的快乐，也是绝不能视为逾分的。但在现在这种生产方法之下，上面所说的欲望，是不能充分满足的。所以我们要提倡改良生产方法，要提倡走工业化的路。

提出第三种原因来反对工业化的人，我们可以称之为"因噎废食派"。这一派的人，对于工业化的好处，是有相当认识的。他们对于英美工业化的文明，也有相当的鉴赏。可是他们看到这几年欧美各国种种不景气的现象，便吓倒了。他们看到近年这些所谓工业化的国家，都发生了大规模的失业问题，劳资间发生了尖锐化的冲突，社会上充满了不安的空气，因而对于工业化的本身起了怀疑。他们以为与其在中国工业化之后，要遇到这些难解决的问题，不如还是不走上工业化的路为妙。

对于这些因噎废食的人，我要他们看看农业社会中的问题。农业社会中有一个问题，其性质的严重，比之工业社会中的失业问题，有过之无不及的，便是灾荒问题。世界上还没有一个以农立国的国家，已经解决了它的灾荒问题。在这些国家中，灾荒问题，每隔若干年必来光顾一次。光顾的结果，历史上记载得很明白，是农民暴动，是内乱发生，是死于饥馑者若干万人或数十万人，是人相食。工业社会中的失业问题，从来不会发生这样严重的结果。即以 1929 年以后的情形而论，自那年开始的商业萧条，至今还未见显著的转机，各国的失业者人数，自数百万以至 1 000 余万不等。但在这种不幸的状况之下，有一件事是值得注意的，就是这些国家的死亡率，年来并未因商业萧条、工人失业而提高。美国的死亡率，1928 年为 12.1‰，1929 年为 11.9‰，1930 年为 11.3‰，1931 年为 11.1‰。英国的死亡率，在 1928 年为 11.9‰，1929 年为 13.6‰，1930 年为 11.7‰，1931 年为 12.5‰。德国的死亡率，1928 年为 11.6‰，1929 年为 12.6‰，1930 年为 11.1‰，1931 年为 11.2‰。我们要知道死亡率是人民生活程度最好的指数，假如一个国家的人民，在生活程度上有突然的下降，死亡率没有不上升的。但这三个国家，在 1931 年，还能维持它们的死亡率，与 1928 年相仿佛，可见它们对于失业者的生计，也有相当的解决方法。这些方法，据我们所知的，在英、德国以社会保险为重要，在美国以公家救济为重要。有了这些解决的方法，所以在工业社会中的工人，遇到失业，绝不像农业社会中的农民，遇到灾荒，便有生命的危险一样。

还有一点，我们要请这些因噎废食的人注意的，就是工业化与失业，不一定有因果的关系。假如我们能够把制度变更一下，工业化也不一定就发生劳资的冲突问题。欧洲已有一个国家，根据这种信仰去试验了。看看别人的勇气，我们还好意思说怕发生失业及劳资冲突问题，而不进行工业化吗？

提出第四种原因来反对工业化的人，我们可以称之为"畏难退缩派"。这一派的人，天天在那儿大呼，说是工业化的路走不通。问他们为什么走不通，他们便抬出一个魔鬼来，这个魔鬼，他们称之为"帝国主义"。他们以为工业已经给帝国主义包办，市场已为帝国主义所垄断，关税已受帝国主义支配，在这种种的压迫之下，本国的工业，实无发展的余地。假如要走这一条路，前途真是艰险万状，不如回转头来，整理我们的农村，过我们固有的农民生活罢。我们对于这一派人所指出来的困难，自然也要承认。但是遇到困难，便逃避下乡，等于坐以待毙。假如我们努力去征服困难，也许有出头之日。譬如我国的土布业，受外国工厂制造出来的洋布打击，几无立足之地，我们新兴的工厂布业，与英、日的洋布相竞争，也有岌岌不可终日之势，这是大家都见到的。我们在这个时候，如见难而退，把所有的布厂关门，那么我们永远要受别人的宰割。如努力去设法改良工厂中的生产方法，改良管理，虚心采纳他人的优点，金融家与政府，又都能与实业家合作，那么前途终是光明的。因为英、日等国，以工厂的出产品来侵夺我们的市场，我们只能以工厂的出产品——实际便是以机械的生产方法所制造出来的货物——去夺回来，除此以外，别无他路。同时我们还要认识清楚，新兴的工业，没有不受老工业国的压迫的，这不单是我们今日才遇到的问题，在别国也曾遇到同类的事。但别国并不因受压迫而退缩。我们都知道，英国的工业化，是最早的，它有一时曾霸占全世界的市场。但美国与德国，并不因为有英国这个劲敌，便放弃了工业化的企图。日本的工业化，比较它们还后，但它也不因市场上已有英、美等国的货物而退缩。最近我们可以看看苏联，苏联并不因为它的四周已有了许多工业国，便取消了五年计划。别人在帝国主义的压迫之下，依然是要工业化，"有为者亦若是"，我们为什么要自己丧气？

总之，生存在今日的世界中，我们只有努力走上工业化的路，才可以图存。我们只有一条路是活路，虽然这条活路上的困难是很多的。大家不要再在歧路上徘徊了。

民国二十三年 10 月 26 日

（载《独立评论》第 125 期，1934 年）

# 再论发展都市以救济农村

我在去年 9 月 9 日的《大公报》上，曾发表一篇短文，论发展都市以救济农村。这篇文章发表之后，赞同的人固然很多，但反对的人也不少。赞成我那篇文章的人，有许多是补充我的意见的，这儿暂且不提。反对的文章，我见到的有三篇。一是李炳寰先生的《评吴景超之〈发展都市以救济农村〉》（《众志月刊》二卷一期），一是刘子华先生的《评吴景超的〈发展都市以救济农村〉》（《锄声月刊》一卷四、五期合刊），一是万钟庆先生的《发展都市必先救济农村》（《民间半月刊》一卷十七期）。他们的论点有许多是相同的，所以我在这儿，作一个总略的答复。

在我写那篇短文的时候，早就料到那篇文章会引起一部分从事农运的人的误会，所以我在篇首便先声明，我所要说的，只是救济农村的一条途径。在这条途径之外，还有别的工作可做而且应当做，如从政治、教育、自卫等方面着手去救济农村都是。想不到这样小心的声明，也有一部分人仍旧误解，以为我要提倡一种新的观点，来抹杀其余的观点，其实我绝没有这种意思。反对我的观点的人，一定要提出证据来，说明发展都市，于救济农村无益处，或不但无益，反而有害，才可推翻我的主张。关于此点，我相信至今还没有人做到，所以我的主张，还是可以成立的。

发展都市的事业，我以为至少三点是要做的。第一种事业，便是兴办工业。关于这点，李先生在他的文章里，说"工业是万分的急需……用新兴的民族资本工业，来代替帝国主义的榨取，抵制舶来品的倾销，削减原料的输出，挽救巨额的入超"。看了这段文字，好像李先生是赞成兴办工业的。可是几行之后，李先生忽然改变了口调，他说："试问把 98 种工业，全设在都市，那么谁敢担保便减少了中国的无业者？恐怕适得其反，都市无立足之地者更多，农村破产益烈呢！"新兴工业，既可"抵制舶来品的倾销"，又可"挽救巨额的入超"，而其结果，乃使"农村破产益烈"，这种理论，未免前后矛盾。李先生的文章中还有一段，论在中国振兴工业之难，是由于"帝国主义的压迫"，由于"关税未能完全自主"。这一点刘先生与他完全同意。刘先生于承认"兴办工业是发展都市的急务"之后，便顾虑到"不平等条约未尽废除，帝国主义侵略无法抵御之时，中国工业能不能日趋发达，尚是极大问题"。当然在今日的中国，振兴工业，是有相当困难的，但我们要问，这种困难，是否无法克服？假如无法克服，那么我们只好束手待毙。假如有法克服，那么我们岂可畏难而退？发展中国工业的困难在什么地方，以及这些困难如何克服，是我国民族的一个大问题，不能在这短短的篇幅内讨论。但是我们敢断言的，就是这些困难，绝不是"帝国主义"几个字便可包括的。我们的困难，一方面固然由于外来压迫的剧烈，一方面也由于我们自己的不争气。假如从事工业的人，都能深刻地反省，都能尽其在我，都能把营私舞弊、因循懒散等一切恶习惯、恶心理都改良了，我们的困难便要减少许多。这是我们可以努力之点，比空喊打倒帝国主义要切实得多。即为李先生所提到的中国丝业的衰退，在 20 年度输出的不及 18 年度的 1/4，在李先生虽然要归罪于"帝国主义压迫"及"关税未能完全自主"，实则全不相干。中国生丝输出的衰退，最要的原因，在于美国丝织工业中人，近来都愿用日本丝而不愿用中国丝。以前，美国的市场，是中国人所垄断的，后来美国丝织工业中人，以中国生丝不适宜于机器的运用，提出几点来请中国缫丝的人改良，中国人置若罔闻，日本人便利用这个机会，把本国的丝产改良得适合美国人的需要，于是美国的市场，便为日本所夺了。这段故事，哈佛大学的陶适教授，在他的大著《几个关税中的问题》里面，说得很详细。我们听了这个故事，应该得到一个什么教训？

万先生对于在都市中兴办工业一点，提出三点意见：

（1）农业中并非无路可走；（2）兴办工业，不一定须在都市；（3）工业的发达，必有赖于粮食及原料，假如不先改进与维护农业，民族工业便难发展。我们先从第三点说起。万先生说工业的发达，非有农业做基础不可，这是醉心农业的人一种夸大的态度，最近章伯雨先生在他的《〈经济上的复古论〉辨》（《农林新报》三七二期，是驳我在本刊一二五期中《我们没有歧路》那篇文章的，所以在这儿也附带讨论一下）一文里，也犯了同样的毛病。我们无论采用哪一种或哪一国的工业分类，都可知道有许多工业，其原料的来源，并不靠农业。美国清查局所用的工业分类表，把全国的工业分为 16 大类，其中有 11 类为钢铁业、化学工业、印刷工业、金属工业、机器工业、音乐器具业、交通工业等等，都是有农业根据的。而且在生产的各种元素之中，原料不过是一种，有了原料，假如别的条件不合，那么根据于此种原料的工业便不能发展。没有原料，而别的生产条件却都完备，工业也未尝不可发展。纱布业在英国与日本都是很发达的，但英国与日本出产棉花么？丝织业在美国是最发达的，可是美国却不出产生丝。这种例子很多，万先生既然是专治经济的人，自然也都知道，不必我来细举。即使退一步说，发展工业，非农业供给原料不可，那么我在那篇短文里，又没有反对"改进与维护"农业，为什么万先生要提出这一点来对我宣传？

关于万先生所说的第二点，兴办工业，不一定须在都市，只含片面的真理。工业的位置，有的不必设在都市，有的非设在都市不可，关于此点，我在《清华学报》八卷二期中，有一篇《近代都市化的背景》详细讨论，在此不必赘述。

万先生提倡那些不必设在都市中的工业，我在那篇短文中，提倡要设在都市中的工业，彼此是不相冲突的。

关于万先生所说的第一点，我以为最有讨论的余地。我说农村中已无路可走，是根据一些简单的数字而下的结论。中国的可耕地，虽无统计，但中外各专家的估计，如我们的翁文灏先生及美国农部的贝克耳先生所发表的，相差不远。这个数目，如与美国的可耕地相比较，要比美国的为小。但美国人在农业中谋生的，只有 1 000 万人左右。以 1 000 万人的努力，便可使 1 亿以上的人衣食有着，还有盈余可以运销外国，这是使我最为惊异的。中国在农业中谋生的人，据估计，在全人口的 70% 至 80% 之间，这点数目字，便可十足地表示中国农业生产方法的落后。我总希望政府与一切从事农运的人，设法改进中国农民的生产技术。假如这是应该做而且是可以做到的，那么中国农业吸收人口的力量，将逐渐减少，这是生产技术改良后必然的结果，欧美各国的历史，昭示我们这是千真万确的。在这种时候，兴办工业，便是为全国的农民，多辟了一条生利之道。但万先生却不愿意人走这条路，他指出现在每村还有 200 元之储蓄，可以为农民另辟生路。我们愿问：中国的农民，是停留在乡村中分这 200 元的储蓄好呢，还是在工业中去寻比这 200 元要多的进款好呢？

李、刘、万三先生，对于我所说的发展都市的第二种事业——发展交通——都抱同样的疑惧。李先生说："即遍设铁路，也不过助长外货的畅销，促进农村之破产而已。"刘先生说："交通发展到哪里，帝国主义者经济侵略的巨爪也就伸张到哪里。"万先生也说："在此交通动脉为外人所把持之情形下，铁路与航运，只不过为推销舶来品的运输机关，所以中国今日交通最便利的地方，洋货的侵入更为敏捷，农村的破产更为厉害。"这三种说法证明了我在《我们没有歧路》一篇文章里所提到的"因噎废食派"在国内大有其人。他们应当知道，中国的交通工具，除运舶来品外，还要运国货的。假如中国没有交通工具，各地的有无，如何调剂？陕西的棉花，如何运往上海？山西的煤，如何运往天津？四川的桐油，如何运往汉口？难道我们用铁路与航路来运棉花，运煤，运桐油，不是事实么？铁路与航路，岂真如万先生所说，"只不过为推销舶来品的运输机关"么？我还愿意在这儿提出一些事实，证明这三位先生所痛恨的舶来品，其所以能畅销中国，有一部分是由于中国交通事业的不发达。美国的安诺德先生，前几年写了一本极有趣味的书，名为《中国问题里的几个根本问题》，其中有一段话，极可注意：

> 达科他人之去西亚德埠，犹陕西农人之去上海。由达州运麦至西埠，计程1 000英里，铁道运价每吨约华币23元。自西埠至上海，计海程6 000英里，轮船运价约计13元。自达科他至上海，总计运费为36元。再益以自乡间至车站，平均25里路之汽车运载，故总计运费每吨为40元。即使提高之，假定为45元，计亦不过每担费3元而已。回顾自渭河流域运1担麦抵车站，须费7元之巨，加以300里之火车抵汉口，600里之江运抵上海，两相比较，即可知其贵贱矣。……汉口距陕西只600里，然磨粉业人与其应付运费而受渭河之馈麦，毋宁出价购买美国之麦，较为便宜也。

安诺德先生的话告诉了我们，美国的麦所以畅销于汉口，不是长江的航运太发达了，而是渭河流域至汉口的交通太不发达了。孙中山先生在他的《民生主义》第三讲内，也提到一个富有意义的故事。他说：

> 像前几年我遇着了一位云南土司，他是有很多土地的，每年收入很多租谷。他告诉我说，每年总要烧去几千担谷。我说谷是很重要的粮食，为什么把它烧去呢？他说每年收入的谷太多，自己吃不完，在附近的人民都足食，又无商贩来买，转运的方法，只能够挑几十里路远，又不能运到远方去卖。……因为没有用处，所以每年到收新谷的时候，只好烧去旧谷，腾出空仓来储新谷。这种烧谷的理由，就是生产过剩，运输不灵。

孙先生对于这个故事所下的结论，是值得我们玩味的。因为运输不灵，所以有谷多的地方，也运不出去。我们不在发展交通上注意，只怪外国粮食进口，有什么用处呢？从这两个例子，我们便可格外明了发展交通对于农民的贡献了。至于交通发展之后，都市的制造品运销于内地，对于农民的手工业，自然要予以打击。但这是在经济进步的过程中所不能免的结果，农民只可适应潮流，在新局面下谋新发展，假如因此而反对新式交通、新式工业，那便是抱残守缺，结果一定是要受淘汰的。

关于我所说的发展都市的第三种事业——扩充金融机关，李先生以为"银行家对于农村的放款投资全存了戒心"，若想叫他们放款于农村，他们是"不肯"的。万先生也说："在今日的农村破产情形之下，期望都市的金融机关负起放款于内地的责任，又谈何容易。"但隔了几行之后，万先生忽然提到"中国、金城、大陆等银行肯假手华洋义赈会，参加农赈放款"。所以万先生提出的事实，打破了自己的理论，同时也替我们回答了李先生，银行家并不是"不肯"放款于农村的。刘先生倒是看得到"银行界今日因将内地现金集中得太多，诚然想多设分行，以便贷款农民，使手中现金出路"，但他却为诛心之论，说"他们的目的，绝不是要救济农村的破产，乃是要救济自身的损失"。我并没有说银行家放款于农村，是抱办慈善事业的目标而来的，这种动机的讨论，不在本题范围之内，可以不谈。我只愿意指出这种行为的结果，不管其动机怎样，对于农民是有利益的，也是可以救济农民的。这件事不必强辩，我们只要比较农民向银行借款——直接或间接由合作社——所负的利息，与向地主、店户、绅士、高利贷者借款时所负的利息，其轻重为何，便可了然。

最后，我愿意谢谢李、刘、万三先生，因为他们的辩难，我才得到一个重新申说我的观点的机会。我们的看法虽然不同，但是我们对于中国大众生活的关心，以及对于中国经济发展的重视，都是一样的。

民国二十四年 1 月 12 日

（载《独立评论》第 136 期，1935 年）

# 萨尔归还德国

萨尔区域，是德法交界的一个地方，面积约726方里，居民约79万人，天然富源以煤矿最为著名。欧战之后，为赔偿法国在本国北部煤区中所受的损失，便在《凡尔赛和约》中，规定把萨尔区域中的煤矿，交与法国经营。萨尔区域的政治，另由国际联盟组织—国际管理委员会负责。这是过渡时期的一个办法。至于萨尔区域到底归谁，在条约中规定于15年后，便是1935年，由公民投票决定。

这种投票，已于本月13日举行。据报载，此次参与投票的公民，计528 060人。投票结果，赞成归德国的，计477 119人，约占总票数的90.4%。国联行政院，根据这次投票的结果，于17日举行公开会议，决定以萨尔区域归还德国，于本年3月1日正式移交。法、德两国在这10余年来冲突最烈的一点，现在可以说得到和平的解决。从世界和平上着想，这是欧战以后，最可称庆的一件事。我们追溯这件事的经过，觉得有几点是值得提出来说一下的。

第一，德国人在这次投票所表示出来的爱国热忱，最值得我们敬佩。报载上海德侨莫得那哈夫人，因为要赶到萨尔去投票，不惜花巨大的款项，坐快车，坐飞机，终于在投票之前赶到，完成她的志愿。如在没有爱国心的人看来，一定以为这是一件傻事，萨尔的交还德国与否，岂是莫夫人的一票所能决定，何必费那么许多金钱与精力，去做这件无益的事。对于持这种论调的人，我们愿意告诉他，萨尔之能重归德国，便是因为德人大多数都抱有莫夫人的热忱，他们觉得为着祖国，什么事都可牺牲，长途跋涉所花的金钱与精力，算得了什么。一定要个个人都存这种心理，失地才可以收回。我们再看住在萨尔的德人，在国际管理委员会治理之下，所纳的租税是很低的，德国对法国应纳巨大的赔款，萨尔的住民是不负责的。所以从物质方面着想，萨尔归德，对于萨尔的住民，只有损失，毫无利益可言。但他们为要重返祖国，准备承受一切的牺牲，这种态度，是我们应当仿效的。

第二，我们从萨尔公民投票这一件事，相信民族自决的真理，此后将格外发扬光大，成为世界上各色人种所共有的信条。凡国际的行为，合乎这条原理的，一定会得到世界舆论的赞助。反是，违背这种原理的行为，一定要为世界的舆论所贬抑。现在白人的国家里，已经知道利用民族自决的原理，来解决民族间的纠纷。但白人对于有色人种，还是用高压的原则，而不肯应用自决的原则。法人肯让萨尔的公民投票，自己决定归谁管理，但他们绝不肯让安南的人民，用同样的方法，来断定他们的命运。不过从美国允许菲岛独立一事看来，似乎白人也逐渐地肯用同一原则，来应付有色人种了。最可惜的，是我们黄种人的国家，数目本是有限，而我们的强邻日本，在武备上已经学会白人的伎俩了，而在国际的行为上，便是对本色的人，也还是采用高压的手段，没有学到白人所遵守的民族自主的原则。虽然如此，我们并不希望日本忽然表示法国的风度，因为这大约是不可能的。我们只希望自己发奋图强，以德国为模范。假如中国能做到德国的地步，别人自然会用民族自决的原则来对付我们，再也不敢用高压的手段了。

第三，我们从萨尔归还德国，应该得到一种信心，就是国土虽然暂时失去，假如我们都不放弃收复失地的雄心，失地终可归还的。法国于 1871 年，也曾失去一块很大的领土，但法国人都抱收复失地的雄心，所以四十几年之后，失地便收回了。德国失了萨尔 15 年，现在萨尔又将重为德国的领土。我国的领土，有的已失去三四年，有的已失去将近 100 年了。我们在这个时候，应当回忆一下，1842 年之后，我们失去了多少山河？这些地方，现在虽归异族掌握，但中国人的土地，总是中国人的，只要我们不放弃收复失地的雄心，将来终有迎接这些已经丧失的子女，重归祖国版图的一日。

民国二十四年 1 月 19 日

（载《独立评论》第 137 期，1935 年）

# 评哈特曼的《社会学》[*]

在这篇书评里面，我除介绍哈特曼的《社会学》外，还想借这个机会，附带地提到一些研究德国社会学的资料，以供有志于此道的人参考。

哈特曼的书，虽然以"社会学"命名，但是它的内容，与美国一般的社会学书籍，大有分别。在美国出版的社会学书籍，内容大约偏于理论的探讨，很少讲到社会学史的。这本书里面，有 3/4 的内容，是讲社会学史，而且是德国的社会学史。在哈特曼以前，这种工作也有人做过，如维塞（Leopold von Wiese, 1876— ）在 1926 年出版的《社会学》[①]，如富莱尔（Hans Freyer, 1887— ）在 1931 年出版的《社会学入门》[②]，都可以说是叙述德国的社会学史的。但维塞与富莱尔，已能自成一家言，所以于叙述德国社会学史之后，即以自己的学说作结。哈特曼是比较后进，所以全书都是叙述别人的，很少有提到自己的地方。

全书共分三章，每章又分三节。第一章只占 11 页，先论社会学的对象及方法，次论社会学在历史上之起点的各种不同说法，最后论社会学派的分类问题。第二章只占 12 页，讨论几个社会学史上的前辈，计孔德占一节，斯宾塞尔占一节，李莲费（P. Lilienfeld, 1829—1903）、萧佛莱（A. Schäftle, 1831—1903）等又占一节。第三章是全书的精华，题目是"今日的社会学"，也分三节。第一节论反对社会学为一独立科学者的见解。第二节论把社会学当作方法论及"帮忙科学"（Hilfswissenschaft）

---

* 标题为编者所拟，原题为"Hartmann, Soziologie"。评论的作品详情：Hartmann, K. J., *Soziologie*, Ferdinand Hirt in Breslau, 1933, S. 104。

① Wiese, L. v., *Soziologie Geschichte und Hauptprobleme*, Berlin, Walter de Gruyter & Co, 1926, S. 98.

② Freyer, H., *Einleitung in die Soziologie*, Leipzig, Quelle & Meyer, 1931, S. 150.

者的见解。第三节论四种社会学的派别：第一派是由历史的观点出发的；第二派是由哲学的观点出发的；第三派是由心理的观点出发的；第四派不借助于任何自然科学或社会科学，企图把社会学建立成一纯粹独立的社会科学，此派又名"形式社会学"。

由上面的纲目中，我们可以看出，这本书所讨论的大问题，只有两个：一为社会学的领域，二为社会学的派别。关于社会学领域的争论，在德国似较美国为剧烈。在美国，社会学早已经被承认为社会科学之一，在 19 世纪的末年，著名的大学中，有许多已设立社会学系。但在德国，社会学讲座之设立，乃是比较近的事，在社会学未正式成为大学中传授的科目之前，关于社会学是否有其固定的领域一问题，自然是辩论很烈的。那些否认社会学有其固定领域的人，指出社会上各方面的现象，都已有独立的社会科学研究，社会学已无插足的余地。这一说的代表，有笛耳（Diehl）、革虑费（Grünfeld）、拜罗（V. Below）、任立能克（Jellinek）等。但是也有替社会学辩护的，如李克特（Rickert）便是这一派的代表。[①] 翁德（Wundi）的见解，也与李克特相仿。他们以为各种社会科学，如法律、政治、经济等等，只研究社会现象的某一部分，但这些社会现象的共同原理，也需要一种特殊的社会科学去研究。这种特殊的社会科学，便是社会学。另外有一派人，虽然不承认社会学为一独立科学，但承认社会学的方法，对于各种社会科学都有贡献。现在的各种社会科学，如法律、经济等等，把它们所研究的对象，生吞活剥地从现实中提出来分析与解剖，其所得的结论每每是孤立的，不能告诉读者这种现象与别种文化现象的关系。社会学教人把任何社会现象，都要放到整个的社会中去观察，以视其彼此的联系，因而了解其意义。所以社会学的方法，很可以帮助别的社会科学，使它们的研究，得到更深刻的意义。不过一方面承认社会学的方法，对于别的社会科学有所贡献，另一方面又不承认社会学为一独立的科学，显然是有矛盾的。

我们顺便可以提到，关于社会学的领域问题，经过若干年的讨论，现在已有比较一致的结论了。社会学不是哲学，也不是无所不包的社会科学。它是一种特殊的社会科学，与经济学、政治学等是并立的，但其观点却不相同。社会学的领域，一部分是如李克特等所说，研究社会上各种社会现象的共同原理的；另一部分是研究各种社会现象间的关系的，如政治现象与经济现象的关系，或经济现象与宗教现象的关系。前

---

① Rickert，H.，*Geschichtsphilosophie in "Die Philosophie im Beginn des 20 Jahrhunderts"*，2. Aufl. 1907，Hrsg. v. W. Windelband，S. 379 F.

者可以称为"普通社会学"，后者可以称为"特殊社会学"。① 这两种社会学，在德国都是很发达的。

在社会学的四种派别中，他一共提出了 16 位代表。只有心理学派中，他提到了法国的塔尔德（G. Tarde，1843—1904）及涂尔干（E. Durkheim，1858—1917），美国的华德及季亭史，其余的 12 位代表都是德国人，所以我说这本书可以当作德国的社会学史读。第二章著者所提到的几位社会学老前辈，我们可以不提，因为这些人的学说，我们已经听熟了，在别的书上，是可以找得到的。著者所提到的两位法国社会学家、两位美国社会学家，在别的书中，讲得还要详细，我们也可以不论。现在只要看看其余的 12 位德国社会学者，到底是什么人。

在说这些德国社会学者之先，有一点要提到的，就是著者的分类法，大有商量之余地。关于此点，作者自己也是承认的。他曾以斯宾塞尔为例，说是有人把他放在生物学派，有人把他放在机械学派，有人把他放在心理学派。所以把一位学者，归纳在某一学派里面，是一件不很容易的事。作者所提到的 12 位德国社会学者，有五位是放在历史学派里，三位放在哲学派里，一位放在心理学派里，三位放在形式社会学派里。我们从下面的讨论里，一定可以觉得，这种分类法，是不十分完满的。

历史学派的第一个人，为著者所提到的，便是黑格耳（G. Hegel，1770—1831）。著者的目标，是要述近代的社会学，特别是近代的德国社会学②，但提出来的第一个人，比孔德还要早死 26 年，未免使读者惊异。但是细想一下，著者要从黑格耳讲起，是有他的道理的，因为黑格耳所提出来的问题，影响德国的思想界颇深，许多人对于

---

① 关于这一点，说得最透彻的，要算一位俄国社会学者，现在哈佛大学教书的索罗金。他的见解曾用德文写成一论文，名 "Die Soziologie als Spezialwissenschaft"，先在 *Zeitschrift für Volkerpsychologie und Soziolgie* 发表，后收入 *Soziologie von Heut*. Herausgegeben von R. Thurnwald，S. 45 - 53。同样的意思，他曾用英文写成一篇论文，名 "Sociology as a Science"，见 *Social. Forces X*（Oct.，1931），pp. 21 - 27。在特殊社会学中，他以为不但要研究社会现象间的关系，还要研究社会现象与非社会现象，如地理、生物、心理等现象间的关系。现在社会学中，有一部分，名为"社会基础"，又名"社会势力"，普通分为四部分，即地理基础、生物基础、心理基础、文化基础。实际这些问题，都可以包括在索罗金所谓"特殊社会"之内。

② 关于近代德国社会学的英文著作，在书籍方面，只有一本，便是 T. Abel，*Systematic Sociology in Germany*，New York，1929。这本书实际只研究了四个人，便是 G. Simmel、A. Vierkandt、L. v. Wiese、M. Weber。在论文方面，倒有好几篇，而且其中还有德国的有名社会学者写的，今列如下：Walther，A.，"Present Position of Sociology in Germany"，*J. Ap. Soc.*，10：229 - 238，Ja.，1926；Wirth，L.，"Modern German Conceptions of Sociology"，*Am. J. Soc.*，32：461 - 470，N.，1926；Wiese，L. v.，"Current Sociology：Germany"，*Soc. Rev.*，19：21 - 25，Ja.，1927；Oppenheimer，F.，"Tendencies in Recent German Sociology"，*Soc. Rev.*，24：1 - 13，125 - 137，249 - 250，Ja - O，1932；Young，P. V.，"Varieties of German Contemporary Sociology"，*Soc. & Soc.*，Res.，16：355 - 366，Mr.，1932；Ginsberg，M.，"Recent Tendencies in Sociology"，*Economical*，13：22 - 39，Feb.，1933；Mannheim，K.，"German Sociology（1918 - 1933）"，*Political*，1：12 - 33，Feb.，1934。这七篇论文，除第六篇的后半篇外，其余都是讲近代德国社会学的。第一、三、四、七篇，均为德人所作。

历史及社会的看法，虽然与黑格耳不一致，但是他们研究的出发点，每从黑格耳的历史哲学起，所以德国至今还有许多学者，把黑格耳看作德国社会学的一个起源。黑格耳的历史哲学，以为世界历史的目标，无非是实现"自由"这个概念。由这个观点去看，世界的历史，可以分作几个时期：东方的历史，代表幼年时期；希腊的历史，代表青年时期；罗马的历史，代表成年时期；德国的国家，代表壮年时期。自由的概念，到这个时期，实现得最为圆满。黑格耳的哲学，不管它是怎样的高深，这种说法，实在是难于使人信服。他的学生斯坦安（Lorenz Stein，1815—1890）① 从实际上着想，以为黑格耳的"自由"概念，非加以修正不可。他以为在共同的生活中，我们可以发现两种对立的个体，一为国家（Staat），一为社会（Gesellschaft）。国家代表自由的原则（Prinzip der Freiheit），而社会却代表自利的原则（Prinzip des persönlichen Interesses）。依照自由的原则，国家应顾到一切人的福利，但社会上实际的生活，却是由自利的原则出发的，为增进自己或其所代表的阶级的利益，每一个人都想利用他人，以他人为手段，每一个阶级都想把握政权。因此，国家的自由原则，每每无从实现。现在的社会，因为阶级间的冲突，革命的危机，爆发在即，如欲防止革命，非立即进行社会改良不可。斯坦安这种分析，当然比较切近实际，他对于社会组织的研究，特别注重阶级的对立状态，可以说是别开生面。马克思（K. Marx，1818—1883）② 后来对于社会的分析，受了他的不少影响。关于马克思，作者提到他的经济史观以及社会演化的理论。这两种理论，我们已经听熟，不必赘叙。著者对于马克思的经济一元论，虽然不能表示赞同，但经济状况，对于别种社会生活的关系，经马克思的研究，便非常明显，这是他对于社会学的贡献。现在我们分析社会，假如忽略了经济的势力，忽略了阶级间的关系，一定是得不到深刻的了解的。历史学派的第四个人，便是倭品哈默（F. Oppenheimer，1864—    ）③。他以为社会学研究的对象，便是社会历程，研究

---

① 斯坦安在德国，也有人把他看作社会学的创立者。本书第 44 页说："Ein Schüler Hegels, Lorenz Stein（1815 - 1890），ist nach einer von vielen Soziologen geteilten Ansicht als der Begründer eigentlichen deutschen Soziologie anzusehen." 又第 12 页上面说："Nach Freyer ist die Entstehung der deutschen Soziologie verknüpft mit der Kritik der Hegelschen Philosophie durch Karl Marx und Lorenz von Stein, d. h. mit der hierdurch vollzogenen Wendung vom Hegelschen Idealismus zum geschichtsphilosophischen Materialismus und Realismus." 由此可见，富莱尔等对于斯坦安的敬重。他的著作，主要有下列三种：*Geschichte der sozialen Bewegung in Frankreich von 1789 bis anf unsere Tage*，3 Bände, Leipzig, 1850；*Sozialismus und Kommunismus des heutigen Frankreich*，1842；*System der Staatswissenschaft*，2 Bände，1852 - 1856。

② 关于黑格耳及马克思的著作，很易在任何图书馆中查到，此处不赘引。

③ 倭品哈默的著作，已有英文本的，为 *The State：Its History and Development Viewed Sociologically*，authorized translation by John M. Gittern, New York, 1922。他的主要社会学著作，为 *System der Soziologie*，此书自 1922 年出第一本后，至今已出七本，还未出完。

的目标，不但要了解这些社会历程，而且应当控制它们，使社会得以进化，文化得以保存。他以为在过去的社会中，无论是什么团体，假如有两条路可以选择，一条路是自食其力，一条路是食人之力，总是选择后面的一条路。前一条路的谋生方法，是利用经济的工具；后一条路的谋生方法，是利用政治的工具。依倭氏的观察，社会演化的结果，一定要放弃政治的工具，而普遍采用经济的工具。这种说法，虽然在名词上，与马克思的说法不同，而实际上是一致的。到了社会上各个团体都放弃以政治的工具为谋生方法的时候，也许黑格耳所谓"自由的原则"，便可实现了。历史学派中的最后一个代表，经著者提出的，便是亚富勒魏伯（Alfred Weber，1868—　）[①]，与我们下面所要说的麦克斯魏伯（Max Weber，1864—1920）是兄弟，两人在德国的社会学界中，都是头等的人才，极可注意的。亚富勒魏伯以为人类生活的演化，不可笼统地观察，应该分作三方面去看。这三方面便是社会的历程（Gesellschaftsprozess）、文明的历程（Zivilisationsprozess）与文化的历程（Kulturprozess）。社会的历程，是历史上各个民族都表演过的，其步骤虽然不完全一致，但大体上也有许多相仿的地方。它们大约都是从简单的生活起始，演化而至于复杂的社会组织。它们在演化的过程中，每向外界发展，发展的结果，是与别个民族融化，而把本来的面目消失。文化与文明的分别，便是文明是"发明"（entdecken）出来的，而文化是"创造"（erschaffen）出来的。发明的东西，可以传授，可以从一个民族传播到另一民族，而不失其特性；可以从这一代传到那一代，而依然保存其用途。凡自然科学及物质的工具等等，皆可以目为文明。文化既然是创造的，所以它是一个地方一个时代民族性的表现，只有在一定的时间与空间内，才能保存其原有的意义。别个地方的人，如抄袭过去，总会把原意失去的。凡宗教、哲学、艺术等等，都是属于文化一类的，我们只要看电灯传到中国来，依然具有电灯之用；但基督教传到中国来，便改头换面，与西方的基督教不同，而西方近代的基督教，又与古代的基督教不同，便可知道亚富勒魏伯这种分别，是有深刻的意义的。这三种历程，性质是不相同的，但可以互相影响，社会学的职务，就是研究这三种过程互相影响的问题。亚富勒魏伯本人，便把埃及及巴比伦的历史，用这种眼光去分析过。换个说法，像亚富勒魏伯这种研究，便是以历史的材料，来解决特殊社会学中的问题，其结果是很有价值的。

---

① 亚富勒魏伯的主要著作如下：*Prinzipielles zur Kultursoziologie*，Archiv für Sozialwiss，47，1920；*Ideen zur Staats- und Kultursoziologie*，1927；*Kultursoziologische Versuche：Das alte Ägypten und Babylonien*，Archiv für Sozialwiss，55，1926。

哲学派的三个代表，是须盘（O. Spann，1878—　　）[1]、富莱尔[2]及麦克斯魏伯[3]。须盘的社会学，从黑格耳的形而上学出发；富莱尔的社会学，从黑格耳的辩证法出发，但应用到实际的材料上去。这两个人的社会学，前者哲学的气味太重，对于科学的社会学，无大贡献；后者只提出了几个社会学中的概念出来，但还没有创造出一个系统。只有麦克斯魏伯，工作最勤，成绩也最丰富，可惜他还没有 60 岁便死了，真是社会学界的一大损失。他的社会学，有三点是可以特别注意的。第一，他以为社会学是一种了解的科学，这是与自然科学大不相同的地方。自然科学对于所研究的对象，可以描写它，解释它，但谈不到了解它。社会学研究的对象，是人类的社会行为，这种社会行为的要点，是其主观的意义。这种主观的意义，我们可以用理智或同情去了解它，这是社会学者的主要工作。近代许多社会学者，注意社会行为的心理基础及文化基础，与麦克斯魏伯的见解，可谓不谋而合。魏氏社会学可注意的第二点，便是他的方法论。在方法论中，他的中心概念，便是"理想模型"（Idealtypus）。我们描写一种社会现象，其最后的目标，便是要创造一个理想模型，这个理想模型，虽然是要根据于事实，但并不与任何事实切合。如社会学者所讲的家庭，便是理想模型之一。他讲家庭中的各种关系，并非某个特殊家庭，如张三家庭或李四家庭的反映，因特殊家庭，每有其特殊问题、特殊现象，虽然出于具体的缘故，易于观察，易于了解，然而了解此种具体的单位，并不一定就能了解抽象的整体。理想模型，乃是对此抽象的整体的描写。我们如能根据事实，创造一个家庭的理想模型，那么任何家庭的关系，这个理想模型都可帮助我们去了解它。这种理想模型，不是用归纳法得出来的，也不是统计学中所

[1]　须盘的主要著作如下：*Kategorienlehre*，1924；*Gesellschaftsphilosophie*，1928；*Gesellschaftslehre*，1930。他的著作，已有一本译成英文，但不在社会学范围之内，名 *The History of Economics*，1930，translated by Eden and Cedar，Paul，from *Die Haupttheorien der Volkswirtschaftslehre*。讨论他的学说的文章，英文中也有一篇：Landheer，B.，"Othmar Spann's Social Theories"，*J. Pol. Eco.*，39：239–248，Ap.，1931。

[2]　富莱尔的著作，除本文开头所提到的一本外，还有一本是 1930 年出版的，名 *Soziologie als Wirklichkeitswissenschaft*。

[3]　麦克斯魏伯的重要著作如下：*Gesammelte Aufsätze zur Religionssoziologie*，Bd. 1–3，1920–1921；*Wirtschaft und Gesellschaft*，1921–1922；*Gesammelte Aufsätze zur Wissenschaftslehre*，1922；*Wirtschaftsgeschichte*，1923；*Gesammelte Aufsätze zur Soziologie und Sozialpolitik*，1924；*Gesammelte Aufsätze zur Sozial- und Wirtschaftsgeschichte*，1924。其中第一种大著，已有一部分译成英文：*The Protestant Ethic and the Spirit of Capitalism*，translated by Talcott Parsons，1930。第四种不是魏氏自己写的，而是他的讲演稿，经他的门人整理出来的，也有英译本：*General Economic History*，translated by Frank H. Knight，1927。讨论魏氏学说的书，在英文方面最近也出了一本：Robertson，H. M.，*Aspects of the Rise of Individualism：A Criticism of Max Weber and His School*，1933。讨论魏氏学说的论文，据我所见，有下列三种：Diehl，C.，"Life ant Work of Max Weber"，*Q. J. Eco.*，38：87–107，N.，1923；Becker，H.，"Culture Case Study and Ideal-Typical Method：With Special Reference to Max Weber"，*Sec. Forces*，12：399–405，Mr.，1934；Salomon，A.，"Max Weber's Methodology"，*Soc. Research*，1：147–168，May，1934。

说的平均数，乃是根据我们对于事实的了解、比较、整理，选精拔萃而创造出来的结果。其不与任何单独的事实相符合，乃是我们所承认的，但其用途，并不因此而减少，反因此而加增。这种方法，虽然用的人很多，但魏氏第一个把这种方法的性质很清楚地说出，而且用他自己的研究，来证明这种方法的优点。魏氏社会学可注意的第三点，便是他的实际研究。在这一方面，他最有贡献的，便是宗教社会学及经济社会学。他搜集材料之勤，以及见识之广，是大家都承认的。他的《宗教社会学》第一册中，讨论孔教、道教对于中国社会所发生的影响，其见解及方法，很可以给中国研究这个问题的人一种兴奋。像他这种根据事实立论的人，哈特曼把他放在哲学派中，未免使人惊异。

心理学派的汤历斯（F. Tönnies，1855— ）[1]，是以《情感社会与理智社会》(*Gemeinschaft und Gesellschaft*) 一书出名的。他以为人类最初社会的形式，是情感社会，如母与子的社会、夫妻的社会、兄弟姊妹的社会，都是情感社会的代表。这种基于血缘的情感社会，后来演化为基于地域的情感社会[2]。在第二种情感社会里，便发生邻居、朋友等关系。他们因为共同工作、共同生活的结果，彼此很能了解，因为在这种情形之下，大家的态度及行为标准，都是一律的。情感社会，到近代便让位给理智社会了，虽然在家庭中，在乡村中，还保存着情感社会的残余。在理智社会中，大家一样地平安在一起工作及过日子，但人与人之间，却缺少一种情感上的联系。他们虽然同在一个区域生活，但各人都是从本人利益的立场去应付别人的。商人便是这种社会的产物。他是没有一定的住址的，时常在旅行中过日子，对于各地的民情风俗，都能了解，但不对于任何地方的文化，发生一种忠诚。他会说许多地方的方言，懂得许多技术，善于迁就别人的意志，但时时刻刻记着他自己的利益所在。信仰与见解，他是有的，但不固定，常随时随地而变换，正如他因四季的变换，而改变他的服装一样。这种人物，与情感社会中的土著，性质是大不相同的。

汤历斯这种分析，令我们想起已故的美国顾勒教授，他把人类的团体，分作亲密团体（primary group）与疏远团体（secondary group）两种，其性质与汤历斯的分类极为相似。这种见解，对于我们研究社会的组织，是有很大帮助的。汤历斯对于风俗

---

① 汤历斯的《情感社会与理智社会》，是 1887 年出版的，1926 年已有第 7 版。此外他还著有 *Die Sitte*，1908；*Kritik der öffentlichen Meinung*，1922；*Einführung in die Soziologie*，1931。讨论汤氏学说的文章，英文中有 Wirth，L.，"Sociology of Ferdinand Tönnies"，*Am. J. Soc.*，32：412 – 422，Nov.，1926。

② Die Gemeinschaft des Blutes entwickelt sich im Zusammenwohnen zur Gemeinschaft des Ortes, S. 78.

与舆论，也有深刻的研究，此不具论。

形式社会学的三个代表，是西摩耳（G. Simmel，1858—1918）①、费耳康（A. Vierkandt，1867—　）② 及维塞③。他们以为社会现象，可以从两方面去观察。一方面，假如我们所观察的，是社会现象的内容，结果便成为社会科学，如政治、经济、法律等，都是研究社会现象的内容的。另一方面，我们也可观察社会现象的形式，结果便成为社会学。在同样的内容中，我们可以看见不同的形式，如在家庭的内容中，我们可以看见合作、竞争、冲突等形式。反是，在不同的内容中，我们也可以看见相同的形式，如冲突的形式，在家庭中固然看得见，在政治、经济等组织中，我们也可以看得见。形式与内容，虽然在实际上是不可分离的，但为研究的分工起见，我们可以把形式从内容中提出来研究，这种研究，乃是社会学者所要做的。

形式社会学，自西摩耳开其端，费耳康继其绪，至维塞而集其大成。维塞的形式社会学，又称为"关系社会学"（die Beziehungslehr），因为他是要研究人与人及团体与团体间的关系的。维塞自己承认影响他的学说最大的人，在德有西摩耳，在美有劳斯。由此可见，形式社会学，在美国也是很发达的。美国有许多社会学者的社会学，虽然不以"形式社会学"为名，但我们细察它们的内容，就可知道它们是与德国的形式社会学相仿的。这派的代表，除上面所说的劳斯外，还有已故的海司，以及支加哥大学的帕克与步济时。但介绍德国形式社会学到美国去的，还是已故的支加哥大学教授司马尔。因此从支加哥大学出身的社会学者，所著的书，有许多是带着形式社会学的意味的。司马尔、帕克及劳斯，都曾留学德国，他们在德国的许多社会学派中，独垂青于形式社会学派，乃是一件稀奇的事。

---

① 关于西摩耳的学说，英文中有一本书讨论，即 Spykman, N. J., *The Social Theory of Georg Simmel*，Chicago，1925。维塞以为此书是论西摩耳最好的书。这本书的后面，有一附录，把西摩耳所有的著作，以及别人论他的文章，均搜集无遗，所以这儿不必录录。

② 费尔康的重要著作如下：*Die Stetigkeit im Kulturwandel*，1908；*Gesellschaftslehre*，1928。他还主编了一本 *Hantworterbuch der Soziologie*，*Ferdinand Enke Verlag*，*Stuttgart*，1931，XII und 691 Seiten。这是一本很重要的德国社会学论文集，德国近代有名的社会学家，在这本书里都有文章，我们举十几篇最要的名目，以见一斑："Betriebssoziologie"（Briefs）；"Beziehungssoziologie"（Wiese）；"Gemeinschaft und Gesellschaft"（Tönnies）；"Geschichte der Soziologie"（Stoßenberg）；"Gesellschaft"（Gieger）；"Gruppe"（Vierkandt）；"Kultursoziologie"（Weber）；"Machtverhältnis"（Oppenheimer）；"Rechtssoziologie"（Kraft）；"Religionssoziologie"（Weber）；"Sozialpsychologie"（Vierkandt）；"Soziographie"（Herbert）；"Soziologie：（Aufgaben，Methoden，Richtungen）"（Gieger）；"Typen und Stufen der Kultur"（Freyer）；"Wissensoziologie"（Mannheim）。

③ 维塞的著作，除本文开头注里所举的外，还有 *Allgemeine Soziologie als Lehre von den Beziehungen und Beziehungsgebilden der Menschen*，1924-1929。此书经贝克（H. Becker）翻译并补充，于 1932 年在美国出版，名 *Sytematic Sociology*。维塞最近又出一巨著即 *System der Allgemeinen Soziologie*，1933。

维塞的社会学系统，有三个根本的概念，一是社会活动（sozialer Prozess），二是关系（Beziehung），三是社会组织（soziales Gebide）。社会活动，从形式社会学的眼光看去，可以分为两大类：一类活动是使人联合起来的，另外一类是使人分开的。活动的结果，便是关系。许多的关系联合起来可以把它当作一个单位看待的，便是社会组织。社会组织，不是可以观察得到的，它存在于人类的心理中。

形式社会学在社会学的领域中，可以占一个什么位置呢？依我看来，它的贡献，是在前面提到的普通社会学里面。譬如它们所研究的关系，并不限于社会生活的某一方面，而是在任何方面，都可以看得到的。这种知识，使我们知道在千头万绪的社会现象之中，也有它们的共同之点存在。这便是形式社会学的贡献。不过从事于此种研究的人，容易流于空虚，所以在这种研究之外，最好在特殊社会学中，找出一门来研究，或于理论的探讨之外，还从事于实际社会的调查。帕克教授在这一点上所表示的榜样，是最可效法的。

读完哈特曼的小册之后，我们对于德国社会学，至少有下列几点感想。

第一，德国社会学，派别是很多的，对于社会学所研究的对象，以及应用的方法，现在还未一致。

第二，德国社会学，受外国社会学的影响很少。哈特曼的书对于近代英、法、美三国社会学的发展，是很模糊的。

第三，德国社会学，对于社会组织的分析，每有新颖的见解，像斯坦安以及倭品哈默一派的理论，在美国的社会学书籍中，是不易见到的。

第四，德国社会学者，喜以历史的材料，来解决社会学理论上的问题，如魏伯兄弟所努力的，便是在这一方面。中国是一个有悠久历史的国家，但还没有人用社会学的眼光整理过中国的史料。德国学者所采用的方法及所持的见解，对于想用新眼光去整理旧材料的人，是很有参考价值的。

第五，德国的社会学者，对于普通社会学及特殊社会学，都有重要的贡献。我们如想在中国创造一个社会学的系统，不可忽略这方面的材料。

（载《清华学报》第 10 卷第 1 期，1935 年）

# 农民生计与农村运动

中国农民生计困难的原因，据我的分析，最要的不外下列数种。第一，他们的农场太小，平均不过 24 亩*，还有许多农场，不到这个数目。第二，生产方法落伍，这可从农作物的收获上面看得出来，无论是小麦、米、玉米或棉花，中国农民的成绩，都远不如他国农民。第三，交通不便，以致农民的出产品，在市场上得不到善价。假如农民要把他们的农产物运到价格较高的市场中去贩卖，结果因为旧式交通工具运费的昂贵，恐怕也得不偿失。第四，是副业的衰落。以前这些副业，是农民收入的一个重要来源，现在因为许多副业的出产品，与外国工厂中的出产品或外国农场上的出产品相竞争，受优胜劣败原理的支配而被淘汰，以致农民丧失了一笔重要的收入。这些副业，有的大约是不可挽救，如纺纱、织布；有的还可以想法复兴，如丝、茶。以上这些，都是使农民的收入缩小的元素。假如这点小小的收入，农民可以完全用在自己的身上，那么他们的生活，也不致如现在那样穷困。他们所以走到现在这种地步，就是在农民的四周，还有许多剥削他们的人及机关。这些剥削的势力，使农民的生活更加困难的，不外下列数种。第一种是地主。中国土地分配的不平均，是研究这个问题的人所公认的事实。一方面有穷无立锥之地的佃户，另一方面有拥田数万亩的地主。如最近农村复兴委员会的调查，便发现江苏的邳县、阜宁、灌云等县，有拥田五六万亩以上的地主。这些人能够不劳而食，便是因为有许多苦耕而还免不了冻馁的佃农。第二种剥削的人，便是高利贷者。据中央农业实验所的估计，全国借债的农家，约占 56%，年利平均为 3 分 4 厘，最高的地方如陕西，年利平均竟至 5 分 1 厘。这还是指

---

\* 数字疑误，此处保持原貌。——编者注

平均数而言，特别的例子，比平均利率高几倍的，也是常见的事。第三种剥削所表示的形式，便是苛捐杂税。这种情形，各地不一。最坏的地方，农民以一年的辛苦所得拿来纳税，还是不够，结果非售田产、卖什物、质房屋不可。不过苛捐杂税的剥削，还是有限制的，还有那第四种无限制的剥削，便是股匪与劣兵的骚扰，可以使原来是小康的农民，不走到倾家荡产的境域不止。等到这些农民倾家荡产之后，他们自己也从农民转变为匪，来剥削那些还是靠耕田过日子的农民。第五种剥削农民的人，便是奸商，他们在售卖日常用品于农民的时候，故意高抬价格，以致农民花了十块钱，还享受不到八块钱的货物。最后一种剥削农民的人，便是农民的子女。有许多农民，假如只有子女一二人，生活也还勉强维持，但因缺乏生育节制的知识，以致在 40 岁左右的时候，不但子女有五六人或八九人，而且因为早婚的习惯，孙儿已有数人绕膝了。中国人每把子孙众多，当作一种幸福，其实在农民的家庭中，这是苦恼的一个最大的来源。

以上这十种原因，造成中国今日的农村普遍破产。于是有一些志士仁人，出来提倡农村运动。现在各地的农村运动，风起云涌，数得出来的，总在数十以上。它们的目标，自然不专为改进农民经济状况，但无论如何，救穷总是它们的主要目标之一。经这许多人在各地的努力，对于农民的生计问题，不能说是全无影响。在现在这种农村运动已经成为一种时髦的时候，我愿意诚恳地指出，就是中国农民的生计问题，不是现在各地的农村运动所能解决的。假如现在还有人迷信农村运动可以解决中国农民的生计问题，将来一定会失望，会悲观。

理由是很简单的，中国的农民，占全人口的 80％左右，农村运动的力量所能达到的农民，在全体农民中，不过九牛之一毛，即使这些农民得救，于大局还是无补。这一点还不算最重要。最重要的，就是这个问题的性质，太过复杂，牵涉的方面太多，不是几个私人的团体所能解决的。譬如我上面所说的兵匪问题、地权问题、交通问题、苛捐杂税问题等等，从事农村运动的人，对着它们有什么办法？

中国现在的问题，最急切的一个，无疑是统一问题。假如统一完成——我们希望它在最近的将来可以完成——之后，那么接下来的主要问题，据我看来，便是国防建设与经济建设。在最近的二三十年之内，全国的聪明才智，应当都集中在这几个大问题上，各人就他的能力所及，在一个或几个问题上，贡献他的所能。所谓农民的生计问题，应当是经济建设这个大问题的一部分。它不能单独地解决，只能与工业、矿业、运输业、交通业、商业等问题一同解决。因为如此，所以我们应当把农村问题，放在经济建设的大问题之下，同时再把经济建设这个大问题，看作最近的将来，中国政治活动的一个主要目标。我们只能靠政治的力量，集中全国的人才，集中全国的力量，定下一个经济建设的远大计划来，然后大家都朝这个方面去努力，中国各界的生计问题，才可得到一个根本的解决。到那个时候，农民的生计问题，自然也连带解决了。假如不作这种远大的企图，而徒在枝节上努力，结果虽然不一定是劳而无功，恐怕也会得不偿失。

［载《大公报（天津）》2 月 10 日，1935 年］

# 建设问题与东西文化

前年胡适之先生从美国讲学归来，在《独立评论》第一次发表的文章，便是《建国问题引论》。他在结尾的时候说：

> 所以我们提议：大家应该用全副心思才力来想想我们当前的根本问题，就是怎样建立起一个可以生存于世间的国家的问题。这问题不全是师法外国的问题，因为我们一面参考外国制度的方法，一面也许可以从我们自己的几千年历史里得着一点有用的教训。（《独立评论》七十七号）

在建设的过程中，胡先生对于东西文化的保存与采用，采取一种折中的态度，于此可见。最近看到十教授的《中国本位的文化建设宣言》，他们对于东西文化的态度，与胡先生的一样。他们说：

> 徒然赞美古代的中国制度思想，是无用的；徒然诅咒古代的中国制度思想，也一样无用；必须把过去的一切，加以检讨，存其所当存，去其所当去；其可赞美的良好制度伟大思想，当竭力为之发扬光大，以贡献于全世界；而可诅咒的不良制度、卑劣思想，则当淘汰务尽，无所吝惜。
>
> 吸收欧美的文化是必要而且应该的，但须吸收其所当吸收，而不应以全盘承受的态度，连渣滓都吸收过来，吸收的标准，当决定于现代中国的需要。（《文化建设》一卷四期）

这种折中的态度，我个人是很赞同的。不过对于东西文化的态度，除却折中这一派，至少还有两派，是站在两个极端的：一派主张全盘接受西洋文化，一派主张复返中国固有文化。在这两派之中，第二派没有讨论之价值，因为我们至今还没有看到这一派能提出一种在理论上站得住脚的主张。而且这一派的势力，在青年中可谓薄弱已极，不久自归淘汰，我们也不必枉费时间来与他们辩驳。主张全盘接受西洋文化的人，不但有鲜明的主张，而且有理论作他们的根据。现在我愿意把这一派的理论检讨一下，然后再说折中派此后应有的工作。

在主张全盘接受西洋文化的人中，又可分为两派：一派是以文化社会学为根据的，另一派是以经济史观为根据的。前派可以陈序经先生为代表，后派的代表颇多，不必细举。

在文化社会学中，派别是很多的。美国现在流行的一派，注重于文化的分析。他们在分析文化时，有一个基本的概念，便是文化单位。每一种文化单位，有其特殊的历史，有传播性，但最要紧的一点，就是这些单位不能独立存在，每与别种文化单位混合而成为文化集团（关于文化社会学的理论，可参观孙本文先生的《社会的文化基础》，他是介绍文化社会学于中国最有成绩的一人，但他的主张，却与陈序经先生不同）。陈序经先生在美国时，大约受过这派学说的影响，所以数年前他在《社会学刊》二卷三期中，发表了《东西文化观》一篇文章，提倡全盘接受西洋文化。他的理论是：

> 文化本身上是分开不得的，所以它所表现出的各方面都有连带及密切的关系。设使因了内部或外来的势力冲动或变更任何一方面，则他方面也受其影响，它并不像一间屋子，屋顶坏了，可以购买新瓦来补好。……所以我们要格外努力去采纳西洋的文化，诚心诚意地全盘接受它，因为它自己本身上是一种系统，而它的趋势，是全部的，而非部分的。

因为"文化本身上是分开不得的"，西洋文化是"一种系统"，"各方面都有连带及密切的关系"，所以我们在一方面如采纳西洋文化，在别方面也非采纳西洋文化不可。假如这种理论是对的，那么"全盘接受说"便可成立，可是"文化本身上是分开不得的"说法，只含有一部分的真理。我们可以承认火车头与轨道两种文化单位是分不开的，男女同学与社交公开两种文化单位是分不开的。我们绝不能一方面采纳西洋的火车头，一方面还保存中国的土路；也不能一方面采纳西洋的男女同学，而一方面还保存中国的男女授受不亲的礼教。但是整个文化的各部，是否都像上面所说的那样"分不开"呢？我们采纳了西洋电灯，是否便非采纳西洋的跳舞不可呢？采纳了西洋的科学，是否便非采纳西洋的基督教不可呢？我们的答案，恐怕不会是肯定的。文化的各部分，有的分不开，有的分得开。别国的文化，有的我们很易采纳，有的无从采纳。关于这一点，现在哥伦比亚大学社会学系主任麦其维（R. M. MacIver）说得最透切。

程天放先生，曾受业于麦其维教授之门，我们可以引程先生最近发表的几句话，来代表麦氏的理论。程先生说：

> 吾人可将文化分成两部分，即一部分为含有世界性者，一部分为含有国别性者，例如自然科学以及交通、工业、医药等，即为含有世界性之文化。……至若政治制度、教育设施、交际礼仪、生活习惯等，则各国有各国之历史背景，无法强同，亦不必强同，此即所谓含有国别性之文化。（本年 2 月 15 日天津《益世报》）

麦氏在其著作中，称程先生所谓"含有世界性之文化"为"文明"（civilization），而称程先生所谓"含有国别性之文化"为"文化"（culture）。此说与德国社会学者亚富勒魏伯之意，不谋而合。前几个月我写了一篇文章，介绍德国的社会学，其中有一段，提到亚富勒魏伯的文化观：

> 文化与文明的分别，便是文明是"发明"出来的，而文化是"创造"出来的。发明的东西，可以传授，可以从一个民族传播到另一民族，而不失其特性；可以从这一代传到那一代，而依然保存其用途。凡自然科学及物质的工具等等，皆可以目为文明。文化既然是创造的，所以它是一个地方一个时代民族性的表现，只有在一定的时间与空间内，才能保存其原有的意义。别个地方的人，如抄袭过去，总会把原意失去的。凡宗教、哲学、艺术等等，都是属于文化一类的。（《清华学报》十卷一期）

我们可以举一个具体的例，来证明上述二人的理论。譬如美国发明的电灯，便是"文明"的一种。电灯自从发明之后，现已传播全球，无论哪一国的电灯，其形式与作用，都是一致的。但美国所"创造"的教育系统，只有在美国的环境中，可以发生作用，可以维持下去，别国的教育系统，也许有一二点仿效美国的地方，但整个地看来，没有一国的教育系统，可以说是与美国的完全一致。由此可见，别国的人学美国，有的可学得到，而有的却学不到，全盘西化的理论，在这种观点之下，大约是不能成立的。

还有，在"西方文化"这个名词之下，包含许多互相冲突、互不两立的文化集团。独裁制度是西化，民主政治也是西化；资本主义是西化，共产主义也是西化；个人主义是西化，集团主义也是西化；自由贸易是西化，保护政策也是西化。这一类的例子，举不胜举。所谓全盘西化，是化入独裁制度呢，还是化入民主政治？是化入资本主义呢，还是化入共产主义？西方文化本身的种种矛盾，是主张全盘西化者的致命伤。

我们现在再讨论第二派，便是基于经济史观的全盘西化论。

经济史观的要点，以为社会生活中最基本的势力，可以左右一切的，便是生产力。在某种生产力之下，便发生某种生产关系。生产力与生产关系之和，即是社会的经济基础。这个经济基础，决定上层建筑，如政治、法律、思想等的性质。照这种理论推衍下去，我们如不欲采纳西方的"生产力"（或生产技术、生产方法）则已，如果采纳西方的生产力，那么其余的一切，也将不可避免地西方化，因为上层建筑是受下层基础的支配，牵一发而动全身。我们在生产方法方面，既已西方化，那么其余的东西，即使我们不要它们西方化，也是不可能的。

我们在批评这种见解之先，有一点要声明的，就是请读者不要把经济史观与社会主义混为一谈。经济史观所讨论的对象，在社会科学的范围之内；而社会主义所企图的，却在社会哲学的范围之内。社会主义自有它的哲理根据，所以即使经济史观不能成立，社会主义能成立与否，并不因此而受影响。

关于经济史观，第一点我们要批评的，就是生产力与生产关系之间，并无必然的联系，如经济史观者所想象的。美国与苏联，所采用的生产力，是没有什么分别的，但生产关系却大有分别。又如马氏所说的从奴隶经济转变到封建经济，也只是生产关系的改变，而不是生产力的改变。所以生产力不变时，生产关系也会变动，生产关系并不完全受生产力的支配。此外还有生产力虽变而生产关系不变的事实。如1848年马恩二氏的宣言中所提到的资本主义，在第一期中是手工生产，而第二期中却是机器生产。生产力变了，而劳资的契约关系，或剥削关系，却始终未变。所以经济基础中的两种元素，并无必然的联系，已有事实可以证明。

第二点我们要说的，就是"经济基础"与其余的"上层建筑"，也无不可分离的关系。空喊经济基础决定一切，是无用的，假如（1）同样的生产方式，在不同的时间与空间内，与不同的制度及思想并存；（2）文化中别的部分，有变动的情形，而在变动之先，找不到生产方式有什么变动；（3）在不同的生产方式之下，我们找到相同的制度及思想。这三个"假如"，并不是臆测，每一个都可找到许多事实来证明。所以"经济基础"决定一切的说法，是不能成立的。因此，我们即使采纳了西方的生产方式，而别的部分，并不是非采纳西方的文化不可。换句话说，经济史观并不能做全盘西化的护符。

我们既已否定全盘西化说，同时又以为关起门来谈复兴中国文化，也是做不到的事，那么余下来的唯一途径，便是折中的态度了。折中派的人，遇到目前这样严重的建设问题，对于东西文化，并不是表示一个态度便够的，也不是说几句取人之长、舍己之短等老生常谈便算完事。我们第一要"具体"地指出，在中国固有的文化中，哪一部分还有适应环境的活力，因此应当保存。我很注意上面这句话里面的"具体"二字，因为抽象地谈保存中国固有的优美文化，是无济于事的，即为近人所提倡的，恢复固有的礼义廉耻等道德之说，我们都觉其近于抽象。假如中国的礼是要保存的，那么古代的圣人已经说过，"男女授受不亲，礼也"，这种礼我们是否也要保存？我们只举这一个例，便可表示抽象地谈保存中国固有的优美文化，对于建设，丝毫无补，反而可以使一般人思想混乱，无所适从。我们应该继续新文化运动的精神，从新估定旧文化各部分的价值，要具体地研究与讨论，不要抽象地空谈，这是我们要做的第一件事。

第二件事，我们要做的，便是指出在西洋文化中，哪部分应当采纳，能够采纳。所谓应当，是指价值而言；所谓能够，是指我们的能力而言。我们的责任，便是经过研究之后，指出西洋文化中，哪些部分对于我们建设新中国有用，有贡献，适合于我们历史的背景、地理的环境、人民的能力，采纳过来，便可发生美满的结果。

第三件事，我们在建设的过程中，不但要保存中国的优美文化及采纳西洋的优美文化，有时还要创造一种新的文化，来适应新的环境，或满足新的要求。自然我们要知道，创造并不是凭空弄出一点簇新的花样来，只是从旧的文化中，不管它是东方的，还是西化的，选择出一些可用的文化单位出来，给它们一个新的安排而已。但以这个新的安排、新的花样来解决新的问题，会比应用任何旧的文化有效力。所以我们一方面谈保存，谈采纳，另一方面还要注意创造。

以上这三种工作，我认为是折中派今日的急务，希望国内有志之士，对于这三点能有不断的贡献。

民国二十四年 2 月 17 日

（载《独立评论》第 139 期，1935 年）

# 答陈序经先生的全盘西化论

陈序经先生在《独立评论》一四二期，有一篇《关于全盘西化答吴景超先生》，在本期里，他又有一篇《再谈"全盘西化"》。从这两篇文章里面，我们对于陈序经先生的思想，可以格外明了，但对于他的结论，还是不敢赞同。现在把枝节除开，只把最根本的两点，再提出来与陈先生商榷。

第一点，便是整个的文化，是否"有连带及密切的关系"而"分开不得"。我在《建设问题与东西文化》（《独立评论》一三九期）一文中，已经指出这是最根本的问题。假如文化各部分是分不开的，有如陈先生所说，那么全盘西化说便可成立，便无讨论之余地。因为我们早已采纳了西洋文化中的许多部分，而这些部分与其余的部分又是分不开的，那么中国的全盘西化，只是时间上的问题了。可惜这种文化"分不开"的理论，还没有一位学者能够证明它。陈先生是专攻社会学的，当然知道霍布浩教授对于这个问题研究所得的结论。他搜集了许多初民社会的记载，并从生产方法一方面，把这些初民社会，分为渔猎、畜牧、农业等集团。我们都知道生产方法是文化的一部分。现在我们愿意问陈先生，渔猎的文化，与哪种政治的文化，哪种家庭的文化是分不开的？畜牧、农业等文化，又与哪种政治的文化，哪种家庭的文化是分不开的？具体一点说，母系的家族制度，与哪种生产方法是分不开的？多妻的制度，又与哪种文化是分不开的？据霍布浩教授研究所得的结论，母系的家族制度，在渔猎的社会中是有的，在畜牧的社会中也有，在农业的社会中也有。父系的家族制度，在农业的社会中是有的，在畜牧的社会中也有，在渔猎的社会中也有。由此可见，一种生产方法，可与不同的家族制度相结合，没有一种家族制度，是与一种生产方法"分不开"的。婚姻的制度，也是一样，在各种不同的生产方法之下，我们都遇得到一夫一妻的制度，或一夫多妻的制度。即以一妻多夫的制度来说，在世界上是很少见的。但据路卫教授的研究，实行一妻多夫制的民族，如"依士企摩"种，是渔猎的；如印度的"托答"种，是畜牧的；又如西藏，只有耕种的民族，是行一妻多夫制的，而畜牧的民族，却不行此种制度。我们看了这种事实，能说一妻多夫的文化，与某种经济文化是"分不开"的吗？这一类的例子很多，我们不必细提。由此可见，"文化分不开"的理论，证据是很薄弱的。我们是主张文化各部分有分不开的，也有分得开的，所以在西化的过程中，我们还可以有选择之余地。

第二点，便是我们对于西方文化的估值。即使文化的各部分是分得开的，假如我们对于西方的文化，是无条件的全盘赞赏，那么我们也并不以西化是分得开的而不全盘接受。问题便是我们对于西化，是否都全盘赞赏。我们不必另外举例，只就时贤已经举过的例来一谈。张佛泉先生说："学了他们（指西人）的精确治学方法，不再去学他们见了女人脱帽子，不见得就有坏处。"这是我十分赞成的，而陈先生却说，"见了女人而不脱帽子，是一件失礼之事"，可谓奇谈。西人这种风俗，是中古武士道传下来的，根本没有道理可说。我的意思，以为见了女人要脱帽子，那么见了男人也应当脱帽子，才算有礼。但西人见了男人是不脱帽子的，只见了女人脱帽，我们看了这种不通的风俗，也要照抄，便近于盲从了。又如适之先生说："吃饭的，绝不能都改吃番菜；用筷子的，绝不能全改用刀叉。"这段话，真可为我们这班折中论者张目。全盘西化论者，在理论上，应该是反对吃饭，反对用筷子的。他们岂止应该反对吃饭，反对用筷子而已，也应当反对说中国话，因为中国话绝不是西化。我不知道陈先生是否主张我们中国人以后都说英文，或法文、德文，或任何西国的文。假如他不这样主张，那么他的全盘西化论，便缺了一角了。

最后，我愿意再提出一种对于西方文化的态度，以求读者指正。我以为西方文化的各部分，既然是分得开的，那么对于这不同的部分，我们可以采取四种不同的态度。

第一，对于某一部分的西方文化，我们愿意整个地接受，而且用它来替代中国文化中类似的部分。如西方文化中的自然科学、医学等等，属于此类。

第二，对于某一部分的西方文化，我们愿意整个地接受，但只用以补充中国文化中类似的部分，而非用以代替中国文化中类似的部分。如哲学、文学等等，属于此类。我们可以读柏拉图的《共和国》，但也不必烧《论语》，虽然《共和国》与《论语》，都不是个个中国人都要读的。我们可以读莎士比亚的戏剧，但也可以读《西厢记》，读《牡丹亭》。丁立孙、哥德的诗，固然要介绍进来，但《白香山集》《杜工部集》，也可以保留着让人研究。

第三，对于某一部分的西洋文化，我们愿意用作参考，但绝不抄袭。我们采取这种态度，或因这一部分的文化瑕瑜互见，我们不能把精华与糟粕，一齐吸收过来；或因这一部分的文化，与中国的国情不相合，无全盘接收的可能。前者如资本主义，它们的大量生产方法，是可取的；但其图利高于一切的动机，因提高价格，不惜焚烧存货的举动，却要排弃。后者如各国的关税政策，是各国经济文化中的主要部分，但没有一国的关税政策，是中国可以照抄的。我们的政府，只能以它们的办法为参考，并以中国的现实状况为根据，定一个"中国本位"的关税政策。

第四，对于某一部分的西洋文化，我们却不客气地要加以排弃。举几个例子，如迷信的宗教、儿戏的婚姻、诲淫的跳舞（交际的跳舞不在此内）、过分的奢侈都是。

当然，把西方文化分作以上四类，是一种很难的工作，而且不会人人同意的。不过正因不会人人同意，所以发生讨论，因讨论也许可以得到一个最低限度的共同信仰，这是有智慧的人共同努力而可以达到的一点。

民国二十四年 4 月 14 日

（载《独立评论》第 147 期，1935 年）

# 都市研究与市政——四月二十一日
# 在北平市政问题研究会讲

　　一个都市发展到相当程度的时候，许多社会问题，在乡村中遇不到的，便自然地发生出来了。问题发生之后，负有行政职务的人，一定要想法去解决，否则问题扩大，都市的治安、秩序、福利等等，都要受着影响而发生危险。但从过去的经验看来，有心去解决都市问题的人虽然很多，对于解决都市问题的方法，提出意见来的，更是不可胜数，而都市问题，依然存在，依然得不到解决。此中最大的关键，就是解决都市问题的人，根本不认识他的对象。即以都市中的贫穷问题来说，虽然有很多人，对于解决贫穷问题，都有他们的方案，但什么是贫穷，穷人有些什么具体的特征，某个都市中有多少穷人，这些人是怎么走上贫穷之路的，像这一类的问题，便没有几个人能够回答。以不明贫穷真相的人，而来提解决贫穷问题的方案，等于一个医生，没有看清病状，便开药方，一定是不会有好的结果的。

　　由于这些经验，所以近来已有许多人感觉到，如欲解决都市问题，须先有都市研究。市政问题研究会应当做的工作，便是以研究所得，作实际行政的参考。这种根据事实，根据研究而推行出去的市政，一定有比较美满的结果，这是毫无疑义的。

　　我现在所想说的，就是报告一点英、美各国研究都市的成绩，然后根据他们的经验，看看北平市政研究会的同人，在研究方面，可以从哪几点上努力。

　　都市研究的先锋工作，我们要推英国的蒲司。他于 1886 年，开始研究伦敦穷人的生活。在他未做这种研究以前，英国已有许多人对于贫穷问题发生兴趣了，也有许多人提出解决贫穷问题的方案，但这些人多数都没有与穷人接触过，他们有许多的理论，但这些理论都是没有事实作根据的。这件事实，很使蒲司失望，所以他发愤去做调查的工作。这种工作，他分作两方面去进行。一种是以地域为根据，看看每一条街道上，住了多少穷人，他们的家庭状况、职业、进款、子女数目，都在调查的范围之内。另一种调查，是以职业为根据，看看在每种职业中谋生的人，有多少进款，过的什么生活，遇着一些什么问题。这两种研究，是互相补充的。他花了十几年的工夫，做成九大厚册的报告。这种报告，不但可以作改良伦敦市民生活的根据，而且后来英国的议会，通过失业保险、老人补助金等法案，也受蒲司的报告影响不少。至于他引起别人对于都市研究的兴趣，尤其余事。

蒲司的研究开始 40 余年后，伦敦大学又继续做了一个研究，便是把蒲司提出来的问题，重行研究一遍，看看 40 年后的情形，与 40 年前，有无变动。这个研究的报告，到现在止，已经出了八册，还没有出完。在方法方面，伦敦大学所主持的调查，当然比蒲司的进步。蒲司在研究每一条街道上有多少穷人这个问题的时候，其材料大都是间接得来的。伦敦有许多视学员，每人负责管理一个区域。在这个区域中，有多少家庭，每个家庭中，有多少到了入学年龄的儿童，都是这些视学员所应当知道的。他们因为要得到这种知识，所以要到各家去访问。一个视学员如在某区域中住久了，那么他对于这个区域中各个家庭的状况，是很熟悉的。蒲司知道这一点，所以他便设法去与这些视学员谈话，由谈话中，他便完成以地域为根据的贫穷调查。虽然蒲司自己有时也到穷人的家中去访问，甚至住到他们的家中，以便观察，但他关于伦敦各区的贫穷状况的大部分的材料，还是由访问视学员而得来的。伦敦大学的调查，除照样访问视学员外，还做一种抽样的实地调查，所以得到的材料，格外可靠。我们看过蒲司的报告，再看伦敦大学的报告，便如看活动电影一样，伦敦穷人的生活在过去 40 年间的变迁，便显然如在目前了。顺便可以报告的，就是伦敦穷人的数目，在这 40 年内，大为减少。在蒲司调查的时候，伦敦的工人，有 35％ 在贫穷线以下度日，而伦敦大学的调查是在 1929 年至 1930 年间举行的，证明工人中只有 15％ 过穷日子。造成这种差异的原因，主要的是工资的提高及社会保险的举办。以后每隔若干年，伦敦大学便要举行一次类似的调查。这种调查的结果，是研究都市问题的人所最愿意得到的。

英国的都市研究，我们还可以再提一种，便是去年出版的利物浦（Liverpool）调查。这个调查，是利物浦大学举办的，研究的对象，比蒲司及伦敦大学所研究的要广一点，除工人的进款、穷人的数目、各种工商业的状况数点是与伦敦的调查相同的外，还包括市政府、公共卫生、初等教育、儿童福利、娱乐、破裂家庭、宗教、各阶级的生育率等问题。这个调查的报告，共三大册。对于一个大都市各方面生活的描写，这一种算是最好的。

美国都市的大规模调查，比英国要迟一二十年。第一个重要的调查，是 1908 年至 1914 年间出版的匹兹堡调查（Pittsburgh survey）。自从那一次的调查以后，各地的调查风起云涌，至最近止，都市调查的报告，已经发行的，不下 100 种。美国的都市调查，有一点很可注意的，就是好些人已经认清都市调查的作用，看清楚这种工作与社会改良的关系。对于社会问题热心的公民，假如觉得某一方面的生活需要改良，第一步便是去请几个专家来，对于这个问题，做一个彻底的调查。等到调查有了结果之后，便开一聚餐会，把与这个问题有关系的人及各界的领袖都请来，然后公开地将结果宣布。在宣布结果之后，每每附带一个改良的方案。这种举动，报纸上当然是用大号字记载的，于是市中的公民，对于这个问题，便开始注意了。举办调查的人，又不时以他种方式，把研究的结果宣传于民众，如开展览会，陈列研究的统计与图表，到各地演讲，在杂志上、报纸上、无线电台上发表关于这个问题的材料都是。经过相当的时期以后，大家都认识了这个问题，都明白了解决的方案，因而对于这个问题的解决，都有热烈的要求。政党为顺从民意起见，一定要把解决这个问题的办法，放在竞选的党纲里面。等到竞选胜利，党纲便要兑现，于是以前只是少数人的幻想，现在便成为实现的事实了。这一切，都是由调查、研究开始的。

美国的都市研究之中，有两种可以特别提出来说一下。第一种便是支加哥大学对于支加哥的研究。支加哥是美国第二大都市，而支加哥大学中的教授，有许多对于研究支加哥，都发生了兴趣。不但是社会学系的教授，时以支加哥各方面的生活为研究的对象，就是地理学系、经济学系、政治学系、宗教学系、社会工作学系，甚至哲学系，都有人从各方面去研究支加哥。这些研究，并没有一个总报告，但各系研究的结果，印成单行本的，已不下数十册。其中教授的著作固然是有的，但有一大部分，却是研究院学生的论文。美国一个大学毕业生，进了研究院，起码要研究三年，才可以得到博士学位。这些研究生，都要作一本论文，各系的教授，常以支加哥各方面的问题，交给研究生，要他们以这些问题，去作论文的对象。即以社会学系而论，研究生所写关于支加哥的论文，便不下十余册。我可以提出几本有趣味的拿来说一下。一本是研究支加哥的游民区域的。这个游民区域，很有点像我们北平的天桥，作者对这个区域中人口的来源，他们的社会组织，他们的日常生活，他们的问题，都有很详细的研究。又有一本是研究支加哥的犯罪区域的。作者把公安局中的档案找出来，把所有犯罪者的住址都抄下，然后以一黑点，代表一个犯罪的人，把这些黑点，按着住址分布于地图上，结果可以看到支加哥有些区域中，黑点非常之少，又有些区域中，黑点非常之多。这些黑点多的区域，便是犯罪区域，不但一年如此，历年的情形，都是如此。作者于是去研究这些犯罪区域的环境、人口来源、家庭状况、职业状况以及风俗习惯，看看这些区域中的人，为什么容易犯罪。这个研究，对于行政及司法的机关非常有用，是显而易见的。又一本论文的题目，是《金岸与贫民窟》。支加哥是靠着密失根湖的，沿湖一带，风景佳丽，许多富翁都住家于此，所以当地的人，对于沿湖区域，有"金岸"之称。但离金岸里许，便有许多贫民窟。这个研究，是把这两种住宅区域分析一下，看看这两种不同的阶级，过的生活有何不同，社会组织及社会活动又有什么差异。看了这本书，可以知道同在一个都市住家的人，其实是在两个世界中过日子。此外，还有研究支加哥自杀问题、离婚问题、流氓帮派、犹太域、黑人带、娼妓区域、旅馆与公寓、舞场、女招待等问题而成书的。每一种研究，都是经过三年的实地调查，然后下笔的，指导这种研究的教授，常常以"彻底"一词，作学生研究的目标。他们常告诉学生说，你们的论文，不写出来则已，如写出来，就要做到一种地步，使这本书问世之后，在最近的将来，没有第二个人敢来写同样性质的书。大家既以此为目标，所以在这些论文中，我们真可以得到许多智识，是从别处得不到的。因为支加哥大学师生的努力，所以现在美国没有一个都市，其文献的丰富与准确，可以比得上支加哥的。

美国的都市研究，第二种可以说的，就是克利弗兰（Cleveland）于 1914 年以后所举行的几种都市调查。这几种调查的特点，不在它们的结论，而在主持这些调查的机关。在 1914 年，克利弗兰有一位公民，捐了一笔款子，委托本地的一个信托公司管理，指定这笔款子，是为推进克利弗兰市公众福利之用的。别的公民，对于这件事如有兴趣，也可把款项捐到这个基金里去。现在此项基金，已达百万以上。保管这笔基金的信托公司，于是组织了一个董事会，决定此款应当如何利用，方可达到捐款者的目标。结果，他们决定利用这笔款子的利息，不时举行各种调查。已经举行过的，有克利弗兰市的教育调查、犯罪状况调查。这些调查，可以暴露市内生活的缺点，以为改良的根据。美国的社会改良，常以调查开始，我在上面已经说过。所以这个基金董事会所采取的政策，是最能达到捐款者的目标的，那便是，推进克利弗兰市的公众福利。中国都市中的富翁很多，我们希望有几个人也起来步他们的后尘，捐一笔款子出来，做研究的事业，这比留下家私来给子孙去浪费，总要好得多。

关于英美的都市研究，我已经把最重要的介绍过了，现在我们再回到自己的问题，就是我们住在北平的人，对于市政问题有兴趣的，在研究方面，可以进行一些什么工作。

关于这个问题，我有三点意见。

第一，我们立刻就可进行的，就是设法搜集关于北平的文献，成立一个北平文库。我们要搜集古代、近代、中国、外国所有讨论或描写北平的书籍、论文、报章，以及图画、照片等等。我们要使这个文库，成为世界上最完备的文库，凡是研究北平的人，都非来参考这个文库不可。有了这个文库，我们便可知道关于北平各方面的情形，哪些已有人研究过，可以不必再费力气，哪些还没有人研究过，有待于后人的努力。

第二，假如我们能够得到一笔大的捐款，便可进行一个大规模的调查，把北平各方面的生活，做一个系统的探讨。这个调查，至少要包括六种生活。其一，北平人如何谋生。其二，北平人的家庭。其三，北平的教育。其四，北平的娱乐。其五，北平的宗教。其六，北平的政治。这六大方面的研究，是美国近来一个有名的学者研究一个市镇时所采用的，我们很可以此为参考。假如以上这六个方面，我们能够费时费力去调查，然后把结果报告出来，那么我们读了这些报告之后，对于北平的认识，比现在一定要丰富得多。除此以外，北平的历史地理，北平的古迹名胜，北平的慈善事业，北平的社会病态，也都可以研究，放在总的报告里面。关于北平的调查，以前虽然也有一二种，但都是片面的，或限于某区域的。像我所想象的那种大规模的研究，还有待于将来进行。

第三，假如我们得不到那一笔大的款子——照现在的情形看来，得到这笔大款子的机会，与得航空奖券头奖的机会差不多——那么我们也有穷的干法。北平市政问题研究会的同人，据我所知，都是有职业的，在行使他们职务的时候，便要与北平的社会发生接触。这种接触的机会，便是研究的机会。我们可以选定一个与我们的职务多少有点关系的问题，去进行研究工作。譬如在天桥的警察署服务的人，是研究天桥社会最适当的人。调查户口的人，便可研究北平的贫穷问题。在教育机关服务的人，便可研究北平的教育制度。在慈善机关服务的人，便可搜集这些病态人口的个案，看他们有什么样的历史。在看守所及监狱中服务的人，便可研究犯罪的原因及罪人的家世。类似的例，可以举一反三，不必再开详单。换一个说法，我们可以看自己性之所近、力之所能，或研究北平的各种团体，如工会、商会之类；或研究北平的制度，如家庭、政府、宗教之类；或研究北平的区域，如天桥、东交民巷之类；或研究北平的人品，如清朝贵族、唱戏的、卖艺的、车夫、小贩之类；或研究北平的问题，如犯罪、离婚、贫穷之类。这些研究，如有相当成绩，便可出北平研究丛书。假如我们真肯努力，这种研究丛书，对于学术界固有贡献，便是实际的行政从这些丛书里，也可找到事实的根据，因而得到较良的效果。这种小规模的研究，如有人在那儿主管兼指导，继续若干年，成绩可与大规模的研究相比较而无愧色。实现这种理想，北平市政问题研究会，是可以而且应当负责的。

（载《独立评论》第 148 期，1935 年）

# 怎样划定一个都市的内地

　　每一个都市，都有它的内地（hinterland），这是它的主要市场，也是它所需要的食物与原料的主要来源。一个都市的工商业，常为它的内地生产品所决定，譬如天津的皮货出口，在全国各都市中占领第一位，但漆与桐油的交易，却集中在汉口，便是内地生产品影响都市商业的例子。又如全国的纱布工业，集中在上海，但榨油工业，却集中在大连，便因棉花产生在上海的内地，而大豆却产生在大连的内地。这种例子，举不胜举。所以一个有都市意识的人，对于他的内地的生产，是极端注意的。

　　但是现在却有一个很难解决的问题，便是一个都市的内地，其范围应当如何划定？天津附近的村镇，自然是天津的内地，汉口附近的村镇，自然是汉口的内地，这是不难划定的。但如河南省的村镇，我们便难定它是属于天津，或属于汉口，或属于上海。第一个研究都市经济最有成绩的人，自然是哈佛大学的经济史教授格来斯（N. S. B. Gras）。他在《经济史入门》一书中，首先提出“都市经济”一个名词。他在别的方面，虽然有很多贡献，但并没有告诉我们一个方法，决定都市内地的范围。他只提出一个意见，以为我们可以到那些位于两大都市之间的市镇中去问问那儿的商人，看他们的答案，是认哪一个都市的势力大一点。但他接着又说，这些答案，每每是靠不住的。其实格来斯教授这个意见，研究市镇经济的人，早已采用了。他们研究一个市镇的势力范围，便是到市镇的附近各村中，去问那儿的农民，是到哪个市镇去做买卖。假如丙村是在甲、乙二镇之间，但村中的农民，大多数是到甲镇中去做买卖，那么甲镇的势力范围，便包括丙村。市镇的范围是很小的，用这个法子去划定，并不费事，但一个大都市的内地，周围每每有好几百里，用这种访问的方法，是很费事的。顾得（J. P. Goode）教授在研究支加哥的内地时，便采取一种简单，但是武断的方法。他在地图上画一圆圈，把支加哥附近 500 英里的土地都圈进去，假定为支加哥的内地，然后研究这 500 英里内的矿产、农业、人口、交通等现象，看它们与支加哥发展的关系，并根据这些材料，预测支加哥的将来。这个方法虽然简便，但不能回答我们的问题，因为假如别个大都市，特别是离支加哥最近的大都市，如圣路易，也把附近 500 英里圈作它的内地，那么支加哥的圈，与圣路易的圈，便有互相重叠的危险。这些重叠的区域，到底是哪一个都市的内地呢？顾得先生的方法，在这儿便现破绽了。最近帕克教授想了一个很好的方法，来划分美国 41 个都市的内地。他在每一个都市中，选出一种日报，看它销路所达的区域。譬如在支加哥附近 60 英里，有一个市镇，这儿的市民，都看支加哥的报纸，那么这个市镇，便算是支加哥的内地。假如一个市镇，介于两大都市之间，市民有看甲市日报的，也有看乙市日报的，但甲市日报的销路，在这个市镇中，占 50％以上，那么这个市镇，便算作甲市的内地。这个方法，可以免除重叠的危险，而在理论上也讲得通。因为报纸是传布消息的，假如某一市镇，买卖都集中于甲市，自然想知道甲市的消息，因而也一定看甲市的日报，所以某一都市的日报销售区域，实在是某一都市的内地范围的最好指数。美国的报纸销路，是公开的，所以这种材料，颇容易得。中国各大都市中报纸的销路，只有报馆的主人知道。但我想，假如我们能把《大公报》《新闻报》《武汉日报》的销路，以一黑点代表 1 份或 10 份，画在地图上面，也许可以看出天津、上海及汉口的内地范围罢。

好几年前，我因要替世界书局写一本都市社会学的小册子，便从海关报告中去搜集材料。在这些报告里，我发现一种很有趣味的材料，也许可以帮助我们决定都市的范围，那便是子口单的数目字。我们都知道子口税是关税的一种，凡进口货已于进口处的海关缴纳正税后，如运销内地，复于所到省的税关，再缴半税，以代厘金，便是子口税。假如江苏省的商人，想运销洋货到江苏省的内地，都是在上海的海关缴纳正税，领取子口单。河北省的商人，每在天津的海关领取子口单。每一海关发出的子口单，是为运货到什么地方去销售的，海关报告都有记载，可惜这些记载是以省为单位，而非以县为单位，所以我们不能利用这些材料，来定都市内地的范围。譬如民国十五年，河南省的商人，在津海关领取子口单 1 103 张，货价值 1 639 620 两；在沪海关领取子口单 8 215 张，货价值 2 129 493 两；在汉海关领取子口单 12 495 张，货价只值 713 081 两。我们从此可以猜想得到，河南商人贩运洋货，有时取道天津，有时取道上海，有时取道汉口，所以河南一省，是中国三大都市势力角逐之地。假如这些子口单的报告，是以县为单位的，我们便可知道哪几县是上海的势力范围，哪几县是天津或汉口的势力范围了。我希望在海关上的朋友，能利用他们的档案，做一点划定内地范围的研究，看看这种方法，是否适用。

一个都市的内地，无论我们用什么方法划分出来，是绝不会相似，更不会固定的。但我们留心都市发展的人，对于每一个都市的内地，很愿意有一个比较清楚的认识，这种智识，对于我们了解一个都市的活动，或预测它将来的发展，都是有用的。至于这种智识，对于一个都市中的商人、银行家、实业家等等，有实际的用途，是显而易见的。所以我们希望都市中的领袖，特别是商会中负责的人，出来领导这种研究。

（载《独立评论》第151期，1935年）

# 新税制与新社会

我们如想和平地达到经济平等的社会，所得税与遗产税，便是最好的工具。先说所得税。现在社会上各阶级的收入，是极端不平等的。一年收入在数十万、数百万以上的固有，而一年收入不满 100 元的，尤占多数。这种收入的不同，造成生活程度上天壤的差异。富者奢侈逾分，而贫者连生存的需要，都不能满足。所得税便是一种工具，利用国家的力量，把社会上的盈余，从私人的手中，重行吸收到公家的手里去。国家以这种收入，举办各种社会事业，如教育、卫生、医药、社会保险、贫穷救济、儿童福利等等均是。这些社会事业，目的不在赚钱，而在服务。社会上的人士，无分贫富，都可以不必自己花费，便可享受以上事业所给予的幸福。社会事业愈推广，大众的生活程度愈提高，以前要自己花钱才能享受的东西，现在由公家供给，不花钱也可享受了。这不是一种理想，在许多国家里，上面所说的社会事业，已为逐渐实现的事实。如英国，在 1850 年至 1851 年，政府在社会事业上的花费，只有 500 余万镑；在 1927 年至 1928 年，同样的花费，便达 18 600 余万镑。在前一时期，政府在每一个公民身上的社会事业花费，只达 5 先令 4 便士；在后一时期，便加到 2 镑 15 先令 11 便士（以 1890 年的物价为计算的标准）。在前一时期，政府举办的社会事业，只有教育与贫穷救济两种；在后一时期，便加到 10 种以上。英国社会事业发达的原因，所得税当然要负一部分责任。他们的榜样，是我们所当取法的。

其次再说遗产税。遗产是造成贫富不均的最大元素，这是研究外国富豪的历史的人所得到的共同结论，一个大的家私，每是几代合作的结果。譬如美国有名的阿思脱富户（Astor Fortune），在第一代创业的时候，家私只值 2 000 万，到第二代便有 5 500万，第三代加至 9 500 万，第四代便突加到 2 亿 7 500 万了。假如美国不把遗产税的税率增高，阿思脱的家私，将来还不知要加到什么样的地步。以前的富翁，如生了一两个败家子弟，会把祖业毁败，但现在保管家产的方法进步了，保管家产的机关如信托公司等，也逐渐增加了，所以一个大的家私，如已集了起来，是很难再散出去的。因此国家更应出来干涉，不要使几百万人或几十万人的生产工具，老在一两个人的掌握之中。一个国家，如肯实行累进的遗产税，那么无论什么生产工具，都会逐渐社会化。一个私人创办的工厂，在累进的遗产税之下，到了第二代时，便有一小部分股票移到国家的手中。到第三代，国家所保持的股票，百分数还要高点，再隔一二代，也许整个的工厂，便归国家所有了。国家有了这些生产工具之后，生产的事业，其进行之方法，一定要与现在不同。有几点可以提出来说的，就是在那个时候，生产一定是有计划的，而不是盲目的；是为满足人民需要而生产，而非为私人利润而生产。

（载《新中华》第 3 卷第 10 期，1935 年，

转载 4 月 28 日《大公报》星期评论）

# 土地分配与人口安排

最近中央农业实验所，对于中国的土地分配概况，曾发表了一个估计。这个估计，是根据 22 个省 891 个县的农情报告员所报告的结果，综合而得的。各省农家土地的分配，计在 10 亩以下的，占 35.8%；10 亩至 20 亩的，占 25.2%；20 亩至 30 亩的，占 14.2%；30 亩至 50 亩的，占 16.5%；50 亩以上的，占 8.3%。10 余年前，农商部对于这个问题，也有一个估计，结果与此大同小异。从这点估计里，我们可以看清楚中国的典型农场，是小农场。

要知道中国的农场，小到什么程度，我们应拿英美的情形来对比一下。在 1920 年左右，英国的农场，在 5 英亩（每英亩约等于 6.5 华亩）以下的，占 19.3%；5 英亩至 20 英亩的，占 27.6%；20 英亩至 50 英亩的，占 19.2%；50 英亩至 100 英亩的，占 14.5%；100 英亩至 300 英亩的，占 16.1%；300 英亩以上的，占 3%。美国的农场，在 20 英亩以下的，占 12.4%；20 英亩至 49 英亩的，占 23.3%；50 英亩至 99 英亩的，占 22.9%；100 英亩至 174 英亩的，占 22.5%；175 英亩至 499 英亩的，占 15.6%；500 英亩以上的，占 3.3%。由这些统计，我们可以看出，像中国这种小农场，在英、美等国是很少的。

再拿农场的平均面积来说：美国的平均农场面积，为 148 英亩，英国为 70 英亩，而中国的平均农场面积，只有 21 亩，不过 3 英亩左右而已。

我们如想知道中国的农民，何以老在贫穷线以下过日子，这些统计，是最好的答案。中美农场的不同，与生活程度的关系，美国农部的贝克耳先生，曾有下面一段很简单的描写：

在中国的北部，一个农场，平均不过 4 英亩，这是一家人用他们那种农具所能耕种的最大限度了。假如 1 英亩只能产生 7 个蒲式耳（1 个蒲式耳的小麦，约 60 磅）的小麦，如美国的坎塞斯州一样，那么这个农场，只能产生 28 个蒲式耳的小麦，这只够两个人吃一年，但中国的家庭，总不止两个人。在美国的坎塞斯州，一个农民，最多在收割的时候要他的小儿子帮忙，便可种 1 000 英亩的地。也算它 7 个蒲式耳 1 亩，这个农民便可收 7 000 个蒲式耳的小麦。这个数量，够 500 人吃一年。

实际美国农民的家庭，最多也不过 5 口。这 7 000 个蒲式耳的小麦，自己只能用很小的部分，其余的部分，是送到市场上去换成现钱，然后以这些现钱，买汽车，买钢琴，送他的儿女入大学读书，造成他们那种舒适的生活。

我们如不想提高中国农民的生活则已，如想提高他们的生活，那么这个小农场问题，便非解决不可。

五六年前，我曾在《新月》三卷三期，发表了一篇《中国农民的生活程度与农场》，讨论同样的问题。当时我曾提出两个办法来，第一便是开垦荒地，第二便是发展农业以外的实业，吸收农场上的过剩人口。照我当时的估计，如把中国的荒地都开垦了，又把中国的实业发展到一个地步，使国内人口有 3/4 靠农业以外的实业谋生，那么留在乡间务农的人，每户的平均农场，可以有 35 英亩。这样大的农场，虽然还赶不上英美，但与现在的状况，已有天壤之别了。

年来还常常想到这个问题，觉得以上的办法，特别是第二点，很难在最近的时期内达到。原因是我们国内有一个大阻碍。这个阻碍，并非时人所说的"帝国主义"及"封建残余"，而是我们自己的人口数量。我国的人口，号称有 4 亿 5 000 万。假如中国的情形，与日本一样，参加生产事业的人，占全人口的 45.6%，那么中国便有 2 亿以上的人口，是从事于生产事业的。在这个数目当中，现在大约有 3/4，便是 1 亿 5 000 万人从事于农业。假如我们只要 1/4 的人从事于农业，那么我们便要在别的实业中，替 1 亿 5 000 万人谋一条生路。这真不是一件容易的事。因为我们假定中国的工业、商业、运输业与交通业，都发达得与美国一样，这数种实业合计，也只能吸收 2 400 万人。其余的 1 亿 2 600 万人，将如何安排呢？根据中国的富源立论，中国的工商等业，如想发达到一个程度，超过美国目前的情形，大约是不可能的。如工厂不加增，商店不加增，交通事业不加增，而额外要吸收 1 亿 2 600 万人到这些实业里去，结果一定是我们的工作效率减低，平均的收入下降，表面上我们虽然与美国有同等的生产工具，而他们过舒适的生活，我们却过贫穷线以下的生活。

上面的估计，已放了 5 000 万生产者在乡间，其实用最新的生产方法，来耕中国 7

亿英亩的可耕地，绝用不了 5 000 万人。美国农民只有 1 000 万人，而耕种的土地却有 9 亿 7 500 万英亩。所以我们如在农业技术上赶上美国，那么中国所有的土地只用得了 2 000 万人。如各方面的生产方法进步，农业用 2 000 万人，别的实业，就算用 3 000 万人，结果便有 1 亿 5 000 万人无处安身。

实际情形当然不是这个样子，我们因为用了不长进的生产方法，所以大家都可以找到一点工作，过一种与禽兽相差无几的生活。我们是愿继续以前那种生活呢，还是想改进我们的生活？假如我们采取第二种态度，我们须克服我们生活的最大敌人，就是我们自己的庞大人口数量。

在这种观点之下，节制生育运动，是中国今日最有意义的一种运动。

民国二十四年 6 月 7 日

（载《独立评论》第 155 期，1935 年）

# 自信心的根据

　　近来讨论中西文化的文章里，有几篇曾具体地条举中国文化的优点。胡适之先生说：我们的固有文化有三点是可以在世界上占数一数二的地位的，第一是最简易合理的文法，第二是平民化的社会构造，第三是薄弱的宗教心。梁实秋先生也提出三点：第一是中国的菜比外国好吃，第二是中国的长袍布鞋比外国的舒适，第三是中国的宫室园林比外国的雅丽。张熙若先生在中国的文化中，看中了两点，便是宫殿式的建筑及写意式的山水画。此外对于这个问题发表意见的还有，但我还没看到一篇文章，能条举中国文化的优点到十项以上，尚能持之有故、言之成理的。拿中西的文化互相比较，我们固有的文化相形见绌，这大约是不可否认的事实了。

　　有些人考虑了这些事实之后，便丧失了自信心，以为我们的文化既不如人，便是我们这个民族不如别人的证据。天演的公例，既然是优胜劣败，所以中华民族的前途，是很黑暗的，是没有希望的。

　　我们以为这种推论，是错误的。自信心不应当建筑在某一时期的文化成绩之上，是凡有历史观点的人都承认的。假如在某一时期中，因为自己的文化成绩不如别人，便丧失了自信心，那么在埃及的金字塔时代，希腊人、罗马人的祖宗，应当没有自信心了。同样地，在希腊、罗马的黄金时代，英人、德人的祖宗，假如把自己的文化，来与他们对比一下，看见别人的伟大，回顾自己的鄙陋，岂不是更丧气吗？然而希腊人、罗马人以及英人、德人，并不因为一时的落伍，便丧失了急起直追的勇气。他们都是有自信心的，所以都能产生一个更伟大的时代。

　　以上所说，只能消极地扫除疑虑，还不能积极地鼓起信心。我们如想增加大众对于自己的信心，还要提出别种证据来，作他们自信的基础。这种证据，并不难求。我们只要离开文化的领域，走入生物的领域，离开文化而谈民族，离开后天的而谈先天的，离开环境而看遗传，就可发现，我们中华民族是一个伟大的民族，是有一个灿烂的将来的。

第一，中华民族适应自然环境的力量，是任何民族所不及的。黑人在热带中很服水土，但到温带或寒带中，死亡率便加增起来了。白人与黑人恰好相反，他们在热带中过日子是不大过得来的。印度的英人，南洋群岛的荷人，每隔几年，便要回家休息一次，否则健康上便发生危险。我们中国人便不然，无论在什么地方，都可成家立业。若干年前，伍廷芳公使曾向美国人说：中国人服水土的本领最大，白熊住的地方，中国人可以去；产生鳄鱼的区域，中国人也可以去。这绝不是夸大，只看中国侨民的分布，便可知道这是合乎事实的。中国人既有这种力量，所以在生存竞争上，不但是不会被淘汰，而且向各处发展的潜势力，也是很大的。

第二，中华民族的聪明才智，与任何民族比较都无愧色，这也有好些事实可以证明。根据伦敦大学靳世保（Ginsberg）教授所引的统计，欧洲人头颅的平均容量，男子为 1 450 立方厘米（cubic centimeter），女子为 1 300 立方厘米。中国人头颅的平均容量为 1 456 立方厘米。如与德国人比较，德国人头颅的平均容量在 1 200 立方厘米以下的，占 8％，中国人只有 2％；在 1 300 立方厘米以上的，德国人有 75％，中国人有 92％。再拿脑的重量来说，根据托比兰（Topinard）的研究，欧洲人平均为 1 361 克（gramme），中国人为 1 428 克。此处我们要替欧洲人说一句话，就是欧洲人脑重的平均数，是根据 1 万以上的个案而得到的，中国人的平均数，只根据少数个案，样本太少，也许不能目为定论。不过我们可以说的，就是现在的研究，证明我们的脑筋，是并不弱于白人的。最后，我们再看智慧测量的成绩，虽然欧美有许多学者，举出许多研究，证明黑人的成绩，远在白人之下，但他们并不能举出统计来，证明中国人不如白人。隔斯（Garth）先生在他的《种族心理学》中说，白人的平均"智力商数"为100，中国人与日本人为 99，黑人为 75。所以即如此公所说，白人与中国人的智慧，相差也不过毫厘之间。此外还有人证明中国人的智力商数，在白人之上的。如古得益诺佛（Goodenough），根据她的研究，谓中国人的平均智力商数在 104，圣帝弗（Sandiford）研究加拿大华侨的儿童，说中国男孩的智力商数为 107.7，中国女孩的智力商数为 107.0，远在西方儿童平均智力商数之上。所以无论从哪一方面看，中华民族的智慧，在世界的各色民族中，都是位居前列的。

这些事实，是可以作我们自信心的根据的。我们遗传的优越，使我们自己对于前途，觉得颇有把握。我们现在不如别人，正如在万米赛跑中，有一刹那，在别人的后面几步似的。只要我们的脚劲不差，急起直追，那么在一两圈之后，不见得不能超过他人。换句话说，我们在这个时候，应当赶快吸收别人的长处，我们先天的根底本来不差，所以在这一点上，应该不会有什么不能克服的困难的。等到我们的文化基础，与别人一样广厚的时候，我们在各方面的贡献，不问它是科学还是艺术，是哲学还是文学，也一定不亚于人，正如德人不亚于英人一样。这种自信心，我们是应该有而且是可以有的。

（载《独立评论》第 161 期，1935 年，

转载 7 月 7 日《大公报》星期论文）

# 西汉的阶级制度

## (一)

在这篇文章里，我想讨论两个问题。

第一，近来研究中国古史的人，对于西汉社会的性质，意见甚为分歧，有人说西汉是奴隶社会，有人说西汉是封建社会；此外还有别种不同的说法。我想从事实上来看西汉到底是一种什么社会。

第二，近来有一些唯物辩证法的信徒，每以阶级斗争的理论，来解释历史上的变迁。西汉这个时期，最重要的变迁，自然是王莽之乱。我想从事实上来看阶级斗争的理论，是否可以解释王莽之乱。

## (二)

西汉社会中，最下层的阶级是奴隶。奴隶又分两种：一是官家的，一是私人的。官家奴隶的来源，最重要的是犯重罪者的家属①。汉朝在文帝以前，犯重罪的家属没

---

① 梁任公先生在《清华学报》二卷二期中，有一篇《中国奴隶制度》，里面提到官奴婢的一个来源，是"轻罪人之科作刑者"。他把"徒"看作奴隶的一种。这种见解，大约是错误的。汉代的徒，都是犯轻罪的，罚作苦工，自一年至五年不等，期满便为平民。与现在坐监的犯人，出了监狱，便是自由人一样。但罪人的家属没官，非遇特赦，不能恢复自由，他们永远是奴隶，与"徒"的身份是不同的。王世杰先生在北大《社会科学季刊》三卷三期中，有《中国奴婢制度》一文，对于此点，考证甚确。他说："唯是没为奴婢，在原则上历来似乎仅系对于缘坐者所设之刑，换言之，即对于犯罪者亲属所设之刑。盖吾国久为宗法社会，谋反叛逆之缘坐律既往往涉及全家或数族，其于比较疏远之亲属或比较幼弱之妇人孺子，势亦不能不设为特殊之刑罚以调剂之，以是乃有收没缘坐男女为奴之制。《周礼·天官》'酒人'注，即有古者从坐男女没入县官为奴之说，从知官奴婢之为从坐男女，自古已然，不自汉始。汉代则缘坐男女之没为奴婢，于律文，于事实，俱有可征。"

入官家为奴婢，文帝元年（前 179），曾废除这条法律，但不久便恢复。所以吴楚七国之反，许多叛逆的家属，便都沦为奴婢①。此后这条法律，便没有废除。官家奴婢中，除罪人的家属外，也有原为私人奴婢，由政府用和平或强迫的方法，吸收过来的。②

在别国的历史中，俘虏是奴隶的一个主要来源，但在西汉时代，这个来源并不重要。汉代的对外战争，最要紧的对象是匈奴。我们从《前汉书·匈奴传》中，看到匈奴给汉兵所杀戮的，数目很多，如武帝时两将大出围单于，"所杀虏八九万"。这些人当然不能再做奴隶了！投降的人，不但不降为奴隶，还可得良好的待遇③。近来有人以为这种投降的匈奴，汉人都以为奴婢，乃是一种不合史实的推论④。此外还有在战场上虏得的匈奴，这些人是否便变成官家的奴隶，我们很难肯定，现在即退一步说，假定他们都变成奴隶了，这个数目，也是有限的。

至于私人奴隶的来源，最重要的只有三种。第一种是购买来的。汉代本有奴婢之市，正如牛马有市一样。在一个广场上四面有东西圈起来，卖奴婢的人，把他们的奴婢打扮起来，绣衣丝履，等候有钱的人来买⑤。这种交易，也有不经过奴婢之市的，如季布由濮阳周氏的家里，卖到鲁朱家那儿，便是一例⑥。汉代为什么有这些奴婢出卖呢？这些奴婢，又是从什么地方来的呢？我们大略分析一下，就可看出这些奴婢有

---

① 文帝元年诏："尽除收帑相坐律令。"见《前汉书》四《文帝纪》。又武帝建元元年（前 140）诏："赦吴楚七国帑输在官者。"应劭注："吴楚七国反时，其首事者妻子没入为官奴婢，武帝哀焉，皆赦遣之也。"见《前汉书》六《武帝纪》。

② 武帝时，因府库空虚，曾"募民能入奴婢得以终身复，为郎增秩"。颜师古注："庶人入奴婢则复终身，先为郎者就增其秩也。一曰入奴婢少者复终身，多者得为郎，旧为郎更增秩也。"原来汉朝的平民，都有服务于官家的义务，复终身，便是终身免役的意思。武帝这种诏令，便是以和平方法吸收私人奴婢的例。这种吸收来的奴婢，对于空虚的府库有什么贡献呢？据我看来，汉时本有奴婢之市，这种收来的奴婢，便可定价卖出，此种进款，对于当时困难的财政，自然不无小补。不过财政问题，并不因而解决。所以元狩四年（前 119），便"初算缗钱"。李斐注："缗，丝也，以贯钱也。一贯千钱，出算二十也。"师古注："谓有储积钱者，计其缗贯而税之。李说为是。"这种百分之二（照《食货志》，应为百分之一）的财产税，有许多富人，想避免不纳，不过不纳而经人告发，是要受罚的。结果被告发的人颇多，官府也因而添了一大笔收入。史称皇帝"分遣御史廷尉正监分曹往，往即治郡国缗钱，得民财物以亿计，奴婢以千万数"。这是以强迫方法吸收私人奴婢的例。以上见《前汉书》六《武帝纪》及二四下《食货志》。

③ 武帝时，"浑邪王率数万众来降，于是汉发车三万两迎之……胡降者数万人皆得厚赏，衣食仰给县官，县官不给，天子乃损膳，解乘舆驷，出御府禁藏以澹之"。见《前汉书》二四下《食货志》。

④ 武伯纶先生，在《食货》半月刊一卷七期中发表一篇《西汉奴隶考》，写道："汲黯传里也有：得胡人皆以为奴婢，赐从军者家的话，由此，可以推知，西汉之所以屡次遣将征伐匈奴，虏捕奴隶，至少也是其中动因之一。"其实《汲黯传》里的话，不但不能证明"得胡人皆以为奴婢"，反可证明"得胡人不以为奴婢"。汲黯因为"浑邪王至，贾人与市者，坐当死五百余人"，于是见武帝说："夫匈奴攻当路塞，绝和亲，中国举兵诛之，死伤不可胜计，而费以巨万百数。臣愚以为陛下得胡人，皆以为奴婢，赐从军死者家；卤获，因与之，以谢天下，塞百姓之心。今纵不能，……陛下纵不能得匈奴之赢，以谢天下，又以微文杀无知者五百余人，臣窃为陛下弗取也。"统观全文，汲黯正在慨叹武帝没有以胡人为奴婢，乃武先生割文中二语，来作汉代以胡人为奴婢之证，可谓断章取义，适与事实相反。

⑤ 见《前汉书》四八《贾谊传》及卷九九中《王莽传》。

⑥ 见《前汉书》三七《季布传》。

的因为自己衣食无着，所以卖身投靠，或出售子女①；有的是给别人拐来出卖的，这种拐来的奴婢，汉人及四夷的人都有②；有的是原为官家奴婢，官府把他们出卖，从中取利的③。

私人奴婢的第二种，是由"赘子"④转变的。一个没有财产的人，如向富人借贷，可以儿子放在他家里作抵，名为"赘子"。假如三年之内，借钱的人能将本利归还，自然可把儿子领回，父子团聚。假如三年之内，不能取赎，那么这位当在债主家里的儿子，便变成奴婢了。

私人奴婢的第三种，是由别人赠送的。汉朝的皇帝常以官奴婢赏赐贵族及大臣。如武帝曾送他的大姊奴婢三百人⑤，宣帝曾送霍光奴婢一百七十人⑥，史丹从皇室那儿所得到的赏品中，有"僮奴以百数"⑦。不但皇帝以奴婢赐人，就是私人的来往，也有以奴婢为馈赠品的，如陈平曾以奴婢百人送陆贾⑧，卓王孙送他的女儿的嫁妆，除却钱百万，也有僮百人⑨。

奴婢的职务，也可分为官私两种讨论。官奴婢除一部分在宫中及各官府服役外，另一部分，以养马及其他禽兽为其主要职务。汉初在西、北两边，置有马苑三十六所，以郎为苑监，管官奴婢三万人，养马三十万匹⑩。汉武帝时，从民间没收的奴婢，也是分置诸苑养狗马禽兽⑪。在这些养马的奴隶之中，可考的有金日磾，他原为胡人，父亲以不降被杀，日磾与他的母亲及兄弟，便坐他父亲的罪，降为奴隶，输黄门养马⑫。汉朝由奴隶而升为大官的人不很多，金日磾便是其中的一人。

---

① 《前汉书》一下《高帝纪》载，天下统一之后，高帝有诏："民以饥饿自卖为人奴婢者，皆免为庶人。"何焯注："据此则不独以罪没身，始为官奴婢，今卖身券契，必云口食不周，其来远矣。"又《食货志》说："汉兴，接秦之敝，诸侯并起，民失作业，而大饥馑。凡米石五千，人相食，死者过半。高祖乃令民得卖子，就食蜀汉。"

② 汉人被拐出卖为奴隶的例，有栾布（《前汉书》三七），有窦广国（《前汉书》四二）。《匈奴传》说："西羌保塞，与汉人交通，吏民贪利，侵盗其畜产妻子。"可见汉人掠取羌人的事是有的。又《地理志》说："巴、蜀、广汉，……南贾滇、僰僮。"师古注："言滇、僰之地多出僮隶也。"我们疑心巴蜀富人的奴隶，如卓王孙的八百人，程郑的数百人，其中有不少是由滇、僰以不法手段得来的。

③ 官奴婢出卖的例，除前引武帝时的故事可以窥见一斑外，《前汉书》七七《毋将隆传》说："傅太后使谒者买诸官婢，贱取之，复取执金吾官婢八人。隆奏言贾贱，请更平直。"由此可见，官奴婢不但可以出卖，而且是有一定官价的。

④ "赘子"的解释，见《前汉书》四八《贾谊传》及六四上《严助传》。

⑤ 《前汉书》九七上《外戚传》。

⑥ 《前汉书》六八《霍光传》。

⑦ 《前汉书》八二《史丹传》。

⑧ 《前汉书》四三《陆贾传》。

⑨ 《前汉书》五七上《司马相如传》。

⑩ 《前汉书》五《景帝纪》如淳注。

⑪ 《前汉书》二四下《食货志》。

⑫ 《前汉书》六八《金日磾传》。

　　私人的奴婢，除在家庭中服务外，商业及工业中，也可容纳不少。利用奴隶的力量去经商，因而致富的，以刀间为最有名。他利用"桀黠奴"，要他们"逐鱼盐商贾之利"，因而变成一个数千万的富翁①。在工业方面，利用奴隶的劳力去生产，因而成为巨富的，自然要推张安世。他有家童七百人，每人都会一种手艺，这些人由张安世的夫人管束，制造许多货品出售，因此张安世的财产，比当时的大将军还要多些②。在农业方面，利用奴隶的例子，我们没有见到，大约农业中不用奴隶生产，即用，数目也是有限的。原因是汉代农业的生产方法，并不高明，一人的生产所得，除却供给自己衣食上的花费，剩余的并无多少，所以在农业中利用奴隶，是不合算的。《前汉书·食货志》中，曾两次提到农民的生产能力。一次引魏李悝的话，说农夫一家五口，只能耕田百亩，每亩可收粟一石半；但每人每月要吃一石半的粮食。一次引晁错的话，说农夫五口之家，能耕的田，不过百亩，百亩之收，不过百石。假如照李悝所说，一人每年只能产生粮食三十石，但要吃去十八石，余下来的只有十二石。假如照晁错所说，农夫一人，每年只能产生粮食二十石，除却自己吃去的十八石，余下来的只有二石了。生活上还有别种需要，这儿都没有算进去。在这种生产技术的状况之下，买奴隶来种田，一定是得不偿失的。所以我们敢说，汉代农业中所吸收的奴隶，即使有，数目也是不多的。

　　奴隶的外表，有几点是与平民不同的。濮阳周氏把季布卖予鲁朱家之先，曾把季布的头发剃去，并且以铁束颈。这种办法，汉朝称为"髡钳"③。赵王敖给高帝捕去的时候，田叔、孟舒等十余人，以王家奴的名义，随赵王到长安，他们都穿赭衣，"自髡钳"④。三国时的钟繇，说汉代的官奴婢，都是黥面的⑤。假如这些话都可靠，那么汉代的奴隶，在外表上是很容易与平民分别的。不过这种办法是否普遍，已不可考。

　　奴隶在法律上的地位，与平民是不平等的，可惜汉律今已不得见，所以详细的条文，现在的人，已无从知道了。董仲舒曾劝武帝，"去奴婢，除专杀之威"⑥。王莽也说汉代"置奴婢之市，与牛马同兰，制于民臣，颛断其命"⑦。从这两个人的言论看去，好像奴隶的生命，丝毫不受法律的保障，但实际的情形并非如此。我们从后汉光

①　《前汉书》九一《货殖列传》。
②　《前汉书》五九《张汤传》。
③　《前汉书》三七《季布传》。
④　《史记》一〇四《田叔传》。《前汉书》三七《田叔传》，只言田叔等赭衣自髡钳，没有说他们自称"王家奴"。
⑤　《三国志》魏书一二《毛玠传》。
⑥　《前汉书》二四上《食货志》。
⑦　《前汉书》九九中《王莽传》。

武帝的两道诏令，可以推想前汉的情形。建武十一年（35），有一道诏令说："天地之性人为贵。其杀奴婢，不得减罪。"另外一道诏令说："除奴婢射伤人弃市律。"① 由此可见，在建武十一年以前，杀奴婢还是有罪的，不过比杀常人要减罪一等，反是，奴婢射伤人，得弃市罪，便比常人要加罪一等了，这便是在法律上不平等的地方。我们再看前汉实际的情形，凡擅杀奴婢，没有不受罚的。景帝子赵敬肃王彭祖之后，有一位缪王元，在生病的时候，曾预为遗令，令能为乐奴婢从死，迫胁自杀的凡十六人。大鸿胪王禹说他暴虐无道，"元虽未伏诛，不宜立嗣"，王位便因而丧失了②。又如武帝时，有一位邵侯顺，是代共王的儿子，曾杀人及奴凡十六人，本来是应当重罚的，可是他戴罪立功，捕得匈奴千骑，虽然如此，侯爵还是保不住③。还有宣帝的丞相魏相，有婢自绞死，京兆尹赵广汉便带一些吏卒到丞相府，把丞相的夫人叫出来，要她跪在庭下，问她为什么杀婢。魏相弄得没有法子，只好上书皇帝，为他的夫人剖白④。由此可见，虽以丞相夫人之尊，假如真的杀了一个奴隶，还是逃不了法律制裁的。至于王莽的儿子王获，因为杀了一个奴隶，王莽一定要王获自杀⑤，这在当时法律的立场上看来，一定要以为矫枉过正了。

　　奴婢在法律上，虽然不能与庶民平等，但实际的生活，并不见得痛苦，也许与一般农民比较起来，还要好许多。官奴婢的衣食，有太仆照料，冻馁之忧，是没有的。杜延年当太仆的时候，只因官奴婢乏食，便受免官的处分⑥。他们的职务，上面已经说过，是并不繁重的，难怪贡禹看见他们"戏游无事"，便想把他们送到边塞，去代替关东戍卒了⑦。至于私人的奴婢，每每借主人的威势，在外面胡作乱为，别人都怀着投鼠忌器的心理，对于这种行为，也无可奈何。如大将军霍光秉政的时候，诸霍在平阳，奴客持刀兵入市斗变，吏不能禁⑧。霍光有两个亲信的奴隶，名冯子都及王子方。冯子都总管霍光的家务，霍光有事都要与他商量。当时的百官公卿，便都来伺候这两位奴隶的颜色，比伺候丞相还要用心得多⑨。霍光死后，霍氏奴与御史大夫奴争道，霍氏奴居然跑入御史府，要把御史大夫的门都拆下来，弄得御史大夫当面跪下来对着

①　《后汉书》一下《光武纪》。
②　《前汉书》五三《景十三王传》。
③　《前汉书》一五上《王子侯表》。
④　《前汉书》七六《赵广汉传》。
⑤　《前汉书》九九上《王莽传》。
⑥　《前汉书》六〇《杜周传》。
⑦　《前汉书》七二《贡禹传》。
⑧　《前汉书》七六《尹翁归传》。
⑨　《前汉书》六八《霍光传》说："百官以下但事冯子都、王子方等，视丞相亡如也。"

这些豪奴叩头道歉，方才了事①。由此可见，奴隶的法律地位虽低，但如主人得势，他在实际生活上的地位，有时比大官还要高一点。

奴婢与其余的阶级，中间并无不可逾越的界限。在奴隶之中，除却一部分是家生的，继承他们的父母的奴籍而为奴隶，其余的都是由别个阶级降落下去的。这些奴婢，在好几种情形之下，可以脱离奴籍。第一是特赦。汉代赦奴的命令，适用于官奴与私奴的都有。如汉高帝五年（前202），诏民以饥饿自卖为奴的，都免为庶人②。文帝后四年（前160），赦天下，免官奴婢为庶人③。武帝建元元年（前140），赦免因吴楚七国反事而缘坐的奴婢④。哀帝即位，诏官奴婢五十以上，都免为庶人⑤。第二种脱离奴籍的方法是自赎。这种办法，大约只适用于私人奴婢。成帝鸿嘉三年（前18），蒲侯苏昌之后夷吾，有一婢已自赎为民，夷吾复略以为婢，发觉之后，侯爵便免去了⑥。可见奴婢自赎之后，便是良民，身体上的自由是受法律保障的。

奴婢上升入于平民阶级，是很普通的，但他们上升的路，还不止此。如遇着好的机会，他们还可以升入贵族阶级。最著名的例子，在奴一方面，有卫青、霍去病；在婢一方面，有卫子夫与赵飞燕。卫青的父亲是郑季，本不属于奴隶阶级，但他的母亲卫媪，却是阳信长公主家中的婢妾。卫青长大后，回到郑季的家中，他的异母兄弟，都把他当奴隶看待。但是"卫青奋于奴仆"，官至大将军，阳信长公主的丈夫死了以后，卫青居然娶了阳信长公主，做了武帝的姊夫⑦！霍去病的父亲霍仲孺，也不属于奴隶阶级，但他的母亲卫少儿，乃是卫青的姊、卫媪的女，可以说是家生的婢妾。卫媪还有一个女儿，名子夫，武帝到长公主家去游玩的时候，看上了子夫，后来以她为皇后，卫青、霍去病，也都因裙带的关系，而扶摇直上了⑧。与卫子夫的命运相同的人，还有赵飞燕。她原是官婢，由皇家赐予阳阿公主学歌舞。成帝到阳阿公主家中去寻乐，遇到赵飞燕，非常喜欢，便把她召入宫中，后来便升为皇后⑨。这几个例子，似乎可以证明汉人阶级观念的薄弱。

西汉虽然有奴隶一阶级，但奴隶的总数，是很小的。贡禹所说的官奴婢十万余人，大约是官奴婢最多时候的数目。私人的奴婢，数目虽不可考，但武帝时派遣官吏到郡

---

① 《前汉书》六八《霍光传》

② 《前汉书》一下《高帝纪》。

③ 《前汉书》四《文帝纪》。

④ 文帝元年诏："尽除收帑相坐律令。"见《前汉书》四《文帝纪》。又武帝建元元年（前140）诏："赦吴楚七国帑输在官者。"应劭注："吴楚七国反时，其首事者妻子没入为官奴婢，武帝哀焉，皆赦遣之也。"见《前汉书》六《武帝纪》。

⑤ 《前汉书》一一《哀帝纪》。

⑥ 《前汉书》一七《景武昭宣元成功臣表》。

⑦ 《前汉书》五五《卫青传》。"卫青奋于奴仆"语出《前汉书》五八《公孙弘卜式兒宽传》赞。

⑧ 霍去病的身世，见《前汉书》五五《霍去病传》。卫子夫上升的故事，见《前汉书》九七上《外戚传》。

⑨ 《前汉书》九七下《外戚传》。

国去查富人有无逃避"缗钱"的情形，凡是逃避的，财产都有被没收的危险，这次没收的奴婢，"以千万数"。所谓以千万数，乃是数千或数万的意思，绝不是一千万。我们再看《前汉书》中对于私人奴婢的记载，如张良有家僮三百人①，张安世有家僮七百人②，卓王孙有僮客八百人，程郑亦有数百人③，在当时人民的眼光中，已经是很大的数目了。至于王氏五侯的僮奴以千百数④，王商私奴以千数⑤，便要招别人的批评了。所以我们假定私人奴婢的数目，与官奴婢相等，那么西汉奴婢的总数，也不过二十万人。即退一步言，假定私人奴婢的数目，五倍于官奴婢的数目，那么官私奴婢合算，也不过六十万人。西汉人口的总数，是五千九百五十九万四千九百七十八人⑥，假如奴婢有六十万人，那么奴婢不过占人口总数的百分之一，这与雅典在纪元前 4 世纪时，奴婢占人口总数二分之一的数目，绝不可同日而语⑦。所以西汉虽有奴隶阶级，但不是奴隶社会。

（三）

比奴隶高一阶级的，便是平民，汉时又称为"庶人"。平民占人口中的绝对大多数，除奴隶及少数利益阶级外，都是平民。他们有住在郡县中的，有住在"国邑"中的⑧，义务略为有点不同。我们现在先说住在郡县中，便是直接受皇帝统治的平民所应尽的义务。

---

① 《前汉书》四〇《张良传》。

② 《前汉书》五九《张汤传》。

③ 《前汉书》五七上《司马相如传》。

④ 《前汉书》九八《元后传》。

⑤ 《前汉书》八二《王商传》载，张匡弹劾王商说："前孝景世七国反，将军周亚夫以为即得雒阳剧孟，关东非汉之有。今商宗族权势，合赀钜万计，私奴以千数，非特剧孟匹夫之徒也。"可见私奴太多，是会令人嫉视的。

⑥ 《前汉书》二八下《地理志》。这个数目一定是不正确的。实际的人口，一定比这个数目多，因为当时的人口统计，是为纳税及服役作根据的，所以隐匿的事，大约不在少数。假如总人口不止此数，那么奴隶占人口的百分数，自然还不到百分之一。

⑦ 雅典奴隶的数目，以前有许多学者，以为要超过自由人的数目若干倍。近人研究的结果发现，奴隶的数目与自由人差不多，见 Sargent, R. L., *The Size of the Slave Population at Athens During the Fifth and Fourth Centuries before Christ*, p. 127. 关于西汉奴隶的数目，武伯纶先生的估计，是二千万至三千万。这是一个大错误。他陷于这个错误，一因他假定汉代每一个官吏，平均有奴隶百人，而汉代官吏，据《前汉书》一九上所载："吏员自佐史至丞相，十二万二百八十五人。"因此，官吏所有的奴隶，便在一千三百万以上。他不知道十二万余官吏中，大多数是小官，如斗食、佐史等，年俸不过百石，假定他们一家五口，一年便要吃去九十石，余下来的十石，如何能养活一百个奴隶？武先生第二个错误的来源，是他误会了《食货志》武帝没收民间奴隶"以千万数"的意义。他以为"以千万数"是"一千万"的意思。假如他细读下文，就可发现自己的错误。因为这些没入的奴隶，都分发在诸苑养狗马禽兽，或各官府。这些地方，如何能容纳一千万人呢？还有，在武帝的时候，因为关中的官吏、罪人及奴隶，都较文帝时为多，所以在文帝时，从关东运粮食数十万石至京都便足，到武帝时，便加至四百万石。假定每人每年食粟十八石，四百万石也只能养活二十余万人。假如武帝真的没收了民间奴隶一千万人，而这些人又分在关内做养狗马等事，试问这许多奴婢所需要的二万万石粮食，果从何处得来？由此可见，假定西汉有奴隶二三千万，实为不近情理之谈。

⑧ 《前汉书》一九上《百官公卿表》说："列侯所食县曰国，皇太后、皇后、公主所食曰邑"。

平民的第一种义务，便是缴纳人头税。人头税又分两种：一名"算赋"，是汉高祖四年（前203）所制定的。凡十五岁以上五十六岁以下的人，都要纳这种人头税，每人一百二十钱①。宣帝甘露二年（前52），曾减算三十钱②；成帝建始二年（前31），减至每人只纳八十钱③。商人与奴婢，所纳的人头税，二倍于平民④。惠帝六年（前189），因为要鼓励人口，所以规定女子年十五以上至三十而未嫁的"五算"。"五算"有两个解释：一个解释，就是到了十五岁以上，还未嫁的，要纳五倍的人头税；另一个解释，是从十五岁至三十岁，分作五级，每级加一算，如此则十五岁以上未嫁的女子，其纳税的多少，是累进的，年纪越大，纳税愈多⑤。以上所说，都是指十五岁以上的人。十五岁以下的人，另外要纳一种人头税，名为"口赋"。据贡禹说，口赋起于武帝时，民产子三岁，便出口赋。有些人出不起这种赋税，所以生子辄杀，甚可悲痛。他建议元帝，让小孩长到七岁，去齿，方出口钱。这个办法，皇帝是采纳了，自此以后，人民自七岁到十四岁，都纳口赋⑥。口赋又分正税及附加两种：二十钱是正税，由人民孝敬给皇帝用的，另外附加三钱"以补车骑马"⑦。有时皇帝加恩，免除人民的口赋，昭帝元凤四年（前77）便有这种诏令⑧。

平民的第二种义务，便是缴纳"献费"。在汉高祖十一年（前196）以前，献费的数目，没有规定，做官的每每借这个名目，从民间征款很多，百姓很以为苦。到了汉高祖十一年，才规定每人每年纳献费六十三钱⑨。

平民的第三种义务，便是服役。汉代的平民，起初是满二十三岁才有服役的义务，到了景帝二年（前155），服役的年龄，提早了三年，到了二十岁时，便要在官府登记，以便调遣⑩。役的种类繁多，一名"更卒"，便是大家轮流到郡县官那儿去服务，每月更动一次⑪。不去的可以出钱二千，托人代理。这种办法，名为"践更"。其实更

---

① 《前汉书》一上《高帝纪》及如淳注。
② 《前汉书》八《宣帝纪》及师古注。
③ 《前汉书》十《成帝纪》及孟康注。
④ 《前汉书》二《惠帝纪》应劭注引汉律。
⑤ 《前汉书》二《惠帝纪》应劭注及刘攽注。
⑥ 《前汉书》七二《贡禹传》。
⑦ 《前汉书》七《昭帝纪》如淳注引汉仪注。
⑧ 《前汉书》七《昭帝纪》如淳注引汉仪注。
⑨ 见《前汉书》一下《高帝纪》。文帝元年，曾令郡国无来献。
⑩ 《前汉书》五《景帝纪》及师古注。
⑪ "更卒"一词见《食货志》。董仲舒说："又加月为更卒，已，复为正一岁，屯戍一岁，力役三十倍于古"。师古注："更卒，谓给郡县一月而更者也。正卒，谓给中都官者也。"《昭帝纪》引如淳注："更有三品，有卒更，有践更，有过更。古者正卒无常人，皆当迭为之，一月一更，是谓卒更也。"如淳称"更卒"为"卒更"，又把"更卒"与"正卒"看作同样的劳役，与师古的说法有异，这儿从师古说。

徭的事，尉吏大可上下其手，与尉吏有交情的，便派不到头上。所以有钱有势的人，是可以不当更卒的①。役的第二种，便是"正卒"。正卒大概是一年一换，服务的地点不在郡县，而在帝都。正卒的制度，在秦代早已通行，汉高祖没有得志的时候，便从他的老家到咸阳去服役过。离帝都较远的人，在动身之先，都要筹一笔盘缠，这时，亲戚故旧都要来帮忙，有的送三百钱，也有人送五百钱②。也有交游不广的人，到了正卒的差使已经轮到头上，只好自己拿出钱来，缝补几件衣服上路，到了半路，衣服便穿破的，所以路远的人，都以服务于长安为一件苦差③。到了长安，一部分当皇帝的卫士，另一部分，分在各衙门当差。当卫士的，由司马营辖，生活大约还很舒适，所以到了年底，也还有人愿意再干一年的④。各地每年在长安当差的正卒，一共有多少，今不可考。我们只知道在昭帝的时候，河南郡在长安的正卒，约二三千人⑤。役的第三种，便是"戍边"。在名义上，戍边三日，是个个平民都要去的，就是宰相的儿子，也不能逃免。实际有钱的人，出钱三百，交给官府，便可免去这种职务。好在到边疆去的人，没有三天便回来的，他们实际上也都是一岁而更⑥。那些不去戍边的人所出的钱，官府便拿去给那些戍边三日还不回来的人。这种办法，名为"过更"。虽然有钱有势的人，都情愿出三百钱，托别人代为戍边，但汉朝也有一位司隶的儿子，曾步行自戍北边⑦。役的第四种，便是当兵。平民在二十岁以后，都要学习射御，骑驰战阵，每年八月，太守及其他长官，要把他们集合起来，考试一次，以定高下。兵的名目繁多，有材官、骑士、楼船等名称⑧。一遇战争，就会被征发。

　　平民的第四种义务，要看他的职业而定。假如他是农夫，便要纳租。汉初的租，是很低的，约十五而税一⑨。文帝十二年（前168），要农民只纳一半的租税，第二年便把农租全免了。在这种无租的状况之下，农民过了十三年的好日子，到了景帝二年（前155），租税依旧恢复了，但只三十而税一，较汉初只及一半⑩。不过这种好处，只有地主才能享受，无产的佃农，耕别人的田，每年的收入，是要拿一半送

---

①　"践更"的解释，见上引如淳注。更卒可以逃避的故事，见《前汉书》九二《郭解传》。

②　《前汉书》三九《萧何传》。萧何多送了高祖二百钱盘缠，后来高祖感恩，论功行赏时，多封了他二千户。

③　贾谊曾对文帝说："今淮南地，远者或数千里，越两诸侯，而县属于汉。其吏民徭役往来长安者，自悉而补，中道衣敝，钱用诸费称此。"描写正卒走几千里路到长安去服务的苦楚。

④　《前汉书》七七《盖宽饶传》。

⑤　《前汉书》七四《魏相传》。

⑥　《前汉书》四九《晁错传》，有"远方之卒守塞，一岁而更"之语。

⑦　即盖宽饶的儿子。如淳注，谓宽饶以贡，故不能履人。

⑧　《前汉书补注》二三《刑法志》沈钦韩注。

⑨　《前汉书》二《惠帝纪》。

⑩　《前汉书》四《文帝纪》及二四上《食货志》。

给地主的①。至于商人，都是有市籍的，在汉初纳"算赋"已比常人多一倍，其他市租也很重，不过实在的数目，今不可考②。其后苛捐杂税，在重农抑商的政策之下，加到商人的身上很多。如武帝元光六年（前129），"初算商车"，对于商人所用的车船，都令纳税③。武帝元狩四年（前119），"初算缗钱"，商人有钱二千，便要出算二十④。其后对于这种租税还有加重的诏令⑤。工人制造货品出卖的，得钱四千便出一算⑥。此外如在名山大泽采取众物的，也都纳税，在海边捕鱼的人，所纳的税，名为"海租"⑦。

以上是说在郡县中居住的人民。至于在王国、侯国中居住的人民，所尽的义务，略有不同。第一，他大约可以不必向皇帝纳"算赋"及"口赋"，可是每一户人家，对于他们的上司列侯封君每年要纳二百钱，所以食邑千户的列侯，只这一项进款，便有二十万⑧。有时列侯因为别的进款很多，故意免除这种赋税，以得民心。吴王濞治吴的时候，因为国内有铜盐之利，人民不必纳赋而国用饶足⑨。但这是例外，正如汉朝的皇帝，不要农民纳租是例外一样。关于"献费"，郡县的人民，每人固然要纳六十三钱，王国中的人，也免除不了，因为汉高祖十一年（前196）的诏令，一方面命令各郡交纳献费时，以人数为标准，一方面也告诫诸侯王，要他们不要因献费而赋敛太多，且规定他们每年以十月朝献⑩。不过诸侯王国中的人民，交纳献费，是否也是每人六十三钱，我们无从知悉。关于服役，郡县的人民，是到郡县的官府那儿去当"更卒"，又到长安去当"正卒"，但诸侯王国中的人民，便不必到郡县官府那儿去，也不必到长安去，他们可以在诸侯王的府第中当差。譬如郑季是河东平阳人，便要到平阳侯曹寿的家中去服务⑪。霍仲孺与郑季是同乡，所以他也在平阳侯的家里做过事⑫。灌夫的父亲张孟，是颍阴人，所以得到颍阴侯灌婴的家中去走动⑬。我们知道王

---

① 《食货志》引董仲舒语。

② 《前汉书》二四下《食货志》谓："天下已平，高祖乃令贾人不得衣丝乘车，重税租以困辱之。"

③ 《前汉书》六《武帝纪》。

④ 《前汉书》六《武帝纪》。又二四下《食货志》。

⑤ 《前汉书》二四下《食货志》。

⑥ 《前汉书》二四下《食货志》。一算到底是多少，《前汉书》注中有三种不同的解释：一为一百二十钱，见《高帝纪》注；一为一百二十七钱，见《景帝纪》注；一为二十钱，见《武帝纪》注。

⑦ 《前汉书》二四上《食货志》。

⑧ 《前汉书》九一《货殖列传》。

⑨ 《前汉书》三五《吴王濞传》。

⑩ 见《前汉书》一下《高帝纪》。文帝元年，曾令郡国无来献。

⑪ 《前汉书》五五《卫青传》。

⑫ 《前汉书》六八《霍光传》。

⑬ 《前汉书》五二《灌夫传》。

国中的人民，都可以不必到长安去服役，因为贾谊曾提到淮南的人民因为离长安有数千里，到长安去服务，非常不便，所以有些人便"逋逃而归诸侯"，有的希望皇帝封一个王在那儿，他们便可到王府中去服役，不必上长安了①。人民替诸侯王服役，有一定的日期，在法律上是有规定的。假如诸侯王役使人民过了一定的限度，便要受罚。信武肃侯靳歙的后人，于文帝后三年（前161），"坐事国人过律免"。东茅敬侯刘到的后人，于文帝十六年（前164），"坐事国人过员免"。祝阿孝侯高色的后人，于文帝后三年，"坐事国人过律，免"②。可见中央政府，对于这些事的督察，是很严的。除了更卒与正卒，人民还有戍边及当兵之役，关于这两点，我们猜疑王国的人民也是免不了的。不过诸侯造反的时候，王国的人民，便受诸侯的调遣，去与皇帝的军队作战，在汉初是常见的事。最后关于各种有职业的人所纳的租税，在王国中也归诸侯收取。如张延寿嗣侯之后，国在陈留，别邑在魏郡，租入每岁达千余万③。匡衡封在安乐乡，乡本有田三千一百顷，因为地图画错，匡衡多占地四百顷，租谷因此便多了千余石④。这都可以证明列侯国中的地租，不归皇帝。假如王国中有一都市，商人聚集很多，那么商人应纳的租税，也归列侯。如临淄在齐国，市租每年可收千金，都归齐王受用⑤。

## （四）

平民在汉代占大多数。在平民之上，便是一个占人口少数的"利益阶级"。这个阶级，又可分为两大类。第一类可以称为"贵"的阶级，第二类可以称为"富"的阶级。贵的阶级，指在法律上受特殊待遇的而言，包括贵族与高级官吏。富的阶级，指在生活上有特殊享受的而言，包括地主及富豪。贵的阶级，是在政治上站在上层的；富的阶级，是在经济上站在上层的。当然在汉代有富贵双全的人，但也有富而不贵及贵而

---

① 淮南事见《前汉书》四八《贾谊传》。王国、侯国中的人民，虽然不必到长安去服务，但有时因为列侯居在长安，他们的用度，也要由国邑中人民输送到长安去，这是很不方便的，所以文帝二年（前178），曾下一诏令，请诸侯归国，令云："古者诸侯建国千余，各守其地，以时入贡，民不劳苦，上下欢欣，靡有违德。今列侯多居长安，邑远，吏卒给输费苦，而列侯亦无繇教训其民。其令列侯之国，为吏及诏所止者，遣太子。"三年又下诏："前日诏遣列侯之国，辞未行。丞相朕之所重，其为朕率列侯之国"。

② 《前汉书》一六《高惠高后文功臣表》。景帝中二年（前148），曾有一道诏令规定，诸侯王在逝世后，"国得发民挽丧，穿复土，治坟无过三百人毕事"。这与哀帝时，为帝太后起陵恭皇之园，"发陈留、济阴近郡国五万人穿复土"一事相比，可见诸侯王役民，在人数上限制颇严，不可与皇帝同日而语。

③ 《前汉书》五九《张汤传》。

④ 《前汉书》八一《匡衡传》。

⑤ 《前汉书》三八《高五王传》。

不富的，所以这两种阶级，应当分开来讨论。

我们先谈贵族。在"贵族"这个名词之下，至少要包括三种人：第一是皇室，第二是外戚，第三是功臣。这三种人有一点是相同的，就是他们都有食邑，是皇帝封给他们的。但食邑的大小，以及在食邑内这些贵族所享受的权利，却因各人的身份不同而有差别。在贵族中身份最好的，是与皇帝有血统关系的皇室。皇帝在他的儿子中，选出一个来做太子，皇帝死后，太子便继位为皇帝。其余的儿子，便可封为诸侯王。其所统治的土地，便为王国。王国由长子继承，但诸侯王其余的儿子，可以封侯，名为"王子侯"。西汉的诸侯王，只有同姓的人可以受封，异姓的诸侯王，在汉初也有十几位，都是与汉高祖共定天下立有大功的，如韩信、彭越之类皆是。但异姓诸侯王，在汉高祖未死的时候，或因谋反，或因他故，都一一被取消了，只剩下一位长沙王吴芮，到孝文帝的时候，因为无后而自然消灭了①。除诸侯王、王子侯外，其余的宗室，都有登记，"宗正"掌管，他们所得的特殊待遇，我们下面再说。

诸侯王的权力，汉初开国的时候，与景帝、武帝以后的情形不同。汉初的诸侯王，等于一个小皇帝。王国的面积，大的"夸州兼郡，连城数十"②。如齐悼惠王拥有七十二城，楚元王有四十余城，吴王濞有五十余城，这三王国合起来，据晁错说几有天下的一半③。诸侯王不但享受人民的赋税及力役，而且行使政治的权力。王国里面的官吏制度，与皇帝的朝廷是一样的。在这些官吏之中，只有丞相是中央政府派遣的，其余自御史大夫以下，都由诸侯王自己挑选。有时皇帝派去的丞相，诸侯王不肯录用，皇帝也只好听他④。这种政治的权力，在吴楚七国反后，便被剥夺。景帝中三年（前147），罢诸侯御史大夫官，景帝中五年，令诸侯王不得复治国，王国中的官吏，由皇帝来选派，丞相也改名为"相"，以别于中央⑤。武帝时因衡山王、淮南王的谋反，又定了一些法律，把诸侯王一切的政治权力，都剥夺了，结果他们只能"衣食税租，不与政事"⑥。这样，诸侯王的政权，算是被解决了，但他们因为国土广阔、收入丰富，所以还有财权。吴王濞谋反时，发使遣诸侯书，曾夸他的富有，说是他的金钱，在什么地方都有，诸王日夜用之不能尽⑦。梁孝王没有死的时候，财以巨万计，不可胜数。

---

① 《前汉书》一三《异姓诸侯王表》。
② 《前汉书》一四《诸侯王表》。
③ 《前汉书》三五《吴王濞传》。
④ 《前汉书》四四《淮南王传》载薄昭与淮南王书说："汉法，二千石缺，辄言汉补，大王逐汉所置，而请自置相、二千石。皇帝骫天下正法而许大王，甚厚。"可见王国中的宰相，有时也由诸侯王自选。
⑤ 《前汉书》五《景帝纪》及一九上《百官公卿表》。
⑥ 《前汉书》一四《诸侯王表》。
⑦ 《前汉书》三五《吴王濞传》。

死时，库中尚余黄金四十余万斤，其他的财物，与此相称①。有这样多的钱财，如想谋反，自然很易。但诸侯王的财力，自武帝以后，也大加减削，因武帝用主父偃的计划，下了一道推恩的命令，使诸侯王得分户邑，以封子弟。广大的王国，经不起几次分割，便都变小了。到成帝的时候，谷永说"诸侯大者乃食数县"②，几县的收入，自然不能与"夸州兼郡"的王国相比，难怪这些诸侯王的后人，"贫者或乘牛车"③了。所以汉代的社会，武帝时期是一个大关键。武帝以前，中国还是分裂的；武帝以后，便表现着统一帝国的面目了。

皇室中除诸侯王与王子侯外，公主也可以食邑。这些人在汉初的权力是不同的，但武帝以后，便渐趋一致。他们在国邑中的享受，我在上节已经说过，兹不赘叙。除却这些最近的亲属，略远的亲属，在"宗正"那儿挂名的，可以不纳赋税，不应徭役。文帝四年（前176），曾特下一道诏令，规定这种特权④。挂名之后，假如犯罪，便把名字取消，名为"绝属"。七国反时，便有许多宗室，受绝属的处分。假如皇帝开恩，让他们重行登记，便可再享已失的特权。这种手续，名为"复属"⑤。在属籍中的宗室，除享受上面所说的特权外，每遇国家大庆，还可以得到赏赐，如昭帝即位，"赐长公主及宗室昆弟各有差"⑥；元帝即位，赐宗室有属籍的，马一匹至八匹⑦；成帝、哀帝即位时，也都奉行故事⑧。

皇室所享受的权力，已如上述。他们犯罪，是否与平民受一样的裁判呢？他们所犯的罪，如与平民一样，是否也受同样的刑罚呢？汉律现已遗失，我们对于这个问题，当然不能做一个详细的回答，但从许多事实看来，皇室与平民，是同罪而异罚的。皇室中有犯罪的，如所犯的罪，有受髡刑的可能，便要先报告宗正，宗正要上奏于皇帝，然后才可判定。我们知道古代的法律，有议亲、议贵等办法，所以皇帝很可利用这种习惯，把他们的罪减轻的⑨。我们可以举几个宗室犯了死罪而受减轻处分的例子，来

---

① 《前汉书》四七《梁孝王传》。

② 《前汉书》八五《谷永传》。

③ 《前汉书》三八《高五王传》赞。

④ 《前汉书》四《文帝纪》载该诏令说："复诸刘有属籍，家无所与。"

⑤ 《前汉书》六《武帝纪》："元光元年，……复七国宗室前绝属者。"师古注："此等宗室前坐七国反，故绝属。今加恩赦之，更令上属籍于宗正也。"又《前汉书》八《宣帝纪》载地节元年诏："盖闻尧亲九族，以和万国。朕蒙遗德，奉承圣业，惟念宗室属未尽而以罪绝，若有贤材，改行劝善，其复属，使得自新。"两诏都论"复属"事。

⑥ 《前汉书》七《昭帝纪》。

⑦ 《前汉书》九《元帝纪》。

⑧ 《前汉书》十《成帝纪》及——《哀帝纪》。

⑨ 关于宗正与宗室犯罪的关系，见《前汉书》一九上《百官公卿表》注。议亲、议贵，是古代八议中的二议，余六议为议故、议贤、议能、议功、议勤、议宾。见《前汉书》二三《刑法志》。

证明此点。查杀人者死，可以说是汉代的第一条法律，是汉高祖入关中时所定的。但皇室杀人每可以不死。第一个例子是淮南王长。他自己曾杀无罪的一人，又令吏杀无罪的六人，此外还犯了许多的罪。如是平民，狱吏便可根据法律，定他死罪。但因为他是汉高祖的小儿子，所以这个案子如何判法，皇帝便交给丞相、御史大夫、宗正、廷尉等商议。这些人的判决书是"长所犯不轨，当弃市"。但是皇帝不愿意判他死罪，所以又把他的案子，交给列侯、吏二千石等四十三人商议。这四十三人，由汝阴侯夏侯婴领衔，上判决书于皇帝，又说"宜论如法"，便是置之死刑的意思。但是皇帝最后还是行使个人的意志，下令说："赦长死罪，废勿王"①。这是一个皇室杀人免死的例子。第二个例子是济东王彭离。他有一种嗜好，便是邀集一些亡命少年，晚上出来，做强盗的行为，杀人取财物。被杀的人，在一百以上，弄得国人没有敢在晚上走路的。这件事终给一个被杀者的儿子告发了，"有司请诛，武帝弗忍，废为庶人"②。像这一类的例子，是很多的。我们只要一查诸侯王表及王子侯表，便可知道。

外戚与功臣，最多只能封侯，没有封王的。以侯国来与王国比，侯国要小得多，因为王国夸州兼郡，而侯国很少有大过一县的。在外戚中，如轵侯薄昭，封万户；如章武侯窦广国，封一万一千户，就算是多的。至于霍光，以外戚而兼功臣，在汉朝中叶，算是威名最盛的，起初封侯时，只食二千三百五十户，后为大将军，益封一万七千二百户，也还没有超过二万户③。汉代功臣之中，我们自然要首推萧何、曹参。萧何先封为酂侯时，只食邑八千户；后来高祖想起从前徭役咸阳时，萧何多送了他二百钱，又多封了他二千户；拜萧何为相国时，又益封五千户，合起来不过一万五千户。曹参被封为平阳侯时，食邑一万六百三十户④。这算是功臣中得地最多的，少的只能得五千户或二千户。武帝以后，位至宰相的，亦可封侯，但所得户数更少，如公孙弘是第一个以宰相封侯的，只食邑六百五十户⑤。这些列侯，所食邑小于一县，所以政治权自始便不在他们手里。他们所享的权力，与武帝以后的诸侯王相仿佛，但因地小，收入自然要差得多。

汉代贵族的来源，我们只要看一下"皇室""外戚""功臣"等名词，便可明白，不必细加分析。他们加入贵族的集团之后，是否子子孙孙，便都永为贵族呢？我们对于这个问题的答案，是否定的。第一，王位与侯位，只传给长子。王的儿子，除长子

①　《前汉书》四四《淮南王传》。
②　《前汉书》四七《文三王传》。
③　《前汉书》一八《外戚恩泽侯表》。
④　《前汉书》三九《萧何曹参传》。
⑤　《前汉书》五八《公孙弘传》。

继嗣为王外，其余的儿子，如皇帝加恩，可以封侯。侯的儿子，除长子继承为侯外，其余的儿子，可以挂名在皇籍中，皇帝死时有服的，还可以享不纳租税、不应徭役的权利。在丧服以外的，便与平民一样了①。第二，王位与侯位虽然可以传给长子，但也是有条件的，就是这些诸侯王或列侯，不要犯罪。贵族犯罪，是可以失爵位的。所犯的罪，不一定是很大的，杀人固然要失爵位，即借钱与人、取息过律、恐猲取鸡、首匿罪人、受财臧五百以上、奸略人妻、伤人、不偿人债过六月、出国界、行驰道中等事，如犯其一，都可以失去爵位②。诸侯失爵最多的时候，在武帝元鼎五年（前112）。汉文帝时定有酎金律，酎是醇酒，正月作，八月成，成后便献酎，祭宗庙，届时诸侯都要献金助祭。金的多少，视人口的多少为准，大约每一千人口奉金四两。元鼎五年，列侯因为献黄金酎祭宗庙不如法而失爵位的，有一百零六人，这也可以说是因小过而失爵位③。汉代失爵位的人，以犯罪为最多，其次因为无后，其次则因王莽篡位，因而降为平民。我们再看这些贵族失爵位的年代，就可发现，一个贵族想长久保持爵位，是很难的。据我大略的统计，诸侯王及王子侯共四百六十一人，其中第一世失爵位的，便有二百一十一人，二世失爵位的九十九人，三世失爵位的五十八人，四世失爵位的三十四人，五世失爵位的三十一人，六世失爵位的二十二人，七世失爵位的三人，八世失爵位的二人，九世失爵位的一人。外戚恩泽侯共一百一十一人，其中第一世便失爵位的有五十八人，二世失爵位的二十三人，三世失爵位的十七人，四世失爵位的八人，五世失爵位的四人，六世失爵位的一人。功臣得侯的共二百七十九人，其中第一世便失爵位的有八十一人，二世失爵位的有七十人，三世失爵位的五十七人，四世失爵位的四十三人，五世失爵位的二十人，六世失爵位的四人，不明的四人④。由上以观，大多数的贵族，只传两三代，便要降级为平民了。其实降级为平民，还算是运气好的，许多贵族，不但是把爵位失去，有时连生命也是一并失去的。这些贵族，有许多是出身微贱的，爬上去固然很快，但跌下来也不慢。汉初如萧、曹、周、陈之流，封侯拜将，岂不赫赫一时，但据史家的记载，汉初这些功臣，到武帝后元之年，没有一个能维持爵位的。宣帝时，调查这些开国元勋的子孙，"咸出庸保之中"⑤，可见古人所说，君子之泽，五世而斩，还是说得过长了一点。

---

① 《前汉书》——《哀帝纪》说，哀帝即位时，赐宗室王子有属者马各一驷。师古注："有属，谓亲未尽，尚有服者。"由此可见，出服的人名字便不登在属籍上了。

② 散见《前汉书》一四至一八各年表。

③ 《前汉书》六《武帝纪》及服虔、如淳、沈钦韩等注。

④ 散见《前汉书》一四至一八各年表。

⑤ 《前汉书》一六《高惠高后文功臣表》。

贵族的情形，略如上述。现在我们可以谈高级官吏。他们也属于贵族的阶级，但比贵族低一等，只有最高级的官吏，如宰相，才有升入贵族的可能。但以官吏与平民比，官吏可以得到许多待遇，是平民所希望不到的。第一，官吏可以食公家的俸禄，一年的收入，除最下级官吏，如斗食、佐史等以外，比起农民来要丰厚得多。汉代官吏的俸禄，共分十六等，如下[①]：

| | |
|---|---|
| （一）万石 | 月俸三百五十斛 |
| （二）中二千石 | 月俸一百八十斛 |
| （三）真二千石 | 月俸一百五十斛 |
| （四）二千石 | 月俸一百二十斛 |
| （五）比二千石 | 月俸一百斛 |
| （六）千石 | 月俸九十斛 |
| （七）比千石 | 月俸八十斛 |
| （八）六百石 | 月俸七十斛 |
| （九）比六百石 | 月俸六十斛 |
| （十）四百石 | 月俸五十斛 |
| （十一）比四百石 | 月俸四十五斛 |
| （十二）三百石 | 月俸四十斛 |
| （十三）比三百石 | 月俸三十七斛 |
| （十四）二百石 | 月俸三十斛 |
| （十五）比二百石 | 月俸二十七斛 |
| （十六）一百石 | 月俸十六斛 |

汉初五口之家，耕田百亩，一年的收入，不过百石，等于比二千石一月的收入。换句话说：比二千石一年的收入，比五口之家的农户一年的收入要多十一倍。这是指正俸而言，额外的收入，便无法估计了。所以汉代官吏的薪俸虽不能说是太高，但在这种薪俸之下，他们的生活，已比一般农民要舒服得多了。

第二，官吏每得高爵，因而可以不纳赋税，不应徭役，与皇帝的宗室，享同等的待遇。汉爵共分二十级：一公士，二上造，三簪袅，四不更，五大夫，六官大夫，七公大夫，八公乘，九五大夫，十左庶长，十一右庶长，十二左更，十三中更，十四右更，十五少上造，十六大上造，十七驷车庶长，十八大庶长，十九关内侯，二十彻侯，

---

① 《前汉书》一九上《百官公卿表》师古及俞樾注。

或称列侯①。这二十种爵位，又可分为三级。自公士到公乘为一级，实际上有这种爵位的人，得不到什么好处，只有在犯罪时，有爵或可减等②。自五大夫到大庶长，为第二级，爵至五大夫，便有实际的好处了，即不纳赋税，不应徭役③。自关内侯到彻侯为第三级，有这种爵位的人，不但可免赋役，还可衣食租税④。官吏与爵位的关系，因文献不详，我们无从考证。不过有一点，我们是知道的，就是汉代各皇帝在即位、改元等大庆的时候，常赐官吏爵位，没有一个时候，官吏所得的爵位，是在五大夫以下的。如景帝后元年（前143），赐中二千石、诸侯相爵右庶长；宣帝本始元年（前73），赐吏二千石、诸侯相、下至中都官、宦吏、六百石爵，各有差，自左更至五大夫；元帝永光元年（前43）及二年，赐吏六百石以上爵五大夫。类似的诏令，不可胜举⑤。我们根据这些事实，至少可以下一个结论，就是高级官吏，每得高爵，因而可得各种特殊的待遇⑥。五大夫以上的爵，平民虽也可以买得，但价格甚高，只有地主与富豪方可办得到，此点下面再谈。但最高的爵，如关内侯及列侯，除贵族外，只有最高级的官吏可以得到，平民是不敢作此妄想的。

第三，高级官吏的家属，也可连带得着一些利益。汉初有任子令，官吏秩在二千石以上，视事满三年，得任同产或子一人为郎，一直到哀帝时，这道命令还是有效的⑦。

---

① 《前汉书》一九上《百官公卿表》师古及俞樾注。

② 《前汉书》一上《高祖纪》：高祖二年（前205），赐民爵。臣瓒注：爵者，禄位。民赐爵，有罪得以减也。

③ 爵到哪一级才可免赋役，是一个很难解决的问题。这二十种爵中，第四种爵名不更，师古注："言不豫更卒之事也。"第四爵可免役，这是第一说。汉高祖五年（前202），统一天下，曾有诏令说："军吏卒会赦，其亡罪而亡爵及不满大夫者，皆赐爵为大夫。故大夫以上赐爵各一级，其七大夫以上，皆令食邑，非七大夫以下，皆复其身及户，勿事。"七大夫，据师古注，便是公大夫，爵第七，故谓之七大夫。照这次诏令，第七爵是一个阶段，第七爵以上都可食邑，第七爵以下，都可免赋役，那么有爵的人都免赋税了，这是第二说。《食货志》载晁错语，谓"民入粟受爵至五大夫以上，乃复一人耳"。又记武帝时，"兵革数动，民多买复及五大夫、千夫，征发之士益鲜"。"复"字的意义，据师古注，是"除其赋役"。爵至五大夫方可免除赋役，这是第三说。第二说与第三说，都有汉代的文献作证。我们认为第二说是一时权宜之计，并未行诸久远，各说中以第三说为最有力。

④ 关内侯，据师古注谓有侯号而居京畿，无国邑。我们以为关内侯也可衣食租税，不过所封的户数，比起列侯来要少得多。《前汉书》四二《申屠嘉传》："孝文元年，举故以二千石从高帝者，悉以为关内侯，食邑二十四人，而嘉食邑五百户。"《前汉书》七《昭帝纪》："（昭帝始元六年）大鸿胪广明将率有功，赐爵关内侯，食邑。"《前汉书》八《宣帝纪》："本始元年，……赐右扶风德、典属国武……爵皆关内侯。德、武食邑。"《前汉书》十《成帝纪》："永始二年，……阂（王阂）前赐爵关内侯，黄金百斤。其赐长（淳于长）爵关内侯，食邑千户，阂五百户。"由上可见，关内侯食邑可自千户至数百户。不过师古的话，也有部分真理，因为关内侯中，也有不食邑的。

⑤ 见《前汉书》各帝纪。

⑥ 下级官吏是否也可免赋役，我们很难判定。汉高祖二年诏："举民年五十以上，有修行，能帅众为善，置以为三老，乡一人。择乡三老一人为县三老，与县令丞尉以事相教，复勿徭戍。"县三老与丞、尉的地位相似，县三老既可免役，似乎丞、尉等都可免役了。但丞、尉之下，还有斗食、佐史，还有各种乡官，如亭长、三老、啬夫、游徼之流，是否也可免役呢？我们知道汉制多沿秦旧，汉高祖在秦为亭长，还免不了到咸阳去服务。汉时县吏给事侯家可考的，有郑季及霍仲孺，但他们是长吏还是少吏，不得而知（《前汉书》一九上《百官公卿表》："皆有丞、尉，秩四百石至二百石，是为长吏。百石以下有斗食、佐史之秩，是为少吏。"）。

⑦ 《前汉书》一一《哀帝纪》应劭注。

惠帝即位时，规定现任官吏，秩在六百石以上，以及故吏曾佩将军、都尉印与佩二千石官印的，其父母、妻子与之同居，只要纳军赋便够，别的都不必负担①。元帝初元五年（前44），除光禄大夫以至郎中，保父母同产之令。按汉律有相保之令，一人有过，家属同坐，元帝特为郎中以上除此令，也是优待的意思②。这都是平民所享受不到的。

第四，官吏自郎中以上，如所犯的罪，有受耐刑的可能，便须上请，然后判断③。上面已经说过，皇室所犯的罪，如有受髡刑的可能，便须上请。髡为五岁刑，耐为四岁刑，较髡刑为轻。所以在这一点上，郎中以上的官吏，所受的待遇，比一般宗室还要好些。

除却上面所说四点，我们知道官吏的车服，以及婚丧时的铺排，都与平民不同，但这是外表上的问题，可以不必细叙。

官吏的来源，除少数是由贵族中选充外，大多数都是由平民阶级升上去的，由奴隶阶级升上去的也有，但是例外，在前面已经提及。平民如想升入官吏阶级，至少须有下列几种条件之一。第一，须富有钱财。汉景帝后二年（前142），曾批评当时的宦途，谓当时訾算十以上乃得宦，以致廉士不能入选，于是下诏规定自那年以后，"訾算四得宦"。据服虔说，汉时资产满万钱，纳赋一百二十七钱，名为"算"。"算十"，便是有十万家私之意。景帝以前，有十万家私的人，方可为宦，景帝以后，只要有四万家私便行④。由这条路入仕途的人，在西汉可考的，有张释之及司马相如⑤。第二，便是要有做大官的父兄。做大官的可以利用任子令来提拔他的子弟，上面已经说过。由这条路走入仕途的人很多，如刘向、爰盎、汲黯、苏武、张安世、杨恽、陈咸、金岑、萧育、霍光之类都是⑥。第三，是要本人有才能，这类的人，可以不依赖他人，用射策、献策、上书等方法，求皇帝的鉴赏。假如皇帝看上了他们的才能，他们便可被任为官吏。主父偃、贾捐之、翟方进、马宫、何武、兒宽等⑦，都是由这条路上进的。

---

① 《前汉书》二《惠帝纪》。

② 《前汉书》九《元帝纪》应劭、师古注。

③ 《前汉书》一下《高帝纪》载高祖七年（前200）诏："郎中有罪耐以上，请之。"应劭注："轻罪不至于髡，完其耏鬓，故曰耏。古耐字从乡，发肤之意也。"

④ 《前汉书》五《景帝纪》服虔、应劭、师古注。景帝的诏令中，所谓为宦，我们不知道指的是什么官职。佐史等少吏，是否也要"訾算四"才可就任呢？这一点我们因为文献不足，不能回答。

⑤ 《前汉书》五〇《张释之传》："（释之）与兄仲同居，以訾为骑郎。"《前汉书》五七上《司马相如传》："（司马相如）以訾为郎，事孝景帝。"但"訾"以外，是否还要有别的条件？在"訾"一方面合格的人，假如想为郎，是否便可开口即得？这一类的问题已不可考。

⑥ 除金岑外，各事均见《前汉书》本传。金岑事见《金日磾传》。

⑦ 均见本传。

第四，便是要有势力的人援引。这些肯来援引的人，大多数是本家、亲戚、同乡、朋友、先生①，但也有慕名而来援引的，并非由于私人的关系。汉代本有选举的方法，如皇帝常下诏令，选孝廉，选贤良方正、直言敢谏之士，举孝弟有行义闻于乡里者，举茂材异等，举明阴阳灾异者，举质朴敦厚、逊让有行者，举文学高第，举勇猛知兵法者，举治狱平，名目繁多，被选举的人，都有做官的机会。但汉代的选举，与今日不同。当时有选举资格的人，限于极少数人，只有丞相、御史、列侯、中二千石、二千石、诸侯相、郡守等，才有选举的资格。所以名为选举，其实也是变相的援引。总之，汉代的平民，如想走入宦途，总要有钱，或有做大官的父兄，或自己真有才能，或有人肯来援引。官吏如安分守法，那么退职以后，可以复为平民。高级官吏年老退休时，还可以得养老金。如孝景帝季年，万石君石奋，以上大夫禄归老于家。平帝元始元年（1），有一道命令，规定天下吏比二千石以上，年老致仕的，三分其禄，以一与之，终其身。但官吏如犯法，重的可处死刑，有时还连累一家的人，都降为官奴隶。

　　贵的阶级，我们已经谈过，现在大略地说一下富的阶级。富的阶级，我在上面分为两类：一为地主，一为富豪。地主是以收租起家的，富豪中包括的人很多，有商人，有子钱家，有矿主。商人在富的阶级中，占一个比较差一点的地位，就是不能做官②。但这种形式的限制，对于商人生活的享受及在社会上的地位，并无损失。奴仆只要能"连车骑"，便可"交守相"。体面的商人，更不必说了。

　　关于地主的生活，正史中很少记载。《货殖列传》中，曾提到大地主的生活，可与千户侯等。他们的田地，或雇人耕种，于是便造成一种雇农阶级，陈胜便是雇农阶级中的一人③。有时地主也把田地租给别人耕种，于是便造成一种佃农阶级。佃农一年劳力的所得，须以十分之五献给地主，所以他们"常衣牛马之衣，而食犬彘之食"④。我们如记得汉代的自耕农，纳税只占收获的三十分之一，就可知道地主对于佃农的剥削，是很厉害的。汉人对于贫农的描写，有说他们"连年流离，离其城郭，相枕席于道路。……至嫁妻卖子，法不能禁，义不能止"；有说他们"菜食不厌，衣又穿空，父子夫妇不能相保"⑤。这一个地主与佃户冲突的问题，至今还没有解决的好方法。

---

　　① 参考拙著《西汉遗留下来的几条仕宦之路》，原载《生活周刊》［本书中为《生活（上海 1925A）》。——编者注］，现收入《生活文选》第一集第 29 页至 38 页。

　　② 《前汉书》二四下《食货志》谓："天下已平，高祖乃令贾人不得衣丝乘车，重税租以困辱之。孝惠、高后时，为天下初定，复弛商贾之律，然市井子孙，亦不得宦为吏。"《哀帝纪》载哀帝即位时，重下诏，贾人皆不得名田为吏，犯者以律论。

　　③ 《前汉书》三一《陈胜传》。

　　④ 《前汉书》二四上《食货志》引董仲舒语。

　　⑤ 《前汉书》六四下《贾捐之传》及七二《鲍宣传》。

关于富豪的生活，晁错曾说他们"衣必文采，食必粱肉，……乘坚策肥，履丝曳缟"①。贾谊说皇帝衣服所用的材料，富人拿来被墙，皇后衣服所用的材料，富人拿给家中的奴隶穿②。至于田池射猎之乐，富豪所享受的，只有贵族才可比拟③。

地主与富豪，在名义上所受国家的待遇，不能高于平民，但实际上则不然。赋税他们自然是要交纳的，但在他们的财富中，由于赋税而发生的损失，不过九牛之一毛。至于徭役，是轮不到他们身上的，因为他们可以用种种方法，转嫁到别人身上去。第一，他们可以利用践更、过更的习惯，出钱委别人代劳。第二，他们可以买复，换句话说，就是出钱买爵过五大夫，因而免除赋役的义务。文帝时，晁错提议令民入粟县官，得以拜爵。文帝听他的话，令民入粟于边郡达六百石，爵上造（第二等爵），稍增到四千石，爵五大夫（第九等爵），万二千石为大庶长（第十八等爵）④。爵至五大夫，便可免赋役，但须出四千石粟的代价。平民当然出不起这种重价，于是只有地主与富豪方可享受这种利益。除入粟得复外，汉武帝元朔元年（前128），又规定入奴婢得复。能有奴婢的人，自然也都是地主与富豪。

地主与富豪，除却生活上的享受超过常人，对于国家应尽的义务，可以转嫁他人，就是在犯罪的时候，也可利用他们经济的力量，避免法律的制裁。今以死罪来说。汉惠帝元年（前194）有令："民有罪，得买爵三十级以免死罪。"应劭注：一级值钱二千，凡为六万⑤。武帝天汉四年（前97），令死罪人，赎钱五十万，减死一等。太始二年（前95），又有类似的诏令⑥。有爵的人，得以爵减罪，臣瓒与晁错，都说过的。但不问他赎死罪钱是六万或五十万，只有地主与富豪才拿得出来，平民犯了死罪时，是无生望的。

由上以观，富的阶级，不但在收入上，可与贵的阶级相比，或超过贵的阶级，便从特权的享受方面去看，虽然在表面上，富的阶级是与平民没有差异的，而且在实际上，富的阶级与贵的阶级不相上下。

西汉的三种阶级，大略已如上述。我们根据这种分析，能断定它是一种什么社会呢？说它是奴隶社会，当然是错误的，因为奴隶的数目，占人口的极少数。说它是封建社会，也容易引起人家的误会，因为封建社会中的主要生产者是农奴，而农

---

① 《前汉书》二四上《食货志》。
② 《前汉书》四八《贾谊传》。
③ 指蜀卓氏，见《前汉书》九一《货殖列传》。
④ 《前汉书》二四上《食货志》。
⑤ 《前汉书》二《惠帝纪》。
⑥ 《前汉书》六《武帝纪》。

奴在西汉的社会中还未成为一种普遍的制度。而且说到封建社会，我们一定要联想到欧洲中世纪的社会组织。念过欧洲中古史的人，都知道那时的社会与西汉的社会是大不同的。说西汉是佃农社会，也许有部分真理。不过佃农在西汉虽然存在，而数目若干，毫无统计。它占全人口的百分之几，我们也不知道。硬把"佃农社会"这个名词加在西汉的朝代上，证据是很薄弱的。据我看来，为免除误会起见，我们可以多用几个形容词来称西汉的社会。我的私见，可以称西汉为专制的、农业的、阶级的社会。专制的，指当时的政权集中在皇帝的手里。农业的，指当时大多数人的生活根据，是在种植。阶级的，指当时的社会组织并不平等，社会上有享受不同利益的团体存在。

<h2 style="text-align:center">（五）</h2>

关于西汉的专制及农业，不在本文讨论之内。本文所讨论的，只是阶级的制度。西汉社会中，有三种阶级，彼此间也免不了一种剥削的关系，但据我的研究，这种阶级的分野，以及剥削关系的存在，并不能成为推动历史的势力。在此，我愿意提出一种见解，就是各时代各地方的阶级，可以分为两大类：一类可以说是"安分的阶级"，一类可以说是"革命的阶级"。这两种阶级的区别，就是安分的阶级虽然是被剥削，但视此为当然。他们承认现状，而不反抗现状。他们以现存的社会为自然的，想不到以一种新的社会来代替它。他们没有一种革命的哲学，作他们行动的目标。革命的阶级便不然。他们把自己所受的一切不幸，归咎于在上面当权的、有势的阶级。他们为解放自己，便想推翻现存的社会，推翻当权的阶级，另以一种新的社会来代替它。在这种新的社会中，一切的安排，须与现存的社会相反。他们还有一种革命的哲学，作他们行动的目标，加增他们反抗的勇气。革命的阶级，是能推动历史的，是能改变历史的面目的；安分的阶级，则无此种能力。

造成这两种阶级的差异，不在压迫，不在剥削，而在革命的思想。

西汉的阶级，都是安分的阶级，而不是革命的阶级。各种阶级的人，所表现的思想，都是安分的思想。譬如陈胜的朋友，听到陈胜说"苟富贵，无相忘"，便讥笑他，作为一个替人耕田的人，还想什么富贵，这是安分的思想[①]。又如卫青是奴隶出身，

---

① 《前汉书》三一《陈胜传》。

他有一天到甘泉居室，有一个囚犯会看相，说他是贵人，官至封侯。卫青笑着回答他说，做奴隶的人，只要不挨骂、不挨打就够了，还想什么封侯，这也是安分的思想①。此外如陈胜一天发奋起来，讲了一大套议论，说壮士不死则已，死则举大名，侯王将相，求之可得，并非天生的；又如项羽看见秦始皇，说他可取而代；沛公看见秦始皇，说大丈夫应当如此。这种种议论，似乎比陈胜的朋友及卫青之流要积极一点，但只能代表一些有志气的人，想从低的一层阶级爬上高的一层阶级，正如现在的劳工阶级，有许多人想升入资本阶级，这种思想，绝不是革命的思想。与其说他们是推翻现状的，不如说他们是维持现状的。

假如我们用这种观点去分析王莽之乱，就可知道西汉末年的内乱，并非阶级斗争所造成，而且内乱的结果，也没有改变阶级的形态，只是各阶级中的人改换了一下就是了，所以虽然乱了多少年，结果是东汉的社会与西汉的社会并无多大差异。西汉的阶级制度，在东汉依然保存。朝代的变动，并没有把历史推进一个阶段。

王莽之乱的原因，我们不能在这儿细加分析。王莽的内政②，与其说是压迫或剥削下层阶级的，不如说是帮助或解放下层阶级的。不过因为当时人才、经费、交通等条件都不够，他的政策并没有能够实行，可是对于民间的骚扰是很大的。不过只由内政发出来的骚扰，还不足以引起内乱，虽然我们不能否认王莽的内政是造成内乱的一个元素。比内政还重要的一个元素是王莽的外交政策。他有一个迂腐的观念，以为天无二日、民无二王，宣帝给单于印玺，与天子同，而西南夷钩町称王，都是不合体制的，所以他派人去换单于印，又贬钩町王为侯，这样便同时与匈奴及西南夷结怨了，他们都来侵犯边境。王莽对付匈奴侵边的方法，是发兵三十万众，欲同时十道并出，一举而灭匈奴。对待西南夷的方法，是大发天水、陇西骑士，广汉、巴、蜀、犍为吏卒十万人，加上转输的人合二十万去征伐。这样的兴师动众，便大伤元气，民间不堪其扰了。据严尤的估计，伐匈奴的三十万人，每人所需的三百日粮食，不是在一处征发便可得到的，须"东援海代，南取江淮"，然后方可办得到。但古代交通不便，由江淮征发的粮食运到北边，要费一年的工夫，而且运输要用牛，牛是要粮草的，输送要兵卒，而兵卒也是要吃粮食的。所以征收的粮食，虽然名目上只为伐匈奴的三十万人用，实际要征收好几倍才行。像这样把农民的剩余粮食征收去做不生

---

① 《前汉书》五五《卫青传》。

② 关于王莽的内政，可看《前汉书》二四《食货志》及九九《王莽传》。胡适之先生的两篇论王莽的文章，都可参考。第一篇的题目是《王莽》，收入《胡适文存》二集卷一；第二篇的题目是《再论王莽》，收入《胡适文存》三集卷七。

产的事业，是最足以引起农民暴动的，因为民以食为天，一个国家中的人民，无论如何安分，到了没有东西吃的时候，谁也要起来暴动，绝不会坐以待毙的。伐匈奴一事，已使天下骚动，而王莽在西南还与西南夷生事，东北又与高句丽结怨，西边又与乌孙、焉耆诸国失和，处处劳师动众，使人民不能安居乐业，是造成内乱的第二个主要原因①。

但是造成王莽之乱的最要原因，还是天灾②。我们觉得王莽的内政与外交政策，其扰民的程度，并不见得比武帝时厉害多少。③但武帝"因文、景之蓄，借天下之饶"，所以连年兵事，人民的生活，还没有到山穷水尽的地步。各地虽然有大股小股的盗匪，还不致把整个的秩序推翻。王莽的时代便不然。在他执政的几十年前，元帝、成帝之后，便不断地闹着旱灾、水灾与蝗灾。元帝时匡衡曾指出关东连年饥馑，百姓乏困，或至相食④。翼奉也说当时东方连年饥馑，加之以疾疫，百姓菜色，或至相食⑤。成帝时水灾最多，谷永在元延元年（前12），指出当时百姓的困苦："往年郡国二十一伤于水灾，禾黍不入。今年蚕麦咸恶。百川沸腾，江河溢决，大水泛滥郡国十五有余。比年丧稼，时过无宿麦。百姓失业流散"⑥。成帝在册免薛宣的诏令里，也说："岁比不登，仓廪空虚，百姓饥馑，流离道路，疾疫死者以万数，人至相食，盗贼并兴，群职旷废"⑦。下至哀帝的时候，天灾并没有好转，哀帝与孔光的诏书中，曾说："岁

---

① 王莽的外交政策，除《食货志》及《王莽传》外，《后汉书》二八上载有冯衍的一篇论文，说到此点，颇为中肯。他说："伏念天下离王莽之害久矣。始自东郡之师，继以西海之役，巴、蜀没于南夷，缘边破于北狄，远征万里，暴兵累年，祸拏未解，兵连不息，刑法弥深，赋敛愈重。……元元无聊，饥寒并臻。父子流亡，夫妇离散，庐落丘墟，田畴芜秽，疾疫大兴，灾异蜂起。于是江湖之上，海岱之滨，风腾波涌，更相驱藉，四垂之人，肝脑涂地，死亡之数，不啻太半，殃咎之毒，病入骨髓，匹夫僮妇，咸怀怨怒。"冯衍把西汉末年人民的不安，归咎于兵祸，是有见地的。

② 这个重要的原因，细读《前汉书》便能看出，但以前的人，很少指出。赵瓯北先生总算是清代治史最有见地的一人，他在《廿二史札记》第三卷有一篇文章，论王莽之败，由于内政骚扰及用兵病民，结语谓："于是四海沸腾，寇盗蜂起。更始、赤眉、光武因得以刘宗号召天下。人但知莽之败，由于人心思汉，而不知人心之所以思汉，实莽之激而成之也。"全文中没有一语提到天灾与王莽之败的关系，未免使人惊异。

③ 武帝的政治，后汉蔡邕曾有一段很适当的描写。他说："武帝情存远略，志辟四方，南诛百越，北讨强胡，西伐大宛，东并朝鲜，因文、景之蓄，借天下之饶，数十年间，官民俱匮。乃兴盐铁酒榷之利，设告缗重税之令，民不堪命，起为盗贼，关东纷扰，道路不通。"见《后汉书》九〇《鲜卑传》。蔡邕所说的盗贼，《前汉书》九〇《酷吏列传》曾有记载，如下："南阳有梅免、百政，楚有段中、杜少，齐有徐勃，燕赵之间有坚卢、范主之属。大群至数千人，擅自号，攻城邑，取库兵，释死罪，缚辱郡守都尉，杀二千石，为檄告县趋具食；小群以百数，掠卤乡里者不可胜数。"西汉不亡于武帝，总算是侥幸的。武帝的虐政，现在的人已不复记忆，但当时的人，是念念不忘的，所以宣帝时议为武帝立庙乐，夏侯胜便说："武帝虽有攘四夷广土斥境之功，然多杀士众，竭民财力，奢泰亡度，天下虚耗，百姓流离，物故者过半。蝗虫大起，赤地数千里，或人民相食，畜积至今未复。亡德泽于民，不宜为立庙乐。"见《前汉书》七五《夏侯胜传》。

④ 《前汉书》八一《匡衡传》。

⑤ 《前汉书》七五《翼奉传》。

⑥ 《前汉书》八五《谷永传》。

⑦ 《前汉书》八三《薛宣传》。

比不登，天下空虚，百姓饥馑，父子分散，流离道路，以十万数。……盗贼并起，或攻官寺，杀长吏"①。平帝继哀帝之后，又遭郡国大旱、蝗，青州尤甚，人民流亡②。所以，王莽所继承的中国，是一个饥荒的中国、仓库空虚的中国、人民流离失所的中国，这样的国家，是最难治理的。可是王莽执政之后，天灾并不见减杀。如始建国三年（11），瀕河郡蝗生，河决魏郡，泛清河以东数郡。天凤二年（15），邯郸以北大雨雾，水出深者数丈，流杀数千人。天凤四年，荆扬之民，因连年久旱，百姓饥穷，都起为盗贼。王莽在地皇元年（20），也自谓即位以来，阴阳未和，风雨不时，数遇枯旱，蝗螟为灾，谷稼鲜耗，百姓苦饥③。饥馑的结果，是粮食的价钱飞腾，黄金一斤，方能易粟一斛④。这与宣帝时的谷价，每石五钱⑤，真有天壤之别了。

在这种历年的天灾之下，王莽的内政与外交政策，特别是他的征发粮食，所造成的恶果，是很显而易见的。因为历年的天灾，大多数的人民，已经没有充分的食料了，而剩余下来的一点粮食，还由官府征发而去，结果是人民的生活，发生普遍的恐慌。在饥寒交迫之下，人民没有活路可走了，于是发生了暴动。

参加这些暴动的人民，并不想推翻什么阶级，并不想创造什么新社会。"阶级斗争""打倒统治阶级"这些口号，乃是 18 世纪以后的产物，在他们是做梦也没有想到的。他们只是成千成万的饥民，本地没有饭吃了，不能维持生活了，只好参加盗贼的团体，离开他们的农场，来过非法的生活，王莽的天下，便是给这些饥民打碎的。

在这许多饥民之中，有两个饥民集团，都打到过王莽的首都——长安。第一个饥民集团便是赤眉。赤眉的头目是樊崇，他初起兵于莒时，有众百余人，时青、徐大饥，寇贼烽起，大家以樊崇勇猛，都来附他，一年之内，便加至万余人。这是他的基本队伍，由饥民集合而成。赤眉的队伍中，还有一位力子都，他们都是"以饥馑相聚，起于琅邪"。而且因为关东饥旱数年，所以党众于是越来越多。这个饥民集团，与王莽部下的廉丹、王匡作战的时候，已有众十余万了⑥。

对于推翻王莽有力量的第二个饥民集团，便是以刘玄为首的南阳集团。这个集团，在开始的时候，包括三支基本军队。第一支基本军队是"绿林军"，本身就是一班饥

① 《前汉书》八一《孔光传》。
② 《前汉书》一二《平帝纪》。
③ 见《前汉书》九九《王莽传》。
④ 《后汉书》一上《光武纪》。
⑤ 《前汉书》八《宣帝纪》。
⑥ 散见《前汉书》九九《王莽传》及《后汉书》一一《刘玄传》。

民。据《刘玄传》："王莽末，南方饥馑，人庶群入野泽，掘凫茈而食之，更相侵夺。新市人王匡、王凤为平理诤讼，遂推为渠帅，众数百人。于是诸亡命马武、王常、成丹等往从之；共攻离乡聚，藏于绿林中，数月间至七八千人。"[①] 第二支基本军队是"春陵兵"，由光武兄弟领率。光武兄弟是地主，本人的生活大概并不发生问题，但当时南阳大饥，诸家宾客，多为小盗，光武兄伯升的宾客劫人，弄得光武在南阳都不能住，后来只好与这些饥民一起作反[②]。第三支基本军队是"平林兵"，是由平林人陈牧、廖湛聚众千余人组织而成的，刘玄起初便附属在这一支军队里[③]。这个南阳集团，大部分是饥民，从上面的分析可知。除此以外，饥民的小团体还很多，如铜马、大肜、高湖、重连、铁胫、大枪、尤来、上江、青犊、五校、檀乡、五幡、五楼、富平、获索等等，不胜其数[④]。这些从各地起来的灾民，抢、掠、烧、杀无所不为，王莽的军队，不能应付这个局面。新国的寿命，维持不到十五年，终于在饥民的威逼之下坍台了。

王莽死后，光武兴起。经过长时期的内乱，人口淘汰了许多，"海内人民，十有二存"[⑤]。同时天灾的威焰也熄下去了。史载建武二年（26），"野谷旅生，麻未尤盛，野蚕成茧，被于山阜"[⑥]。于是天下又重趋太平。旧戏登台再演，角色是换了，剧情还是差不多的。

（载《清华学报》第 10 卷第 3 期，1935 年）

---

①　散见《前汉书》九九《王莽传》及《后汉书》一一《刘玄传》。
②　《后汉书》一上《光武纪》。
③　散见《前汉书》九九《王莽传》及《后汉书》一一《刘玄传》。
④　《后汉书》一下《光武纪》。
⑤　《后汉书》一下《光武纪》注，引应劭、皇甫谧语。
⑥　《后汉书》一上《光武纪》。建武二年（26），离王莽死后三年。

# 论积极适应环境的能力

潘光旦先生，在《论自信力的根据》（见本刊一六〇期）一文里，把适应环境的能力分为三种："第一种是积极的，即对于环境能加以修正转变，使比较永久地合乎人用；第二种是消极的，即仅仅能迁就环境，逆境之来，也能顺受；第三种是半消极半积极的，即用移殖的方法，来永久地躲避一个不良的环境，而另觅一个良好的环境。"中国人第二种适应环境的能力很大，潘先生是承认的。第三种适应环境的能力，潘先生在文中没有讨论，但看我们祖宗自黄河流域移殖长江流域及珠江流域的过程，以及近代开辟东三省与南洋的经过，同时再看天涯海角，无处不有华侨，就是非洲东边那个马达加斯加岛上，也能找得到两三千个我们的同胞，就可知道中国人第三种适应环境的能力，是无问题的。只有第一种积极适应环境的能力，中国人是否可以站在上风，潘先生以为可以怀疑。我想国内与潘先生抱同样态度的人，一定很多，所以愿意对于此点，加以讨论。

潘先生所提出的问题，我们可以把它分作三点来说：

第一，什么是积极适应环境的能力？

第二，这种能力是怎样得来的？

第三，中国人是否富于这种能力？

关于第一点，潘先生已有注释。所谓积极适应环境的能力，便是"对于环境能加以修正转变，使比较永久地合乎人用"。换句话说，便是"开拓，发明，建设，创造，兴一种利，革一种弊"的能力。在这些形容词中，最可注意的，是"发明"两字。我们能够修正环境，转变环境，利用环境，控制环境，便是因为我们能够发明。发明的东西愈多，积极适应环境的力量也愈大。现在举一个很浅的例来说。人类在数十万年或数万年前，发明的东西很少，所以处处受环境的控制，而不能战胜环境，当时的生活，一定是很危险，很痛苦的。其后弓箭发明了，人类利用环境的本领便加增了一点。再到后来，农业又发明了，利用环境的程度更加深刻，同时生活也就更有保障。到了现在，发明的东西，与日俱增，所以人类利用环境、控制环境的能力，也愈加雄厚。由此看来，所谓积极适应环境的能力，便是发明的能力。

既然弄清楚了这一点，我们便可进一步问：这种发明的能力，是怎样来的？关于这一个问题，现在有两种流行的见解，但都不很正确。第一种见解，以为需要是发明之母，我们在适应环境时，感觉到某种需要，就会产生某种发明来满足它。这种见解是不对的，因为从历史上看来，感觉某种需要的时候，并不一定就有某种发明来满足它。秦始皇以来，想要不死的人，不知道有若干，但谁能发明不死之药？在古代行军的时候，一定有许多人感到交通不便的痛苦，但古代的人并不能发明轮船、火车来满足它。类似的例，不胜枚举。举一两个，便可证明此种说法的不能成立了。另外一种见解，以为发明是天才对于社会的贡献。火车的发明，是由于斯蒂芬孙的天才；电报的发明，是由于马尔斯的天才；留音机的发明，是由于爱笛生的天才。假如这一说可以成立，那么哪一国的发明最多，便是哪一国的人民富于天才的表现。但是这种说法，也是不能成立的，因为发明之多，乃是最近一二百年的事，但这一二百年内，我们无论从何方观察，都不能证明人类在生理上有什么特殊的变化，使天才忽然加增了数十倍或数百倍。反是，我们相信具有特殊能力的人，其成分在过去数千年中，并无若何的变动。假如现代的社会中有天才，那么在希腊、罗马的社会中，也一样有天才。但是古时的天才，发明的东西很少，而近代社会中，即非天才，也何以有发明呢？倭克朋教授，在他的名著《社会变迁》一书中，替我们解答了这一个谜。据他研究的结果，以为发明重要的元素，便是文化基础。假如某国的文化基础，已够产生某种发明，那么发明将必然地出现，否则虽有天才，亦无用处。因为发明并非凭空造出一件簇新的东西，而是把旧的东西，给它一个新的安排。假如旧的东西，已经摆在那儿，那么给它一个新的安排，倒不是一件十分困难的事。倭克朋对于他的学说最重要的证据，便是举出了 148 种发明，证明每样新东西或新理论，都不是一个人单独去发明的，而是许多人在同年内，或前后数年间不约而同去发明的。由此可见，时机成熟了，某种发明自然会脱颖而出。假如某甲不来发明，某乙也会来发明的。假如时机还没有成熟，那么就是十个天才共同来想发明一样东西，也是无济于事。爱笛生能发明留音机，而希腊、罗马的人不能，并非希腊人、罗马人缺乏天才，而是因为他们的文化基础不够。

发明的能力，既然是根据于文化基础，那么中国发明的成绩，所以不如别人，乃是因为文化基础薄弱，而非由于民族的智慧有什么欠缺，是很显然了。我们现在正在吸收别国的文化，或者可以说是正在充分地世界化。假如这一点能够做得圆满，那么我们自然也能够发明许多东西，与欧美诸国并驾齐驱。所以中国过去积极适应环境的能力太差，还是一个文化的问题，而非生物的问题。

也许有人要问，中国为什么缺乏发明的文化基础？这个问题如换一个问法，便是中国为什么缺乏自然科学？回答这个问题，不是一件容易的事。但我愿意提出几个假设来，以供研究这个问题的人参考。中国的自然科学不发达，第一便是因为中国人的聪明才智，没有用在这个上面。一个民族的智识分子，其用心的对象，并不是私人的意志决定的，而是环境的学术空气代为决定的。中国自西汉以后，智识分子的心力，都用在儒家的几部经典上面。在这种工作上面，我们的祖宗，也曾表示了许多难能而并不可贵的本领。譬如背诵十三经，首尾不遗一字，有许多儒者便做到了。我还遇到过能背诵《汉书》的人，但还没有听人说过，西方有什么学者，能背诵柏拉图的《共和国》，或卢梭的《民约论》。这种耐心，这种毅力，假如改变了途径，用在自然科学上面，不见得便没有成就罢。一个在自然科学上没有下过功夫的民族，对于自然科学，自然没有成绩可说。但没有下过功夫，并非不能下功夫，这一点是我们要认识清楚的。

第二，我们的自然科学不发达，乃是由于我们在建筑文化基础的过程中，受别个文明国家的益处太少。我们偏在东亚，而世界上的文明国家，大多数在西方。我们与他们，因为过去交通不便，接触是很少的，所以他们所产生的文明，我们不能借来做我们的文化基础。换句话说，我们的文化基础，在 19 世纪以前，虽然已经含了不少外来的成分，但大体可以说是我们自己建筑起来的。欧洲各国，因彼此距离很近，一国的发明，不久便成为各国共同的所有品，所以它们的文化基础，可以说是各国共同建筑起来的。研究瑞典文化的人曾估计过，瑞典文化中，外来的成分，比自己创造的成分为多。这是西方各国占便宜的地方，也就是我们吃亏的地方。假如在中世纪时代，欧洲与中国，交通便有今日的方便，那么他们在文艺复兴以后的文化，便可一点一点地传入中国，成为我们的文化基础。也许中国便有一部分人，受了这种文化的影响，加入工作，加入做自然科学的研究。真能如是，我们今日一定有很光荣的发明可以自豪了。

以上这两个假设，已经是题外的话，但这两点，也可帮助我说明我的题旨，就是中国不如人的问题，乃是文化不如人，而非遗传方面的不如人。

民国二十四年 7 月 25 日

（载《独立评论》第 162 期，1935 年）

# 近代都市的研究法

希圣兄：

你与鞠清远先生讲读地方志的文章，我都读过了。你所提的两个原则，我都赞成。鞠先生所提出的地方志三种读法，对于研究中国经济史的人，颇有参考之价值。不过假如有人想知道中国过去都市发展的历史，他所说的三种读法，却应当合并起来，否则对于都市的了解，是不会彻底的，因为工商业是都市繁荣的根据，而交通线是都市与其贸易领域打成一片的工具，我们如想了解一个都市的经济，是绝不可忽视这两点的。所以与其要分工，不如以都市为根据来分工，研究上海的人可与研究汉口的人分工，但无论他研究上海或汉口，对于这个都市的工商业或交通线，都是应当放在研究范围之内的。

我对于都市的研究，是先由理论下手。根据这些理论，来研究中国都市。以研究中国都市的所得，再来修改理论。中国近来讲都市社会的理论的书，可说是很少，但欧美诸国，对于这方面的书，却出了不少，最方便的一个目录，是 Louis Wirth 编的，印在帕克和步济时所编 *The City* 的后面，对于都市的研究，感觉有兴味的人，都是可取来参考的。我个人在搜集材料时所用的纲目，也可写在下面，请大家批评：

(1) 都市的定义及其与乡村市镇的区别。

(2) 都市的历史。

(3) 近代都市发展的统计。

(4) 近代都市发展的原因。

(5) 产生都市的区域。

(6) 都市的位置。

(7) 都市与内地的关系。

(8) 都市间的关系。

（9）都市的人口。

（10）都市的结构。

（11）都市生活的组织，如家庭、经济、政府、娱乐等。

（12）都市的人品。

（13）都市的将来。

以上 13 个纲目，每个还可分为若干子目，但因篇幅的关系，我也不必细述。这个纲目，最适宜于研究近代都市，不过研究古代都市，也许可作参考。关于古代都市的材料，自然要在故纸堆中去找，便是近代都市的研究，也离不开故纸堆。譬如海关每年出版的华洋贸易报告统计册，以及大都市中的银行、工厂、公司每年所出的报告，市政府及其隶属机关所出的公报及其保存的档案，学术机关对于都市某一方面的调查报告，外人对于中国都市各种生活的描写，都应当有人去搜集起来，以作研究近代中国都市发展史的根据。除此以外，研究近代中国都市，还少不了实地的调查，此点这儿不必多说。

搜集材料的工具，最好是用卡片。卡片的大小，应当一律，我个人所用的，是高四寸、宽六寸的卡片。每张卡片上只准写一件事，这是用卡片做札记的中心原则，绝不可忽略。一张卡片上，只写一件事，分类时便可不必费事，而且将来用不着这张卡片时，便可弃之纸篓，并不影响其余的材料。在这张卡片上，除材料本身外，最好还要给这种材料一个题目，查阅时便倍觉便利。此外，如材料的来源，在哪一本书哪一页上发现的，是谁作的，都应当注明在卡片上，将来引用时，便不必再阅原书了。这种卡片，越来越多，所以应当分类保存，以便查阅，保存的方法，可以请木匠照卡片的大小做一些抽屉，把卡片放在里面，是像大图书馆中保存书目卡片一样的办法。这些材料卡片，是应当分类的，所以还应当预备一些分类卡片。分类卡片的大小，与材料卡片是一样的，只是纸张略为硬一点，而且上面有凸出的一块，以便在此写题目。譬如我对于都市的研究，既然定了 13 个纲目，那么分类卡片，至少也有 13 张。第一张上面写的，便是都市的定义，凡我历年来所读的书，如遇到都市的定义，便都抄在材料卡片上，然后把它放在这张分类卡片之后，要用时一查即得，是非常便利的。假如有人对于这种分类卡片的形式不甚明了，可以到任何图书馆中去抽一个书目卡片的抽屉出来看看，它那里面是有分类卡片的。

以上所说，如有遗漏或不妥的地方，请你补充及批评。

吴景超

民国二十四年 12 月 24 日

（载《食货》第 1 卷第 5 期，1935 年）

# 耕者何时有其田？

　　中央农业实验所在《农情报告》的三卷四期里，根据 22 个省 891 个县的报告，做了一个中国各省的农佃分布表。从这个表里，我们可以知道，现在的农民，仍以自耕农为最多，占 46%；佃农次之，占 29%；半自耕农又次之，占 25%。这个估计，与我前年在《中国佃户问题的焦点——佃户能变成自耕农吗?》(《旁观》十期) 一文及去年在《从佃户到自耕农》(《清华学报》九卷四期) 一文里的估计，相差无几。由此可见，中国没有田的农民以及虽有田而不够的农民，仍占全部农民的 1/2 以上，这个问题诚是人民生活中一个最严重的问题。民生主义里，最重要的一部分，便是为解决这个问题而发的，可是国民政府已经成立了若干年，对于如何实行孙中山先生遗教的这一部分，竟丝毫没有表现，未免令人感觉失望了。最可笑的，就是共产党以前在江西实行的土地政策，某院长在公开谈话中，竟说他们是从三民主义中偷去的。我们觉得主义与财富不同，是不怕别人来偷的，同时也不可学守财奴的办法，把它藏在一个秘密的地方，而不拿来使用。现在农村中最容易受煽惑的，就是无产的佃农。为安定社会秩序起见，为组织民众，使其一致拥护政府，作对外的斗争起见，"耕者有其田"的主张，有立即施行的必要。

　　我在《从佃户到自耕农》一文里，曾有一些具体的建议，即是：

　　（3）丹麦以政府的力量，帮助农民购地，结果使国内佃户的百分数，从 42% 降低到 10.1%，此举中国颇可效法。

　　（4）中国如实行丹麦的政策，有三点仍须注意。第一，政府应效法爱尔兰减租的方法，使地主肯将土地出售。第二，应以东欧各国的成例为鉴，由政府以公平的方法，规定土地的价格，俾地主不致居奇。第三，购买土地所需之款，应由

　　政府全部借给农民。至于此种款项之来源，或由政府举债，或发给地主以土地债券均可。政府借给佃户购地之款，利息应低，可由佃户将本息于若干年内摊还，其数目之多少，以不加重佃户负担为原则。

　　这篇文章，曾引起土地委员会里一位负责者的注意，他写信给我，与我讨论两个问题。第一，他觉得将佃农变成自耕农，农民问题并未解决。这一点我完全同意，因为农民问题是多方面的，解决了一个方面，并不能说整个问题已得到解决。可是同时我们也不能顾到别的方面，而把佃农问题置之高阁。第二，他提到财政问题，认为中国的情形，并不如丹麦等国的单纯，所以规定应略具伸缩性，以免将来滞碍难行之弊。这一点是很重要的，所以我愿意在此再讨论一下。

　　在我上面的建议里，并未抄袭任何国家解决佃农问题的办法，因为中国的情形，不与任何国家完全相似，这是我们研究社会问题的人所清晰地认识的。但欧洲的农业国家，每一个国家解决佃农问题的办法，都有一两点可供我们参考，所以我一方面顾到本国的情形，一方面博采他国的经验，才提出上面所提到的那个办法，在我认为是很可行的。这个办法的长处有三点：第一，不加增政府财政上的担负。因为政府无论举债，或发给地主以土地债券，都是以佃户每年摊还的本利作担保，政府并不要从国库里拿出一笔钱来，送给地主或佃户。不过办理这一件事，在行政费上，也许要多支出一点，但这是于人民有益的事，多开支一点行政费，只有得到人民赞助，是不会引起批评的。第二，这个办法，并不剥夺地主的既得利益，只是对于他们的私产，施以统制就是了。地主对于这种办法，如要反抗，无异播布革命的种子，为自己的幸福掘坟墓。第三，这个办法，并不加重佃户的负担，可是在若干年后，佃户便可成为地主，与现在的佃户，永远不能改变其身份，反将佃户的身份传给子孙的，自然不可同日而语。

　　关于最后这一点，有详细说明之必要，因为一方面佃户的担负既不加增，另一方面，这个佃户于若干年后，便变成地主了，许多人以为这种说法近于神话，几乎是不可能的。其实我所说的办法，是很浅近的，凡略为懂得一点农业经济的人，都很明了。现在我再来说一遍。

　　关于佃户的负担，据张心一先生等调查句容的结果，得到下列结论。

　　以钱租论，价值 100 元的田地，地主所收的租钱如下表：

| | |
|---|---|
| 上等水田 | 6.6 元 |
| 中等水田 | 7.1 元 |
| 下等水田 | 7.9 元 |

续表

| | |
|---|---|
| 上等旱地 | 6.8 元 |
| 中等旱地 | 7.2 元 |
| 下等旱地 | 7.4 元 |

地主投资买地所得的利息，每年自 6.6% 到 7.9%。买下等田地，比买上等田地的利益大。

由此可见，佃户每年所交的租，其价值约等于田地价值的 6.6% 到 7.9%。我们所谓不加重佃户的负担，是想一方面帮助佃户购入所耕的田地，一方面要使佃户每年所摊还的本息，不要超过他平时所交的租的价值。

其办法可举例如下：

今有地主甲，有地值 100 元，租与佃户乙耕种，平均每年收租 7 元。政府可令地主甲将土地让与佃户乙，给甲以值洋 100 元的土地债券，而令乙分期将此 100 元的本利还清。为使佃户的担负不加重，利息可以定为每年 6 厘，这与现在地主所收的租值相比，似乎低了一点，但与减租后的租值，相差无几。佃户乙平日交租，系一年两次，现在还本息的办法，也是一年两次，每次 3 元 5 角，共 7 元，与平日所交的租相等。但 33 年之后，100 元的本利便完全付清，土地便完全归乙所有了。今列表如下，以示分期摊还本息，33 年还清的方法。

| 付款次数 | 付款数目（元） | 利息（元） | 本期付出之本（元） | 尚未还清之本（元） |
|---|---|---|---|---|
| 1 | 3.50 | 3.00 | 0.50 | 99.50 |
| 2 | 3.50 | 2.98 | 0.52 | 98.98 |
| 3 | 3.50 | 2.97 | 0.53 | 98.45 |
| 4 | 3.50 | 2.95 | 0.55 | 97.90 |
| 5 | 3.50 | 2.94 | 0.56 | 97.34 |
| 6 | 3.50 | 2.92 | 0.58 | 96.76 |
| 7 | 3.50 | 2.90 | 0.60 | 96.16 |
| 8 | 3.50 | 2.88 | 0.62 | 95.54 |
| 9 | 3.50 | 2.87 | 0.63 | 94.91 |
| 10 | 3.50 | 2.85 | 0.65 | 94.26 |
| 11 | 3.50 | 2.83 | 0.67 | 93.59 |
| 12 | 3.50 | 2.81 | 0.69 | 92.90 |
| 13 | 3.50 | 2.79 | 0.71 | 92.19 |
| 14 | 3.50 | 2.77 | 0.73 | 91.46 |

续表

| 付款次数 | 付款数目（元） | 利息（元） | 本期付出之本（元） | 尚未还清之本（元） |
|---|---|---|---|---|
| 15 | 3.50 | 2.74 | 0.76 | 90.70 |
| 16 | 3.50 | 2.72 | 0.78 | 89.92 |
| 17 | 3.50 | 2.70 | 0.80 | 89.12 |
| 18 | 3.50 | 2.67 | 0.83 | 88.29 |
| 19 | 3.50 | 2.65 | 0.85 | 87.44 |
| 20 | 3.50 | 2.62 | 0.88 | 86.56 |
| 21 | 3.50 | 2.60 | 0.90 | 85.66 |
| 22 | 3.50 | 2.57 | 0.93 | 84.73 |
| 23 | 3.50 | 2.54 | 0.96 | 83.77 |
| 24 | 3.50 | 2.51 | 0.99 | 82.78 |
| 25 | 3.50 | 2.48 | 1.02 | 81.76 |
| 26 | 3.50 | 2.45 | 1.05 | 80.71 |
| 27 | 3.50 | 2.42 | 1.08 | 79.63 |
| 28 | 3.50 | 2.39 | 1.11 | 78.52 |
| 29 | 3.50 | 2.36 | 1.14 | 77.38 |
| 30 | 3.50 | 2.32 | 1.18 | 76.20 |
| 31 | 3.50 | 2.29 | 1.21 | 74.99 |
| 32 | 3.50 | 2.25 | 1.25 | 73.74 |
| 33 | 3.50 | 2.21 | 1.29 | 72.45 |
| 34 | 3.50 | 2.17 | 1.33 | 71.12 |
| 35 | 3.50 | 2.13 | 1.37 | 69.75 |
| 36 | 3.50 | 2.09 | 1.41 | 68.34 |
| 37 | 3.50 | 2.05 | 1.45 | 66.89 |
| 38 | 3.50 | 2.01 | 1.49 | 65.40 |
| 39 | 3.50 | 1.96 | 1.54 | 63.86 |
| 40 | 3.50 | 1.92 | 1.58 | 62.28 |
| 41 | 3.50 | 1.87 | 1.63 | 60.65 |
| 42 | 3.50 | 1.82 | 1.68 | 58.97 |
| 43 | 3.50 | 1.77 | 1.73 | 57.24 |
| 44 | 3.50 | 1.72 | 1.78 | 55.46 |
| 45 | 3.50 | 1.66 | 1.84 | 53.62 |
| 46 | 3.50 | 1.61 | 1.89 | 51.73 |
| 47 | 3.50 | 1.55 | 1.95 | 49.78 |

续表

| 付款次数 | 付款数目（元） | 利息（元） | 本期付出之本（元） | 尚未还清之本（元） |
|---|---|---|---|---|
| 48 | 3.50 | 1.49 | 2.01 | 47.77 |
| 49 | 3.50 | 1.43 | 2.07 | 45.70 |
| 50 | 3.50 | 1.37 | 2.13 | 43.57 |
| 51 | 3.50 | 1.31 | 2.19 | 41.38 |
| 52 | 3.50 | 1.24 | 2.26 | 39.12 |
| 53 | 3.50 | 1.17 | 2.33 | 36.79 |
| 54 | 3.50 | 1.10 | 2.40 | 34.39 |
| 55 | 3.50 | 1.03 | 2.47 | 31.92 |
| 56 | 3.50 | 0.96 | 2.54 | 29.38 |
| 57 | 3.50 | 0.88 | 2.62 | 26.76 |
| 58 | 3.50 | 0.80 | 2.70 | 24.06 |
| 59 | 3.50 | 0.72 | 2.78 | 21.28 |
| 60 | 3.50 | 0.64 | 2.86 | 18.42 |
| 61 | 3.50 | 0.55 | 2.95 | 15.47 |
| 62 | 3.50 | 0.46 | 3.04 | 12.43 |
| 63 | 3.50 | 0.37 | 3.13 | 9.30 |
| 64 | 3.50 | 0.28 | 3.22 | 6.08 |
| 65 | 3.50 | 0.18 | 3.32 | 2.76 |
| 66 | 2.84 | 0.08 | 2.76 | |
| 总数 | 230.34（本利）　　130.34（利）　　100（本） | | | |

由上表可见，在33年之内，佃户乙共付地主甲本100元，利130.34元。这33年内所付的本利，等于33年内应交地租之数。可是照现在交租的方法，付完了230.34元的租以后，地还是甲的；而照我所提出33年之内摊还本利的方法，付完了230.34元之后，地便归乙所有了。这种简便易行的方法，我们希望民生主义的信徒，郑重地考虑一下。

民国二十四年8月16日

（载《独立评论》第165期，1935年）

# 贫穷的征服

我们在报章杂志上，常常看见讨论欧美经济状况的文章。菲薄这些国家的人所常说的一句话，就是"富者愈富，贫者愈贫"。关于"富者愈富"这一点，我们可以暂时不管，因为这是事实，谁都不能否认。但如说工业革命以后，欧美的资本主义国家里"贫者愈贫"，却是一个极大的错误。在工业革命已经成功的国家里，大众的生活程度，已经提高了若干倍。我们要提倡中国工业化，就是因为这是于中国的劳苦大众有利的。假如工业革命之后，贫者真的愈贫了，那么凡是以民众的福利为前提的人，绝没有一个人是肯出来提倡工业化的。

在欧美等地，穷人生活程度的提高，是有许多事实可以证明的。第一种事实，便是穷人数量的研究。我们可以举一个例子。在 1889 年左右，英国有一位蒲司，想知道东伦敦到底有多少穷人。根据当时生活费的研究，他定下一个标准，就是一个家庭，每星期进款不到 21 先令的，便是在贫穷线以下度日。结果，他发现伦敦在贫穷线以下度日的人，占全人口的 35%。40 年之后，伦敦大学又把东伦敦再研究一下，以视穷人的百分数，是加多还是减少。他们所采用的标准，与蒲司一样，但因为物价加增，工资的购买力下降，所以把贫穷线定在 40 先令（等于 40 年前的 21 先令）。照这个标准去观察，东伦敦的穷人，只占全人口的 15%。换句话说，穷人的比率，在这 40 年内，已由 35% 降至 15% 了。

第二种事实，便是实际工资的研究。我们都知道，实际工资与货币工资不同，货币工资是受物价的影响的，而实际工资却代表购买力，所以实际工资如果上升，便是表示工人的购买力已经加增，生活程度已经提高了。支加哥大学教授陶格来氏，曾研究美国自 1890 年至 1926 年的实际工资，发现如以 1890 年至 1899 年的平均实际工资为 100，则 1900 年至 1909 年的指数为 106，1910 年至 1919 年为 110，1920 年至 1926 年为 130。关于法、英二国的实际工资，柏林大学教授宋伯特氏，曾有一估计。以法国而论，如以 1900 年的实际工资为 100，则 1810 年的指数为 55.5，1910 年的指数为 106。以英国而论，如以 1913 年的实际工资为 100，则 1790 年至 1799 年的平均指数为 37。由此可见，这些国家自从工业革命之后，实际工资总是表示着上涨的趋势。在过去 100 余年之内，有的国家，实际工资已经加了一倍，有的几乎加了三倍，这真是 19 世纪的一件奇迹。

第三种事实，便是生活程度的研究。这种研究，出现得比较迟，所以在工业革命以前，大众的生活程度如何，他们在衣、食、住及教育、医药、旅行、娱乐等方面享受如何，我们只能在小说及私人记载中窥见一鳞半爪。不过我们如把近代工人所享受的东西，一件一件地研究，看看 100 年前或 50 年前的工人，是否也能享受得到，一定可以发现，近人所享受的东西，如自来水、电灯、钢琴、汽车等等，以前不但工人不能享受，就是上层阶级的人，也是梦想不到的。工业革命以前的英国、德国或美国，虽然已成过去，但现在的地球上，还有许多没有经过工业革命的国家。我们看看这些国家的情形，就可想象得到，英、美等国，在工业革命以前，大众过的是什么日子，同时也可了然，他们在工业革命以后进步的程度了。

这些事实告诉我们，"贫者愈贫"说，在欧美等地，是不能成立的。在这些国家中，富者愈富，而贫者也渐富。他们的国家中，经济制度虽然有许多缺点，但我们不可因为这些缺点，而抹杀这个制度在过去 100 余年，对于本国人民的贡献。它征服了贫穷，使贫穷与大多数的人民脱离了关系。

他们怎么会做到这一步呢？这是我们应当注意的一点。

简单地说，他们能征服贫穷，第一，因为他们能利用科学的智识，去改良生产的技术，因而每一个人的生产力都提高了许多。美国每一个工人，生产力比中国的工人要高 30 倍，这是他们大多数人脱离贫穷的主要原因。

第二，因为他们实行社会立法，保障工人的生活。在这些国家里，工作遇到灾难，是有抚恤的。疾病、失业、衰老，都有保险。所以工人遇到这些不幸，他个人以及他的家庭，都不致有冻馁之忧。

第三，因为他们的工人有组织。组织便是力量。这种力量，使政治家以及资本家，都不敢侮视工人的利益。

第四，因为他们的家庭简单，因而担负比较轻松。中国人的家庭，在古书上都说是"八口之家"。近来虽然缩小点，但是还没有小到欧美那种家庭的程度。而且中国人的家庭中，寄生虫非常之多。一个收入略为丰富的人，他的伯叔姑舅、堂表兄弟以及各种亲属，便如铁屑齐集磁石而来，非把这个人也弄得穷困不止。这种现象，是他国所少见的。

假如我们也想征服贫穷，这四点便是我们马上可以下手改良的。

［载《大公报（天津）》9 月 8 日，1935 年］

# 关于佃户的负担答客问

我在本刊一六五号里，有一篇《耕者何时有其田?》，提倡在不加重佃户负担等原则下，定出一种法规，使地主将土地出售与佃户，由佃户分期摊还本息。依照我所提出的办法，佃户每年所摊还的本息，与平日所交的租相等，但33年之后，本利便可完全付清，土地也便全归佃户所有了。

这篇文章，得到很多的反响。一位徐先生写信给我说：

> 先生主张政府帮助佃户购入所耕的田地，分期摊还本息，在33年后土地便完全归耕者所有了。这办法是好的。但这土地的赋税归谁负担呢?田主既和土地脱离了干系，当然不再为这土地纳税，佃户每年缴了和前所缴的租金相等的本息7元外，自无力再交这苛重的粮赋，而这又是地方政府行政费的唯一岁入，当然不能豁免，那么去向谁征收呢?

又有一位尚先生，也与徐先生提出相似的疑问，他说：

> 先生主张系将土地所有权，从地主移到佃农，即由佃农逐年摊还本息，以不加重佃户负担为原则，依先生所举的例，自系妥当。但所有权移转后，纳税的责任自亦移转，在目前赋税繁重的时候，此一重负是否亦应计算于摊还而不增负担的原则内?换一句话，所谓不增加负担，是否不计及纳税一项，这实在是一个小问题，但既有所疑，不敢不问耳。

我很感谢徐、尚二先生，提出纳税这个问题来，使我对于这个问题，有申述意见的机会。我的意见是很简单的。假如田赋要佃户出，那么他的负担，便比平日加重了，与我提出的原则相背，所以在土地的所有权还未完全移转给佃户的时候，田赋还是由原来的地主担负。在这种情形之下，地主的担负并未加增，因为他平日收租纳赋，现在所收的钱，虽然改变了名目，但其数量，与平日所收的租相等，那么从这些钱里面，提出一部分去纳赋，过的日子，还是与平日一样的。不过这种日子，33 年之后，便要停止了，那时他对于佃户无权利，对于国家，也可不负纳赋的责任。

假如有人觉得这种办法，未免对于地主苛刻一点，那么我们可以告诉他，别个国家中所行的方法，还有比这个还苛刻的。苏联不必说了，就是不行共产制度的爱沙尼亚，在征收地主土地的时候，并不付给代价，于是实际便等于没收。没收的方法，有许多人是赞成的，但我觉得中国的所谓地主，与东欧的大地主，性质并不相同。中国的地主，有一大部分，其所有的土地并不很多，平日虽靠收租度日，但并没有多少盈余。而且地主之中，也还有不少的孤儿寡妇。假如一旦把他们的土地都没收了，这些地主，便要成为社会上一个严重的问题。现在用"收买"代替"没收"，便是要给这些地主一些时间，使他们另谋出路，使他们知道不劳而食的日子不久便要过完了，应当早点做些别的打算。这不是剧烈的革命，而是和缓的改革，可以避免许多痛苦。

在不加重佃户负担，不完全剥夺地主既得利益，不加增政府财政的负担等原则下，使耕者有其田，方法是很多的，并不只我所提出的一条。假如有人主张田赋应由地主出让土地所有权之日起，归佃户担负，不要等到土地已完全归佃户所有时，再将纳赋的责任移转到佃户身上，那么我所提出的办法，便要修改一下。

第一种修改的方法，便是地价分期摊还，但不计息。譬如值洋 100 元的土地，分作 33 年将地价还清，每年只交地价洋 3 元 3 角 3 分。在这种情形之下，原来的佃户可以负起纳赋的责任。

第二种修改的方法，便是计算地价时，采取东欧各国的成例，不以目前的市价为标准，而以欧战以前的市价为标准。在中国，我们可以清朝末年的地价为标准。如照那种地价摊还本息，佃户也可负起纳赋的责任。譬如现在值洋 100 元的土地，在清朝末年，也许只值 50 元。以 6 厘起息，每年只要付息 3 元。实际农民现在租这样一块地，须交租 7 元。采用新的办法之后，对于这一块地，每年除摊还本息 3.5 元外，还有 3.5 元，可以作纳赋之用而有余。

方法虽多，目标只有一个。我们只要赞成这个目标，那么方法是很可以邀集一些专家来商量的。

九月七日

（载《独立评论》第 168 期，1935 年）

# 评孙本文的《社会学原理》*

　　孙本文先生的《社会学原理》，可以说是中国社会学界一部空前的著作。社会学这门科学，在外国虽然已有 100 余年的历史，但这个名词，一直到 19 世纪末叶，才传入中国。在这 30 余年之内，国人关于社会学原理一类的书籍，或编或译的，为数已颇不少。但言内容的丰富，结构的谨严，没有一本能与孙先生的书比拟的。

　　全书共分五编二十六章。第一编为"总论"，讨论社会学上的基本概念，社会学的性质，社会学的范围及其与社会科学的关系，社会学研究的单位及材料，社会学的研究方法，社会学的目标，社会学的分部及内容，共七章。第二编为"社会要素与社会生活的关系"，讨论人类生活及其与环境的关系，地境要素与社会生活的关系，生物要素与社会生活的关系，心理要素与社会生活的关系，文化要素与社会生活的关系，共五章。第三编为"社会过程"，讨论接触与互动，暗示与模仿，竞争与冲突，顺应与同化，合作，共五章。第四编为"社会组织与社会控制"，讨论社会组织的形成，社会组织举例，社会解组与社会改组，社会控制，共四章。第五编为"社会变迁与社会进步"，讨论社会变迁的性质及史迹，社会变迁及其原因，社会惰性与文化失调，社会进步，社会学原理的应用，共五章。书后有二附录：一为社会学重要参考书籍提要，共分三部，部甲为英文参考书目，部乙为中文参考书目，部丙为二十二种基本参考书；二为社会学名词汉译表，分二部，部甲为学名之部，附创用或习用者之人名，部乙为人名之部，附生卒年代、国籍及主要著作。

　　孙先生这本书，是作大学课本用的。假如一个大学生，肯将这本书细细地读过一

---

　　* 标题为编者所拟，原题为《孙本文，社会学原理》。评论的作品详情：孙本文著，上海商务印书馆发行，民国二十四年（1935）1 月初版，第 717 页。

遍，至少可以得到下列几种益处。第一，他可知道过去 100 余年以来许多社会学者的贡献，因为孙先生在这本书里，对于社会学的重要方面，大都论及，而且参考过的书，无虑数百种。即以人口一章而论，孙先生提到的学者，有爱理士（Haveiock Ellis）、梅德客（M. M. Metealf）、白鲁克（W. K. Brocks）、邓铿（J. M. Dunean）、路透（E. B. Reuter）、范智儿（H. P. Fairchild）、尼布斯（G. H. Knibbs）、易司特（E. M. East）、葛逊德（A. M. Carr-Saunders）、顾静斯基（R. R. Kuezynski）、彭克（A. Penck）、甘楠（E. Caunan）、柏雷图（V. Pareto）、毕尔（R. Pearl）、苏佛（A. Sauvy）、汤姆生（W. S. Thompson）、马尔萨斯（T. R. Malthus）、柯克史（H. Cox）、逊克史（A. Dix）、费尔德（A. Wirth）、傅来孟（D. Frymann）、彭汉第（V. Eernhardi）、华尔夫（A. B. Wolfe）、雷德（H. Wright）、柯密希（N. H. Comish）、恩格耳（E. Engel）、迦立利（Carlile）、弥勒（J. S. Mill）、柏雷士（F. Place）、戈得文（W. Godwin）、奥文（R. Owen）、诺尔顿（Knowlton）、戴世德（C. V. Drysdale）、劳斯（E. A. Ross）、黎佛秀（Levasseur）、帕克（R. E. Park）、范思孟（Weismann）、孟德尔（J. Mendel）、吴尔峰（Wolff）、崔尔德（C. M. Child）、海芝（Hertz）、克鲁伯（A. L. Kroeber）、狄克松（R. B. Dixon）、达珊格（Draghicesco）、福利曼（F. N. Freeman）、达尔文（C. Darwin）、高尔敦（F. Galton）、达文保（C. B. Davenport）及国人沈宗瀚、赵连芳、陈翰笙、董时进、乔启明、李景汉、吴景超、潘光旦、郭任远等。参考书目中所提到的人，但在文中没有引用的，还没有计算进去。我们只看一下这个名单，就可见孙先生搜集材料的殷勤，与"直译西籍"或"谬陈己见"的人，大有不同。第二，读者从这本书里，可以知道什么是社会学的观点或综合的观点。现在思想界中有一种普通的弊病，就是每每从一个观点去讨论问题，而否认别种观点的价值。其实社会现象是复杂的，受各种不同元素的影响，只有从各方面去观察一件事实，才可知道事实的真相，而不为一隅之见所囿。这本书的第二编，是最可以帮助读者养成综合的观点的。第三，这本书对于社会研究法，特设一章讨论，大约作者深信工欲善其事，必先利其器，社会学者对于社会学如想有所贡献，一定要知道社会学里面常用的几种方法。一个学生，在开始研究社会学时，便知道注意这样重要的一个问题，那么在出校之后，不但做一个社会学的消费者，而且能做一个创造者，使中国社会学的文献，能够逐渐丰富起来。第四，这本书所有的理论，都建筑在事实之上，读者由此可以得到一个最基本的认识，就是在社会学的范围里，空谈、臆说或背公式，都没有位置。社会学是建筑在事实之上的，一切的理论，都应有事实为根据。假如新的事实与旧的理论相冲突，我们只有修改理论，但不可抹杀事实。第五，这本书编制，除采用孔德的见解注重社会静学与社会动学，即第四编及第五编所讨论的外，尚兼采美国社会学者贡献最多的社会基础论（第二编中讨论）及德国社会学者贡献最多的社会过程论（第四编中讨论），在社会学原理中，创立了一个最新的、最完备的系统。读者借此为轮廓，再做进一步的研究，便如走路有了指南针，不致误入歧途了。

在这 40 余万言的大著里，我认为可以商榷，或应加修正的，也有好几处，不过其中有的是小节，可以不提，现在只提出比较重要的三点，以供孙先生再版时参考。首先便是孙先生对于社会学所下的定义。孙先生在第一章里，举了八种不同的社会学定义，但都认为不满意，最后自己下了一个定义，便是社会学为研究社会行为的科学，而社会行为，就是二人以上的交互与共同行为。这个定义，从一方面看去，未免太广了，有时把经济行为与政治行为也包括进去。譬如买卖的过程，就是二人以上的交互行为，但这种现象，乃是经济学的一个主要部分，社会学也来研究，未免有越俎代庖之嫌。从另一方面看去，这个定义，还嫌太狭，因为有些现象，虽非社会行为，但大家都承认它们是社会的对象，如孙先生在书中所举的山岳对于人口的影响，地位与都市发达的关系，地位关系与历史人物，人口的三状态，人口金字塔的研究，世界的文化区域，农村社会的起源及发展，发明原因的分析，环境与遗传的讨论等皆是。所以为使定义与研究的对象相符合起见，孙先生的定义有修改的必要。个人的意见以为，孙先生所举的第八种定义，即哈佛大学的索罗金教授所用的，最能包括目前社会学的园地，实际孙先生在讨论社会学的分部及内容时（第 97 页至 98 页），已无意地放弃了自己的定义，而与索罗金教授所用的很接近了。

其次，孙先生论社会组织时，所举社会组织的例，只有四个，即家庭、农村社会、都市社会及国家。这四个例子，只能代表社会组织的两个方面，即制度方面及社区方面。另外还有一个很重要的方面，便是社会组织的阶层方面或阶级问题，孙先生在全书中，却略而未谈。其实近代阶级问题的重要，不只马克思学派如此说法，与马克思见解不同的学者，也不忽略这个问题。德国社会学者重视此问题，固不待言。即以英美的学者而论，美国如劳斯（*Principles of Socialogy*，Chs. 32 - 37），如顾勒（*Social Organization*，Chs. 18 - 27），如麦其维（*Society，its Structure and Changes*，Ch. 5），在他们的社会学系统中，都给阶级论一个重要位置。英国很少有专讲社会学的书，但伦敦大学的社会学教授，如霍伯浩（L. T. Hobhouse，*Morals in Evolution*，Ch. 7），如靳世保（*Sociology*，Ch. 6），也都重视阶级问题。在中国，一般的青年对于阶级论有重大的兴趣，是无可讳言的，孙先生似乎应专立一章来讨论它。

最后，在社会变迁方面，孙先生对于文化学派的介绍，可以说是详尽之至。中国人对于这个学派的理论，如有一点了解，孙先生以前及在这本书中所作介绍的工夫，便是一个重要的元素。不过文化学派，对于社会变迁，只注重了不自觉的方面，至于自觉变迁的两个重要形式，如革命及改良，便忽略过去了。但谈社会变迁而不及革命与改良，未免是一种遗漏。我们希望孙先生在此书再版的时候，把这一方面的理论，也要提到一些。

［载《社会科学（北平）》，第 1 卷第 1 期，1935 年］

# 再论地主的担负

  本期登了吴世昌及汪民桢两先生的文章，都是讨论地主担负一问题的。吴世昌先生说我对于他所写的那篇《耕者肯有其田吗?》，有个很大的误会，就是我忽略了地主在荒年中的苦况，关于这点，我愿意再讨论一下。

  吴先生所举出的材料，说明在他的家乡，遇到灾年，地主无法收租，但是田赋仍须折扣\*照纳，所以便要赔本。现在我们即使承认吴先生的材料是完全可靠的，我们也不能以一个地方的情形，来概括全国的地主。我们不能因为浙江某一处的地主在荒年中无法收租，就说全国的地主，在荒年中都无法收租。要想解决这个问题，我们绝不能凭一隅之见，来武断一切；我们一定要比较各家的报告，看看各地的情形，是否都是一致的。我本人也是"乡下人"之一，但我决不因为自己有了第一手的材料，就忽略了别人的第一手材料，一定要把自己的材料，来与别人对比，才敢说普通的情形是什么样子。吴先生在前一篇文章里，只根据一处的情形，就说"近十年来的地主，是常常要赔本的经纪人"，我已经举出我怀疑那句话的理由了。在本期的文章里，他又说地主在荒年无法收租，如果在灾年去收租，佃户便"有理由并且敢捣毁田主的租斗和租船"。我对于这句话，也很怀疑它的普遍性。

  手头有乔启明先生根据 148 种报告写成的《租佃制度》，其中有一段便可解决我们所讨论的问题，就是地主在荒年中是否无法收租。他举了各省各县的荒年缴租办法，今录江苏与浙江的情形如下：

---

\* 意义不明，此处保持原貌。——编者注

| 县名 | 荒年缴租方法 | 县名 | 荒年缴租方法 |
|---|---|---|---|
| 海门 | 酌减租额 | 青浦 | 看田后酌减 |
| 靖江 | 减租 | 丹阳 | 略减租额 |
| 金坛 | 减免 | 句容 | 按成减租 |
| 泰县 | 按成减租 | 高邮 | 减租 |
| 铜山 | 照额收租 | 绍兴 | 依政府减租办法 |
| 南田 | 临田估计折收 | 武康 | 减折缴租或免 |
| 孝丰 | 按收成酌减 | 松阳 | 约期苙田监分 |
| 新登 | 收半租 | 汤溪 | 分组 |
| 富阳 | 酌减租额 | 遂安 | 临田监割，如颗粒无收则免租 |

以上所举江浙各县，只有金坛与武康，有免租的办法。金坛的报告，只限于长竹根村，而且金坛与武康两处都是减租与免租并行的。遂安要颗粒无收之年才能免租。我们同时还要记得，政府有时也发蠲免田赋的命令，大约颗粒无收之年，佃户固然免租，地主也可以免赋。

以上所举的例，证明大多数的佃户，虽遇荒年，只能减交租额，并不能完全免租。这还是文明的办法，并不能希望个个地主做到。且看下面的例：

（1）1933 年冬各乡农佃，因积欠业主租子颇巨，无力偿还，各业主持呈请县政府严追。县乃于此时设立追租处，委徐大椿为主任，专办理业佃间之欠租事务，因之看守所中被押者达三四百人。（常熟县）

（2）荒歉之年，佃户欠租，则业主势必百般追索，或向官厅请求追办，或收田另招新户承种。（松江县）

（3）宜邑迭遭荒歉，佃农不知剔荒成数，每受田主之欺骗，仍缴纳全租。其或因一时无法缴纳者，则作为欠租，来年必须补缴。（宜兴县）

（4）若佃农第一次欠租一石，第二次必须加完二斗，作为利息，先将陈租完清，再完新租。（如皋县）

后面这两个例，最有趣味，表示某年地主不收租，并不是永远不收，只是延期而已，佃户想逃避是不能的。最后我们还应当记得地主有一种保护自己利益的办法，便是"押租"，也就是汪先生文中所提到的"加典"。押租是可以生利的，丰年中从"押租"里所取得的利，在吴先生所说那白赔的"5 元 3 角 1 分"里，是否要占一部分？

汪先生所举出的两点，不算很重要，所以只在这儿做一个简单的回答。关于担负的范围，我在《论地主的担负》一文里，在可能的范围内，已把正赋及附加税一同算入了。至于额外的苛杂，对于某一部分地主，固然是一些负担；而在另一部分地主，却正是发财的机会。对于地方财政研究过的人，都知道赋税的收入，只有一部分进了国库，另有一部分便到了土劣的私囊中。谁是土劣？我敢说地主要占一个重要的成分。

汪先生所说的第二点，便是地主的收入，是否可照现金计算。我们都知道，纳租的制度，不外三种，即钱租、谷租及分租。钱租以现金算，自不必说。谷租及分租，为讨论的方便及了解的容易起见，也应照现金折算，而价格则以一年的平均市价为标准。这个价格，对于某种地主，在收租时便要出卖租谷，易为现金的，似乎高了一点；但对于另一种地主，收了租后，便藏入仓库之中，遇到青黄不接的时候，再提高价格出售的，这个平均价格，又不免低了一点。我们不能看两极端的情形，所以计算地主租谷的收入，应以一年的平均市价为标准。

除了上说的两点，汪先生还说地主所受的榨取是无限的，而佃户受榨取至不能忍受时，不过"退田不种"。可是接着汪先生又告诉我们，地主受了这些无限的压迫，"充其量"也不过"把祖传四代的两只银子卖掉"，这便足以表示"地主们过活的方式与困难了"。可惜我们不知道佃户"退田不种"以后"过活的方式"如何，不知亦有"祖传的两只银子"在那儿等他"卖掉"否？假如没有，那么"看守所中被押者达三四百人"之中，我们一定可以找得到这位"退田不种"的佃户！

民国二十四年 11 月 20 日

（载《独立评论》第 180 期，1935 年）

图书在版编目（CIP）数据

吴景超文集. 第一卷 / 冯仕政，唐丽娜主编.
北京：中国人民大学出版社，2025. 5. --（明德群学）.
ISBN 978-7-300-33794-4

Ⅰ. C91-53

中国国家版本馆 CIP 数据核字第 202585ET29 号

*明德群学*

**吴景超文集（第一卷）**

冯仕政　唐丽娜　主编
Wu Jingchao Wenji（Di-yi Juan）

| | | | | | |
|---|---|---|---|---|---|
| **出版发行** | 中国人民大学出版社 | | | | |
| **社　　址** | 北京中关村大街 31 号 | | **邮政编码** | 100080 | |
| **电　　话** | 010 - 62511242（总编室） | | 010 - 62511770（质管部） | | |
| | 010 - 82501766（邮购部） | | 010 - 62514148（门市部） | | |
| | 010 - 62511173（发行公司） | | 010 - 62515275（盗版举报） | | |
| **网　　址** | http://www.crup.com.cn | | | | |
| **经　　销** | 新华书店 | | | | |
| **印　　刷** | 北京尚唐印刷包装有限公司 | | | | |
| **开　　本** | 787 mm×1092 mm　1/16 | | **版　　次** | 2025 年 5 月第 1 版 | |
| **印　　张** | 35.5 插页 3 | | **印　　次** | 2025 年 5 月第 1 次印刷 | |
| **字　　数** | 645 000 | | **定　　价** | 1480.00 元（共四卷） | |